Manual de Direito Administrativo

Paulo Otero
Professor Catedrático de Direito
da Universidade de Lisboa

Manual de Direito Administrativo

I Volume

MANUAL DE DIREITO ADMINISTRATIVO
AUTOR
Paulo Otero
EDITOR
EDIÇÕES ALMEDINA, S.A.
Rua Fernandes Tomás, nºs 76, 78 e 79
3000-167 Coimbra
Tel.: 239 851 904 · Fax: 239 851 901
www.almedina.net · editora@almedina.net
DESIGN DE CAPA
FBA.
EDITOR
EDIÇÕES ALMEDINA, S.A.
IMPRESSÃO E ACABAMENTO

Outubro, 2013
DEPÓSITO LEGAL
....

Os dados e as opiniões inseridos na presente publicação são da exclusiva responsabilidade do seu autor.

Toda a reprodução desta obra, por fotocópia ou outro qualquer processo, sem prévia autorização escrita do Editor, é ilícita e passível de procedimento judicial contra o infrator.

 GRUPOALMEDINA

BIBLIOTECA NACIONAL DE PORTUGAL – CATALOGAÇÃO NA PUBLICAÇÃO

OTERO, Paulo, 1963-

Manual de direito administrativo
1º v. : p. -
ISBN 978-972-40-5388-2

CDU 342

Aos Meus Alunos:
aos que foram, aos que são e aos que virão a ser.

NOTA PRÉVIA

1. *O presente Manual, apesar de versar novas matérias e conferir uma nova sistemática às matérias clássicas, é fruto de mais de vinte e cinco anos de lecionação, procurando aliar a vivência do seu autor como docente universitário e a sua experiência prática como jurisconsulto e juiz arbitral – o Direito Administrativo não é apenas* "law in book", *sendo, cada vez mais,* "law in action".

2. *Um jusadministrativista, tal como qualquer outro jurista ou cientista, não acumula certezas, antes partilha dúvidas, exprime inquietações problemáticas e formula hipóteses explicativas, recorrendo à argumentação fundamentadora: o segredo nunca está na solução, antes reside na via argumentativa traçada – o presente livro transmite inquietações, em vez de tranquilidade, pois o ensino universitário quer-se dialógico, interrogativo e aberto a futuros e melhores conhecimentos.*

3. *Bem mais importante que ensinar leis administrativas, importa transmitir um pensar problematizante, um refletir sobre o enquadramento dogmático das questões e abrir vias argumentativas de resolução dos problemas concretos: o Direito Administrativo não se pode resumir à espuma das alterações diariamente publicadas nos jornais oficiais, nem se deve consubstanciar num campo explicativo de certezas uniformes e dotadas de infalibilidade – uma metodologia conducente a um Direito Administrativo crítico, aberto a novas explicações, sempre disposto a corrigir-se, a rediscutir problemas e soluções, é a proposta que se visa implementar.*

4. *Em tempos de radical transformação de todas as tradicionais instituições públicas, a começar pela quebra da centralidade exclusiva do Estado e da soberania do seu ordenamento jurídico a nível administrativo, o presente Manual, num esforço*

de trazer o Direito Administrativo para o século XXI, integrando os desafios que o presente lança ao futuro, sem esquecer o contributo histórico de todos os que nos antecederam, procura também combater uma certa ignorância jusadministrativa que, como lava incandescente e exterminadora de tudo o que encontra pelo caminho, se foi instalando em certos claustros universitários – não admira, por isso, que o livro seja dedicado aos alunos, sabendo que neles reside a única esperança renovadora da atual decadência da Universidade, entregue, por vezes, a inimigos da "sociedade aberta" e rendida ao paradigma da mediocridade.

Lisboa, 14 de setembro de 2013.

PLANO DO MANUAL

Introdução

Parte I – Fundamentos da Administração Pública
    Cap. 1º – Bases jurídicas da Administração Pública
    Cap. 2º – Identidade estruturante da Administração Pública

Parte II – O ordenamento regulador da Administração Pública
    Cap. 1º – Identificação da normatividade reguladora da Administração
        Pública
    Cap. 2º – Modelo de regulação da Administração Pública pela
        normatividade

Parte III – Direito Institucional Administrativo
    Cap. 1º – Organização da Administração Pública
    Cap. 2º – Atividade da Administração Pública
    Cap. 3º – Controlo da Administração Pública

Parte IV – Direito Procedimental Administrativo
    Cap. 1º – Regime comum do procedimento administrativo
    Cap. 2º – Procedimento dos regulamentos
    Cap. 3º – Procedimento do ato administrativo
    Cap. 4º – Procedimento contratual

Parte V – Direito Processual Administrativo
    Cap. 1º – Direito processual dos "cidadãos administrativos"
    Cap. 2º – Direito processual da Administração Pública

ABREVIATURAS

AAFDL – Associação Académica da Faculdade de Direito de Lisboa
AD – Acórdãos Doutrinais do Supremo Tribunal Administrativo
ADI – Anuario de Derecho Internacional (Universidade de Navarra)
AJDA – Actualité Jurdique – Droit Administratif
AöR – Archiv des öffentlichen Rechts
APDC – Anuário Português de Direito Constitucional
ATC – Acórdãos do Tribunal Constitucional
BayVBl – Bayerische Verwaltungsblätter
Cad.MVM – Cadernos do Mercado de Valores Mobiliários
CC – Código Civil
CCP – Código dos Contratos Públicos, aprovado pelo Decreto-Lei nº 18/2008, de 29 janeiro
CDFUE – Carta dos Direitos Fundamentais da União Europeia
CEDH – Convenção Europeia dos Direitos do Homem
CJ – Colectânea de Jurisprudência
CJA – Cadernos de Justiça Administrativa
CLR – California Law Review
CMLR – Common Market Law Review
CNU – Carta das Nações Unidas
CNUDM – Convenção das Nações Unidas sobre o Direito do Mar
CP – Código Penal
CPA – Código do Procedimento Administrativo
CPC – Código de Processo Civil
CPP – Código de Processo Penal
CPTA – Código de Processo nos Tribunais Administrativos, aprovado pela Lei nº 15/2002, de 22 de fevereiro

CRP – Constituição da República Portuguesa, segundo o texto resultante da Lei Constitucional nº 1/2005, de 12 de agosto
CRP76 – Constituição da República Portuguesa, segundo o texto originário, aprovado em 2 de abril de 1976
D – Digesto
DA – Documentación Administrativa
DDP – Digesto delle Discipline Pubblicistiche
D&P – Direito & Política
DJ – Direito e Justiça
DJAP – Dicionário Jurídico da Administração Pública
DL – Democracia e Liberdade (Instituto Democracia e Liberdade)
DÖV – Die Öffentlich Verwaltung
DS – Diritto e Società
DVBl – Deutsches Verwaltungsblatt
EdD – Enciclopedia del Diritto
ED – Estado & Direito
ELR – European Law Review
EJIL – European Journal of International Law
ESC – Estudos Sobre a Constituição
ETAF – Estatuto dos Tribunais Administrativos e Fiscais, aprovado pelo Decreto-Lei nº 13/2002, de 19 de fevereiro
EuR – EuropaRecht
FA – Il Foro Amministrativo
ICLQ – International and Comparative Law Quartely
IsrLR – Israel Law Reports
JA – Juristische Arbeitsblätter
JAA – Juristische Ausbildung
JC – Jurisprudência Constitucional
JuS – Juristische Schulung
JZ – Juristenzeitung
Leg. – Legislação – Cadernos de Ciência de Legislação
LF – Law and Philosophy
NJIL – Nordic Journal of International Law
NJW – Neue Juristische Wochenschrift
NssDI – Novissimo Digesto Italiano
NssDI-A – Novissimo Digesto Italiano – Apêndice
NVwZ – Neue Zeitschrift für Verwaltungsrecht
NYIL – Netherlands Yearbook of International Law

OA – Ordenações Afonsinas
OD – O Direito
OF – Ordenações Filipinas
OM – Ordenações Manuelinas
POLIS – Enciclopédia Verbo da Sociedade e do Estado
RA – La Revue Administrative
RAP – Revista de Administración Pública
RCADI – Recueil des Cours de l'Académie de Droit International
RDA(SP) – Revista de Direito Ambiental (São Paulo)
RDES – Revista de Direito e Estudos Sociais
RDIP – Revue de Droit International Public
RDP – Revista de Direito Público
RDPE – Revista de Direito Público da Economia (Belo Horizonte, Brasil)
RDP-IDP – Revista de Direito Público (do Instituto de Direito Público)
RDP(F) – Revue du Droit Public (francesa)
RDPPA – Rivista di Diritto Pubblico e della Pubblica Amministrazione in Itália
REDA – Revista Española de Derecho Administrativo
REDC – Revista Española de Derecho Constitucional
REDP – Revue Européenne de Droit Public
REJP-Polis – Revista de Estudos Jurídico-Políticos Polis
REP – Revista de Estudos Politécnicos
RFDC – Revue Française de Droit Constitutionnel
RFDUL – Revista da Faculdade de Direito da Universidade de Lisboa
RGDIP – Revue Générale de Droit International Public
RIDC – Revue International de Droit Comparé
RIDPC – Rivista Italiana di Diritto Pubblico Comunitario
RIE – Revista de las Instituciones Europeas
RISA – Revue Internationale des Sciences Administratives
RISG – Rivista Italiana per le Scienze Giuridiche
RJ – Revista Jurídica (AADFL)
RJUA – Revista Jurídica do Urbanismo e do Ambiente
RLAEC – Revista Latino-Americana de Estudos Constitucionais
RLJ – Revista de Legislação e Jurisprudência
RMCUE – Revue du Marché Commun et de l'Union Européenne
RMP – Revista do Ministério Público
ROA – Revista da Ordem dos Advogados
RPCC – Revista Portuguesa de Ciência Criminal

RPH – Revista Portuguesa de História
RTC – Revista do Tribunal de Contas
RTDP – Rivista Trimestrale di Diritto Pubblico
RUM – Revista da Universidade Moderna
SJ – Scientia Ivridica
StG – Studium Generale
TFUE – Tratado sobre o Funcionamento da União Europeia
THEMIS – Revista da Faculdade de Direito da Universidade Nova de Lisboa
TUE – Tratado da União Europeia
Verbo – Revista Bimestral de Formación Cívica y de Acción Cultural según el Derecho Natural y Cristiano (Fundación Speiro)
VerwArch – Verwaltungs-Archiv
VVDStRL – Veröffentlichungen der Vereinigung der Deutschen Staats-Rechtslehrer
VZV – Die Verwaltung – Zeitschrift für Verwaltungswissenschaft
ZRP – Zeitschrift für Rechtspol

INTRODUÇÃO

INTRODUÇÃO

Secção 1ª
Pressupostos de estudo do Direito Administrativo

§1º ADMINISTRAR, ADMINISTRAÇÃO E DIREITO

1.1. Administrar

1.1.1. A palavra administrar vem do latim *administrare* que, conjugando *ad* e *minister*, significa, etimologicamente, servir alguma coisa ou ir numa direção subordinado a algo[1].

No latim clássico, *ministrare* tem o significado de servir uma incumbência, sendo na época imperial que *administrare*, objeto de um apuramento mais técnico, adquire o sentido de desenvolvimento de uma atividade especializada como auxiliar ou subordinado[2].

1.1.2. Na sua génese histórico-etimológica, a palavra "administrar" tem subjacentes três ideias nucleares:

(i) *Ação* – administrar é sempre agir: a passividade, a inércia, a omissão não são posturas típicas de administrar, daí que administrar envolva decisão;

(ii) *Rumo* – administrar é agir direcionado a um fim ou propósito: administrar pressupõe planeamento e racionalização da afetação de meios a determinados objetivos ou metas;

---

[1] Do latim *administrare* deriva também o *administrer* francês, o *administrar* castelhano, o *administrare* italiano e *to administer* inglês. Na língua alemã, o substantivo *Verwaltung* parte do verbo *walten* que, traduzindo as ideias de reinar ou imperar, incorpora a noção de poder, adicionando-lhe o prefixo *ver* que significa para a frente: administrar é levar a efeito, conduzir ou realizar algo.

[2] Cfr. MASSIMO SEVERO GIANNINI, **Diritto Amministrativo**, I, 3ª ed., Milano, 1993, p. 4.

20 | INTRODUÇÃO

(iii) *Subordinação* – administrar é um agir que, tendo em vista um propósito, não goza de autonomia primária na definição dos meios de ação e dos fins a alcançar: administrar é servir interesses alheios.

1.1.3. Num outro sentido, administrar consubstancia uma atividade humana que, desenvolvida no âmbito de uma organização, envolve a gestão de recursos visando a satisfação de interesses[3].

O conceito de administrar comporta, deste modo, três elementos estruturantes:

(i) Primeiro: administrar é uma tarefa humana inserida numa organização – tudo aquilo que existe na sociedade existe em função da pessoa humana[4];

(ii) Segundo: administrar envolve a gestão de recursos (v.g., humanos, técnicos, financeiros, materiais, imateriais), sendo passível de compreender as seguintes tarefas:

(1) *Planear* – administrar obedece a uma estratégia ou a um plano[5];

(2) *Organizar* – administrar significa dispor os meios existentes da forma mais apta à prossecução dos propósitos definidos[6];

(3) *Conformar* – administrar determina uma intervenção sobre a realidade material existente[7];

---

[3] Para mais desenvolvimentos, segundo uma ótica marcadamente de ciência da administração, cfr. JÖRG BOGUMIL/WERNER JANN, *Verwaltung und Verwaltungswissenschaft in Deutschland. Einführung in die Verwaltungswissenschaft*, Wiesbaden, 2005, pp. 21 ss.

[4] Cfr. *Constituição Pastoral «Gaudium et Spes»*, de 7 de dezembro de 1965, nºs 12 e 25.

[5] Esse planear envolve a definição de propósitos, fins ou objetivos e uma adequada afetação de meios aptos à sua realização.

[6] Sempre importa, neste sentido, saber, claramente, (1º) o que deve ser feito, (2º) por quem deve ser feito, (3º) como deve ser feito e (4º) quando deve ser feito.

[7] Na realidade, essa intervenção conformadora pode comportar duas principais manifestações:

(i) *Dirigir*, impondo unilateralmente soluções gerais ou concretas, revelando que administrar pode ser exercer autoridade;

(ii) *Coordenar*, significando harmonizar ou concertar interesses em efetiva ou potencial colisão, traduzindo que administrar pode envolver uma busca conciliária de paz ou concordância prática de soluções.

(4) *Controlar* – administrar pressupõe fiscalizar o que foi feito ou deveria ter sido feito[8];

(5) *Informar* – administrar é também comunicar, tornando-se a informação condição de eficácia ou sucesso das decisões;

(iii) Terceiro: administrar visa a satisfação de interesses que pertencem a pessoa diferente daquele que os administra – há aqui uma ideia de função vicarial a cargo da Administração[9] ou o exercício de poderes de natureza fiduciária[10].

1.1.4. Administrar significa que, num plano superior àquele que exerce a atividade de administrar, existe o titular ou dono dos interesses cuja gestão se encontra em causa[11], estabelecendo-se um vínculo que assenta numa prevalência funcional e decisória do dono ou titular dos interesses face a quem os administra:

(i) Administrar é uma atividade delegada ou habilitada pelo titular último dos interesses;

(ii) Administrar é uma atividade subordinada face à real ou presumida vontade do titular dos interesses em causa;

(iii) Administrar é uma atividade que envolve a responsabilidade daquele que gere perante o titular ou dono dos interesses.

1.1.5. Administrar é sempre cumprir uma obrigação[12] ou, em termos mais rigorosos, cumprir diversas obrigações cujos interesses materiais a tutelar não pertencem à titularidade de quem administra: está em causa a "cura de um interesse alheio ao sujeito"[13].

---

[8] Reside aqui a garantia efetiva de execução ou materialização do que havia sido anteriormente planeado, organizado e conformado, envolvendo ainda a correção de eventuais desvios e, se se justificar, o sancionamento dos seus protagonistas.

[9] Cfr. Jose Luis Villar Palassi/Jose Luis Villar Ezcurra. *Principios de Derecho Administrativo*, I, 3ª ed., Madrid, 1992, p. 46.

[10] Cfr. Rogério Ehrardt Soares, *Interesse Público, Legalidade e Mérito*, Coimbra, 1955, p. 179.

[11] Cfr. Walter Jellinek, *Verwaltungsrecht*, 3ª ed., Berlin, 1931, p. 3.

[12] Cfr. Pietro Gasparri, *Corso di Diritto Amministrativo*, I, Bologna, 1953, p. 61.

[13] Cfr. Rogério Ehrardt Soares, *Interesse Público...*, p. 180.

22 | INTRODUÇÃO

1.2. Administração privada e administração pública: a diferenciação

1.2.1. O termo administração comporta dois significados distintos:
(i) Administração traduz o exercício de uma atividade: a administração consubstancia a ação de gerir recursos tendentes à satisfação de interesses – trata-se do conceito de administração em sentido objetivo ou material;
(ii) Administração identifica também o protagonista, o autor ou sujeito da ação de administrar: a administração é agora a estrutura decisória que tem a seu cargo a atividade administrativa – trata-se do conceito de administração em sentido subjetivo ou orgânico.

1.2.2. O conceito de administração, em sentido objetivo e em sentido subjetivo, mostra-se passível, atendendo à origem ou à natureza dos interesses cuja gestão se encontra em causa[14], de comportar duas realidades estruturalmente distintas:
(i) Pode tratar-se da administração de interesses privados – falando-se em *administração privada*;
(ii) Ou, pelo contrário, poderá estar em causa a administração de interesses públicos – hipótese em que deparamos com *administração pública*.
Observemos cada um destes conceitos de administração.

1.2.3. A *administração privada* envolve a gestão de recursos tendentes à satisfação de interesses privados[15], entendidos como aqueles que se identificam com a satisfação de fins que não encontram a sua origem imediata num título jurídico do poder público, nem incorporam necessidades dotadas de projeção ou repercussão política[16].

---

[14] Cfr. PIETRO GASPARRI, *Corso...*, I, pp. 46 e 68.

[15] A distinção entre interesses privados e interesses públicos é hoje um problema que encerra uma complexidade que se projeta ao nível da diferenciação entre o Direito privado e o Direito público ou, em termos precisamente idênticos, na noção de pessoa coletiva pública e de pessoa coletiva privada ou, num terceiro exemplo ilustrativo, na angústia em delimitar as fronteiras entre setor privado e setor público dos meios de produção.

[16] Numa leitura sintética, pode dizer-se que a administração privada envolve o propósito de prosseguir a satisfação de três diferentes tipos de interesses privados: (i) interesses pessoais (de pessoas singulares ou de pessoas coletivas, assumam natureza egoísta ou altruísta),

§1º ADMINISTRAR, ADMINISTRAÇÃO E DIREITO | 23

1.2.4. A *Administração Pública*, visando sempre a prossecução de interesses públicos, identificados com fins que encontram a sua fonte num título jurídico do poder público, procura satisfazer necessidades coletivas dotadas de projeção ou repercussão política[17], reconduzíveis ao conceito de bem comum (v. *infra*, nº 2.2.).

1.2.5. A satisfação pela Administração Pública de interesses públicos não significa a exclusão liminar de entidades privadas serem chamadas à sua prossecução[18]: as entidades privadas podem ser encarregues da gestão de interesses públicos[19],exercendo poderes administrativos[20], falando-se então em exercício privado de interesses (e poderes) públicos[21], numa delegação de tarefas (e poderes) da Administração a privados[22], razão pela

---

(ii) interesses familiares (v.g., administração dos bens do casal ou a gestão de bens de menores ou de interditos) e (iii) interesses atípicos (v.g., gestão de fins de estruturas não personificadas sem carácter familiar, tal como sucede com as comissões de festas ou com as comissões eleitorais).

[17] Sobre o conceito de necessidade coletiva, identificado com "um fenómeno que consiste na carência de bens ou de serviços aptos à defesa, à conservação, ou ao progresso da coletividade", cfr. JOÃO ALVES, *Teoria das Necessidades Colectivas*, Porto, 1934, p. 51.

[18] O fenómeno foi dogmaticamente reconhecido, em Portugal, logo em inícios do século XX, cfr. GUIMARÃES PEDROSA, *Curso de Ciência da Administração e Direito Administrativo*, I, 2ª ed., Coimbra, 1908, p. 342.

[19] No sentido de que o interesse público não constitui um monopólio da Administração Pública, cfr. PEDRO GONÇALVES, *Entidades Privadas com Poderes Públicos*, Coimbra, 2005, p. 144.

Para uma exemplificação concreta desse exercício privado de funções públicas, cfr. MANUEL LOPES PORTO/JOÃO NUNO CALVÃO DA SILVA, *Intervenção privada no exercício de funções públicas: os centros de inspecção automóvel face ao Direito da União Europeia*, in *Estudos de Homenagem ao Prof. Doutor Jorge Miranda*, V, Coimbra, 2012, pp. 327 ss.

[20] Cfr. PEDRO GONÇALVES, *Entidades privadas com poderes administrativos*, in CJA, nº 58, 2006, pp. 50 ss.

[21] Mostra-se discutível, neste contexto, que o fenómeno em causa corresponda a uma privatização da administração de tais interesses públicos ou, pelo contrário, traduza uma integração das entidades privadas deles encarregues na Administração Pública.

[22] Cfr. ULRICH HÄFELIN/GEORG MÜLLER/FELIX UHLMANN, *Allgemeines Verwaltungsrecht*, 6ª ed., Zürich, 2010, pp. 339 ss.; PIERRE MOOR/ETIENNE POLTIER, *Droit Administratif*, II, 3ª ed., Berne, 2011, pp. 431 ss.; PIERMARCO ZEN-RUFFINEN, *Droit Administratif*, 2ª ed., Neuchâtel, 2013, pp. 7-8.

24 | INTRODUÇÃO

qual nem todas as necessidades coletivas públicas são objeto de prosse-cução direta por entidades públicas[23].

1.2.6. Sucede que também existem entidades privadas ou cooperativas que prosseguem interesses de natureza particular (sem serem interesses públicos) mas que são dotados de importante relevância social e pública, razão pela qual obtêm reconhecimento de interesse público, utilidade pública ou administrativa da atividade desenvolvida[24]:

(i) Trata-se ainda do exercício de uma atividade privada, por uma entidade privada, envolvendo interesses privados, que assumem, todavia, significativa projeção pública pela sua importância social ou utilidade à coletividade (v.g., a Santa Casa da Misericórdia de Lisboa, a Cruz Vermelha Portuguesa, as associações humanitárias de bombeiros, os bancos alimentares contra a fome, os centros paroquiais ou os centos sociais);

(ii) Tais entidades privadas passam a ter um "toque" administrativo, passível de diversos níveis de intensidade, possuindo o estatuto jurídico de (1) pessoas coletivas de utilidade pública administra-tiva, (2) de IPSS – Instituições Privadas de Solidariedade Social[25] ou (3) de pessoas coletivas de mera utilidade pública)[26].

1.2.7. A distinção entre administração privada e Administração Pública comporta significativos efeitos jurídicos:

(i) A sujeição a critérios teleológicos de ação tendencialmente diver-sos, pois enquanto a Administração Pública visa sempre a pros-secução do interesse público, a administração privada prossegue

---

[23] Cfr. PAULO OTERO, *O Poder de Substituição em Direito Administrativo: Enquadramento dogmático-constitucional*, Lisboa, 1995, I, pp. 49 ss.

[24] Cfr. PAULO OTERO, *O Poder de Substituição...*, I, pp. 54-55.

[25] Cfr. LICÍNIO LOPES, *As Instituições Particulares de Solidariedade Social*, Coimbra, 2009.

[26] Para um aprofundamento dos critérios materiais de identificação e qualificação destas entidades privadas, cfr. ANDRÉ SALGADO DE MATOS, *O conteúdo substancial dos estatutos de utilidade pública das pessoas coletivas de direito privado*, in D&P, nº 1, 2012, pp. 22 ss.; DOMINGOS SOARES FARINHO, *Brevíssimo balanço do regime jurídico das pessoas coletivas de utilidade pública: uma perspectiva fundacional*, in *Estudos de Homenagem ao Prof. Doutor Jorge Miranda*, IV, Coimbra, 2012, pp. 311 ss.; JORGE BACELAR GOUVEIA, *Pessoas coletivas de utilidade pública*, in IDEM, *Novíssimos Estudos de Direito Público*, Coimbra, 2006, pp. 321 ss.

interesses particulares[27], sabendo-se que a preterição daquele é causa de invalidade da conduta administrativa, enquanto a violação destes não assume repercussão pública;

(ii) A existência tendencial de dois diferentes ordenamentos jurídicos reguladores das atividades em causa: a administração privada rege-se pelo Direito Privado[28], enquanto a Administração Pública aplica, a título de ordenamento comum, o Direito Administrativo;

(iii) A sujeição a dois princípios jurídicos fundamentais radicalmente distintos: a administração privada baseia-se num princípio geral de liberdade (: pode fazer tudo aquilo que não se encontra proibido por lei), em sentido contrário, a Administração Pública subordina-se a um princípio geral de legalidade ou de competência (: só pode fazer o que lhe é permitido por lei)[29];

(iv) A resolução dos litígios faz-se, por via de regra, em tribunais diferentes: a administração privada encontra-se submetida aos tribunais comuns, enquanto a Administração Pública tem foro próprio junto dos designados tribunais administrativos e fiscais[30].

1.3. Idem: a flexibilidade das fronteiras

1.3.1. A satisfação de necessidades coletivas a cargo da Administração Pública mostra-se passível de, nos termos dos parâmetros constitucionais em que se move a liberdade conformadora do legislador, sofrer reajus-

---

[27] Cfr. Diogo Freitas do Amaral, *Curso de Direito Administrativo*, I, 3ª ed., 2ª reimp., Coimbra, 2008, pp. 40-41.

[28] Sublinhando a liberdade e a igualdade como traços do Direito privado diferenciadores face ao Direito público, cfr. António Menezes Cordeiro, *Do Direito privado como Direito comum português*, in *Estudos em Honra de Ruy de Albuquerque*, I, Coimbra, 2006, pp. 103 ss., em especial, pp. 115 ss. Sublinhando, no entanto, a especificidade do princípio do igual tratamento ao nível do Direito privado, cfr. António Menezes Cordeiro, *Accionistas: concessão de crédito e igual tratamento*, in *Estudos em Homenagem ao Prof. Doutor Martim de Albuquerque*, I, Coimbra, 2010, em especial, pp. 145 ss.

[29] Cfr. Diogo Freitas Do Amaral, *Legalidade (princípio da)*, in *Polis*, III, 1985, p. 978; Idem, *Curso de Direito Administrativo*, II, 2ª ed., Coimbra, 2011, pp. 51.

[30] Cfr. Bernardo Diniz de Ayala, *Monismo(s) ou dualismo(s) em Direito Administrativo (?) Gestão pública, gestão privada e controlo jurisdicional da actividade administrativa. Relatório nacional – Portugal*, in RFDUL, 2000, nº 1, pp. 71 ss.

26 | INTRODUÇÃO

tes delimitativos de fronteiras[31], podendo ocorrer, à luz de puros critérios políticos, "movimentos migratórios" de categorias de necessidades
coletivas[32].

1.3.2. Os movimentos migratórios de necessidades coletivas podem
reconduzir-se a três fenómenos:
 (a) A transferência da satisfação de necessidades coletivas a cargo da
     Administração Pública para entidades privadas – privatização ou
     reprivatização;
 (b) A assunção por entidades da Administração Pública da satisfação
     de necessidades que estavam a cargo de particulares – coletiviza-
     ção ou publicização;
 (c) A existência de zonas de miscigenação entre necessidades coleti-
     vas objeto de satisfação pública e, simultaneamente, de satisfação
     privada.
Analisemos, sucintamente, cada um destes fenómenos.

1.3.3. (a) A transferência da satisfação de necessidades coletivas que
estavam a cargo da Administração Pública para entidades privadas comporta dois diferentes níveis:
 (i) A transferência pode envolver um abandono da titularidade de cer-
     tos interesses por entidades da Administração Pública, operando-
     -se a sua integral privatização – v.g., a privatização integral de todo
     o setor bancário, deixando de existir qualquer banco público;
 (ii) Poderá, ao invés, essa transferência de interesses não ir ao ponto
      de envolver a respetiva titularidade, antes se limitando apenas à
      delegação da sua gestão em entidades privadas, gerando-se aqui
      um fenómeno de exercício privado de funções públicas: o "dono"
      dos interesses públicos continua a ser uma entidade pública e esses
      mesmos interesses continuam a ter natureza pública, apesar de a
      sua administração se ter privatizado (v.g., a concessão a privados
      da gestão de um hospital público, a concessão da construção e
      exploração de autoestrada).

---

[31] Cfr. PAULO OTERO, *O Poder de Substituição...*, I, pp. 50 ss.
[32] Cfr. SOARES MARTINEZ, *Finanças*, Policop., AADFL, Lisboa, 1957, pp. 9-10.

§1º ADMINISTRAR, ADMINISTRAÇÃO E DIREITO | 27

1.3.4. (b) Se, pelo contrário, a Administração Pública chama a si a satisfação de necessidades que, até então, estavam a cargo de privados, ocorre uma transfiguração de meros interesses privados em verdadeiros interesses públicos, envolvendo um alargamento da esfera pública de intervenção sobre a sociedade civil, transformando o desenvolvimento de típicas atividades económicas, sociais e culturais privadas em áreas sujeitas a administração pública[33].

Um modelo constitucional fundado no princípio da subsidiariedade do Estado tenderá, todavia, a limitar a expansão intervencionista pública, privilegiando uma genérica redução das necessidades coletivas a cargo da Administração Pública. E o Direito da União Europeia reforça essa tendência.

1.3.5. (c) Por último, verifica-se que existem necessidades coletivas que podem ser objeto de satisfação através de formas de administração privada e, num sistema concorrencial, podem também ser objeto de satisfação através da Administração Pública[34].

Assim, por exemplo, no âmbito da educação ou da saúde, a par de escolas privadas de ensino básico, secundário e superior ou de hospitais particulares, enquanto manifestações da iniciativa económica privada, existe uma rede de estabelecimentos públicos de ensino e de estabelecimentos públicos hospitalares, visando, em último lugar, garantir a implementação de um modelo de Estado de bem-estar e a satisfação prestacional dos inerentes direitos sociais à educação e à saúde.

Respeitada que seja a Constituição, o legislador pode sempre reconfigurar tais áreas miscigenadas de satisfação de necessidades coletivas, gerando, por efeito do assinalado fenómeno de "migração", duas soluções alternativas:

---

[33] Naturalmente que a reversibilidade do fenómeno, levando a uma privatização ou reprivatização da satisfação das necessidades em causa, apesar de poder ser constitucionalmente limitada (v.g., cláusula de irreversibilidade das nacionalizações, imperatividade de existência de um serviço nacional de saúde ou de um sistema público de educação), refletirá sempre a alternância de maiorias políticas parlamentares e, deste modo, subordina-se ao princípio democrático.

[34] É o que sucede num modelo constitucional que, paralelamente à iniciativa económica privada (CRP, artigo 61º, nº 1), admite uma genérica iniciativa económica pública e até com o privilégio de poderem existir setores básicos cuja atividade seja vedada a empresas privadas (CRP, artigo 86º, nº 3), tudo isto dentro dos quadros de uma economia mista (CRP, artigos 80º, alínea c), e 288º, alínea g)).

28 | INTRODUÇÃO

(i) A criação de zonas de reserva de iniciativa económica privada ou de exclusão da esfera de intervenção pública, segundo uma lógica liberal ou neoliberal, numa espécie de setores vedados à iniciativa pública;

(ii) Alargar as zonas de reserva de administração pública, agora à luz de uma ideologia coletivizadora ou socializante, vedando a satisfação de certo tipo de necessidades à iniciativa privada.

A subordinação aos princípios do Direito da União Europeia limita a liberdade conformadora do legislador dos Estados-membros.

1.4. Direito Administrativo ou Direito da Administração Pública?

(A) Do Direito Administrativo ao Direito Privado Administrativo: as "fugas"

1.4.1. O desenvolvimento da atividade administrativa, pressupondo uma estrutura organizativa, uma forma de agir e um relacionamento com os destinatários dos respetivos efeitos, nunca pode deixar de se encontrar disciplinado pelo Direito: o conjunto de normas referentes a tais matérias traduz o ordenamento regulador da Administração Pública.

1.4.2. Desde o início do século XIII que se observa a preocupação do Direito português em regular os poderes e os termos de exercício de funções administrativas por certas estruturas integrantes da Administração régia, segundo resulta das Leis da Cúria de Coimbra, datadas de 1211, da restante legislação compilada no *Livro das Leis e Posturas* (fins do século XIV ou início do século XV), nas ditas *Ordenações de Dom Duarte* (primeira metade do século XV) e, por último, no primeiro volume das *Ordenações Afonsinas* (1446 ou 1447):

(i) Aqui reside a origem histórica, em Portugal, do Direito regulador da organização da Administração Pública[35];

(ii) O Direito Administrativo nasceu como normatividade disciplinadora da organização da Administração Pública, assumindo a natureza histórica de um Direito estatutário.

---

[35] Cfr. PAULO OTERO, *Direito Administrativo – Relatório*, 2ª ed., publicado em suplemento à *Revista da Faculdade de Direito da Universidade de Lisboa*, Lisboa, 2001, p. 225.

1.4.3. Sem prejuízo da suscetibilidade de se encontrar em tais regulações do estatuto dos ofícios régios normas específicas referentes ao exercício da respetiva atividade de natureza administrativa, verifica-se que esta se encontrava sujeita, sem uma autonomia específica, ao ordenamento comum disciplinador das restantes relações jurídicas, reconhecendo-se sempre ao rei, todavia, um poder geral de intervenção decisória relativamente a quaisquer matérias, enquanto garante último da justiça.

1.4.4. Seria só no século XIX, por efeito dos reflexos internos da Revolução Francesa e da introdução do princípio da separação de poderes, distinguindo-se entre administrar e julgar, que se foi desenvolvendo, em França, por via jurisprudencial, e, em Portugal, por via legislativa[36], um ordenamento jurídico específico que, afastando algumas das soluções resultantes da aplicação do Direito comum[37], em nome da particularidade dos interesses públicos da coletividade a cargo da Administração Pública, regulava a atividade administrativa: surge agora um Direito Administrativo que, conferindo poderes reforçados de autoridade à Administração Pública, atribuindo-lhe uma posição de supremacia face aos particulares, estava em claro contraste com a tendencial igualdade das partes no Direito comum[38].

1.4.5. O Direito Administrativo oitocentista, enquanto ordenamento regulador da atividade administrativa dotado de *ius imperii*, expressão da autoridade de quem tem o poder e da subordinação ou obediência de quem é súbdito, tem uma evolução histórica que se pode resumir numa luta entre a "razão *de* Estado", habilitando poderes extraordinários de supremacia da Administração Pública, e a "razão *do* Estado", justificando agora mecanismos de tutela e garantia dos cidadãos perante o poder e limitativos da sua ação: nos últimos dois séculos, o moderno Direito Administrativo tornou-se um campo de batalha na luta contra os privilégios e as imunidades do poder.

---

[36] Cfr. Diogo Freitas do Amaral, *Curso...*, I, 3ª ed., pp. 163 ss.

[37] Cfr. Charles Debbasch, *Le Droit Administratif, droit dérogatoire au droit commun?*, in *Mélanges René Chapus – Droit Administratif*, Paris, 1992, pp. 127 ss.

[38] Não existiu, deste modo, qualquer propósito garantístico com a génese do Direito Administrativo no momento posterior à Revolução Francesa, cfr. Paulo Otero, *Legalidade e Administração Pública: o sentido da vinculação administrativa à juridicidade*, Coimbra, 2003, pp. 275 ss.

30 | INTRODUÇÃO

1.4.6. O acréscimo das limitações jurídicas ao agir da Administração Pública, procurando reequilibrar as suas prerrogativas de autoridade, conduziu a que esta, a partir de meados do século XX, "regressasse" ao Direito comum, procurando encontrar fora do Direito Administrativo novas formas e soluções reguladoras da sua atividade e, num momento subsequente, da sua própria organização[39]:

(i)   Procurava a Administração Pública, deste modo, desembaraçar-se ou fugir às vinculações que o Direito Administrativo lhe havia criado, em nome das garantias dos particulares, readquirindo com o Direito privado uma nova liberdade de atuação face aos administrados;

(ii) Mais do que uma fuga para o Direito privado[40], aquilo que se observa é uma fuga da Administração Pública ao Direito Administrativo, geradora de uma crise da sua própria identidade – trata-se de uma Administração Pública fora do Direito Administrativo.

---

[39] Para mais desenvolvimentos, cfr. PAULO OTERO, *Legalidade e Administração Pública*, pp. 282 ss.

[40] Cfr. FRITZ FLEINER, *Institutionen des Deutschen Verwaltungsrechts*, 8ª ed. Tübingen, 1928, p. 326; SILVIA DEL SAZ, *Desarrollo y Crisis del Derecho Administrativo. Su Reserva Constitucional*, in *Nuevas Perspectivas del Derecho Aministrativo. Tres Estudios*, Madrid, 1992, pp. 139 ss; E. HEUER, *Privatwirtschaftliche Wege und Modelle zu einem modernen (anderen?) Staat*, in DÖV, 1995, nº 3, pp.85 ss.; SANTIAGO GANZÁLEZ-VARAS IBÁÑEZ, *El Derecho Administrativo Privado*, Madrid, 1996, em especial, pp. 121 ss..

Em Portugal, o tema da fuga da Administração para o Direito Privado foi primeiramente referido por ROGÉRIO EHRARDT SOARES, *Administração Pública*, in *Polis*, I, 1983, pp. 139; IDEM, *Direito Administrativo*, lições proferidas ao Curso de Direito da Universidade Católica do Porto, s.d., hoje objeto de publicação em livro pela Associação Académica da Universidade Lusíada, Porto, 1992, pp. 57-58. A temática seria depois objeto de referência por SÉRVULO CORREIA, *Os Contratos Económicos Perante a Constituição*, in *Nos Dez da Constituição*, Lisboa, 1987, pp. 103-104. Tendo também constituído o título da dissertação de MARIA JOÃO ESTORNINHO, *A Fuga para o Direito Privado – Contributo para o estudo da actividade de direito privado da Administração Pública*, Coimbra, datada de 1996. E nós próprios, por último, a ele nos referimos em anteriores investigações, cfr. PAULO OTERO, *Vinculação e Liberdade de Conformação Jurídica do Sector Empresarial do Estado*, Coimbra, 1998, pp. 77 ss.; IDEM, *Direito Administrativo – Relatório*, pp. 229 ss. e 357; IDEM, *Legalidade e Administração Pública*, pp. 310 ss. Ainda sobre o tema, em Portugal, cfr. LUÍS CABRAL DE MONCADA, *A Administração Pública, a privatização e o direito público*, in *Estudos em Homenagem ao Prof. Doutor Armando M. Marques Guedes*, Coimbra, 2004, pp. 457 ss.

§1º ADMINISTRAR, ADMINISTRAÇÃO E DIREITO | 31

1.4.7. Num propósito de combater a ilicitude dos motivos subjacentes ao "regresso" da Administração Pública ao Direito Comum, libertando-se das vinculações do Direito Administrativo, o último meio século tem sido caracterizado por uma preocupação de limitar a atuação administrativa ao abrigo do Direito privado, administrativizando-a ou publicizando-a:
 (i) A vinculação da Administração Pública ao Direito e, por essa via, aos preceitos constitucionais dotados de aplicabilidade direta revela uma subordinação de toda a sua atividade, qualquer que seja o Direito que aplique, à Constituição;
 (ii) A utilização do Direito privado pela Administração Pública nunca pode ser igual a uma utilização de tais normas pelos particulares – se a prossecução do interesse público justificou antes o Direito Administrativo, a necessidade de garantia e tutela dos cidadãos perante o poder justifica hoje que o Direito privado aplicado pela Administração Pública não a liberte de limitações garantísticas;
 (iii) O Direito privado aplicado pela Administração Pública é um Direito privado administrativizado ou publicizado, sendo passível de comportar diferentes níveis ou graus de administrativização[41].

1.4.8. A administrativização do Direito privado aplicado pela Administração Pública permite falar num Direito Privado Administrativo ou num "Direito Administrativo Privado"[42], o qual vive num mundo paralelo ao

---

[41] Cfr. PAULO OTERO, *Legalidade e Administração Pública*, pp. 793 ss.
[42] Cfr. HANS WOLFF/OTTO BACHOF, *Verwaltungsrecht*, I, 9ª ed., München, 1974, pp. 108 ss.; SÉRVULO CORREIA, *Legalidade e Autonomia Contratual nos Contratos Administrativos*, Coimbra, 1987, pp. 389 ss., nota nº 99, e 503 ss.; INGO VON MÜNCH/DIRK EHLERS, *Verwaltung und Verwaltungsrecht im demokratischen und sozialen Rechtsstaat*, in HANS-UWE ERICHSEN/WOLFGANG MARTENS (org.), *Allgemeines Verwaltungsrecht*, 9ª ed., Berlin/New York, 1992, pp. 45 e 46; HANS-UWE ERICHSEN, *Das Verwaltungshandeln*, in HANS-UWE ERICHSEN/WOLFGANG MARTENS (org.), *Allgemeines Verwaltungsrecht*, 9ª ed., Berlin/New York, 1992, pp. 407 ss.; MARIA JOÃO ESTORNINHO, *Requiem pelo Contrato Administrativo*, Coimbra, 1990, pp. 174 ss.; IDEM, *A Fuga...*, pp. 121 ss.; SANTIAGO GANZÁLEZ-VARAS IBÁÑEZ, *El Derecho Administrativo Privado*, pp. 93 ss., e, em especial, pp. 103 ss.; PAULO OTERO, *Legalidade e Administração Pública*, pp. 311 ss.
Em Portugal, porém, a ideia de "Direito Administrativo Privado" terá sido introduzida pela primeira vez por ROGÉRIO EHRARDT SOARES, *Princípio da legalidade e Administração constitutiva*, in BFDC, 1981, p. 177.

32 | INTRODUÇÃO

Direito Administrativo puro[43]: a reunião de ambos habilita que se recorte um conceito amplo (e impróprio) de Direito Administrativo.

1.4.9. Independentemente do grau ou graus de administrativização do Direito privado aplicável pela Administração Pública, uma certeza existe: o Direito Administrativo não é o único ordenamento regulador da Administração Pública.

(B) Direito Administrativo e identidade da Administração Pública

1.4.10. Sabendo-se que a Administração Pública não encontra no Direito Administrativo o seu único complexo normativo regulador, podendo essa regulação fazer-se ao abrigo de normas provenientes de outros setores do ordenamento jurídico, uma inevitável dúvida se coloca: dever-se-á falar em Direito Administrativo ou em Direito da Administração Pública?

1.4.11. Sem que se saiba, neste momento, se o Direito Administrativo é exclusivo da Administração Pública ou, pelo contrário, se também poderá regular relações a que a Administração Pública é alheia[44], pode afirmar--se o seguinte:

(i) O Direito Administrativo é um ordenamento regulador da Administração Pública;

(ii) A Administração Pública não esgota a sua regulação jurídica no Direito Administrativo[45];

(iii) O Direito Administrativo é o ordenamento jurídico típico, comum[46] e matriz de regulação da Administração Pública[47] ou do exercício da função administrativa[48].

---

[43] Cfr. PAULO OTERO, *Direito Administrativo – Relatório*, pp. 231-232.

[44] Sobre o tema, cfr. PAULO OTERO, *Legalidade e Administração Pública*, pp. 827 ss.; FRANCISCO PAES MARQUES, *O conceito de Direito Administrativo: barroquismo conceptual inútil ou tábua de salvação no tsunami?*, in *Estudos em Homenagem ao Prof. Doutor Sérvulo Correia*, II, Coimbra, 2010, pp. 339 ss.; PEDRO MELO, *O Direito das Obras Públicas*, in PAULO OTERO/PEDRO GONÇALVES, *Tratado de Direito Administrativo Especial*, VI, Coimbra, 2012, pp. 550 ss.

[45] Cfr. PAULO OTERO, *Legalidade e Administração Pública*, pp. 810 ss.

[46] Neste sentido, cfr. AFONSO RODRIGUES QUEIRÓ, *Lições de Direito Administrativo*, I, Policop. Coimbra, 1976, p. 593.

[47] Cfr. SÉRVULO CORREIA, *Noções de Direito Administrativo*, I, Lisboa, 1982, pp. 50 ss.

[48] Neste último sentido, cfr. DIOGO FREITAS DO AMARAL, *Curso...*, I, 3ª ed., p. 155; MARCELO REBELO DE SOUSA/ANDRÉ SALGADO DE MATOS, *Direito Administrativo*

§1º ADMINISTRAR, ADMINISTRAÇÃO E DIREITO | 33

1.4.12. Uma vez que o Direito Administrativo não tem (nem nunca teve) o exclusivo ou o monopólio de regulação da Administração Pública, torna-se impossível a sua configuração como sendo o único ordenamento regulador da Administração Pública, nem se poderá definir como direito institucional exclusivo da Administração Pública: o Direito Administrativo é o Direito comum da função administrativa, sendo aplicável na ausência de norma habilitando a aplicação de qualquer outro ramo do sistema jurídico[49].

1.4.13. Configurado como direito comum da função administrativa, o Direito Administrativo torna-se elemento identificativo da matriz histórico-cultural da Administração Pública de cada país: o conhecimento da Administração Pública nunca se pode fazer sem tomar em consideração o Direito Administrativo vigente.

1.4.14. O Direito Administrativo, consubstanciando a matriz identitária do modelo de Administração Pública portuguesa, revela-se como um ordenamento jurídico que goza de uma reserva constitucional de regulação da Administração Pública[50]:

(i) O legislador não pode fazer desaparecer o Direito Administrativo, nem subtrair toda a Administração Pública à regulação proveniente das suas normas;

(ii) A existência de uma garantia constitucional de Direito Administrativo impede um fenómeno de privatização integral da regulação jurídica da Administração Pública.

1.4.15. O estudo do Direito Administrativo, atendendo à sua centralidade histórico-cultural e constitucional, enquanto matriz reguladora da

---

Geral, I, 2ª ed., Lisboa, 2006, p. 53; PAULO OTERO, *Legalidade e Administração Pública*, p. 811.

Acolhendo, igualmente, uma conceção de Direito Administrativo fundada na função administrativa, rejeitando as teses defensoras de uma conceção estatutária, cfr. FRANCISCO PAES MARQUES, *O conceito de Direito Administrativo...*, em especial, pp. 341 ss.

[49] Neste sentido, cfr. MARCELO REBELO DE SOUSA/ANDRÉ SALGADO DE MATOS, *Direito Administrativo...*, I, 2ª ed., p. 53.

[50] Para um desenvolvimento da reserva constitucional de Direito Administrativo, cfr. PAULO OTERO, *Vinculação e Liberdade...*, pp. 281 ss.; IDEM, *Legalidade e Administração Pública*, pp. 815 ss.

34 | INTRODUÇÃO

identidade da Administração Pública nacional, tem precedência e prevalência sobre uma análise vocacionada para o Direito da Administração Pública: a amplitude desta última abordagem faria diluir o essencial no acessório, o nuclear no periférico, sem que se compreendesse o sentido da própria "administrativização" das regulações da Administração Pública fora do Direito Administrativo puro.

1.5. Matriz identitária do Direito Administrativo

1.5.1. A matriz identitária do Direito Administrativo, permitindo recortar e autonomizar este ramo da ciência jurídica face a todos os demais, não reside no facto de regular a Administração Pública, isto num duplo sentido:

(i) O Direito Administrativo não é o único ordenamento regulador da Administração Pública;

(ii) Não é líquido que o Direito Administrativo se encontre excluído de regular relações jurídicas alheias à Administração Pública.

1.5.2. A matriz identitária do Direito Administrativo, diferenciando-o de todas as demais regulações da Administração Pública, reside nos seguintes traços essenciais[51]:

(i) A atribuição de poderes de autoridade à Administração Pública, se justificada na medida em que a prossecução do interesse público o exija, mostra-se comprovativa da participação administrativa no exercício de uma fração da soberania do Estado;

(ii) O reconhecimento de uma posição jurídica de supremacia da Administração Pública face aos destinatários das suas decisões, sem prejuízo da progressiva afirmação de posições jurídicas (substantivas, procedimentais e contenciosas) de vantagem dos particulares perante a Administração Pública;

(iii) A sujeição do exercício dos poderes de autoridade da Administração Pública a norma permissiva e ao respeito pelos limites decorrentes da legalidade e da constitucionalidade (: princípio da juridicidade) e ainda a controlo judicial;

---

[51] Em sentido diferente, definindo os traços do "regime administrativo português atual", cfr. MARCELO REBELO DE SOUSA/ANDRÉ SALGADO DE MATOS, *Direito Administrativo...*, I, 2ª ed., pp. 126 ss.

(iv) A configuração do órgão superior do poder executivo como titular de um estatuto reforçado de poderes administrativos face a todos os restantes centros de decisão administrativa;

(v) A inserção evolutiva das instituições administrativas no âmbito do sistema administrativo de modelo francês, sem prejuízo da progressiva abertura a influências alemã e da União Europeia.

1.5.3. A matriz resultante do conteúdo do Direito Administrativo, sendo um elemento da identidade cultural do sistema administrativo de um Estado, mostra-se objeto de tutela constitucional, seja à luz da Constituição formal ou da Constituição material consuetudinária, limitando a margem de liberdade conformadora do legislador: a matriz identitária do Direito Administrativo não pode ser objeto de uma brusca descaracterização que, por efeito da importação legislativa acrítica de soluções estrangeiras, se mostre lesiva do património cultural português – no limite, uma mudança radical da matriz identitária do sistema administrativo poderá encontrar-se ferida de inconstitucionalidade.

1.5.4. A existência de uma matriz identitária no Direito Administrativo tem também projeção metodológica ao nível da interpretação, aplicação e integração de lacunas das suas normas.

§2º BIBLIOGRAFIA PORTUGUESA

2.1. Manuais e lições de Direito Administrativo Geral

2.1.1. Num primeiro momento histórico, correspondendo ao ensino universitário das matérias de Direito Administrativo anterior ao constitucionalismo formal (1822), salientam-se as seguintes principais obras:

– FREIRE, Pascoal José de Mello, *Institutiones Juris Civilis Lusitani cum publici tum privati*, I, Lisboa, 1789[52];

---

[52] Encontra-se digitalizada a tradução feita pelo Dr. Miguel Pinto de Meneses, publicada no *Boletim do Ministério da Justiça*, nºs 161 e seg., sob a epígrafe de *Instituições de Direito Civil Português Tanto Público como Particular*, in http://www.fd.unl.pt/Anexos/Investigacao/1077.pdf

36 | INTRODUÇÃO

- NOGUEIRA, Ricardo Raimundo, *Prelecçoens de Direito Patrio*, 2 vols., manus., Coimbra, 1785-1786[53];
- SAMPAIO, Francisco Coelho de Souza e, *Prelecções de Direito Patrio Publico, e Particular*, Coimbra, 1793.

2.1.2. Um segundo momento, abrangendo o período que vai de 1822 até às vésperas do atual texto constitucional (1976), o estudo das matérias integrantes do Direito Administrativo durante a Monarquia Constitucional, a Primeira República e o Estado Novo pode encontrar nas seguintes obras genéricas:
- ALMEIDA, António Ribeiro da Costa e, *Elementos de Direito Público e Administrativo Portuguez*, Porto, 1885;
- AMARAL, Diogo Freitas do, *Sumários de Direito Administrativo – I e II*, Policop., Lisboa, 1972-1973;
- CAETANO, Marcello[54]

---

[53] Das *Prelecções* de Ricardo Raimundo Nogueira conhecem várias versões manuscritas, sendo de destacar as duas seguintes: há na Biblioteca da Faculdade de Direito de Lisboa uma primeira edição datada do ano letivo de 1785-1786 (: A-900, ob. nº. 18460) e, por outro lado, existe na Biblioteca da Faculdade de Direito da Universidade de Coimbra uma edição datada de 1796 (C-16-7 – reservado -, ob. nº. 12790), a qual serviu de base a uma edição impressa de 1858. Note-se, porém, que a referida edição impressa – sob a epígrafe de *Prelecções de Direito Público Interno de Portugal*, Coimbra, Impressa da Universidade, 1858 (agora digitalizada, disponível in http://bibdigital.fd.uc.pt/D-14-4/D-14-4_item2/D-14-4_PDF/D-14-4_PDF_01--C-R0120/D-14-4.pdf) – cobre apenas uma parte da versão manuscrita existente na Biblioteca da Faculdade de Direito da Universidade de Coimbra.
Há notícia, igualmente, de existir uma publicação da parte preliminar do Direito Pátrio no volume 3º do *Jornal de Jurisprudencia* de Coimbra, e a parte de Direito Público ter sido também publicada nos volumes 6º e 8º do *Instituto*, de 1858 e 1860, cfr. JOSÉ FREDERICO LARANJO, *Principios de Direito Politico e Direito Constitucional Portuguez*, Coimbra, 1905, p. 74.
[54] Para uma análise do contributo de Marcello Caetano como jusadministrativista, cfr. ANDRÉ GONÇALVES PEREIRA, *Marcello Caetano – Professor da Faculdade de Direito de Lisboa*, in *Revista da Faculdade de Direito da Universidade de Lisboa*, 1987, pp. 179 ss.; IDEM, *Marcello Caetano, Universitário*, in *Estudos em Homenagem ao Professor Doutor Marcello Caetano – No Centenário do seu Nascimento*, I, Coimbra, 2006, pp. 183 ss.; DIOGO FREITAS DO AMARAL, *Marcello Caetano: o grande construtor do Direito Administrativo português*, in *Estudos em Homenagem ao Professor Doutor Marcello Caetano – No Centenário do seu Nascimento*, I, Coimbra, 2006, pp. 313 ss.; PAULO OTERO, *Marcello Caetano e o ensino do Direito Adminis-*

§2º BIBLIOGRAFIA PORTUGUESA | 37

- *Direito Administrativo* (lições coligidas por António Gomes, Lopes de Sousa, Nunes Correia e Sanches de Baena), Lisboa, 1934;
- *Formas da Actividade Administrativa* (lições coligidas por António de Castro Guimarães), Lisboa, 1935;
- *Manual de Direito Administrativo*, 1ª ed., Lisboa, 1937; 2ª ed., Coimbra, 1947; 3ª ed., Coimbra, 1951; 4ª ed., Coimbra, 1957; 5ª ed., Coimbra, 1960; 6ª ed., Coimbra, 1963; 7ª ed., Coimbra, 1965; I, 8ª ed., Coimbra, 1968; 9ª ed., Coimbra, 1970; 10ª ed., reimp., Coimbra, 1980; II, 9ª ed., Coimbra, 1972; reimp., Coimbra, 1980;
- *Tratado Elementar de Direito Administrativo*, I, Coimbra, 1943;
- COLLAÇO, João Maria Tello de Magalhães[55]
  - *Apontamentos de Direito Administrativo* (coligidos por Fernando de Lacerda Castelo Branco e António Baptista de Sousa Pedrosa), dat., Coimbra, s.d.[56];
  - *Lições de Direito Administrativo* (coligidas por F. Gomes Motta), Coimbra, 1916;
  - *Lições de Direito Administrativo* (coligidas por Carlos A.L. Moreira) referentes ao ano letivo de 1917/1918, posteriormente publicadas, em 2ª edição, sob a epigrafe *Direito Administrativo* (lições coligidas por Carlos A.L. Moreira), Porto, 1924;
  - *Lições de Direito Administrativo* (coligidas por A. Queiroz Martins, Simões Correia e Ferreira Junior), Lisboa, 1924;
- FIGUEIREDO, Cândido de, *Rudimentos de Direito Administrativo Portuguez*, Lisboa, 1884[57]; 2ª ed., Lisboa, 1885;
- FREITAS, António Justino de, *Instituições de Direito Administrativo Portuguez*, Coimbra, 1857; 2ª ed., Coimbra, 1861[58];

---

trativo, in *Estudos em Homenagem ao Professor Doutor Marcello Caetano – No Centenário do seu Nascimento*, II, Coimbra, 2006, pp. 509 ss.

[55] Para uma análise do contributo científico de Magalhães Collaço, cfr. DIOGO FREITAS DO AMARAL, *Vida e Obra do Prof. João Tello de Magalhães Collaço (No primeiro centenário do seu nascimento)*, in OD, ano 126º, 1994, I-II, pp. 11 ss.; PAULO OTERO, *Direito Administrativo – Relatório*, 2ª ed., pp. 75 ss.

[56] Digitalizados, in http://www.fd.unl.pt/Anexos/Investigacao/1064.pdf

[57] A 1ª edição desta obra encontra-se digitalizada, in http://www.fd.unl.pt/Anexos/Investigacao/1887.pdf

[58] Digitalizadas, in http://www.fd.unl.pt/Anexos/Investigacao/1111.pdf

38 | INTRODUÇÃO

- GARCIA, Manuel Emídio[59]
- GARCIAS, J.A. Ismael, *Principios de Direito Administrativo*, Nova Goa, 1898[60];
- GUEDES, Armando Marques, *Direito Administrativo*, Policop., AAFDL, Lisboa, 1955-56 e, 2ª ed., AAFDL, Lisboa, 1957-58;
- LARANJO, José Frederico
  - *Lições de Direito Administrativo para o curso de 1882 a 1883*, Coimbra, Lyth Academica, s.d.;
  - *Principios e Instituições de Direito Administrativo*, Coimbra, 1888; 2ª ed., Coimbra, 1894[61];
- MOREIRA, José Carlos Martins, *Direito Administrativo* (lições coligidas por Araújo Barros e Carlos Grilo), Coimbra, 1939;
- NEVES, Ludgero, *Direito Administrativo* (lições coligidas por Arthur de Campos Figueira), Lisboa, 1917[62];
- PEDROSA, A. L. Guimarães
  - *Curso de Ciência da Administração e Direito Administrativo*, I, 2ª ed., Coimbra, 1908[63]; II, 2ª ed., Coimbra, 1909, incluindo o Apêndice – O contencioso administrativo[64];
  - *Curso de Sciencia da Administração e Direito Administrativo*, I, Coimbra, 1904; II, Coimbra, 1906;
  - *Direito Administrativo* (lições coligidas por José Moura e A. Portocarrero), litogradado, Coimbra, 1894/1895;
  - *Direito Administrativo*. Exposição das lições sobre tutela, proferidas pelo Exmª. Snr. Dr. Guimarães Pedrosa e coligidas por João Maria de Magalhães Collaço, Coimbra, 1912;
  - *Lições de Administração e de Direito Administrativo*, litografado, Coimbra, 1902-1903;

---

[59] Há a notícia de existirem umas lições de Direito Administrativo deste autor, referentes ao ano lectivo de 1874/1875 (cfr. PAULO MERÊA, *Esboço de uma História da Faculdade de Direito*, in BFDUC, 1954, pp. 152-153), apesar de não ter sido possível encontrá-las.

[60] Digitalizados, in http://www.fd.unl.pt/Anexos/Investigacao/2189.pdf

[61] A 2ª edição da obra encontra-se digitalizada, in http://www.fd.unl.pt/Anexos/Investigacao/1071.pdf

[62] Digitalizado, in http://www.fd.unl.pt/Anexos/Investigacao/1073.pdf

[63] Digitalizada, in http://www.fd.unl.pt/Anexos/Investigacao/942.pdf

[64] Digitalizada, in http://www.fd.unl.pt/Anexos/Investigacao/943.pdf

- *Lições de Direito Administrativo* (lições coligidas por Ferreira Gomes e Daniel Rodrigues), litografado, Coimbra, 1896/1897[65];
- PINTO, Basílio Alberto de Sousa, *Apontamentos de Direito Administrativo com referencia ao Codigo Administrativo Portuguez de 18 de Março de 1842* (lições coligidas pelos alunos Lopo José Dias de Carvalho e Francisco d'Albuquerque Couto), Coimbra, 1849[66];
- QUEIRÓ, Afonso Rodrigues
  - *Lições de Direito Administrativo*, I, policop., Coimbra, 1956;
  - *Lições de Direito Administrativo*, 2 vols., policop., Coimbra, 1957 e 1959;
- SARAIVA, Alberto da Cunha Rocha
  - *Lições de Direito Administrativo* (lições coligidas por Augusto Oliveira), Coimbra, 1914[67];
  - *Princípios de Direito Administrativo Português* (lições coligidas por Jacinto Rodrigues Bastos), Lisboa, 1932;
  - *Resumo de Direito Administrativo* (lições coligidas por Domingos Simões Trincão), Coimbra, 1916[68];
- SOUSA, Augusto Guilherme, *Ensaio sobre as «Instituições de Direito Administrativo Português» do Exmo. Sr. Justino António de Freitas*, Coimbra, 1859[69];
- VITAL, Domingos Fezas
  - *Direito Administrativo Português. Segundo o plano das lições feitas na Universidade de Coimbra, pelo Sr. Dr. Domingos Fézàs Vital, nos anos de 1923 e 1926. Vol 1º, Introdução (Princípios gerais) e Teoria geral do acto administrativo* (lições coligidas por António Batoque e António César Marques Abranches), Coimbra, s.d.;
  - *Direito Administrativo Português. De harmonia com as prelecções do Excelentíssimo Senhor Doutor Domingos Fézàs Vital, ao curso do 2º ano jurídico de 1929-1930* (lições coligidas por Afonso Leite de Sampaio, Alberto Lopes Madeira e Eduardo Martins Manso), Coimbra, 1930.

---

[65] Há ainda a notícia de terem ainda sido publicadas "sebentas" litografadas, da autoria de Guimarães Pedrosa, referentes aos anos lectivos de 1892/1893 e 1901/1902, cfr. PAULO MERÊA, *Esboço...*, (1954), pp. 156 ss.

[66] Digitalizados, in http://www.fd.unl.pt/Anexos/Investigacao/1950.pdf

[67] Digitalizadas, in http://www.fd.unl.pt/Anexos/Investigacao/937.pdf

[68] Sobre a atribuição destas lições a Rocha Saraiva, uma vez que o texto impresso de Domingos Trincão é omisso, cfr. PAULO OTERO, *Direito Administrativo – Relatório*, pp. 63-64.

[69] Digitalizado, in http://www.fd.unl.pt/Anexos/Investigacao/1943.pdf

40 | INTRODUÇÃO

2.1.3. Um terceiro e último momento, correspondendo ao período que se iniciou com a entrada em vigor da Constituição de 1976 e que vem até ao presente, o estudo do Direito Administrativo encontra a sua expressão nos seguintes textos:

- ALMEIDA, Mário Aroso de, *Teoria Geral do Direito Administrativo: temas nucleares*, Coimbra, 2012;
- AMARAL, Diogo Freitas do[70]
  - *Curso de Direito Administrativo*, I, 1ª ed., Coimbra, 1986[71]; 2ª ed., Coimbra, 1994; 3ª ed., Coimbra, 2006; II, 1ª ed., Coimbra, 2001[72]; 2ª ed., Coimbra, 2011;
  - *Direito Administrativo*, 3 vols., policop., Lisboa, 1983-84;
  - *Direito Administrativo*, 4 vols., policop., Lisboa, 1985 a 1989 (I, 1986; II, 1988; III, 1985 e 1989; IV, 1985 e 1988);
  - *Direito Administrativo e Ciência da Administração*, 2 vols., policop., Universidade Católica, Lisboa, 1978 e 1979;
- ANDRADE, José Carlos Vieira de Andrade
  - *Introdução ao Direito Administrativo, Sumários das Lições de Direito Administrativo*, policop., Coimbra, 2009-2010;
  - *Direito Administrativo e Fiscal*, dact., Coimbra, s.d.;
  - *Lições de Direito Administrativo*, 1ª ed., Coimbra, 2010; 2ª ed., Coimbra, 2011;
  - *Sumários de Direito Administrativo* (2º Ano, 1ª Tuma), policop., Coimbra, 2006-2007;
- ANTUNES, Luís Filipe Colaço, *A Ciência Jurídica Administrativa*, Coimbra, 2012;
- CAUPERS, João
  - *Direito Administrativo I – Guia de estudo*, Lisboa, 1995;
  - *Introdução ao Direito Administrativo*, 10ª ed., Lisboa, 2009;

---

[70] Para uma apreciação do ensino e da obra de Diogo Freitas do Amaral como jusadministrativista, cfr. PAULO OTERO, *Direito Administrativo – Relatório*, 2ª ed., pp. 125 ss.; MARCELO REBELO DE SOUSA, *Diogo Freitas do Amaral. O Académico, o Pedagogo e o Administrativista*, in *Em Homenagem ao Professor Doutor Diogo Freitas do Amaral*, Coimbra, 2010, pp. 1403 ss.

[71] Para uma recensão da obra, cfr. AFONSO D'OLIVEIRA MARTINS, *Diogo Freitas do Amaral – Curso de Direito Administrativo (volume I)*, in ED, nº 1, 1987-88, pp. 134 ss.

[72] Para uma recensão da obra, cfr. AFONSO D'OLIVEIRA MARTINS, *Diogo Freitas do Amaral – Curso de Direito Administrativo (volume II)*, in ED, nº 27/44, 2001-2009, pp. 379 ss.

§2º BIBLIOGRAFIA PORTUGUESA | 41

- CORREIA, José Manuel Sérvulo[73]
  - *Direito Administrativo*, policop., AAFDL, Lisboa, 1977-78 e 1979-80;
  - *Noções de Direito Administrativo*, I, Lisboa, 1982;
- DIAS, José Eduardo Figueiredo; OLIVEIRA, Fernanda Paula, *Noções Fundamentais de Direito Administrativo*, 2ª ed., Coimbra, 2010;
- FONSECA, Guilherme da, *Direito Administrativo (Sumários desenvolvidos)*, AAFDL, Lisboa, 1993;
- GARCIA, Maria da Glória Ferreira Pinto Dias, *Direito Administrativo*, Parte III, dact., Universidade Católica, Lisboa, 1997/1998;
- MACHADO, João Baptista, *Lições de Introdução ao Direito Público*, in JOÃO BAPTISTA MACHADO, *Obra Dispersa*, II, Braga, 1993, pp. 203 ss.
- MELO, António M. Barbosa de, *Direito Administrativo II (A protecção jurisdicional dos cidadãos perante a Administração Pública)*, lições dact., Coimbra, 1987;
- OLIVEIRA, Mário Esteves de
  - *Direito Administrativo*, policop., Lisboa, 1979;
  - *Direito Administrativo*, I, 2ª Reimp., Coimbra, 1984;
- QUEIRÓ, Afonso Rodrigues, *Lições de Direito Administrativo*, I, policop., Coimbra, 1976;
- SÁ, Luís, *Introdução ao Direito Administrativo – Caderno de Apoio*, Univ. Aberta, Lisboa, 1999;
- SOARES, Rogério Ehrhardt
  - *Direito Administrativo*, policopiado, Coimbra, 1978;
  - *Direito Administrativo*, lições dactilografadas proferidas na Universidade Católica Portuguesa – Faculdade de Ciências Humanas do Curso de Direito do Porto, sem data, posteriormente objeto de publicação em livro pela Associação Académica da Universidade Lusíada, Porto, 1992;
- SOUSA, António Francisco de, *Direito Administrativo*, Porto, 2009;
- SOUSA, Marcelo Rebelo de, *Lições de Direito Administrativo*, I, Lisboa, 1994/1995; 2ª ed., Lisboa, 1999:
- SOUSA, Marcelo Rebelo de; MATOS, André Salgado de, *Direito Administrativo Geral*, I, 2ª ed., Lisboa, 2006; III, Lisboa, 2007;

---

[73] Para uma apreciação do contributo de Sérvulo Correia no ensino do Direito Administrativo e como jusadministrativista, cfr. PAULO OTERO, *Direito Administrativo – Relatório*, 2ª ed., pp. 120 ss.; MARCELO REBELO DE SOUSA, *José Manuel Sérvulo Correia – Uma vida, uma obra*, in *Estudos em Homenagem ao Prof. Doutor Sérvulo Correia*, IV, Coimbra, 2010, pp. 883 ss.;

42 | INTRODUÇÃO

- SOUSA, Nuno Albuquerque
  - *Direito Administrativo* (sumários das lições ao 3º ano), dact., Coimbra, 1990/91;
  - *Noções de Direito Administrativo*, Coimbra, 2011.

2.1.4. Uma breve referência ainda, a título de excurso, a manuais estrangeiros de Direito Administrativo que, em Portugal ou no Brasil, foram traduzidos para língua portuguesa:

- BONNIN, *Extracto dos Princípios Fundamentais do Sistema Administrativo de França por Mr. Bonnin e a sua comparação com os de Portugal* (tradução de Francisco Soares Franco), Lisboa, 1822[74];
- MAURER, Hartmut, *Direito Administrativo Geral*, (tradução de Luís Afonso Heck), Barueri, 2006;
- RIVERO, Jean, *Direito Administrativo* (tradução de Rogério E. Soares), Coimbra, 1981;
- WEIL, Prosper, *O Direito Administrativo* (tradução de Maria da Glória F. Pinto), Coimbra, 1977;
- WOLFF, Hans J.; BACHOF, Otto; STOBER, Rolf, *Direito Administrativo*, I, (tradução de A. F. Sousa), Lisboa, 2006.

2.2. Dissertações de doutoramento publicadas

2.2.1. Dissertações de doutoramento anteriores à Constituição de 1976:
- AMARAL, Diogo Freitas do, *A Execução das Sentenças dos Tribunais Administrativos*, Lisboa, 1967; 2ª ed., Coimbra, 1997;
- BARRIGA, António Pinto de Meirelles, *Da Validade dos Actos Administrativos e Regulamentares*, I, Lisboa, 1921[75];
- GUEDES, Armando Marques, *A Concessão (Estudo de direito, ciência e política administrativa)*, I, Coimbra, 1954;

---

[74] Digitalizados, in http://www.fd.unl.pt/Anexos/Investigacao/1976.pdf
Note-se que a primeira edição do livro de BONNIN, *Principes d'Administration*, data de 1808, tendo aparecido uma segunda edição em 1809 e uma terceira em 1812. Entretanto, a obra foi traduzida para alemão e italiano, cfr. BONNIN, *Abrégé des Principes d'Administration*, Paris, 1829, p. v, nota nº 1, da advertência do editor.

[75] Digitalizado, in http://www.fd.unl.pt/Anexos/Investigacao/1922.pdf

§2º BIBLIOGRAFIA PORTUGUESA | 43

- MACHADO, João de Melo, *Teoria Jurídica do Contrato Administrativo*, Coimbra, 1936;
- MATTA, José Caeiro da, *O Direito de Propriedade e a Utilidade Pública – Das expropriações*, I, Coimbra, 1906,
- MOREIRA, José Carlos Martins, *Do Domínio Público*, I, Coimbra, 1931;
- PEREIRA, André Gonçalves[76], *Erro e Ilegalidade no Acto Administrativo*, Lisboa, 1962;
- QUEIRÓ, Afonso Rodrigues, *O Poder Discricionário da Administração*, Coimbra, 1944;
- SOARES, Rogério Ehrhardt, *Interesse Público, Legalidade e Mérito*, Coimbra, 1955;
- VALENTE, Luiz Costa da Cunha, *A Hierarquia Administrativa*, Coimbra, 1939;
- XAVIER, Alberto, *Conceito e Natureza do Acto Tributário*, Coimbra, 1972.

2.2.2. Dissertações de doutoramento posteriores à entrada em vigor da Constituição de 1976:
- ALMEIDA, Mário Aroso de, *Anulação de Actos Administrativos e Relações Jurídicas Emergentes*, Coimbra, 2002[77];
- ANDRADE, José Carlos Vieira de Andrade, *O Dever da Fundamentação Expressa de Actos Administrativos*, Coimbra, 1991;
- ANTUNES, Luís Filipe Colaço, *O Procedimento Administrativo de Avaliação de Impacto Ambiental*, Coimbra, 1998[78];
- CARVALHO, Raquel, *As Invalidades Contratuais nos Contratos Administrativos de Solicitação de Bens e Serviços*, Coimbra, 2010;

---

[76] Para uma apreciação do contributo de André Gonçalves Pereira para a ciência jusadministrativa portuguesa, cfr. MARCELO REBELO DE SOUSA, *André Gonçalves Pereira – O notável administrativista*, in *Homenagem ao Prof. Doutor André Gonçalves Pereira*, Coimbra, 2006, pp. 463 ss.

[77] Para uma apreciação científica desta dissertação, cfr. DIOGO FREITAS DO AMARAL, *Apreciação da dissertação de doutoramento do Mestre Mário Aroso de Almeida*, in THEMIS, ano II, nº 3, 2001, pp. 305 ss. (igualmente publicada em DIOGO FREITAS DO AMARAL, *Estudos de Direito Público e Matérias Afins*, II, Coimbra, 2004, pp. 411 ss.).

[78] Para uma apreciação científica desta dissertação, cfr. MARIA DA GLÓRIA FERREIRA PINTO DIAS GARCIA, *Arguição da dissertação de doutoramento em ciências jurídico-políticas do Mestre Luís Filipe Colaço Antunes*, in RFDUL, 1998, nº 2, pp. 839 ss.

44 | INTRODUÇÃO

- CATARINO, Luís Guilherme, *Regulação e Supervisão dos Mercados de Instrumentos Financeiros – Fundamento e Limites do Governo e Jurisdição das Autoridades Independentes*, Coimbra, 2010;
- CAUPERS, João, *A Administração Periférica do Estado – Estudo de ciência da administração*, Lisboa, 1994;
- CORREIA, Fernando Alves, *O Plano Urbanístico e o Princípio da Igualdade*, Coimbra, 1989[79];
- CORREIA, José Manuel Sérvulo, *Legalidade e Autonomia Contratual nos Contratos Administrativos*, Coimbra, 1987[80];
- DOURADO, Ana Paula, *O Princípio da Legalidade Fiscal – Tipicidade, conceitos jurídicos indeterminados e margem de livre apreciação*, Coimbra, 2007;
- DUARTE, David Peixoto, *A Norma de Legalidade Procedimental Administrativa – A teoria da norma e a criação de normas de decisão na discricionariedade instrutória*, Coimbra, 2006;
- ESTORNINHO, Maria João, *A Fuga para o Direito Privado – Contributo para o estudo da actividade de direito privado da Administração Pública*, Coimbra, 1996[81];
- FONSECA, Celeste M., *Processo Temporalmente Justo e Urgência – Contributo para a autonomização da categoria da tutela jurisdicional de urgência na Justiça administrativa*, Coimbra, 2009;
- FONSECA, Rui Guerra da, *O Fundamento da Autotutela Executiva da Administração Pública – Contributo para a sua compreensão como problema jurídico-político*, Coimbra, 2012;
- FREITAS, Lourenço Vilhena de, *Os Contratos de Direito Público da União Europeia no Quadro do Direito Administrativo Europeu*, 2 vols., Coimbra, 2012;

---

[79] Para uma apreciação científica desta dissertação, cfr. DIOGO FREITAS DO AMARAL, *Apreciação da dissertação de doutoramento do Licenciado Fernando Alves Correia «O Plano Urbanístico e o Princípio da Igualdade»*, in RFDUL, 1991, pp. 91 ss. (igualmente publicada em DIOGO FREITAS DO AMARAL, *Estudos...*, II, pp. 355 ss.).

[80] Para uma apreciação científica desta dissertação, cfr. DIOGO FREITAS DO AMARAL, *Apreciação da dissertação de doutoramento do Lic. J.M. Sérvulo Correia – «Legalidade e autonomia contratual nos contratos administrativos»*, in RFDUL, 1988, pp. 159 ss. (igualmente publicada em DIOGO FREITAS DO AMARAL, *Estudos...*, II, pp. 337 ss.).

[81] Para uma recessão desta obra, cfr. AFONSO D'OLIVEIRA MARTINS, *Maria João Estorninho – A Fuga para o Direito Privado – Contributo para o estudo da actividade de direito privado da Administração Pública*, in ED, nº 17/18, 1996, pp. 238 ss.

§2º BIBLIOGRAFIA PORTUGUESA | 45

- GARCIA, Maria da Glória Ferreira Pinto Dias, *Da Justiça Administrativa em Portugal – Sua origem e evolução*, Lisboa, 1994;
- GOMES, Carla Amado, *Risco e Modificação do Acto Autorizativo Concretizador de Deveres de Protecção do Ambiente*, Coimbra, 2007;
- GONÇALVES, Pedro, *Entidades Privadas com Poderes Públicos*, Coimbra, 2005[82];
- LEITÃO, Alexandra, *Contratos Interadministrativos*, Coimbra, 2011;
- MACHETE, Pedro, *Estado de Direito Democrático e Administração Paritária*, Coimbra, 2007;
- MEIRIM, José Manuel, *A Federação Desportiva como Sujeito Público do Sistema Desportivo*, Coimbra, 2002;
- MIRANDA, João, *A Função Pública Urbanística e o seu Exercício por Particulares*, Coimbra, 2012;
- MONCADA, Luís S. Cabral de, *Lei e Regulamento*, Coimbra, 2002[83];
- MONIZ, Ana Raquel Gonçalves, *A Recusa de Aplicação de Regulamentos pela Administração com Fundamento em Invalidade*, Coimbra, 2012;
- MOREIRA, Vital, *Auto-Regulação Profissional e Administração Autónoma (A organização institucional do vinho do Porto)*, 2 vols., Coimbra, 1996[84], objecto de publicação em duas monografias separadas (: *Administração Autónoma e Associações Públicas*, Coimbra, 1997, e *Auto-Regulação Profissional e Administração Pública*, Coimbra, 1997);
- OLIVEIRA, Fernanda Paula, *A Discricionariedade de Planeamento Urbanístico Municipal na Dogmática Geral da Discricionariedade Administrativa*, Coimbra, 2011;

---

[82] Para uma apreciação científica desta dissertação, cfr. PAULO OTERO, «*Exercício de Poderes Públicos de Autoridade por Entidades Privadas com Funções Administrativas*» – *Arguição da dissertação de doutoramento do Mestre Pedro Gonçalves*, in RFDUL, 2005, nº 1, pp. 841 ss.

[83] Para uma apreciação científica desta dissertação, cfr. DIOGO FREITAS DO AMARAL, *Apreciação da dissertação de doutoramento do Mestre Luís Cabral de Moncada*, in THEMIS, ano II, nº 4, 2001, pp. 225 ss. (igualmente publicada em DIOGO FREITAS DO AMARAL, *Estudos...*, II, pp. 423 ss.).

[84] Para uma apreciação científica desta dissertação, cfr. DIOGO FREITAS DO AMARAL, *Apreciação da dissertação de doutoramento do Mestre Vital Moreira: "Auto-regulação profissional e administração autónoma (A organização institucional do Vinho do Porto)"*, in RFDUL, 1998, nº 2, pp. 831 ss. (igualmente publicada em DIOGO FREITAS DO AMARAL, *Estudos...*, II, pp. 399 ss.).

46 | INTRODUÇÃO

- OTERO, Paulo, *O Poder de Substituição em Direito Administrativo: Enqua-dramento dogmático-constitucional*, 2 vols., Lisboa, 1995[85];
- RAIMUNDO, Miguel Assis, *A Formação dos Contratos Administrativos – Uma concorrência ajustada ao interesse público*, Lisboa, 2013;
- SILVA, Vasco Pereira da, *Em Busca do Acto Administrativo Perdido*, Coimbra, 1996[86].

2.3. Relatórios académicos sobre o ensino do Direito Administrativo

2.3.1. No âmbito de concursos e provas universitárias, por efeito do Estatuto da Carreira Docente Universitária e do regime das provas de agregação, os últimos anos têm registado a publicação de diversos relatórios sobre o programa, os conteúdos e os métodos de ensino de cadeiras de Direito Administrativo ou, pelo menos, de matérias subsumíveis no âmbito da atividade administrativa.

Diferenciaremos, neste contexto, dois tipos de relatórios: os que incidem sobre o designado Direito Administrativo geral e, num segundo momento, aqueles que têm por objeto matérias de Direito Administrativo especial.

2.3.2. Relatórios de Direito Administrativo geral:
- AMARAL, Diogo Freitas do, *Relatório sobre o Programa, os Conteúdos e os Métodos de uma Disciplina de Direito Administrativo*, in RFDUL, 1985, pp. 257 ss., também publicado em DIOGO FREITAS DO AMARAL, *Estudos...*, II, pp. 253 ss.;

---

[85] Para uma apreciação científica desta dissertação, cfr. JORGE MIRANDA, *Arguição da dissertação de doutoramento em Direito (ciências jurídico-políticas) do Mestre Paulo Otero*, in RFDUL, 1996, nº 2, pp. 615 ss.
Para uma recessão da obra, cfr. AFONSO D'OLIVEIRA MARTINS, *Paulo Otero – O Poder de Substituição em Direito Administrativo: enquadramento dogmático-constitucional*, in ED, nº 17/18, 1996, pp. 218 ss.
[86] Para uma apreciação científica desta dissertação, cfr. DIOGO FREITAS DO AMARAL, *Apreciação da dissertação de doutoramento do Mestre Vasco Pereira da Silva*, in DJ, 1996, II, pp. 255 ss. (igualmente publicada em DIOGO FREITAS DO AMARAL, *Estudos...*, II, pp. 372 ss.).
Para uma recessão da obra, cfr. AFONSO D'OLIVEIRA MARTINS, *Vasco Pereira da Silva – Em Busca do Acto Administrativo Perdido*, in ED, nº 17/18, 1996, pp. 232 ss.

– Otero, Paulo, *Direito Administrativo – Relatório de uma disciplina apresentado no concurso para professor associado na Faculdade de Direito da Universidade de Lisboa*, Lisboa, 1998[87]; *Direito Administrativo – Relatório*, 2ª ed., publicado em suplemento à RFDUL, Lisboa, 2001.

2.3.3. Relatórios sobre ramos ou matérias de Direito Administrativo especial:

– Correia, Fernando Alves, *Direito Administrativo – 5º Ano (Direito do Urbanismo). Relatório Sobre o Programa, os Conteúdos e os Métodos de Ensino*, in Fernando Alves Correia, *Estudos de Direito do Urbanismo*, Coimbra, 1997, pp. 9 ss.;

– Correia, José Manuel Sérvulo, *Direito Administrativo II (Contencioso Administrativo). Relatório sobre Programa, Conteúdo e Métodos de Ensino*, Lisboa, 1993, posteriormente publicado na RFDUL, 1994, nº 1, pp. 57 ss,;

– Estorninho, Maria João
  • *Contratos da Administração Pública (Esboço de autonomização curricular)*, Coimbra, 1999;
  • *Organização Administrativa da Saúde – Relatório Sobre o Programa, os Conteúdos e os Métodos de Ensino*, Coimbra, 2008[88];

– Garcia, Maria da Glória Ferreira Pinto Dias, *Direito do Urbanismo – Relatório*, Lisboa, 1999;

– Marcos, Rui Manuel de Figueiredo, *História da Administração Pública – Relatório Sobre o Programa, os Conteúdos e os Métodos de Ensino*, Coimbra, 2006;

– Medeiros, Rui, *Responsabilidade Civil dos Poderes Públicos – Ensinar e investigar*, Lisboa, 2005;

– Mesquita, Maria José Rangel de, *Direito Administrativo III – Responsabilidade civil extracontratual decorrente do exercício da função administrativa. Relatório sobre o programa, conteúdos e métodos de ensino teórico e prático*, sep. RFDUL, Lisboa, 2012;

---

[87] Para uma apreciação científica do relatório, cfr. Jorge Miranda, *Parecer sobre o relatório com o programa, os conteúdos e os métodos do ensino teórico e prático da cadeira de Direito Administrativo – I apresentado pelo Doutor Paulo Otero*, in RFDUL, 1999, nºs 1 e 2, pp. 717 ss.

[88] Para uma apreciação científica do relatório, cfr. Jorge Miranda, *Apreciação do Relatório sobre a disciplina de Organização Administrativa da Saúde apresentado pela Profª. Doutora Maria João Estorninho em provas de agregação*, in RFDUL, 2007, pp. 575 ss.

48 | INTRODUÇÃO

- MORAIS, Luís Domingos da Silva, *Direito da Concorrência – Perspectivas do seu ensino*, Coimbra, 2009;
- MOREIRA, Vital, *Organização Administrativa*, Coimbra, 2001;
- SANCHES, J.L. Saldanha, *Direito Económico – Um projecto de reconstrução*, Coimbra, 2008;
- SILVA, Vasco Pereira da
  - *Ensinar Direito (a Direito) Contencioso Administrativo*, Coimbra, 1999.
  - *Ensinar Verde a Direito – Estudo de Metodologia do Ensino do Direito do Ambiente (em 'Ambiente de Bolonha')*, Coimbra, 2006.

§3º BIBLIOGRAFIA ESTRANGEIRA

3.1. Bibliografia europeia de matriz continental

3.1.1. Bibliografia alemã
- ACHTERBERG, Norbert
  - *Allgemeines Verwaltungsrecht – Ein Lehrbuch*, 2ª ed., Heidelberg, 1986;
  - *Allgemeines Verwaltungsrecht*, 2ª ed., Heidelberg, 1988;
- BATTIS, Ulrich, *Allgemeines Verwaltungsrecht*, 3ª ed., Heidelberg, 2002;
- BULL, Hans Peter, *Allgemeines Verwaltungsrecht*, 6ª ed., Heidelberg, 2000;
- DETTERBECK, Steffen, *Allgemeines Verwaltungsrecht mit Verwaltungsprozessrecht*, 10ª ed., München, 2012;
- ERICHEN, Hans-Uwe; MARTENS, Wolfgang (org.), *Allgemeines Verwaltungsrecht*, 9ª ed., Berlin, 1992;
- FABER, Heiko, *Verwaltungsrecht*, 4ª ed., Tübingen, 1995;
- FINKE, E.; HAURAND, G.; SUNDERMANN, W., *Allgemeines Verwaltungsrecht*, Hamburg, 2006;
- FLEINER, Fritz, *Institutionen des Deutsches Verwaltungsrecht,*, 8ª ed., Tübingen, 1928[89];
- FORSTHOFF, Ernst, *Lehrbuch des Verwaltungsrecht*, 9ª ed., München und Berlin, 1966[90];

---

[89] Há tradução em lingua castelhana, *Instituciones de Derecho Administrativo*, Madrid, 1933, e em língua francesa, *Les Principes Généraux de Droit Administratif Allemand*, Paris, 1933.

[90] Há tradução em língua francesa, *Traité de Droit Administratif Allemand*, Bruxelles, 1969.

§3º BIBLIOGRAFIA ESTRANGEIRA | 49

- GÖTZ, V., *Allgemeines Verwaltungsrecht*, 4ª ed., München, 1997;
- IPSEN, Jörn, *Allgemeines Verwaltungsrecht*, 8ª ed., München, 2012;
- JELLINEK, Walter, *Verwaltungsrecht*, 3ª ed., Berlin, 1931;
- LABAND, Paul, *Deutsches Reichsstaatsrecht*, 3 vols., Berlin, 1876-82[91];
- LOESER, R., *System des Verwaltungsrecht*, 2 vols., 2ª ed., Berlin, 1997;
- MAURER, Hartmut, *Allgemeines Verwaltungsrecht*, 9ª ed., München, 1994[92];
- MAYER, Franz; KOPP, Ferdinand, *Allgemeines Verwaltungsrecht*, 5ª ed., München, 1985;
- MAYER, Otto, *Deutsches Verwaltungsrecht*, 2 vols., 3ª ed., Berlin, 1924[93];
- PEINE, Franz-Joseph, *Allgemeines Verwaltungsrecht*, 10ª ed., Heidelberg, 2011;
- PÜTTNER, G., *Allgemeines Verwaltungsrecht. Ein Studienbuch*, 7ª ed., Dusseldorf, 1995;
- RUPP, Hans Heinrich, *Grundfragen der heutigen Verwaltungsrechtslehre. Verwaltungsnorm und Verwaltungsrechtsverhältnis*. Tübingen, 1965;
- SCHWEICKHARDT, Rudolf (org.), *Allgemeines Verwaltungsrecht*, 4ª ed., Stuttgart, 1985;
- SCHMIDT, Walter, *Einführung in die Probleme des Verwaltungsrecht*, Frankfurt, 1982;
- SCHMIDT-ASSMANN, Eberhard, *Das allgemeines Verwaltungsrecht als Ordnungsidee. Grundlagen und Aufgaben der verwaltungsrechtlichen Systembildung*, 2ª ed., Berlin, 2006[94];
- WALLERATH, Maximilian, *Allgemeines Verwaltungsrecht*, 6ª ed., Siegburg, 2009;
- WIENBRACKE, Mike, *Allgemeines Verwaltungsrecht*, 3ª ed., Heidelberg, 2012;
- WILL, Martin, *Allgemeines Verwaltungsrecht*, München, 2012;

---

[91] Há tradução francesa, *Le Droit Public de l'Empire Allemand*, 6 vols,, Paris, 1900-1904.

[92] Além de tradução em língua portuguesa, existe também tradução em francês, *Droit Administratif Allemand*, LGDJ, Paris, 1995.

[93] Há tradução francesa da edição anterior, *Le Droit Administratif Allemand*, 4 vols., Paris, 1904, a qual, por sua vez, foi objeto de tradução em língua castelhana, *Derecho Administrativo Alemán*, 4 vols., Buenos Aires, 1982.

[94] Existe tradução castelhana de edição anterior, *La Teoría General del Derecho Administrativo como Sistema*, Madrid/Barcelona, 2003.

50 | INTRODUÇÃO

- WOLFF, Hans J.; BACHOF, Otto; STOBER, R.; KLUTH, Winfried, *Verwaltunsrecht*, I, 12ª ed., München, 2007; II, 7ª ed., München, 2010;
- WOLFF, Wilfried, *Allgemeines Verwaltungsrecht*, Baden-Baden, 1986.

3.1.2. Bibliografia austriaca

- ADAMOVICH, Ludwig K.; FUNK, Bernd-Christian, *Allgemeines Verwaltungsrecht*, 3ª ed., Wien, 1987;
- ANTONIOLLI, Walter; KOJA, Friedrich, *Allgemeines Verwaltungsrecht*, 3ª ed., Wien, 1996;
- GRILLER, Stefan, *Grundlagen und Methoden des Verfassungs- und Verwaltungsrechts*, Wien, 2012;
- MERKL, Adolfo, *Teoría General del Derecho Administrativo*, México, 1980.

3.1.3. Bibliografia belga

- BATSELE, Didier; MORTIER, Tony; SCARCEZ, Martine, *Manuel de Droit Administratif*, Bruxelles, 2010[95];
- BUTTGENBACH, A., *Manuel de Droit Administratif*, 3ª ed., Bruxelles, 1966;
- CAMBIER, Cyr, *Droit administrative*, Louvain, 1968;
- DEMBOUR, Jacques, *Droit Administratif*, 3ª ed., Liège, 1978;
- FLAMME, M.A., *Droit Administratif*, 2 vols., 2ª ed., policop., Bruxelles, 1978 e 1979;
- WIGNY, Pierre, *Droit administratif – Principes généraux*, 4ª ed., Bruxelles, 1962.

3.1.4. Bibliografia espanhola

- BERMEJO VERA, J., *Derecho Administrativo Básico*, 6ª ed., Madrid, 2005;
- BOQUERA OLIVER, José María, *Derecho Administrativo*, I, 6ª ed., Madrid, 1986;
- COSCULLUELA MONTANER, L., *Manual de Derecho Administrativo*, 17ª ed., Madrid, 2006;
- ENTRENA CUESTA, Rafael, *Curso de Derecho Administrativo*, I-1, 13ª ed., Madrid, 2000; I-2, 12ª ed., Madrid, 1998;
- GALLEGO ANABITARTE, Alfredo; MARCOS FERNADEZ, Ana de, *Derecho Administrativo I – Materiales*, 4ª ed., Madrid, 1992;

---

[95] Há da presente obra tradução em língua flamenga, *Algemeen Administratief Recht*, Bruxelles, 2012.

§3º BIBLIOGRAFIA ESTRANGEIRA | 51

- GAMERO CASADO, Eduardo; FERNÁNDEZ RAMOS, Severiano, *Manual Básico de Derecho Administrativo*, 4ª ed., Madrid, 2007;
- GARCÍA DE ENTERRÍA, Eduardo; RAMÓN FERNÁNDEZ, Tomás, *Curso de Derecho Administrativo*, I, 12ª ed., Madrid, 2004; II, 9ª ed., Madrid, 2004;
- GARRIDO FALLA, Fernando, *Tratado de Derecho Administrativo*, I, 11ª ed., Madrid, 1989; II, 10ª ed., Madrid, 1992;
- GONZALEZ NAVARRO, Francisco, *Derecho Administrativo Español*, 2 vols., 2ª ed., 1993 e 1994;
- MARTÍN MATEO, Ramón, *Manual de Derecho Administrativo*, 26ª ed., Pamplona, 2007;
- MARTÍN-RETORTILLO BAQUER, Sebastián, *Intituciones de Derecho Administrativo*, Pamplona, 2007;
- MARTINEZ LÓPEZ-MUÑIZ, J.L., *Introduccion al Derecho Administrativo*, Madrid, 1986;
- MUÑOZ MACHADO, S., *Tratado de Derecho Administrativo e Derecho Publico General*, 2 vols., 2ª ed., Madrid, 2006;
- PARADA VÁZQUEZ, Ramón, *Derecho Administrativo*, I, 15ª ed., Madrid, 2004; II, 18ª ed., 2005; III, 10ª ed., 2004;
- PAREJO ALFONSO, Luciano; JIMÉNEZ-BLANCO, A.; ORTEGA ÁLVAREZ, L., *Manual de Derecho Administrativo*, 2 vols., 4ª ed., Barcelona, 1996;
- RODRIGUEZ OLIVER, José María, *Resumenes de Derecho Administrativo*, 2ª ed., Madrid, 1991;
- SÁNCHEZ MORÓN, Miguel, *Derecho Administrativo*, 3ª ed., Madrid, 2007;
- SANTAMARIA PASTOR, Juan Alfonso, *Fundamentos de Derecho Administrativo*, I, Reimp., Madrid, 1991;
- VILLAR PALASI, Jose Luis; VILLAR EZCURRA, Jose Luis, *Principios de Derecho Administrativo*, I, 3ª ed., Madrid, 1992; II, 3ª ed., Madrid, 1993; III, Madrid, 1993.

3.1.5. Bibliografia francesa
- BÉNOIT, F.-P., *Le Droit Administratif Français*, Paris, 1968;
- BRAIBANT, Guy, *Le Droit Administratif Français*, Paris, 1984;
- CHAPUS, René, *Droit Administratif Générale*, 2 vols., 15ª ed., Paris, 2001;
- DEBBASCH, Charles, *Institutions et Droit Administratif*, 3 vols., 3ª ed., Paris,1985-86;
- DEBBASCH, Charles; COLIN, Frédéric, *Droit Administratif*, 10ª ed., Paris, 2011;

52 | INTRODUÇÃO

- DELVOLVÉ, Pierre, *Droit Administratif*, 5ª ed., Paris, 2010;
- DUPUIS, Georges; GUÉDON, Marie-José; CHRÉTIEN, Patrice, *Droit Administratif*, 12ª ed., Paris, 2011;
- FORGES, Jean-Michel de
  - *Les Institutions Administratives Françaises*, Paris, 1985;
  - *Droit Administratif*, Paris, 1991.
- FOUCART, E.-V., Éléments de Droit Public et Administratif, 3 vols., 2ª ed., Paris, 1839;
- FRIER, P.L., *Précis de Droit Administratif Français*, 4ª ed., Paris, 2006;
- GAUDEMET, Yves, *Droit Administratif*, 19ª ed., Paris, 2010;
- GONOD, Pascale; MELLERAY, Fabrice; YOLKA, Philippe (org.), *Traité de Droit Administratif*, 2 vols., Paris, 2011;
- HAURIOU, Maurice
  - *Précis de Droit Administratif et de Droit Public*, 8ª ed., Paris, 1914;
  - *Précis* Élémentaire de Droit Administratif, 5ª ed., Paris, 1943 ;
- LAFERRIÈRE, M.F., *Cours de Droit Public et Administratif*, 2 vols., 4ª ed., Paris, 1854-1858;
- LAUBADÈRE, André de; VENEZIA, Jean-Claude; GAUDEMET, Yves, *Traité de Droit Administratif*, I, 16ª ed., Paris, 1999; II, 10ª ed., 1995; III, 4ª ed., 1990;
- LEBRETON, Gilles, *Droit Administratif Général*, 2 vols., Paris, 1996;
- MORAND-DEVILLER, Jacqueline, *Cours de Droit Administratif*, 9ª ed., Paris, 2005;
- MOREAU, Jacques, *Droit Administratif*, Paris, 1989;
- PARINI, Philippe, *Institutions et Droit Administratif*, Paris, 1984;
- PEISER, Gustave, *Droit Administratif*, 18ª ed., Paris, 1996;
- RIVERO, Jean; WALINE, Jean, *Droit Administratif*, 14ª ed., Paris, 1992;
- SEILLER, Bertrand, *Droit Administratif*, 2 vols., 4ª ed., Paris, 2011;
- VEDEL, Georges; DELVOLVÉ, Pierre, *Droit Administratif*, 9ª ed., Paris, 1984.

3.1.6. Bibliografia italiana

- ALESSI, Renato,
  - *Principi di Diritto Amministrativo*, 2 vols., 4ª ed., Milano, 1978;
  - *Sistema Istituzionale del Diritto Admministrativo Italiano*, 3ª ed., Milano, 1960;
- BASSI, Franco, *Lezioni di Diritto Amministrativo*, 4ª ed., Milano, 1995;

§3º BIBLIOGRAFIA ESTRANGEIRA | 53

- BENVENUTI, Feliciano, *Appunti di Diritto Amministrativo*, 5ª ed., Padova, 1987;
- BODDA, Pietro, *Lezioni di Diritto Amministrativo*, 3ª ed., Torino, 1954;
- CAPACCIOLI, Enzo, *Manuale di Diritto Amministrativo*, I, 2ª ed., Padova, 1983;
- CARINGELLA, Francesco
  - *Corso di Diritto Amministrativo*, 2 vols., Milano, 2001;
  - *Manuale di Diritto Amministrativo*, Milano, 2006;
- CASETTA, Elio, *Manuale di Diritto Amministrativo*, Milano, 1999;
- CASSESE, Sabino, *Le Basi del Diritto Amministrativo*, 2ª ed. Torino, 1991;
- CHIOVENDA, Giuseppe, *Lezioni di Diritto Amministrativo*, Milano, 1991;
- CORSO, Guido, *Manuale di Diritto Amministrativo*, 4ª ed., Torino, 2008;
- D'ALESSIO, Francesco, *Istituzioni di Diritto Amministrativo Italiano*, 2 vols., Torino, 1932 e 1934;
- FERRARA, Rosario, *Introduzione al Diritto Amministrativo*, Bari, 2002;
- FORTI, Ugo, *Diritto Amministrativo*, 3 vols., Napoli, 1931, 1934 e 1945.
- GALATERIA, Luigi; STIPO, Massimo, *Manuale di Diritto Amministrativo*, I, 2ª ed., Reimp., Torino, 1995;
- GALLI, Rocco, *Corso di Diritto Amministrativo*, Padova, 1991;
- GASPARRI, Pietro
  - *Corso di Diritto Amministrativo*, 4 vols., Bologna, 1953-1960;
  - *Teoria Giuridica dela Pubblica Amministrazione*, Padova, 1964;
- GIANNINI, Massimo Severo, *Diritto Amministrativo*, 2 vols., 3ª ed., Milano, 1993;
- IRELLI, Vincenzo Cerulli, *Corso di Diritto Amministrativo*, 2ª ed., Torino, 1997;
- LANDI, Guido; POTENZA, Giuseppe, *Manuale di Diritto Amministrativo*, 9ª ed., Milano, 1990;
- LUCIFREDI, Roberto, *Diritto Amministrativo*, I, Genova, 1980;
- MAZZAROLLI, L.; PERICU, G.; ROMANO, A.; MONACO, F.A. Roversi; SCOCA, F.G., *Diritto Amministrativo*, 2 vols., Bologna, 1993;
- MIELE, Giovanni, *Principi di Diritto Amministrativo*, I, 2ª ed., Padova, 1953;
- ORLANDO, V. E., *Principii di Diritto Amministrativo*, 4ª ed., Firenze, 1910;
- PICOZZA, E., *Introduzione al Diritto Amministrativo*, Padova, 2006;
- PRESUTTI, Errico, *Istituzioni di Diritto Amministrativo*, 3 vols., 3ª ed., Messina-Milano, 1931 a 1934;

54 | INTRODUÇÃO

- QUARANTA, Alfonso, *Lineamenti di Diritto Amministrativo*, 3ª ed., Novara, 1982;
- ROMANO, Santi, *Corso di Diritto Amministrativo*, 3ª ed., Padova, 1937;
- SANDULLI, Aldo M., *Manuale di Diritto Amministrativo*, 2vols., 15ª ed., reimp., Napoli, 1991;
- SANTANIELLO, Giuseppe (org.), *Tratatto di Diritto Amministrativo*, Padova, em vários volumes ainda em curso de publicação (1988-);
- SCOCA, Franco Gaetano (org.), *Diritto Amministrativo*, Torino, 2008;
- TORRE, Michale La, *Nozioni di Diritto Amministrativo*, 8ª ed., Roma, 1960;
- VIRGA, Pietro, *Diritto Amministrativo*, I, 3ª ed., Milano, 1993; II, 2ª ed., Milano, 1992; III, 2ª ed., Milano, 1994; IV, 2ª ed., Milano, 1996;
- VITTA, Cino, *Diritto Amministrativo*, 2 vols., 5ª ed., Torino, 1962;
- ZANOBINI, Guido, *Corso di Diritto Amministrativo*, 6 vols., 8ª ed., Milano, 1958-1959.

3.1.6. Bibliografia suíça

- FLEINER-GERSTER, Thomas, *Grundzüge des allgemeinen und schweizerischen Verwaltungsrechts*, 2ª ed., Züriche, 1980;
- GRISEL, André, *Traité de Droit Administratif*, 2 vols., Neuchâtel, 1984;
- GYGI, Fritz, *Verwaltungsrecht – Eine Einführung*, Berne, 1986 ;
- HÄFELIN, Ulrich; MÜLLER, Georg; UHLMANN, Felix, *Allgemeines Verwaltungsrecht*, 6ª ed., Züriche, 2010;
- KNAPP, Blaise, *Grundlagen des Verwaltungsrecht*, 2 vols., Basel, 1992 e 1993[96];
- MOOR, Pierre, *Droit Administratif*, 3 vols, Berne, 1988, 1991 e 1992 ;
- MOOR, Pierre; POLTIER, Etienne, *Droit Administratif*, II, 3ª ed., Berne, 2011;
- MOOR, Pierre; FLÜCKIGER, Alexandre ; MARTENET, Vincent, *Droit Administratif*, I, 3ª ed., Berne, 2012;
- MÜLLER, Markus, *Verwaltungsrecht – Eigenheit und Herkunft*, Berne, 2006[97];
- SCHWARZENBACH-HANHART, Hans Rudolf, *Grundriss des allgemeinen Verwaltungsrecht*, 11ª ed., Bern, 1997;

---

[96] Há desta obra tradução em língua francesa, *Précis de Droit Administratif*, 4ª ed., Bâle, 1991.
[97] Existe tradução em francês, *Droit Administratif – Origine et spécificité*, Berne, 2006.

- TANQUEREL, Thierry, *Manuel de Droi Administratif,* Genève, Zurich, Bâle, 2011;
- TSCHANNEN, Pierre, *Systeme des Allgemeinen Verwaltungsrecht,* Berne, 2011;
- TSCHANNEN, Pierre; ZIMMERLI, Ulrich; MÜLLER, Markus, *Allgemeines Verwaltungsrecht,* Berne, 2ª ed., 2009;
- ZEN-RUFFINEN, Piermarco, *Droit Administratif,* 2ª ed., Neuchâtel, 2013.

3.2. Bibliografia anglo-saxónica

3.2.1. Bibliografia australiana
- DOUGLAS, Roger; JONES, Melinda, *Administrative Law,* 6ª ed. 2009;
- HEAD, Michel, *Administrative Law,* 2ª ed., 2008.

3.2.2. Bibliografia britânica
- ALDER, Jonhn, *Constitutional and Administrative Law,* London, 1989;
- BARNETT, Hilaire, *Constitutional and Administrative Law,* 9ª ed., Oxon, 2011;
- CRAIG, P.P., *Administrative Law,* 2ª ed., London, 1989;
- ENDICOTT, Timothy, *Administrative Law,* 2ª ed., Oxford, 2011;
- FENWICH, Helen, *Constitutional and Administrative Law,* London, 1993;
- FOULKES, David, *Administrative Law,* 8ª ed., London, 1995
- GARNER, J.F., *Administrative Law,* 5ª ed., London, 1979;
- JONES, B.L., *Garner´s Administrative Law,* 7ª ed., London, 1989;
- HAWKE, N., *An Introduction to Administrative Law,* 6ª ed., Oxford, 1989;
- SMITH, *Constitutional and Administrative Law,* 5ª ed., reimp., Suffolk, 1986;
- WADE, H.W.R.; FORSYTH, C.F., *Administrative Law,* 7ª ed., London, 1994[98].

---

[98] A 2ª edição desta obra, ainda apenas da autoria de H.W.R. WADE, encontra-se traduzida para italiano, *Diritto Amministrativo Inglese,* Milano, Giuffrè, 1969, e para castelhano, *Derecho Administrativo,* Madrid, ed. Instituto de Estudios Políticos, 1971.

3.2.3. Bibliografia canadiana

- DUSSAULT, Réne; BORGEAT, Louis, *Traité de Droit Administratif*, I, 2ª ed., Laval, 1984; II, 2ª ed., 1986; III, 1989;
- GARANT, Patrice; GARANT, Philippe; GARANT, Jérôme, *Droit Administratif*, 6ª ed., 2010;
- JONES, David; VILLARS, Anne de, *Principles of Administrative Law*, 5ª ed, Edmonton, 2009;
- LEMIEUX, Pierre, *Droit administratif: doctrine et jurisprudence*, 5ᵉ ed., 2011;
- MULLAN, David J., *Administrative Law*, 2001;
- SPRAGUE, James L.H., *Administrative Law Today*, Toronto, 2012.

3.2.4. Bibliografia irlandesa

- HAAL, Round, *Administrative Law in Ireland*, 3ª ed., London, 1998;
- MORGAN, David Gwynn; HOGAN, Gerarad, *Administrative Law in Ireland*, 4ª ed., London, 2010;
- STOUT, Ronald M, *Administrative Law in Ireland*, London, 1985.

3.2.5. Bibliografia norte-americana

- AMAN, A.C.; MAYTON, N.T., *Administrative Law*, St. Paul, Minnesota, 1993;
- CANN, Steven J., *Administrative Law*, 4ª ed., Thousand Oaks, 2008;
- COOPER, Philip J., *Public Law and Public Administration*, 4ª ed., New York, 2007;
- DELEO, John D., *Administrative Law*, New York, 2008;
- FORKOSCH, Morris D., *A Treatise on Administrative Law*, Indianapolis, 1956;
- GOODNOW, Frank, *The Principles of the Administrative Law of the United States*, New York, 1905;
- PIERCE Jr., R.J.; SHAPIRO, S.A.; VERKUIL, P.R., *Administrative Law and Process*, 2ª ed., New York, 1992;
- RICHARDSON, Elizabeth, *Law and the Administrative Process*, New York, 1996;
- SCHEB, John M., *Law and the Administrative Process*, New York, 2005;
- SCHWARTZ, Bernard, *Administrative Law*, Boston, 1976[99].

---

[99] Existe tradução em francês de uma edição anterior, *Le droit administratif américain*, Paris, 1952.

3.3. Outra bibliografia

3.3.1. Bibliografia brasileira

- BASTOS, C. Ribeiro, *Curso de Direito Administrativo*, 2ª ed., São Paulo, 1996;
- CAETANO, Marcello, *Princípios Fundamentais do Direito Administrativo*, 2ª ed., Rio de Janeiro, 1989;
- CARVALHO FILHO, José dos Santos, *Manual de Direito Administrativo*, 3ª ed., Rio de Janeiro, 1999;
- COELHO, P.M.Costa, *Manual de Direito Administrativo*, São Paulo, 2006;
- CRETELLA JÚNIOR, José, *Curso de Direito Administrativo*, 16ª ed., Rio de Janeiro, 1999;
- FARIA, E. Ferreira de, *Curso de Direito Administrativo Positivo*, Belo Horizonte, 1997;
- FIGUEIREDO, Lúcia Valle, *Curso de Direito Administrativo*, 7ª ed., São Paulo, 2004;
- JUSTEN FILHO, Marçal, *Curso de Direito Administrativo*, 5ª ed., São Paulo, 2010;
- LIMA, Ruy Cirne, *Princípios de Direito Administrativo Brasileiro*, 6ª ed., São Paulo, 1987;
- MEDAUAR, Odete, *Direito Administrativo Moderno*, 10ª ed., São Paulo, 2006;
- MEIRELLES, Hely Lopes, *Direito Administrativo Brasileiro*, 24ª ed., São Paulo, 1999;
- MELLO, Celso Antônio Bandeira de, *Curso de Direito Administrativo*, 22ª ed., São Paulo, 2007;
- MOREIRA NETO, Diogo de Figueiredo, *Curso de Direito Administrativo*, 14ª ed., Rio de Janeiro, 2005;
- PIETRO, Maria Sylvia Zanella di, *Direito Administrativo*, 10ª ed., São Paulo, 1999;
- SOUZA JUNIOR, P.R., *Curso de Direito Administrativo*, Rio de Janeiro, 2005.

3.3.2. Outros elementos bibliográficos

- ACHOUR, Yadh Bem, *Droit Administratif*, Tunis, 1982;
- FRAGA, Gabino, *Derecho Administrativo*, 26ª ed., México, 1987;

58 | INTRODUÇÃO

- GORDILLO, Agustín A., *Teoria General del Derecho Administrativo*, Madrid, 1984;
- HENRIQUEZ, Rene Mueses, *Derecho Administrativo Dominicano*, Santo Domingo (República Dominicana), 1988;
- LASO, Enrique Sayagués, *Tratado de Derecho Administrativo*, 2 vols., Montevideo, 1953 e 1959;
- PERDOMO, Jaime Vidal, *Derecho Administrativo*, 8ª ed., Bogotà (Colombia), 1985.

3.4. Excurso: Direito Administrativo Europeu

3.4.1. Bibliografia portuguesa

- DUARTE, Maria Luísa, *Direito Administrativo da União Europeia*, Coimbra, 2008;
- FREITAS, Lourenço Vilhena de, *Os Contratos de Direito Público da União Europeia no Quadro do Direito Administrativo Europeu*, 1º vol. – *Direito Administrativo da União Europeia*, Coimbra, 2012;
- ROQUE, Miguel Prata, *Direito Processual Administrativo Europeu*, Coimbra, 2011;
- SILVA, Suzana Tavares da – *Direito Administrativo Europeu*, Coimbra, 2010.

3.4.2. Bibliografia estrangeira

- AIROLDI, Mario, *Lineamenti di Diritto Amministrativo Comunitario*, Milano, 1990;
- AUBY, Jean-Bernard; ROCHÈRE, Jacqueline D. de la (org.), *Droit administratif Européen*, Bruxelles, 2007;
- CANANEA, Giacinto dela, *Diritto Amministrativo Europeo*, Milano, 2008;
- CHITI, Mario P.,
  - *Diritto Amministrativo Europeo*, 4ª ed., Milano, 2011;
  - (Org.), *Pubblica Amministrazione e Integrazione Europea*, Firenze, 1997;
- CHITI, Mario P.; GRECO, Guido, *Trattato di Diritto Amministrativo Europeo*, 3 vols., Milano, 1997;
- CRAIG, Paul, *EU Administrative Law*, 2ª ed., Oxford, 2012;
- DANWITZ, Thomas von, *Europäisches Verwaltungsrecht*, Berlin, 2008;

§3º BIBLIOGRAFIA ESTRANGEIRA | 59

- FROMONT, Michel, *Droit Administratif des États Européens*, Paris, 2006;
- GONZÁLEZ-VARAS IBÁÑEZ, Santiago, *El Derecho Administrativo Europeu*, Sevilla, 2000;
- HOFMANN, Herwig; ROWE, Gerhard C.; TÜRK, Alexander H., *Administrative Law and Policy of the European Union*, Oxford, 2011;
- PAREJO ALFONSO, L.; FERNÁNDEZ DEL CASTILHO, T.; MORENO MOLINA, A.M.; ESTELLA DE NORIEGA, A., *Manual de Derecho Administrativo Comunitário*, Madrid, 2000;
- PICOZZA, Eugenio, *Diritto Ammninistrativo e Diritto Comunitario*, Torino, 1997;
- TERHECHTE, Jörg Philipp (org.), *Verwaltungsrecht der Europäischen Union*, München, 2011;
- SCHWARZE, Jürgen
  - *Europäisches Verwaltungsrecht*, 2ª ed., Baden-Baden, 2005[100];
  - *Das Verwaltungsrecht unter europäischem Einfluß. Zur Konvergenz der mitgliedstaatlichen Verwaltungsrechtsordnungen in der Europäischen Union*, Baden-Baden, 1996[101];
- SCHWARZE, Jürgen (org..)
  - *Bestand und Perspektiven des Europäischen Verwaltungsrechts. Rechtsvergleichende Analysen*, Baden-Baden, 2008;
  - *L'état actuel et les perspectives du droit administratif européen*, Bruxelles, 2011;
- SCHWEITZER, Michael, *Europäisches Verwaltungsrecht*, Wien, 1991;
- SIRINELLI, Jean, *Les Transformations du Droit Administratif par le Droit de l'Union Européenne – Une contribution à l'étude du Droit Administratif Européen*, Paris, 2011.

---

[100] Existe tradução em francês, *Droit administratif européen*, 2ª ed., Bruxelles, 2009.

[101] Há tradução da obra em língua francesa (*Le Droit Administratif sous l'influence de l'Europe. Une etude sur la convergence des orders juridiques nationaux dans l'Union Européenne*, Baden-Baden/Bruxelles 1996) e em língua inglesa (*Administrative Law under European Influence. On the convergence of the administrative laws of the EU Member States*, Baden-Baden, 1996).

Secção 2ª
Pressupostos conceituais do discurso jusadministrativo

§4º VOCABULÁRIO DA ADMINISTRAÇÃO PÚBLICA

4.1. Terminologia funcional

4.1.1. A Administração Pública encontra o seu vocabulário funcional em três conceitos centrais:
- Interesse público;
- Vinculação;
- Responsabilidade.

4.1.2. O *interesse público* funciona como dimensão teleológica de toda a atividade administrativa[102]: a Administração Pública tem a sua pedra angular na prossecução do interesse público.

4.1.3. A *vinculação* revela os parâmetros normativos de conformidade orgânica, procedimental-formal, material e teleológica do agir administrativo: a Administração Pública é serva da normatividade[103].

4.1.4. A *responsabilidade* proporciona um controlo dos resultados ou efeitos da conduta administrativa, visando aferir o efetivo respeito pelo interesse público e pela vinculação: pelas suas ações e omissões, a Administração Pública tem sempre de "prestar contas".

---

[102] Cfr. EUGENIO CANNADA-BARTOLI, *Interesse (diritto amministrativo)*, EdD, XXII, 1972, p. 2.

[103] Adapta-se, deste modo, a expressão "Administração serva da lei", usada, num contexto diferente, por ROGÉRIO EHRHARDT SOARES, *Direito Administrativo*, (1992), p. 30.

64 | INTRODUÇÃO

4.1.5. Em igual sentido, o ordenamento jurídico regulador da Administração Pública define os termos e as condições de relevância do interesse público, o conteúdo da normatividade vinculativa e os modos de efetivação da sua responsabilidade:

(i) O Direito da Administração Pública é o ordenamento jurídico regulador do *interesse público* no âmbito da atividade administrativa[104];

(ii) O Direito da Administração Pública integra as normas definidoras da *vinculação* administrativa;

(iii) O Direito da Administração Pública comporta a normatividade definidora dos mecanismos de *responsabilização* do agir administrativo.

4.2. Interesse público

(A) A dimensão fundante do bem comum

4.2.1. Numa primeira aproximação, o interesse público identifica-se com as necessidades coletivas que gozam de projeção ou repercussão política, sendo reconduzível materialmente ao conceito de bem comum[105] [106].

4.2.2. Sabendo-se, numa linguagem aristotélica, que um bem "é aquilo por que tudo anseia"[107] ou, numa diferente terminologia, um "valor abstrato juridicamente protegido pela ordem social"[108], o bem comum é, compa-

---

[104] Limitando esta noção ao Direito Administrativo, cfr. HÉCTOR JORGE ESCOLA, *El Interés Público como Fundamento del Derecho Administrativo*, Buenos Aires, 1989, p. 236.

[105] Cfr. ROGÉRIO EHRHARDT SOARES, *Interesse Público...*, p. 69; IDEM, *Direito Administrativo*, (1992), pp. 9 e 59; JOSÉ CARLOS VIEIRA DE ANDRADE, *Interesse público*, in DJAP. V, Lisboa, 1993, p. 276; JOÃO CAUPERS, *Introdução...*, 10ª ed., p. 85; ONOFRE ALVES BATISTA JÚNIOR, *Princípio Constitucional da Eficiência Administrativa*, Belo Horizonte, 2004, pp. 89 ss.

[106] Igualmente a jurisprudência do Supremo Tribunal Administrativo associa a ideia de interesse público e utilidade pública ao conceito de bem comum, cfr. Acórdão da 2ª Subsecção do Contencioso Administrativo, de 3 de novembro de 1987, processo nº 25389A, in http://www.dgsi.pt/jsta.nsf.

[107] Cfr. ARISTÓTELES, *Ética a Nicómaco*, Quetzal Editores, Lisboa, 2004, p. 19 (1094a3).

[108] Cfr. BERND J. A. MÜSSIG, *Schutz abstrakter Rechtsgüter und abstrakter Rechtsgüterschutz*, Frankfurt a. M., 1994, p. 50.

§4º VOCABULÁRIO DA ADMINISTRAÇÃO PÚBLICA | 65

rativamente ao bem individual ou particular, "maior e mais completo"[109], identificando-se com a ideia de "interesse comum a todos"[110], "utilidade comum dos cidadãos"[111] que, visando a justiça[112], tem por base as "necessidades indispensáveis a todos"[113], significando o "conjunto de condições da vida social"[114], o que "interessa à vida de todos"[115] ou algo que está "ligado à vida social das pessoas"[116].

4.2.3. Independentemente de uma formulação abstrata do que seja interesse público, deduzível da natureza das coisas, ou de uma noção exclusivamente jurídico-positiva, emergente da lei[117], o conceito de bem comum[118], tal como de interesse público, envolve quatro diferentes visões de articulação com o bem individual ou particular (ou com os interesses individuais):

(i) para uns, o bem individual encontra-se subordinado ao bem comum[119];

---

[109] Cfr. ARISTÓTELES, *Ética a Nicómaco*, p. 20 (1094b8).

[110] Cfr. ARISTÓTELES, *Ética a Nicómaco*, p. 109 (1129b15).

[111] Cfr. SANTO ISIDORO DE SEVILHA, *Etimologías*, ed. Biblioteca de Autores Cristianos, Madrid, 2004, II, 10 (p. 365), V, 21 (p. 507).

[112] Cfr. S. TOMÁS DE AQUINO, *Suma de Teologia*, I-II, q.96, a.4. e q.100, a.2. (II vol., 4ª reimp., ed. Biblioteca de Autores Cristianos, Madrid, 2001, pp. 750-751 e 795-796).

[113] Cfr. MARSÍLIO DE PÁDUA, *O Defensor da Paz*, ed. Vozes, Petrópolis, 1997, Parte I, Cap. I, §4 (p. 71).

[114] Cfr. *Constituição Pastoral «Gaudium et Spes»*, de 7 de dezembro de 1965, nº 26. Para mais desenvolvimentos, cfr. MANUEL CLEMENTE, *Incidência da Doutrina Social da Igreja nos direitos económicos e sociais*, in *Tribunal Constitucional – 35º Aniversário da Constituição de 1976*, I, Coimbra, 2012, pp. 62-63.

[115] Cfr. *Catecismo da Igreja Católica*, nº 1906.

[116] Cfr. BENTO XVI, *Carta Encíclica «Caritas in Veritate»*, de 29 de junho de 2009, nº 7.

[117] Cfr. BLAISE KNAPP, *Grundlagen...*, I, p. 30.

[118] Para um aprofundamento do conceito de bem comum, cfr. J. MARITAIN, *La personne et le bien commun*, in IDEM, *Oeuvres complètes*, IX, Editions Universitaires Fribour Suisse, Editions Saint Paul, Paris, 1990, pp. 167 ss.; JOHANNES MESSNER, *Das Gemeinwohl. Idee, Wirklichkeit, Aufgaben*, Osnabrück, 1962; ROQUE CABRAL, *Bem comum*, in *Polis*, I, 1983, pp. 549 ss.; ANGELO SCOLA, *Il significato di bene comune, in Iustitia*, 2012, nº 3, pp. 283 ss.; MIGUEL AYUSO (org.), *El Bien Común. Cuestiones actuales e implicaciones político-jurídicas*, Madrid, 2013.

[119] Cfr. S. TOMÁS DE AQUINO, *Suma de Teologia*, I-II, q.90, a.3. (II vol., p. 707); II-II, q. 68, a.1. (III vol., 6ª reimp., ed. Biblioteca de Autores Cristianos, Madrid, 2005, pp. 557).

66 | INTRODUÇÃO

(ii)　em sentido inverso, outros entendem que existem bens individuais que prevalecem sobre o bem comum[120];

(iii)　para outros ainda, o bem comum existe ao lado do bem individual[121];

(iv)　por último, o bem individual, ordenando-se ao bem comum[122], integra-se no próprio bem comum, pois "quem busca o bem comum da multidão busca também, por consequência, o seu próprio"[123].

4.2.4.　O bem comum "não é a mera soma dos interesses particulares"[124], nem o interesse público se reconduz ao somatório de uma maioria de interesses individuais coincidentes[125], não se mostrando também inequívoco que tudo aquilo que é o melhor para o indivíduo também o seja sempre para a comunidade[126]:

(i)　O interesse público, tal como o bem comum, consubstancia as aspirações ou as necessidades de uma pluralidade de sujeitos que, consideradas como unidade que transcende a esfera de cada

---

[120] Há quem encontre no discurso de Diódoto, segundo o relato feito por TUCÍDIDES (in *História de la Guerra del Peloponeso*, ed. Centro de Estudios Políticos y Constitucionales, Madrid, 1992, Livro III, 45-48 (pp. 150 ss.)), a defesa de uma conceção da supremacia do bem do indivíduo sobre os interesses da cidade (cfr., neste sentido, DAVID BOLOTIN, *Tucídides*, in LEO STRAUSS/JOSEPH CROPSEY, *Historia de la Filosofía Política*, México, reimp., 1996, p. 41; em sentido contrário, cfr. PAULO OTERO, *Instituições Políticas e Constitucionais*, I, Coimbra, 2007, pp. 73-74).

Para uma crítica às conceções defensoras da prevalência dos bens individuais relativamente ao bem comum, considerando que conduzem à dissolução do bem comum, cfr. ALEJANDRO ORDÓÑEZ MALDONADO, *Personalismo, livre desarrollo de la personalidad y disolución del bien común*, in MIGUEL AYUSO (org.), *El Bien Común*, pp. 91 ss., em especial, pp. 95 ss.; MIGUEL AYUSO, *Por qué el bien común? Problemas de un desconocimiento y razones para una rehabilitación*, in MIGUEL AYUSO (org.), *El Bien Común*, pp. 295 ss.; DANILO CASTELLANO, *L'Ordine Politico-Giuridico «Modulare» del Personalismo Contemporaneo*, Napoli, 2007, pp. 11 ss.

[121] Cfr. BENTO XVI, *Carta Encíclica «Caritas in Veritate»*, n⁰ 7.

[122] Cfr. S. TOMÁS DE AQUINO, *Suma de Teologia*, II-II, q.47, a.11. (III vol., p. 410).

[123] Cfr. S. TOMÁS DE AQUINO, *Suma de Teologia*, II-II, q.47, a.10. (III vol., p. 409).

[124] Cfr. JOÃO PAULO II, *Carta Encíclica «Centesimus Annus»*, de 1 de maio de 1991, n⁰ 47.

[125] Em sentido contrário, cfr. HÉCTOR JORGE ESCOLA, *El Interés Público...*, p. 242.

[126] Em sentido contrário se pronúncia Aristóteles, cfr. LUÍS PEREIRA COUTINHO, *Regimes políticos e justiça em Aristóteles: algumas notas*, in *Estudos em Homenagem a Miguel Galvão Teles*, I, Coimbra, 2012, p. 90; IDEM, *Teoria dos Regimes Políticos*, Lisboa, 2013, p. 23.

uma das suas componentes singulares, surge como "uma superior síntese"[127];

(ii) O bem comum ou interesse público da coletividade tem sempre de articular, num processo avaliativo de hierarquia de valores, uma "correta compreensão da dignidade e dos direitos da pessoa"[128].

4.2.5. A prossecução do interesse público, expressão do bem comum da comunidade, integra a dimensão social da dignidade humana[129], enquanto fonte de direitos e deveres fundamentais, nunca se encontrando habilitada essa prossecução a derrogar o núcleo essencial da dignidade de cada pessoa: esse núcleo essencial é um bem individual que, assumindo sempre relevância coletiva, nunca pode deixar de prevalecer sobre um bem comum sem conexão ou em violação da dignidade humana.

4.2.6. A essencialidade dos deveres de cada ser humano perante si e os demais, expressão da sua vivência em sociedade, além de alicerçar um dever de solidariedade que faz de cada um de nós guarda do seu irmão[130] – incluindo das gerações futuras[131] –, fundamenta uma noção de bem comum que, identificado com o bem de "nós-todos"[132], tem a sua tutela delegada

---

[127] Cfr. SALVATORE PUGLIATTI, *Diritto pubblico e diritto privato*, EdD, XII, 1964, p. 740.

[128] Cfr. JOÃO PAULO II, *Carta Encíclica «Centesimus Annus»*, nº 47.

[129] Sobre o bem da pessoa em comunidade como "fator fundamental do bem comum", cfr. JOÃO PAULO II, *Carta Encíclica «Redemptor Hominis»*, de 4 de março de 1979, nº 17.

[130] Cfr. PAULO OTERO, *Instituições...*, I, pp. 456 ss.; IDEM, *Direitos económicos e sociais na Constituição de 1976: 35 anos de evolução constitucional*, in *Tribunal Constitucional – 35º Aniversário da Constituição de 1976*, I, Coimbra, 2012, pp. 44 ss.
Num sentido diferente, localizando a ideia de solidariedade social no século XIX, cfr. JOSÉ CASALTA NABAIS, *Solidariedade social, cidadania e direito fiscal*, in *Estudos Jurídicos e Económicos em Homenagem ao Prof. Doutor António de Sousa Franco*, II, Coimbra, 2006, pp. 627 ss.; IDEM, *Algumas considerações sobre a solidariedade e a cidadania*, in BFDUC, 1999, p. 146.

[131] Para uma envolvência das gerações futuras na ideia de bem comum, cfr. ONOFRE ALVES BATISTA JÚNIOR, *Princípio Constitucional...*, p. 90. Para um desenvolvimento da temática filosófica subjacente à tutela das gerações futuras, cfr. JORGE PEREIRA DA SILVA, *Ensaio sobre a protecção constitucional dos direitos das gerações futuras*, in *Em Homenagem ao Professor Doutor Diogo Freitas do Amaral*, Coimbra, 2010, pp. 459 ss.

[132] Cfr. BENTO XVI, *Carta Encíclica «Caritas in Veritate»*, nº 7.

68 | INTRODUÇÃO

no Estado[133], vinculado teleologicamente ao serviço da pessoa humana e da sua dignidade[134]:

(i) Não há prossecução legítima do bem comum que envolva a violação ou o desrespeito pelo núcleo essencial da dignidade humana;

(ii) "A realização do bem comum constitui a própria razão de ser dos poderes públicos"[135], falando-se em "dever fundamental do poder"[136];

(iii) O bem comum implica "desenvolvimento integral da personalidade" humana[137], postulando o respeito pelos direitos e deveres fundamentais do ser humano: o bem comum envolve uma política humanista[138].

(B) Função e determinação

4.2.7. A prossecução do bem comum surge como critério de ação dos governantes[139], sendo em motivos do bem comum que essa ação encontra justificação[140], sabendo-se ser impossível alcançar o bem comum se os governantes (pelo menos) não forem virtuosos[141]:

(i) A injustiça e a perversidade de um regime resultam do desprezo pelos governantes do bem comum[142];

---

[133] Nas palavras de João XXIII (in *Carta Encíclica «Mater et Magistra»*, de 15 de maio de 1961, nº 20), a razão de ser do Estado "é a realização do bem comum, na ordem temporal".

[134] A dignidade da pessoa humana surge como valor-fonte, fundamento e tarefa (fim) do Estado, cfr. INGO WOLFGANG SARLET, *Dignidade da pessoa humana e direitos fundamentais na Constituição brasileira de 1988 – algumas notas, com destaque para a jurisprudência do Supremo Tribunal Federal*, in *Estudos de Homenagem ao Prof. Doutor Jorge Miranda*, I, Coimbra, 2012, pp. 941 ss., em especial, pp. 951 ss.

[135] Cfr. JOÃO XXIII, *Carta Encíclica «Pacem in Terris»*, de 11 de abril de 1963, nº 54.

[136] Cfr. JOÃO PAULO II, *Carta Encíclica «Redemptor Hominis»*, nº 17.

[137] Cfr. JOÃO XXIII, *Carta Encíclica «Mater et Magistra»*, nº 65.

[138] Para mais desenvolvimentos, cfr. GUILHERME D'OLIVEIRA MARTINS, *Bem comum e política humanista*, in *Lumen Veritatis*, nº 27, maio 2013, pp. 15 e 15.

[139] Cfr. S. TOMÁS DE AQUINO, *La Monarquía*, ed. Tecnos, Madrid, 1989, Liv. 1, Cap.1, e ainda, no mesmo sentido, Cap. 8.

[140] Cfr. JOÃO XXIII, *Carta Encíclica «Mater et Magistra»*, nº 151.

[141] Cfr. S. TOMÁS DE AQUINO, *Suma de Teologia*, I-II, q.92, a.1. (II vol., p. 719).

[142] Cfr. S. TOMÁS DE AQUINO, *La Monarquía*, Liv. 1, Cap.1; Cap. 8.

§4º VOCABULÁRIO DA ADMINISTRAÇÃO PÚBLICA | 69

(ii) A prossecução do bem comum, sendo passível de suscitar problemas de legalidade, nunca deixa de alicerçar uma dimensão ética de exercício do poder[143], razão pela qual o artigo 266º, nº 1, da Constituição, vinculando teleologicamente a Administração Pública ao interesse público, postula também a exigência de uma ética no exercício da atividade administrativa;
(iii) O bem comum, envolvendo a prossecução do interesse público pela Administração Pública, tem subjacente um princípio de moralidade administrativa.

4.2.8. A definição do que seja o bem comum ou o interesse público a cargo da Administração Pública insere-se num processo de contínuas alterações resultantes das mutabilidades sociais e das responsabilidades que o Estado, em cada momento histórico, à luz da subsidiariedade, pretende assumir na satisfação das necessidades coletivas[144]: o interesse público traduz uma opção política, sendo a sua definição condicionada pelo modelo ideológico refletido a nível político-económico[145].

4.2.9. A determinação do interesse público ou bem comum, tendo o seu alicerce último na Constituição, recebe sempre o contributo do princípio democrático[146]:
(i) O legislador é chamado a configurar o interesse público, permitindo a distinção entre "interesse público primário" e "interesses públicos secundários"[147], motivo pelo qual há interesses públicos definidos fora da Administração Pública e, no respeito por estes, interesses públicos definidos pela própria Administração Pública;

---

[143] Cfr. PAULO OTERO, *Ética constitucional: contributo para uma limitação do Poder Político*, in *Estudos em Memória do Prof. Doutor J.L. Saldanha Sanches*, I, Coimbra, 2011, em especial, pp. 598 ss.

[144] Cfr. SALVATORE PUGLIATTI, *Diritto pubblico e diritto privato*, pp. 740-741.

[145] Cfr. PIERRE MOOR/ALEXANDRE FLÜCKIGER/VICENT MARTENET, *Droit Administratif*, I, pp. 756 ss.

[146] Referindo-se às limitações dos sistemas democráticos quanto à "capacidade de decidir segundo o bem comum", cfr. JOÃO PAULO II, *Carta Encíclica «Centesimus Annus»*, nº 47.

[147] Cfr. ROGÉRIO EHRHARDT SOARES, *Interesse Público...*, pp. 101 ss; IDEM, *Direito Administrativo*, (1992), pp. 9-10 e 59-60; JOSÉ CARLOS VIEIRA DE ANDRADE, *Interesse público*, pp. 277 ss.

70 | INTRODUÇÃO

(ii) Os interesses públicos (secundários) definidos pela Administração Pública "não são mais do que parcelas e centros especiais de refração do interesse público primário"[148];

(iii) A definição do interesse comum ou do bem comum encontra sempre o seu fundamento num título jurídico do poder público.

4.2.10. O interesse público é o fundamento, o limite e o critério do agir da Administração Pública[149]: o interesse público desempenha o papel de "farol orientador do desempenho público"[150].

4.2.11. Na prossecução do interesse público, a Administração Pública tem sempre de se pautar por um critério decisório que visa alcançar o melhor interesse público, escolhendo os melhores meios, os meios mais convenientes ou adequados a habilitar uma solução ótima[151]: o interesse público alicerça um dever de boa administração[152].

4.2.12. A definição do conteúdo material do bem comum, tendo o seu alicerce primeiro na Constituição, ela própria entendida como "um compromisso sobre o bem comum e a uma pretensão de ligar o futuro ao presente"[153], conhece três núcleos densificadores de valor constitucional:

(i) O bem comum exige o respeito e a garantia dos direitos e liberdades fundamentais da pessoa humana[154] – Portugal é um Estado fundado na dignidade humana[155];

---

[148] Cfr. ROGÉRIO EHRARDT SOARES, *Interesse Público...*, p. 186.

[149] Cfr. PAULO OTERO, *Direito Administrativo – Relatório*, p. 299; IDEM, *Vinculação e Liberdade...*, pp. 124 ss.

[150] Cfr. JOAQUIM FREITAS DA ROCHA, *Sustentabilidade e finanças públicas responsáveis. Urgência de um Direito financeiro equigeracional*, in *Estudos em Homenagem ao Prof. Doutor José Joaquim Gomes Canotilho*, I, Coimbra, 2012, p. 623.

[151] Cfr. ROGÉRIO EHRARDT SOARES, *Interesse Público...*, pp. 187 ss.

[152] Neste sentido, face ao princípio da boa administração, cfr. Acórdão do Tribunal Constitucional nº 474/2013, de 29 de agosto, relativo ao Processo nº 754/13, in http://www.tribunalconstitucional.pt.

[153] Cfr. ROGÉRIO EHRHARDT SOARES, *Constituição*, in DJAP, II, Coimbra, 1972, p. 662.

[154] Cfr. PIO XII, *La Sollenità della Pentecoste*, mensagem radiofónica, em 1 de junho de 1941, nº 15; JOÃO XXIII, *Carta Encíclica «Pacem in Terris»*, de 11 de abril de 1963, nº 60; JOÃO PAULO II, *Carta Encíclica «Redemptor Hominis»*, nº 17; IDEM, *Carta Encíclica «Evangelium Vitae»*, de 25 de março de 1995, nº. 71.

[155] Cfr. CRP, artigo 1º.

§4º VOCABULÁRIO DA ADMINISTRAÇÃO PÚBLICA | 71

(ii) O bem comum determina a satisfação de exigências de bem-estar social e de desenvolvimento da sociedade[156] – Portugal é um Estado social[157];

(iii) O bem comum postula a paz[158], o que significa "permanência e segurança duma ordem justa"[159] – Portugal é um Estado de direito que garante a segurança, a confiança e a justiça[160].

(C) Pluralismo e conflitualidade

4.2.13. A mencionada ligação entre o futuro e o presente que a Constituição encerra projeta-se na própria definição do interesse público, uma vez que há sempre que tomar em consideração uma dimensão intertemporal e equigeracional, tendo em vista as consequências futuras das ações do presente, falando-se num princípio de equidade intergeracional[161]:

(i) As decisões do presente em matéria de interesse público devem projetar utilidades que se traduzem em vantagens que não se dirijam ou esgotem exclusivamente nas gerações presentes, antes também possam beneficiar as gerações futuras;

(ii) A satisfação das necessidades do presente não pode ser feita em termos de oneração excessiva das gerações futuras – nenhuma geração tem o direito de privar as demais da liberdade e das condições materiais de redefinir o interesse público.

4.2.14. Atendendo à natureza do substrato definidor do bem comum, a ordem jurídica portuguesa permite recortar quatro diferentes configurações de interesses públicos:

(i) Interesses públicos de base *territorial*: necessidades coletivas protagonizadas e expressas pelas populações de certas áreas do terri-

---

[156] Cfr. João XXIII, *Carta Encíclica «Mater et Magistra»*, de 15 de maio de 1961, nº 79; IDEM, *Carta Encíclica «Pacem in Terris»*, de 11 de abril de 1963, nºs. 58 e 64.

[157] Cfr. CRP, artigos 9º, alínea d), e 81º, alíneas a) e b).

[158] Cfr. Paulo VI, *Carta Encíclica «Populorum Progressio»*, de 26 de março de 1967, nº 21.

[159] Cfr. *Catecismo da Igreja Católica*, nº 1909.

[160] Cfr. CRP, artigo 2º.

[161] Neste sentido, apesar de circunscrever a análise apenas aos aspetos referentes à decisão financeira, cfr. Joaquim Freitas da Rocha, *Sustentabilidade...*, pp. 626 ss.

72 | INTRODUÇÃO

tório nacional – a Administração do Estado, a Administração das regiões autónomas e a Administração das autarquias locais;

(ii) Interesses públicos de base *associativa*: necessidades coletivas confiadas ou expressas por associações de pessoas a quem a ordem jurídica reconhece poderes de autoridade – Administração Pública associativa (v.g., Ordem dos Advogados, Ordem dos Economistas);

(iii) Interesses públicos *institucionais*: necessidades coletivas protagonizadas por entidades que, sem possuírem uma base territorial ou associativa, assentam numa instituição – Administração Pública institucional (v.g. Universidade de Lisboa, Autoridade da Concorrência);

(iv) Interesses públicos *transnacionais*[162]: necessidades coletivas existentes na sociedade internacional e que, independentemente da sua natureza universal ou regional, são confiadas à prossecução por parte de organizações internacionais (tradicionais[163] ou supranacionais) e de Estados.

4.2.15. A pluralidade de interesses públicos gera a sua diversidade e esta, por sua vez, constitui alicerce de conflitualidade se dois ou mais interesses entram em colisão:

(i) Em cada categoria de interesses públicos, ao nível até do mesmo substrato, o pluralismo de interesses, numa concorrência de pretensões, constitui fonte de múltiplos conflitos, ante a impossibilidade de todos receberem satisfação (ou igual nível de satisfação) das respetivas pretensões (v.g., a construção de uma barragem e a salvaguarda das pinturas pré-históricas descobertas; a construção de uma ponte e o respeito pelo *habitat* de nidificação das aves);

---

[162] Cfr. MIGUEL PRATA ROQUE, *A Dimensão Transnacional do Direito Administrativo – Uma Visão Cosmopolita das Situações Jurídico-Administrativas*, 2 vols., policop., inédito, Lisboa, 2013, p. 55.

[163] Neste domínio se inserem, a título ilustrativo, as seguintes necessidades: a proteção ambiental, a promoção da sustentabilidade intergeracional, o terrorismo, a criminalidade organizada, a interdependência económica e financeira internacional. Cfr., neste sentido, DULCE LOPES, *Direito Administrativo das Organizações Internacionais*, in PAULO OTERO/PEDRO GONÇALVES, *Tratado de Direito Administrativo Especial*, III, Coimbra, 2010, p. 101.

(ii) O conceito de interesse público perdeu a sua generalidade e unidade, dispersou-se, fragmentado numa multiplicidade de interesses públicos específicos[164].

4.2.16. Se o conceito geral de interesse público alberga uma multiplicidade de interesses públicos específicos, a verdade é que também a implementação de interesses públicos se revela favorável a encontrar e a gerar a oposição de interesses privados (v.g., limitações de interesse geral à iniciativa económica privada ou ao direito de propriedade privada), mostrando a permeabilidade da fronteira entre ambas as categorias de interesses[165], gerando acrescidas áreas de conflitualidade que complexificam o agir administrativo (v. *infra*, §21º) e exigem o balanceamento ou a ponderação de interesses (v. *infra*, §22º)[166].

4.3. Vinculação

(A) O sentido evolutivo da vinculação à juridicidade

4.3.1. A vinculação diz-nos que a Administração Pública, em vez de gozar de uma liberdade genérica de ação, encontra-se subordinada a pautas ou parâmetros normativos de conduta, entendidos como o conjunto de regras e princípios a que deve obedecer (i) a fixação da competência das suas estruturas, (ii) os termos do procedimento e da forma das suas decisões (iii) o conteúdo material da sua atuação e (iv) os fins da sua conduta: não existem hoje áreas ou zonas da Administração Pública imunes ou isentas de vinculação ao Direito – todos os órgãos e agentes administrativos estão subordinados à Constituição e à lei[167], falando-se em vinculação à juridicidade.

---

[164] Cfr. PIERRE MOOR/ALEXANDRE FLÜCKIGER/VICENT MARTENET, *Droit Administratif*, I, p. 785.

[165] Cfr. THIERRY TANQUEREL, *Manuel...*, p. 185.

[166] Cfr. PIERRE MOOR/ALEXANDRE FLÜCKIGER/VICENT MARTENET, *Droit Administratif*, I, pp. 776 ss.

[167] Cfr. CRP, artigo 266º, nº 2, 1ª parte.

74 | INTRODUÇÃO

4.3.2. Remontam à Grécia antiga as primeiras manifestações da ideia de vinculação administrativa à legalidade: encontra-se essa referência em Tucídides, a propósito da Oração de Péricles, salientando que "não infringimos a lei nos assuntos públicos"[168], ou em Aristóteles, preferindo, ao invés de Platão, um governo limitado pelo Direito[169] – o governo justo é o governo das leis, enquanto garantia da isenção de paixões[170].

4.3.3. Já na Idade Média, retomando aos ensinamentos de Aristóteles que encontrava nas leis (e não no arbítrio dos homens) o melhor governo[171], Marsílio de Pádua, apesar de reconhecer a existência de limitações ao legislador[172], pois nem tudo se pode regular pelas leis[173], condiciona o exercício do poder pela lei, consagrando aquilo que se pode considerar a noção medieval do princípio da legalidade: "todos os governantes devem exercer o seu cargo de acordo com a lei e não além do que ela determina"[174].

4.3.4. Na Grã-Bretanha, também desde muito cedo, a ideia de submissão do poder ao Direito, expressa no *rule of law*[175], teve a sua origem[176], acabando, em 1689, o *Bill of Rights*, na sequência da Revolução Gloriosa,

---

[168] Cfr. TUCÍDIDES, *História de la Guerra del Peloponeso*, Livro II, 37 (p. 90).

[169] Neste sentido, cfr. ARMANDO MARQUES GUEDES, *La loi dans un État de Droit*, in *Estudos em Homenagem ao Professor Doutor Marcello Caetano – No centenário do seu nascimento*, I, Coimbra, 2006, p. 229. Salientando o papel de Aristóteles como precursor do Estado de Direito e da ideia material de Constituição, cfr. PAULO OTERO, *Instituições...*, I, pp. 81 ss.

[170] Cfr. ARISTÓTELES, *Tratado da Política*, ed. Publicações Europa-América, s.l., 1977, Liv. III, Cap. XII (pp. 115, 116 e 118).

[171] Cfr. MARSÍLIO DE PÁDUA, *O Defensor da Paz*, Parte I, Cap. XI, §1, 2, 3, 5 e 6 (pp. 120, 124 e 126).

[172] Cfr. MARSÍLIO DE PÁDUA, *O Defensor da Paz*, Parte I, Cap. V, §11 (p. 92).

[173] Cfr. MARSÍLIO DE PÁDUA, *O Defensor da Paz*, Parte I, Cap. XIV, §3 e 6 (pp. 146 e 148).

[174] Cfr. MARSÍLIO DE PÁDUA, *O Defensor da Paz*, Parte I, Cap. XI, §5 (p. 125).

[175] Cfr. H.W.R. WADE/C.F. FORSYTH, *Administrative Law*, pp. 24 ss.; DAVID FOULKES, *Administrative Law*, pp. 8 ss.; TIMOTHY ENDICOTT, *Administrative Law*, pp. 18 ss.; HILAIRE BARNETT, *Constitutional...*, pp. 48 ss.; ANTONIO-CARLOS PEREIRA MENAUT, *Rule of law y Estado de Derecho*, in BFDUC, 2001, pp. 57 ss.

[176] Essa origem remonta, segundo a doutrina britânica, ao pensamento filosófico grego, encontrando-se no exemplo de Sócrates, submetendo-se à sentença que o condenava à morte, apesar de lhe ter sido dada a possibilidade de fuga, a expressão do reconhecimento da supremacia da lei, cfr. HILAIRE BARNETT, *Constitutional...*, p. 51.

e inserido no âmbito da luta do parlamento contra o rei, por formular os alicerces do princípio da legalidade administrativa[177]:

(i) o império da lei[178],

(ii) a supremacia do parlamento[179] e

(iii) a recondução do monarca e dos tribunais a simples órgãos de aplicação da lei[180].

4.3.5. O iluminismo setecentista e o liberalismo oitocentista, fazendo da lei expressão da razão[181] e também da vontade do rei e/ou do povo[182], traçando a linha de fronteira entre o permitido e o proibido do agir administrativo, tornam a subordinação da Administração Pública à legalidade jurídico-positiva alicerce de racionalidade e de legitimidade do agir administrativo[183]: na lógica rousseauniana, se a lei traduz a vontade geral[184], a sua

---

[177] Para um desenvolvimento do papel do *Bill of Rights* na formulação dos alicerces do princípio da legalidade administrativa, cfr. HILAIRE BARNETT, *Constitutional...*, pp. 94-95; EVA DESDENTADO DAROCA, *La Crisis de Identidad del Derecho Administrativo: privatización, huida de la regulación pública y Administraciones independientes*, Valencia, 1999, pp. 13 ss.; PAULO OTERO, *Legalidade e Administração Pública*, pp. 45 ss.

[178] Excluindo a faculdade de o rei suspender as leis e a sua execução ou de dispensar a respetiva obediência, demonstrando a subordinação do monarca e da sua vontade à lei.

[179] Expressa através do monopólio parlamentar autorizativo da cobrança de impostos ou da feitura das leis em geral, traduzindo-se ainda na prevalência da vontade deste órgão sobre o *common law* revelado pelos tribunais. Neste sentido, sublinhando a mudança de posição do *common law* relativamente às leis do parlamento entre o período Stuart e a Revolução de 1688, cfr. RAOUL C. VAN CAENEGEM, *Réflexions Historiques sur l'Etat de Droit*, in *La Sistematica Giuridica – Storia, teoria e problemi attuali*, Ed. Istituto della Enciclopedia Italiana, Roma, 1991, p. 247.

[180] O parlamento britânico consolida-se como instituição política suprema, traduzindo-se a lei na fonte primeira do ordenamento jurídico: o Direito de origem parlamentar deixa de conhecer quaisquer limites e torna-se o fundamento de atuação de todo o poder.

[181] No sentido de que a razão humana surge como instrumento da liberdade do ser humano, cfr. SPINOZA, *Tratado Político*, ed. Alianza Editorial, Madrid, 1986, Cap. III, §6, p. 103.

[182] No sentido de que o poder legislativo expressa a vontade do povo através dos seus representantes, cfr. MONTESQUIEU, *Del Espíritu de las Leyes*, Alianza Editorial, Madrid, 2003, Liv. XI, Cap. VI, p. 209.

[183] Para uma síntese do sentido político-filosófico da lei, cfr. MARIA LÚCIA AMARAL, *A lei na história das ideias. Pequenos apontamentos*, in *Em Homenagem ao Professor Doutor Diogo Freitas do Amaral*, Coimbra, 2010, pp. 380 ss.

[184] Para Rousseau, a lei traduz a declaração da vontade geral (cfr. JEAN-JACQUES ROSSEAU, *O Contrato Social*, ed. Publicações Europa-América, Mem Martins, 1981, Liv. 3º, Cap. XV,

76 | INTRODUÇÃO

aplicação pela Administração Pública, numa manifestação de uma pretensa vinculação subsuntiva, concretiza critérios definidos pelo órgão dotado de legitimidade democrática – o parlamento[185].

4.3.6. Desenvolveu-se, durante o século XX, a consciência de que a vinculação da Administração Pública ao Direito não se limita a encontrar na juridicidade subordinante um limite de ação, antes nessa juridicidade reside também o seu fundamento concreto de ação[186]: não existe "um poder de a Administração fazer o que bem entender, salvo quando a lei lho proibir, mas sim que a Administração só possa fazer aquilo que a lei lhe permitir que faça"[187] – a lei passou a ser o fundamento, o critério e o limite do agir administrativo[188].

(B) Diversidade de vinculações: entre a juridicidade e a boa administração

4.3.7. Conhece a vinculação da Administração Pública, todavia, diferentes níveis de subordinação à juridicidade[189]:
(i) A vinculação pode ser absoluta ou rígida, desde que nos encontremos diante de normas jurídicas que são regras (e não princípios), incorporando uma solução de "tudo ou nada"[190], revelando momentos de certeza, segurança e previsibilidade decisória administrativa;

---

p. 95), identificada essa vontade no seu exercício com a própria soberania (cfr. *ibidem*, Liv. 2º, Cap. I, p. 30), sem embargo de não se reconduzir à soma de todas as vontades particulares (cfr. *ibidem*, Liv. 2º, Cap. III, p. 32), torna-se a força dirigente do Estado visando o bem comum (cfr. *ibidem*, Liv. 2º, Cap. I, p. 30) e goza de uma presunção inilidível de que está sempre certa (cfr. *ibidem*, Liv. 2º, Cap. VI, p. 43).

[185] Sobre o desenvolvimento histórico do princípio da legalidade no período liberal, cfr. PAULO OTERO, *Legalidade e Administração Pública*, pp. 45 ss.

[186] Cfr. DIOGO FREITAS DO AMARAL, *Curso...*, II, 2ª ed., pp. 56 ss.

[187] Cfr. Acórdão da 2ª Subsecção do Contencioso Administrativo do Supremo Tribunal Administrativo, de 3 de maio de 2011, relativo ao processo nº 976/10, in http://www.dgsi.pt/jsta.nsf.

[188] Cfr. DIOGO FREITAS DO AMARAL, *Curso...*, I, 3ª ed., p. 46.

[189] Cfr. JOÃO CAUPERS, *Introdução...*, pp. 91-92.

[190] Cfr. ROBERT ALEXY, *El Concepto y la Validez del Derecho*, 2ª ed. Barcelona, 1997, p. 162; RONALD DWORKIN, *Los Derechos en Serio*, 4ª Reimp., Barcelona, 1999, pp. 72 ss.

§4º VOCABULÁRIO DA ADMINISTRAÇÃO PÚBLICA | 77

(ii) A vinculação pode ser relativa ou flexível, se tiver como parâmetro subordinante princípios jurídicos (e não regras jurídicas), envolvendo a necessidade de soluções de ponderação ou balanceamento entre diferentes princípios concorrentes (v. *infra*, §22º), numa manifestação de momentos de flexibilidade e abertura decisórias da Administração Pública.

Os diferentes níveis de subordinação à juridicidade decorrentes da oposição entre regras e princípios permitem recortar graus diferenciados de certeza na violação dessa mesma juridicidade: a violação de regras envolve um grau de certeza muito superior à violação de princípios – e essa diferença de grau reflete-se na previsibilidade do conteúdo decisório de eventual intervenção judicial.

4.3.8. O exercício da atividade administrativa nunca assume uma natureza verdadeira ou integralmente subsuntiva da juridicidade, verificando-se que existem sempre graus diversificados de autonomia da vontade da Administração Pública permitidos por lei – a discricionariedade administrativa, possibilitando a escolha de uma solução entre várias possíveis dentro dos parâmetros da normatividade[191], traduz a expressão menos vinculada de exercício de uma competência da Administração Pública subordinada ao Direito.

4.3.9. A implementação administrativa das vinculações, sempre teleologicamente subordinadas à prossecução do interesse público, exige – tanto mais quanto maior for o espaço de discricionariedade ou a escassez dos meios (v.g, humanos, financeiros, técnicos) disponíveis para fazer face às necessidades a satisfazer – níveis de eficiência, economicidade, otimização ou bom andamento por parte da Administração Pública[192]:

---

[191] Com a discricionariedade administrativa não se deve confundir a discricionariedade de facto, especialmente visível no âmbito da atuação policial, permitindo recortar diferentes modos de agir da policia, desde o entusiasmo fanático de uma conduta zelosa até à apatia ou, num outro contexto, a possibilidade de adotar condutas factuais discriminatórias entre situações análogas. Para este último conceito, cfr. João Raposo, *Autoridade e discricionariedade: a conciliação impossível?*, in *Estudos Jurídicos e Económicos em Homenagem ao Prof. Doutor António de Sousa Franco*, II, Coimbra, 2006, p. 412.

[192] Especificamente sobre o princípio da eficiência na Administração Pública, cfr. Onofre Alves Batista Júnior, *Princípio Constitucional...*, pp. 83 ss.; Pierre Moor/Alexandre

78 | INTRODUÇÃO

(i) Não basta administrar, há sempre que procurar administrar o melhor possível, obtendo uma "ótima administração"[193] – fala-se agora em vinculação ao princípio da eficiência ou boa administração[194];

(ii) A boa administração envolve uma remissão dos critérios ou pautas de decisão administrativa para normas não jurídicas[195], fazendo apelo a valores e parâmetros extrajurídicos (v.g., princípios de gestão e de racionalidade económico-financeira)[196] – bem administrar é uma vinculação a que todo o administrador se encontra vinculado;

(iii) A Administração Pública não possui a faculdade de mal administrar, nem lhe é admissível uma postura de indiferença sobre o modo como prossegue o interesse público: a lei, conferindo ao decisor administrativo discricionariedade, pressupõe sempre que "o administrador seja um bom administrador"[197];

(iv) A própria exigência constitucional de prossecução do interesse público tem subjacente uma regra de ótima administração[198].

4.3.10. A vinculação administrativa permite, tendo presente a respetiva conduta implementadora, a formulação de dois juízos distintos:

(i) Um juízo de legalidade, traduzindo uma avaliação da conformidade jurídica da conduta administrativa com a juridicidade vinculativa – "está ou não essa conduta de acordo com o preceituado na lei?";

(ii) Um juízo de mérito, envolvendo agora uma avaliação ou um juízo em torno da conveniência, oportunidade e eficiência da conduta adotada, à luz de critérios extrajurídicos de decisão[199] – "terá sido essa conduta a melhor no âmbito das condutas legalmente possíveis?".

FLÜCKIGER/VICENT MARTENET, *Droit Administratif*, I, pp. 31 ss.

[193] Cfr. ROGÉRIO EHRHARDT SOARES, *Interesse Público...*, p. 189.

[194] Cfr. ROGÉRIO EHRHARDT SOARES, *Interesse Público...*, pp. 179 ss.; PAULO OTERO, *O Poder de Substituição...*, II, pp. 638 ss.

[195] Cfr. ROGÉRIO EHRADDT SOARES, *Interesse Público...*, pp. 190 ss.

[196] Cfr. Acórdão do Tribunal Constitucional nº 474/2013, de 29 de agosto, cit.

[197] Cfr. ROGÉRIO EHRARDT SOARES, *Interesse Público...*, p. 146.

[198] Cfr. PAULO OTERO, *O Poder de Substituição...*, II, pp. 639 ss.

[199] Falando em aplicação de normas não jurídicas, cfr. ROGÉRIO EHRHARDT SOARES, *Actividade administrativa*, in DJAP, I, Coimbra, 1965, p. 116.

A juridicidade vinculativa do princípio da boa administração determina que, apesar de situado num segundo grau de relevância, o juízo de mérito acabe ainda por, em caso de conclusão no sentido de um "mau uso das normas não jurídicas"[200], reconduzível a falta de mérito, suscitar uma ilegalidade indireta[201]: desrespeitou-se o princípio da boa administração[202].

(C) O desrespeito da vinculação

4.3.11. O desrespeito pela vinculação a que a Administração Pública se encontra adstrita, gerando a irregularidade[203] ou, em alternativa, a invalidade da sua conduta, mostra-se passível de autonomizar, nesta última hipótese, as seguintes figuras:

(i)   A *inconstitucionalidade*, consubstanciando a violação direta e imediata de normas da Constituição formal pela Administração Pública, sem qualquer intermediação normativa;

(ii) A *ilegalidade*, enquanto expressão de um agir administrativo objetivamente desconforme à juridicidade ordinária, isto no sentido de ser antijurídico[204], pode assumir uma dupla configuração:

---

[200] Cfr. ROGÉRIO EHRHARDT SOARES, *Actividade administrativa*, p. 116.

[201] Considerando que as "más decisões" são decisões ilegais, entendendo que os poderes de controlo do Tribunal de Contas envolvem a apreciação do mérito financeiro, cfr. LIA OLEMA F.V.J. CORREIA, *O dever de boa gestão e a responsabilidade financeira*, in *Estudos Jurídicos e Económicos em Homenagem ao Prof. Doutor António de Sousa Franco*, II, Coimbra, 2006, p. 796.

[202] Paralelamente a esta dimensão objetiva da boa administração, expressando um dever de boa administração que recai sobre a Administração Pública, em nome do interesse público, assiste-se, por influência do Direito da União Europeia (CDFUE, artigo 41º), ao desenvolvimento de um conceito subjetivo de boa administração: trata-se agora de um direito fundamental dos particulares a que a Administração Pública decida em termos imparciais, equitativos, em tempo razoável, procedendo à audição dos interessados, permitindo o acesso aos processos e fundamentando as decisões. Para mais desenvolvimentos sobre estas duas perspetivas de encarar a boa administração, cfr. MÁRIO AROSO DE ALMEIDA, *Teoria Geral...*, pp. 47 ss.; FILIPE BRITO BASTOS, *Autonomia institucional a anticomunitariedade de actos administrativos nacionais: uma perspectiva portuguesa num contexto pós-Lisboa*, in D&P, nº 2, 2013, pp. 45 ss.

[203] Considerando a irregularidade administrativa como uma manifestação da inversão do princípio da invalidade decorrente do exercício de uma atividade administrativa *contra legem*, cfr. PAULO OTERO, *Legalidade e Administração Pública*, pp. 966 ss.

[204] Cfr. BIAGIO PETROCELLI, *L'Antigiuridicità*, 3ª ed., Padova, 1955, p. 3.

80 | INTRODUÇÃO

- Poderá ser uma violação direta da normatividade, fazendo o que a lei proíbe[205] ou deixando de fazer o que a lei impõe – trata-se de uma ilegalidade *tout court*;
- Poderá ser uma violação indireta, maliciosa ou enviesada da normatividade, respeitando-se as palavras da lei para se alcançar um propósito ou resultado por ela vedado – trata-se da fraude à lei[206];

(iii) A *ilicitude*, traduzindo um ato de vontade consciente do decisor[207], expressa uma conduta administrativa intencionalmente desenvolvida em termos dolosos ou negligentes e contrária à juridicidade[208].

---

[205] Há quem, na sequência da doutrina francesa, dentro da ilegalidade diferencie as duas seguintes situações:

(1) A ilegalidade interna ou material, correspondendo a situações que atingem o conteúdo do agir administrativo, impedindo, em caso da sua "destruição" judicial, a sua repetição ou renovação;

(2) A ilegalidade externa, traduzindo situações de violação de regras de forma, formalidades ou de competência, tornando possível, em caso de anulação judicial, a repetição do ato, agora dentro do respeito pela juridicidade.

Neste sentido e para mais desenvolvimentos, cfr. RUI CHANCERELLE DE MACHETE, *A relevância processual dos vícios procedimentais no novo paradigma da justiça administrativa portuguesa*, in *Estudos Jurídicos e Económicos em Homenagem ao Prof. Doutor António de Sousa Franco*, III, Coimbra, 2006, em especial, pp. 851 e 857; ESTÊVÃO NASCIMENTO DA CUNHA, *Ilegalidade Externa do Acto Administrativo e Responsabilidade Civil da Administração*, Coimbra, 2010, pp. 160 ss.

[206] Sobre a fraude à lei em Direito civil, fazendo uma síntese das principais posições doutrinais, cfr. ANTÓNIO MENEZES CORDEIRO, *Tratado de Direito Civil Português*, I, 1º tomo, 3ª ed., Coimbra, 2005, pp. 691 ss.

[207] Cfr. JOSÉ DE OLIVEIRA ASCENSÃO, *Direito Civil – Teoria Geral*, II, Coimbra, 1999, p. 17.

[208] No sentido de que a ilicitude corresponde a comportamentos contrários ao Direito, desde que se tratem de normas imperativas, cfr. ANTÓNIO MENEZES CORDEIRO, *Tratado...*, I, 1º tomo, 3ª ed., pp. 447 e 689.

Em sentido contrário, igualmente em termos de Direito civil, considerando que "um negócio ilícito pode ser válido", cfr. JOSÉ DE OLIVEIRA ASCENSÃO, *Direito Civil – Teoria Geral*, II, p. 23.

Para uma discussão em termos gerais se existe um conceito único ou conceitos diferenciados de ilicitude, cfr., por todos, ADELAIDE MENEZES LEITÃO, *Normas de Protecção e Danos Puramente Patrimoniais*, Coimbra, 2009, pp. 645 ss.

4.3.12. Nem toda a ilegalidade (ou inconstitucionalidade) do agir administrativo se reconduz a uma situação de ilicitude[209], apesar de toda a ilicitude administrativa envolver sempre a violação da juridicidade[210][211]: não há fraude à lei (ou à Constituição) sem ilicitude[212], podendo existir ilegalidade (ou inconstitucionalidade) por simples erro (sem ilicitude) de facto e/ou de Direito[213].

4.3.13. Se, levada ao conhecimento da Administração Pública a existência de uma ilegalidade (ou inconstitucionalidade), ela persiste na sua manutenção ou implementação, o erro converte-se em ilicitude do agir ilegal (ou inconstitucional), passando a existir inequívoca consciência da antijuridicidade da situação[214], salvo:

---

[209] Em sentido contrário, dizendo que o "princípio da legalidade impõe que todas as ilegalidades se traduzam numa atuação ilícita", sem tomar em consideração, todavia, o tema da intencionalidade ou consciência do autor da conduta administrativa ao nível do conceito jurídico de ilicitude, cfr. ALEXANDRA LEITÃO, *Duas questões a propósito da responsabilidade extracontratual por (f)atos ilícitos e culposos praticados no exercício da função administrativa: da responsabilidade civil à responsabilidade pública. Ilicitude e presunção de culpa*, in *Estudos de Homenagem ao Prof. Doutor Jorge Miranda*, IV, Coimbra, 2012, p. 52.

Note-se que para efeitos de responsabilidade civil extracontratual da Administração Pública, a lei considera ilícitas as ações e omissões violadoras da juridicidade (cfr. Lei nº 67/2007, de 31 de dezembro, artigo 9º, nº 1).

[210] Em sentido contrário, admitindo casos de ilicitude sem haver ilegalidade, cfr. DIOGO FREITAS DO AMARAL, *Curso...*, II, 2ª ed., pp. 436-437.

[211] Observe-se o seguinte exemplo: imagine-se que a Administração Pública altera uma norma com o propósito de prejudicar uma pessoa determinada (v.g., vingança, ajuste de contas, perseguição política), fazendo-o no respeito pelas regras de competência, formalidades, forma e conteúdo material, apesar de revelar a ilicitude decorrente da intenção do seu autor, situação que, não sendo resolvida à luz do desvio de poder (: o motivo principalmente determinante do ato não coincide com o fim para que o respetivo poder foi conferido), haverá fraude à lei (ilegalidade indireta) – em qualquer caso, a ilicitude traduzirá sempre uma violação (direta ou indireta) da juridicidade.

[212] Considerando a fraude à lei como uma forma de ilicitude, cfr. ANTÓNIO MENEZES CORDEIRO, *Tratado...*, I, 1º tomo, 3ª ed., p. 696.

[213] Neste último sentido, apenas no que diz respeito à ilegalidade, cfr. FEZAS VITAL, *Direito Administrativo Português* (1923 e 1926), p. 162; IDEM, *Direito Administrativo Português*, (1930), p. 232.

[214] Cfr. PAULO OTERO, *Responsabilidade civil pessoal dos titulares de órgãos, funcionários e agentes da Administração do Estado*, in J. LUIS MARTÍNEZ LÓPEZ-MUÑIZ/ANTONIO CALONGE VELÁZQUEZ (Coords.), *La Responsabilidad Patrimonial de los Poderes Públicos*

82 | INTRODUÇÃO

(i) Existindo norma legal expressa, decisão judicial transitada em julgado ou comando hierárquico impondo essa mesma conduta;

(ii) O decisor continuar em erro de Direito[215].

4.3.14. A invalidade, sendo sempre uma conduta antijurídica, pode assumir, todavia, duas diferentes configurações[216]:

(i) Pode a conduta administrativa ser inválida por se limitar a aplicar uma norma que, servindo de fundamento do seu agir, é inválida, encontrando-se a Administração Pública vinculada a proceder à sua aplicação: tratar-se-á de uma invalidade consequente, derivada ou reflexa;

(ii) Pode, em sentido contrário, a conduta administrativa ser inválida, apesar de a norma que lhe serve de fundamento de agir ser válida, revelando-se essa antijuridicidade um efeito da própria conduta da Administração Pública: haverá agora uma invalidade própria ou originária.

4.3.15. A invalidade da conduta administrativa pode encontrar como formas de desvalor jurídico a anulabilidade, a nulidade e a inexistência, sabendo-se que o ordenamento jurídico português se pauta por dois diferentes princípios gerais:

(i) Os atos violadores de normas de Direito Administrativo têm como desvalor-regra a anulabilidade[217];

– *III Colóquio Hispano-Luso de Derecho Administrativo, Valladolid, 16-18 de octubre de 1997*, Madrid, Marcial Pons, 1999, pp. 500 e 501.

[215] V. g., os serviços jurídicos garantem-lhe que a conduta é legal ou, pelo menos, que se mostra controvertida em termos doutrinais.

[216] Cfr. PAULO OTERO, *Legalidade e Administração Pública*, pp. 709 e 710.

[217] Fazendo decorrer esta regra do sistema de administração executiva, enquanto expressão de um mecanismo de reforço da autoridade administrativa pelo simples decurso do tempo e inerente consolidação na ordem jurídica dos seus atos ilegais, cfr. JOSÉ CARLOS VIEIRA DE ANDRADE, *Nulidade e anulabilidade do acto administrativo*, in CJA, nº 43, 2004, pp. 46-47. Em sentido mais detalhado, reconduzindo a solução da anulabilidade a "um resquício do Estado de polícia", desenvolvendo o seu surgimento no Direito alemão, cfr. ANDRÉ SALGADO DE MATOS, *Algumas observações críticas acerca dos actuais quadros legais e doutrinais da invalidade do acto administrativo*, in CJA, nº 82, 2010, em especial, pp. 61 ss.

Para uma discussão da constitucionalidade da solução legal em torno da regra da anulabilidade, cfr. PAULO OTERO, *Legalidade e Administração Pública*, pp. 964 e 1023 ss.

§4º VOCABULÁRIO DA ADMINISTRAÇÃO PÚBLICA | 83

(ii) Os atos contrários a normas de Direito privado têm como desvalor-regra a nulidade.

4.3.16. A principal garantia da vinculação administrativa à normatividade reside na sua sujeição ao controlo pelos tribunais, isto num duplo sentido:

(i) A possibilidade de a Administração Pública ser demandada judicialmente, limitando preventiva ou repressivamente o seu agir, traduz uma manifestação de interdependência entre o poder judicial e o poder administrativo, funcionando também como direito fundamental dos administrados;

(ii) Em caso de procedência da ação judicial contra a Administração Pública, a vinculação administrativa à execução da sentença do tribunal consubstancia a "perda de fecho" do Estado de Direito[218].

(D) Notas complementares

4.3.17. Ainda em matéria de vinculação administrativa, cumpre referir, a título introdutório, cinco notas complementares:

(i) Primeira: a juridicidade vinculativa da Administração Pública conhece uma pluralidade de fontes normativas, falando-se até em "juridicidade em rede"[219], integrando normas internas, internacionais, supranacionais e estrangeiras[220];

(ii) Segunda: a Administração Pública não se encontra exclusivamente vinculada a normas jurídicas, assumam elas a natureza de regras ou de princípios[221];

(iii) Terceira: existem normas extrajurídicas (: normas técnico-científicas, normas morais, éticas ou deontológicas e normas de trato

---

[218] Cfr. PAULO OTERO, *Direito Constitucional Português*, I, Coimbra, 2010, pp. 97 ss.

[219] Expressão usada por JOÃO CARLOS LOUREIRO, *Direito à (protecção) da saúde*, in *Estudos em Homenagem ao Professor Doutor Marcello Caetano – No centenário do seu nascimento*, I, Coimbra, 2006, p. 667.

[220] Neste sentido e para mais desenvolvimentos, cfr. PAULO OTERO, *Legalidade e Administração Pública*, pp. 441 ss.

[221] Para uma diferenciação conceitual e operativa entre regras e princípios, cfr. PAULO OTERO, *Legalidade e Administração Pública*, pp. 164 ss.

84 | INTRODUÇÃO

social) que assumem relevância paramétrica da conduta administrativa[222];

(iv) Quarta: a própria factualidade emergente da ação administrativa pode ganhar natureza vinculativa face a condutas futuras semelhantes (v.g., precedente, uso)[223];

(v) Quinta: sempre que a ordem jurídica confere ou reconhece relevância vinculativa a factos ou a normas extrajurídicas face à Administração Pública, ocorre aqui um fenómeno de "juridificação" de tais realidades – tudo se passa como se fosse uma vinculação jurídica.

4.4. Responsabilidade

(A) Fundamento

4.4.1. A responsabilidade da Administração Pública, envolvendo a obrigação de prestar contas das suas ações e/ou omissões, encontra um quádruplo fundamento:

(i) Se administrar é gerir interesses alheios, a título delegado, aquele que administra tem de responder perante o titular ou dono dos interesses que gere pelos termos como exerceu dessa mesma gestão (v. *supra*, nº 1.1.4.) – a responsabilidade é uma exigência de cidadania[224];

(ii) De pouco serviria dizer que a Administração Pública está vinculada ao Direito, se, desrespeitando tais vinculações, nunca tivesse de dar satisfações de nada ou a ninguém – na responsabilização administrativa reside a garantia da subordinação da Administração Pública ao Direito;

(iii) O princípio republicano – desde a formulação aristotélica da República como modelo de subordinação às leis, baseada na vontade da maioria e num governo misto[225] – envolve, paralelamente à repre-

---

[222] Cfr. PAULO OTERO, *Legalidade e Administração Pública*, pp. 763 ss.
[223] Cfr. PAULO OTERO, *Legalidade e Administração Pública*, pp. 782 ss.
[224] Cfr. JOAQUIM FREITAS DA ROCHA, *Sustentabilidade...*, p. 637.
[225] Cfr. ARISTÓTELES, *Tratado de Política*, Liv. III, Cap. IX (pp. 85 ss.).

§ 4ª VOCABULÁRIO DA ADMINISTRAÇÃO PÚBLICA | 85

sentatividade e à periodicidade dos mandatos, o controlo do poder e a responsabilidade política[226];

(iv) O princípio democrático, sendo elemento integrante do Estado de Direito democrático, exige uma administração legitimada por uma maioria política e postula um princípio de responsabilidade democrática da Administração[227].

4.4.2. A ligação entre a responsabilidade e a limitação dos governantes, traduzindo um efeito do próprio princípio democrático, encontra as suas raízes na Grécia antiga, a propósito da designada Constituição democrática, Heródoto refere-se ao facto de os governantes estarem sujeitos a prestar contas[228]: o dever de prestar contas pelos titulares do poder resulta da relação que, numa república, se estabelece entre os representantes (delegados) e o povo (delegante e titular do poder)[229].

4.4.3. A mera possibilidade de responsabilizar quem exerce o poder reforça o entendimento de que o exercício do poder é sempre um serviço, um mandato, sujeito a prestação de contas, e nunca um privilégio outorgado em benefício do seu titular: responsabilizar quem exerce autoridade pelo modo como exerce essa mesma autoridade revela-se um mecanismo limitativo da própria autoridade[230], sabendo-se que não há verdadeiro poder limitado sem responsabilidade – a responsabilidade da Administração Pública decorre da garantia do Estado de Direito democrático[231].

---

[226] Neste sentido, cfr. DALMO DE ABREU DALLARI, *Elementos da Teoria Geral do Estado*, 25ª ed., São Paulo, 2005, em especial, pp. 229-230; ANA PAULA BARCELLOS, *Algumas reflexões sobre o princípio republicano*, in *Estudos de Homenagem ao Prof. Doutor Jorge Miranda*, I, Coimbra, 2012, pp. 215 ss.

[227] Neste sentido e para mais desenvolvimentos, cfr. SÉRVULO CORREIA, *Contencioso administrativo e responsabilidade democrática de administração*, in *Estudos em Memória do Prof. Doutor J.L. Saldanha Sanches*, I, Coimbra, 2011, pp. 595 ss.

[228] Cfr. HERÓDOTO, *Storie*, I, ed. Mondadori, Milano, 2007, Livro III, 80 (p. 559).

[229] Cfr. ANA PAULA BARCELLOS, *Algumas reflexões...*, pp. 229 e 230.

[230] Desde o século XVII, a Nova Inglaterra reconheceu o princípio da responsabilidade dos agentes do poder (cfr. ALEXIS DE TOCQUEVILLE, *Da Democracia na América*, I, ed. Principia, Cascais, 2002, I parte, cap. 2º (p. 77)).

[231] Para mais desenvolvimentos, cfr. PAULO OTERO, *Direito Constitucional Português*, II, Coimbra, 2010, pp. 32 ss.

86 | INTRODUÇÃO

(B) Tipologia

4.4.4. A Administração Pública é responsável por aquilo que faz e não deveria ter feito ou deveria tê-lo feito em termos diferentes (: *responsabilidade por ação*), assim como deverá ser responsabilizada por aquilo que não fez ou deixou de continuar a fazer e se impunha que tivesse feito (: *responsabilidade por omissão*).

4.4.5. A responsabilidade administrativa pode ter três diferentes ângulos de análise:
- (i) Controlar a conformidade do agir administrativo face à juridicidade, aferindo se a Administração Pública adotou uma conduta inválida, em termos objetivos (: ilegalidade ou inconstitucionalidade) e/ou subjetivos (: ilicitude);
- (ii) Controlar o mérito da atuação administrativa em termos de oportunidade, conveniência e eficiência, averiguando se foi respeitado o princípio da boa administração, numa tripla aceção[232]:
  - Controlo de eficácia: foi a conduta adotada apta, tecnicamente, para produzir os efeitos desejados?
  - Controlo de efetividade: foram alcançados os efeitos pretendidos?
  - Controlo de eficiência: foram os resultados alcançados os melhores possíveis em termos de qualidade, tempo e meios (v.g., humanos, financeiros)?
- (iii) Controlar ambas as anteriores vertentes: controlo de legalidade e, simultaneamente, de mérito do agir administrativo.

4.4.6. Atendendo ao objeto de incidência, a responsabilidade da Administração Pública pode assumir diferentes manifestações:
- (i) *Responsabilidade política* – envolve a apreciação, por parte de um órgão representativo ou pela opinião pública, da conveniência, oportunidade ou bondade das soluções ou opções administrativas;

---

[232] Num contexto circunscrito às políticas públicas, apesar de adaptável em termos mais amplos, cfr. DIOGO DE FIGUEIREDO MOREIRA NETO, *Novos horizontes para o Direito Administrativo: pelo controle das políticas públicas. A próxima missão*, in *Em Homenagem ao Professor Doutor Diogo Freitas do Amaral*, Coimbra, 2010, p. 657.

(ii) *Responsabilidade contenciosa* – certas condutas administrativas geradoras de um litígio, envolvendo interesses opostos, podem ser submetidas a resolução pelos tribunais;

(iii) *Responsabilidade civil* – as ações ou omissões administrativas geradoras de danos são passíveis de determinar uma obrigação de indemnizar;

(iv) *Responsabilidade criminal* – a gravidade da ilicitude de certas condutas administrativas, tipificadas como crimes, faz incorrer o seu autor em pena de prisão ou numa outra pena determinada pelo tribunal;

(v) *Responsabilidade disciplinar* – todo aquele que, exercendo a título profissional funções públicas, viola os deveres inerentes ao exercício dessas funções, cometendo infração disciplinar, pode ser objeto de sanções que se percutem no seu estatuto como trabalhador;

(vi) *Responsabilidade financeira* – assumindo natureza sancionatória e reintegratória[233], dirige-se a todos aqueles que gerem património público, envolvendo a prática de atos financeiros públicos violadores de normas referentes à realização de despesas públicas;

(vii) *Responsabilidade internacional e europeia* – a conduta administrativa não se mostra imune a suscitar, se envolver a violação de compromissos internacionais ou europeus, que o Estado seja chamado a assumir responsabilidade junto de instituições internacionais (v.g., Tribunal Internacional de Justiça, Tribunal Europeu dos Direitos do Homem) ou da União Europeia (v.g., Tribunal de Justiça).

4.4.7. A responsabilidade civil da Administração Pública pode visar dois diferentes destinatários:

(i) Pode ser uma responsabilidade de natureza *pessoal*, se incidir sobre a pessoa do titular das estruturas orgânicas da Administração (v.g., a responsabilidade civil de Abel que é Ministro da Agricultura);

---

[233] Cfr. ANTÓNIO L. DE SOUSA FRANCO, *Finanças Públicas e Direito Financeiro*, I, 4ª ed., 4ª reimp., Coimbra, 1996, pp. 481 ss.; GUILHERME D'OLIVEIRA MARTINS, *Responsabilidade financeira*, in DJAP, VII, Lisboa, 1996, pp. 275 ss.; GUILHERME WALDEMAR D'OLIVEIRA MARTINS, *A responsabilidade financeira: evoluções recentes*, in CJA, nº 88, 2011, pp. 52 ss.

88 | INTRODUÇÃO

(ii) Pode, em sentido diferente, tratar-se de uma responsabilidade de natureza *institucional*, se versar sobre as entidades[234] ou os órgãos administrativos, independentemente da pessoa dos seus titulares (v.g., a responsabilidade civil do Estado ou do município *X*).

4.4.8. A responsabilidade administrativa mostra-se suscetível de se efetivar em diferentes cenários, a saber:

(i) Perante a própria Administração Pública, num designado processo de *responsabilidade intra-administrativa* (v.g., a responsabilidade disciplinar do subalterno perante o superior hierárquico);

(ii) Perante os tribunais, falando-se agora em *responsabilidade judicial* da Administração Pública (v.g., ação contra o Estado junto de um tribunal judicial, administrativo ou arbitral);

(iii) Perante órgãos políticos, segundo um fenómeno enquadrável no âmbito da *responsabilidade política concentrada* (v.g., apreciação pela Assembleia da República de atos administrativos do Governo referentes às privatizações);

(iv) Perante o eleitorado ou a opinião pública, agora numa típica situação de *responsabilidade política difusa* da Administração Pública, igualmente designada de "controlo social"[235] (v.g., realização de eleições autárquicas ou o "controlo" pelos meios de comunicação social da conduta administrativa) e ainda através do próprio contencioso administrativo (v.g., o controlo pelo juiz da subordinação administrativa à vontade popular resultante de referendo local, ação popular)[236] ou de uma possível extensão ao controlo financeiro[237].

---

[234] Note-se que, no caso da responsabilidade civil, desde que envolva o património das entidades e não incida sobre a pessoa dos seus titulares, a satisfação de qualquer pretensão indemnizatória envolve sempre a utilização de meios financeiros de toda a coletividade: o lesante, apesar de ser a Administração Pública, acaba por conduzir a que sejam os recursos financeiros de *todos* a ressarcir os prejuízos de *um* ou de *alguns*.

[235] Neste último sentido, cfr. ANA PAULA BARCELLOS, *Algumas reflexões...*, pp. 223 ss.

[236] Neste último sentido, cfr. SÉRVULO CORREIA, *Contencioso administrativo e responsabilidade...*, em especial, pp. 608 ss.

[237] Defendendo, neste último sentido, a existência de uma ação popular no sentido de efetivar a responsabilidade financeira dos poderes públicos, cfr. MARTA REBELO, *A legitimidade popular para efectivação de responsabilidades financeiras*, in *Estudos Jurídicos e Económicos em Homenagem ao Prof. Doutor António de Sousa Franco*, III, Coimbra, 2006, pp. 285 ss., em especial, pp. 298-299.

(C) Efeitos

4.4.9. A efetivação da responsabilidade da Administração Pública, podendo assumir um propósito marcadamente objetivo, se incidir sobre as ações ou omissões praticadas, ou subjetivo, se visar apurar o grau da culpabilidade dos seus autores, envolve diversidade de efeitos, agrupáveis em quatro principais categorias de atos:

   (i) *Atos sancionatórios* – concretizam formalmente um juízo de responsabilidade administrativa, introduzindo alterações na ordem jurídica (v.g., condenação judicial do Estado ao pagamento de uma indemnização, aplicação de uma sanção disciplinar, aprovação de moção de censura);

   (ii) *Atos absolutórios* – recusando formalmente efetivar a responsabilidade administrativa, não alteram a ordem jurídica (v.g., absolvição judicial do Estado, rejeição de uma moção de censura, arquivamento de processo disciplinar);

   (iii) *Recomendações* – sem possuírem natureza imperativa, expressam formalmente um sentido preferencial de decisão futura (v.g., a Assembleia da República recomenda que o Governo baixe o valor das taxas hospitalares);

   (iv) *Atos informais* – resultando de formas inorgânicas de efetivação da responsabilidade administrativas, podem ou não ter conteúdo sancionatório (v.g., a censura ou o aplauso da opinião pública à venda de medicamentos em sistema de unidoses ou à construção de uma terceira autoestrada Lisboa-Porto).

§5º VOCABULÁRIO DOS PARTICULARES COMO ADMINISTRADOS

5.1. Terminologia relacional

(A) Subjetivação das normas administrativas

5.1.1. Os conceitos de "interesse público", "vinculação" e de "responsabilidade", apesar de integrados no vocabulário da Administração Pública, nunca deixam de projetar também efeitos junto dos particulares ou administrados:

90 | INTRODUÇÃO

(i) O "interesse público", identificado com o bem comum, integra a dimensão social da dignidade da pessoa humana, repercutindo-se numa Administração Pública ao serviço da satisfação das necessidades dos particulares que vivem numa determinada comunidade;

(ii) A "vinculação", limitando a esfera de ação administrativa, traçando uma linha de fronteira entre o que pode e o que não pode fazer, cria uma zona de liberdade aos particulares, ou, impondo uma conduta à Administração, mostra-se passível de servir de fonte de posições jurídicas dos particulares;

(iii) A "responsabilidade", tornando a Administração Pública devedora da prestação de contas da sua conduta, reforçando a posição política dos administrados como sujeitos ativos perante aquela, poderá até converter-se, num cenário de danos gerados aos particulares por efeito de uma conduta administrativa, em fonte de um direito fundamental à responsabilidade civil do Estado.

5.1.2. Os enunciados normativos expressamente reguladores do agir administrativo, ordenando, proibindo ou permitindo condutas à Administração Pública, nem sempre se limitam a identificar os interesses públicos secundários a prosseguir, pois, cada vez mais, identificam interesses particulares que devem ser tidos em conta na ação administrativa: observa-se aqui uma subjetivação das normas administrativas[238].

5.1.3. A subjetivação das normas administrativas, permitindo que os preceitos possam ser interpretados no sentido de se extrair, por via adscrita ou implícita, fundamento normativo para posições jurídicas de vantagem dos particulares junto da Administração Pública[239], segundo as coorde-

---

[238] Cfr. RUI CHANCERELLE DE MACHETE, *A legitimidade activa dos particulares e a subjetivação das normas administrativas*, in CJA, nº 86, 2011, em especial, p. 11.

[239] Adapta-se, deste modo, ao relacionamento entre normatividade reguladora da Administração Pública e a configuração da posição jurídica dos particulares perante ela, uma construção formulada a propósito de normas constitucionais e da extração ou identificação de direitos fundamentais, cfr. ROBERT ALEXY, *Teoría de los Derechos Fundamentales*, Madrid, 1997, pp. 62 ss.

nadas da designada "teoria da norma de proteção"[240], habilita um duplo efeito[241]:

(i) Pode essa normatividade servir de fonte de posições jurídicas de *defesa* dos particulares, envolvendo a adoção de ações negativas pela Administração Pública[242];

(ii) Poderá uma tal normatividade alicerçar posições jurídicas de *proteção* dos particulares, determinando ações positivas por parte da Administração[243].

(B) Identificação do vocabulário

5.1.4. O vocabulário relativo aos particulares no seu relacionamento com a Administração Pública mostra-se passível de ser sintetizado em três conceitos nucleares:
– Relação (administrativa);
– Pretensão;
– Garantias.

5.1.5. A *relação* traduz um nexo ou um vínculo que se estabelece entre dois ou mais sujeitos, assumindo relevância administrativa sempre que envolva a intervenção da Administração Pública: a relação administrativa surge como vocábulo dos particulares no seu relacionamento com a Administração, verificando-se que o Direito "captura" uma situação da vida que

---

[240] Cfr. EBERHARD SCHMIDT-ASSMANN, *Das allgemeines Verwaltungsrecht...*, pp. 74 ss.; MARTIN WILL, *Allgemeines Verwaltungsrecht*, pp. 47 ss.; RUI CHANCERELLE DE MACHETE, *A relevância processual...*, pp. 865-866.

[241] Cfr. ROBERT ALEXY, *Teoría de los Derechos Fundamentales*, pp. 436 ss., em especial, pp. 441 ss.

[242] V.g., se uma norma da Faculdade de Direito da Universidade de Lisboa determina que o pedido de revisão da prova escrita de exame envolve o pagamento de uma taxa de dez euros, significa, numa leitura subjetivista da norma, que cada aluno tem o *direito* a que não lhe seja cobrada uma taxa superior a dez a euros.

[243] V.g., se uma norma diz que cada unidade curricular semestral na Faculdade de Direito da Universidade de Lisboa tem dois tempos de aulas teóricas e dois tempos de aulas práticas, isto também significa, numa ótica de subjetivação da norma, o seguinte: (i) cada aluno tem o *direito* a ter dois tempos semanais de aulas teóricas e dois tempos de aulas práticas; (ii) os docentes encarregues da lecionação têm o *dever* de assegurar tais tempos letivos.

92 | INTRODUÇÃO

exprime uma conexão entre a Administração Pública e o particular (ou entre este e aquela)[244].

5.1.6. A *pretensão* consubstancia o conteúdo de um pedido formulado pelo particular à Administração Pública ou contra a Administração Pública, funcionando como pressuposto de uma relação a constituir ou efeito de uma relação já constituída: a pretensão é um ato de vontade do particular[245], envolvendo uma conduta (ativa ou omissiva) da Administração Pública.

5.1.7. As *garantias* são posições jurídicas de vantagem dos particulares face à Administração Pública, alicerçando ou fundamentando pretensões relativas a condutas administrativas: as garantias são "trunfos"[246] que a ordem jurídica coloca à disposição dos particulares no seu relacionamento com a Administração Pública.

5.1.8. O ordenamento jurídico regulador da Administração Pública funciona como sede disciplinadora das relações, das pretensões e das garantias dos particulares face à Administração, envolvendo uma clara vertente relacional, incluindo de natureza garantística[247]: o Direito da Administração Pública não se limita a regular a sua organização e o seu agir, compreendendo também normas relacionais – as que traduzem ou envolvem um contacto ou relacionamento entre a Administração e os particulares ou entre estes e aquela.

---

[244] Pode daqui extrair-se, por conseguinte, que nem todas as relações administrativas envolvem a intervenção de particulares, podendo existir relações administrativas entre duas (ou mais) entidades administrativas (v.g., relação entre o Estado e as autarquias locais ou entre o Estado e as regiões autónomas) – interessam-nos aqui, atendendo ao objeto de estudo (: a terminologia relacional dos *particulares*), única e exclusivamente, as relações envolvendo os particulares e a Administração Pública.

[245] Cfr. LUIGI ORSI, *Pretesa*, in EdD, XXXV, Milano, 1986, p. 372.

[246] A ideia das garantias como "trunfos" inspira-se na terminologia usada por Dworkin sobre os direitos como "trunfos", cfr. RONALD DWORKIN, *Rights as Trumps*, in JEREMY WALDRON, (ed), *Theories of Rights*, Oxford, 1984, pp. 153 ss. Para uma análise crítica do uso desta metáfora, cfr., por todos, JOSÉ DE MELO ALEXANDRINO, *Direitos Fundamentais – Introdução Geral*, 2ª ed., Cascais, 2011, pp. 27 ss.

[247] Neste sentido, referindo-se exclusivamente às normas de Direito Administrativo, cfr. DIOGO FREITAS DO AMARAL, *Curso...*, I, 3ª ed., pp. 142 ss.

5.2. Relação (administrativa)

(A) O contacto com a Administração Pública

5.2.1. A relação entre os particulares e a Administração Pública pode conhecer três diferentes configurações:
(a) As relações gerais de poder;
(b) As relações especiais de poder;
(c) As relações jurídico-administrativas (em sentido próprio).

5.2.2. As *relações gerais de poder*[248], tendo sempre o seu fundamento numa norma, traduzem a situação em que se encontram todas as pessoas que, localizadas no território de um Estado, estão sujeitas à respetiva ordem jurídica[249], envolvendo a titularidade de direitos e o cumprimento de deveres face à Administração Pública[250], num modelo de progressiva subordinação de todas as partes a uma ordem jurídica comum[251], sendo possível recordar quatro diferentes tipos:
(i) As relações gerais de poder alicerçadas na Constituição[252];
(ii) As relações gerais de poder baseadas em ato legislativo (e em atos com força afim da lei[253]);
(iii) As relações gerais de poder oriundas de regulamento administrativo;

---

[248] Para mais desenvolvimentos, incluindo referências bibliográficas elementares, cfr. PAULO OTERO, *O Poder de Substituição...*, I, p. 52.

[249] Falando, neste sentido, em "relações universais abstratas", cfr. ARMANDO MARQUES GUEDES, *Direito Administrativo*, (1955), pp. 167-168; IDEM, *Direito Administrativo*, (1957), p. 179.

[250] Neste contexto se podem apresentar os seguintes exemplos: deveres de *dare* (v.g., pagamento de impostos, de multas de trânsito), deveres *de facere* (v.g., respeitar os sinais de trânsito, acatar ordens de polícia) ou deveres de *non facere* (v.g., não perturbar a ordem pública, não apelar à desobediência às autoridades).

[251] Considerando que as designadas "relações especiais de poder" perderam, por conseguinte a sua razão de ser, cfr. KONRAD HESSE, *Grundzüge des Verfassungsrechts der Bundesrepublik Deutschland*, 20ª ed., Heidelberg, 1995, p. 128.

[252] Fazendo daqui decorrer o fundamento da dimensão subjetiva dos direitos fundamentais, cfr. JORGE REIS NOVAIS, *As Restrições aos Direito Fundamentais Não Expressamente Autorizadas pela Constituição*, Coimbra, 2003, pp. 116 ss.

[253] Para uma caracterização desta última categoria, cfr. JORGE MIRANDA, *Funções, Órgãos e Actos do Estado*, policop., Lisboa, 1990, pp. 339 ss.

94 | INTRODUÇÃO

(iv) As relações gerais de poder provenientes de contrato envolvendo a Administração e dotado de efeitos face a terceiros, designado de "contrato normativo"[254], "convenção-lei"[255], "contrato de efeitos regulamentares"[256] ou "contrato regulatório"[257].

Nestas duas últimas hipóteses [(iii) e (iv)], as relações gerais de poder traduzem a expressão de situações jurídicas administrativas, atendendo à fonte das vinculações resultar de atos produzidos pela Administração Pública e serem dotados de eficácia *erga omnes* – a circunstância de se referirem a uma pluralidade indeterminada ou indeterminável de sujeitos, enquanto expressão da sua natureza normativa ou da sua eficácia *erga omnes*, afasta-as, todavia, do conceito técnico-jurídico de relação jurídica[258], falaremos, por isso, em situações jurídico-administrativas *erga omnes*.

---

[254] Sobre a figura, cfr. FRANCESCO MESSINEO, *Contratto normativo e contrato-tipo*, in EdD, X, Milano, 1962, pp. 116 ss.; ANTÓNIO MENEZES CORDEIRO, *Tratado de Direito Civil Português*, II, 2º tomo, Coimbra, 2010, p. 204.
Especificamente a nível administrativo, cfr., por todos, JORGE ANDRÉ ALVES CORREIA, *Contrato e poder público administrativo – em especial, os « novos » contratos com objeto passível de regulamento administrativo*, in *Estudos em Homenagem ao Prof. Doutor José Joaquim Gomes Canotilho*, IV, Coimbra, 2012, em especial, pp. 203 ss.

[255] Cfr. LÉON DUGUIT, *Les Transformations du Droit Public*, Paris, 1925, pp. 129 ss.

[256] Cfr. ANDRÉ DE LAUBADÈRE/FRANCK MODERNE/PIERRE DELVOLVÈ, *Traité des Contrats Administratifs*, I, 2ª ed., Paris, 1983, pp. 97 ss.; PAULO OTERO, *Legalidade e Administração Pública*, pp. 523 ss.; JORGE ANDRÉ ALVES CORREIA, *Contratos Urbanísticos – Concertação, contratação e neocontratualismo no Direito do Urbanismo*, Coimbra, 2009, pp. 141-142; IDEM, *Contrato e poder público administrativo...*, pp. 205 ss.

[257] Cfr. PEDRO GONÇALVES, *Regulação administrativa e contrato*, in *Estudos em Homenagem ao Prof. Doutor Sérvulo Correia*, II, Coimbra, 2010, em especial, pp. 1007 ss.; IDEM, *Reflexões sobre o Estado Regulador e o Estado Contratante*, Coimbra, 2013, pp. 126 ss.

[258] Para uma caracterização deste último sentido, afastando a admissibilidade de relações jurídicas envolvendo sujeitos indeterminados ou indetermináveis, cfr. FRANCESCO CARNELUTTI, *Teoria Generale del Diritto*, 3ª ed., (1950), reimp., Roma, 1998, p. 146; JOSÉ DE OLIVEIRA ASCENSÃO, *As Relações Jurídicas Reais*, Lisboa, 1962, pp. 23 ss.; IDEM, *Direito Civil – Teoria Geral*, III, Coimbra, 2002, pp. 23 ss., 36 e 54; ANTÓNIO MENEZES CORDEIRO, *Tratado de Direito Civil*, I, 4ª ed., Coimbra, 2012, p. 866.
Neste sentido, ao nível do Direito Administrativo, excluindo a admissibilidade de relações jurídicas a nível regulamentar, isto é, entre uma autoridade administrativa e todos os destinatários indeterminados de uma norma (cfr. VASCO PEREIRA DA SILVA, *Em Busca...*, pp. 202-203), falando em "relação jurídica administrativa concretizada (cfr. MÁRIO AROSO DE ALMEIDA, *Anulação...*, p. 126) ou exigindo que a relação jurídica "possua um mínimo de

§5º VOCABULÁRIO DOS PARTICULARES COMO ADMINISTRADOS | 95

5.2.3. As *relações especiais de poder*, traduzindo sempre um espaço dentro da juridicidade[259], consubstanciam situações jurídicas em que um particular[260], num posicionamento diferente face aos restantes cidadãos, se encontra por, inserindo-se numa determinada organização pública, estar adstrito a um acréscimo de vinculações restritivas da sua liberdade, sendo dotado de um estatuto especial decorrente de uma conexão mais intensa perante poderes reforçados de intervenção da Administração Pública[261] – é o caso, a título exemplificativo, do funcionário público ou do militar ao exercerem as suas funções[262], do detido ou preso no âmbito do estabelecimento penitenciário, do aluno de um estabelecimento público de ensino, do utente do serviço nacional de saúde[263], do visitante de um hospital público ou de um estabelecimento prisional.

---

determinabilidade" (cfr. FRANCISCO PAES MARQUES, *As Relações Jurídicas Administrativas Multipolares*, Coimbra, 2011, pp. 49 ss.).

[259] Razão pela qual não se justificam as críticas que, formuladas no século XIX, continuam a reconduzir tais relações a um espaço isento de Direito. Ainda defendendo este entendimento tradicional, cfr. VASCO PEREIRA DA SILVA, *Acto administrativo e reforma do processo administrativo*, in *Em Homenagem ao Professor Doutor Diogo Freitas do Amaral*, Coimbra, 2010, p. 108.

[260] As relações especiais de poder podem ter na sua origem duas diferentes situações: (i) podem resultar de uma manifestação de vontade do particular que é acolhida pela Administração ou, em alternativa. (ii) podem ser a expressão de uma vontade administrativa unilateral e totalmente alheia a qualquer pedido formulado pelo particular (cfr. PIERRE MOOR/ ALEXANDRE FLÜCKIGER/VICENT MARTENET, *Droit Administratif*, I, pp. 719 ss.).

[261] Cfr. CLARISSA SAMPAIO SILVA, *Direitos Fundamentais e Relações especiais de sujeição – o caso dos agentes públicos*, Belo Horizonte, 2009, em especial, pp. 79 ss.; LUÍS CABRAL DE MONCADA, *As relações especiais de poder no Direito português*, sep. da RUM, nº 1, 1997; GALLEGO ANABITARTE, *Las relaciones especiales de sujeción y el princípio de legalidad de la Administración*, in RAP, 1961, pp. 11 ss.; KONRAD HESSE, *Grundzüge...*, pp. 144 ss.; WOLFGANG LOSCHELDER, *Vom besonderen Gewaltverhältnis zur öffentlich-rechtlichen Sonderbindung: zur Institutionalisierung d. engeren Staat/Bürger-Beziehungen*, Köln, 1982; M. RONELLENFITSCH, *Das besondere Gewaltverhältnis im Verwaltungsrecht*, DÖV, 1984, pp. 781 ss.; DETLEF MERTEN (org.), *Das besondere Gewaltverhältnis. Vorträge des 25. Sonderseminars 1984 der Hochschule für Verwaltungswissenschaften Speyer*, Berlin, 1985.

[262] Para um relacionamento do tema com o estatuto dos titulares de cargos públicos e a temática dos direitos fundamentais, cfr. JAIME VALLE, *O Poder de Exteriorização do Pensamento Político do Presidente da República*, Lisboa, 2013, pp. 31 ss.

[263] Cfr. MIGUEL NOGUEIRA DE BRITO, *Direitos e deveres dos utentes do Serviço Nacional de Saúde*, RFDUL, 2008, pp. 101 ss.

96 | INTRODUÇÃO

5.2.4. A clássica *relação jurídico-administrativa*, em sentido restrito ou próprio, é um vínculo jurídico concreto, constituído por via unilateral ou bilateral, entre a Administração Pública e um ou uma pluralidade determinada de particulares[264], envolvendo a definição e regulação de posições jurídicas ativas e passivas entre os respetivos sujeitos – a esta realidade circunscreveremos as breves referências subsequentes.

(B) Relativização dogmática da relação jurídico-administrativa

5.2.5. Será que a explicação de toda a realidade administrativa se pode fazer, em termos de construção dogmática e de exposição didática, através da designada relação jurídico-administrativa?

Em sintonia com remotos contributos científicos nacionais[265] e estrangeiros[266], alguma doutrina portuguesa tende a responder em sentido afirmativo[267].

---

[264] Admitindo a existência de relações jurídico-administrativas entre dois particulares, cfr. DIOGO FREITAS DO AMARAL, *Curso...*, II, 2ª ed., pp. 164 e 167-168. Em sentido contrário, sublinhando que "na relação administrativa um dos sujeitos, pelo menos, há de ser a Administração", cfr. MARCELLO CAETANO, *Manual...*, 3ª ed., p. 123.

[265] Cfr. GUIMARÃES PEDROSA, *Curso...*, I, 2ª ed., pp. 201 ss.; LUDGERO NEVES, *Direito Administrativo*, pp. 55 ss., em especial, pp. 65 ss.; MARCELLO CAETANO, *Tratado...*, I, pp. 117 ss.; IDEM, *Manual...*, 3ª ed., pp. 123 ss.; ARMANDO MARQUES GUEDES, *Direito Administrativo*, (1955), pp. 165 ss.; IDEM, *Direito Administrativo*, (1957), pp. 177 ss.; AFONSO RODRIGUES QUEIRÓ, *Lições...*, (1956), pp. 238 ss.; IDEM, *Lições...*, I, (1959), pp. 238 ss.

[266] Cfr. UGO FORTI, *Diritto Amministrativo*, II, pp. 5 ss.; FRANCESCO D'ALESSIO, *Istituzioni...*, I, pp. 165 ss.

[267] Cfr. GUILHERME FREDERICO DIAS PEREIRA DA FONSECA, *Direito Administrativo*, pp. 7 e 73 ss.; SÉRVULO CORREIA, *As relações jurídicas de prestação de cuidados pelas unidades de saúde do Serviço Nacional de Saúde*, in *Direito e Bioética*, Lisboa, 1996, pp. 13 ss., em especial, p. 16; VASCO PEREIRA DA SILVA, *Em Busca...*, pp. 149 ss. (admitindo, todavia, limitações ao modelo da relação jurídica para a explicação de toda a realidade administrativa, pp. 202 a 204 e, em sentido convergente, cfr. JOÃO CAUPERS, *Introdução...*, pp. 99 ss.); VITALINO CANAS, *Relação jurídico-pública*, DJAP, VI, Lisboa, 1996, pp. 207 ss.; PEDRO MACHETE, *Estado de Direito...*, pp. 33 ss. e 460 ss.; IDEM, *A subordinação da Administração Pública ao Direito e a dogmática do Direito Administrativo no âmbito do Estado de Direito democrático*, in *Em Homenagem ao Professor Doutor Diogo Freitas do Amaral*, Coimbra, 2010, em especial, pp. 206 e 219 ss.; LUÍS S. CABRAL DE MONCADA, *A Relação Jurídica Administrativa*, Coimbra, 2009.

Não nos parece, todavia, que a relação jurídico-administrativa se possa reconduzir a um verdadeiro "princípio de Arquimedes", suscetível de edificar ou reconstruir todo o Direito Administrativo[268], isto por diversas razões[269]:

(i) Nem sempre a realidade administrativa se pode reconduzir a uma relação jurídica:

- Há situações que não envolvem qualquer relação jurídica, tal como sucede com as matérias referentes à organização administrativa[270], os conceitos jurídico-administrativos ou a definição de soluções técnicas a adotar no âmbito do agir administrativo;

- Existem mesmo situações que atribuem posições jurídicas sem que isso signifique a existência de um sujeito ativo e, deste modo, se estabeleça uma relação jurídica (v.g., a defesa da Pátria, o dever de atuação policial[271]), nem se mostra admissível configurar o Estado como sujeito de todas as relações jurídicas que não tenham outro sujeito determinado – só num modelo totalitário isso seria legítimo;

- Nem mesmo todas as situações obrigacionais originam a existência de uma relação jurídica[272]: se o credor é titular de um

---

Fazendo um ponto da situação sobre a utilização do conceito de relação jurídico-administrativa em diversos países, cfr. RUI CHANCERELLE DE MACHETE, *A tutela administrativa e judicial dos direitos nas relações poligonais não reguladas normativamente*, in *Estudos de Homenagem ao Prof. Doutor Jorge Miranda*, IV, Coimbra, 2012, pp. 819 ss.

[268] Neste sentido, utilizando essa mesma imagem, cfr. EBERHARD SCHMIDT-ASSMANN, *Das allgemeines Verwaltungsrecht...*, p. 301; SÉRVULO CORREIA, *As relações jurídicas administrativas de prestação de cuidados de saúde*, in *Estudos em Homenagem ao Professor Doutor Paulo de Pitta e Cunha*, III, Coimbra, 2010, p. 532.

[269] Desenvolve-se e adapta-se aqui o que antes, em termos gerais, já se escreveu, cfr. PAULO OTERO, *Lições de Introdução ao Estudo do Direito*, I, 2º tomo, Lisboa, 1999, pp. 96 ss.

[270] Neste mesmo sentido, cfr. VASCO PEREIRA DA SILVA, *Em Busca...*, pp. 203-204; JOÃO CAUPERS, *Introdução...*, pp. 101.

[271] Neste último sentido, considerando que o dever objetivo de atuação policial não envolve qualquer correlativo direito subjetivo a prestações de polícia, cfr. VITALINO CANAS, *A actividade de polícia e a actividade policial como actividades limitadoras de comportamentos e de posições jurídicas subjectivas*, in *Estudos em Homenagem ao Prof. Doutor Sérvulo Correia*, II, Coimbra, 2010, pp. 1260-1261.

[272] Cfr. ANTÓNIO MENEZES CORDEIRO, *Tratado...*, I, 4ª ed., pp. 896 ss. e 917; IDEM, *Tratado de Direito Civil*, VI, 2ª ed., Coimbra, 2012, pp. 360-361.

98 | INTRODUÇÃO

direito potestativo, conferindo-lhe a ordem jurídica a possibilidade de provocar unilateralmente alterações na esfera jurídica de outra pessoa, encontrando-se esta numa posição jurídica de sujeição, tal como sucede com o direito do destinatário de uma proposta contratual em proceder à sua aceitação;

(ii) Nem todas as situações jurídicas envolvendo particulares e Administração Pública consubstanciam verdadeiras relações jurídico-administrativas em sentido técnico, isto por duas ordens de razões:

– Por um lado, existem "relações" que se processam entre sujeitos indeterminados e indetermináveis[273], tal como sucede com as designadas situações jurídico-administrativas *erga omnes* (v. *supra*, nº 5.2.2.)[274];

– Por outro lado, existem situações que envolvem "direitos de soberania sobre coisas"[275], sem que existam relações entre pessoas, tal como sucede com os direitos reais titulados pelos particulares, assim como os direitos reais titulados pela Administração Pública, criando uma "obrigação passiva universal" de respeito ou abstenção;

(iii) A relação jurídica, enquanto categoria *a priori* explicativa de todo o fenómeno jurídico, além de estar a ser abandonada pela mais recente doutrina cultora do Direito Comum[276], mostra-se dogmática, científica e pedagogicamente desaconselhável[277]:

---

[273] Sublinhando a dificuldade de aplicar o conceito de relação jurídica administrativa ao nivel dos procedimentos de feitura de normas, cfr. EBERHARD SCHMIDT-ASSMANN, *Das allgemeines Verwaltungsrecht...*, p. 304.

[274] Em sentido contrário, falando aqui em "relações jurídicas universais", sublinhando a sua importância no âmbito administrativo, cfr. MARCELLO CAETANO, *Tratado...*, I, pp. 118-119.

[275] Neste sentido, cfr. MANUEL HENRIQUE MESQUITA, *Obrigações Reais e Ónus Reais*, Coimbra, 1990, p. 71.

[276] Cfr. JOSÉ DE OLIVEIRA ASCENSÃO, *Direito Civil – Teoria Geral*, III, pp. 23 ss.; ANTÓNIO MENEZES CORDEIRO, *Tratado...*, I, 4ª ed., pp. 866 e 867; IDEM, *Tratado...*, I, 1º tomo, 3ª ed., pp. 431 ss.; PEDRO PAIS DE VASCONCELOS, *Teoria Geral do Direito Civil*, 3ª ed., Coimbra, 2005, p. 632.

Procurando combater este entendimento, falando na necessidade de colocar "as coisas no seu devido lugar", cfr. LUÍS CARVALHO FERNANDES, *Relação jurídica*, in *Polis*, V, 1987, em especial, pp. 306 ss.

[277] Para mais desenvolvimentos, apesar de voltados apenas para o Direito civil, cfr. ANTÓNIO MENEZES CORDEIRO, *Tratado...*, I, 1º tomo, 3ª ed., pp. 431 ss.

- Em termos dogmáticos, a relação jurídico-administrativa não abrange todo o campo do universo administrativo[278], sendo em abstrato "um invólucro vazio"[279]: a sua área de operatividade explicativa limita-se às situações jurídicas relativas e no âmbito de regimes de objeto delimitado;
- A nível científico, mostrando-se insuscetível de conceptualizar aceitavelmente todos os fenómenos[280], pode até servir de entrave à busca de melhores soluções;
- Pedagogicamente, a relação jurídica envolve uma rígida divisão de enquadramento da matéria em torno dos seus quatro elementos (: sujeitos, objeto, facto e garantia), podendo comprometer uma visão completa e dinâmica de certos fenómenos, amputando-lhes a complexidade e a riqueza subjacentes – nas sugestivas palavras de António Menezes Cordeiro, a exportação da figura da relação jurídica "para além do Direito civil veio prejudicar os sistemas de exposição das disciplinas atingidas"[281].

5.2.6. Restringindo as indicações subsequentes aos casos em que seja admissível a aplicação do conceito técnico-jurídico de relação jurídico-administrativa, cumpre referir que todas as relações jurídicas são compostas por situações jurídicas e a sua concretização pressupõe ou envolve o desencadear de um procedimento administrativo[282] – o procedimento, enquanto conjunto de atos e formalidades do itinerário decisório da Administração Pública, envolve participação e diálogo[283], habilitando uma ponderação avaliativa entre o interesse público e todos os demais interesses intervenientes, segundo o quadro factual subjacente a cada relação jurídico-administrativa, antes da decisão final.

---

[278] Neste sentido, cfr. Diogo Freitas do Amaral, *Curso...*, II, 2ª ed., p. 168.

[279] Usando esta expressão Sérvulo Correia, *As relações jurídicas...*, p. 530.

[280] Cfr. Diogo Freitas do Amaral, *Relatório sobre o Programa, os Conteúdos e os Métodos de uma Disciplina de Direito Administrativo*, in RFDUL, 1985, pp. 295 ss., Idem, *Estudos...*, II, pp. 275 ss.

[281] Cfr. António Menezes Cordeiro, *Tratado...*, I, 4ª ed., p. 867.

[282] Cfr. Mário Aroso de Almeida, *Anulação...*, pp. 126 ss.

[283] Sublinhado, a este propósito, a designada "função heurística" da relação jurídico-administrativa, permitindo aferir os processos de comunicação entre os sujeitos envolvidos, cfr. Eberhard Schmidt-Assmann, *Das allgemeines Verwaltungsrecht...*, p.302.

(C) Tipologia das relações jurídico-administrativas

5.2.7. No respeitante à sua estrutura, as relações jurídico-administrativas podem ser *simples* ou *complexas*[284]: as primeiras são compostas por um único elemento (v.g., a pretensão dirigida pelo particular à Administração), enquanto as segundas integram uma pluralidade de elementos (v.g., o contribuinte perante a Administração Pública).

5.2.8. As relações jurídico-administrativas, sendo sempre por natureza plurissubjetivas, pois dizem respeito a mais de um sujeito, podem configurar a sua complexidade nos seguintes termos:
(i) Relações que envolvem uma *pluralidade de partes*, visando a prossecução de interesses diferenciados, verificando-se que podem assentar em dois diferentes modelos:
   (1) Pode tratar-se de uma pluralidade *bilateral* ou *bipolar*, se estiverem em causa apenas dois distintos núcleos de interesses opostos[285];
   (2) Pode ser uma pluralidade *multilateral* ou *multipolar*, se as partes forem mais de duas na defesa de vários núcleos de interesses, ocorrendo a pluralidade no "vértice público"[286] e/ou no "vértice privado"[287], observando-se, neste último caso, duas hipóteses de concurso ou concorrência de interesses:
      – Situações em que a pluralidade de interesses privados se encontra em colisão[288];
      – Situações em que a pluralidade de interesses privados não se encontra em colisão[289];

---

[284] Adapta-se, deste modo, uma classificação introduzida para as situações jurídicas no âmbito da teoria geral do Direito, cfr. JOSÉ DE OLIVEIRA ASCENSÃO, *Direito Civil – Teoria Geral*, III, pp. 18 e 19; ANTÓNIO MENEZES CORDEIRO, *Tratado...*, I, 4ª ed., pp. 864 ss.

[285] V.g., contrato de concessão entre o Estado e a concessionária *A*; a inscrição do aluno na Faculdade de Direito da Universidade de Lisboa.

[286] V.g., intervenção do Governo e do município *B*.

[287] Para maiores desenvolvimentos, apesar de adotar uma sistemática diferente, cfr. FRANCISCO PAES MARQUES, *As Relações Jurídicas...*, pp. 29-30 e 33 ss.

[288] V.g., interesse dos proprietários de uma unidade fabril poluidora já instalada e os interesses ambientais dos residentes na zona.

[289] V. g., interesse dos proprietários de uma unidade fabril já instalada a continuar e os interesses dos trabalhadores dessa fábrica.

§5º VOCABULÁRIO DOS PARTICULARES COMO ADMINISTRADOS | 101

(ii) Relações que possuem uma *pluralidade autónoma de pessoas integrantes de uma parte*, verificando-se que todas se encontram unificadas por um interesse ou posição comum[290];

(iii) Relações que comportam a *contitularidade* de situações jurídicas entre várias pessoas integrantes de uma parte[291].

5.2.9. Nem todas as relações jurídicas envolvem o exercício de poderes exorbitantes ou de autoridade por parte da Administração Pública junto dos particulares[292], podendo diferenciar-se, no que diz respeito ao seu conteúdo, três diferentes situações[293]:

(i) Relações jurídico-administrativas que comportam o exercício de poderes de autoridade da Administração Pública face aos particulares[294];

(ii) Relações jurídico-administrativas que assentam numa paridade ou tendencial igualdade entre a Administração e os particulares[295];

(iii) Relações jurídicas que proporcionam ao particular uma posição de supremacia face à Administração Pública[296].

---

[290] V.g., a suspensão de todos os alunos da subturma *D* da turma do 2º ano; a ordem de abate de todos os animais doentes das explorações agrícolas da freguesia *E*.

[291] V.g., a expropriação de um prédio pertencente a dois ou três proprietários; a cobrança de Imposto Municipal sobre Imóveis face a um prédio em copropriedade.

[292] Como já em 1917 se reconhecia, "o papel do indivíduo não é exclusivamente passivo", reconhecendo-se-lhe, no âmbito da relação jurídica administrativa, "direitos ao lado dos seus deveres", cfr. LUDGERO NEVES, *Direito Administrativo*, p. 66.

[293] Referindo-se apenas às duas primeiras, cfr. DIOGO FREITAS DO AMARAL, *Curso...*, II, 2ª ed., pp. 166-167.

[294] V.g., a expropriação de imóveis ou a requisição de bens móveis; a relação tributária entre a Administração e os contribuintes; a aplicação de contraordenações por transgressões rodoviárias.

[295] V.g., a interpretação de um contrato administrativo; o acordo entre um município e uma instituição privada de solidariedade social para esta prestar ajuda a crianças desfavorecidas.

[296] Será o que sucede sempre que o particular é titular de um direito potestativo que tem como sujeito passivo a Administração Público (v.g., a faculdade que o concontratante privado tem, se assim se encontrar estipulado, de impor a constituição e o funcionamento de um tribunal arbitral à Administração Pública) ou, num âmbito diferente, se estiverem em causa relações jurídicas envolvendo a Administração Pública e particulares ao abrigo do Direito Privado (v.g., os poderes do particular como senhorio de imóvel arrendado à Administração Pública).

102 | INTRODUÇÃO

5.2.10. As relações jurídicas envolvendo a Administração Pública e os particulares podem concatenar-se com a ordem jurídica à luz de três enquadramentos:

(i) Existem relações jurídico-administrativas baseadas num *título jurídico válido* (ou que, sendo inicialmente inválido, entretanto, se consolidou na ordem jurídica), fundado numa de duas formas de expressão da vontade jurídica da Administração Pública:

    (1) Ato unilateral de destinatário determinado ou determinável (: ato administrativo);

    (2) Ato bilateral (: contrato da Administração Pública);

(ii) Há relações jurídico-administrativas alicerçadas em *título jurídico inválido* que, gerando a própria invalidade dos seus efeitos, são suscetíveis de assumir uma de duas configurações:

    (1) A invalidade do título consubstancia um caso de anulabilidade[297]: o ato produz os seus efeitos até ser "removido" da ordem jurídica;

    (2) A invalidade do título poderá reconduzir-se a um caso de nulidade[298] ou de inexistência jurídica[299]: o ato nunca produziu efeitos jurídicos (apesar de ser passível de produzir meros efeitos de facto);

(iii) Há relações jurídico-administrativas que se desenvolvem *sem título jurídico*, correspondendo a situações de facto, enquadráveis em múltiplas configurações:

    (1) Relações constituídas (invalidamente) a "descoberto" de qualquer título[300];

    (2) Relações resultantes da atribuição de efeitos jurídicos a situações de facto decorrentes de nulidade ou inexistência[301];

---

[297] V.g., o título foi proveniente da assembleia municipal do município X, quando deveria provir da câmara municipal do mesmo município (: incompetência relativa).

[298] V.g., o título foi emanado pela câmara municipal do município X, quando deveria ter sido a câmara municipal do município Y (: incompetência absoluta).

[299] V.g., o título foi praticado ao abrigo de uma lei que não havia sido promulgada (CRP, artigo 137º) ou cuja promulgação não foi objeto de referenda ministerial (CRP, artigo 140º, nº 2).

[300] V.g., a destruição de edifício pelos serviços camarários, sem título jurídico ordenando essa destruição; o impedir um aluno de entrar na sua escola (pública), sem que lhe tenha sido movido qualquer processo disciplinar.

[301] Igualmente aqui se podem incluir casos de eventual ressalva de efeitos de atos anuláveis já "removidos" da ordem jurídica.

§5º VOCABULÁRIO DOS PARTICULARES COMO ADMINISTRADOS | 103

(3) Relações geradas por uma situação de estado de necessidade administrativa, segundo o velho postulado *necessitas non habet legem*[302];

(4) Relações decorrentes de tolerância da Administração Pública face a situações factuais envolvendo particulares[303];

(5) Relações de natureza "paracontratual" que, sem se fundarem num contrato, têm uma proximidade estrutural com o contrato[304]:

   – Relações contratuais de facto, ocorrendo a ausência de declaração de vontade de contratar pelas partes, apesar de existir um comportamento social típico que, numa expressão material de uma conduta de facto, permite extrair a existência de um acordo tácito ou, em alternativa, de um presumível acordo em assumir uma vinculação bilateral[305], envolvendo a Administração Pública[306];

---

[302] V.g., num cenário de fortes cheias, estando em causa salvar vidas humanas em risco, a utilização pelas equipas da proteção civil de um barco que estava numa casa fechada, arrombando-a.

[303] Cfr. PAULO OTERO, *Legalidade e Administração Pública*, pp. 784, 846-847 e 924-925.

[304] Para um desenvolvimento de tais situações de "paracontratualidade" ao nível do Direito civil, apesar de expressamente reconhecer que "podemos, pois, encontrar projeções similares, noutras áreas jurídico-científicas", cfr. ANTÓNIO MENEZES CORDEIRO, *Tratado de Direito Civil Português*, II, 2º tomo, Coimbra, 2010, pp. 629-630.

[305] Admitindo a autonomia dogmática das relações contratuais de facto ao nível do Direito civil, cfr. CARLOS MOTA PINTO, *Cessão da Posição Contratual*, Coimbra, 1970, pp. 256 ss., nota nº 3; RUI DE ALARCÃO, *Direito das Obrigações*, Policop., Coimbra, 1983, pp. 125 ss.; MÁRIO JÚLIO DE ALMEIDA COSTA, *Direito das Obrigações*, 7ª ed., Coimbra, 1998, pp. 192 ss.; António Menezes Cordeiro, *Tratado...*, II, 2º tomo, pp. 631 ss.; JOAQUIM SOUSA RIBEIRO, *Cláusulas Contratuais Gerais e o Paradigma do Contrato*, Coimbra, 1990, pp. 25 ss. nota nº 3.

Em sentido contrário, contestando a autonomização dogmática das relações contratuais de facto (cfr. ANTUNES VARELA, *Das Obrigações em Geral*, I, 4ª ed., Coimbra, 1982, pp. 208 ss.; CARLOS FERREIRA DE ALMEIRA, *Texto e Enunciado na Teoria do Negócio Jurídico*, I, Coimbra, 1992, pp. 27 ss. e 41 ss.), reconduzindo-as à alternativa da aplicação da figura do enriquecimento sem causa, cfr. JORGE RIBEIRO DE FARIA, *Direito das Obrigações*, I, Coimbra, 1990, pp. 152 ss., em especial, pp. 158 ss.; LUÍS MENEZES LEITÃO, *Direito das Obrigações*, I, 8ª ed., Coimbra, 2009, pp. 505 ss., em especial, pp. 511 ss.

[306] V.g., o utente de um parque de estacionamento municipal ao entrar com a viatura e estacioná-la, sem que tenha emitido qualquer declaração de celebrar um contrato com o município nesse sentido; o utente de uma autoestrada concessionada, sem que tenha emitido qualquer

104 | INTRODUÇÃO

- Relações pré-contratuais, isto é, antes da existência de qualquer vínculo contratual com a Administração Pública, à luz de deveres de segurança, lealdade e informação, durante os preliminares negociais e a fase da formação do contrato, segundo os termos da designada *culpa in contrahendo*[307];
- Relações decorrentes da execução durante certo tempo de contrato insubsistente envolvendo a Administração Pública[308];
- Relações envolvendo a proteção de terceiros que, não sendo partes de um contrato em que intervém a Administração Pública, são destinatários de efeitos reflexos cuja confiança legítima merece tutela[309];

---

declaração expressa de vontade de nela circular ou a concessionária em permitir essa utilização da autoestrada pelo utente (negando que aqui exista uma situação contratual, considerando antes que o contrato entre a concessionária e o Estado faz nascer posições jurídicas de proteção de terceiros, neste caso os utentes, cfr. MANUEL CARNEIRO DA FRADA, *Sobre a responsabilidade das concessionárias por acidentes ocorridos nas auto-estradas*, in ROA, 2005, pp. 407 ss.; igualmente sobre o tema, cfr. CARLOS ALBERTO FERNANDES CADILHA, *Responsabilidade civil dos concessionários de autoestradas*, in CJA, nº 92, 2012, pp. 39 ss.); o ferido inconsciente que, vítima de um acidente de automóvel, dá entrada num estabelecimento hospital público, carecendo de tratamento médico.

[307] Para um recorte da figura ao nível do Direito Civil, cfr. CARLOS MOTA PINTO, *A Responsabilidade Pré-Contratual pela Não Conclusão de Contratos*, Coimbra, 1963; INOCÊNCIO GALVÃO TELLES, *Direito das Obrigações*, 7ª ed., reimp., Coimbra, 2010, pp. 69 ss.; FERNANDO PESSOA JORGE, *Lições de Direito das Obrigações*, I, policop., Lisboa, 1966-1967, pp. 180-181; ANTÓNIO MENEZES CORDEIRO, *Da Boa Fé no Direito Civil*, I, Coimbra, 1984, pp. 527 ss.; IDEM, *Tratado...*, II, 2º tomo, pp. 645 ss.; MANUEL CARNEIRO DA FRADA, *Uma «Terceira Via» no Direito da Responsabilidade Civil?*, Coimbra, 1997, pp. 95 ss.; DÁRIO MOURA VICENTE, *Da Responsabilidade Pré-Contratual em Direito Internacional Privado*, Coimbra, 2001, pp. 241 ss.; LUÍS MENEZES LEITÃO, *Direito das Obrigações*, I, pp. 355 ss.; PAULO SOARES DO NASCIMENTO, *A responsabilidade pré-contratual pela ruptura das negociações e a recusa injustificada de formalização do contrato*, in *Estudos em Homenagem ao Prof. Doutor Inocêncio Galvão Telles*, IV, Coimbra, 2003, pp. 179 ss.

[308] V.g., o contrato é nulo, foi anulado, há impossibilidade superveniente, o contrato foi resolvido, revogado ou denunciado. Para um desenvolvimento dogmático desta realidade ao nível do Direito civil, cfr. ANTÓNIO MENEZES CORDEIRO, *Tratado...*, II, 2º tomo, pp. 648 ss.

[309] V.g., o parecer de um perito em engenharia sobre a sustentabilidade de um imóvel objeto de incêndio, requerida por um município, no sentido de que o mesmo não oferece quaisquer perigos, poderá gerar a sua responsabilização face aos habitantes desse mesmo imóvel, em caso

§5º VOCABULÁRIO DOS PARTICULARES COMO ADMINISTRADOS | 105

– Relações resultantes da pós-eficácia de vínculos obrigacionais com a Administração Pública[310], correspondendo
à designada *culpa post pactum finitum*[311].

5.2.11. Na sua projeção temporal, as relações jurídico-administrativas
entre a Administração e os particulares pode assumir a seguinte configuração:
(i)   Relações jurídico-administrativas de *execução instantânea* – são todas
aquelas que esgotam a produção de efeitos num só momento[312];
(ii) Relações jurídico-administrativas de *execução continuada* – são aquelas que, perdurando no tempo[313], envolvem um trato sucessivo[314],

---

deste vir a ruir, dias depois, por causas decorrentes do incêndio e perfeitamente detetáveis à
data da peritagem, provocando danos patrimoniais e pessoais. Sobre o tema, numa perspe-
tiva do Direito Civil, cfr. CARLOS MOTA PINTO, *Cessão...*, pp. 419 ss.; ANTÓNIO MENEZES
CORDEIRO, *Da Boa Fé no Direito Civil*, II, Coimbra, 1984, pp. 619 ss.; IDEM, *Tratado...*, II,
2º tomo, pp. 650 ss.; MANUEL CARNEIRO DA FRADA, *Contrato e Deveres de Protecção*,
Coimbra, 1994, pp. 44-44 e 71-72, nota nº 143; IDEM, *Uma «Terceira Via»...*, pp. 88 ss.; IDEM,
Teoria da Confiança e Responsabilidade Civil, Lisboa, 2004, pp. 125 ss., em especial, pp. 135 ss.;
IDEM, *Sobre a responsabilidade das concessionárias...*, pp. 424 ss.; JORGE SINDE MONTEIRO,
Responsabilidade por Conselhos, Recomendações ou Informações, Coimbra, 1989, pp. 518 ss.;
LUÍS MENEZES LEITÃO, *Direito das Obrigações*, I, pp. 363-364. Em geral sobre os efeitos
lesivos face a terceiros no âmbito de relações contratuais envolvendo a Administração Pública,
cfr. ALEXANDRA LEITÃO, *A Protecção Judicial dos Terceiros nos Contratos da Administração
Pública*, Coimbra, 2002, pp. 195 ss. e pp. 228 ss.

[310] V,g,, o dever de manter o sigilo profissional ou guardar o segredo de Estado por parte do
funcionário público, após cessar o exercício de funções.

[311] Para desenvolvimentos ao nível do Direito civil, cfr. RUI DE ALARCÃO, *Direito das Obriga-
ções*, pp. 63 ss.; ANTÓNIO MENEZES CORDEIRO, *Da Boa Fé...*, II, pp. 625 ss.; IDEM, *Tratado...*,
II, 2º tomo, pp. 657 ss.; JORGE RIBEIRO DE FARIA, *Direito das Obrigações*, I, pp. 131 ss.; LUÍS
MENEZES LEITÃO, *Direito das Obrigações*, I, pp. 362-363.

[312] V.g., a passagem de um veículo por uma autoestrada ou por uma ponte, envolvendo o
pagamento de portagem; a realização de um exame num estabelecimento público de ensino;
o fornecimento de um medicamento ou a realização de um exame de diagnóstico num hospital público.

[313] São exemplos de relações jurídico-administrativas de execução continuada, a título ilustrativo, a que resulta de um contrato de concessão de construção e exploração de uma autoestrada,
a que emerge da inscrição na Ordem dos Advogados de um jurista como advogado ou, entre
muitas outras, a que decorre da atribuição de licença para a instalação e funcionamento de
uma fábrica.

[314] Cfr. EBERHARD SCHMIDT-ASSMANN, *Das allgemeines Verwaltungsrecht...*, p. 304.

106 | INTRODUÇÃO

sendo passíveis de suscitar vicissitudes jurídicas decorrentes da superveniência de puros factos jurídicos e ainda de atos jurídicos provenientes do exercício da função administrativa, legislativa[315] e judicial.

5.3. Pretensão

(A) Conceito e objeto

5.3.1. A configuração da pretensão com o conteúdo de um pedido, como um ato de vontade pelo qual se solicita ou exige qualquer coisa a alguém[316] (neste caso, dirigida pelo particular à Administração ou contra a Administração), traduzindo um "poder jurídico de realizar um interesse relevante"[317] e envolvendo sempre o demandar de uma prestação, pode comportar, atendendo ao seu objeto, diferentes tipos prestacionais[318]:

(i) Prestações de facto ou de *facere*, envolvendo a prática de uma ação (: prestação de facto positivo)[319] ou de uma omissão (: prestação de

---

[315] Sobre o tema da aplicação no tempo de lei nova relativamente a relações jurídicas administrativas "constituídas a partir de factos de trato sucessivo", cfr. AFONSO RODRIGUES QUEIRÓ, *Lições...*, I, (1976), pp. 518 ss.

[316] Na sua formulação originária, partindo de uma substantivização da *actio* romana, o conceito de pretensão (: *Ansprüche*) foi formulado ao nível das relações entre o Direito civil e o processo, aparecendo como "faculdade de exigir algo a outrem", o qual poderia ser uma ação ou uma omissão, cfr. BERNHARD WINDSCHEID, *Die Actio des römischen Civilrechts, vom Standpunkte des heutigen Rechts*, Düsseldorf 1856, pp. 3 ss. (consultável em versão digitalizada, in http://dlib-pr.mpier.mpg.de); IDEM, *Lehrbuch des Pandektenrechts*, I, 5ª ed., Stuttgart, 1879, pp. 102 ss. (in http://dlib-pr.mpier.mpg.de). Para um desenvolvido estudo do conceito de pretensão, igualmente vocacionado para uma exclusiva projeção processual civil, cfr. MIGUEL TEIXEIRA DE SOUSA, *O Concurso de Títulos de Aquisição da Prestação – Estudo sobre a dogmática da pretensão e do concurso de pretensões*, Coimbra, 1988, pp. 19 ss.

[317] Cfr. LUIGI ORSI, *Pretesa*, p. 366.

[318] Para um desenvolvimento da tipologia das prestações, apesar de pensadas apenas ao nível do Direito civil, cfr. ANTÓNIO MENEZES CORDEIRO, *Tratado...*, VI, 2ª ed., pp. 489 ss.

[319] V.g., a atribuição por uma entidade pública de uma bolsa de estudo; a emissão de um certificado de licenciatura por uma unidade pública; a marcação de uma prova em instituição universitária pública.

§5º VOCABULÁRIO DOS PARTICULARES COMO ADMINISTRADOS | 107

facto negativo)[320], reconduzem-se à prestação de atos jurídicos[321] ou de atos materiais[322];

(ii) Prestações de *dare*, consubstanciam-se na entrega de uma coisa, colocando "alguém no controlo material de uma coisa corpórea"[323-324];

(iii) Prestações de *pati*, envolvendo o suportar ou o tolerar de uma conduta do particular[325].

5.3.2. Tendo ainda como ângulo de análise o objeto da pretensão formulada, mostra-se possível diferenciar duas situações:

(i) A pretensão pode visar obter uma primeira disciplina jurídica de uma determinada situação da vida[326] – estaremos diante de uma pretensão primária;

(ii) Ou, em alternativa, a pretensão poderá incidir sobre uma anterior decisão jurídica[327] – estaremos agora perante uma pretensão secundária.

---

[320] V.g., não revogar um ato constitutivo de direitos que seja válido; não tratar a Administração Pública como estrangeiro um cidadão português; não usar de violência policial, à luz do princípio proporcionalidade, para desmobilizar uma manifestação.

[321] V.g., a concessão pela Administração de um subsídio de apoio à agricultura; o reconhecimento por uma entidade pública de graus académicos obtidos no estrangeiro; a admissão a concurso público de um candidato que havia sido antes excluído.

[322] V.g., a realização da prova universitária marcada em instituição pública; a limpeza municipal da estrada coberta de neve e que impossibilitava a circulação de veículos e pessoas; a própria redação e impressão do certificado de licenciatura pelos serviços de uma universidade pública.

[323] Cfr. ANTÓNIO MENEZES CORDEIRO, *Tratado...*, VI, 2ª ed., p. 494.

[324] V.g., a entrega ao interessado do certificado de licenciatura passado por uma universidade pública; a entrega da carta pelos correios (se forem uma entidade integrante da Administração Pública); a entrega do cheque que consubstancia o subsídio ou a bolsa concedidos por entidade pública.

[325] V.g., se foi celebrado um contrato de arrendamento que tenha uma entidade pública como arrendatária, ela tem de suportar o exercício pelo locador do exame da coisa locada; se, numa assembleia geral societária ou de condóminos, a Administração Pública ficar em minoria durante a aprovação de uma deliberação, ela fica vinculada, salvo se obtiver decisão judicial em contrário.

[326] V.g., o pedido para que a autoridade administrativa competente tome providências relativas às condições de higiene de venda de peixe no mercado *A*; o pedido de licença de habilitação de um imóvel acabado de construir; o pedido de dispensa de serviço docente formulado por um assistente em preparação do doutoramento.

[327] V.g., o pedido de revogação de um ato desfavorável; o pedido de atualização de uma pensão de aposentação; o pedido de renovação de autorização de permanência em território nacional; um pedido de melhoria de nota ou de revisão de um exame escrito feito por um aluno.

108 | INTRODUÇÃO

5.3.3. O formular de uma pretensão não envolve, necessária ou inevitavelmente, uma decisão favorável por parte do seu destinatário[328]: uma coisa é aquilo que se pede, outra aquilo a que, à luz da ordem jurídica material, se tem direito a obter – a pretensão encerra sempre, todavia, por parte de quem a formula, uma expectativa de decisão favorável, traduzida na *chance* de obtenção da prestação[329], e um direito a obter uma resposta ou decisão sobre o pedido formulado.

(B) Dimensão processual e dimensão material

5.3.4. A pretensão surge como situação jurídica autónoma, localizada numa via intermédia entre o Direito adjetivo e o Direito substantivo[330], revelando a seu formular a existência de um duplo e simultâneo relacionamento do seu autor com a ordem jurídica:

(a) A pretensão abre uma relação entre quem a formula e aquele a quem ela é formulada – trata-se de uma relação processual que envolve a simples exigibilidade de uma pretensão;

(b) A pretensão formulada tem subjacente uma determinada regulação material disciplinada pelo Direito substantivo, sendo aqui que se alicerça a decisão favorável ou desfavorável à prestação solicitada.

5.3.5. (a) A relação processual desencadeada pelo formular de uma pretensão, assumindo uma natureza instrumental face à prestação solicitada, envolve sempre o direito a obter uma decisão (: princípio da decisão), a qual se mostra passível de possuir dois distintos conteúdos:

(i) A decisão pode ser meramente formal e perfunctória, envolvendo uma apreciação sobre os pressupostos de conhecimento do seu conteúdo material[331];

---

[328] A título de exemplo: o pedido formulado por um aluno para a revisão da prova escrita é distinto de vir (ou não) a obter uma alteração da classificação inicialmente atribuída – o pedido de revisão é uma pretensão por si formulada, a manutenção ou a alteração da classificação será o conteúdo da decisão que incidiu sobre a pretensão.

[329] Neste último sentido, acolhendo os contributos doutrinários de Rimmelspacher e Larenz, uma vez mais formulados a propósito da configuração da pretensão em termos processuais civis, cfr. MIGUEL TEIXEIRA DE SOUSA, *O Concurso...*, pp. 48 ss., em especial, p. 57.

[330] Cfr. LUIGI ORSI, *Pretesa*, p. 362.

[331] Neste âmbito se insere, por exemplo, a admissão a concurso de um concorrente ou de uma proposta, sem que isto signifique que sejam os respetivos vencedores, ou, em sentido contrário,

§5º VOCABULÁRIO DOS PARTICULARES COMO ADMINISTRADOS | 109

(ii) A decisão pode, em sentido contrário, incidir sobre o mérito ou o fundo da pretensão formulada, sem que isto signifique, insista-se, um conteúdo favorável ao pedido[332].

5.3.6. (b) A regulação material que a ordem jurídica confere à pretensão formulada mostra-se passível de investir aquele a quem foi dirigida (: órgão decisor) de três possíveis habilitações decisórias:

(i) Pode tratar-se de uma norma impositiva – o decisor encontra-se vinculado a decidir favoravelmente a pretensão, significando isto que o particular é titular de um direito subjetivo[333];

(ii) Poderá, ao invés, tratar-se de uma norma proibitiva – o decisor está agora vinculado a decidir desfavoravelmente a pretensão formulada, traduzindo a ausência de qualquer tutela substantiva do pedido formulado, assumindo este natureza ilegal ou ilícita[334];

(iii) Poderá ainda, em certos casos, tratar-se de uma norma permissiva – o decisor goza aqui de um poder discricionário que lhe confere a faculdade de decidir favorável ou desfavoravelmente a preten-

---

a rejeição ou indeferimento liminar da pretensão, por, entre vários outros exemplos, ter sido formulada extemporaneamente (v.g., pedido de revisão da prova escrita entregue depois do prazo fixado no regulamento de avaliação da FDL) ou por quem não tinha legitimidade para o efeito.

[332] No exemplo do pedido da revisão da prova escrita dirigido ao regente da cadeira, dentro do prazo legal, isto não significa que o aluno venha a obter alteração da classificação atribuída ao exame, pois a decisão sobre o fundo da pretensão, envolvendo uma leitura e nova avaliação da prova, pode terminar com a manutenção da nota ou com a sua alteração.

[333] Neste domínio, a pretensão formulada tem sempre de ser exigível a um sujeito determinado ou determinável, correspondendo à ideia de que a relação jurídica nunca pode ter sujeitos indeterminados (v. *supra*, nº 5.2.2.), razão pela qual não podem existir pretensões absolutas ou dotadas de uma eficácia *erga omnes*, pois "os direitos absolutos só se transformam em pretensões através da sua violação", cfr., exclusivamente ao nível do processo civil, MIGUEL TEIXEIRA DE SOUSA, *O Concurso...*, pp. 74 ss., em especial, p. 76.

[334] Mostra-se aqui possível diferenciar duas situações de ilegalidade ou ilicitude: (i) a que assume natureza criminal (v.g., pedido de particular para usar um veiculo do Estado para fazer a mudança de casa) e (ii) a ilegalidade ou ilicitude que não tem natureza criminal (v.g., se a lei diz que em determinada zona não se pode edificar, o pedido de licenciamento de um empreendimento nessa zona; se o regulamento de avaliação diz que só é possível fazer uma tentativa de melhoria de nota por unidade curricular, o pedido de realização de uma segunda melhoria face a uma unidade curricular em que o aluno já realizou melhoria de nota).

110 | INTRODUÇÃO

são, ponderando-a à luz do interesse público e de outros interesses, usando uma fundamentação devida[335].

(C) Os destinatários: entre a Administração e os tribunais

5.3.7. A pretensão formulada pelo particular, podendo ser dirigida à Administração Pública ou contra a Administração, tem, nesta última hipótese, como destinatário um tribunal, motivo pelo qual se podem recortar, no que diz respeito ao destinatário, dois tipos de pretensões administrativas:

(i) As pretensões dirigidas à Administração Pública, envolvendo a faculdade de esta, se as não rejeitar liminarmente, exercer um poder vinculado ou discricionário para, apreciando o seu fundo substantivo, decidir se as defere ou indefere[336];

(ii) As pretensões formuladas em tribunal contra a Administração Pública, encontrando-se o juiz vinculado, se não as rejeitar liminarmente, a considerar procedente ou improcedente a respetiva ação judicial.

5.3.8. Nem sempre as pretensões formuladas pelos particulares têm em vista a defesa egoísta dos seus interesses próprios, sendo também admissível que visem a defesa da legalidade ou do bem comum da coletividade: o direito de participação popular e a ação popular traduzem formas de subjetivização de tais pretensões dos particulares dirigidas à Administração ou, por via dos tribunais, contra a Administração[337].

5.3.9. O princípio da separação de poderes determina a insuscetibilidade de os particulares formularem junto dos tribunais administrativos pretensões alicerçadas em razões de mérito do agir administrativo (v. *supra*, nº 4.3.10.), existindo aqui um espaço reservado de decisão de tais preten-

---

[335] V.g., o pedido feito por uma turma para que a matéria *x* não integre o exame escrito da disciplina *y*; o pedido de licença sabática formulado por um professor universitário para escrever uma monografia ou lições académicas.

[336] Poderá ainda a Administração Pública guardar silêncio face à pretensão formulada, nada dizendo, nada decidindo, caso em que haverá que indagar o valor declarativo desse silêncio.

[337] Cfr. CRP, artigo 52º, nº 3; Lei nº 83/95, de 31 de agosto.

§5º VOCABULÁRIO DOS PARTICULARES COMO ADMINISTRADOS | 111

sões a cargo da Administração Pública, sem embargo de razões de legalidade poderem fundamentar idênticas pretensões junto dos tribunais e da Administração Pública.

5.3.10. Os princípios da separação de poderes e da legitimidade democrática, sem prejuízo da incidência do princípio participativo e da natureza residual e subsidiária da intervenção dos tribunais, fazem da Administração Pública, exercendo a função administrativa, a destinatária precedente e preferencial das pretensões dos particulares concretizadoras do bem-estar[338]:

(i) Salvo se Administração Pública já praticou (ou se prepara para praticar) atos lesivos de direitos ou interesses legalmente protegidos dos particulares[339], não podem estes formular pretensões perante os tribunais sem primeiro as terem dirigido à Administração Pública – há aqui um princípio de decisão prévia a cargo da Administração Pública;

(ii) O princípio da decisão administrativa prévia, expressando a precedência e preferência constitucionais da Administração Pública em relação aos tribunais na satisfação de pretensões individuais dos particulares, permite aferir a inexistência de uma concorrência entre os tribunais e a Administração como destinatários de pretensões primárias dos particulares;

(iii) A Constituição limita-se a conferir aos tribunais o poder de dirimir *litígios* emergentes de relações jurídico-administrativas[340], motivo pelo qual lhes está confiada uma função repressiva, acessória e *a posteriori* em relação ao papel da Administração Pública como destinatária de pretensões dos particulares.

5.3.11. A satisfação por via judicial de pretensões administrativas faz precludir a competência decisória da Administração Pública face à situação concreta, segundo determina os princípios da obrigatoriedade das decisões judiciais e a sua prevalência sobre todas as decisões das restan-

---

[338] Neste sentido e para mais desenvolvimentos, num diferente quadro jurídico-positivo, cfr. PAULO OTERO, *O Poder de Substituição...*, II, pp. 654 ss.

[339] Cfr. CRP, artigo 268º, nº 4.

[340] Cfr. CRP, artigo 212º, nº 3.

112 | INTRODUÇÃO

tes autoridades[341], sendo ainda passível de habilitar, à luz do princípio da igualdade, a sua extensão administrativa a terceiros casos idênticos[342] ou, pelo menos, servir de critério decisório à resolução pela Administração Pública de futuras pretensões semelhantes.

5.3.12. A configuração dos termos em que a pretensão é formulada pelo particular, sendo fonte aferidora da sua própria legitimidade face ao objeto pedido[343-344] – e mostrando-se também passível de revelar a (in) competência da autoridade a quem a mesma é dirigida[345]–, tem diferentes efeitos delimitadores dos poderes decisórios, influindo sobre o *thema decidendum*, consoante seja dirigida aos tribunais ou à Administração Pública:

(i) Se a pretensão for dirigida aos tribunais, o princípio do dispositivo diz-nos que o tribunal não pode condenar em quantidade superior ou em objeto diverso do que foi pedido[346] – a pretensão,

---

[341] Cfr. CRP, artigo 205º, nº 2.

[342] Para mais desenvolvimentos desta solução, fundada em expressa disposição do CPTA, cfr. JOÃO TIAGO SILVEIRA, *A extensão dos efeitos das sentenças a casos idênticos no contencioso administrativo*, in *Estudos em Homenagem a Miguel Galvão Teles*, I, Coimbra, 2012, pp. 827 ss.

[343] Neste sentido, exclusivamente ao nível do Direito processual civil, aprofundando o conceito de legitimidade face os termos configurativos da pretensão, admitindo que esta exista, cfr. ANTUNES VARELA/J. MIGUEL BEZERRA/SAMPAIO E NORA, *Manual de Processo Civil*, 2ª ed., Coimbra, 1985, pp. 129 ss.

[344] V.g., se um aluno inscrito na Faculdade de Letras da Universidade de Lisboa formular uma pretensão no sentido de ser ouvido no procedimento de revisão das regras de avaliação da Faculdade de Direito, haverá ilegitimidade; de igual modo, se, em vez de o proprietário de um terreno, é um terceiro que formula o pedido de licença de construção para aquele terreno, sem que exista qualquer vínculo de representação, mandato ou gestão de negócios, haverá ilegitimidade.

[345] Se, nos termos da pretensão, o aluno solicita ao professor de Direito das Obrigações que proceda à revisão do seu exame escrito de Direito Administrativo, a pretensão é dirigida a destinatário incompetente; se a pretensão, sendo dirigida a um tribunal, tem por objeto um pedido de cessação de efeitos de um ato da Administração Pública fundado em razões de inconveniência ou inoportunidade, haverá uma violação da separação de poderes geradora de usurpação de poderes (: os tribunais são incompetentes para conhecer esse tipo de pretensões).

[346] Para uma análise do tema ao nível do processo civil, recortando diferentes formulações, cfr. JOSÉ LEBRE DE FREITAS, *Ampliação do pedido em consequência ou desenvolvimento do pedido primitivo*, in *Em Homenagem ao Professor Doutor Diogo Freitas do Amaral*, Coimbra, 2010, pp. 1297 ss.

§5º VOCABULÁRIO DOS PARTICULARES COMO ADMINISTRADOS | 113

definindo o objeto do processo[347], limita também o conteúdo da sentença[348], existindo uma regra de tendencial "correspondência entre o requerido e o pronunciado"[349];

(ii) Se, ao contrário, a pretensão tiver como destinatária a Administração Pública, vale aqui o princípio do inquisitório, nos termos do qual a decisão final pode ter por objeto coisa diferente ou mais ampla do que aquela que havia sido pedida – o interesse público "captura" a pretensão do particular, condicionando-a à luz das vinculações existentes.

5.3.13. Na formulação de pretensões junto da Administração Pública, os particulares podem solicitar duas realidades distintas:

(i) Podem fazer valer posições jurídicas *substantivas*, referentes a bens que, segundo o entendimento do autor da pretensão, o Direito material lhes garante, apesar de as condicionar a uma decisão administrativa conformadora – trata-se de uma pretensão material[350];

(ii) Podem fazer valer posições jurídicas *procedimentais* que, possuindo natureza instrumental face às posições substantivas, visão influir no processo de formação da vontade decisória da Administração, reforçando a sua legitimação[351] – está em causa agora uma pretensão de natureza procedimental[352].

---

[347] Neste sentido, ao nível das ações de impugnação de atos administrativos, cfr., por todos, LUÍS FÁBRICA, *Reflexões breves sobre o objecto do processo de impugnação de actos administrativos*, in *Estudos de Homenagem ao Prof. Doutor Jorge Miranda*, IV, Coimbra, 2012, pp. 589 ss., em especial, pp. 596 ss.

[348] Ctfr. ANTUNES VARELA/J. MIGUEL BEZERRA/SAMPAIO E NORA, *Manual...*, p. 675.

[349] Cfr. MANUEL A. DOMINGOS DE ANDRADE, *Noções Elementares de Processo Civil*, Coimbra, 1976, p. 372.

[350] V.g., o pedido de contratação como professor auxiliar, depois de um candidato ter sido aprovado no respetivo concurso; a inscrição numa ordem sócio-profissional (exemplo, Ordem dos Médicos, Ordem os Advogados) para o exercício da respetiva profissão; obtenção de uma licença de construção de uma moradia; a licença para abrir um estabelecimento comercial de comidas; a obtenção da carta de condução de veículos motorizados.

[351] Falando em "posições subjetivas procedimentais", apesar de se referir apenas à atividade expressa através de atos administrativos, cfr. MÁRIO AROSO DE ALMEIDA, *Anulação...*, pp. 139 ss.

[352] V.g., o direito a obter informações sobre determinado procedimento que diz respeito ao autor da pretensão; o direito de ser ouvido antes da decisão final, se a Administração o não

114 | INTRODUÇÃO

5.3.14. Toda a decisão administrativa que incida sobre uma pretensão formulada pelo particular à Administração Pública – ou, independentemente de ter sido o resultado de uma pretensão, desde que seja uma decisão lesiva de direitos ou interesses legalmente protegidos dos particulares[353] – mostra-se passível de ser objeto de uma pretensão contra a Administração Pública, a desencadear junto dos tribunais: uma vez que os tribunais são os últimos guardiões da vinculação das decisões administrativas à juridicidade, as pretensões contra a Administração Pública requeridas junto de um tribunal são verdadeiras garantias dos particulares (v. *infra*, nº 5.4.).

5.3.15. Os efeitos decorrentes da vigência da decisão favorável (e válida) à satisfação de pretensões administrativas formuladas por particulares obedecem a dois regimes distintos:

(i) Se o ato favorável foi praticado pelo tribunal, desde que tenha formado caso julgado, torna-se irrevogável – qualquer tentativa de revogação será sempre nula, podendo aqui falar-se em verdadeiros "direitos adquiridos"[354];

(ii) Se, pelo contrário, o ato favorável foi praticado pela Administração Pública, poderá ser revogado, sem prejuízo da discussão em torno da sua validade e da responsabilidade civil administrativa pelos danos daí resultantes – o conceito de "direitos adquiridos"

"convocou" para o efeito; a pretensão a ser considerado contrainteressado num determinado procedimento.

[353] Cfr. CRP, artigo 268º, nº 4.

[354] O sentido defendido no texto, alicerçando-se no princípio constitucional da prevalência das decisões dos tribunais sobre todas as decisões de quaisquer outras autoridades, pode assumir particular relevância na sua articulação concorrencial com o princípio da igualdade. Pense-se, neste contexto, na seguinte hipótese: se uma lei vem redefinir novos critérios de cálculo de pensões e reformas, aplicando-se aos atuais reformados, fazendo diminuir o valor a pagar pelo Estado, será que essa lei, independentemente da discussão da sua validade à luz da proteção da confiança, também será aplicável a quem, ao abrigo da lei anterior, obteve provimento de ação impugnatória da validade de um ato aplicativo do então critério legal vigente, fixando o tribunal, em decisão já transitada em julgado, o critério de cálculo da reforma do particular em causa? A teoria dos "direitos adquiridos" por decisão judicial que formou caso julgado responde no sentido de excluir a sujeição deste particular à lei nova, atendendo à prevalência das decisões judiciais sobre as decisões do próprio legislador (CRP, artigo 205º, nº 2); o princípio da igualdade na aplicação das leis (CRP, artigo 13º), em sentido contrário, sujeitaria esse particular aos critérios de cálculo fixados pela lei nova.

assume aqui natureza relativa, à luz de uma noção evolutiva da prossecução do interesse público[355] ou de alteração das circunstâncias.

(D) Natureza jurídica

5.3.16. Em qualquer das suas manifestações, mesmo sabendo que o formular de uma pretensão não conduz necessariamente a uma decisão favorável ao reconhecimento da titularidade da posição jurídica substantiva invocada, o simples formular pelo particular de uma pretensão representa sempre o exercício de um direito subjetivo – trata-se, aliás, de um direito e, simultaneamente, de uma liberdade fundamentais objeto de dupla consagração constitucional:

(i) As pretensões administrativas junto dos tribunais expressam uma faculdade inerente ao direito de acesso aos tribunais[356] e a uma tutela jurisdicional efetiva[357], sem esquecer o direito de ação popular (v. *supra*, nº 5.3.8.);

(ii) As pretensões junto da Administração Pública materializam manifestações do direito de petição[358], dos direitos de participação na vida pública[359] e de participação procedimental[360] e ainda do direito à informação[361].

5.3.17. Funcionando as pretensões contra a Administração junto dos tribunais como garantias dos particulares face a anteriores decisões administrativas (v. *supra*, nº 5.3.14.), desde que estas últimas tenham sido a res-

---

[355] No sentido de que a teoria dos direitos adquiridos não tem consagração constitucional, podendo até extrair-se a inexistência de um tal princípio numa interpretação *a contrario* do artigo 18º, nº 3, da Constituição, razão pela qual o legislador não estará constitucionalmente obrigado a observar, cfr. TIAGO FIDALGO DE FREITAS, *O princípio da proibição de retrocesso social*, in *Estudos em Homenagem ao Professor Doutor Marcello Caetano – No Centenário do seu Nascimento*, II, Coimbra, 2006, p. 828.

[356] Cfr. CRP, artigo 20º, nº 1.

[357] Cfr. CRP, artigos 20º, nº 5, e 268º, nºs 4 e 5.

[358] Cfr. CRP, artigo 52º, nº 1.

[359] Cfr. CRP, artigo 48º, nºs 1 e 2.

[360] Cfr. CRP, artigo 267º, nº 5.

[361] Cfr. CRP, artigos 268º, nºs 1, 2 e 6.

116 | INTRODUÇÃO

posta a anteriores pretensões dos particulares formuladas junto da própria Administração Pública, aquelas desempenham a função de direito fundamental de segundo grau, uma vez que visam garantir a conformidade à juridicidade da resposta administrativa à pretensão anteriormente formulada pelo particular.

5.3.18. As pretensões dos particulares contra a Administração Pública efetivam-se junto dos tribunais do Estado e de tribunais arbitrais, sabendo-se que obedecem aos seguintes traços nucleares:

- (i) Tais pretensões consubstanciam-se em ações, providências cautelares e recursos de decisões judiciais;
- (ii) As ações judiciais contra a Administração Pública não se limitam a defender interesses egoístas dos seus autores (: conceção subjetivista), revelando também um propósito de defesa da juridicidade (: conceção objetivista);
- (iii) As sentenças que incidem sobre pretensões judiciais dos particulares são, por via de regra, passíveis de recurso para outro tribunal (: princípio do duplo grau de jurisdição).

5.4. Garantias

(A) A subjetivização do controlo da Administração Pública

5.4.1. Perante ações ou omissões da Administração Pública que se considerem violar as vinculações a que se encontra adstrita, em termos de legalidade ou de mérito, a ordem jurídica confere aos particulares meios de reação: tais meios, controlando e sancionando a atuação administrativa, consubstanciam verdadeiros "trunfos" contra o agir administrativo e que funcionam como garantias do particular.

5.4.2. Nem sempre, todavia, as garantias dos particulares incidem sobre decisões desfavoráveis a anteriores pretensões por si formuladas junto da Administração Pública – as garantias também podem ter por objeto:

- (i) Decisões administrativas sem qualquer dependência de anterior pretensão, tenham ou não um conteúdo normativo, traduzindo condutas oficiosas da Administração Pública;

(ii) Decisões administrativas favoráveis a pretensões formuladas por terceiros, mas que se mostram passíveis de produzir efeitos lesivos a outros particulares[362];

(iii) Decisões administrativas favoráveis ao próprio, desde que entenda que não terem sido tão favoráveis quanto expectava que fossem;

(iv) Situações de omissão administrativa indevida;

(v) Situações de perigo de uma provável decisão ou conduta administrativa lesiva;

(vi) Condutas materiais da Administração Pública lesivas da legalidade objetiva ou de posições jurídicas dos particulares.

5.4.3. As garantias não se limitam a fazer valer direitos e interesses legalmente protegidos dos particulares, conferindo-lhes uma vocação ou natureza predominantemente subjetivista, registando-se que as garantias também podem ter por objeto a pura defesa da legalidade face a ações ou omissões ilegais da Administração Pública, segundo um propósito objetivista: as garantias possuem uma função e uma natureza mista – subjetivista e, simultaneamente, objetivista.

5.4.4. As garantias podem visar impedir ou evitar a adoção de uma conduta administrativa ilegal, inconveniente ou inoportuna, assumindo uma postura preventiva, ou, tendo-se já consumado a conduta, as garantias procuram agora remover os seus efeitos, evitar a sua continuação ou aplicar sanções, hipóteses em que as garantias desempenham um papel repressivo[363].

5.4.5. As garantias, tornando o particular participante dos mecanismos de controlo da Administração Pública, funcionando como sujeito propulsor de meios de fiscalização do agir administrativo, determinam um papel funcionalmente ativo dos particulares na efetiva limitação da Administração Pública: as garantias reforçam o protagonismo dos particulares no moderno ordenamento regulador da Administração Pública.

---

[362] V.g., a licença para instalação de uma indústria poluente e os seus efeitos lesivos nos habitantes da região; a licença de construção de um edifício em primeira linha de mar e os vizinhos de prédio já existente que, por efeito de tal construção, ficarão sem vista de mar.

[363] Cfr. DIOGO FREITAS DO AMARAL, *Curso...*, II, 2ª ed., p. 748.

118 | INTRODUÇÃO

(B) Idem: obrigação legal de controlo?

5.4.6. Não têm os particulares, todavia, qualquer dever de denúncia da ilegalidade, da inconveniência ou da inoportunidade das decisões administrativas: as garantias fazem os particulares participar no controlo da Administração Pública, se assim entenderem, nunca sendo legítimo a ordem jurídica impor-lhes uma tal obrigação, salvo tratando-se de um Estado totalitário, transformando-os em "agentes" fiscalizadores ou "policias" do agir administrativo.

5.4.7. Num Estado democrático, a ninguém pode ser imposta a obrigação de denunciar situações que prejudiquem o próprio junto de autoridades públicas:
  (i) Encontra-se vedado à ordem jurídica estabelecer um dever de autodenúncia de situações jurídicas inválidas que favoreçam o próprio;
  (ii) Mostra-se possível construir um direito à não auto-incriminação face a infrações públicas[364], ou à não autodenúncia ou à não autoinculpação administrativa que integra a esfera jurídica dos administrados, enquanto expressão específica de um genérico direito fundamental ao silêncio que cada pessoa é titular em domínios que podem ser usados contra si[365].

(C) Tipologia

5.4.8. Numa perspetiva interna, excluindo a incidência internacional e europeia, as garantias dos particulares face ao agir administrativo podem assumir uma tripla configuração[366]:
  (a) Garantias políticas;

---

[364] Neste sentido, no âmbito do Direito da concorrência, cfr. PEDRO GONÇALVES, *O direito de acesso à informação detida por empresas do sector público*, in CJA, nº 81, 2010, p. 6.

[365] Para um desenvolvimento e aprofundamento histórico e dogmático do direito ao silêncio, cfr., por todos, RODRIGO DE ALMEIDA MAIA, *O Direito Fundamental ao Silêncio – O enquadramento do ius silentio numa perspectiva jurídico-constitucional*, dissertação de mestrado na Faculdade de Direito da Universidade de Lisboa, inédita, Lisboa, 2011.

[366] Neste sentido, apesar de não utilizar uma terminologia sempre coincidente, cfr. DIOGO FREITAS DO AMARAL, *Curso...*, II, 2ª ed., pp. 748 ss.

§5º VOCABULÁRIO DOS PARTICULARES COMO ADMINISTRADOS | 119

(b) Garantias administrativas ou graciosas;

(c) Garantias judiciais.

5.4.9. *(a) Garantias políticas*

Partindo do estatuto do particular como cidadão, isto no sentido de ser membro da coletividade política, segundo as coordenadas de um Estado de Direito democrático, as garantias políticas emergem do texto constitucional e expressam uma dimensão política do controlo administrativo, podendo resumir-se nas cinco seguintes principais figuras[367];

(i) O *direito de sufrágio* – exercendo uma função legitimadora dos titulares das principais estruturas decisórias da Administração Pública, proporcionando a sua renovação e a responsabilização política difusa de quem exerce funções[368], sem esquecer a suscetibilidade de envolver a participação na definição de políticas administrativas subjacentes aos programas sufragados das diversas candidaturas e através de referendo local[369];

(ii) O *direito de participação política e na vida pública* – habilitando os cidadãos a, direta e ativamente, intervirem na vida política[370], gozando da faculdade de exigirem ser esclarecidos e informados da gestão dos assuntos públicos pelas estruturas administrativas ou pelos órgãos políticos encarregues de exercer a fiscalização da Administração Pública[371];

(iii) O *direito de iniciativa popular* – conferindo aos cidadãos, em termos coletivos, a faculdade de desencadear junto da Assembleia da República iniciativas legislativas[372] e iniciativas de referendo[373], visando a aprovação de atos legislativos reformadores da Administração Pública[374], assim como, segundo determina-

---

[367] Para um primeiro elenco destas garantias políticas, cfr. PAULO OTERO, ***Direito Administrativo – Relatório***, p. 287.

[368] Cfr. CRP, artigo 49º.

[369] Cfr. CRP, artigo 240º, nº 1.

[370] Cfr. CRP, artigo 109º.

[371] Cfr. CRP, artigo 48º, nº 2.

[372] Cfr. CRP, artigo 167º, nº 1.

[373] Cfr. CRP, artigo 115º, nº 2.

[374] Note-se que, por efeito da remissão constante do artigo 232º, nº 2, pode também a iniciativa de referendo por impulso dos cidadãos assumir um âmbito regional, competindo à respetiva assembleia legislativa da região autónoma a decisão final.

120 | INTRODUÇÃO

ção legal, o direito de iniciativa popular em matéria de referendo local[375];

(iv) O *direito de petição* – atribuindo aos cidadãos a faculdade de dirigirem pedidos a todas as estruturas públicas, incluindo aos órgãos políticos, visando a defesa dos seus direitos, da juridicidade e do interesse geral (v. *infra*, nº 19.3.4.), assim como de serem informados do resultado da respetiva apreciação[376];

(v) O *direito de resistência* – trata-se da última das garantias, investindo os particulares da faculdade de não acatarem ordens que ofendam os seus direitos, liberdades e garantias e ainda de repelirem pela força qualquer agressão, desde que não seja possível ou eficaz o recurso à autoridade pública[377].

5.4.10. *(b) Garantias administrativas ou graciosas*

São meios ao dispor dos particulares para junto da própria Administração Pública acionar o controlo ou fiscalização da sua conduta, numa manifestação de conferir uma *chance* de a Administração Pública corrigir o seu agir, em termos de legalidade e/ou de mérito, sob impulso dos cidadãos, usando para o efeito três diferentes instrumentos garantísticos[378]:

(i) As *garantias petitórias* – visam dirigir um pedido à Administração Pública no sentido de lhe dar conhecimento ou solicitar que tome uma primeira decisão sobre determinada situação da vida, correspondendo à designada pretensão primária formulada junto de uma autoridade administrativa (v. *supra*, nº 5.3.2.);

(ii) As *garantias impugnatórias* – pressupondo uma anterior decisão administrativa, visam colocá-la em causa, solicitando a sua alteração, suspensão ou revogação, numa situação de pretensão secundária dirigida à própria Administração Pública (v. *supra*, nº 5.3.2.), sendo passível de ser exercida perante o autor da decisão (: reclamação) ou perante um outro órgão com poder decisório sobre os atos daquele (: recurso);

---

[375] Cfr. CRP, artigo 240º, nº 2.

[376] Cfr. CRP, artigo 52º, nº 1.

[377] Cfr. CRP, artigo 21º.

[378] Cfr. DIOGO FREITAS DO AMARAL, *Curso...*, II, 2ª ed., pp. 755 ss.; JOÃO CAUPERS, *Introdução...*, pp. 376 ss.

§5º VOCABULÁRIO DOS PARTICULARES COMO ADMINISTRADOS | 121

(iii) A *queixa ao Provedor de Justiça* – podendo ter por objeto ações ou omissões da Administração Pública, a sua denúncia junto do Provedor de Justiça, vinculando-o a proceder à sua averiguação, nunca pode envolver o exercício de qualquer apreciação com poder decisório, limitando-se, se considerar justificada ou pertinente a queixa, a dirigir recomendações às autoridades administrativas competentes, visando prevenir ou reparar as injustiças[379].

5.4.11. *(c) Garantias judiciais*

Envolvendo todos os meios de controlo da atuação administrativa por via dos tribunais, as garantias judiciais podem efetivar-se junto dos tribunais do Estado (: tribunais administrativos e tribunais judiciais) e de tribunais arbitrais, determinando a formulação de pretensões contra a Administração Pública (v. *supra*, nº 5.3.7.), visando três propósitos nucleares:

(i) A resolução definitiva de um litígio, definindo o juiz o Direito material aplicável ao caso, isto através de uma sentença dotada de força de caso julgado;

(ii) A adoção de providência ou providências cautelares, antecipatórias ou conservatórias, visando assegurar o efeito útil da sentença que virá a ser proferida na resolução do litígio;

(iii) A execução da sentença que, julgando procedente (total ou parcialmente) a pretensão formulada junto dos tribunais, foi proferida contra a Administração Pública.

5.5. Idem: garantias internacionais e europeias

5.5.1. Não se pode esquecer que, num mundo internacionalizado e globalizado, tendo a Administração Pública a seu cargo também a prossecução de interesses transnacionais, inserindo-se Portugal no âmbito de uma estrutura supranacional, além de sujeito a responsabilidade internacional e europeia decorrentes dos termos de cumprimento das obrigações assumidas, aos particulares também lhe sejam conferidas novas garantias: são as garantias internacionais e europeias que, podendo ser exercidas junto

---

[379] Cfr. CRP, artigo 23º, nº 1.

122 | INTRODUÇÃO

de instâncias internas, internacionais e europeias, acrescem às garantias já existentes no âmbito exclusivo do Direito interno.

5.5.2. No domínio das fontes geradoras de garantias internacionais e europeias contra a atuação administrativa, merecem especial destaque a Convenção Europeia dos Direitos Humanos[380] e a Carta dos Direitos Fundamentais da União Europeia, isto num triplo sentido:

(i) São instrumentos normativos que, limitando o agir interno das administrações dos Estados a elas vinculados, determinam, em caso de desrespeito, a invalidade da atuação administrativa – reforçam, por isso, a área de vinculação;

(ii) Conferem meios garantísticos de ação aos particulares, possibilitando a invocabilidade interna da ilegalidade decorrente da sua violação, e criam novos mecanismos externos de garantia ou controlo do agir administrativo – reforçam, neste sentido, as garantias dos particulares;

(iii) Permitem uma interpenetração de ordenamentos jurídicos, expressando uma internormatividade administrativa que, formando uma rede, enriquece os instrumentos de garantia ao dispor dos particulares[381] – reforçam, deste modo, a existência de uma alargada comunidade de "Direito Administrativo".

5.5.3. As garantias internacionais e europeias dos particulares no âmbito do agir administrativo assumem cinco vertentes distintas:

(i) São *garantias substantivas*, revelando direitos materiais dos cidadãos que, vinculando os Estados em termos de liberdade e de solidariedade social decorrentes da dignidade da pessoa humana, servem

---

[380] A influência da Convenção Europeia dos Direitos Humanos ao nível do Direito Administrativo não se limita ao âmbito da Europa continental, sendo de salientar a verdadeira "revolução" que provocou no Direito britânico, em termos materiais e processuais, cfr. TIMOTHY ENDICOTT, *Administrative Law*, pp. 73 ss.; HILAIRE BARNETT, *Constitutional...*, pp. 394 ss.

[381] Cfr. FAUSTO DE QUADROS, *Direito da União Europeia*, 3ª ed., Coimbra, 2013, pp. 216 ss.; TIAGO FIDALGO DE FREITAS, *A Carta dos Direitos Fundamentais da União Europeia e a sua relação sobre a Convenção Europeia dos Direitos do Homem*, in *Estudos em Homenagem ao Prof. Doutor Sérvulo Correia*, IV, Coimbra, 2010, em especial, pp. 816 ss.; MARIA LUÍSA DUARTE, *União Europeia e Direitos Fundamentais – no espaço da internormatividade*, Lisboa, 2006, em especial, pp. 99 ss. e 405 ss.

de pautas conformadoras e limitativas da conduta da Administração Pública de tais Estados;

(ii) São *garantias procedimentais*, observando-se aqui, além de preceitos expressos referentes a um "direito a uma boa administração"[382], um curioso fenómeno de administrativização do direito a um processo equitativo previsto na Convenção Europeia dos Direitos do Homem[383];

(iii) São *garantias contenciosas*, permitindo aos particulares o acesso (1) ao Tribunal Europeu dos Direitos do Homem, em caso de violação da Convenção Europeia dos Direitos do Homem[384]; (2) ao Tribunal de Justiça da União Europeia, se se tratar da violação do Direito da União Europeia[385]; e (3) aos tribunais do Estado, usando como fundamento a violação de qualquer de tais normas (e, naturalmente, da normatividade interna);

---

[382] Cfr. CDFUE, artigo 41º. Em termos doutrinais, cfr. MÁRIO AROSO DE ALMEIDA, *Teoria...*, pp. 49 ss.

[383] Neste sentido, sublinhando a influência da ideia de procedimento equitativo decorrente da aplicação da Convenção Europeia dos Direitos do Homem e da jurisprudência do seu Tribunal, em "direito a uma boa administração", enquanto expressão de uma exigência que os assuntos das pessoas sejam tratados "de forma imparcial, equitativa e num prazo razoável" (CDFUE, artigo 41º), cfr. CARLA AMADO GOMES, *A "boa administração" na revisão do CPA: depressa e bem...*, in D&P, nº 4, 2013, p. 143.

Para uma densificação do conceito de "processo equitativo" à luz da CEDH, cfr. OLIVIERO MAZZA, *Diritto a un equo processo*, in LAURA PINESCHI (org.), *La Tutela Internazionale dei Diritti Umani – norme, garanzie, prassi*, Milano, 2006, pp. 469 ss.; JOSÉ EDUARDO GONÇALVES LOPES, *A Convenção Europeia dos Direitos do Homem e a reforma do contencioso administrativo português*, in ANA MARIA MARTINS GUERRA (Coord.), *Estudos de Direito Europeu e Internacional dos Direitos Humanos*, Coimbra, 2005, em especial, pp. 157 ss.

[384] Cfr. FERNANDO ALVES CORREIA, *Os direitos fundamentais e a sua protecção jurisdicional efectiva*, in BFDUC, 2003, pp. 84 ss.; ANA MARIA GUERRA MARTINS, *Direito Internacional dos Direitos Humanos – Relatório*, Coimbra, 2006, pp. 260 ss.; JOSÉ EDUARDO GONÇALVES LOPES, *A Execução das Decisões do Tribunal Europeu dos Direitos do Homem – o caso português*, Lisboa, 2009, pp, 75 ss.

[385] Cfr. FERNANDO ALVES CORREIA, *Os direitos fundamentais...*, pp. 90 ss.; JOSÉ LUÍS CRUZ VILAÇA, *A protecção jurisdicional dos particulares na ordem jurídica comunitária – ainda se pode ser "directamente afectado" por uma decisão dirigida a um Estado-membro no domínio dos fundos estruturais?*, in *Estudos em Homenagem ao Professor Doutor Paulo de Pitta e Cunha*, I, Coimbra, 2010, pp. 483 ss.

124 | INTRODUÇÃO

(iv) São *garantias administrativas,* expressas no reconhecimento de um genérico direito de petição junto de tais instituições internacionais[386] e ainda na criação, no âmbito da União Europeia, de um Provedor de Justiça Europeu[387];

(v) São, por último, *garantias políticas,* especialmente visíveis no âmbito da União Europeia, enquanto expressão da cidadania europeia (v.g., direito de eleger e de ser eleito, o direito de participação na vida democrática da União, o direito de iniciativa popular).

5.5.4. Nunca as garantias internacionais e europeias podem representar uma diminuição do nível já alcançado de proteção no âmbito das respetivas Constituições (: princípio do nível mais alto de proteção dos direitos[388]), nem tais normas podem ser interpretadas no sentido de limitar, restringir ou prejudicar os direitos e as liberdades reconhecidos por tais instrumentos internacionais.

---

[386] Sublinhando a perspetiva internacional do direito de petição, cfr. JORGE MIRANDA, *Notas sobre o direito de petição,* in *Estudos em Honra do Professor Doutor José de Oliveira Ascensão,* I, Coimbra, 2008, em especial, pp. 479-480; MARIA LUISA DUARTE, *O Direito de Petição: cidadania, participação e decisão,* Coimbra, 2008, pp. 49 ss.

[387] Cfr. ANTÓNIO SEQUEIRA RIBEIRO, *Do provedor de justiça europeu: algumas considerações,* in *Ab Vno ad Omnes – 75 anos da Coimbra Editora 1920-1995,* Coimbra, 1998, pp. 1227 ss.

[388] Cfr. FAUSTO DE QUADROS, *Direito da União Europeia,* pp. 190-191 e 216.

Secção 3ª
Pressupostos metodológicos
do Direito Administrativo no século XXI

§6º A "REVOLUÇÃO ADMINISTRATIVA"

6.1. O desmoronar das grandes certezas administrativas

6.1.1. A História tem ensinado que, apesar de todas as vicissitudes, continua a residir no Estado a melhor tutela garantística da liberdade[389]: sem Estado não há garantia efetiva de liberdade, tal como sem liberdade nenhuma autoridade do Estado se mostra legítima.

6.1.2. A regulação jurídica da Administração Pública assenta num equilíbrio delicado, traduzindo uma verdadeira peça de relojoaria suíça que representa o "ponto de embraiagem" entre a liberdade e a autoridade: limitar a liberdade individual pela autoridade ao serviço do bem comum o quanto baste para se garantir a liberdade de todos, a prossecução do bem comum e para que essa própria garantia da liberdade e de bem comum legitime o exercício da autoridade – eis a essência constitucional do próprio Direito Administrativo.

6.1.3. Nas últimas décadas, porém, um silencioso reequacionar do equilíbrio envolvendo o binómio liberdade e autoridade, conduziu a que a Administração Pública e o seu ordenamento regulador sofressem mais alterações do que nos últimos vinte séculos – uma revolução administrativa foi, paulatinamente, instalando-se.

---

[389] No sentido de que o Estado, garantindo a paz e a segurança, funciona como "pré-condição de toda a liberdade", cfr. NIKLAS LUHMANN, *Grundrechte als Institution. Ein Beitrag zur politischen Soziologie*, Berlin, 1999, p. 57.

128 | INTRODUÇÃO

6.1.4. Em amplos domínios, a ideia de uma Administração Pública titular de poderes de autoridade, limitados por regras jurídicas de conteúdo preciso e inequívoco, expressão de uma função administrativa integralmente subordinada a um poder legislativo representativo de um conjunto homogéneo de cidadãos e de interesses, num modelo de Estado soberano e fechado, prestacional e garantístico da liberdade, corresponde a um verdadeiro mito histórico dos séculos XIX e XX.

6.1.5. Os últimos anos transformaram a paisagem edílica de uma "Administração serva da lei" e ao serviço do interesse público, fruto de um longo processo histórico de afirmação de uma legalidade parlamentar e alicerçada nos postulados de Montesquieu e de Rousseau, num campo de batalha diário entre uma pluralidade de interesses e contrainteresses conflituantes cuja gestão se encontra confiada a uma "Administração capturada" pelos partidos políticos e/ou por grupos de interesses – de serva da lei, a Administração Pública passou a serva de interesses (nem sempre públicos).

6.1.6. Por via da "textura aberta"[390] do ordenamento regulador da Administração Pública, numa crescente imperfeição da lei[391], a vinculação administrativa à juridicidade debilitou-se: a valorização do papel dos princípios face às regras jurídicas, a proliferação de conceitos vagos e indeterminados e de cláusulas abertas, reduzindo a certeza e a segurança aplicativas do Direito, conferiram protagonismo à Administração Pública na determinação do sentido interpretativo, densificador e aplicativo da normatividade que tradicionalmente a limitaria – o mito de uma função administrativa integralmente subordinada ao poder legislativo encontra-se desmistificado.

6.1.7. Em sentido convergente, a pluralidade e a heterogeneidade concorrente de interesses antagónicos que se encontram subjacentes às soluções legais, reflexo da pluralidade de interesses constitucionais, gerando uma normatividade compromissória e até contraditória, repercute-se num devolver da resolução de uma tal conflitualidade normativa para a esfera

---

[390] Expressão de HERBERT L.A. HART, *O Conceito de Direito*, Lisboa, 1986, p. 158.
[391] Cfr. PAULO OTERO, *Legalidade e Administração Pública*, pp. 158 ss.

decisória da Administração Pública[392]: as estruturas administrativas, em vez de subordinadas passivas a normas do poder legislativo, tornam-se protagonistas na interpretação, na solução de compromissos ponderativos de interesses e na resolução de antinomias jurídicas.

6.1.8. A conceção oitocentista de uma representatividade política parlamentar homogénea encontra-se subvertida pela mediação partidária, a proliferação de grupos de interesses e sistemas eleitorais que excluem a identificação entre eleitores e eleitos[393]: a ideia de a lei ser a expressão da vontade geral, expressa pelos melhores representantes da sociedade instalados no parlamento – herdeiros ainda dos "homens bons" dos concelhos medievais –, num modelo de subordinação democrática da Administração à lei parlamentar, tornou-se uma ficção – o que se encontra escrito na Constituição escrita ou "oficial", neste domínio, pouca correspondência tem com a verdadeira realidade.

6.1.9. A crise da representação política parlamentar gerou a crise da legitimação democrática da lei e ambas contribuíram para uma deslegitimação da subordinação administrativa à legalidade parlamentar:
(i) O governo foi ganhando uma reforçada legitimidade democrática, tanto mais que as eleições parlamentares foram transformadas num processo de escolha do Primeiro-Ministro[394], e as suas normas passaram a ter um protagonismo transfigurador do primado legislativo parlamentar[395];
(ii) A Administração Pública passou a encontrar no seu órgão de topo uma fonte política legitimadora e o principal autor da normatividade reguladora do seu agir: uma legalidade tendencialmente heterovinculativa, proveniente do parlamento, foi substituída por uma legalidade predominantemente autovinculativa, originária do governo.

---

[392] Cfr. PAULO OTERO, *Legalidade e Administração Pública*, pp. 699 ss.

[393] Para mais desenvolvimentos, cfr. ROGÉRIO EHRARDT SOARES, *Sentido e limites da função legislativa no Estado contemporâneo*, in JORGE MIRANDA/MARCELO REBELO DE SOUSA (coord.), *A Feitura das Leis*, II, Oeiras, 1986, em especial, pp. 434 ss.

[394] Cfr. PAULO OTERO, *Direito Constitucional Português*, I, pp. 225 ss.

[395] Cfr. PAULO OTERO, *Legalidade e Administração Pública*, pp. 121 ss., em especial, pp. 129-130.

130 | INTRODUÇÃO

6.1.10. Num outro sentido, não obstante os textos constitucionais continuarem fiéis a um modelo político e administrativo fundado num Estado de raiz vestefaliana[396], a verdade é que, remetido na sua essência para a arqueologia jurídica, assiste-se hoje a uma transformação e desvalorização do papel do Estado:

(i) O Estado foi objeto de uma abertura externa, internacionalizando--se, europeizando-se dentro da União Europeia e, por último, globalizando-se: um ordenamento jurídico transnacional e, por vezes, um ordenamento supranacional foram conquistando domínios decisórios antes reservados ao Estado, fazendo emergir, paralelamente à administração pública nacional, administrações públicas transnacionais e supranacionais;

(ii) O Estado permitiu a sua fragmentação interna, descentralizando poderes numa pluralidade de entes infraestaduais, reivindicantes de pretensões contra o Estado, numa progressiva conflitualidade intra-administrativa que permite falar numa federalização administrativa[397]:

– Uma neofeudalização interna levou ao desenvolvimento de uma pluralidade de micro ordenamentos jurídico-administrativos limitativos da unidade do Estado[398];

– Não há hoje uma Administração Pública dentro do território do Estado, antes se regista que existem várias Administrações Públicas[399];

(iii) O Estado lançou um programa de privatização das suas funções, da sua estrutura organizativa e do próprio ordenamento regulador da sua Administração Pública: reduzida a esfera de poderes de autoridade ou os setores de exercício de autoridade, o Estado perdeu força e até passou a agir como se se tratasse de um particular, sem

---

[396] Para uma caracterização deste modelo, cfr. RUI MEDEIROS, *Internacionalismo defensivo e compromisso europeu na Constituição Portuguesa*, in *Estudos em Homenagem a Miguel Galvão Teles*, I, Coimbra, 2012, p. 651.

[397] Cfr. FRANCESCO CARINGELLA, *Corso...*, I, pp. 767 e 768.

[398] Cfr. PAULO OTERO, *Legalidade e Administração Pública*, pp. 163 ss.

[399] Cfr. ALDO SANDULLI, *Governo e Amministrazione*, in IDEM, *Scritti Giuridici*, I, Torino, 1990, p. 261; GOMES CANOTILHO, *Direito Constitucional e Teoria da Constituição*, 6ª ed., Coimbra, 2002, p. 646; PAULO OTERO, *O Poder de Substituição...*, II, p. 529; IDEM, *Legalidade e Administração Pública*, p. 149.

§6º A "REVOLUÇÃO ADMINISTRATIVA" | 131

prejuízo de a privatização ter acabado por originar um reforço dos poderes reguladores do Estado no âmbito do mercado[400].

6.1.11. Sem se saber, por vezes, onde começa o hemisfério do público e onde termina o hemisfério do privado, fenómeno esse agravado pela pluralidade de manifestações de privatização de tarefas e estruturas administrativas ocorridas nos últimos anos – isto depois de anos de nacionalização de bens de produção e de coletivização ou publicização de tarefas até então confiadas ao setor privado –, os particulares encontram-se hoje, apesar de múltiplas declarações escritas de direitos fundamentais, perante um fogo cruzado aos seus direitos subjetivos de natureza substantiva e adjetiva.

6.1.12. Eis que, neste início do século XXI, num processo histórico renovado, a limitação do agir administrativo torna-se uma questão recorrente, agora face a novas realidades, novos perigos e novos desafios à liberdade dos particulares, num cenário de desagregação financeira e funcional do próprio Estado.

6.2. A rotura do modelo tradicional: os principais momentos

6.2.1. A progressiva erosão que o modelo administrativo tradicional vinha sofrendo, minando os alicerces de matriz iluminista e liberal de configuração do Estado e da Administração Pública, recebeu, já em pleno século XXI, uma aceleração que provocou a rotura definitiva: uma verdadeira "revolução administrativa", sem que os seus contornos se encontrem totalmente definidos, nem absorvidos pela dogmática jusadministrativa, emergiu, numa dimensão transnacional e globalizada.

6.2.2. O primeiro momento que despoletou a "revolução administrativa" encontra-se no ataque terrorista aos Estados Unidos da América, em 11 de setembro de 2001, conferindo prevalência a um paradigma securitário do Estado e da Administração Pública, registando-se que as suas réplicas fizeram recuperar as conceções de Hobbes valorizadoras da segurança:

---

[400] Neste último sentido, cfr. PEDRO GONÇALVES, *Reflexões...*, pp. 33 e 44-45.

132 | INTRODUÇÃO

(i) Relegada a liberdade para um segundo plano, a segurança tornou--se uma obsessão política e administrativa, fazendo da Administração securitária a fiel depositária da nova "razão de Estado" do século XXI – "tudo pela segurança, nada contra a segurança", eis a nova divisa do Estado;

(ii) Os direitos fundamentais passaram a encontrar nas razões de segurança decorrentes do combate ao terrorismo uma verdadeira cláusula geral de antecipada legitimação de intervenção administrativa ablativa ou agressiva, invertendo-se ou atenuando-se a presunção de inocência[401] – o combate ao terrorismo passou a ser "razão de Estado" ou "justa causa" densificadora da velha máxima romana de Cícero *salus populi suprema lex est*[402].

6.2.3. O segundo momento decisivo no eclodir da "revolução administrativa" reside na crise financeira iniciada em setembro de 2008[403], verificando-se que a sua dimensão e o seu prolongamento no tempo conduziram (e conduzem) a uma repensar da noção de bem comum e do papel a conferir ao Estado: os custos financeiros e intergeracionais do Estado social colocam em causa o modelo prestacional, minando os fundamentos do princípio da solidariedade – a prevalência de uma conceção neoliberal poderá fazer da imposição de uma harmonia orçamental, por via dos limites ao défice e à dívida pública, o paradigma de uma Administração Pública inimiga dos direitos sociais[404].

---

[401] Cfr. GOMES CANOTILHO, *Terrorismo e direitos fundamentais*, in GOMES CANOTILHO, *Estudos sobre Direitos Fundamentais*, 2ª ed., Coimbra, 2008, pp. 233 ss.; NUNO PIÇARRA, *Terrorismo e direitos fundamentais: as smart sanctions na jurisprudência do Tribunal de Justiça da União Europeia e no Tratado de Lisboa*, in *Estudos em Homenagem ao Prof. Doutor José Joaquim Gomes Canotilho*, III, Coimbra, 2012, pp. 711 ss.

[402] Cfr. MARCO TULIO CICERÓN, *Sobre la Leyes*, ed. Tecnos, Madrid, 1986, liv. III, 3, 8, (p. 219). Para um desenvolvimento deste efeito resultante do 11 de setembro de 2001, cfr. DIOGO FREITAS DO AMARAL, *Reflexões sobre alguns aspectos jurídicos do 11 de Setembro e suas sequelas*, in *Estudos em Homenagem à Professora Doutora Isabel de Magalhães Collaço*, II, Coimbra, 2002, em especial, p. 777.

[403] Para uma análise da crise centrada nos mecanismos de regulação e supervisão, cfr. JOÃO CALVÃO DA SILVA, *Regulação e supervisão financeiras: lições da primeira crise global*, in *Estudos em Homenagem a Miguel Galvão Teles*, II, Coimbra, 2012, pp. 939 ss.

[404] Para mais desenvolvimentos, cfr. o conjunto de depoimentos recolhidos sobre o título *Será a imposição de limites ao défice público e à dívida pública compatível com o Estado social?*, in D&P, nº 3, 2013, pp. 94 ss.

§6º A "REVOLUÇÃO ADMINISTRATIVA" | 133

6.2.4. Por último, o crepúsculo da tradicional soberania externa do Estado, num mundo internacionalizado, globalizado e, no contexto da União Europeia, integrado numa estrutura supranacional, poderá ainda ser agravado em casos de programas de ajuda financeira internacional, sujeitando tais Estados intervencionados a uma situação de verdadeiro protetorado internacional: a decisão política nuclear já não residirá, em tais casos, no interior do Estado, antes se encontra transferida para estruturas que lhe são externas – em tudo o que é decisão essencial, a Administração Pública nacional dos Estados limita-se a executar o que lhe é ditado por quem não está democraticamente legitimado como representante da coletividade.

6.2.5. Secundarizada a liberdade, a favor da segurança, minimizado o Estado na garantia dos direitos e no exercício da autoridade, sem que se saiba quem "herdou" a sua supremacia, todos os pressupostos do modelo administrativo clássico estão subvertidos (v. *supra*, nº 6.1.): aqui reside a essência da "revolução administrativa" que é, afinal, a génese da "crise do Estado administrativo"[405].

6.2.6. Não se encontra a "revolução administrativa", todavia, concluída, antes se assiste ao surgir de um novo modelo de Administração Pública fundado em paradigmas que não se encontram ainda totalmente desvendados, sendo legítimo falar na existência de um verdadeiro "processo revolucionário em curso" junto da Administração Pública – trata-se de um "PREC" administrativo.

6.3. O processo de "revolução administrativa" em curso

6.3.1. Os acontecimentos de 11 de setembro de 2001, invertendo a convicção de que o progresso da consciência da liberdade era o sentido último da história universal[406], fazendo da segurança um valor nuclear, reconduziram Hobbes ao estatuto de vencedor da História:
(i)   Uma cultura securitária e uma ideologia da segurança fazem do combate preventivo a um "inimigo" abstrato, isto é, antes de qual-

---

[405] Utilizando esta última expressão, cfr. PEDRO GONÇALVES, *Reflexões...*, p. 30.
[406] Cfr. HEGEL, *A Razão na História – Introdução à Filosofia da História Universal*, edições 70, Lisboa, 1995, p. 59.

134 | INTRODUÇÃO

quer ação, uma prioridade do agir público, numa clara ressonância schmittiana de perigo[407];

(ii) Num cenário de sociedade global de "risco difuso"[408], verificando-se a omnipresença e a imprevisibilidade de riscos contra a segurança de pessoas, de bens e do próprio Estado[409], o princípio da prevenção, por via da precaução[410], confere à atividade policial e preventiva da Administração Pública um papel central no combate ao terrorismo e à criminalidade organizada, numa espécie de "estado de emergência permanente"[411];

(iii) O desenvolvimento de um alegado "Direito Penal do inimigo"[412] fará nascer, inevitavelmente, uma paralela "Administração Pública do inimigo", tal como uma vigilância permanente de condutas dos cidadãos, numa "privacidade sob o olhar da eletrónica"[413], gerará uma "Administração Pública da vigilância";

(iv) O próprio combate ao terrorismo através de meios violentos perpetrados pela Administração de certos Estados (v.g., a defesa da tortura de terroristas através das designadas "técnicas reforçadas de interrogatório" nos EUA, os assassinatos seletivos e preventi-

---

[407] Sobre o tema, na literatura jurídica portuguesa, cfr. AUGUSTO SILVA DIAS, *Os criminosos são pessoas? Eficácia e garantias no combate ao crime organizado*, in JORGE MIRANDA/MARCO ANTÓNIO MARQUES DA SILVA (org.), *Tratado Luso-Brasileiro da Dignidade Humana*, 2ª ed., S. Paulo, 2009, pp. 826 ss.; ALEXANDRE SOUSA PINHEIRO, *O Direito Penal do Inimigo e a proteção das liberdades individuais: o caso particular da privacidade*, D&P, nº 3, 2013, pp. 6 ss.

[408] Cfr. STEFAN HUSTER/KARSTEN RUDOLPH (org.), *Vom Rechtsstat zum Präventionsstaat*, Frankfurt, 2008, p. 12.

[409] O valor jurídico dos bens em causa pode mesmo justificar, numa aplicação do designado "princípio da proporcionalidade reversa", que, apesar de menos se saber das circunstâncias ou das pessoas envolvidas no risco em colocar em causa tais bens, maior deverá ser a capacidade de intervir preventivamente na esfera jurídica privada das pessoas suspeitas (cfr. Bundesverfassungsgericht, 1 BvR 2226/94, 1 BvR 2420/95, 1 BvR 2437/95, de 14 de julho de 1999, in http://www.bverfg.de; ALEXANDRE SOUSA PINHEIRO, *O Direito Penal do Inimigo...*, p. 16).

[410] Cfr. ULRICH BECK, *Weltrisikogesellschaft*, Frankfurt, 2008, p. 103.

[411] Utilizando este último conceito, cfr. ALEXANDRE SOUSA PINHEIRO, *O Direito Penal do Inimigo...*, p. 7.

[412] Para mais desenvolvimentos, cfr. AUGUSTO SILVA DIAS, *Os criminosos são pessoas?*, pp. 827 ss.; ALEXANDRE SOUSA PINHEIRO, *O Direito Penal do Inimigo...*, pp. 6 ss.

[413] Cfr. JOSÉ A. S. GARCIA MARQUES, *O terrorismo e as liberdades vigiadas: a privacidade sob o olhar da eletrónica*, in *Estudos Jurídicos e Económicos em Homenagem ao Prof. Doutor António de Sousa Franco*, II, Coimbra, 2006, pp. 529 ss.

vos de "terroristas" por Israel), numa prossecução da segurança sem lei, acaba por colocar em causa a democracia.

O tradicional equilíbrio entre liberdade e autoridade surge reforçado a favor da autoridade, enquanto garante da segurança, numa clara desvalorização da liberdade, da lei e da democracia – esquece-se, porém, que nem todos os meios eficientes de garantia da segurança são admissíveis num Estado democrático, tal como os fins não justificam todos os meios[414].

É que, em última análise, a recondução de Hobbes ao estatuto de vencedor da História poderá bem acabar por fazer emergir uma sombra crepuscular de Maquiavel sobre as democracias[415].

6.3.2. Depois de décadas de progressiva afirmação do modelo de Estado social, envolvendo diferentes manifestações de uma Administração prestadora de bens e serviços tendentes a satisfazer necessidades coletivas elevadas à categoria de direitos fundamentais (v.g., segurança social, educação, saúde, habitação), a crise financeira surgida em setembro de 2008, originando uma subsequente crise económica e da dívida soberana, veio reequacionar as funções do Estado e, por essa via, o redimensionamento da Administração Pública:

(i) A sustentabilidade financeira das prestações sociais mostra-se passível de conduzir a um retrocesso do Estado social que, por via de opção política interna ou de imposição externa (v.g., FMI, União Europeia)[416], obriga a repensar as áreas materiais de atuação administrativa;

---

[414] Neste ultimo sentido, cfr. *The Public Committee against Torture in Israel v. The Government of Israel*, Case n. HCJ 769/02, The Supreme Court of Isarel, sitting as the High Court of Justice, 13 de dezembro de 2006, in http://elyon1.court.gov.il e IsrLR, 2006, pp. 459 ss., em especial, pp. 516 ss.

Em termos doutrinais, cfr. ROMAN SCHMIDT-RADEFELT, *As obrigações de direitos humanos das forças armadas e no quadro de medidas anti-terroristas no estrangeiro*, in REJP-Polis, nºs 13/16, 2007, pp. 155 ss.

[415] Para um desenvolvimento da tese que encontra na filosofia de Hobbes uma conceção da natureza humana que se baseia no contributo de Maquiavel, cfr. LUÍS PEDRO PEREIRA COUTINHO, *A Autoridade Moral da Constituição. Da fundamentação da validade do Direito Constitucional*, Coimbra, 2009, pp. 21 ss.

[416] A própria jurisprudência do Tribunal Constitucional português se refere aos "compromissos firmes do Estado português perante instâncias internacionais, compromissos constantes, num primeiro momento, do Pacto de Estabilidade e Crescimento (PEC) e, no presente, em

136 | INTRODUÇÃO

(ii) O estrangular da Administração prestadora, por via dos sucessivos cortes financeiros, determinará uma rotura constitucional ou uma reorientação interpretativa do modelo constitucional de Estado: exigências e desenvolvimentos de natureza factual colocarão em "coma jurídico" as normas da Constituição escrita ou "oficial";

(iii) A Constituição e a democracia, tal como as entendemos nas últimas décadas, encontram-se na sua essência feridas, ante poderes de facto que, sem deixarem o povo de eleger os seus governantes, lhes expropriam os poderes decisórios fundamentais[417]: tudo o que é essencial mostra-se ser, cada vez mais, decido fora das instâncias constitucionais e até fora do território nacional.

6.3.3. O próprio modelo paradigmático de uma Administração Pública fundada no clássico Estado soberano e, de algum modo, imune ao exterior, relegado que estava para o domínio exclusivo das relações diplomáticas, foi substituído, por via da progressiva internacionalização de matérias e

---

moldes formalmente mais vinculativos, do "Memorando de entendimento sobre as condicionalidades de política económica", acordado com a Comissão Europeia, e do Memorando de Políticas Económicas e Financeiras, assinado com o FMI" (cfr. Acórdão do Tribunal Constitucional nº 396/11, de 21 de setembro de 2011, referente ao processo nº 72/11, in http://www.tribunalconstitucional.pt), sublinhando a relevância jurídico-constitucional do Programa de Assistência Económica e Financeira e dos inerentes memorandos celebrados entre o Governo português, a Comissão Europeia, o Banco Central Europeu e o FMI, nos seguintes termos: "estes memorandos são vinculativos para o Estado Português, na medida em que se fundamentam em instrumentos jurídicos – os Tratados institutivos das entidades internacionais que neles participaram, e de que Portugal é parte – de Direito Internacional e de Direito da União Europeia, os quais são reconhecidos pela Constituição, desde logo no artigo 8º, nº 2. Assim, o *memorando técnico de entendimento* e o *memorando de políticas económicas e financeiras* baseia-se no artigo V, Secção 3, do Acordo do Fundo Monetário Internacional, enquanto o *memorando de entendimento relativo às condicionalidades específicas de política económica* se fundamenta, em última análise, no artigo 122º, nº 2, do Tratado sobre o Funcionamento da União Europeia. Tais documentos impõem a adoção pelo Estado Português das medidas neles consignadas como condição do cumprimento faseado dos contratos de financiamento celebrados entre as mesmas entidades" (cfr. Acórdão do Tribunal Constitucional nº 353/12, de 5 de julho de 2012, referente ao processo nº 40/12, in http://www.tribunalconstitucional.pt).

[417] Neste sentido e para mais desenvolvimentos, cfr. FRANCISCO BALAGUER CALLEJÓN, *El final de uma época dorada. Una reflexión sobre la crisis económica y el declive del Derecho constitucional nacional*, in Estudos em Homenagem ao Prof. Doutor José Joaquim Gomes *Canotilho*, II, Coimbra, 2012, pp. 99 ss., em especial, pp. 107 ss.

da europeização da gestão de setores decisórios antes exclusivamente pertencentes aos Estados e agora confiados à esfera da União Europeia, por uma Administração Pública assente em relações de cooperação, colaboração e até, por vezes, de subordinação a outras estruturas administrativas externas ao Estado: a perda política de soberania do Estado determinou que uma Administração Pública fechada e "interna" cedesse lugar a uma Administração Pública "aberta", internacionalizada e europeizada (v. *infra*, §26º ao §28º).

6.3.4. A natureza compromissória da Constituição, habilitando que diferentes pretensões conflituantes entre si possam ter alicerce em normas ou princípios constitucionais, transforma o agir administrativo numa permanente fonte ponderativa de interesses e contrainteresses pretensamente alicerçados na Lei Fundamental[418]:

(i)   Deparamos com um modelo em que cada decisão administrativa se mostra passível de gerar uma poligonalidade de efeitos de diferente natureza – frustrando a alguns as expectativas, os interesses e os direitos que reconhece a outros, e todos alegadamente fundados na Constituição;

(ii) A Administração Pública torna-se um primeiro placo de resolução de questões concretas com incidência constitucional que, tarde ou cedo, acabam nos tribunais, numa conflitualidade crescente;

(iii) Uma Administração Pública só excecionalmente questionada na legalidade da sua atuação foi substituída por uma Administração Pública permanentemente confrontada com a constitucionalidade do seu agir (ou da sua omissão de agir).

6.3.5. O emergir de uma sociedade de informação, informatizada, globalizada e comunicacional transformou radicalmente o funcionamento da Administração Pública e das suas relações com os particulares:

(i)   A Administração Pública tem ao seu alcance recolher, reter e cruzar dados pessoais e patrimoniais (v.g. declaração de rendimentos para efeitos fiscais, movimentos bancários, registo civil, predial ou criminal, dados clínicos de utente dos serviços de saúde, registos de passagem de veículos por portagens), proporcionando a cen-

---

[418] Cfr. PAULO OTERO, *Legalidade e Administração Pública*, pp. 250 ss.

138 | INTRODUÇÃO

tralização da informação e, por essa via, gerando uma nova forma de poder administrativo[419];

(ii) Se a informatização facilitou e ampliou as formas de contacto entre a Administração e os administrados, desburocratizando-as, o certo é que também aumentou os riscos e os perigos de retenção informativa e de intervenção administrativa na esfera privada dos particulares;

(iii) A utilização pela Administração de informações, suscitando delicados problemas de proteção da esfera privada, no âmbito do relacionamento entre estruturas administrativas, e, por via do princípio da transparência, no seu acesso e utilização por entidades exteriores, revela-se fonte de permanentes conflitos entre o interesse na publicidade e o interesse (público ou privado) à confidencialidade[420];

(iv) A Administração Pública eletrónica representa uma nova potencialidade lesiva de direitos fundamentais inerentes à esfera reservada da vida privada (pessoal e patrimonial) dos particulares[421], tornando-se um instrumento suscetível de estar ao serviço de um modelo de sociedade que faz da técnica e da ciência uma nova ideologia de domínio[422].

---

[419] Cfr. PIERRE MOOR/ALEXANDRE FLÜCKIGER/VICENT MARTENET, *Droit Administratif*, I, p. 30.

[420] Cfr. THIERRY TANQUEREL/FRANÇOIS BELLANGER (ed.), *L'Administration Transparente*, Genève, 2002; EVA M. BELSER/ASTRID EPINEY/BERNHARD WALDMANN (ed.), *Datenschutzrecht*, Berne, 2011; PIERRE MOOR/ALEXANDRE FLÜCKIGER/VICENT MARTENET, *Droit Administratif*, I, pp. 30-31 e 939 ss.

[421] Cfr. ALEXANDRE SOUSA PINHEIRO, *A protecção de dados na proposta de regulamento comunitário apresentada pela Comissão Europeia (2012): primeiras reflexões*, D&P, nº 1, 2012, pp. 8 ss.

[422] Neste último sentido, desenvolvendo o tema da "ditadura da técnica e da ciência", cfr. HERBERT MARCUSE, *Industrialisierung und Kapilalismus im Werk Marx Webers*, in *Kultur und Gesellschaft*, II, Francofort, 1965; JÜRGEN HABERMAS, *Técnica e Ciência como «Ideologia»*, Lisboa, 1997, pp. 45 ss.; PAULO OTERO, *A Democracia Totalitária – Do Estado totalitário à sociedade totalitária. A influência do totalitarismo na democracia do século XXI*, Principia, Cascais, 2001, pp. 177 ss.; IDEM, *Instituições...*, I, pp. 629 ss.

6.4. Sustentabilidade: condicionante ou pressuposto da "revolução"?

(A) Administração predadora e Administração sustentável

6.4.1. A observação da política e da inerente ação que incide sobre a realidade que nos cerca, segundo uma perspetiva que atende ao protagonismo temporal que se confere às diversas gerações que se sucedem no tempo, pode originar três diferentes posturas, a que correspondem outros tantos modelos de intervenção administrativa:

(i) Pode registar-se uma postura em que o *presente surge condicionado pelo passado*, em que a reforma das instituições se faz inspirada num princípio de continuidade ou referência às gerações passadas[423], segundo uma lógica de fideicomisso da geração presente em relação às gerações passadas e futuras, verdadeiro "contrato estabelecido entre os vivos, os mortos e os que estão por nascer"[424] – é o modelo de uma *Administração conservadora*;

(ii) Pode, em sentido radicalmente oposto, adotar-se uma postura que, rejeitando qualquer ideia de fideicomisso entre gerações, o *presente consome o futuro*, tendo subjacente uma hipervalorização egoísta e utilitarista dos "direitos adquiridos" da geração presente, à custa de recursos económicos futuros[425], numa total indiferença face ao destino das gerações que virão depois, usadas ao serviço daquela e oneradas com sacrifícios e privações de bens – corresponde ao modelo de uma *Administração predadora*;

(iii) Poderá, em termos contrários à anterior postura, que o *presente seja ditado pelo futuro*, numa preocupação crescente com as gerações futuras, interpretando-se o fideicomisso como compromisso ou contrato entre os vivos e os que estão por nascer, sem que a geração presente possa consumir, esgotar ou sacrificar as gerações futuras, antes a sua preservação intergeracional constitui preocupação do presente – é a solução da *Administração sustentável*.

---

[423] Cfr. EDMUND BURKE, *Réflexions sur la Révolution de France*, Ed. Hachette/Pluriel, Paris, 1989, pp. 40 ss.

[424] Cfr. HARVEY MANSFIELD, *Edmund Burke*, in LEO STRAUSS/JOSEPH CROPSEY, *Historia de la Filosofía Política*, México, reimp., 1996, p. 655.

[425] Para uma análise do problema, segundo uma dimensão fundada na projeção temporal das diferentes gerações, cfr. VITOR BENTO, *Economia, Moral e Política*, Lisboa, 2011.

140 | INTRODUÇÃO

6.4.2. As últimas décadas do século XX e as primeiras décadas do século XXI têm sido marcadas por uma verdadeira "guerra civil" entre os partidários de uma intervenção predadora e os adeptos de uma intervenção sustentável, revelando-se a sustentabilidade, enquanto conceito interdisciplinar e federador[426], substrato retórico das políticas públicas[427] ou princípio transversal e multidimensional[428], num duplo quadro de referência:

(i) Em três principais domínios de incidência – o ambiental-ecológico, o social e o económico-financeiro[429];

(ii) Em três dimensões de projeção – entre Estados, entre grupos etários de gerações coexistentes e entre gerações separadas no tempo[430].

(B) Princípio do desenvolvimento sustentável

6.4.3. Não se pode dizer, todavia, que a preocupação com a sustentabilidade seja recente[431], apesar de o progresso tecnológico registado na segunda metade do século XX ter propiciado um uso indevido no acesso predatório às riquezas, explorando até ao esgotamento recursos naturais e bens públicos universais, fazendo emergir, numa perspetiva de internacionalização da sustentabilidade como limite de ação[432], a ideia

---

[426] Cfr. WOLFGANG KAHL, *Einlekung: Nachhaltigkeit als Verbundbegriff*, in WOLFGANG KAHL (org.), *Nachhaltigkeit als Verbundbegriff*, Tübingen, 2008, pp. 1 ss.

[427] Cfr. NAZARÉ COSTA CABRAL, *O princípio da sustentabilidade e a sua relevância nas finanças públicas*, in *Estudos em Homenagem ao Professor Doutor Paulo de Pitta e Cunha*, II, Coimbra, 2010, pp. 613 ss.

[428] Cfr. JOÃO CARLOS LOUREIRO, *Autonomia do Direito, futuro e responsabilidade intergeracional: para uma teoria do* Fernrecht *e da* Fernverfassung *em diálogo com Castanheira Neves*, in BFDUC, 2010, p. 39.

[429] Para uma estudo desenvolvido destas diversas vertentes do problema da sustentabilidade, cfr. WOLFGANG KAHL (org.), *Nachhaltigkeit als Verbundbegriff*, Tübingen, 2008.

[430] Cfr. GOMES CANOTILHO, *Sustentabilidade – um romance de cultura e de ciência para reforçar a sustentabilidade democrática*, in BFDUC, 2012, I, pp. 5-6.

[431] Fazendo-a remontar ao século XVIII, cfr. EDMUND A. SPINDLER, *Geschichte der Nachhaltigkeit Vom Werden und Wirken eines beliebten Begriffes*, 2011 (disponível, in http://www.nachhaltigkeit.info/)

[432] Para um enquadramento internacional do desenvolvimento sustentado e da sustentabilidade, cfr. CARLA AMADO GOMES, *Risco e Modificação...*, pp. 29 ss.; KLAUS FERDINAND

§6º A "REVOLUÇÃO ADMINISTRATIVA" | 141

de desenvolvimento sustentável como verdadeiro princípio geral de *ius cogens*[433]:

(i) A sustentabilidade consubstancia um "desenvolvimento que satisfaz as necessidades da geração atual, não restringindo a capacidade das gerações futuras"[434];

(ii) A sustentabilidade diz-nos que nem o passado pode prejudicar o presente, nem o presente pode prejudicar o futuro[435];

(iii) A sustentabilidade surge como "dimensão autocompreensiva de uma Constituição que leve a sério a salvaguarda da comunidade política em que se insere"[436].

6.4.4. O princípio do desenvolvimento sustentável não se circunscreve, todavia, ao âmbito ambiental[437], envolvendo uma pluralidade de vertentes que condicionam a intervenção administrativa e contribuem para o "processo revolucionário em curso" no âmbito da Administração Pública:

(i) Em termos ecológicos[438], o desenvolvimento sustentável[439] exige um aproveitamento racional dos recursos naturais, salvaguar-

---

GARDITZ, *Nachhaltigkeit und Volkerrecht*, in WOLFGANG KAHL (org.), *Nachhaltigkeit...*, pp. 137 ss.

[433] Essa exigência de "desenvolvimento sustentável" encontra acolhimento constitucional (CRP, artigo 66º, nº 2). Não existe, todavia, um expresso princípio de sustentabilidade inscrito no texto da Constituição instrumental, cfr. MARCO CALDEIRA, *Sobre a consagração da denominada «regra de ouro» no ordenamento jurídico português*, in D&P, nº 3, 2013, em especial, pp. 44 ss.

[434] Cfr. http://www.nachhaltigkeit.info.

[435] Neste sentido, usando uma terminologia diferente, cfr. JOSÉ CASALTA NABAIS, *Introdução ao Direito do Património Cultural*, 2ª ed., Coimbra, 2010, p. 24.

[436] Cfr. GOMES CANOTILHO, *Sustentabilidade...*, p. 4.

[437] Neste sentido, cfr. GOMES CANOTILHO/VITAL MOREIRA, *Constituição da República Portuguesa Anotada*, I, 4ª ed., Coimbra, 2007, p. 849; JOÃO CARLOS LOUREIRO, *Responsabilidade(s), pobreza e mundo(s). Para uma tópica (inter)constitucional da pobreza*, in *Estudos em Homenagem ao Prof. Doutor José Joaquim Gomes Canotilho*, I, Coimbra, 2012, p. 415.

[438] Cfr. WILFRED BERG, *Nachhaltigkeit und Umweltstaat*, in WOLFGANG KAHL (org.), *Nachhaltigkeit...*, pp. 425 ss.

[439] Sobre o conceito de desenvolvimento sustentável, cfr. AFONSO D'OLIVEIRA MARTINS, *O desenvolvimento sustentável e o regime dos cursos de água internacionais*, in *Estudos em Homenagem ao Prof. Doutor Joaquim Moreira da Silva Cunha*, Coimbra, 2005, pp. 40 ss.

142 | INTRODUÇÃO

dando sempre a sua capacidade de renovação e respeitando a solidariedade entre gerações[440], podendo dizer-se que a procura de soluções[441], atendendo ao desconhecimento dos seus efeitos, representa um "«anjo ainda tateando» na escuridão"[442];

(ii) No domínio social[443], o desenvolvimento sustentável veda o abuso do modelo de Estado social, significando isto que a realização dos direitos sociais da geração presente nunca pode deixar de assumir projeção intergeracional, impedindo que os vivos sejam predadores dos direitos sociais daqueles que ainda não nasceram ou que ainda não têm idade de acesso a alguns deles[444];

(iii) A nível económico-financeiro, o desenvolvimento sustentável, envolvendo uma ponderação dentro das coordenadas da estabilidade de preços, emprego, crescimento económico e equilíbrio de contas externas[445], veda que a despesa pública na satisfação de reivindicações de "direitos" da geração presente possa onerar as gerações futuras[446], falando-se num princípio de equidade intergeracional[447], devendo fazer-se dentro da designada "susten-

---

[440] Cfr. CRP, artigo 66º, nº 2, alínea d). Devem ter-se como inconstitucionais, por conseguinte, as "decisões insuportavelmente gravosas para o ambiente", cfr. VASCO PEREIRA DA SILVA, *Verde Cor de Direito – Lições de Direito do Ambiente*, Coimbra, 2002, p. 73.

[441] Para uma discussão sobre a aplicação no domínio ambiental da proibição de retrocesso, falando em "proibição de retrocesso ambiental", cfr. ALEXANDRA ARAGÃO, *Desenvolvimento sustentável em tempo de crise e em maré de simplificação. Fundamento e limites da proibição de retrocesso ambiental*, in *Estudos em Homenagem ao Prof. Doutor José Joaquim Gomes Canotilho*, IV, Coimbra, 2012, pp. 43 ss.

[442] Cfr. MARIA DA GLÓRIA GARCIA, *O Lugar do Direito na Protecção do Ambiente*, Coimbra, 2007, p. 315.

[443] Cfr. ANDREAS GLASER, *Nachhaltigkeit und Sozialstaat*, in WOLFGANG KAHL (org.), *Nachhaltigkeit...*, pp. 620 ss.
Para uma articulação entre a sustentabilidade social e o planeamento do território, cfr. FERNANDA PAULA OLIVEIRA, *Planeamento urbanístico e sustentabilidade social*, in *Estudos em Homenagem ao Prof. Doutor José Joaquim Gomes Canotilho*, IV, Coimbra, 2012, pp. 501 ss.

[444] Neste último sentido, cfr. PAULO OTERO, *Instituições...*, I, p. 640.

[445] Cfr. MARKUS MÖSTL, *Nachhaltigkeit und Haushaltsrecht*, in WOLFGANG KAHL (org.), *Nachhaltigkeit...*, pp. 571 ss.

[446] Cfr. JORGE PEREIRA DA SILVA, *Ensaio...*, pp. 473 ss.

[447] Cfr. JOAQUIM FREITAS DA ROCHA, *Sustentabilidade...*, p. 627.

tabilidade fiscal do Estado"[448] ou de "finanças públicas responsáveis"[449];

(iv) No âmbito demográfico, a sustentabilidade tanto se pode colocar ao nível do excesso mundial de população, quanto em termos de envelhecimento populacional europeu e seus reflexos contributivos em sede de segurança social[450].

(C) Idem: a projeção político-constitucional

6.4.5. A sustentabilidade, assumindo-se como princípio estruturante e aberto, envolvendo a exigência de concretizações e ponderações[451], pode bem tornar-se uma referência pressuposta ou limitativa da intervenção jurídico-pública do século XXI, numa posição conformadora do agir administrativo equivalente ao Estado Constitucional[452] ou concretizadora do Estado social e democrático de Direito[453], fazendo da exigência de uma Administração sustentável, num Estado também ele sustentável, um ponto revolucionário de moderação do nível crescente de reivindicações prestacionais, numa reformulação do modelo de Estado social até agora vigente[454]:

(i) As gerações do presente não podem hipotecar ou alienar o futuro das próximas gerações, nem onerá-las com sacrifícos que revertem

---

[448] Cfr. José Casalta Nabais, *Da sustentabilidade do Estado Fiscal*, in José Casalta Nabais/Suzana Tavares da Silva (coord.), *Sustentabilidade Fiscal em Tempos de Crise*, Coimbra, 2011, pp. 27 ss. (texto igualmente publicado, em versão mais reduzida, nos *Estudos em Homenagem ao Prof. Doutor José Joaquim Gomes Canotilho*, IV, Coimbra, 2012, pp. 421 ss., segui-se sempre, todavia, a versão mais desenvolvida).

[449] Cfr. Joaquim Freitas da Rocha, *Sustentabilidade...*, pp. 619 ss.

[450] Cfr. João Carlos Loureiro, *Autonomia do Direito...*, p. 36, nota nº 107.

[451] Cfr. Gomes Canotilho, *O princípio da sustentabilidade como princípio estruturante do Direito Constitucional*, in REP, nº 13, 2010, p. 8.

[452] Cfr. Peter Häberle, *Nachhaltigkeit und Gemeineuropaisches Verfassungsrecht – eine Textstufenanalyse*, in Wolfgang Kahl (org.), *Nachhaltigkeit...*, pp. 180 ss.

[453] Neste sentido, cfr. António Leitão Amaro, *O princípio constitucional da sustentabilidade*, in *Estudos de Homenagem ao Prof. Doutor Jorge Miranda*, I, Coimbra, 2012, em especial, pp. 426 ss.

[454] Cfr. Paulo Otero, *Será a imposição de limites ao défice orçamental e à dívida pública compatível com o Estado social?*, in D&P, nº 3, 2013, p. 124.

apenas a favor de benefícios exclusivos da geração presente – a sustentabilidade da segurança social, do sistema público de saúde e do modelo público de educação, num contexto de um "Estado fiscal", são imperativos categóricos inadiáveis do presente, se se pretende ter futuro;

(ii) Défices orçamentais excessivos e uma dívida pública altíssima são formas de as gerações do presente, em benefício da satisfação dos direitos sociais que para si próprias criaram, hipotecarem o futuro das próximas gerações, esmagadas que ficarão em deveres, sem contrapartidas de direitos – os nossos filhos e netos não podem ser escravos do pagamento de dívidas de mortos;

(iii) No limite, a sobrecarga fiscal das gerações futuras, condicionando as opções políticas dos futuros governos ao pagamento da dívida pública, compromete o próprio autogoverno de tais gerações[455]: a impreparação do sistema político-constitucional em defender as gerações futuras[456], privando-as de um "direito de autodeterminação democrática", lesa o princípio da justiça intergeracional.

6.4.6. A sustentabilidade do Estado tornou-se, neste início do século XXI, pressuposto da própria Constituição:

(i) Não existe "ordem constitucional que perdure para além da sustentabilidade do Estado"[457];

(ii) A Lei Fundamental não pode ser indiferente ou irresponsável perante a salvaguarda da autonomia e do destino das gerações futuras.

---

[455] Cfr. JÓNATAS MACHADO/PAULO NOGUEIRA DA COSTA, *O Tribunal de Contas como guardião da Constituição? A relevância constitucional do controlo financeiro externo em tempos de crise*, in *Estudos de Homenagem ao Prof. Doutor Jorge Miranda*, II, Coimbra, 2012, pp. 155-156.

[456] A preocupação em torno da defesa da vontade constitucional das gerações futuras não é nova entre nós, cfr. JOÃO MARIA TELLO DE MAGALHÃES COLLAÇO, *Ensaio Sobre a Inconstitucionalidade das Leis no Direito Português*, Coimbra, 1915, p. 82; MIGUEL NOGUEIRA DE BRITO, *A Constituição Constituinte – Ensaio Sobre o Poder de Revisão da Constituição*, Coimbra, 2000, 125 ss.; PAULO OTERO, *A Democracia Totalitária...*, pp. 2114 ss.; IDEM, *Legalidade e Administração Pública*, pp. 431 ss.; LUÍS PEDRO PEREIRA COUTINHO, *A Autoridade Moral...*, pp. 345 ss.

[457] Cfr. Declaração de voto da juíza-conselheira Maria Lúcia Amaral, in Acórdão do Tribunal Constitucional nº 474/2013, de 29 de agosto, cit.

§6º A "REVOLUÇÃO ADMINISTRATIVA" | 145

6.4.7. A sustentabilidade exige um processo inevitável de reajustamento do papel do Estado e do nível de satisfação das necessidades coletivas a cargo da Administração Pública, num delicado equilíbrio entre a própria sustentabilidade e a solidariedade[458]: sem nunca deixar de garantir níveis de bem-estar social inerentes a um mínimo de existência condigna, tal como impõe o princípio do respeito pela dignidade humana, o certo é que a sustentabilidade financeira e fiscal do Estado, tornando inadiável um "retrocesso social"[459], ditado por razões de necessidade que fazem da reserva do possível um limite absolutíssimo[460], conduz à redefinição constitucional do modelo relacional entre o hemisfério do público e o hemisfério da sociedade civil ou hemisfério do privado – desconhece-se o mundo que nos leva à sustentabilidade, sabe-se, porém, que será diferente do mundo de que se parte.

6.4.8. Nunca poderá a sustentabilidade deixar de produzir efeitos sobre o próprio modelo democrático-representativo vigente[461], tanto mais que "a democracia custa a adaptar-se a problemas intertemporais e à assunção de responsabilidade a longo prazo"[462], existindo aqui uma certa "inaptidão da democracia"[463]:

---

[458] Cfr. SUZANA TAVARES DA SILVA, *Sustentabilidade e solidariedade no financiamento do bem-estar: o fim das «boleias»?*, in *Estudos de Homenagem ao Prof. Doutor Jorge Miranda*, V, Coimbra, 2012, pp. 819 ss.

[459] Cfr. SUZANA TAVARES DA SILVA, *Sustentabilidade e solidariedade em tempos de crise*, in JOSÉ CASALTA NABAIS/SUZANA TAVARES DA SILVA (coord.), *Sustentabilidade Fiscal em Tempos de Crise*, Coimbra, 2011, em especial, pp. 71 ss.

[460] Defendendo que a reserva do possível constitui sempre um "limite absoluto", atendendo aos limites decorrentes da tributação dos contribuintes e da ponderação decorrente de uma "ordem jurídica socialmente comprometida", cfr. RUI MEDEIROS, *Direitos, liberdades e garantias e direitos sociais: entre a unidade e a diversidade*, in *Estudos em Homenagem ao Prof. Doutor Sérvulo Correia*, I, Coimbra, 2010, pp. 678-679.
Para um alargamento da reserva do possível também aos direitos, liberdades e garantias, cfr. ANDRÉ SALGADO DE MATOS, *O direito ao ensino – contributo para uma dogmática unitária dos direitos fundamentais*, in *Estudos em Homenagem ao Professor Doutor Paulo de Pitta e Cunha*, III Coimbra, 2010, pp. 403 ss.

[461] Para uma aplicação comparativa aos modelos políticos alemão e suíço, cfr. ANDREAS GLASER, *Nachhaltige Entwicklung und Demokratie: Ein Verfassungsrechtsvergleich der politischen Systeme Deutschlands und der Schweiz*, Tübingen, 2006.

[462] Cfr. GOMES CANOTILHO, *Sustentabilidade...*, p. 9.

[463] Cfr. HANS JONAS, *Das Prinzip Verantwortung. Versuch einer Ethik für die technologische Zivilisation*, Frankfurt am Main 1979, p. 249.

146 | INTRODUÇÃO

(i) Os governos e as suas maiorias vivem do curto prazo, enquanto a responsabilidade política decorrente da sustentabilidade só pode efetuar-se a longo prazo;

(ii) Os interesses das gerações futuras não têm representação política, antes a formação da vontade democrática radica sempre nos interesses das gerações do presente[464].

A sustentabilidade e a sua articulação com a democracia revela-se o problema mais delicado do século XXI.

6.5. "Revolução" em estado de emergência financeira permanente?

6.5.1. Se razões referentes à crise da segurança ditam que se viva já num estado de emergência permanente (v. *supra*, nº 6.3.1.), a crise financeira decorrente da dívida soberana dos Estados, num cenário de escassez de recursos financeiros do Estado para cumprir as suas obrigações externas (v.g., pagamento de credores internacionais face a empréstimos concedidos) e internas (v.g., pagamento de salários da função pública ou de prestações sociais – reformas, subsídios de desemprego), num iminente risco de *default*, suscita a ideia de um "estado de necessidade económico-financeiro" ou "estado de emergência económico-financeiro"[465].

6.5.2. O conceito de "estado de emergência económico-financeiro", referenciado pelo Tribunal Constitucional como "conjuntura de absoluta excecionalidade, do ponto de vista da gestão financeira dos recursos públicos"[466]

---

[464] Para mais desenvolvimentos desta vertente política da temática das gerações futuras, cfr. JORGE PEREIRA DA SILVA, *Ensaio...*, pp. 475 ss.

[465] Cfr. JOSÉ CASALTA NABAIS, *Da sustentabilidade...*, p. 33; SUZANA TAVARES DA SILVA, *Sustentabilidade...*, pp. 62 ss.; JOSÉ CASALTA NABAIS/SUZANA TAVARES DA SILVA, *O Estado pós-moderno e a figura dos tributos*, in *Estudos em Memória do Prof. Doutor J.L. Saldanha Sanches*, III, Coimbra, 2011, p. 271.

[466] Cfr. Acórdão do Tribunal Constitucional nº 396/2011, de 21 de setembro de 2011, processo nº 72/2011, in http://www.tribunalconstitucional.pt.
Sublinhando a "tolerância – para não dizer complacência –" do Tribunal Constitucional face ao argumento da crise económico-financeira, cfr. TIAGO ANTUNES, *Reflexões constitucionais em tempo de crise económico-financeira*, in *Estudos de Homenagem ao Prof. Doutor Jorge Miranda*, III, Coimbra, 2012, p. 756.

ou "situação de emergência económica"[467], não se pode considerar, todavia, uma realidade reconhecida no texto escrito da Constituição[468]:

(i) Situado num ponto intermédio entre o estado de exceção constitucional (: estado de sítio e estado de emergência) e o estado de necessidade administrativo[469], o estado de emergência económico-financeiro afirma-se como expressão de uma legalidade alternativa não incorporada nos quadros do Direito positivo[470];

(ii) Trata-se de uma situação factual que assume uma natureza extra-legal ou *extra ordinem*, num cenário em que "a facticidade impõe-se à validade"[471], segundo o velho aforismo *necessitas non habet legem*, constituindo uma circunstância que torna lícito aquilo que a ordem jurídico-positiva teria normalmente como ilícito – *quod non est licitum lege, necessitas facit licitum*;

(iii) O estado de emergência económico-financeira traduz uma manifestação da "tirania dos factos"[472] que, revelando um problema de efetividade das normas constitucionais face à realidade constitucional, ilustra que, por vezes, a "Constituição escrita" não passa de uma folha de papel que sucumbe perante a "Constituição real"[473].

6.5.3. A necessidade, expressando a urgência da inadiabilidade de tutela jurídica de determinada situação, procurando evitar a iminência de

---

[467] Cfr. Acórdão do Tribunal Constitucional nº 187/2013, de 5 de abril de 2013, processos nºs 2/2013, 3/2013, 8/2013 e 11/2013, in http://www.tribunalconstitucional.pt.

[468] O conceito de crise é, aliás, um conceito que se desenvolve à margem da normatividade constitucional, apesar de ser passível de gerar um esvaziamento da Constituição, cfr. ADELAIDE MENEZES LEITÃO, *O procedimento de tomada de decisão na "gestão de crises" no Decreto-Lei nº 173/2004, de 21 de junho*, in *Estudos em Homenagem ao Prof. Doutor Martim de Albuquerque*, I, Coimbra, 2010, em especial, pp. 11 a 14.

[469] Neste sentido, cfr. JOSÉ CASALTA NABAIS, *Da sustentabilidade...*, p. 33.

[470] Para mais desenvolvimentos sobre a legalidade alternativa não incorporada, cfr. PAULO OTERO, *Lições...*, I, 2º tomo, pp. 368 ss.; IDEM, *Legalidade e Administração Pública*, pp. 235 ss.

[471] Cfr. SUZANA TAVARES DA SILVA, *Sustentabilidade...*, p. 71,

[472] Expressão de ROGÉRIO EHRHARDT SOARES, *Constituição*, p. 667.

[473] Cfr. FERDINAND LASSALLE, *A Essência da Constituição*, 5ª ed., Rio de Janeiro, 2000, p. 33. Ainda sobre o tema, a propósito do desenvolvimento de uma "Constituição não oficial", cfr. PAULO OTERO, *Legalidade e Administração Pública*, pp. 429 ss. Para uma crítica fundada a este último entendimento, envolvendo um amplo alcance jurídico-sistémico, cfr., por todos, LUÍS PEDRO PEREIRA COUTINHO, *A Autoridade Moral...*, pp. 430 ss.

148 | INTRODUÇÃO

default, equivalendo ao impedir uma situação de bancarrota, num cenário de contínua e prolongada crise financeira, conduzindo a um estado de emergência económico-financeira, projeta-se ao nível das medidas decisórias a implementar e da sua conformidade face ao texto escrito da Constituição oficial:

(i) A necessidade, tendo por base uma factualidade que visa evitar ou impedir um dano superior ao que resulta do incumprimento das normas jurídicas escritas, atendendo ao risco de *default*, faz erguer, à luz de uma verdadeira "razão de Estado" ou "interesse público de excecional relevo"[474], segundo critérios de proporcionalidade, uma normatividade que se autojustifica na sua própria excecionalidade;

(ii) A necessidade, fazendo ceder ou contrair a normatividade constitucional (e, por maioria de razão, a legalidade infraconstitucional), apesar de nunca habilitar qualquer derrogação ao núcleo duro da dignidade humana[475], e respeitando sempre parâmetros de proporcionalidade, igualdade, universalidade e justiça passíveis de sindicância judicial[476], conduz a uma flexibilização da rigidez da Constituição – a crise financeira determinou uma desvalorização da Lei Fundamental, falando-se em crise da Constituição[477];

(iii) A necessidade, funcionando como *ultimum remedium* de salvaguarda dos bens, interesses e valores essenciais à sobrevivência da comunidade, verdadeira "válvula de segurança", fará "despertar" dentro do sistema jurídico uma legalidade alternativa não incorporada e cuja existência, apesar de esquecida ou ignorada pelo ordenamento jurídico-positivo, vive sempre escondida nas profundezas de todos os sistemas jurídicos[478].

---

[474] Nas palavras do Tribunal Constitucional, "sendo essencial para o Estado Português, no atual contexto de grave emergência, continuar a ter acesso a este financiamento externo, o cumprimento de tal valor orçamental revela-se, por isso, um objetivo de excecional interesse público", cfr. Acórdão nº 353/2012, de 5 de julho de 2012, relativo ao processo nº 40/12, in http://www.tribunalconstitucional.pt.

[475] Cfr. PAULO OTERO, *Lições...*, I, 2º tomo, pp. 371 e 372.

[476] Para mais desenvolvimentos sobre os termos de legitimação e de controlo das intervenções do Estado no sentido de evitar o *default*, cfr. SUZANA TAVARES DA SILVA, *Sustentabilidade...*, pp. 74 ss.

[477] Neste sentido, cfr. JÓNATAS MACHADO/PAULO NOGUEIRA DA COSTA, *O Tribunal de Contas...*, pp. 150, 158 e 163.

[478] Cfr. PAULO OTERO, *Legalidade e Administração Pública*, p. 237.

6.5.4. O estado de necessidade ou emergência económico-financeiro, agravado pela sua permanência ou risco de eternização, num cenário em que não se vislumbra o seu termo, mostra-se passível de, por via de um "direito de emergência financeira"[479], comportar a mais violenta "revolução administrativa" junto dos cidadãos, da sociedade e dos tribunais:

(i) A necessidade de se adotarem medidas de retrocesso social[480], fazendo regredir o nível de bem-estar já alcançado, em termos de satisfação de direitos económicos, sociais e culturais ou de direitos até aqui tidos como adquiridos;

(ii) A necessidade de se ponderar a redução de remunerações resultantes da prestação de trabalho público, tal como as prestações pecuniárias provenientes da segurança social e também das margens de lucro envolvendo prestações contratuais que se satisfazem através de verbas públicas[481];

(iii) A necessidade de se repensar os montantes a pagar pelo Estado no âmbito das indemnizações contratuais[482], envolvendo uma redefinição da partilha do risco[483], e dos próprios valores a pagar na responsabilidade extracontratual[484];

(iv) A necessidade de um ilimitado acréscimo de impostos e de taxas até níveis próprios da rotura social, num cenário de carga fiscal expropriativa;

(v) A necessidade de se produzir um verdadeiro asfixiamento dos serviços públicos, reduzindo meios humanos, técnicos e financeiros, numa centralização e concentração decisória em torno do Ministro das Finanças.

Como poderá a Constituição resistir ou sobreviver a esse estado de emergência económico-financeira é o dilema que se coloca, levando o

---

[479] Cfr. PEDRO GONÇALVES, *Reflexões...*, pp. 37 ss.

[480] Cfr. SUZANA TAVARES DA SILVA, *Sustentabilidade...*, pp. 72 ss.

[481] Cfr. SUZANA TAVARES DA SILVA, *Sustentabilidade...*, pp. 76-77; JOSÉ CASALTA NABAIS/ SUZANA TAVARES DA SILVA, *O Estado pós-moderno...*, p. 271.

[482] Cfr. JOSÉ CASALTA NABAIS, *Da sustentabilidade...*, pp. 33-34; SUZANA TAVARES DA SILVA, *Sustentabilidade...*, p. 77; JOSÉ CASALTA NABAIS/SUZANA TAVARES DA SILVA, *O Estado pós-moderno...*, p. 271.

[483] Cfr. JOSÉ CASALTA NABAIS/SUZANA TAVARES DA SILVA, *O Estado pós-moderno...*, p. 271.

[484] Cfr. JOSÉ CASALTA NABAIS, *Da sustentabilidade...*, p. 34.

150 | INTRODUÇÃO

Tribunal Constitucional a proferir controversas decisões ponderativas, sabendo-se que a História ilustra, apesar de todos os progressos em torno da ideia de força da Constituição, ser sempre superior a força dos factos à força das normas[485].

6.5.5. O mais dramático no presente estado de emergência económico--financeira reside na sua vocação para a permanência ou, talvez em termos mais rigorosos, para a situação que se segue ao *day after* à cessação do risco iminente de *default*: é que, se, num primeiro momento, se trata de adotar medidas no sentido de evitar o *default*, num segundo momento, continua a verificar-se a necessidade de se tomarem medidas no sentido de evitar um novo *default*, garantindo a sustentabilidade económico-financeira do modelo de Estado – a "revolução administrativa" terminará, fatalmente, numa "revolução constitucional", visando ajustar o modelo prestacional de Estado à capacidade financeira disponível.

6.6. O desafio metodológico

6.6.1. A "revolução administrativa" em curso, desestruturando as grandes certezas da ordem vigente dos últimos séculos, mostra-se agravada pela ausência de "pontos firmes" passíveis de liderar uma "contrarrevolução", uma vez que envolve, a nível interno e a nível externo, a erosão do Estado e da democracia: é o delicado equilíbrio entre autoridade e liberdade, síntese do sentido último da História, que se encontra ameaçado, não no seu equilibro em si, antes no desaparecimento destes próprios vetores como referenciais do modelo de sociedade ocidental.

6.6.2. A "revolução administrativa", comportando acrescidas modalidades de perigo às liberdades e aos direitos dos particulares, num cenário de fragilização constitucional decorrente da sua perda de substância reguladora, numa espécie de "Constituição *light*"[486] ou flexível, vem recolocar a existência do Direito Administrativo, igualmente no século XXI, como "fruto de um milagre"[487] – um verdadeiro "prodígio cada dia renovado"[488].

---

[485] Neste último sentido, cfr. PAULO OTERO, *O Poder de Substituição...*, II, p. 863.

[486] Cfr. JOÃO CARLOS LOUREIRO, *Leões, melhoramento(s) e constituição*, in *Estudos em Homenagem a Miguel Galvão Teles*, I, Coimbra, 2012, p. 553.

[487] Cfr. PROSPER WEIL, *O Direito Administrativo*, p. 7.

[488] Cfr. PROSPER WEIL, *O Direito Administrativo*, p. 10.

6.6.3. Sem prejuízo da necessária dimensão ética do exercício do poder pelos seus titulares (v. *supra*, nº 4.2.7.), no grau de efetiva vinculação da Administração Pública ao Direito reside a principal garantia de limitação da autoridade, permitindo diferenciar entre uma "Administração domesticada" ou, em sentido contrário, uma "Administração selvagem": aqui se joga o tudo ou o nada da efetiva subordinação ao Poder à juridicidade e a garantia real da liberdade.

6.6.4. Os problemas suscitados pela "revolução administrativa" em curso, colocando em causa certezas adquiridas e levantando velhas inquietações, num contexto global de crise da Constituição[489] e das demais instituições políticas herdadas da Revolução Francesa, motivam um repensar de quase todos os setores da dogmática jusadministrativa: a reforma do Estado e, dentro deste, da Administração Pública tornaram-se inevitabilidades da "revolução administrativa".

6.6.5. Nunca se poderá esquecer, no entanto, que a crise constitucional e a crise do Estado soberano são também a crise do Direito Administrativo e da Administração Pública, num modelo em que o Direito Constitucional muda, mas o Direito Administrativo também não pode deixar de mudar[490] – aqui reside o principal desafio metodológico que urge enfrentar.

§7º O "IMPERIALISMO ADMINISTRATIVO"

7.1. Conceito e ilustração

7.1.1. Não é apenas o Direito Constitucional que mostra possuir uma "obesidade colonizante"[491], igualmente o Direito Administrativo é hoje, até

---

[489] Para uma reflexão em torno da responsabilidade constitucional perante a crise, cfr. Afonso d'Oliveira Martins, *A Constituição e a crise*, in *Estudos de Homenagem ao Prof. Doutor Jorge Miranda*, I, Coimbra, 2012, pp. 85 ss.; Jónatas Machado/Paulo Nogueira da Costa, *O Tribunal de Contas...*, pp. 149 ss.

[490] Neste último sentido, cfr. Gomes Canotilho, *O Direito Constitucional passa; o Direito Administrativo passa também*, in *Estudos em Homenagem ao Prof. Doutor Rogério Soares*, Coimbra, 2002, pp. 705 ss.

[491] Neste sentido, referindo-se ao Direito Constitucional, cfr. João Carlos Loureiro, *Leões...*, pp. 553-554.

152 | INTRODUÇÃO

por efeito da sua dependência da Constituição, um ramo do ordenamento jurídico expansivo e colonizador de todos os restantes setores da ciência jurídica, mostrando uma intrínseca vocação imperialista[492]: uma vez que cerca de noventa e nove por cento dos diplomas publicados no jornal oficial dizem respeito a matérias envolvendo a Administração Pública, pode bem dizer-se que nada escapa à influência ou ao propósito de influência do Direito Administrativo.

7.1.2. Amplas áreas do Direito Privado têm sido objeto de um processo constante e crescente de administrativização ou publicização (v.g., o contrato de arrendamento, o contrato de transporte, o contrato individual de trabalho, os contratos bancários): se, num primeiro momento, era a necessidade de assegurar o abstrato interesse geral da coletividade que fundamentava essa intervenção administrativa no âmbito das relações jurídicas privadas (v.g., função social da propriedade privada, limitações à iniciativa económica privada), verifica-se, num segundo momento, ser a própria vinculação das entidades privadas à aplicabilidade direta dos direitos fundamentais que reforçou essa habilitação legitimadora da intervenção administrativa aferidora do cumprimento de tais vinculações[493].

7.1.3. O próprio Direito Internacional Público e o Direito da União Europeia são, em largos domínios, materialmente Direito Administrativo: a internacionalização, a globalização e a europeização de matérias, afastadas que estão da esfera decisória do Estado ou condicionadas no seu exercício pelo Estado, remetem para uma dimensão transnacional a sua regulação jurídica.

7.1.4. Até a efetividade da Constituição do Estado se encontra refém da Administração Pública[494], comprovando que o Direito Administrativo

---

[492] Cfr. PAULO OTERO/PEDRO GONÇALVES, *Nota de Abertura*, in IDEM/IDEM, *Tratado de Direito Administrativo Especial*, I, Coimbra, 2009, pp. 5 ss.

[493] Para uma panorâmica da vinculação do Direito privado aos direitos fundamentais, cfr. CLAUS-WILHELM CANARIS, *Direitos Fundamentais e Direito Privado*, Coimbra, 2003, pp. 22 ss.

[494] Cfr. PAULO OTERO, *Instituições...*, I, pp. 345 ss.; IDEM, *Direito Constitucional Português*, I, p. 105.

é a Constituição em movimento e só através da Administração Pública a Constituição ganha efetividade:

(i) A eficácia do modelo de Estado de bem-estar depende mais da intervenção administrativa, segundo os meios financeiros que lhe são proporcionados, do que de qualquer esforço dos poderes legislativo e judicial;

(ii) A materialização dos direitos fundamentais envolve o conferir à Administração Pública um protagonismo que a torna senhora do sucesso ou fracasso da própria ordem constitucional.

7.1.5. Mesmo em tempos de prevalência das conceções político-económicas neoliberais, defensoras da modificação da regulação administrativa e da desintervenção prestacional do Estado, verifica-se que nunca podem abdicar de uma norma jurídica habitadora de tais fenómenos privatizadores: essa norma será sempre uma norma substantiva de Direito Administrativo[495].

7.1.6. A própria reforma do Estado, falando num reequacionar ou redefinição das suas funções, por razões decorrentes da necessidade de redução da despesa pública e do equilíbrio financeiro, assumindo também uma clara projeção constitucional, começa por envolver uma reforma da Administração Pública: o cerne da reforma do Estado concretiza-se a nível administrativo – nem será exagero afirmar que a essência e a dimensão da reforma administrativa determinará a reforma constitucional do Estado.

7.2. Imperialismo e terminologia administrativa

7.2.1. A intrínseca vocação expansiva do Direito Administrativo não pode criar quaisquer complexos de inferioridade ou de menoridade no seu relacionamento com o Direito privado, nem, em sentido oposto, uma postura de isolamento terminológico: ambos os setores do ordenamento jurí-

---

[495] A desregulação e o "libertar" de tarefas administrativas para o setor privado ou para uma regulação ao abrigo do Direito Privado, fazendo contrair o espaço material operativo do Direito Administrativo e da Administração Pública, nunca pode fazer-se à margem de normas administrativas.

154 | INTRODUÇÃO

dico integram o mesmo sistema jurídico, devendo existir uma tendencial uniformidade terminológica, até pela simples razão de o Direito civil ser um repositório de conceitos e princípios comuns a todo o sistema jurídico.

7.2.2. A unidade terminológica dentro de um mesmo sistema jurídico pode não passar, porém, em diversas áreas, de um simples desejo: a unidade pode ser substituída pela diversidade terminológica, desde logo visível quando um mesmo termo jurídico expresse realidades distintas em Direito Administrativo e em outros ramos da ciência jurídica – v.g., o conceito de funcionário público para o Direito Administrativo e o conceito de funcionário público para o Direito Penal[496]; o conceito de autorização em Direito Privado[497] e em Direito Administrativo[498].

7.2.3. A diversidade terminológica, a pouca sedimentação e a plasticidade de certos conceitos em Direito Administrativo têm gerado, numa tentativa de uniformização ou elucidação aplicativa de diplomas legais, uma intervenção legislativa multiplicando definições de conceitos administrativos (v.g., "para efeitos da presente lei, entende-se por..."):

(i) Os conceitos legais levantam questões dogmáticas decorrentes da própria mutabilidade de tais conceitos (v.g., a natureza mais restrita ou mais ampliativa do conceito de ato administrativo ou de regulamento adotado pela lei nova face à lei antiga) e do seu relacionamento com os conceitos elaborados pela ciência jusadministrativa;

(ii) As próprias normas conceituais suscitam delicados problemas sobre a sua imperatividade ou eficácia vinculativa, existindo quem defenda que "a legislação beneficia da ciência mas não é ciência. Não se faz ciência por decretos. O jornal oficial não existe para impor opiniões científicas, não tolhendo a liberdade do cientista"[499];

(iii) Pode dizer-se, neste sentido, que as normas conceituais, apesar de não lhes poder ser reconhecida obrigatoriedade face aos cientis-

---

[496] Cfr. JOSÉ M. DAMIÃO DA CUNHA, *O Conceito de Funcionário, para Efeito de Lei Penal e a «Privatização» da Administração Pública*, Coimbra, 2008.

[497] Cfr. PEDRO LEITÃO PAIS DE VASCONCELOS, *A Autorização*, Coimbra, 2012.

[498] Cfr. FABRIZIO FRACCHIA, *Autorizzazione Amministrativa e Situazioni Giuridiche Soggettive*, Napoli, 1996.

[499] Cfr. INOCÊNCIO GALVÃO TELLES, *Direito das Sucessões*, 4ª ed., Coimbra, 1982, pp. 41-42.

§7º O "IMPERIALISMO ADMINISTRATIVO" | 155

tas do Direito, gozam, todavia, de imperatividade em relação aos aplicadores oficiais do Direito[500]: os tribunais e a Administração Pública não podem recusar a aplicação de um conceito legal, sob pena de ilegalidade da respetiva decisão, salvo se, sendo tribunais, estiver em causa a inconstitucionalidade ou a ilegalidade da norma.

7.2.4. A articulação entre conceitos legais e doutrinais tem particular importância quando tais conceitos, sendo anteriores à Constituição, assumindo, por isso, uma natureza pré-constitucional, são recebidos ou tomados como pressuposto por normas constitucionais (v.g., "ato administrativo", "regulamento", "função pública", "tutela administrativa", "administração indireta")[501]: um tal fenómeno, não sendo exclusivo de conceitos jurídico-administrativos, se, por um lado, alerta para uma nova dimensão de abertura interpretativa da Constituição, revela, por outro lado, uma remissão constitucional aberta para a lei[502] ou para a doutrina, falando-se em "reenvio aberto"[503] que, determinando um preenchimento de conceitos "de baixo para cima"[504], se mostra passível de gerar uma Constituição segundo as leis ou segundo a doutrina – igualmente aqui se projeta o "imperialismo administrativo".

7.2.5. Num contexto administrativo globalizado, internacionalizado e europeizado, a questão terminológica pode assumir uma redobrada importância, isto a dois níveis:
(i)   Uma mesma realidade jurídica que, a nível material e funcional desempenha uma idêntica função[505], pode, todavia, possuir dife-

---

[500] Neste sentido e para mais desenvolvimentos, cfr. PAULO OTERO, *Lições...*, I, 2º tomo, pp. 154 ss.

[501] Para mais desenvolvimentos, cfr. PAULO OTERO, ***Direito Constitucional...***, I, pp. 193 ss.

[502] Falando aqui em "legalidade da Constituição" ou "tendência para a legalidade ou legalização da Constituição", cfr. JORGE REIS NOVAIS, *As Restrições...*, pp. 166 e 167.

[503] Cfr. GOMES CANOTILHO, ***Constituição Dirigente e Vinculação do Legislador – Contributo para a compreensão das normas constitucionais programáticas***, Coimbra, 1982, pp. 408 ss.

[504] Cfr. WALTER LEISNER, ***Von der Verfassungsmässigkeit der Gesetze zur Gesetzmässigkeit der Verfassung***, Tübingen, 1964, p. 70.

[505] Sobre a importância da funcionalidade dos institutos jurídicos para uma metódica comparativa, cfr. DÁRIO MOURA VICENTE, ***Direito Comparado***, I, 2ª ed., Coimbra, 2012, pp. 39 ss.; PAULO MOTA PINTO, ***Sobre o equivalente metodológico e funcional dos «implied terms»***,

156 | INTRODUÇÃO

rentes termos de designação, segundo as ordens jurídicas que se tomam como referenciais, suscitando delicados problemas de qualificação jurídico-administrativa (v.g., os "institutos públicos" em Portugal são as "autarquias" ou "autarquias administrativas" no Brasil e os *"enti pubblici non territoriali"* em Itália[506]);

(ii) A exigência de articulação entre a terminologia interna e a terminologia "externa" relativas à mesma realidade material ou funcional, impedindo-se, sempre que possível, a existência de dualidades terminológicas no mesmo espaço territorial de operatividade de duas (ou mais) normas (v.g., o conceito interno de entidades públicas e o conceito de "organismo de direito público" na União Europeia[507]; o conceito interno de boa administração e o conceito de boa administração na União Europeia[508]).

7.2.6. A tudo isto adiciona-se a intervenção do decurso do tempo, desatualizando, modificando e substituindo conceitos jurídico-administrativos, salientando-se que a sua relevância é proporcional à ampliação das áreas de intervenção administrativa – assim, a título ilustrativo, podem indicar-se os seguintes exemplos:

(i) Desatualização do termo "administrado" relativamente ao temo "particular" ou do termo "privilégio de execução prévia" face ao termo "autotutela executiva";

(ii) Modificação legal da expressão "recurso contencioso" para "ação administrativa de impugnação" ou "responsabilidade por ato lícito" para "responsabilidade pelo sacrifício"[509];

---

in *Estudos em Homenagem à Professora Doutora Isabel de Magalhães Collaço*, II, Coimbra, 2002, pp. 241 ss.

[506] Cfr. PAULO OTERO, *Lições...*, I, 1º tomo, pp. 40-41.

[507] Cfr. JOÃO AMARAL E ALMEIDA, *Os «organismos de direito público» e o respectivo regime de contratação: um caso de levantamento do véu*, in *Estudos em Homenagem ao Professor Doutor Marcello Caetano – No centenário do seu nascimento*, I, Coimbra, 2006, pp. 633 ss.

[508] Cfr. *supra*, nº 4.3.10., nota.

[509] Neste último sentido, cfr. FERNANDO ALVES CORREIA, *A indemnização pelo sacrifício: contributo para o esclarecimento do seu sentido e alcance*, in *Estudos em Homenagem ao Prof. Doutor José Joaquim Gomes Canotilho*, I, Coimbra, 2012, em especial, pp. 216 ss. Em sentido diferente, distinguindo a responsabilidade pelo sacrifício, relativa a modalidades de cunho normativo, e a responsabilidade por ato lícito, referente à ablação ou lesão de posições jurídicas subjetivas, apesar de sujeitas ambas ao disposto no artigo 16º da Lei nº 67/2007, de 31

§7º O "IMPERIALISMO ADMINISTRATIVO" | 157

(iii) Substituição dos conceitos de "legislação" e "regulamentação" pelo termo "regulação" ou ainda do "planeamento" por "programação"[510].

7.3. Imperialismo e identidade cultural administrativa

7.3.1. O imperialismo administrativo, invadindo todos os setores do ordenamento jurídico, nunca pode deixar de ser articulado com uma preocupação de defesa da identidade cultural de cada Estado: o sistema administrativo, alicerçado numa tradição evolutiva das suas instituições, constitui um traço de identidade do sistema jurídico do Estado e, neste sentido, elemento da sua individualidade – o sistema administrativo integra o património cultural imaterial de uma nação.

7.3.2. O sistema administrativo, se é certo que recebe impulsos constitucionais, também é verdade que aparece como realidade pré-constitucional, integrando elementos legais e consuetudinários que servem de pressuposto de normas constitucionais: a Constituição não reinventa a linguagem ou a terminologia jurídico-constitucional (v. *supra*, nº 7.2.4.).

7.3.3. A inserção do sistema administrativo de cada Estado num contexto de globalização, internacionalização e europeização, se mostra a permeabilidade a soluções externas, permitindo também interações reveladoras de "tradições administrativas comuns aos Estados", reforça ainda mais a necessidade de uma defesa militante da identidade cultural de cada sistema administrativo nacional e do respetivo património cultural de que faz parte integrante: existem traços identificativos no sistema administrativo de cada Estado que não podem ser adulterados ou desfigurados, sob pena de se perder a própria identidade cultural de um país, uma vez

---

de dezembro, cfr. JOSÉ CARLOS VIEIRA DE ANDRADE, *A responsabilidade indemnizatória dos poderes públicos em 3D: Estado de Direito, Estado fiscal e Estado social*, in *Estudos em Homenagem ao Prof. Doutor José Joaquim Gomes Canotilho*, I, Coimbra, 2012, pp. 68 ss.
[510] Neste sentido, cfr. FRANCISCO LUCAS PIRES, *Nova economia, velho Estado, grupos de sempre? Dificuldades do "Sísifo" corporativo*, in *Estudos Jurídicos e Económicos em Homenagem ao Professor João Lumbrales*, Coimbra, 2000, p. 233.

158 | INTRODUÇÃO

que nem tudo o que é fundamental se encontra no texto escrito da Constituição[511].

7.3.4. O primeiro fator de identidade cultural administrativa resulta do respeito, valorização e defesa da língua[512], enquanto forma de expressão dos enunciados normativos da Constituição e elemento de unidade comunicacional de ideias, tradições, aspirações e sentimentos de um povo que se ergue em nação:

(i) Trata-se de um imperativo constitucional situado ao nível dos seus princípios fundamentais[513] e das tarefas fundamentais do Estado[514], vinculativo para todas as entidades públicas: a língua é o primeiro elemento da cidadania de um povo e elemento aglutinador de diferentes cidadanias;

(ii) O uso da língua portuguesa, além de ter de ser defendido e promovido, mostra-se passível de impedir, à luz da Constituição, diversas condutas:

– A publicação no jornal oficial de atos jurídicos (normativos e não normativos) nacionais em língua estrangeira ou de textos jurídicos estrangeiros sem tradução;

– A realização de reuniões de órgãos colegiais públicos em língua estrangeira;

– A obrigatoriedade de os particulares ou estruturas públicas se dirigirem ou corresponderem com entidades públicas nacionais em língua estrangeira;

– A atribuição de relevância jurídica decisória, direta e exclusiva a documentos obrigatoriamente fornecidos em língua estrangeira;

---

[511] Como refere, expressivamente, MANUEL CARNEIRO DA FRADA (in *A própria vida como dano? Dimensões civis e constitucionais de uma questão limite*, in *Estudos em Honra do Professor Doutor José de Oliveira Ascensão*, I, Coimbra, 2008, p. 199), "o sistema jurídico não é suscetível de ser concebido, na sua dimensão material, enquanto uma pirâmide de regras em cujo vértice se encontra (sempre e necessariamente) a constituição".

[512] Sobre o papel da língua como elemento de unidade e identidade nacional, cfr. ALEXANDRE HERCULANO, *História de Portugal*, I, ed. Ulmeiro, Lisboa, 1980, pp. 33 ss.

[513] Cfr. CRP, artigo 11º, nº 3.

[514] Cfr. CRP, artigo 9º, alínea f).

- A lecionação de aulas em estabelecimentos públicos nacionais em língua estrangeira, salvo se tais aulas versarem sobre línguas estrangeiras ou tiverem como destinatários exclusivamente estrangeiros fora do espaço da lusofonia;
- O uso, por parte de titulares de órgãos públicos nacionais, de língua estrangeira em cerimónias ou atos públicos realizados em território nacional;

(iii) A violação administrativa dos imperativos decorrentes do uso, defesa e promoção da língua portuguesa, sendo passível de gerar a invalidade de atos jurídicos, mostra-se suscetível de envolver responsabilidade política e, em caso de prejuízo, responsabilidade civil da Administração Pública.

7.3.5. Um segundo fator de identidade administrativa nacional relaciona-se com a defesa dos traços identificativos do sistema administrativo português, significando isto, designadamente, o seguinte:
- Primado da materialidade de soluções substancialmente justas, à luz da garantia da dignidade da pessoa humana, face a uma aplicação formal da juridicidade – o Direito existe ao serviço da justiça e não a justiça ao serviço da legalidade jurídico-positiva;
- Evolução normativa em sentido ampliativo das garantias dos particulares e de reforço das limitações jurídicas ao exercício da atividade administrativa;
- O estatuto do Direito Administrativo como ordenamento jurídico predominante e preferencial de regulação da Administração Pública, servindo de Direito comum do exercício da função administrativa;
- Reconhecimento legal de um espaço de discricionariedade decisória a favor da Administração Pública, tendo como causa habilitadora um ato do poder legislativo e como consequência da sua preservação a contenção do controlo judicial;
- Consagração de uma Administração Pública que, sem prejuízo de exercer outras tarefas, assume uma feição prestadora de bens e serviços dentro de uma preocupação de bem-estar social;
- Prevalência do ordenamento jurídico do Estado face aos entes públicos infraestaduais, segundo as coordenadas da vontade política maioritária, da configuração pelos órgãos de soberania do melhor sentido de prossecução do interesse público e da interpretação da juridicidade;

160 | INTRODUÇÃO

- Centralidade do Governo como órgão superior da Administração Pública, isto paralelamente à função de condutor da política geral do Estado, exercendo poderes intra-administrativos de controlo sobre toda a restante Administração;
- Lisboa como capital política e administrativa, servindo de sede da Administração central do Estado;
- Existência de uma pluralidade de entidades integrantes da Administração Pública, segundo um esquema de reconhecimento de autonomia às autarquias locais face ao Estado, sem embargo da sua sujeição a controlo administrativo de legalidade;
- A autotutela declarativa e a autotutela executiva, envolvendo uma presunção de legalidade do agir administrativo, como "marcas" de um modelo de Administração Pública fora do seu agir contratual;
- Redução dos poderes unilaterais e imperativos de intervenção administrativa no âmbito da sua atuação contratual, numa aproximação relacional ao modelo do Direito comum;
- Submissão da Administração Pública ao controlo pelos tribunais, sem que isso envolva violação da separação de poderes;
- Responsabilização civil da Administração Pública pelos danos causados, por ação ou omissão, no exercício da função administrativa.

7.3.6. A defesa da identidade cultural administrativa de um país não é apenas tarefa do legislador e das estruturas administrativas, antes se regista a existência de uma pluralidade de "protagonistas" investidos num tal propósito: os tribunais e a doutrina são chamados a exercer uma função de protetores e defensores da identidade do sistema administrativo, impedindo que alterações bruscas possam conduzir, num gesto atentatório da segurança jurídica, a uma rotura descaracterizadora do sistema administrativo de um país.

7.3.7. A "blindagem" do sistema administrativo de um Estado, independentemente de poder gozar de garantia constitucional, sendo hoje uma tarefa bem mais difícil num mundo globalizado, envolve uma reforçada atenção e apela a uma panóplia de condutas:

(i) A clara preferência por soluções baseadas na tradição ou continuidade das instituições administrativas nacionais, comparativamente a soluções legislativas e doutrinais "importadas" acriticamente do estrangeiro: nem tudo o que vem para lá de Ayamonte é bom, pelo simples facto de ser estrangeiro, além de que a língua em que se escreve ou em que se pensa não constitui certificado de qualidade científica[515];

(ii) A internacionalização da formação e da atualização científica não pode conduzir a uma hipervalorização dos autores estrangeiros em detrimento do conhecimento dos autores nacionais que, muitas vezes, já antes se haviam debruçado sobre os mesmos assuntos e até, por vezes, de forma mais profunda[516];

(iii) A jurisprudência proveniente dos tribunais do Estado deve ter uma especial contenção na utilização de jurisprudência estrangeira[517], pois aquilo que se torna legítimo à doutrina não se deve tomar como admissível a órgãos de soberania, salvo tratando-se de decisões de tribunais de estruturas internacionais de que o Estado seja membro;

(iv) Em igual sentido, as justificações preambulares de diplomas legais não podem ser momentos de erudição de soluções legais, jurisprudenciais ou doutrinais estrangeiras: o legislador da República é protagonizado por órgãos de soberania.

7.3.8. O recurso ao Direito estrangeiro e aos estudos comparativos nunca pode conduzir a uma colonização científica: eles ajudam a entender, permitem recolher e aprofundar novas perspetivas dogmáticas e novas soluções práticas, nunca exoneram o cientista, o legislador ou o juiz, todavia, de proceder a uma "adaptação" à realidade nacional – um país que não sabe preservar a sua identidade cultural e o seu património cultural, antes busca encontrar nos outros países soluções sem conteúdo material ou sem suporte na sua tradição histórico-cultural, é um país que, não merecendo o respeito, se condena ao desrespeito internacional.

---

[515] Cfr. PAULO OTERO, *Direito Administrativo – Relatório*, supl. RFDUL, Lisboa, 2001, p. 369.

[516] Cfr. PAULO OTERO, *Direito Administrativo – Relatório*, p. 369.

[517] Para uma análise do tema a nível da jurisprudência constitucional norte-americana, cfr. ANDRÉ RAMOS TAVARES, *Modelos de uso da jurisprudência constitucional estrangeira pela justiça constitucional*, in *Estudos de Homenagem ao Prof. Doutor Jorge Miranda*, I, Coimbra, 2012, pp. 261 ss.

162 | INTRODUÇÃO

7.4. Repercussões didáticas do imperialismo administrativo

7.4.1. Uma vez que, dentro do sistema jurídico, o Direito Administrativo não é um simples ramo, antes deve ser encarado como um hemisfério da ciência jurídica, compreende-se que, se, em 1956, Marcello Caetano afirmava já não ser lícito ignorar o Direito Administrativo, senão aos ignorantes[518], hoje, passado mais de meio século, possa dizer-se que nem aos ignorantes é lícito ignorar o Direito Administrativo.

7.4.2. No entanto, nas Faculdades de Direito portuguesas, durante os últimos cem anos, o número de disciplinas e dos tempos de lecionação dedicados ao estudo do Direito Administrativo não têm sofrido significativas alterações[519]: perante planos curriculares dos cursos de Direito que ainda não chegaram ao século XXI – nem talvez à segunda metade do século XX –, resta lecionar, nos semestres disponíveis para a unidade curricular de Direito Administrativo, aquilo que se pode designar como uma teoria geral do ordenamento jusadministrativo.

7.4.3. Circunscrita a lecionação do Direito Administrativo à sua teoria geral, numa situação metodológica em tudo paralela à que a teoria geral do Direito Civil desempenha face a todas as restantes disciplinas e setores do Direito Civil, verifica-se que ai se encontram as principais normas que, atendendo à dimensão reguladora de toda a Administração Pública, consubstanciam um repositório de princípios gerais comuns à organização e desenvolvimento da atividade administrativa e seus efeitos face às posições jurídicas dos particulares – trata-se do designado Direito Administrativo geral ou comum a toda a atuação administrativa.

---

[518] Cfr. MARCELLO CAETANO, *Manual...*, 4ª ed., p. vii.

[519] Sem prejuízo da criação da Faculdade de Direito de Coimbra, em 1836, conduzir à integração das matérias de Direito Administrativo no âmbito da 6ª cadeira ("Direito Público Português pela Constituição, Direito Administrativo Pátrio, Princípios de Política e Direito dos Tratados de Portugal com os outros Povos"), viria o Direito Administrativo a estar, num segundo momento, em 1843, unido ao Direito Criminal ("Direito Criminal e Direito Administrativo"). Só em 1853, a cadeira de Direito Administrativo seria autonomizada, merecendo a designação de "Direito Administrativo Português e Princípios de Administração", cfr., para mais desenvolvimentos, PAULO OTERO, *Direito Administrativo – Relatório*, pp. 41 ss.

§7º O "IMPERIALISMO ADMINISTRATIVO" | 163

7.4.4. O conteúdo do Direito Administrativo geral abrange, à luz do nosso entendimento, cinco realidades distintas, a saber:
- Os *fundamentos da Administração Pública*, correspondendo ao estudo das suas bases jurídicas e dos seus traços da identidade estruturante;
- O *ordenamento da Administração Pública*, reconduzido à determinação da sua normatividade reguladora e da efetiva regulação administrativa;
- O *Direito institucional administrativo*, englobando a organização, a atividade e o controlo da Administração Pública;
- O *Direito procedimental administrativo*, abordando os aspetos referentes à tramitação e desenvolvimento do itinerário da ação administrativa;
- O *Direito processual administrativo*, incidindo sobre a atuação judicial da Administração Pública e ainda dos particulares face a esta.

7.4.5. Em todas as referidas áreas de abrangência, o Direito Administrativo geral, enquanto ordenamento comum subjacente à multiplicidade de atividades setoriais desenvolvidas pela Administração Pública, exerce uma função harmonizadora, uma função orientadora e uma função unificadora de todos os restantes Direitos Administrativos especiais[520].

7.5. Idem: ensinar teoria geral do ordenamento jusadministrativo

7.5.1. A vastidão das matérias integrantes de uma teoria geral do ordenamento jusadministrativo conduz a uma opção metodológica: ou se sacrifica o aprofundamento dogmático dos diversos temas, procurando dar apenas uma síntese do essencial a reter em cada matéria, ou, em alternativa, procedendo ao seu desenvolvimento, comprometemos o ensino de muitas matérias e, por esta via, a panorâmica geral de incidência do Direito Administrativo sairá amputada.

7.5.2. Partindo do entendimento de que um manual não é uma monografia, nem um conjunto de pequenas monografias sistematizadas, antes deverá transmitir o essencial do pensamento do seu autor sobre o maior

---

[520] Cfr. PIERRE TSCHANNEN/ULRICH ZIMMERLI/MARKUS MÜLLER, *Allgemeines Verwaltungsrecht*, p. 13.

164 | INTRODUÇÃO

número de temas relacionados com a disciplina sobre que incide, abrindo novas pistas de reflexão e selecionando bibliografia específica sobre as diversas matérias, privilegiaremos a amplitude dos conteúdos temáticos ao aprofundamento do seu tratamento jurídico: novos conteúdos e menos desenvolvimento, será a metodologia escolhida para o ensino da teoria geral do ordenamento jusadministrativo.

7.5.3. A opção metodológica determina que nos centremos em quatro regras de prevalência discursiva:
(i) Privilegiaremos, em primeiro lugar, um discurso centrado em princípios gerais, em vez de preocupado com a solução emergente das regras jurídicas, procurando identificar as grandes bases estruturantes da teoria geral do ordenamento jurídico-administrativo português;
(ii) Privilegiaremos, em segundo lugar, o diálogo científico com as referências doutrinais e jurisprudenciais portuguesas, uma vez ser esta a localização espacial da indagação, sem embargo da necessária atenção devida à mais-valia proveniente do Direito comparado;
(iii) Privilegiaremos, em terceiro lugar, a clareza e a concisão da linguagem expositiva, num modelo de discurso que visa prioritariamente transmitir o nosso entendimento sobre os diversos temas;
(iv) Privilegiaremos, em quarto lugar, uma metodologia de ensino que procure sublinhar o processo evolutivo das instituições administrativas e das soluções normativas, pois ninguém conhece o presente se não tem qualquer memória do passado.

7.5.4. A liberdade de ensinar e a liberdade de apreender são pressupostos de um ensino genuinamente universitário: o exercício da crítica científica e o seu estímulo nunca podem estar ausentes, uma vez que, numa verdadeira universidade, não há verdades absolutas, nem temas, matérias ou questões excluídas de reflexão, debate ou crítica. O ensino do Direito Administrativo faz-se dentro de uma metodologia de diálogo argumentativo, procurando alicerçar as bases de uma discussão científica: sem espírito crítico de quem ensina e sem espírito crítico de quem recebe esse ensino não há ciência, nem universidade.

PARTE I

FUNDAMENTOS DA ADMINISTRAÇÃO PÚBLICA

Capítulo 1º
BASES JURÍDICAS DA ADMINISTRAÇÃO PÚBLICA

Capítulo I°
BASES JURÍDICAS DA ADMINISTRAÇÃO PÚBLICA

Secção 1ª
Instrumentos conceptuais da Administração Pública

§8º ADMINISTRAÇÃO PÚBLICA: IDEIAS NUCLEARES

8.1. Polissemia do conceito de Administração Pública

8.1.1. O conceito de Administração Pública revela-se polissémico e dotado de uma considerável complexidade concretizadora, sendo possível recortar três diferentes sentidos[521]:
(a) A Administração Pública como atividade;
(b) A Administração Pública como organização;
(c) A Administração Pública como poder ou autoridade.
Vejamos, sucintamente, o que isto quer dizer.

8.1.2. (a) A Administração Pública é, em primeiro lugar, uma atividade (humana), traduzindo a gestão de recursos que, visando a satisfação de necessidades coletivas, se destinam a prosseguir interesses públicos identificados com o bem comum da coletividade, falando-se aqui em Administração Pública em sentido objetivo ou material.
Importa, neste âmbito, ter em consideração o seguinte:
(i) A atividade desenvolvida pela Administração Pública materializa--se juridicamente na função administrativa, sem prejuízo de existir

---

[521] Cfr. MARCELLO CAETANO, *Manual...*, I, 10ª ed., pp. 5 e 13 ss; ROGÉRIO EHRARDT SOARES, *Administração Pública*, pp. 136; IDEM, *Direito Administrativo*, (1992), pp. 10 ss.; DIOGO FREITAS DO AMARAL, *Curso...*, I, 3ª ed., pp. 29 ss.; IDEM, *Curso...*, II, 2ª ed., pp. 22 ss.; IDEM, *Administração Pública*, in DJAP, 1º suplemento, Lisboa, 1998, pp. 15 ss.; MARCELO REBELO DE SOUSA/ANDRÉ SALGADO DE MATOS, *Direito...*, I, pp. 42 ss.; JOÃO CAUPERS, *Introdução...*, pp. 30 ss.; PIERRE TSCHANNEN/ULRICH ZIMMERLI/MARKUS MÜLLER, *Allgemeines...*, pp. 2 ss.

também uma componente sem natureza jurídica imediata que se integra na função técnica e também na função política;

(ii) A Administração Pública limita-se a gerir interesses públicos cuja titularidade não lhe pertence (v. *supra*, nº 1.1.4.), antes se encontra atribuída à coletividade, identificada esta com o titular da própria sociedade política – o povo;

(iii) A subordinação da atividade administrativa à vontade do titular da soberania determina uma prevalência da vontade constituinte e da vontade legislativa sobre o querer da Administração Pública: a atividade administrativa encontra-se vinculada a respeitar a Constituição e a lei;

(iv) A subordinação à vontade constitucional e legislativa permite vislumbrar, numa aceção rousseauniana, além de uma legitimação democrática da ação administrativa pela vontade geral, uma paradoxal relação cruzada: o povo é legislador e, simultaneamente, destinatário das prescrições da lei e da atividade administrativa[522], devendo-lhes obediência[523];

(v) A obediência à Administração Pública pressupõe uma implícita regra de conformidade da ação administrativa com a vontade constitucional e legislativa, envolvendo a existência de mecanismos de controlo ou fiscalização dessa mesma exigência de conformidade: aos tribunais encontra-se reservada a última palavra dos termos da obediência à vontade do titular da soberania – no controlo judicial reside a garantia objetiva de respeito administrativo pela juridicidade e, ao mesmo tempo, a garantia subjetiva das posições jurídicas substantivas e procedimentais dos destinatários da atuação administrativa;

(vi) O respeito pela Administração Pública das decisões dos tribunais que lhe dizem respeito, definindo em concreto a vontade constitu-

---

[522] Para um desenvolvimento deste entendimento do pensamento de Rousseau, apesar de exclusivamente formulado na relação do povo com as prescrições da lei de que era, simultaneamente, autor e destinatário, cfr. ALLAN BLOOM, *Jean-Jacques Rousseau (1712-1778)*, in LEO STRAUSS/JOSEPH CROPSEY (org.), *Historia de la Filosofía Política*, reimp. México, 1996, p. 539; PAULO OTERO, *Legalidade e Administração Pública*, pp. 60-61.

[523] Numa tal obediência do povo às leis que ele próprio prescrevia, Rousseau encontrava, note-se, uma expressão da respetiva liberdade, cfr. JEAN-JACQUES ROUSSEAU, *O Contrato Social*, ed. Publicações Europa-América, Mem Martins, 1981, Livro I, Cap. VIII, p. 26.

cional ou legislativa do titular dos interesses a seu cargo, expressa o derradeiro patamar de uma efetiva subordinação administrativa à vontade geral: na execução pela Administração Pública das sentenças judiciais reside a pedra angular de um verdadeiro Estado de Direito democrático.

8.1.3. (b) A Administração Pública surge identificada, em segundo lugar, com o sujeito, autor ou protagonista da atividade administrativa, numa aplicação sinónima ou alternativa ao termo "administrador", neste sentido compreendendo todas as estruturas orgânicas encarregues de gerir os recursos tendentes à satisfação dos interesses públicos ou bem comum – fala-se agora em Administração Pública em sentido subjetivo ou orgânico, sendo passível de abranger diferentes realidades:

(i) Estruturas decisórias de matriz pública, traduzindo o exercício público de funções públicas, podendo assumir ou não um propósito empresarial, envolvendo ou não o exercício de poderes de autoridade;

(ii) Estruturas decisórias de matriz privada, registando-se que (1) algumas são criadas por entidades públicas, formando uma Administração Pública sob forma jurídica privada[524], e (2) outras, sendo de raiz privadas, exercem funções públicas, numa manifestação de exercício privado da função administrativa.

8.1.4. (c) Em terceiro lugar, a Administração Pública, atendendo aos interesses a seu cargo, goza de meios de autoridade que lhe permitem, em certas hipóteses, definir unilateralmente o Direito aplicável às situações concretas (: autotutela declarativa) e, em caso de desobediência dos destinatários, pode ainda, independentemente de qualquer intervenção judicial, recorrer à força para impor a sua vontade (: autotutela executiva): a Administração Pública, participando também do exercício da autoridade soberana do poder público, revela um sentido formal que se concretiza no designado poder administrativo (v. *infra*, nº 8.5.).

---

[524] Cfr. SABINO CASSESE, *Le Basi...*, pp. 172 ss.

174 | BASES JURÍDICAS DA ADMINISTRAÇÃO PÚBLICA

8.2. Plasticidade das necessidades a cargo da Administração Pública

8.2.1. A flexibilidade da linha de fronteira entre as necessidades cole-tivas cuja satisfação se encontra confiada à Administração Pública ou que, pelo contrário, se encontra sujeita a formas de administração privada, dependendo sempre de opções políticas tomadas a montante, gera, inde-pendentemente de um possível balancear pendular de migrações de neces-sidades coletivas (v.g., nacionalização e posterior desnacionalização de um mesmo bem ou setor de atividade) ou da miscigenação de interesses, seis principais efeitos na Administração Pública:

(i) Uma crescente e inevitável dependência política da Administra-ção Pública: a definição jurídico-positiva do bem comum e dos altos responsáveis administrativos encarregues da sua prosse-cução encontra-se nas mãos do decisor político;

(ii) A Constituição poderá tornar-se, num contexto definidor das fun-ções do Estado[525], fonte reveladora de um conceito material de função administrativa[526], servindo, igualmente, de alicerce habi-litador de um modelo de recorte da fronteira entre necessidades coletivas de satisfação pública e/ou de satisfação privada[527];

(iii) A linha de fronteira quanto ao tipo de satisfação das necessida-des coletivas mostra-se sempre financeiramente comprometida, sabendo-se que um reforço do protagonismo da Administração Pública envolve um inevitável acréscimo de custos financeiros, traduzido no aumento de impostos ou da dívida pública;

---

[525] Para uma nova visão das funções constitucionais do Estado à luz do Estado de Direito democrático, cfr. DIOGO DE FIGUEIREDO MOREIRA NETO, *Novas funções constitucionais do Estado democrático de Direito – um estudo de caso no Brasil*, in *Estudos de Homenagem ao Prof. Doutor Jorge Miranda*, I, Coimbra, 2012, pp. 569 ss.

[526] Cfr. SÉRVULO CORREIA, *Acto administrativo e âmbito da jurisdição administrativa*, in *Estudos em Homenagem ao Prof. Doutor Rogério Soares*, Coimbra, 2002, p. 1173.

[527] Sublinhando que a participação popular através da figura da ação popular altruísta no domínio do ambiente pode ser um instrumento limitativo da exclusiva concentração nas mãos da Administração Pública da satisfação de tarefas no domínio ambiental, partilhando-as com a sociedade civil, apesar de concluir pela inconstitucionalidade por omissão (parcial) das medidas legislativas tendentes a implementar o artigo 52º, nº 3, da Constituição, cfr. JOSÉ DE OLIVEIRA ASCENSÃO, *A participação popular na defesa do ambiente: uma inconstituciona-lidade por omissão*, in *Estudos de Homenagem ao Prof. Doutor Jorge Miranda*, II, Coimbra, 2012, pp. 249 ss.

§8º ADMINISTRAÇÃO PÚBLICA: IDEIAS NUCLEARES | 175

(iv) Desde meados do século XX, assistiu-se a uma irresistível pro-
pensão para um progressivo aumento do espaço de necessidades
coletivas a cargo da Administração Pública[528], apenas refreada por
efeito da crise financeira surgida em setembro de 2008;

(v) O aumento de necessidades coletivas a cargo da Administração
Pública deslocou o centro decisório estatal do órgão parlamentar
para o órgão governativo, numa transição do modelo oitocentista
de Estado-legislador para um Estado-administrativo – a Constituição e a democracia tornaram-se reféns da Administração Pública;

(vi) Os efeitos da "Grande recessão" financeira e económica iniciada
em 2008 estão a conduzir a um repensar das tarefas a cargo da
função administrativa: os últimos tempos têm permitido observar
uma redução da Administração Pública em sentido orgânico-sub-
jetivo e em sentido material-objetivo – o aparelho administrativo
deixou de crescer e regista-se um recuo das áreas de intervenção
prestacional pública[529].

8.2.2. A flexibilidade ou plasticidade das necessidades coletivas a cargo
da Administração Pública, expressando o resultado de uma opção política a montante, conhece, no entanto, limites decorrentes de vinculações
constitucionais e internacionais, além de não poder esquecer que existem
necessidades coletivas que, traduzindo o cerne da existência do próprio
Estado, nunca podem deixar de pertencer na sua prossecução à Administração Pública.

Neste último domínio se inserem, desde logo, as necessidades coletivas referentes à defesa nacional, à segurança do Estado e administração
interna, à administração da justiça e à administração eleitoral, as relações
externas e diplomáticas entre Estados e, num contexto de vinculação constitucional ao princípio do bem-estar, também as necessidades coletivas
básicas que envolvem um sistema público de estabelecimentos de saúde e
de ensino, incluindo a garantia de um "direito a um mínimo de existência

---

[528] Esse aumento encontrou a sua justificação em dois principais fatores: (1º) as imposições
decorrentes da implementação de uma cláusula constitucional de bem-estar ou de Estado
social, envolvendo um propósito público de justiça social e um sistema fiscal apostado numa
justa redistribuição dos rendimentos; (2º) a pressão eleitoral de programas partidários sempre
apostados em promessas de aumento do bem-estar das pessoas, das famílias e das empresas.
[529] Cfr. PEDRO GONÇALVES, *Reflexões...*, pp. 40 ss.

176 | BASES JURÍDICAS DA ADMINISTRAÇÃO PÚBLICA

condigna"[530] que, resultante da dignidade humana[531] todos têm e a que o Estado não pode ser indiferente[532].

8.2.3. Os últimos anos têm feito também valorizar o papel regulador da Administração Pública no âmbito do funcionamento do mercado: o Estado produtor de bens e prestador de serviços, envolvendo elevados custos financeiros, encontra-se, por efeito da crise financeira, em transição para um modelo de Estado regulador[533].

8.3. Multiplicidade de tarefas da Administração Pública

8.3.1. Toda a administração envolve a implementação de tarefas: a Administração Pública, visando a satisfação de necessidades coletivas, desenvolve uma multiplicidade de tarefas que, assumindo natureza instrumental, procura alcançar esse propósito.

---

[530] Para um estudo aprofundado do mínimo a uma existência humana digna, cfr. EURICO BITENCOURT NETO, *O Direito ao Mínimo para uma Existência Digna*, Porto Alegre, 2010; JOSÉ CARLOS VIEIRA DE ANDRADE, *O «direito ao mínimo de existência condigna» como direito fundamental a prestações estaduais positivas – uma decisão singular do Tribunal Constitucional. Anotação ao Acórdão do Tribunal Constitucional nº 509/02*, in JC, 2004/1, pp. 21 ss; JOSÉ DE MELO ALEXANDRINO, *A Estruturação dos Sistema de Direitos, Liberdades e Garantias na Constituição Portuguesa*, II, Coimbra, 2006, pp. 626 ss.; LUÍS ROBERTO BARROSO, *Princípio da dignidade da pessoa humana: uma contribuição para a densificação do seu conteúdo*, in *Estudos em Homenagem ao Prof. Doutor José Joaquim Gomes Canotilho*, III, Coimbra, 2012, pp. 142 ss.; INGO WOLFGANG SARLET, *Breves notas sobre o regime jurídico-constitucional dos direitos sociais na condição de direitos fundamentais, com ênfase na "aplicabilidade imediata" das normas de direitos fundamentais e na sua articulação com o assim chamado mínimo existencial*, in *Estudos em Homenagem ao Prof. Doutor José Joaquim Gomes Canotilho*, III, Coimbra, 2012, pp. 881 ss.

[531] Cfr. Acórdão do Tribunal Constitucional nº 509/02, de 19 de dezembro de 2002, referente ao processo nº 768/02, in http://w3b.tribunalconstitucional.pt; Acórdão do Tribunal Constitucional nº 187/2012, de 5 de abril de 2013, processos nºs 2/2013, 3/2013, 8/2013 e 11/2013, cit.

[532] A ideia de um mínimo existencial de sobrevivência de cada ser humano que, sendo essencial e inalienável, o poder nunca pode colocar em risco, antes tem o dever de intervir para o garantir e implementar em termos prestacionais, terá sido esboçado pela primeira vez em Hobbes, o qual fala no direito "a um lugar onde viver e a todas as coisas necessárias à vida", cfr. THOMAS HOBBES, *Elementos de Derecho Natural y Político*, Alianza Editorial, Madrid, 2005, (Parte I, Cap. 17º, 2), p. 193.

[533] Cfr. PEDRO GONÇALVES, *Reflexões...*, em especial, pp. 49 ss.

Neste domínio se integram, sem prejuízo do seu cruzamento ou cumulação, as seguintes principais tarefas da Administração Pública:

(a) Recolha e tratamento de informações;
(b) Previsão e antecipação de riscos;
(c) Regulação ordenadora;
(d) Execução de anteriores decisões;
(e) Controlo da atuação.

Observemos, sucintamente, a variedade de tais tarefas.

8.3.2. *(a) Recolha e tratamento de informações*

A tecnicidade crescente das matérias, apelando a conhecimentos especializados e sempre atualizados, confere à informação um papel central: quem tem a informação, tem o poder efetivo de decisão[534].

A multiplicação de fontes de informação, em parte resultantes do reforço da complexidade e pluralidade de interesses envolvidos, fez aumentar o protagonismo das estruturas administrativas: a decisão administrativa, legislativa e política encontra na informação revelada o seu pressuposto e condicionamento – a informação dada predetermina o resultado decisório.

Neste domínio, a Administração Pública, apetrechada de meios humanos e técnicos especializados, tem uma inegável vantagem face ao parlamento e aos tribunais, ampliada pela reserva constitucional de iniciativa legislativa da proposta de lei do orçamento do Estado, fazendo até inverter a relação de controlo ou, pelo menos, condicionando-a fortemente.

8.3.3. *(b) Previsão e antecipação de riscos*

Sem esquecer que foram os riscos da vivência em estado de natureza que levaram Hobbes e Loke a justificar a passagem à sociedade politicamente organizada, razão pela qual o risco se mostra inerente à condição social humana, a verdade é que, nas últimas décadas, por efeito do progresso científico e tecnológico, se assistiu a uma evolução da "sociedade

---

[534] Neste sentido, referindo-se às estruturas subalternas no interior das diversas entidades públicas, especialmente ao nível do Estado, cfr. PAULO OTERO, *Conceito e Fundamento da Hierarquia Administrativa*, Coimbra, 1992, pp. 294 ss.; WERNER THIEME, *Verwaltungslehre*, 3ª ed., Berlin, 1977, pp. 75 ss.; FRIEDER LAUXMANN, *Die Kranke Hierarchie*, Stuttgart, 1971, pp. 131 ss.

178 | BASES JURÍDICAS DA ADMINISTRAÇÃO PÚBLICA

técnica de massas" para uma "sociedade de risco"[535]: o risco pressupõe a técnica e a técnica gera o risco.

Numa sociedade de risco[536] ou, talvez mais rigorosamente, numa sociedade multirisco[537], a Administração Pública mostra-se especialmente permeável às temáticas da prevenção e da minimização dos riscos públicos, submetendo a regulação e a controlo, à luz de preocupações de proteção da confiança[538], diversos domínios de atividade: desde a segurança alimentar, a ambiental, de infraestruturas, dos sistemas informáticos, transportes e rodoviária; a segurança e a qualidade de medicamentos, do tráfego aéreo e marítimo; os riscos de epidemias, incêndios, sismos ou vulcões, desastres nucleares e atentados terroristas; a capacidade de previsão meteorológica e a proteção contra radiações.

Vivendo-se num mundo em que quase tudo envolve riscos, verificando-se até que o progresso tecnológico e científico revela novos e acrescidos riscos[539], a moderna sociedade mostra uma patológica preocupação em áreas referentes à segurança, ao ambiente[540], urbanismo[541] e, em geral, à sustentabilidade e a tudo aquilo que possa colocar em causa o bem-estar.

Num tal contexto, a Administração Pública, dominada sempre por uma preocupação de continuidade e de segurança, tem de prever, antecipar e prevenir riscos, tanto das gerações presentes como até das gerações futu-

---

[535] Neste sentido e para mais desenvolvimentos, cfr. João Carlos Loureiro, *Da sociedade técnica de massas à sociedade de risco: prevenção, precaução e tecnologia*, in *Estudos em Homenagem ao Prof. Doutor Rogério Soares*, Coimbra, 2002, pp. 802 ss.

[536] Cfr. Rainer Wahl/Ivo Appel, *Prävention und Vorsorge: von der Staatsaufgabe zur rechtlichen Augestaltung*, in Rainer Wahl (org.), *Prävention und Vorsorge*, Bonn, 1995, pp. 2 ss.

[537] Cfr. Carla Amado Gomes, *Le risque, cet inconnu...*, in RFDUL, 2002, nº 1, pp. 283 ss.

[538] Cfr. Fernando Alves Correia, *Riscos e Direito do Urbanismo*, in *Em Homenagem ao Professor Doutor Diogo Freitas do Amaral*, Coimbra, 2010, p. 1114.

[539] Cfr. João Loureiro, *Da sociedade técnica...*, pp. 810-811.

[540] Sobre a temática do risco em termos ambientais, falando em "transição da era do perigo para a era do risco", cfr., por todos, Carla Amado Gomes, *Risco e Modificação...*, em especial, pp. 223 ss.; Idem, *Mudam-se os tempos, mudam-se os actos administrativos... Contributo para a construção de um regime de modificação do acto administrativo por alteração superveniente dos pressupostos*, in *Estudos em Homenagem ao Professor Doutor Marcello Caetano – No centenário do seu nascimento*, I, Coimbra, 2006, pp. 238 ss.

[541] Cfr. Fernando Alves Correia, *Riscos...*, em especial, pp. 1115 ss..

ras, informando, orientando e influenciando condutas dos cidadãos[542], acabando essa atividade informativa por comportar novas formas de ingerência ou intromissão na esfera de liberdade[543] – as decisões administrativas de gestão do risco tornam-se uma nova realidade jurídico-pública[544].

Servindo-se da sua componente técnica e científica, a Administração desenvolve uma atividade prospetiva[545], traçando cenários de previsão evolutiva da realidade, antecipa riscos e procura minorá-los ou reduzir a zero o perigo da sua verificação, planeando e organizando meios de ação[546] – a segurança constitui, afinal, "o contra-conceito do risco"[547].

Cada vez mais, a Administração Pública trabalha com previsões e hipóteses, sustentadas em estudos técnicos e científicos, sem ter uma realidade factual certa: a Administração prevê e antecipa necessidades futuras da sociedade, agindo subordinada a uma condição implícita de evolução conforme da realidade factual, numa situação de permanente relevância do erro nos pressupostos decisórios ou de uma inevitável alteração das circunstâncias futuras.

8.3.4. *(c) Regulação ordenadora*

Numa multiplicidade de domínios materiais, sem se circunscrever aos setores económico-financeiros, a Administração Pública desenvolve uma tarefa decisória que, baseada em situações factuais da vida social, se traduz na regulação ordenadora e conformadora de tais situações (regulação primária) ou de anteriores decisões jurídicas versando sobre tais situações (regulação secundária):

(i) Resolve, por via unilateral ou bilateral, situações concretas através da aplicação de critérios normativos de decisão;

---

[542] Neste contexto, especificamente sobre as advertências administrativas, cfr., por todos, PEDRO GONÇALVES, *Advertências da Administração Pública*, in *Estudos em Homenagem ao Prof. Doutor Rogério Soares*, Coimbra, 2002, pp. 723 ss.; IDEM, *Reflexões...*, pp. 76 ss; EDUARDO ROCHA DIAS, *Direito à Saúde e Informação Administrativa – O caso das advertências relativas a produtos perigosos*, Belo Horizonte, 2008.

[543] Para mais desenvolvimentos, cfr. PEDRO MACHETE, *As atuações informais...*, pp. 631 ss.

[544] Cfr. UDO DI FABIO, *Risikoentscheidungen im Rechtsstaat*, Tübingen, 1994, em especial, pp. 115 ss.

[545] Cfr. CHARLES DEBBASCH/FRÉDÉRIC COLIN, *Droit Administratif*, p. 9.

[546] Assim sucede, a título de exemplo, com a adoção de medidas preventivas face ao terrorismo, à degradação do ambiente, ao colapso da segurança social ou ao acréscimo do endividamento externo do Estado.

[547] Cfr. FERNANDO ALVES CORREIA, *Riscos...*, p. 1114.

180 | BASES JURÍDICAS DA ADMINISTRAÇÃO PÚBLICA

(ii) Elabora normas;

(iii) Prepara decisões do poder político (v.g., a Administração eleitoral), do poder legislativo (v.g., elaborando estudos preparatórios, pareceres técnicos e projetos de diplomas legais) e até do próprio poder judicial (v.g., serviços de secretaria dos tribunais).

8.3.5. *(d) Execução de anteriores decisões*

Numa visão clássica, a Administração Pública configurava-se sempre como expressão executiva da vontade do legislador: administrar era executar a vontade geral, isto é, a lei proveniente do parlamento – tratava-se de um modelo ideal de Administração serva da lei.

Importa, no entanto, ter presente o seguinte:

(i) Hoje, paralelamente à lei, a Administração Pública pode também executar diretamente a Constituição, atos de Direito Internacional Público, de Direito da União Europeia, do poder judicial e do próprio poder político, envolvendo cada uma destas situações variados graus de autonomia ou vinculação administrativa;

(ii) A execução de tais atos confere à Administração Pública um papel metodologicamente ativo na determinação interpretativa do seu sentido, na concretização de uma normatividade principialista, de conceitos indeterminados, de cláusulas gerais, além da resolução de eventuais antinomias e integração de lacunas;

(iii) A execução administrativa de anteriores decisões nem sempre se faz através da emanação de atos jurídicos, podendo também ser feita através de uma atividade material ou prestacional de bens e serviços tendentes à satisfação concreta de necessidades coletivas.

8.3.6. *(e) Controlo da atuação*

A Administração Pública desenvolve ainda uma tarefa de controlo, fiscalizando, por iniciativa própria ou a pedido de terceiro, averiguando, ajuizando da validade, da conveniência ou da oportunidade de ações ou omissões, resultantes (i) da sua própria conduta, (ii) da conduta de privados que exercem funções públicas e ainda (iii) da conduta de particulares que, sem exercerem funções públicas, desenvolvem atividades do setor privado ou do setor cooperativo e social com relevância ou utilidade pública que, à luz do princípio da proporcionalidade, justifique essa intervenção de controlo administrativo.

8.4. Função administrativa e Administração Pública

(A) Reserva de função administrativa

8.4.1. A função administrativa traduz uma função constituída do Estado, pois foi criada e encontra-se moldada pela Constituição, à luz de uma legitimação de autoridade soberana paralela à função legislativa e à função judicial, sem embargo de duas especificidades:

(i) A função administrativa tem de respeitar a lei (e a Constituição)[548];

(ii) As decisões dos tribunais, detentores exclusivos da função jurisdicional, são sempre obrigatórias e prevalecem sobre as de quaisquer outras autoridades[549].

Não obstante, a função administrativa tem uma legitimidade constitucional em tudo idêntica à função legislativa e à função judicial.

8.4.2. A identidade de legitimidade constitucional entre administrar, legislar e julgar determina, nos termos do princípio da separação de poderes, que exista uma reserva de administração ou de função administrativa: trata-se de um espaço próprio e exclusivo de intervenção decisória a favor da Administração Pública, excluído de qualquer imiscuir do legislador e dos tribunais[550].

8.4.3. A jurisprudência do Tribunal Constitucional que confere ao poder legislativo, em confronto face à Administração Pública, "uma omnímoda faculdade – constitucionalmente reconhecida – de planificar e racionalizar a atividade administrativa, pré-conformando-a no seu desenvolvimento, e definindo o espaço que ficará à liberdade de critério e à autonomia dos respetivos órgãos ou agentes, ou antes pré-ocupando-o (preferência de lei)"[551], carece de uma interpretação em conformidade

---

[548] Cfr. CRP, artigo 266º, nº 2.

[549] Cfr. CRP, artigo 205º, nº 2.

[550] Para mais desenvolvimentos sobre a reserva de Administração face ao legislativo e ao judicial, cfr. PAULO OTERO, *Legalidade e Administração Pública*, pp. 286 ss. e 749 ss.; BERNARDO DINIZ DE AYALA, *O (Défice de) Controlo Judicial da Margem de Livre Decisão Administrativa*, Lisboa, 1995, pp. 35 ss.

[551] Cfr. Acórdão do Tribunal Constitucional nº 461/87, de 16 de dezembro de 1987, processo nº 176/87, in http://www.tribunalconstitucional.pt; Acórdão do Tribunal Constitucional

182 | BASES JURÍDICAS DA ADMINISTRAÇÃO PÚBLICA

com a Constituição: o princípio da separação de poderes não pode deixar de limitar a Assembleia da República, enquanto órgão legislativo, face ao Governo, enquanto órgão da Administração Pública, nem o Tribunal Constitucional poderá deixar de se sentir limitado na configuração das relações entre poder legislativo e poder administrativo[552].

8.4.4. O poder legislativo, apesar de conformar o exercício da atividade administrativa e de fixar o grau de liberdade decisória das estruturas administrativas, terá sempre de respeitar um espaço mínimo de intervenção autónoma da Administração Pública: a função administrativa não é uma dádiva da lei, nem o seu exercício um ato de graça do legislador, antes deparamos com uma função que encontra na Constituição o seu título legitimador, o alicerce de um espaço reservado de decisão e uma autoridade soberana paralela aos demais poderes do Estado.

8.4.5. A Administração Pública é a protagonista do exercício e implementação da função administrativa, significando isto que as necessidades coletivas a cargo da Administração Pública consubstanciam o espaço material em que se desenvolve e move a função administrativa: o legislador e os tribunais não podem, por força do princípio da separação de poderes, exercer a função administrativa.

Importa, no entanto, fazer algumas precisões:

(i) A Administração Pública, sendo protagonista do desenvolvimento da função administrativa, não exclui, por força do princípio da subsidiariedade, a existência de formas de exercício privado de funções públicas, sendo dogmaticamente discutível se estas últimas se integram naquela;

---

nº 214/2011, de 29 de abril de 2011, processo nº 283/11, in http://www.tribunalconstitucional.pt. Para uma análise da jurisprudência do Tribunal Constitucional sobre a matéria da reserva de lei, cfr. JOSÉ MANUEL CARDOSO DA COSTA, *A jurisprudência constitucional portuguesa em matéria administrativa*, in *Estudos em Homenagem ao Prof. Doutor Rogério Soares*, Coimbra, 2002, em especial, ppp. 181 ss.

[552] Cfr. NUNO PIÇARRA, *O princípio da separação de poderes e os limites da competência do parlamento face ao Governo na jurisprudência constitucional portuguesa*, in *Estudos de Homenagem ao Prof. Doutor Jorge Miranda*, III, Coimbra, 2012, pp. 33 ss.; JOÃO CAUPERS, *Direito e Outras Coisas*, Lisboa, 2007, pp. 597 ss.; JORGE REIS NOVAIS, *Separação de Poderes e Limites à Competência Legislativa da Assembleia da República*, Lisboa, 1997.

(ii) A Administração Pública, além de exercer a função administrativa, participa também no exercício da função técnica e da função política, enquanto manifestações de funções não jurídicas do Estado;

(iii) A plasticidade das necessidades coletivas a cargo da Administração Pública (v. *supra*, nº 1.3.), conferindo igual flexibilidade na definição do espaço material próprio da função administrativa, mostra-se passível de suscitar dois diferentes fenómenos:

– Envolve níveis ou graus diferentes de intervenção decisória das diversas funções jurídicas do Estado, criando cenários de interpenetração sucessiva material de intervenientes: uma mesma matéria pode ser objeto de uma primeira intervenção disciplinadora de natureza legislativa, seguindo-se um nível decisório administrativo e, por último, suscitando-se um litígio, uma intervenção judicial;

– Pode comportar a abertura de zonas de fronteira entre administrar, legislar e julgar: se existem "zonas de certeza positiva", correspondentes a matérias reservadas à esfera do poder legislativo (: reserva de lei), do poder judicial (: reserva de tribunais = reserva de juiz = reserva de função jurisdicional) e do poder administrativo (: reserva de administração), outras matérias situam-se em "zonas cinzentas" de fronteira entre administrar e legislar ou administrar e julgar[553];

(iv) Nem sempre se mostra clara a própria linha de fronteira entre a função administrativa e a função política, pois existem matérias de índole política que envolvem o exercício de uma atividade administrativa (v.g., a segurança externa do Estado e a fiscalização da zona económica exclusiva[554] ou a afetação de tropas para uma missão de combate), tal como existem matérias de natureza administrativa que pressupõem ou envolvem opções ou efeitos de cariz político (v.g., encerramento de maternidades no âmbito de uma política

---

[553] Sobre tais "zonas cinzentas", cfr. JORGE MIRANDA, *Manual de Direito Constitucional*, V, 4ª ed., Coimbra, 2010, pp. 35 ss.

[554] No sentido de que aqui está em causa o exercício exclusivo de uma atividade que se insere na função política do Estado, cfr. JOÃO CAUPERS, *De volta a uma fronteira turbulenta – atos administrativos e atos políticos*, in CJA, nº 99, 2013, pp. 40 ss.

184 | BASES JURÍDICAS DA ADMINISTRAÇÃO PÚBLICA

de concentração dos partos em estabelecimentos de qualidade[555], promoção de um ministro plenipotenciário a embaixador[556], construção de uma nova autoestrada Lisboa-Porto ou, em alternativa, a construção de uma linha de TGV entre Lisboa e Madrid).

(B) Conceito de função administrativa

8.4.6. Como se poderá definir a função administrativa?

Entendemos que, apesar da multiplicidade de critérios doutrinários ensaiados, a função administrativa se pode definir com base nos quatro seguintes traços:

(i) Integra toda a atividade pública que, envolvendo a satisfação de necessidades coletivas, não se consubstancia em emanar atos legislativos, definir opções políticas primárias (ou soberanas), nem em produzir sentenças judiciais: há aqui uma formulação residual do conceito de função administrativa face a todas as restantes funções do Estado – é função administrativa tudo aquilo que, revestindo natureza pública, não se consubstancia em legislar, julgar ou fazer política soberana[557];

(ii) As necessidades coletivas cuja satisfação se insere na função administrativa encontram sempre o seu fundamento num ato jurídico-público (: Constituição, lei, sentença), visando a prossecução do bem comum ou bem-estar da coletividade[558]: na ideia de bem-estar encontra-se tudo aquilo que permite dignificar a pessoa humana

---

[555] Cfr. ANA RAQUEL GONÇALVES MONIZ, *A discricionariedade administrativa: reflexões a partir da pluridimensionalidade da função administrativa*, in OD, 2012, pp. 638 ss., em especial, p. 641.

[556] Para uma discussão deste tema na perspetiva da diferença entre atos políticos e atos administrativos, cfr. JOÃO CAUPERS, *Atos políticos – contributo para a sua delimitação*, in CJA, nº 98, 2013, pp. 3 ss.

[557] Acolhendo uma definição pela negativa do conceito de função administrativa, cfr. ULRICH HÄFELIN/GEORG MÜLLER/FELIX UHLMANN, *Allgemeines...*, p. 8; THIERRY TANQUEREL, *Manuel...*, pp. 4 e 5; PIERMARCO ZEN-RUFFINEN, *Droit Administratif*, pp. 5-6.

[558] No entendimento de Diogo Freitas do Amaral (in *Curso...*, I, 3ª ed., p. 28; *Administração Pública*, p. 15), as necessidades coletivas a cargo da Administração Pública seriam a segurança, a cultura e o bem-estar. Sucede, porém, que a segurança e a cultura nada mais são que elementos integrantes do próprio bem-estar da coletividade: sem segurança não há bem-estar e sem cultura o bem-estar será sempre deficiente.

§8º ADMINISTRAÇÃO PÚBLICA: IDEIAS NUCLEARES | 185

no contexto da realização dos fins do Direito – a justiça, a segurança e a liberdade;

(iii) Visando a prossecução do bem-estar da coletividade, a função administrativa envolve a realização de cinco principais tarefas:
   - Ordenação da vida social (v.g., regulação económica, financeira, notarial, regras do código da estrada);
   - Garantia da ordem e segurança públicas (v.g., polícia, defesa nacional);
   - Realização de prestações sociais (v.g., subsidio de desemprego, pagamento de reformas, abono de família, lecionação de aulas, prestação de cuidados hospitalares);
   - Obtenção de recursos financeiros (v.g., liquidação e cobrança de impostos, taxas, contribuições especiais);
   - Gestão de meios humanos e materiais (v.g., função pública, património imobiliário público);

(iv) A realização da função administrativa envolve a prática de atos jurídicos, visando conformar ou transformar a realidade num plano jurídico, e, igualmente, a prática de operações materiais que incidem diretamente sobre a realidade de facto, visando um resultado prático[559]: administrar é sempre agir, sendo inconcebível um Estado que não desenvolvesse uma atividade administrativa diária[560] – o postulado da continuidade dos serviços da Administração Pública determina que a função administrativa é a única função do Estado que não encerra para férias[561].

8.5. Função administrativa e poder administrativo: interações

(A) Autonomia do poder administrativo

8.5.1. Se a função administrativa nos diz os fins da atividade desenvolvida pela Administração Pública, recortados dentro das tarefas fundamen-

---

[559] Traçando essa dicotomia entre atos jurídicos e atos materiais praticados pela Administração Pública, cfr. ROCHA SARAIVA, *Lições de Direito Administrativo*, (1914), pp. 240-241; LUDGERO NEVES, *Direito Administrativo*, pp. 72-73.

[560] Cfr. MARIO D'ANTINO, *Continuità dell'azione amministrativa, delegazione, stato di necessita*, in FA, I, 1978, p. 2447.

[561] Cfr. PAULO OTERO, *O Poder Substituição...*, II, pp. 648-649.

186 | BASES JURÍDICAS DA ADMINISTRAÇÃO PÚBLICA

tais[562] e incumbências prioritárias do Estado[563], assumindo-se igualmente como a ação empreendida no sentido de os realizar[564]; o poder administrativo, consubstanciando a parcela da soberania do Estado confiada às estruturas integrantes da Administração Pública, revela-nos os meios tendentes a alcançar esses propósitos – o poder administrativo encontra-se sempre ao serviço da função administrativa, sabendo-se que esta deverá implementar as tarefas e incumbências subjacentes ao modelo constitucional de Estado.

8.5.2. O poder administrativo, expressando uma parte da soberania do Estado, goza de uma legitimidade constitucional em tudo semelhante aos restantes poderes do Estado: a Administração Pública, enquanto titular do poder administrativo, possui uma autoridade decisória constitucionalmente fundada e legitimada em termos paralelos à Assembleia da República, exercendo a função legislativa, ou aos Tribunais, enquanto protagonistas do exercício da função jurisdicional – não há qualquer "menorização" política ou constitucional do poder administrativo.

8.5.3. Nem a circunstância de (a) a Administração Pública se encontrar subordinada à lei[565] e (b) as decisões dos tribunais prevalecerem sobre as decisões administrativas[566] permite configurar o poder administrativo como realidade subalternizada ao poder legislativo e ao poder judicial: o princípio da separação de poderes garante ao poder administrativo um espaço de intervenção decisória reservado, imune a "invasões" ou intromissões dos poderes legislativo e judicial – a reserva de administração "blinda" qualquer tentativa de o legislativo ou o judicial usurparem o "feudo" material de decisão garantido constitucionalmente à Administração Pública.

8.5.4. (a) A própria subordinação da Administração Pública à lei não faz do poder administrativo uma realidade necessariamente executiva da vontade política da lei:
(i) Sendo certo que o poder administrativo não pode contrariar a lei, a verdade é a Constituição não exclui, por outro lado, que o poder

---

[562] Cfr. CRP, artigo 9º.
[563] Cfr. CRP, artigo 81º.
[564] Neste sentido, em termos genéricos sobre as funções do Estado, cfr. JORGE MIRANDA, *Manual...*, V, 4ª ed., pp. 7 ss.
[565] Cfr. CRP, artigo 266º, nº 2.
[566] Cfr. CRP, artigo 205º, nº 2, *in fine*.

administrativo possa ir além da lei – o exercício de uma atividade administrativa *praeter legem*, diretamente fundada na Constituição, mostra a existência de uma Administração independente do legislador (v. *infra*, nº 14.2.);

(ii) Cada vez mais, as opções políticas expressas nas leis são condicionadas pela intervenção técnica e procedimental da Administração Pública na preparação dos diplomas legislativos – o poder administrativo condiciona a modulação do conteúdo da lei, predeterminando os termos da normatividade a que se encontrará depois vinculado, verificando-se que a antes de o poder administrativo estar subordinado à lei, encontra-se o poder legislativo subordinado à Administração Pública (v. *infra*, nº 14.3.).

8.5.5. (b) A prevalência das decisões dos tribunais sobre as decisões administrativas nunca pode conduzir a um sistema de dupla administração pelo poder judicial, reformulado juízos integrantes de zonas de atuação administrativa reservadas, isto no sentido de decisões insuscetíveis de sindicância pelos tribunais: a margem de liberdade decisória deixada ou conferida pela lei à Administração Pública, permitindo-lhe realizar valorações e juízos de mérito, encontra-se imune a uma intervenção judicial cassatória ou substitutiva – há aqui, dentro dos limites fixados pela juridicidade, um espaço autónomo decisão do poder administrativo.

8.5.6. A autonomia do poder administrativo mostra-se passível de ilustração através de três principais manifestações:

(i) Os atos produzidos pelo poder administrativo produzem efeitos por si, sem dependência de intervenção judicial, verificando-se que nem a sua invalidade, por contrariar normas legislativas, desde que reconduzida a situações de anulabilidade, impede a sua eficácia obrigatória e o inerente dever de obediência pelos destinatários;

(ii) Os meios de ação do poder administrativo são passíveis de produzir efeitos sem dependência da colaboração dos sujeitos seus destinatários, registando-se que, sem prejuízo da utilização também de meios bilaterais, o cerne do poder administrativo consubstancia-se no exercício de atos unilaterais de autoridade declarativa e executiva (v. *supra*, nº 8.1.4.);

188 | BASES JURÍDICAS DA ADMINISTRAÇÃO PÚBLICA

(iii) Possui sempre o poder administrativo uma esfera discricionária de decisão exclusiva, enquanto área de liberdade conferida pelo legislador, por imperativo constitucional, proporcionando-lhe uma reserva de escolha dos meios e das soluções tendentes à prossecução do interesse público, sem que o seu conteúdo, desde que respeite a juridicidade, possa ser sindicado pelos tribunais.

(B) Suavização dos poderes administrativos de autoridade

8.5.7. O poder administrativo, se é certo que coloca meios de autoridade ao serviço da realização dos fins integrantes da função administrativa, não pode fazer esquecer que também se encontra habilitado a servir-se de meios reveladores de paridade jurídica no seu relacionamento com terceiros: a colaboração, a cooperação[567] e a concertação, por via contratual ou unilateral dependente de aceitação, traduzem manifestações terminológicas de um poder administrativo imbuído de uma filosofia de consenso, num clima de aprofundamento da democracia participativa[568] – em vez de impor, num gesto de autoridade, a Administração Pública procura convencer, num gesto de "captura" dos interessados.

8.5.8. Nem sempre o recurso pelo poder administrativo a um modelo paritário de decisão encontra respaldo normativo, verificando-se que a lei ou a natureza das relações a estabelecer podem excluir soluções paritárias[569], assim como a existência de soluções contratuais ou consensuais não impede, verificadas certas condições, o exercício pela Administração Pública de poderes unilaterais de autoridade[570] – no limite, é ainda (e

---

[567] Para um recorte destes conceitos, cfr. JUAN ALFONSO SANTAMARIA PASTOR, *Fundamentos...*, I, pp. 935 ss.; PABLO MENENDEZ, *Las Potestades Administrativas de Direccion y de Coordenacion Territorial*, Madrid, 1993; PABLO MARTÍN HUERTA, *Los Convenios Interadministrativos*, Madrid, 2000, pp. 27 ss.; PEDRO GONÇALVES, *Entidades Privadas...*, pp. 454 ss.; ALEXANDRA LEITÃO, *As formas contratuais de cooperação entre Administração central e a Administração local*, in *Estudos em Homenagem ao Prof. Doutor Armando M. Marques Guedes*, Coimbra, 2004, pp. 428 ss.; IDEM, *Contratos Interadministrativos*, pp. 81 ss.

[568] Cfr. CRP, artigo 2º, *in fine*.

[569] Cfr. CCP, artigo 278º, *in fine*.

[570] Cfr. CCP, artigo 302º.

§8º ADMINISTRAÇÃO PÚBLICA: IDEIAS NUCLEARES | 189

sempre) o interesse público, segundo a configuração que a ordem jurídico-
-positiva lhe confere, a justificar a solução a adotar pelo poder administrativo.

8.5.9. O próprio exercício de poderes unilaterais de autoridade não
exclui, à luz da designada filosofia do consenso de uma democracia participativa, respeitadora da vontade da pessoa, que o poder administrativo
recorra, numa conduta dialógica[571], a mecanismos integrativos da colaboração dos interessados no procedimento decisório, tornando-se essa
participação dos interessados, em zonas de margem de "livre" decisão
administrativa, uma formalidade cuja preterição pode afetar o sentido da
decisão final[572] – observemos três exemplos[573]:

   (i)   Os acordos ou contratos substitutivos de decisão unilateral envol-
          vem o abdicar pela Administração Pública do exercício do seu
          poder unilateral, convertido que fica, numa substituição inte-
          gral, por um instrumento consensual envolvendo os interessados,
          expresso na figura do contrato[574];

  (ii)   Os acordos endoprocedimentais, celebrados numa fase anterior à
          decisão final unilateral, permitem a Administração Pública inte-
          grar a vontade dos interessados na modelação dos efeitos de uma
          decisão unilateral de conteúdo discricionário, fazendo-a preceder
          de um ato bilateral[575], resultando daqui os designados atos con-
          sensuais[576];

---

[571] Cfr. SÉRVULO CORREIA, *O direito à informação e os direitos de participação dos particulares no procedimento e, em especial, na formação da decisão administrativa*, Leg., nº 9/10,
1994, em especial, pp. 148 ss

[572] Neste sentido, cfr. SÉRVULO CORREIA, *Margem de livre decisão, equidade e preenchimento
de lacunas: as afinidades e os seus limites*, in *Estudos em Homenagem a Miguel Galvão Teles*,
I, Coimbra, 2012, pp. 384 e 385.

[573] Cfr. PAULO OTERO, *Legalidade e Administração Pública*, pp. 839 ss.

[574] Cfr. PAUL STELKENS/HEINZ JOACHIM BONK/MICHAEL SACHS, *Verwaltungsver-
fahrensgesetz*, 4ª ed., München, 1993, pp. 1212 ss.; HEIKO FABER, *Verwaltungsrecht*, p. 260;
PAULO OTERO, *O Poder de Substituição...*, I, pp. 86 e 87; IDEM, *Legalidade e Administração
Pública*, pp. 840-841; FABRIZIO FRACCHIA, *L'Accordo Sostitutivo*, Padova, 1998.

[575] Cfr. PAULO OTERO, *O Poder de Substituição...*, I, pp. 84 e 85; IDEM, *Legalidade e Administração Pública*, pp. 841 ss.; DUARTE RODRIGUES SILVA, *Os Acordos Endoprocedimentais
da Administração Pública*, policop., Lisboa, 2003.

[576] Cfr. PAULO OTERO, *Direito Administrativo – Relatório*, pp. 268-269 e 337 ss.

(iii) A audiência prévia dos interessados, realizando-se antes da tomada de decisões desfavoráveis, permite à Administração Pública suavizar a unilateralidade do procedimento decisório, tomando conhecimento de diferentes perspetivas de interesses justificativos de eventuais novas ponderações decisórias.

8.5.10. Verificando-se que os meios de ação do poder administrativo se encontram dependentes de uma concreta habilitação normativa, as normas de competência assumem particular relevância na configuração do poder administrativo: as normas de competência definem o alcance, o sentido e os limites do poder administrativo, tanto nas suas relações com os demais poderes, quanto na sua organização interna.

8.6. Normas de competência e organização interna do poder administrativo

(A) Função e sentido das normas de competência

8.6.1. As normas de competência no âmbito da Administração Pública, envolvendo sempre o conferir de meios ou o configurar de efeitos referentes à intervenção do poder administrativo, visam a definição dos termos de prossecução do interesse público e estabelecem as condições básicas para a validade das decisões que habilitam: fora dos poderes conferidos pelas normas de competência não existe atuação válida do poder administrativo, nem decisões administrativas válidas.

8.6.2. Nos termos de uma conceção de raiz kelseniana, verificando-se que "a norma que representa o fundamento de validade de uma outra norma é, em face desta, uma norma superior"[577], as normas de competência gozam de uma posição hierárquica prevalecente face a todas as decisões (normativas ou não normativas) resultantes dos poderes que elas conferem:

(i) A estrutura administrativa habilitada por uma norma de competência nunca goza, ao abrigo dessa mesma norma, de uma competência dispositiva ou modificativa da respetiva norma de competência – a norma de competência exerce uma função heterovinculativa face a quem recebe poderes dessa mesma norma;

---

[577] Cfr. HANS KELSEN, *Teoria Pura do Direito*, 6ª ed., Coimbra, 1984, p. 269.

(ii) A norma de competência pode admitir, no entanto, a intervenção da vontade da estrutura decisória que dela recebe poderes para, segundo os termos de habilitação conferida para o efeito, configurar o exercício da competência (v.g., delegação de poderes) – será ainda a norma de competência que constitui o fundamento habilitador da intervenção da vontade da estrutura decisória na configuração do exercício dos poderes que lhe foram conferidos.

(B) Tipologia das normas de competência

8.6.3. A complexidade das normas de competência[578] torna possível observar, aplicando ao poder administrativo, três diferentes situações:

(a) As *normas que conferem competência*[579] *ou normas de ação*[580]– são regras ou princípios jurídicos que atribuem poderes de intervenção decisória (ou auxiliares a essa intervenção) à Administração Pública;

(b) As *normas que disciplinam o exercício da competência*[581]– são as regras e princípios que regulam os termos como os poderes conferidos à Administração Pública se expressam através da prática de atos jurídicos (normativos ou não normativos) e de atos materiais;

(c) As *normas que regulam as normas de competência* – são uma espécie de normas sobre normas[582] (= "normas de segunda instância"[583] = "normas de segundo grau"[584] = "normas secundárias"[585]), as quais têm por objeto disciplinar as próprias normas de competência[586].

Observemos cada uma destas realidades.

---

[578] Para um aprofundamento do tema, cfr. EUGENIO BULYGIN, *On Normes of Competence*, in LF, 1992, pp. 201 ss.; RICCARDO GUASTINI, *Teoria e Dogmatica delle Fonti*, Milano, 1998, pp. 29 ss. e 43 ss.; RAFAEL HERNÁNDEZ MARÍN, *Teoría General del Derecho y de la Ciencia Jurídica*, Barcelona, 1989, pp. 153 ss.

[579] Cfr. RICCARDO GUASTINI, *Teoria...*, pp. 45 e 46.

[580] Cfr. ANTÓNIO CASTANHEIRA NEVES, *Questão-de Facto – Questão-de-Direito ou o Problema Metodológico da Juridicidade (Ensaio de uma resposição crítica)*, I, Coimbra, 1967, p. 356.

[581] Cfr. RICCARDO GUASTINI, *Teoria...*, pp. 45 e 47.

[582] Para mais desenvolvimentos, cfr. PAULO OTERO, *Lições...*, I, 2º tomo, pp. 294 ss.

[583] Cfr. NORBERTO BOBBIO, *Teoría General del Derecho*, 3ª Reimp., Madrid, 1995, p. 172.

[584] Cfr. NORBERTO BOBBIO, *Contribucion a la Teoria del Derecho*, Madrid, 1990, p. 313.

[585] Cfr. HERBERT L.A. HART, *O Conceito de Direito*, p. 91.

[586] Num certo sentido, uma vez que as normas de competência já têm uma função habilitadora e paramétrica da emanação de outros atos, as normas que regulam as normas de competência, em vez de serem normas de segundo grau, são, verdadeiramente, normas de "terceiro grau".

192 | BASES JURÍDICAS DA ADMINISTRAÇÃO PÚBLICA

8.6.4. (a) As *normas que conferem competência* são passíveis de compreender quatro diferentes níveis configuradores de poderes da Administração Pública:

(i) As *normas de tarefas ou incumbências públicas* – traçam o recorte das necessidades coletivas a cargo do poder público, por oposição à esfera da sociedade civil, verificando-se que a ultrapassagem pelo poder administrativo da linha constitucional de fronteira traçada entre o "hemisférico do público" e o "hemisfério do privado", segundo o princípio de subsidiariedade, consubstancia, desde que fora da margem constitucional de liberdade conformadora do legislador, uma violação da *reserva de sociedade civil* ou *reserva de direitos fundamentais*;

(ii) As *normas de divisão ou separação de funções* – são as que, dentro do âmbito das funções de natureza pública, procedem à distribuição da satisfação de tais necessidades coletivas pelos diversos poderes do Estado, aqui se incluindo as que definem o âmbito material de atuação da função administrativa perante as demais funções do Estado, registando-se que a sua violação gera decisões administrativas feridas de *usurpação de poderes*;

(iii) As *normas de atribuições* – são as que, dentro das necessidades coletivas cuja satisfação pertence à Administração Pública, procedem à distribuição da parcela de interesses públicos a cargo das diferentes pessoas coletivas públicas que a integram (salvo em relação ao Estado, aqui se verificando que a distribuição de atribuições se faz por ministério), passando tais interesses a constituir os fins específicos de atuação de cada uma dessas entidades (ou ministérios)[587], isto em termos tais que, se uma prosseguir atribuições integrantes da esfera de outra entidade pública (o mesmo sucedendo entre ministérios), as respetivas decisões administrativas se encontram feridas de *incompetência absoluta*;

(iv) As *normas de competência (em sentido restrito ou próprio)* – são as que, no âmbito das atribuições de cada entidade pública integrante da Administração Pública, repartem pelas respetivas estruturas orgânicas as faculdades ou os poderes necessários para se prosseguirem os fins próprios da entidade em que se encontram integra-

---

[587] Cfr. AFONSO RODRIGUES QUEIRÓ, *Atribuições*, in DJAP, I, Coimbra, 1965, pp. 587 ss.

§8º ADMINISTRAÇÃO PÚBLICA: IDEIAS NUCLEARES | 193

das, observando-se que se uma estrutura orgânica age no âmbito dos poderes conferidos a outra estrutura que faça parte da mesma entidade pública, sem para isso estar habilitada, as decisões administrativas padecem de *incompetência relativa*.

8.6.5. (a) *Idem* – as *normas de competência (em sentido restrito ou próprio)* são passíveis de, atendendo à natureza dos poderes que conferem, comportar duas situações:

- As *normas de competência potestativa* conferem poderes para a Administração Pública introduzir, unilateral e automaticamente, alterações na ordem jurídica, constituindo, modificando ou extinguindo posições jurídicas[588];
- As *normas de competência não potestativa*, pelo contrário, outorgam poderes cujas alterações a produzir na ordem jurídica não dependem da simples intervenção unilateral da Administração Pública, exigindo também o assentimento ou a cooperação de outros sujeitos[589].

8.6.6. (b) As *normas que disciplinam o exercício da competência* são suscetíveis de comportar cinco principais subtipos:

(i) As *normas que fixam os princípios gerais a que obedece o exercício da competência pela Administração Pública*, salientando-se aqui as seguintes manifestações:

- Princípio da legalidade da competência – a competência das estruturas administrativas resulta diretamente da Constituição, da lei ou de princípios gerais de Direito;
- Princípio da irrenunciabilidade da competência – os poderes conferidos não podem ser objeto de renúncia pela estrutura administrativa a quem foram confiados;
- Princípio da inalienabilidade da competência – os poderes também não são passíveis de ser objeto de negócio jurídico por

---

[588] V.g., as normas de competência revogatória ou suspensiva, as normas de competência homologatória ou autorizativa, as normas de competência avaliativa de alunos ou certificativas de factos.

[589] V.g., normas de competência para a negociação, celebração e execução de contratos, normas de competência para a nomeação do titular de um órgão.

parte do seu titular, encontrando-se proibida a sua transmissão (gratuita ou onerosa) a terceiro;

- Princípio da inconsumibilidade da competência – os poderes não se extinguem, nem desaparecem, após o seu exercício (uma ou mais vezes) pelo respetivo titular de raiz[590];
- Princípio do respeito pela delimitação material[591], territorial[592], hierárquica[593] e temporal[594] da competência;

(ii) As *normas que fixam pressupostos* (de direito ou de facto) *ao exercício da competência*, estabelecendo requisitos ou cenários na previsão da norma para que a competência possa ser exercida[595], originam que, verificando-se a ausência de um pressuposto ou a sua viola-

---

[590] Cfr. ENZO CAPACCIOLI, *Manuale...*, I, p. 249.

[591] Os poderes entre as diversas estruturas administrativas distribuem-se em função das matérias, sendo possível, no entanto, que para a decisão final concorra a intervenção de uma pluralidade de estruturas, sem prejuízo de ser admissível que a mesma matéria se encontre confiada ao poder de decisão simultânea de mais de um órgão. Poder-se-á até discutir se o Direito português encerra um princípio de que não há só um único órgão competente para a decisão de cada matéria, antes se observa a existência simultânea de uma pluralidade de órgãos (cfr. PAULO OTERO, *Legalidade e Administração Pública*, pp. 875 ss.).

[592] A competência mostra-se, igualmente, passível ser repartida em função do território, criando espaços de ação decisória exclusivos de determinadas autoridades (v.g., a câmara municipal de Lisboa não pode praticar atos referentes a situações localizadas no território do município de Almada ou de Loures, assim como o Comando Distrital do Porto da Polícia de Segurança Pública não pode punir disciplinarmente um polícia que exerce funções sob a alçada do Comando da Polícia de Segurança Pública do distrito de Lisboa).

[593] Existem normas que fixam a repartição vertical ou hierárquica de exercício da competência, definindo o que pertence à esfera decisória dos órgãos subalternos e aquilo que integra a esfera de intervenção dos respetivos superiores hierárquicos, sabendo-se que a sua violação gera uma incompetência em razão da hierarquia.

[594] As normas que estabelecem o momento temporal de exercício da competência permitem extrair dois princípios nucleares: (1º) a competência exerce-se em relação ao presente, salvo se a lei habilitar a prática de atos retroativos (v.g., atos interpretativos, atos saneadores); (2º) O exercício da competência relativa a um momento futuro e fora do alcance temporal dos poderes do decisor mostra-se passível de gerar uma incompetência em razão do tempo.

[595] V.g., o conselho científico das faculdades integrantes de universidades públicas têm competência para propor ao reitor a concessão de dispensa de serviço docentes aos assistentes que o requeiram, desde que admitidos a doutoramento. A competência decisória do reitor assenta, por conseguinte, num pressuposto de direito (: que o conselho científico competente tenha aprovado a proposta de dispensa), o qual, por sua vez, dependia de dois pressupostos de facto (: o assistente ter requerido a dispensa e estar já admitido a doutoramento).

§8º ADMINISTRAÇÃO PÚBLICA: IDEIAS NUCLEARES | 195

ção, agindo o decisor como se não existisse qualquer pressuposto, exista uma decisão ferida de *erro sobre os pressupostos* da competência ou, em alternativa, viciada de *incompetência*;

(iii) As *normas que determinam os fins do exercício da competência*, fazendo corresponder a motivação principalmente determinante das decisões ao fim que levou a conferir essa competência ao respetivo decisor, determina que, se esse motivo principalmente determinante não corresponde ao fim visado pela norma de competência em causa[596], existirá uma situação de *desvio de poder*;

(iv) As *normas que estabelecem limites materiais ao exercício da competência*, impondo condições e requisitos quanto ao objeto da decisão a adotar ao abrigo da competência em causa[597], se não forem respeitadas, originarão, inevitavelmente, decisões feridas de *violação de lei*;

(v) As *normas que prescrevem o procedimento e a forma de exercício da competência*, por último, se desprezadas no agir administrativo[598], produzirão decisões feridas de *vício de forma*.

8.6.7. (c) As *normas que regulam as normas de competência*, funcionando como um Direito do Direito, sendo passíveis de conferir poderes adicionais à Administração Pública sobre as próprias normas definidoras da sua competência e ainda sobre as normas reguladora do seu exercício, compreendem o seguinte quadro tipológico[599]:

(i) Normas que regulam a produção de normas de competência[600];

---

[596] V.g., se, nos termos da lei, a aplicação de multas pelo estacionamento de viaturas em local explorado por entidade pública tem o propósito de sancionar o desrespeito das regras de trânsito, a sua utilização não pode ter como motivo principalmente determinante o angariar de receitas para a entidade pública titular da exploração do estacionamento.

[597] V.g., se lei determina que as bolsas de estudo a conceder pelos serviços sociais universitários têm como limite máximo o valor 100, a Administração Pública não pode conceder 101.

[598] V.g., se a lei determina que a permissão camarária para a instalação de um elevador na escada de um prédio depende de parecer favorável dos bombeiros, a ausência desse parecer determina que uma eventual permissão padeça de vício de forma.

[599] Cfr. PAULO OTERO, *Lições...*, I, 2º tomo, pp. 295 ss.

[600] V.g., as normas constitucionais definidoras da competência legislativa da Assembleia da República, do Governo e das assembleias legislativas das regiões autónomas respeitantes a matérias administrativas e à atribuição de competência decisória à Administração Pública; podem existir normas de competência de origem consuetudinária?

(ii) Normas que disciplinam as relações entre as diversas fontes reveladoras de normas de competência[601];

(iii) Normas que resolvem conflitos de normas de competência, isto num triplo sentido:
- Resolução de conflitos materiais decorrentes do conteúdo de normas de competência[602], incluindo conflitos positivos e conflitos negativos de competência;
- Resolução de conflitos temporais entre normas de competência[603];
- Resolução de conflitos espaciais entre normas de competência envolvendo situações jurídicas internas[604] ou situações jurídicas transnacionais[605];

(iv) Normas que definem critérios de interpretação de normas de competência[606];

---

[601] V.g., o artigo 112º, nº 2, 1ª parte, da Constituição, definindo o princípio da paridade hierárquico-normativa entre lei e decreto-lei; o artigo 3º, nº 3, da Constituição, subordinando a validade de todos atos à sua conformidade com a Constituição; poderá o não exercício reiterado de uma competência administrativa conduzir à "supressão" da admissibilidade do seu exercício? (cfr. PAULO OTERO, *Legalidade e Administração Pública*, pp. 921 ss.).

[602] V.g., antinomias entre normas de competência (v.g., a norma X diz que a competência pertence a A, a norma Y, respeitante à mesma matéria, diz que a competência pertence a B) e colisões entre princípios a aplicar pela autoridade administrativa com competência decisória (v.g., garantia do exercício do direito de greve pelos professores em dia de exames e o assegurar que os alunos do ensino público realizem as provas de exame nesse mesmo dia).

[603] V.g., aplicabilidade da lei nova definidora de nova autoridade face ao exercício de poderes sobre relações jurídico-administrativas de execução continuada.

[604] V.g., conflitos de competência entre o Estado e as autarquias locais ou entre o Estado e as regiões autónomas.

[605] V.g., a declaração de nulidade de título académico estrangeiro obtido por um estrangeiro que pretende servir-se dele para exercer uma atividade em Portugal; a aprovação de um prospeto de oferta pública feita em diversos Estados-membros da União Europeia, deverá ser aprovada por cada um deles ou basta que um o faça? (cfr. PAULO OTERO, *Legalidade e Administração Pública*, pp. 490 ss.). Para mais desenvolvimentos, cfr. CHRISTOPH OHLER, *Die Kollisionsordnung des Allgemeinen Verwaltungsrechts – Strukturen des deutschen Internationalen Verwaltungsrechts*, Tübingen, 2005; MIGUEL PRATA ROQUE, *Mais um passo a caminho de uma Administração globalizada e tencnológica?*, in D&P, nº 4, 2013, pp. 166 ss.

[606] V.g., podem as normas de competência ser objeto de interpretação extensiva? Será que a competência se pode presumir no silêncio da lei?

(v)   Normas que incidem sobre a integração de lacunas de normas de competência[607].

8.6.8. (c) *Idem*

Num contexto político e administrativo progressivamente internacionalizado e europeizado, revelando a existência de um conjunto significativo de matérias que deixaram de estar na órbita exclusiva de decisão dos Estados, numa redução do seu domínio reservado a favor de organizações internacionais e supranacionais, as *normas que regulam as normas de competência* passaram a assumir um particular destaque no relacionamento entre diversas Administrações Públicas situadas em espaços de sobreposição decisória e, por essa via, potencialmente conflituantes – num outro sentido, o poder administrativo (assim como os demais poderes internos do Estado) revelam-se, cada vez mais, menos soberanos.

8.7. Formas e meios da atividade administrativa: introdução

(A) A multiplicidade de formas

8.7.1. No exercício da sua competência, visando a prossecução das suas tarefas, a Administração Pública recorre a formas jurídicas e a formas não jurídicas de atividade, ilustrando que nem sempre as funções do Estado se reconduzem à prática de atos jurídicos, apesar de todos os atos não jurídicos radicarem a sua validade numa norma jurídica de competência e serem passíveis de envolver a produção de efeitos jurídicos.

8.7.2. As formas jurídicas de atuação administrativa, envolvendo a definição ou construção de situações jurídicas, pautam-se pelas seguintes ideias nucleares:

(i)   A definição das situações jurídicas pode fazer-se através do recurso ao Direito público (: formas de atividade jurídica pública) ou mediante a utilização do Direito privado (: formas de atividade jurídica privada);

---

[607] V.g., existem lacunas em normas de competência administrativa? E existindo, será possível proceder à sua integração através da analogia? (respondendo em sentido negativo à primeira questão, cfr. SÉRVULO CORREIA, *Margem de livre decisão...*, p. 402).

198 | BASES JURÍDICAS DA ADMINISTRAÇÃO PÚBLICA

(ii) As situações jurídicas definidas podem ter incidência substantiva, procedimental ou processual;

(iii) Nem sempre a definição das situações jurídicas é feita por ação, uma vez que a lei pode associar à inércia ou omissão administrativa um determinado significado definidor de uma situação jurídica concreta;

(iv) A invalidade da definição jurídica proveniente da Administração Pública nem sempre impede a sua produção de efeitos, nem exclui o seu destinatário do dever de obediência em todos os casos;

(v) A definição das situações jurídicas pode fazer-se em termos unilaterais ou bilaterais;

(vi) No âmbito do Direito público, a definição unilateral das situações jurídicas pode ser recortada a nível geral e abstrato ou em termos individuais e concretos.

8.7.3. As formas não jurídicas da atividade administrativa, excluindo do seu objeto a definição de uma situação jurídica, revelam que um número significativo de tarefas administrativas se consubstancia na transformação material da realidade factual (: atos materiais)[608], na definição de linhas políticas do agir administrativo (: atos políticos da Administração Pública)[609] ou no desenvolvimento de condutas informais face à legalidade procedimental fixada em normas jurídico-positivas, num agir *praeter legem* (: atuação informal)[610].

---

[608] Neste domínio se inserem, a título de exemplo, a lecionação de uma aula ou a investigação científica no âmbito de um estabelecimento público de ensino, o atendimento e a prestação de serviços de saúde num hospital público, a construção de uma linha férrea ou de uma autoestrada ou de um aeroporto, a redação em computador de atos jurídicos. Para mais desenvolvimentos, cfr. PIERRE MOOR/ETIENNE POLTIER, *Droit Administratif*, II, pp. 28 ss.; ULRICH HÄFELIN/GEORG MÜLLER/FELIX UHLMANN, *Allgemeines...*, pp. 196 ss.; THIERRY TANQUEREL, *Manuel...*, p. 231 ss.; PIERMARCO ZEN-RUFFINEN, *Droit Administratif*, pp. 111 ss.; CARLA AMADO GOMES, *Contributo para o Estudo das Operações Materiais da Administração Pública e do seu Controlo Jurisdicional*, Coimbra, 1999; IDEM, *Operações materiais administrativas*, in DJAP, 1º supl., Lisboa, 1998, pp. 205 ss.; MARCELO REBELO DE SOUSA/ANDRÉ SALGADO DE MATOS, *Direito Administrativo...*, III, pp. 375 ss.

[609] Cfr. PIERRE MOOR/ETIENNE POLTIER, *Droit Administratif*, II, pp. 50 ss.; MARIA DA GLÓRIA GARCIA, *Direito das Políticas Públicas*, Coimbra, 2009.

[610] Cfr. EBERHARD BOHNE, *Informales Verwaltungsghandeln im Gesetzesvollzug*, in E. BLANKENBURG/K. LENK (org.), *Organisation und Recht*, Opladen, 1980, pp. 20 ss.; IDEM, *Informales Verwaltungs-und Regierungshandeln als Instrument des Umweltschutzes*,

(B) A "revolução" dos meios

8.7.4. O exercício da atividade administrativa, assuma ou não forma jurídica, exige sempre a mobilização de meios, salientando-se os quatro seguintes principais:

(i) *Meios humanos*, uma vez que uma instituição não pode prescindir das pessoas que lhe dão vida e a fazem funcionar: não há Administração Pública, nem exercício da atividade administrativa, sem o pessoal que, independentemente da natureza do seu estatuto ou vínculo laboral, se encontra ao serviço da Administração;

(ii) *Meios materiais*, pois o funcionamento da Administração Pública exige um suporte patrimonial, traduzido em bens (imóveis e móveis) que se encontram afetos à realização do interesse público (v.g., ruas, estradas, linhas férreas, edifícios dos estabelecimentos escolares e dos hospitais públicos, bibliotecas públicas, computadores, cadeiras)[611] e ainda em meios financeiros que, conferindo sustentabilidade aos custos do funcionamento e do agir administrativo, encontram especial expressão nos impostos e nas taxas;

VerwArch, nº 75, 1984, pp. 343 ss.; EBERHARD SCHMIDT-ASSMANN, *Die Lehre von der Rechtsformen des Verwaltungshandelns*, DVBl, 1989, pp. 533 ss.; GIORGIO BERTI, *Stato di Diritto Informale*, RTDP, 1992, pp. 3 ss.; GÜNTER PÜTTNER, *Lo Stato di Diritto Informale*, RTDP, 1992, pp. 31 ss.; MICHAEL KLOEPFER, *En torno a las nuevas formas de actuación medioambientales del Estado*, in DA, nºs 235-236, 1993, pp. 33 ss.; HELMUTH SCHULZE-FIELITZ, *Informalidad o ilegalidad de la actuación administrativa?*, in DA, nºs 235-236, 1993, pp. 89 ss.; MARTIN SCHULTE, *Actuación administrativa informal como instrumento de protección estatal del médio ambiente y de la salud*, in DA, nºs 235-236, 1993, pp. 113 ss.; PEDRO LOMBA, *Problemas da actividade administrativa informal*, in RFDUL, vol. XLI, nº 2, 2000, pp. 827 ss.; PAULO OTERO, *Legalidade e Administração Pública*, em especial, pp. 179 ss. e 915 ss.; MARCELO REBELO DE SOUSA/ANDRÉ SALGADO DE MATOS, *Direito Administrativo...*, III, pp. 402 ss.; CARLA AMADO GOMES/SANDRA LOPES LUÍS, *O dom da ubiquidade administrativa: reflexões sobre a actividade administrativa informal*, in OD, 2012, pp. 535 ss.; PIERRE MOOR/ETIENNE POLTIER, *Droit Administratif*, II, pp. 54 ss.; PIERMARCO ZEN-RUFFINEN, *Droit Administratif*, p. 116.

[611] Há quem, no âmbito dos bens afetos à realização do interesse público, distinga entre (a) o património administrativo, compreendendo o conjunto de bens que serve direta e imediamente de suporte à realização das tarefas públicas, sem serem acessíveis de maneira igual a todos e a cada um, e (b) o domínio público, integrando os bens que se encontram abertos, por via de regra, a todos, de maneira livre, igual e gratuita. Para um aprofundamento desta dicotomia, cfr. THIERRY TANQUEREL, *Manuel...*, pp. 64 ss.

200 | BASES JURÍDICAS DA ADMINISTRAÇÃO PÚBLICA

(iii) *Meios organizativos*, envolvendo a existência de estruturas funcionais e ordenadas de pessoas físicas que, integrando o interior das pessoas coletivas que fazem parte da Administração Pública, desenvolvem a respetiva esfera material de competência, correspondendo aos designados serviços administrativos;

(iv) *Meios privados*, verificando-se que a Administração recorre a entidades privadas que atuam no mercado para, por via contratual, obter serviços e bens que, não sendo ela própria a produzir ou a prestar, se revelam indispensáveis para a satisfação das tarefas a seu cargo[612] – v.g., obras públicas, prestação de serviços[613], fornecimento de bens.

8.7.5. Os últimos anos têm originado significativas alterações na configuração dos meios da atividade administrativa e inerentes perplexidades jurídicas:

(i) A progressiva aproximação dos vínculos laborais públicos ao regime dos trabalhadores sujeitos ao contrato individual de trabalho vigente no âmbito do Direito privado, se pode encontrar justificação no princípio da igualdade, mostra-se passível de suscitar delicadas questões de compatibilidade face à reserva constitucional de função pública;

(ii) A alienação do património imobiliário público, se alicerçada em motivações financeiras de curto prazo do erário público, pode revelar-se comprometedora do cenário global de exercício da ação administrativa, isto ainda que a intervenção pública se paute por um princípio de subsidiariedade;

(iii) O aumento das necessidades financeiras decorrentes da satisfação de níveis demagógicos de bem-estar social, conduzindo ao estrangulamento fiscal da sociedade, mostra-se suscetível de colocar em causa a própria sustentabilidade do Estado, por via de défices

---

[612] Cfr. THIERRY TANQUEREL, *Manuel...*, pp. 73 ss.

[613] Note-se que também organismos públicos podem participar na qualidade de concorrentes em concursos públicos para a adjudicação de prestação de serviços, cfr. Acordão da 1ª Secção do Supremo Tribunal Administrativo, de 25 de março de 2009, referente ao processo nº 55/09, in CJA, nº 75, 2009, pp. 35 ss.; CLÁUDIA VIANA, *A participação de entes públicos (e equiparados) como concorrentes em procedimentos de contratação pública*, in CJA, nº 75, 2009, pp. 43 ss.

orçamentais excessivos e do recurso sistemático ao endividamento público, onerando as gerações futuras;

(iv) O recurso contratual a meios privados, envolvendo também a realização de parcerias público-privadas, tem determinado uma redução da intervenção económica direta do Estado com um aumento excessivo de custos financeiros: a concretização da subsidiariedade do Estado não pode comportar a insustentabilidade financeira das gerações futuras com a privatização dos meios de ação administrativa, nem pode deixar de envolver responsabilidade dos intervenientes públicos;

(v) A privatização dos serviços públicos, numa verdadeira "liquidação" do setor público empresarial e, por via da redução de efetivos humanos e de meios financeiros, de diminuição do nível prestacional do setor público administrativo, visam o redimensionamento de todo o setor público, criando zonas de Administração Pública mínima.

Igualmente aqui se assiste a uma verdadeira "revolução" administrativa.

8.7.6. A "demissão" do Estado de intervir em certos setores de atividade social, sendo ditada por razões ideológicas neoliberais e/ou pragmáticas de natureza financeira, pode levantar delicadas questões de índole constitucional, numa manifestação reiterada de um desenvolvimento administrativo à margem da letra da Constituição escrita: um modelo de uma Administração Pública "não oficial" poderá tentar substituir a Administração Pública "oficial".

8.7.7. Nem se poderá excluir que, por força de alteração das circunstâncias que serviram de base factual ou pressuposto negocial de contratos excessivamente onerosos para o erário público, em sede de meios privados da atividade administrativa, exista fundamento jurídico para, atendendo a um cenário de grave crise económico-financeira conducente a um risco sério de *defult* do Estado, a Administração Pública se encontrar vinculada, à luz da melhor prossecução do interesse público, (i) a renegociar os termos contratuais antes celebrados, salvaguardando a proteção da confiança dos cocontratantes e (ii) a responsabilizar os intervenientes públicos em tais negócios que tenham usado de negligência grosseira.

202 | BASES JURÍDICAS DA ADMINISTRAÇÃO PÚBLICA

§9º TIPOLOGIA DA ADMINISTRAÇÃO PÚBLICA: AS PRINCIPAIS DICOTOMIAS

9.1. Generalidades

9.1.1. Sabe-se já que não existe uma única Administração Pública, antes se regista a existência de várias Administrações Públicas.

Essa pluralidade de Administrações Públicas pode confirmar-se através do recorte dicotómico dos seus principais tipos: a tipologia, nunca sendo por definição exaustiva, revela-se, todavia, esclarecedora da diversidade e complementaridade de configurações que a Administração Pública mostra assumir.

9.1.2. Centra-se a tipologia a traçar em cinco principais critérios de referência:
- O *Direito regulador* da Administração Pública, traduzindo o grau de adesão ou conformação administrativa ao ordenamento jurídico que a visa disciplinar;
- A *estrutura do substrato organizativo* da Administração Pública, reconduzida aos elementos que se encontram subjacentes ao seu modelo de organização;
- A *atividade desenvolvida* pela Administração Pública, identificada com as áreas materiais, tarefas ou interesses públicos a cargo de prossecução pelas estruturas administrativas;
- O *procedimento adotado* pela Administração Pública, enquanto modelo e itinerário de formas e formalidades conducentes ao exercício da atividade administrativa;
- Os *efeitos produzidos* pela Administração Pública, revelando agora a configuração dos principais resultados do agir administrativo.

9.1.3. Nenhuma das dicotomias tipológicas a apresentar exclui as demais, antes se mostra possível traçar cruzamentos e sobreposições entre dicotomias e critérios, mostrando até que, por vezes, uma parte da mesma estrutura orgânica da Administração Pública pode funcionar como sendo x e uma outra parte como sendo y – a pluralidade de Administrações Públicas só se mostra ultrapassada pela complexidade da própria Administração Pública.

§9º TIPOLOGIA DA ADMINISTRAÇÃO PÚBLICA: AS PRINCIPAIS DICOTOMIAS | 203

9.2. Direito regulador e tipos de Administração Pública

9.2.1. *a) Administração de Direito público/Administração de Direito privado*[614]
A Administração de Direito público é aquela que, mostrando-se passível de exercer poderes de autoridade, pauta o seu agir pela aplicação de normas de Direito Administrativo e/ou de outros ramos de Direito público.

Em termos inversos, a Administração de Direito privado tem a sua atividade disciplinada, em via de regra, pelo Direito comum (ou Direito privado), não gozando da prerrogativa de exercer poderes de autoridade.

9.2.2. *b) Administração vinculada/Administração discricionária*
A Administração vinculada, possuindo um reduzido espaço de integração autónoma da sua vontade face às predeterminações da lei, desenvolve uma atividade marcadamente subsuntiva das opções resultantes da normatividade reguladora da sua ação, sem margem criativa ou liberdade de escolha de pressupostos, soluções, efeitos ou momento decisório.

A Administração discricionária, em termos distintos, goza de autonomia criativa dentro dos limites da normatividade, podendo observar-se a relevância da vontade administrativa na integração dos espaços deixados abertos pela lei, elegendo e densificando pressupostos, criando soluções ou optando por soluções adiantadas pelo legislador, configurando efeitos ou escolhendo a oportunidade decisória.

9.2.3. *c) Administração fundada na Constituição/Administração fundada na legalidade*
Se a Administração encontrar a habilitação do seu agir ou a regulação da sua conduta em normas da Constituição que, sem qualquer mediação legislativa lhe são diretamente dirigidas, diz-se que estamos diante de uma Administração fundada na Constituição – é o que sucede, à luz do artigo 18º, nº 1, em matéria de vinculação administrativa à aplicabilidade direta de certas normas referentes a direitos fundamentais[615] ou, no que diz respeito ao Governo, à luz do preceituado pelo artigo 199º, alínea g) [616].

---

[614] Falando, a este propósito, em Administração através de "processo de direito privado" e Administração de "processo de serviço público", cfr. ROCHA SARAIVA, *Princípios...*, p. 41.
[615] Cfr. PAULO OTERO, *O Poder Substituição...*, II, pp. 531 ss.; IDEM, *Legalidade e Administração Pública*, pp. 667 ss. e 990-991.
[616] Cfr. PAULO OTERO, *O Poder Substituição...*, II, pp. 613 ss.

204 | BASES JURÍDICAS DA ADMINISTRAÇÃO PÚBLICA

A Administração fundada na legalidade, por seu lado, encontra no ordenamento jurídico infraconstitucional o fundamento imediato do seu agir[617], podendo aqui diferenciar-se, todavia, duas modalidades de Administração subordinada à lei:

(i) A Administração fundada na legalidade externa, isto no sentido de ser disciplinada pela normatividade reguladora das relações que colocam em contacto a Administração e os administrados;

(ii) A Administração fundada na legalidade interna, envolvendo uma normatividade criada e aplicada a nível intra-administrativo, passível até de assumir uma configuração *contra legem* face à legalidade externa (CRP, artigo 112º, nº 5, *a contrario*)[618].

9.2.4. *d) Administração de exceção/Administração de normalidade*

A Administração de exceção é aquela que desenvolve a sua atividade em cenários formais ou materiais de estado de sítio, estado de emergência ou estado necessidade administrativa, visando a prossecução de interesses públicos em circunstâncias extraordinárias, envolvendo o exercício de poderes de exceção ou de necessidade[619] e num quadro jurídico de legalidade alternativa[620].

A Administração de normalidade, pelo contrário, corresponde àquela que não pressupõe cenários de circunstâncias extraordinárias geradoras de estado de exceção constitucional ou administrativa, pautando-se pela legalidade habitual ou normalmente reguladora da realidade administrativa.

---

[617] Note-se que, por via de regra, a Administração fundada na lei é também, atendendo à exigência de conformidade do ordenamento infraconstitucional à Lei Fundamental, uma Administração alicerçada na Constituição em segundo grau ou num nível indireto. Nem sempre, porém, assim sucederá: se a legalidade em causa for inconstitucional, a sua aplicação administrativa gerará uma Administração fundada na legalidade que é contrária à Constituição – e o artigo 282º, nº 4, da Constituição permite até a legitimação constitucional desta última hipótese.

[618] Cfr. PAULO OTERO, *Legalidade e Administração Pública*, pp. 456 e 1000 ss.

[619] Neste último sentido, cfr. JULIANA GOMES MIRANDA, *Teoria da Excepcionalidade Administrativa – A juridicização do estado de necessidade*, Belo Horizonte, 2010, p. 27.

[620] Para um desenvolvimento destas últimas ideias, cfr. PAULO OTERO, *Lições...*, I, 2º tomo, pp. 347 ss. e 362 ss.

§9º TIPOLOGIA DA ADMINISTRAÇÃO PÚBLICA: AS PRINCIPAIS DICOTOMIAS | 205

9.2.5. *e) Administração formal/Administração informal*

Numa evolução histórica reveladora de uma crescente subordinação de toda a atuação administrativa a regras jurídicas detalhadas, numa fé ilimitada na capacidade reguladora do agir administrativo pelo Direito escrito, a Administração formal é expressão do positivismo-legalista: todo o seu agir se move dentro do quadro procedimental e material definido pela legalidade jurídico-positiva, nunca aproveitando qualquer margem de abertura ou flexibilização da normatividade, numa escrupulosa subordinação às formas jurídicas típicas da atuação administrativa, desenvolvendo sempre uma conduta num sentido *secundum legem*.

A Administração informal é aquela que, partindo de um entendimento de que o Direito desempenha um papel entorpecedor do agir administrativo, desenvolve a sua atividade à margem de mecanismos estabelecidos por normas jurídicas, num propósito de alcançar os objetivos através de expedientes mais rápidos e eficazes, afastando-se da legalidade formal que não possui natureza imperativa ou agindo através de instrumentos não regulados normativamente[621], designadamente perante (i) a tolerância face a situações de facto[622], (ii) envolvendo "ação direta" através do exercício da força em cenários de guerra ou de perseguição policial[623] ou ainda (iii) num contexto de flexibilidade negocial que envolva a participação dos interesses indispensáveis a um consenso decisório (v.g., *gentlemen's agreement*[624]), tudo isto sem que se verifique qualquer situação de estado de necessidade administrativa ou exista habilitação para um agir *contra legem*[625]: a Administração informal é aquela que, por via de regra, age *praeter legem*.

9.2.6. *f) Administração oficial/Administração "não oficial"*

A Administração "oficial" é aquela que procura corresponder ou aproximar-se, em termos organizativos, funcionais e procedimentais, ao modelo normativo publicado no jornal oficial, sem tomar em consideração a realidade resultante dos factos, num cenário de transposição do quadro ditado pelo ordenamento jurídico escrito: a Administração "oficial", visando aco-

---

[621] Cfr. PAULO OTERO, *Legalidade e Administração Pública*, pp. 181 ss.
[622] Cfr. PAULO OTERO, *Legalidade e Administração Pública*, p. 186.
[623] Cfr. DIOGO FREITAS DO AMARAL, *Curso...*, II, 2ª ed., pp. 34 e 35.
[624] Cfr. PIERRE MOOR/ALEXANDRE FLÜCKIGER/VICENT MARTENET, *Droit Administratif*, I, p. 928; THIERRY TANQUEREL, *Manuel...*, p. 233.
[625] Cfr. PAULO OTERO, *Legalidade e Administração Pública*, pp. 183 ss. e 915 ss.

lher e refletir os efeitos da regulação jurídico-positiva, é uma administração predominantemente heteroconfigurada.

A Administração "não oficial", funcionando num mundo paralelo à dimensão oficial, traduz a permeabilidade administrativa a processos factuais e informais que, debilitando e neutralizando a efetividade das normas escritas reguladoras da Administração Pública[626], pode gerar a sua subversão organizativa, funcional ou procedimental[627], revelando a existência de uma "Administração paralela"[628]: uma Administração que, correspondendo à realidade ou verdade dos factos, é sentida pelos administrados e se vai autoconfigurando.

9.3. Estrutura do substrato organizativo e tipos de Administração Pública

9.3.1. a) Governo – órgão administrativo/restante Administração

O Governo, herdeiro nos modernos sistemas parlamentares do clássico vértice do poder executivo – e que se encontra atribuído ao presidente da república em sistemas de governo presidencial –, exerce as funções de órgão de condução da política geral (interna e externa) do país e, simultaneamente, de órgão superior da Administração Pública, definindo e difundido um *indirizzo* político sobre todas as restantes estruturas admi-

---

[626] Note-se que a Administração "não oficial" pode também resultar da aplicação administrativa de normas inconstitucionais, uma vez que os órgãos administrativos não têm normalmente competência desaplicadora de tais normas, provocando, deste modo, o desenvolvimento de uma atividade "não oficial" contrária à Constituição.

Mais controvertida poderá suscitar-se a qualificação do tipo de Administração resultante de cenários de ressalva pelo Tribunal Constitucional de efeitos pretéritos de normas declaradas inconstitucionais com força obrigatória geral, nos termos do artigo 282º, nº 4, da Constituição, ou, tal como sucedeu no seu Acórdão nº 353/2012, de 5 de julho, de situações em que o Tribunal Constitucional resolve limitar os efeitos da sua decisão *in futurum*, numa modulação de efeitos *pro futuro*: será que estamos aqui diante de uma Administração "não oficial" acolhida pelo sistema oficial ou, segundo diferente ótica, perante uma Administração oficializada de raiz ou origem "não oficial"?

[627] Para mais desenvolvimentos da legalidade administrativa "não oficial", cfr. PAULO OTERO, *Legalidade e Administração Pública*, pp. 418 ss., em especial, 436 ss.

[628] Cfr. AGUSTIN GORDILLO, *L'Amministrazione Parallela – Il «parasistema» giuridico--amministrativo*, Milano, 1987, pp. 9 ss.

§9º TIPOLOGIA DA ADMINISTRAÇÃO PÚBLICA: AS PRINCIPAIS DICOTOMIAS | 207

nistrativas e assumindo a inerente responsabilidade política junto do parlamento e da opinião pública:

(i) O *indirizzo* político, permitindo ao Governo manter a unidade de condução da política do Estado, segundo uma vontade coerente e teleologicamente determinada, orientando, decidido ou impulsionando ações através de uma diretividade incidente sobre opções fundamentais de diversas estruturas públicas[629], habilita-o a praticar atos de alta administração[630];

(ii) Os atos de alta administração do Governo, concretizando o exercício do *indirizzo* político no âmbito da atividade administrativa, ao abrigo de uma "discricionariedade latíssima"[631], envolvem sempre a exigência de intervenção do Primeiro-Ministro[632], podendo ser feitos por deliberação do Conselho de Ministros ou contar com a intervenção *a posteriori* do Presidente da República[633];

(iii) Nem toda a atividade administrativa desenvolvida pelo Governo se consubstancia, no entanto, na prática de atos de alta administração;

(iv) No contexto da "execução multinível de políticas públicas"[634], o Governo ocupa o lugar de topo no exercício de uma competência implementadora, registando-se que também assumirá, à luz das coordenadas de um sistema de governo presidencialista de primeiro-ministro[635], o papel de protagonista na sua definição estratégica;

(v) No exercício de qualquer competência, o Governo é sempre órgão de soberania.

---

[629] Para um aprofundamento conceitual, dogmático e tipológico da noção de *indirizzo* político, cfr. TEMISTOCLE MARTINES, *Indirizzo político*, in EdD, XXI, Milano, 1971, pp. 134 ss.; GIULIANO AMATO/AUGUSTO BARBERA (org.), *Manuale di Diritto Pubblico*, 4ª ed., Bologna, 1994, pp. 302 ss.; LUÍS BARBOSA RODRIGUES, *A função política de direcção do Estado*, in *Estudos de Homenagem ao Prof. Doutor Jorge Miranda*, II, Coimbra, 2012, pp. 385 ss.

[630] Para uma densificação do conceito de atos de alta administração, cfr. FAUSTO CUOCOLO, *Consiglio dei ministri*, in EdD, IX, Milano, 1961, p. 244.

[631] Cfr. GIULIANO AMATO/AUGUSTO BARBERA (org.), *Manuale...*, p. 709.

[632] Sublinhando a função de direção política do Governo conferida ao Primeiro-Ministro, cfr. PAULO OTERO, *Direito Constitucional...*, II, pp. 355 ss.

[633] Neste último sentido, igualmente ao nível do Direito italiano, cfr. ALDO SANDULLI, *Governo e Amministrazione*, p. 271.

[634] Expressão de ANA RAQUEL GONÇALVES MONIZ, *A discricionariedade...*, p. 640.

[635] Para mais desenvolvimentos na caracterização, neste sentido, do sistema de governo, cfr. PAULO OTERO, *Direito Constitucional...*, II, pp. 503 ss.

208 | BASES JURÍDICAS DA ADMINISTRAÇÃO PÚBLICA

A restante Administração, por seu lado, não gozando de uma posição soberana e simultânea de decisor político geral e de vértice de uma estrutura administrativa, sem prejuízo de também ser suscetível de possuir um *indirizzo* político menor ou apenas setorial (v. *supra*, §14º) e de ter nas suas mãos a seleção e o controlo da informação que lhe permite construir os dossiers[636] e, por esse via, condicionar a decisão superior (v. *supra*, nº 8.3.2.), encontra-se incumbida de exercer a função administrativa num plano político-administrativo condicionado ou subordinado, nos termos da Constituição e das leis, pela ação política e administrativa do Governo, possuindo uma discricionariedade decisória de grau substancialmente mais reduzido.

9.3.2. *b) Administração territorial/Administração associativa/Administração institucional*

A Administração territorial visa dar expressão aos interesses e aspirações de um agregado populacional existente num determinado espaço do território nacional (: Administração do Estado), regional (: Administração das regiões autónomas) ou local (: Administração autárquica).

A Administração associativa, tendo por base um agrupamento ou associação de pessoas singulares, coletivas ou mista, de natureza privada e/ou pública, procura satisfazer interesses públicos, segundo a configuração conferida por lei. Neste âmbito se integram as designadas associações públicas[637].

A Administração institucional, em sentido diferente, tem como substrato uma instituição, enquanto realidade organizativa de caráter material[638] e personalizada, sem base territorial ou associativa[639], podendo ser um serviço, um património, um estabelecimento ou uma estrutura empresarial[640], a quem a ordem jurídica confere a prossecução de interesses públicos específicos – são os designados institutos públicos.

---

[636] Cfr. Pierre Moor/Alexandre Flückiger/Vicent Martenet, *Droit Administratif*, I, p. 17.

[637] Cfr. Diogo Freitas do Amaral, *Curso...*, I, 3ª ed., pp. 423 ss.; Jorge Miranda, *As Associações Públicas no Direito Português*, Lisboa, 1985; Vital Moreira, *Administração Autónoma...*, em especial, pp. 377 ss.; João Pacheco de Amorim, *Associações públicas e liberdade de associação*, in *Estudos em Homenagem ao Prof. Doutor Sérvulo Correia*, I, Coimbra, 2010, pp. 345 ss.

[638] Cfr. Diogo Freitas do Amaral, *Curso...*, I, 3ª ed., p. 364.

[639] Cfr. Paulo Otero, *Institutos Públicos*, in DJAP, V, Lisboa, 1993, pp. 250 ss.

[640] Cfr. Diogo Freitas do Amaral, *Curso...*, I, 3ª ed., p. 424.

9.3.3. *c) Administração central/Administração periférica*

A Administração Pública pode visar a prossecução de interesses respeitantes a todo o território nacional, exercendo-os do centro da vida administrativa do Estado, isto é, da sua capital, falando-se em Administração central.

A Administração periférica, diferentemente, circunscreve a sua atuação a uma zona ou circunscrição delimitada do território, podendo fazê--lo em termos internos (v.g., comando distrital da PSP, direções regionais do Ministério da Agricultura) ou externos (v.g., embaixadas e consulados portugueses no estrangeiro).

9.3.4. *d) Administração geral/Administração corporativa*

Se a Administração Pública visa a prossecução de interesses comuns a toda a coletividade ou à maioria dos seus membros na qualidade de cidadãos, fala-se em Administração geral; se, em sentido oposto, está em causa a prossecução de interesses públicos relativos a um grupo ou grupos específicos de pessoas, delimitadas em função da atividade socioprofissional que desempenham (v.g., advogados, médicos, arquitetos, bancários), fala--se em Administração corporativa.

9.3.5. *e) Administração dependente/Administração independente*

As estruturas administrativas são suscetíveis de exercer a sua competência sujeitas a vinculações intra-administrativas, isto é, submetidas a poderes de intervenção conformadora e/ou fiscalizadora sobre a sua esfera decisória, provenientes de outras estruturas da Administração Pública, dotadas que se encontram estas últimas de uma legitimidade política reforçada e de uma supremacia funcional – fala-se então, no que respeita às primeiras, em Administração dependente (v.g., os diretores-gerais face ao respetivo ministro, os institutos públicos relativamente à entidade tutelar).

Na Administração independente, as estruturas administrativas exercem os seus poderes sem qualquer sujeição a mecanismos intra-administrativos de intervenção governamental, encontrando-se exclusivamente vinculadas à legalidade externa (v.g., Provedor de Justiça, Comissão Nacional de Eleições, autoridade reguladora da comunicação social).

210 | BASES JURÍDICAS DA ADMINISTRAÇÃO PÚBLICA

9.3.6. *f) Administração do Estado/Administração infraestadual/Administração supraestadual*

A Administração do Estado, visando a prossecução do interesse geral da coletividade, identificado com os "altos interesses coletivos e permanentes" titulados pelo Estado[641], possui no topo órgãos representativos, dotados de legitimidade democrática e responsáveis politicamente, encontrando-se encarregue da exercer as funções de soberania e ainda da implementação das restantes tarefas fundamentais que a Constituição incumbe o Estado. Trata-se, numa linguagem tradicional, da Administração Pública da entidade pública "por excelência, a mais alta"[642].

A Administração infraestadual, expressão de uma pluralidade de fenómenos de descentralização, prossegue interesses públicos de âmbito circunscrito e dentro das coordenadas resultantes dos interesses gerais da coletividade a cargo do Estado[643], tem a sua existência subordinada à vontade constitucional ou legislativa do Estado, registando-se que no exercício da sua atividade também se encontra sujeita à vontade administrativa do Estado.

Ilustrando que hoje não é mais verdade que "acima do Estado não há nenhuma coletividade mais alta, a autoridade do Estado é superior a todas, a nenhuma subordinada"[644], a Administração supraestadual, prosseguindo interesses comuns a vários Estados, situados num plano superior a cada um deles e titulados por entidades dotadas de personalidade internacional, mostra-se passível de exercer funções de subordinação, coordenação ou cooperação[645] relativamente ao Estado (v.g., Administração da União Europeia, Administração das Nações Unidas).

---

[641] Cfr. ROCHA SARAIVA, *Construcção Jurídica do Estado*, II, Coimbra, 1912, p. 10.

[642] Expressão utilizada em relação ao Estado, enquanto pessoa coletiva, cfr. ROCHA SARAIVA, *Construcção Jurídica do Estado*, I, Coimbra, 1912, p. 101.

[643] Para mais desenvolvimentos, cfr. PAULO OTERO, *Direito Constitucional Português*, I, pp. 141 ss.

[644] Cfr. ROCHA SARAIVA, *As doutrinas políticas germânica e latina e a teoria da personalidade do Estado*, in RFDUL, 1917, n°s 3 e 4, p. 292.

[645] Para uma distinção destes últimos conceitos no plano internacional, cfr. ANDRÉ GONÇALVES PEREIRA/FAUSTO DE QUADROS, *Manual de Direito Internacional Público*, 3ª ed., Coimbra, 1993, pp. 37-38.

9.3.7. g) Administração sob forma pública/Administração sob forma privada

Se a prossecução de interesses públicos é feita por estruturas organizativas dotadas de uma personalidade jurídica de Direito Público, correspondendo a entes ou entidades públicas, fala-se em Administração sob forma pública (v.g., municípios, entidades públicas empresariais); se, em sentido contrário, a prossecução de interesses públicos é confiada a entidades dotadas de uma personalidade de Direito privado, deparamos com uma Administração sob forma privada (v.g., concessionárias, sociedades de capitais integralmente públicos)[646].

9.4. Atividade desenvolvida e tipos de Administração Pública

9.4.1. a) Administração substantiva/Administração processual

A Administração substantiva é aquela que, desenvolvendo a sua atividade à luz do Direito material disciplinador do exercício da função administrativa, regula direta e imediatamente situações jurídicas da vida social, definindo posições jurídicas dos administrados perante a Administração ou desta perante aqueles (v.g., criando ou extinguindo direitos ou obrigações).

A Administração processual consubstancia a atividade desenvolvida pelas estruturas administrativas e/ou seus mandatários como partes litigantes em processos judiciais ou arbitrais[647], envolvendo uma conduta processual expressa em dois momentos cronológicos:

(i) A definição de uma estratégia processual[648], traçando cenários, projetando propósitos ou um programa de ação face a um processo já movido ou a mover que tenha a Administração como autora ou ré;

---

[646] Cfr. PAULO OTERO, *Vinculação e Liberdade...*, pp. 222 ss.; IDEM, *Legalidade e Administração Pública*, pp. 304 ss.; PEDRO GONÇALVES, *Entidades Privadas...*, pp. 396 ss.

[647] Note-se que a prática de atos processuais através de advogado constituído por uma entidade pública, envolvendo a existência de um contrato de mandato, traduz uma forma de representação dessa mesma entidade pública (cfr. PAULO OTERO, *O Poder de Substituição...*, II, pp. 448-449), sendo a vontade de tais mandatários juridicamente imputável à entidade representada, num fenómeno autovinculação.

[648] Para uma abordagem do tema, sob a ótica da análise económica do Direito, apesar de dirigida ao setor privado, sem prejuízo de poder ser adaptada à decisão estratégica de litigância judicial por parte da Adminisração Pública, cfr. RICARDO GOUVEIA PINTO, *Incerteza e decisão de litigância – aproximação e tentativa sobre a teoria das opções reais*, in *Estudos Jurí-*

212 | BASES JURÍDICAS DA ADMINISTRAÇÃO PÚBLICA

(ii) A prática de atos processuais (: atos postulativos e atos constitutivos em sentido estrito)[649], segundo a regulação jurídica emergente
de leis processuais ou regras arbitrais (v.g., contestação, dizendo-
-se parte ilegítima da relação material controvertida).

9.4.2. *b) Administração neutral/Administração intervencionista*

A Administração neutral corresponde à Administração liberal típica[650],
limitando-se a garantir a liberdade, a segurança e a propriedade, numa
postura abstencionista face à realidade social e económica: a Administração neutral não intervém por ação na implementação do bem-estar social,
nem para garantir níveis mínimos de dignificação das condições de vida do
ser humano, limitando-se a adotar uma postura omissiva perante a insuficiência de condições individuais para a satisfação de necessidades básicas
(v.g., alimentação, saúde, habitação, educação).

A Administração intervencionista, ao invés, insere-se no âmbito de
um Estado com preocupações sociais, assistindo-se à sua intervenção na
esfera económica e social, visando garantir a produção e distribuição de
bens essenciais e a prestação de serviços básicos à comunidade, podendo
ocorrer em dois diferentes cenários:

(i) A Administração intervencionista poderá excluir qualquer concorrência da iniciativa económica privada ou conferir-lhe uma posição
subalterna e marginal, desenvolvendo-se no âmbito de um modelo
dirigista de matriz autoritária;

(ii) A Administração intervencionista poderá fazer-se em concorrência
com a iniciativa económica privada, à luz de um modelo de economia mista, visando a garantia do bem-estar social, num contexto

---

dicos e Económicos em Homenagem ao Prof. Doutor António de Sousa Franco, III, Coimbra,
2006, pp. 763 ss.

[649] Para mais desenvolvimentos sobre os conceitos de tais atos processuais, cfr. J. GOLDSCH-
MIDT, *Derecho Procesal Civil*, Barcelona, 1936, pp. 227 ss. e 242 ss.; PAULA COSTA E SILVA,
*Acto e Processo – O dogma da irrelevância da vontade na interpretação e nos vícios do acto
postulativo*, Coimbra, 2003, pp. 171 ss., em especial, pp. 208 ss. Falando, em sentido diferente,
em atos postulativos e atos dispositivos ou causais, cfr. ARTUR ANSELMO DE CASTRO, *Direito
Processual Civil Declaratório*, III, Coimbra, 1982, pp. 12 ss. Num sentido diferente, cfr. A.J.
SIMÕES DE OLIVEIRA, *Actos processuais*, in DJAP, I, Coimbra, 1965, pp. 158 ss.

[650] Para mais referências à aparente neutralidade política da Administração liberal, cfr. PAULO
OTERO, *Conceito e Fundamento...*, pp. 279 ss.

de dignificação das condições de vida da pessoa humana, segundo formas organizativas de Direito Público e/ou de Direito Privado[651].

Os movimentos políticos neoliberais, visando a redução ou a supressão deste último tipo de Administração intervencionista concorrencial, procuram privatizar todas as principais manifestações públicas de produção de bens e de prestação de serviços sem caráter soberano, num regresso ao Estado mínimo.

9.4.3. *c) Administração produtora/Administração reguladora*

A Administração produtora de bens e prestadora de serviços é a típica Administração intervencionista do Estado social.

O neoliberalismo, procurando reduzir ao mínimo essa função administrativa prestadora, veio revelar, por efeito da necessidade de serem definidas normas disciplinadoras do exercício das atividades que foram objeto de privatização, um novo tipo de Administração Pública: a Administração reguladora[652].

A Administração reguladora, visando disciplinar, por razões ditadas pelo interesse público, o funcionamento do mercado, convocando um relacionamento triangular entre regulador/empresas/cidadãos, tem a seu cargo uma tripla missão:

(i) Definir as condições de acesso e permanência no mercado;

(ii) Corrigir as deficiências do mercado que possam lesar a concorrência e os consumidores;

(iii) Arbitrar uma primeira resolução de conflitos entre diferentes interesses dos "agentes" intervenientes no mercado.

Por tudo isto, a Administração reguladora não deixa de ser uma Administração intervencionista – trata-se, porém, de uma intervenção qualitativa e quantitativamente diferente da intervenção prestacional do Estado social.

9.4.4. *d) Administração burocrática/Administração empresarial*

A Administração burocrática tem como propósito o desenvolvimento de uma atividade administrativa sem caráter empresarial ou lucrativo, segundo

---

[651] Cfr. Parejo Alfonso/A. Jiménez-Blanco/L. Ortega Álvarez, L. Ortega, **Manual...**, I, pp. 13 ss.

[652] Sobre o tema, cfr. Pedro Gonçalves, **Reflexões...**, pp. 12 ss.

214 | BASES JURÍDICAS DA ADMINISTRAÇÃO PÚBLICA

um modelo organizativo e funcional interno de matriz hierárquica, formal, racional, baseado no conhecimento especializado dos seus funcionários[653], integrando o designado setor público administrativo (v.g., o Estado, as regiões autónomas, as autarquias locais).

A Administração empresarial, funcionando segundo a lógica de uma empresa, produz bens ou presta serviços que coloca no mercado, utilizando critérios económicos de decisão e visando o lucro, segundo formas organizativas de Direito público ou de Direito privado, inserindo-se no setor público empresarial[654] (v.g., Caixa Geral de Depósitos, RTP, Estradas de Portugal, Imprensa Nacional-Casa da Moeda).

9.4.5. *e) Administração de sacrifícios/Administração de prestação*[655]

A Administração de sacrifícios, procurando satisfazer a prossecução de interesses públicos por via da produção de atos impositivos de obrigações, limita a liberdade e/ou a propriedade dos destinatários das suas decisões – configura-se, neste sentido, como sendo uma Administração odiosa (v.g., Administração tributária, a Administração policial).

A Administração de prestação, envolvendo a produção de bens e a prestação de serviços aptos à satisfação de necessidades sociais, algumas delas configuradas como direitos fundamentais de natureza social, torna--se particularmente importante no contexto de um modelo de bem-estar decorrente do Estado social (v.g., a administração da segurança social, a administração da saúde, a administração da educação), procurando uma melhoria das condições de vida dos membros da comunidade[656-657].

---

[653] Para mais desenvolvimentos sobre o modelo administrativo de organização burocrática, cfr. MAX WEBER, *Sociología del Poder – Los tipos de dominación*, Madrid., 2007, pp. 78 ss.; JOSÉ FERNANDO NUNES BARATA, *Burocracia*, in DJAP, I, Coimbra, 1965, pp. 752 ss.; JOÃO BAPTISTA MACHADO, *Lições...*, pp. 214 ss.

[654] Para mais desenvolvimentos, cfr. PAULO OTERO, *Vinculação e Liberdade...*, pp. 77 ss.

[655] Cfr. ULRICH HÄFELIN/GEORG MÜLLER/FELIX UHLMANN, *Allgemeines...*, pp. 11 ss.; PIERRE TSCHANNEN/ULRICH ZIMMERLI/MARKUS MÜLLER, *Allgemeines...*, pp. 23 ss.

[656] Para um desenvolvimento das diversas temáticas relativas à Administração prestadora, cfr. HANS PETER BULL, *Allgemeines...*, pp. 18 ss.; EBERHARD SCHMIDT-ASSMANN, *Das allgemeines Verwaltungsrecht...*, pp. 167 ss.; MARIA JOÃO ESTORNINHO, *A Fuga...*, pp. 99 ss.

[657] São temáticas hoje aqui nucleares: igualdade de tratamento e critérios limitativos de acesso às prestações (v.g., *numerus clausus*, níveis de rendimento dos beneficiários), necessidade e atendibilidade de retrocesso no grau de satisfação já alcançado, endividamento público e custos financeiros do Estado social.

A realidade demonstra que, por vezes, a Administração de sacrifícios anda entrelaçada, num verdadeiro "braço dado", com a Administração de prestação – pense-se no caso de aumento das taxas moderadores cobradas pela prestação de serviços de saúde em estabelecimentos públicos ou a imposição do aumento de propinas no ensino superior público[658].

9.4.6. *f) Administração de ordenação/Administração de infraestruturas*

A Administração de ordenação[659], visando regular e garantir a boa ordem da coletividade, evitando perigos ou a mera suspeita de perigos, mostra-se hoje, após o 11 de setembro de 2001, particularmente importante na prevenção de riscos de perigo[660], desenvolve uma atividade diretiva ou ordenadora da conduta dos particulares, regulando e formulando ordens e proibições, sem quaisquer propósitos de transformação social, apesar de ser passível de produzir ingerência na esfera da liberdade individual, condicionando ou coagindo a ação dos particulares em nome da segurança. Neste domínio de insere, por exemplo, a atuação policial, a inspeção económica, o controlo da qualidade dos produtos alimentares, a formulação de advertências administrativas.

A Administração de infraestruturas[661], visando conjugar o fornecimento de serviços básicos e o propósito de alterar a realidade social para além de cada caso concreto, desenvolve uma atuação conformadora ou transformadora, numa visão renovada do bem-estar, segundo uma postura prospetiva[662] e de composição ponderativa de interesses públicos e privados, tendo também em consideração as gerações vindouras, recorrendo à planificação e alicerçada num programa de políticas públicas no setor administrativo, mostrando-se suscetível de produzir decisões dotadas de efeitos reflexos numa pluralidade de pessoas, falando-se em multilaterali-

---

[658] Neste sentido, apesar de utilizar terminologia diferente, cfr. MÁRIO ESTEVES DE OLIVEIRA, *Direito Administrativo*, I, p. 298; DIOGO FREITAS DO AMARAL, *Legalidade (princípio da)*, pp. 991 ss.; IDEM, *Curso...*, I, 3ª ed., pp. 67-68.

[659] Cfr. PETER BADURA, *Verwaltungsrecht im liberalen und im sozialen Rechtsstaat*, Tübingen, 1966, pp. 22; EBERHARD SCHMIDT-ASSMANN, *Das allgemeines Verwaltungsrecht...*, pp. 166-167; HANS PETER BULL, *Allgemeines...*, p. 18.

[660] Cfr. EBERHARD SCHMIDT-ASSMANN, *Das allgemeines Verwaltungsrecht...*, p. 166.

[661] Cfr. HEIKO FABER, *Verwaltungsrecht*, pp. 347 ss.; GEORG HERMES, *Staatliche Infrastrukturverantwortung*, Tübingen, 1998.

[662] Cfr. LUCIEN SFEZ, *L'Administration Prospective*, Paris, 1970.

216 | BASES JURÍDICAS DA ADMINISTRAÇÃO PÚBLICA

dade[663]. É o que sucede, em termos exemplificativos, com a elaboração de planos de desenvolvimento regional, a definição de critérios de sustentabilidade das prestações da segurança social por velhice, a formulação de regras de planeamento urbanístico ou de estudos de impacte ambiental. A crise financeira aberta em 2008 veio, entretanto, fazer refrear ou diminuir a Administração de infraestruturas, especialmente ao nível das grandes obras públicas[664].

9.4.7. *g) Administração de estratégica/Administração de transformação*

A Administração de estratégica consubstancia o setor da atividade administrativa que, desenvolvendo um *indirizzo* político do exercício da função administrativa, idealiza, programa e projeta soluções (v.g., a criação de uma linha de TGV, a construção de um novo aeroporto, um plano de reforma e desenvolvimento da Faculdade de Direito de Lisboa).

A Administração de transformação, por seu lado, procura implementar ou materializar aquilo que, anteriormente, a Administração de estratégia havia formulado, decidindo, realizando, executando e avaliando os seus resultados[665] (v.g., a efetiva construção da linha de TGV Lisboa-Porto e/ou Lisboa-Badajoz, aprovação de alterações ao plano do curso do 1º ciclo da Faculdade de Direito).

9.4.8. *h) Administração visível/Administração invisível*

A Administração visível, pautando-se pelos princípios da transparência e do arquivo aberto, não prossegue interesses públicos dominados pelo secretismo, antes tem publicadas no jornal oficial as regras definidoras da sua orgânica, do seu pessoal, dos modos de funcionamento e ainda as principais decisões emanadas no exercício das suas funções, podendo dizer-se que corresponde ao modelo normal de exercício da função administrativa.

Em termos opostos, a Administração invisível é dominada pelo secretismo da sua organização, dos seus elementos humanos e até dos termos

---

[663] Para mais desenvolvimentos, cfr. EBERHARD SCHMIDT-ASSMANN, *Das allgemeines Verwaltungsrecht...*, pp. 167 ss.; VASCO PEREIRA DA SILVA, *Em Busca...*, pp. 127 ss.; MARIA JOÃO ESTORNINHO, *A Fuga...*, pp. 102 e 103; MAFALDA CARMONA, *O Acto Administrativo Conformador de Relações de Vizinhança*, Coimbra, 2011, pp. 15 ss.

[664] Cfr. PEDRO GONÇALVES, *Reflexões...*, p. 42.

[665] Para uma síntese destas fases da atividade administrativa, cfr. FRANCO GAETANO SCOCA, *Attività amministrativa*, EdD, VI (Aggiornamento), 2002, p. 79.

§9º TIPOLOGIA DA ADMINISTRAÇÃO PÚBLICA: AS PRINCIPAIS DICOTOMIAS | 217

e propósitos do seu próprio agir, envolvendo a prossecução dos interesses públicos que correspondem à atividade desenvolvida pelos serviços secretos do Estado[666], sendo também possível incluir os serviços de inteligência ou de informações referentes à salvaguarda da independência nacional, à estratégia de defesa militar e à garantia da segurança interna, podendo recortar-se no seu âmbito três distintos setores[667]: (i) a atividade de inteligência em sentido próprio, (ii) a atividade de contrainteligência e (iii) as designadas ações encobertas.

Sem prejuízo de, desde 11 de setembro de 2001, a prevalência de concepções securitárias terem justificado um aumento significativo desta Administração invisível, nunca se mostra legítimo, à luz das coordenadas de um Estado de Direito democrático, o desenvolvimento de uma "Administração clandestina", isto é, fora dos quadros da Constituição e de qualquer controlo político[668].

9.4.9. i) *Administração militar/Administração civil*

A Administração militar é o setor da Administração Pública que, encontrando-se a cargo das forçar armadas, tem como missão fundamental a defesa nacional contra ameaças externas[669], identificada com a prossecução dos seguintes interesses públicos: "garantir a soberania do Estado, a independência nacional e a integridade territorial de Portugal, bem como assegurar a liberdade e a segurança das populações e a proteção dos valores fundamentais da ordem constitucional contra qualquer agressão ou ameaça externas"[670].

A Administração civil é, subtraída a Administração militar, toda a restante Administração Pública, mostrando-se passível de definição em ter-

---

[666] Para mais desenvolvimentos, cfr. UMBERTO FRAGOLA, *L'Amministrazione Invisibile. I problemi giuridici dell'apparato dei servizi segreti*, Napoli, 1998.

[667] Cfr. JEFFREY RICHELSON, *The US Intelligence Community*, 3ª ed., Colorado, 1995.

[668] Cfr. JOANISVAL BRITO GONÇALVES, *O controle da atividade de inteligência em Estados democráticos: o caso do Brasil*, in RDP-IDP, nº 3, 2010, pp. 83 ss.

[669] Cfr. ALEXANDRA LEITÃO, *A Administração militar*, in JORGE MIRANDA/CARLOS BLANCO DE MORAIS (coord.), *O Direito da Defesa Nacional e das Forças Armadas*, Lisboa, 2000, pp. 441 ss.; ANTONIO-RAFAEL HERNANDEZ OLIVENCIA, *Derecho Administrativo Militar y Procedimento Administrativo*, 2ª ed., Murcia, 1992, pp. 27 ss.

[670] Cfr. Lei da Defesa Nacional, aprovada pela Lei Orgânica nº 1-B/2009, de 7 de julho, artigo 1º, nº 1.

218 | BASES JURÍDICAS DA ADMINISTRAÇÃO PÚBLICA

mos residuais: protagonizada por pessoal não militar, começando onde terminam as forças armadas, a Administração civil visa a prossecução de todos os interesses públicos que não dizem respeito especificamente à defesa nacional contra ameaças externas.

9.5. Procedimento adotado e tipos de Administração Pública

9.5.1. *a) Administração unilateral/Administração bilateral*

A Administração unilateral, expressando o exercício de uma autoridade exclusiva ou unissubjectiva, desenvolve a sua atividade sem o concurso de vontades alheias na formação estrutural ou constituinte da decisão, definindo, independentemente do acordo de terceiros, (i) soluções em termos gerais e abstratos (: regulamentos), (ii) o Direito aplicável a casos individuais e concretos (: atos administrativos) ou (iii) posições jurídicas processuais visando obter do poder judicial a resolução de uma lide (: atos processuais da Administração Pública[671]).

A Administração bilateral, ao invés, abrindo-se à participação coconstituinte ou codecisória plurissubjetiva, assenta na necessidade de se ajustarem interesses contrapostos através de um acordo de vontades – designado de contrato, pacto, convénio, acordo ou convenção –, podendo envolver o relacionamento entre Administração e particulares ou entre duas entidades integrantes da Administração Pública (: convénios interadministrativos), assumam natureza substantiva (v.g., contrato de empreitada de obras públicas, contrato de concessão) ou processual (v.g., acordo arbitral, transação).

9.5.2. *b) Administração impositiva/Administração concertada*

A Administração tradicional de matriz liberal, numa postura de separação e distância comunicacional entre o Estado e a sociedade fora do quadro parlamentar, baseia-se na imposição unilateral de condutas, sem ouvir ou integrar mecanismos de participação dos interessados no procedimento decisório, recorrendo à coação, se necessário, para fazer imperar a sua declaração de vontade habilitada por lei: a Administração impositiva expressa a vontade da autoridade decisória, sem interferências participa-

---

[671] Tais atos processuais podem ter como função o iniciar, o desenvolver ou o terminar de uma lide (cfr. ARTUR ANSELMO DE CASTRO, *Direito Processual...*, III, p. 13).

§9º TIPOLOGIA DA ADMINISTRAÇÃO PÚBLICA: AS PRINCIPAIS DICOTOMIAS | 219

tivas dos súbditos ou cidadãos, num modelo relacional baseado na força de quem manda e na obediência do sujeito passivo.

Em sentido radicalmente diverso, expressando a conceção de uma democracia participativa fundada na interpenetração entre Estado e sociedade, acolhendo uma postura de inclusão das forças sociais, a Administração concertada assenta na valorização da participação dos interessados, em termos individuais ou integrados em grupos de interesses, na fase preparatória da tomada de decisões administrativas, verificando-se que a Administração, em vez de ordenar ou impor comportamentos, procura convencer, persuadir, seduzir os seus interlocutores – qualificados, por vezes, de "parceiros sociais" (v.g., sindicatos, associações patronais) –, visando alcançar, por via de negociação, a sua adesão, numa decisão final consensual, verdadeiro procedimento de codecisão ou de concertação social[672], segundo os postulados de um modelo de Estado cooperativo[673].

9.5.3. *c) Administração de subordinação/Administração paritária*

A Administração de subordinação, expressando um relacionamento vertical ou de supremacia entre o autor de decisões imperativas e os destinatários vinculados à obediência, num contexto de uma verdadeira relação de sujeição em que o decisor tem o poder unilateral de exigir um comportamento ao administrado, traduz uma omnipotente manifestação de

---

[672] Cfr. ANDRÉ DE LAUBADÈRE, *L'Administration concertée*, in *Mélanges M. Stassinopoulos*, Paris, 1974, pp. 407 ss. ; ANTÓNIO M. BARBOSA DE MELO, *Introdução às formas de concertação social*, in BFDUC, 1983, pp. 65 ss.; JOÃO BAPTISTA MACHADO, *Participação e Descentralização. Democratização e Neutralidade na Constituição de 76*, Coimbra, 1982, em especial, pp. 45 ss.; IDEM, *Lições...*, pp. 239 ss.; JACQUES CHEVALLIER, *Science Administrative*, Paris, 1986, pp. 417 ss. ; PAULO OTERO, *Conceito e Fundamento...*, pp. 268 ss.; IDEM, *A 'desconstrução' da democracia constitucional*, in JORGE MIRANDA (org.), *Perspectivas Constitucionais – Nos 20 anos da Constituição de 1976*, II, Coimbra, 1997, pp. 638-639; ONOFRE ALVES BATISTA JÚNIOR, *Administração fiscal burocratizada e as soluções consensuais no Direito administrativo tributário*, in *Estudos em Memória do Prof. Doutor J.L. Saldanha Sanches*, III, Coimbra, 2011, em especial, pp. 598 ss.

[673] Cfr. RITTER, *Der Kooperative Staat*, in AÖR, 1979, pp. 389 ss.; SCHRADER, *Das Kooperationsprinzip – ein Rechtsprinzip?*, in DÖV, 1990, pp. 326 ss.; WALTER KREBS, *Contratos y convenios entre la Administración y particulares*, in DA, nºs 235-236, 1993, em especial, pp. 59 ss.; EDUARDO ROCHA DIAS, *Fundamento constitucional das advertências administrativas relativas ao tabaco e das restrições à publicidade de cigarros*, in RFDUL, 2005, nº 2, pp. 1117 ss.

220 | BASES JURÍDICAS DA ADMINISTRAÇÃO PÚBLICA

autoridade, sem que se reconheça aos particulares a titularidade de posições jurídicas ativas de natureza substantiva e oponíveis à Administração Pública.

A Administração paritária, em termos diferentes, parte de uma configuração do relacionamento entre o cidadão e o Estado assente numa paridade ou igualdade jurídica, uma vez que ambos se encontram identicamente subordinados ao Direito: a Administração apenas pode usar contra o cidadão os poderes ou meios que a ordem jurídica lhe reconhece, tal como este goza de posições jurídicas ativas alicerçadas na Constituição e que se mostram indisponíveis por aquela, expressando a existência de uma relação jurídico-administrativa passível de configurar vinculações da Administração Pública perante a titularidade de direitos do particular[674].

9.5.4. *d) Administração executiva/Administração judiciária*

Na Administração executiva, as estruturas administrativas não se limitam a definir autoritariamente o Direito no caso concreto (: autotutela declarativa), verificando-se que, em caso de incumprimento pelo destinatário de decisões que imponham obrigações de *dare, facere* ou *non facere*, a Administração tem a faculdade de, sem qualquer prévia intervenção judicial, recorrer à sua execução coativa: a Administração executiva goza de uma autotutela executiva ou privilégio de execução prévia[675].

A Administração judiciária, em sentido inverso, compreende as situações jurídicas envolvendo a Administração Pública em que a lei devolve para a esfera do poder judicial a respetiva definição, isto num duplo cenário:

(i) Se a Administração Pública não goza de autotutela declarativa, não existindo acordo dos interessados envolvidos, compete aos tribunais a decisão primária de tais situações;

(ii) Se a Administração Pública não possui privilégio de execução prévia ou autotutela executiva, verificando-se que o administrado não cumpre voluntariamente as obrigações de *dare, facere* ou *non facere*

---

[674] Cfr. PEDRO MACHETE, *Estado de Direito...*, pp. 457 ss.; IDEM, *A subordinação...*, pp. 219 ss.

[675] Para um estudo desenvolvido e aprofundado da autotutela executiva e da sua fundamentação constitucional, cfr., por todos, RUI GUERRA DA FONSECA, *O Fundamento...*, pp. 26 ss., 45 ss. e 661 ss. Ainda sobre o tema, ao nível da doutrina mais recente, cfr. RAVI AFONSO PEREIRA, *A execução do acto administrativo no direito português*, in *Em Homenagem ao Professor Doutor Diogo Freitas do Amaral*, Coimbra, 2010, pp. 793 ss.

§9º TIPOLOGIA DA ADMINISTRAÇÃO PÚBLICA: AS PRINCIPAIS DICOTOMIAS | 221

emergentes de atos de natureza impositiva, haverá que recorrer aos tribunais.

9.5.5. *e) Administração eletrónica/Administração tradicional*

A Administração eletrónica, sendo um produto da viragem do século XX, expressão aplicativa do progresso tecnológico ao aparelho administrativo, baseia-se num funcionamento procedimental e num relacionamento junto dos administrados através de meio informáticos, fazendo do computador meio de trabalho e de "diálogo", numa impessoalidade justificada pela eficiência e numa distância sempre acessível ao toque de uma tecla (v. *infra*, §25º).

A Administração tradicional ou clássica é aquela que, sendo herdeira de uma metódica de funcionamento do passado, continua a fazer do papel o seu principal instrumento de desenvolvimento de atividade jurídica e de relacionamento com os administrados, revelando pessoalidade no contacto e um elevado nível de confiança dos administrados, sem prejuízo da fraca preparação tecnológica da sua componente humana, sendo uma realidade, cada vez mais, em vias de extinção.

9.5.6. *f) Administração transparente/Administração opaca*

A Administração transparente, expressão procedimental de um agir administrativo visível (v. *supra*, nº 9.4.8.), traduz o rosto de um "Estado transparente"[676], revelando a abertura e a aproximação das estruturas administrativas à sociedade e aos seus meios de comunicação, informando, acolhendo a participação dos particulares e permitindo o acesso aos seus arquivos: a transparência não esconde, nem sonega informação, mostrando-se o secretismo incompatível com um modelo administrativo democrático.

A Administração opaca, em sentido contrário, dominada por um modelo burocrático[677], fechado e assente no sigilo, impõe uma distância de autoridade entre os seus serviços, titulares de uma postura de supremacia, e

---

[676] Para um aprofundamento deste conceito, cfr. JOSÉ RENATO GONÇALVES, *Estado burocrático e Estado transparente. Modelos institucionais de defesa do princípio da transparência: a Comissão de Acesso aos Documentos Administrativos (CADA)*, in *Estudos em Homenagem ao Professor Doutor Marcello Caetano – No Centenário do seu Nascimento*, I, Coimbra, 2006, em especial, pp. 813 ss.

[677] Falando agora em "Estado burocrático", cfr. JOSÉ RENATO GONÇALVES, *Estado burocrático...*, pp. 809 ss.

os particulares, reduzidos à qualidade de súbditos ou meros administrados, recusando intromissões destes no seu procedimento decisório unilateral e rígido.

9.6. Efeitos produzidos e tipos de Administração Pública

9.6.1. a) Administração de assistência/Administração agressiva[678]
A Administração de assistência é aquela cujos efeitos da sua atuação, segundo a ótica de cada um dos respetivos destinatários, se têm como favoráveis, conferindo-lhes novas posições jurídicas ativas, ampliando as já existentes ou removendo restrições e quaisquer limitações ao exercício de posições jurídicas ativas tituladas. É o que acontece, por exemplo, com o aumento das prestações sociais ou com a decisão de abaixamento de taxas ou preços fixados por via administrativa.

A Administração agressiva, em sentido contrário, envolve a produção de sacrifícios ou de efeitos lesivos ou desfavoráveis aos seus destinatários, revogando, diminuindo ou amputando posições jurídicas ativas ou aumentando as vinculações, por via do reforço das posições jurídicas passivas. Será o que sucede, a título ilustrativo, com a expropriação de um bem, a revogação de um subsídio, a redução de uma pensão, a aplicação de uma coima ou o aumento da idade da reforma[679].

9.6.2. b) Administração constitutiva/Administração declarativa
A Administração constitutiva é aquela que exerce uma atividade produzindo a introdução de alterações na ordem jurídica, segundo um propósito conformador da sociedade[680] ou de simples modificação de uma ou várias situações jurídicas individuais, independentemente de, segundo a perspetiva do destinatário, o seu sentido genérico ser favorável ou desfavorável[681].

---

[678] Cfr. HANS WOLFF, *Verwaltunsrecht*, I, 7ª ed., München, 1968, p. 19.

[679] Especificamente sobre a administração agressiva, cfr. MÁRIO ESTEVES DE OLIVEIRA, *Direito Administrativo*, I, pp. 292 ss.; DIOGO FREITAS DO AMARAL, *Curso...*, I, 3ª ed., pp. 64 ss.

[680] Neste último sentido, cfr. ROGÉRIO E. SOARES, *Princípio da legalidade...*, em especial, p. 178.

[681] Num sentido diferente sobre o conceito de administração constitutiva, identificando-o com a administração prestadora, cfr. MÁRIO ESTEVES DE OLIVEIRA, *Direito Administra-*

§9º TIPOLOGIA DA ADMINISTRAÇÃO PÚBLICA: AS PRINCIPAIS DICOTOMIAS | 223

A Administração declarativa, diversamente, é aquela cuja atividade não introduz alterações na ordem jurídica, limitando-se a verificar a existência de factos (v.g., registo civil, certidão de habilitações académicas), a emitir um juízo valorativo (v.g., parecer, relatório) ou a comunicar o conhecimento de uma realidade (v.g., notificação, intimação)[682].

9.6.3. *c) Administração decisória/Administração consultiva*

A Administração decisória, procurando dar resposta imediata aos interesses públicos a seu cargo, desenvolve uma atividade visando resolver as questões e os problemas que lhe são colocados, produzindo uma regulação normativa ou a definição do Direito aplicável a situações concretas, sempre através de atos geradores de efeitos diretos na esfera jurídica dos administrados.

A Administração consultiva[683], desempenhando uma função instrumental ou auxiliar relativamente à Administração decisória, visa ajudar, esclarecer, aconselhar, sob o ponto de vista técnico ou meramente participativo, a tomada de decisões normativas ou individuais, emitindo opiniões que, reconduzíveis a pareceres ou a recomendações, esgotam os seus efeitos típicos no âmbito da administração.

9.6.4. *d) Administração preventiva/Administração repressiva*

A Administração pode agir antecipando efeitos, impedindo a produção de certos eventos, combatendo as suas causas ou reduzindo os riscos da sua ocorrência – em qualquer hipótese, a Administração, agindo antes de tais factos ocorrerem, baseada em regras de experiência, de prudência ou em elementos indiciários, assume uma natureza preventiva. É o sucede, por exemplo, mandando limpar as matas antes do verão, regulando as condições de segurança do transporte de combustíveis, elaborando planos de prevenção contra catástrofes naturais ou vigiando grupos suspeitos de irem praticar atos criminosos.

---

tivo, I, pp. 298 ss.; DIOGO FREITAS DO AMARAL, *Legalidade (princípio da)*, p. 987; IDEM, *Curso...*, I, 3ª ed., pp. 64 ss.

[682] Para mais desenvolvimentos sobre este tipo de atividade administrativa, cfr. PAULO OTERO, *Direito Administrativo – Relatório*, pp. 341 ss.

[683] Cfr. JOÃO BAPTISTA MACHADO, *Lições...*, p. 257.

224 | BASES JURÍDICAS DA ADMINISTRAÇÃO PÚBLICA

A Administração repressiva, em sentido contrário, responde a factos já ocorridos ou cujo processo se encontra em curso, atuando em momento subsequente a acontecimentos já iniciados, visando minorar, impedir a continuação ou eliminar os efeitos, sancionar os seus responsáveis ou ambos os propósitos. Neste âmbito se incluem, a título ilustrativo, a resposta de auxílio às vítimas de um terramoto ou de cheias, a aplicação de sanções disciplinares ou de contraordenações e ainda as investigações da policia criminal visando determinar os envolvidos na prática de um crime.

9.6.5. *e) Administração interna/Administração externa*

Numa dicotomia tipológica baseada nos efeitos produzidos pelo agir administrativo, a Administração interna é aquela que desenvolve uma atividade cujos efeitos se esgotam dentro da própria Administração, nunca entrando em relação direta e imediata com os administrados, sendo possível recortar no seu âmbito duas diferentes situações:

(i) Os efeitos produzem-se no interior da própria pessoa jurídica que os emitiu – fala-se aqui em Administração interna intrassubjetiva (v.g., ordens, instruções ou circulares de serviço emanadas do Ministro das Finanças para todas as repartições de finanças);

(ii) Os efeitos produzem-se em relação a entidades integrantes da Administração Pública diferentes daquela que os gerou – fala-se agora em Administração interna intersubjetiva (v.g., despacho do Ministro das Finanças proibindo a realização de novas despesas por parte das autarquias locais e das universidades públicas, delegação de poderes de um município numa freguesia).

A Administração externa, por seu turno, consubstancia-se no exercício de uma atividade geradora de efeitos que, ultrapassando as fronteiras do espaço intra-administrativo face à sociedade, se repercutem imediatamente na esfera jurídica dos administrados, colocados em posição de seus destinatários gerais ou individuais[684].

---

[684] Para uma primeira abordagem da complexidade em torno da distinção entre atividade administrativa interna e externa, cfr. MASSIMO SEVERO GIANNINI, *Attività amministrativa*, EdD, III, 1958, pp. 991 ss.

9.6.6. f) Administração nacional/Administração transnacional

A Administração nacional é aquela que desenvolve uma atividade que incide sobre situações jurídicas dotadas de uma eficácia circunscrita ao território nacional, tenha como destinatários portugueses, estrangeiros ou apátridas, podendo aqui diferenciar-se, no entanto, a prossecução de dois tipos de interesses públicos:

(i)   A Administração nacional pode prosseguir interesses públicos do Estado português – trata-se da Administração nacional de interesses nacionais;

(ii) A Administração nacional pode também ser chamada a prosseguir interesses públicos definidos por entidades dotadas de personalidade internacional (v.g., União Europeia, Fundo Monetário Internacional) – trata-se agora da Administração nacional de interesses comunitários ou internacionais.

A Administração transnacional, tendo subjacente o exercício de uma atividade que incide sobre situações jurídico-administrativas que atravessam fronteiras de um ou mais Estados, podendo falar-se em situações jurídicas ou interesses públicos transnacionais, mostra-se passível de envolver a produção de efeitos extraterritoriais, num duplo sentido:

(i)   Efeitos fora do território nacional de atos praticados por autoridades administrativas portuguesas (v.g., a relevância no estrangeiro de título académico da Universidade de Lisboa);

(ii) A relevância em Portugal de efeitos de atos produzidos por Administrações Públicas estrangeiras (v.g., título académico obtido na Universidade Federal do Recife).

Note-se que a Administração Pública portuguesa, assim como a Administração de qualquer outro Estado, pode funcionar como Administração nacional e também como Administração transnacional: a crescente circulação de pessoas, mercadorias, capitais e serviços produz uma acentuada dinâmica transnacional de situações jurídicas.

§10º POSIÇÕES JURÍDICAS DOS PARTICULARES FACE À ADMINISTRAÇÃO PÚBLICA

10.1. Quadro geral de referência

10.1.1. Uma vez que todas as situações da vida que, sendo objeto de valoração pelo ordenamento jurídico, ganham relevância dentro do mundo do Direito, são situações jurídicas[685], pode afirmar-se que, se tais situações da vida envolverem a Administração Pública ou assumirem relevância à luz do ordenamento jurídico que a regula, estamos diante de *situações jurídico- -administrativas*.

10.1.2. Se "todo o Direito se constitui por causa dos homens"[686], as situações jurídicas dizem respeito a pessoas, traduzindo uma subjetivação do ordenamento jurídico, falando-se em posições jurídicas – "posição jurídica é toda a situação de uma pessoa regulada pelo direito"[687] e, se essa regulação for feita pelo ordenamento jurídico disciplinador da Administração Pública ou envolver a simples intervenção desta, estaremos diante de *posições jurídico-administrativas*.

10.1.3. As posições jurídico-administrativas podem referir-se a dois tipos de sujeitos:
(i) Às entidades integrantes da Administração Pública, falando-se em *posições jurídicas da Administração Pública*;
(ii) Aos particulares (pessoas singulares e pessoas coletivas) que se relacionam com a Administração Pública, utilizando-se agora a expressão *posições jurídicas dos administrados* ou, numa terminologia pleonástica e enraizada, *posições jurídicas subjetivas dos particulares*. A estas últimas restringiremos a análise.

10.1.4. Sabendo-se que a Administração Pública existe para as pessoas e em função das pessoas, o seu relacionamento com elas depende da posi-

---

[685] Cfr. José de Oliveira Ascensão, *Direito Civil – Teoria Geral*, III, pp. 10 ss.; António Menezes Cordeiro, *Tratado...*, I, 4ª ed., p. 863; Pedro Pais de Vasconcelos, *Teoria...*, p. 631.

[686] Cfr. D.1.5.2. Nas palavras de Rocha Saraiva, "é por causa dos homens apenas que a ordem jurídica existe", cfr. Rocha Saraiva, *Construcção...*, I, p. 86.

[687] Cfr. José de Oliveira Ascensão, *Direito Civil – Teoria Geral*, III, p. 56.

§10º POSIÇÕES JURÍDICAS DOS PARTICULARES FACE À ADMINISTRAÇÃO PÚBLICA | 227

ção jurídica em que cada uma se encontra investida[688]: a ordem jurídica cria posições jurídicas diferenciadas e essa diferenciação faz-se sempre sentir no seu relacionamento com a Administração Pública – as posições jurídicas dos administrados não são todas iguais.

10.1.5. O princípio da igualdade, se determina que todos são iguais perante a lei, proibindo discriminações arbitrárias ou infundadas, não exclui que, atendendo à diversidade de posições jurídicas de que cada um se encontra investido, exista tratamento diferenciado pela Administração Pública: nada seria mais injusto do que tratar como iguais posições jurídicas desiguais dos administrados.

10.1.6. Encontrando-se sempre numa norma jurídica o fundamento das posições jurídico-administrativas[689], verifica-se, no entanto, que os administrados podem ser investidos nas suas posições jurídicas através de duas vias distintas:
(i) Podem as posições jurídicas resultar direta e imediatamente de normas jurídicas, sem a necessidade de intervenção de qualquer outra estrutura decisória de concretização – são as *situações jurídicas gerais de concretização "ope legis"*;
(ii) Ou, podem as posições jurídicas resultar, num primeiro momento, de normas de competência que habilitem a Administração Pública a proceder à sua criação, verificando-se ser só num segundo momento, através de uma decisão administrativa concretizadora, que as posições jurídicas dos administrados são estabelecidas – são as *situações jurídicas individuais de concretização administrativa*.

10.1.7. Tomando como referência o conteúdo das posições jurídicas, verifica-se que estas podem assumir duas configurações[690]:
(i) *Posições jurídicas ativas*, se se tratar de situações de vantagem ou favoráveis para a satisfação de interesses do respetivo titular – pressupõem poderes;
(ii) *Posições jurídicas passivas*, traduzindo situações de desvantagem ou desfavoráveis aos interesses de quem as deve suportar – envolvem deveres.

---

[688] Cfr. PEDRO MACHETE, *Estado de Direito...*, p. 444.
[689] Cfr. EBERHARD SCHMIDT-ASSMANN, *Das allgemeines Verwaltungsrecht...*, p. 75 ss.
[690] Cfr. MARCELLO CAETANO, *Tratado...*, I, pp. 173 e 176.

228 | BASES JURÍDICAS DA ADMINISTRAÇÃO PÚBLICA

10.1.8. Nem sempre existe, porém, uma separação rígida entre as normas que estabelecem posições jurídicas ativas e as que criam posições jurídicas passivas[691]:
(i) Verifica-se, por vezes, que a norma que estabelece posições jurídicas ativas constitui, simultaneamente, fonte de uma pluralidade de posições jurídicas passivas – criando, desde logo, um dever geral de todos respeitarem o exercício das posições jurídicas ativas (v.g., o direito de o aluno realizar um exame envolve o dever de todos os restantes estarem em silêncio durante a prestação da respetiva prova);
(ii) Em igual sentido, a norma que cria posições jurídicas passivas pode servir de fonte geradora de posições jurídicas ativas para terceiros – será o que sucede, por exemplo, com o interesse em ver observadas ou cumpridas as situações passivas impostas a alguém em benefício de toda a coletividade (v.g., limitações à emissão de fumos poluentes, proibição de fumar em recintos públicos fechados).

10.1.9. Poderá mesmo suceder que a ordem jurídica defina um conjunto unitário e global de posições jurídicas ativas e passivas aplicáveis a um grupo ou a uma categoria de pessoas no seu relacionamento com a Administração Pública – assim como, em termos automáticos, a todas as futuras pessoas que venham a ingressar nesse grupo –, permitindo diferenciá-las de todas as demais, falando-se então em "estados jurídicos", "estatuto" ou "*status*" (v.g., regime dos funcionários públicos, estatuto do estrangeiro, estatuto do aluno universitário público, estatuto do gestor público)[692].

10.2. Posições jurídicas ativas

10.2.1. Se a dicotomia entre posições jurídicas ativas e posições jurídicas passivas significa que nem todas as posições jurídicas dos adminis-

---

[691] Cfr. GUIDO ZANOBINI, *Corso...*, I, pp. 97-98.
[692] Cfr. MARCELLO CAETANO, *Tratado...*, I, p. 174; ARMANDO MARQUES GUEDES, *Direito Administrativo*, (1957), pp. 275-276; AFONSO RODRIGUES QUEIRÓ, *Lições...*, I, (1959), pp. 221-222; ALDO SANDULLI, *Manuale...*, I, p. 104; MÁRIO ESTEVES DE OLIVEIRA, *Direito Administrativo*, I, pp. 366-367; JOSÉ CARLOS VIEIRA DE ANDRADE, *A Justiça Administrativa (Lições)*, 7ª ed., Coimbra, 2005, pp. 78-79; IDEM, *Lições...*, 2ª ed., p. 63.

§10ª POSIÇÕES JURÍDICAS DOS PARTICULARES FACE À ADMINISTRAÇÃO PÚBLICA | 229

trados são iguais perante a Administração Pública (v. *supra*, nº 10.1.4.), o certo é que também nem todas as situações vantajosas beneficiam de uma tutela idêntica ou gozam de igual intensidade[693]: as posições jurídicas ativas não são uniformes[694].

10.2.2. Usando uma classificação oriunda entre nós do Direito privado[695], é possível observar a existência de dois tipos nucleares de posições jurídicas ativas[696]:

(a) Os *direitos subjetivos*, entendidos como "permissão (...) de aproveitamento de um bem"[697], conferindo direta e imediatamente ao seu titular um poder, isto é, meios que lhe permitem a afetação jurídica de um bem à prossecução de um interesse próprio[698], exigindo de um, vários ou de todos os restantes sujeitos uma conduta (positiva ou negativa) apta à sua satisfação[699];

(b) Os *interesses legalmente protegidos*, podendo ser definidos como todas as posições jurídicas subjetivas de vantagem tituladas por adminis-

---

[693] Neste sentido, cfr. FERNANDO PESSOA JORGE, *Ensaio Sobre os Pressupostos da Responsabilidade Civil*, Lisboa, 1968, pp. 289 e 290.

[694] Já nesse sentido, escrevendo em 1912, cfr. ROCHA SARAIVA, *Construcção...*, I, pp. 50-51 e 73-74.

[695] Cfr. FERNANDO PESSOA JORGE, *Ensaio...*, pp. 283 ss.

[696] Estas duas categorias encontram-se já presentes, no âmbito do Direito Público, desde o início do século XX, cfr. GUIMARÃES PEDROSA, *Curso...*, I, 2ª ed., pp. 220-221; ROCHA SARAIVA, *Lições de Direito Administrativo*, (1914), pp. 70-71. Falando, a este propósito, em "direitos subjetivos" e, por influência doutrinal alemã, em "direitos reflexos", cfr. ROCHA SARAIVA, *Construcção...*, I, pp. 73-74. Dizendo, por seu turno, que "para que um interesse seja um direito subjetivo é preciso que esse interesse seja diretamente protegido, mas nem todos os interesses protegidos são direitos subjetivos", cfr. LUDGERO NEVES, *Direito Administrativo*, p. 67.

[697] Falando em permissão normativa, cfr. ANTÓNIO MENEZES CORDEIRO, *Tratado...*, I, 4ª ed., p. 893, solução objeto de crítica, considerando-a ferida de "desvio normativista", cfr. JOSÉ DE OLIVEIRA ASCENSÃO, *Direito Civil – Teoria Geral*, III, pp. 66-67. Note-se, porém, que face a posições jurídicas no âmbito da Administração Pública, a subjetivação carece de fundamento normativo, cfr. EBERHARD SCHMIDT-ASSMANN, *Das allgemeines Verwaltungsrecht...*, p. 75.

[698] Cfr. MANUEL GOMES DA SILVA, *O Dever de Prestar e o Dever de Indemnizar*, I, Lisboa, 1944, em especial, pp. 83 ss.

[699] Para um enquadramento dogmático e histórico-evolutivo do conceito de direito subjetivo, cfr. WIDAR CESARINI SFORZA, *Diritto soggettivo*, in EdD, XII, Milano, 1964, pp. 659 ss.

230 | BASES JURÍDICAS DA ADMINISTRAÇÃO PÚBLICA

trados que não se reconduzem a direitos subjetivos[700], gozam de um estatuto garantístico "menos consistente e enérgico do que o direito subjetivo"[701] – trata-se de uma categoria residual de vantagens[702], alicerçada na presunção de que todo o interesse digno de proteção normativa constitui sempre um interesse legalmente protegido[703].

10.2.3. Em termos comparativos ao interesse legalmente protegido, a titularidade de um direito subjetivo confere uma maior proteção jurídica ao administrado, vinculando a Administração Pública a satisfazer a sua pretensão[704], afetando-lhe o bem pretendido, sem margem de livre apreciação decisória entre conceder ou não conceder[705], sem prejuízo da possível concorrência provocada por outros direitos subjetivos idênticos e a

---

[700] Nas palavras lapidares de JUSTINO ANTÓNIO DE FREITAS, em meados do século XIX, "o interesse é a ausência do direito" (in *Instituições...*, p. 114).

[701] Cfr. EDUARDO GAMERO CASADO/SEVERIANO FERNÁNDEZ RAMOS, *Manual...*, p. 259.

[702] Neste sentido, em termos implícitos, rececionando os ensinamentos de Paulo Cunha, falando em interesses protegidos que "não dando embora lugar a direitos subjetivos, desfrutam de uma tutela eficaz", cfr. ANTÓNIO MENEZES CORDEIRO, *Tratado...*, I, 4ª ed., p. 906.

[703] O exposto não prejudica que existam ainda *interesses de facto* que, apesar de conferirem uma situação (factual) de vantagem, não são objeto de proteção por qualquer norma jurídica (cfr. FERNANDO PESSOA JORGE, *Ensaio...*, p. 289), sendo possível recortar duas diferentes hipóteses:

(i) As situações de vantagem ilícitas (v.g., a apropriação por funcionário público de dinheiro que lhe havia sido entregue, segundo os termos do crime de peculato, ou o aceitar por funcionário público de vantagem em troca da prática de ato ou da sua omissão, à luz do crime de corrupção);

(ii) As situações de vantagem lícitas que decorrem de meros factos ou da projeção subjetiva reflexa da proteção conferida a certos interesses legalmente protegidos (v.g., vantagens ou benefícios que decorrem para alguém pelo facto de outrem não ter exercido um direito ou uma faculdade, tal como sucede, por exemplo, para o concorrente classificado em segundo lugar, num concurso para o provimento de um lugar na função pública, na hipótese de o concorrente classificado em primeiro lugar morrer antes de ter celebrado o contrato ou de não ter aceite a nomeação).

[704] Cfr. AFONSO RODRIGUES QUEIRÓ, *Lições...*, I, (1959), pp. 226 ss.; MÁRIO ESTEVES DE OLIVEIRA, *Direito Administrativo*, I, pp. 350 ss.; DIOGO FREITAS DO AMARAL, *Curso...*, II, 2ª ed., pp. 75 ss.

[705] Considerando, em 1959, que em sistemas de Administração executiva se devia ter como excecional que as leis conferissem aos particulares o poder de exigir da Administração um certo comportamento, cfr. AFONSO RODRIGUES QUEIRÓ, *Lições...*, I, (1959), pp. 231.

§10º POSIÇÕES JURÍDICAS DOS PARTICULARES FACE À ADMINISTRAÇÃO PÚBLICA | 231

escassez de meios financeiros aptos à satisfação de todos eles – há aqui a relevância operativa do conceito de reserva do financeiramente possível.

10.2.4. Os *interesses legalmente protegidos*, apesar de não obrigarem a Administração Pública a decidir favoravelmente no sentido pretendido pelo administrado, permitindo sempre que a decisão se traduza na negação de acesso ao bem[706], estabelecem os seguintes principais efeitos[707]:

(i) Uma vez que o acesso do interessado a determinado bem se encontra dependente do exercício de um poder de livre apreciação administrativa, segundo um juízo alicerçado nos postulados decorrentes da prossecução do interesse público, a existência de um interesse legalmente protegido obriga a Administração Pública a tomar em consideração essa posição jurídica subjetiva, ponderando-a, no respeito pela legalidade;

(ii) Se o administrado entender que a Administração Pública não cumpriu (ou não irá cumprir) a legalidade na decisão que aprecia a sua pretensão de acesso a um bem, a circunstância de ser titular de um interesse legalmente protegido atribui-lhe também os meios judiciais que lhe permitem exigir esse respeito junto dos tribunais[708],

---

[706] Por isso mesmo, já que perante situações de interesses legalmente protegidos a Administração Pública nunca se encontra vinculada a ter de decidir favoravelmente a pretensão do interessado, ao contrário do que sucede se estamos diante de um direito subjetivo, não se pode aceitar como válida, à luz do ordenamento jurídico português vigente, a tese que, negando a distinção entre direitos subjetivos e interesses legalmente protegidos, fala em teoria da norma de proteção no sentido de reconduzir ou identificar a figura dos interesses legalmente protegidos com a figura dos direitos subjetivos – a recondução das duas figuras a uma única será mesmo, numa expressão já usada, um "*icto oculi* forçado e não natural" (cfr. ANTONIO ROMANO TASSONE, *Situazioni giuridiche soggetive (diritto amministrativo)*, in EdD, II Aggiornamento, Milano, 1998, p. 986). Em sentido contrário, cfr. VASCO PEREIRA DA SILVA, *Para um Contencioso Administrativo dos Particulares*, Coimbra, 1989, pp. 84 ss.; IDEM, *Em Busca...*, pp. 212 ss., em especial, pp. 286 ss.; IDEM, *Verde Cor de Direito*, pp. 96 ss.; IDEM, *O Contencioso Administrativo no Divã da Psicanálise*, 2ª ed., Coimbra, 2009, pp. 263 ss.; PEDRO MACHETE, *Estado de Direito...*, pp. 524 ss.

Adoptando uma posição eclética, sublinhando que a distinção entre direitos e interesses legalmente protegidos não assume relevo no plano procedimental e contencioso, apesar de lhe reconhecer essa relevância no plano "estrutural", cfr. MÁRIO AROSO DE ALMEIDA, *Anulação...*, pp. 116-117.

[707] Cfr. DIOGO FREITAS DO AMARAL, *Curso...*, II, 2ª ed., pp. 75 ss.

[708] Cfr. AFONSO RODRIGUES QUEIRÓ, *Lições...*, I, (1959), pp. 228 ss.

nunca podendo sofrer decisões ilegais desfavoráveis à simples apreciação administrativa das suas pretensões.

10.2.5. Tomando como base a formulação de possíveis enunciados normativos, observemos três exemplos:

- *Exemplo A*: "O Conselho Cientifico admite à preparação a doutoramento quem for mestre ou, independentemente do mestrado, quem tiver média de licenciatura de dezasseis valores";
- *Exemplo B*: "Os grupos teatrais que, no presente ano, levem a palco a representação de obras de Gil Vicente consideradas de relevante impacto cultural, podem beneficiar de um subsídio do Ministério da Cultura até 1000 euros";
- *Exemplo C*: "Pode apresentar-se a concurso para professor catedrático quem, sendo titular do grau científico de agregado, exerça funções como professor associado".

(i) No *exemplo A*, estamos diante de uma típica norma definidora de um direito subjetivo: todos aqueles que são mestres ou, em alternativa, forem licenciados com dezasseis (ou mais) valores têm o poder de exigir junto do Conselho Científico ser admitidos à preparação de doutoramento. Neste sentido, exceto razões referentes ao tema escolhido, quem reunir os pressupostos fixados na previsão da norma tem direito a uma decisão favorável do Conselho Cientifico: verificados os pressupostos fixados na norma, o Conselho Cientifico encontra-se vinculado a deferir o pedido formulado pelo interessado.

(ii) No *exemplo B*, pelo contrário, nenhum dos grupos teatrais que no presente ano tenha representado Gil Vicente tem qualquer direito adquirido a um subsídio: o Ministério da Cultura goza de uma margem de livre apreciação, aferindo aqueles que tiveram "relevante impacto cultural", isto em termos tais que não se encontra vinculado a ter de conceder a todos os grupos um subsídio. Os grupos teatrais que representaram Gil Vicente têm, neste sentido, um mero interesse legalmente protegido: a que a sua situação seja objeto de apreciação administrativa dentro do respeito pela legalidade, registando-se que se existir violação da normatividade na apreciação da sua situação ou se, por exemplo, o Ministério da Cul-

§10º POSIÇÕES JURÍDICAS DOS PARTICULARES FACE À ADMINISTRAÇÃO PÚBLICA | 233

tura conceder esse subsídio a quem representou Fernando Pessoa, em vez de um grupo que tinha representado Gil Vicente, aquele que ficou preterido tem o direito de acesso aos tribunais para fazer valer o seu interesse legalmente protegido. Nunca tem, todavia, insista-se, o poder de exigir do Ministério da Cultura a concessão de um subsídio, sem prejuízo de poder desencadear um pedido de indemnização pela violação administrativa do seu interesse legítimo.

Importa ainda sublinhar duas notas complementares:

– Primeira: a consagração de um interesse legalmente protegido no plano substantivo tem aparelhada, enquanto sua garantia judicial, a atribuição de um direito subjetivo processual – o direito de ir a tribunal exigir a reposição da legalidade violada na apreciação adminisrativa do interesse legalmente protegido;

– Segunda: aquele que, sendo titular de um interesse legalmente protegido junto da Administração Pública, obtém desta uma decisão favorável (v.g., o grupo teatral a quem é concedido um subsidio de 500 euros), satisfazendo esse seu interesse, passa, por intervenção decisória administrativa, a ser titular de um direito subjetivo – o interesse legítimo pode converter-se, por decisão administrativa, num direito subjetivo.

(iii) O *exemplo C*, por último, consagra uma curiosa imbricação entre direitos subjetivos e interesses legalmente protegidos: quem for professor associado com agregação, apesar de ter o direito subjetivo de se apresentar a concurso para professor catedrático e de ser admitido a esse mesmo concurso, a verdade é que não tem já qualquer direito subjetivo a ser aprovado e provido na vaga a concurso, gozando aqui apenas de um interesse legalmente protegido.

Significa isto, por outras palavras, ser possível que um mesmo enunciado normativo seja suscetível de conferir diferentes posições jurídicas, investindo os particulares, em momentos diferentes, de direitos subjetivos e de interesses legalmente protegidos, isto é, respetivamente, vinculando a Administração Pública a decidir favoravelmente os pedidos apresentados ou, em alternativa, a conferir-lhe uma margem de apreciação ou ponderação decisória.

234 | BASES JURÍDICAS DA ADMINISTRAÇÃO PÚBLICA

Igualmente aqui, o exercício pela Administração Pública da margem de apreciação subjacente aos interesses legalmente protegidos dos diversos candidatos que se apresentaram a concurso, conduzindo à aprovação no concurso para professor catedrático do candidato *x*, transforma, relativamente a este candidato, um simples interesse legalmente protegido num direito subjetivo: o interesse legalmente protegido do candidato que se apresenta a concurso, a partir do momento em que se torna vencedor do concurso, vira direito subjetivo.

10.2.6. Os direitos subjetivos e os interesses legalmente protegidos assumem sempre uma natureza composta ou complexa, subdividindo--se internamente em dois tipos de posições jurídicas ativas "menores"[709]:

(i) O *poder* – identifica-se com a "disponibilidade (...) de meios (...) para se alcançar determinado fim"[710], traduzindo um "instrumento da efetivação de interesses lícitos"[711] (v.g., o direito à tutela jurisdicional efetiva envolve uma multiplicidade de poderes; a garantia do direito de propriedade privada também é composta de vários poderes);

(ii) A *faculdade* – reconduz-se ao "conjunto de poderes (...) unificado numa designação comum"[712] (v.g., os poderes integrantes do direito à tutela jurisdicional efetiva podem agrupar-se em faculdades processuais que traduzem meios garantísticos (1) contra a Administração Pública, (2) contra terceiros e ainda (3) contra atos do tribunal).

---

[709] Conferindo a tais figuras autonomia, sem as reconduzir a posições jurídicas integradas no âmbito de outras de maior alcance, cfr. ANTÓNIO MENEZES CORDEIRO, *Tratado...*, I, 4ª ed., pp. 903 ss. Todavia, no sentido de considerar que os poderes pertencem ao conteúdo do direito subjetivo, cfr. JOSÉ DE OLIVEIRA ASCENSÃO, *Direito Civil – Teoria Geral*, III, pp. 60-61. Para uma terorização diferente, cfr. AFONSO RODRIGUES QUEIRÓ, *Lições...*, I, (1959), pp. 223-224.

[710] Cfr. MANUEL GOMES DA SILVA, *O Dever de Prestar...*, I, pp. 45 e 76 ss..

[711] Cfr. ARMANDO MARQUES GUEDES, *Direito Administrativo*, (1957), p. 263.

[712] Cfr. ANTÓNIO MENEZES CORDEIRO, *Tratado...*, I, 4ª ed., p. 905.

§10º POSIÇÕES JURÍDICAS DOS PARTICULARES FACE À ADMINISTRAÇÃO PÚBLICA | 235

10.3. Idem: classificação dos direitos subjetivos

10.3.1. Uma primeira dicotomia, partindo da estrutura da relação subjacente e da oponibilidade do direito[713], sendo originária da teoria geral do Direito[714], separa dois tipos de direitos subjetivos dos particulares face à Administração Pública:

(i) Os *direitos subjetivos absolutos*, enquanto posições jurídicas garantidas *erga omnes*, não dependem de qualquer relação particular, antes impõem a todos um dever geral de abstenção e respeito[715], numa situação de sujeito passivo indeterminado (v.g., o direito ao respeito pela dignidade humana, o direito de acesso aos tribunais, a titularidade de um direito real);

(ii) Os *direitos subjetivos relativos*, em sentido diferente, assentam numa determinada relação jurídica, traduzindo uma posição jurídica de vantagem face a um sujeito determinado, falando-se em direitos *erga singulum*[716] (v.g., direito a ser indemnizado pela expropriação feita por uma autarquia local, direito à reposição do equilíbrio financeiro de um contrato administrativo).

10.3.2. Uma diferente classificação, igualmente proveniente dos quadros da teoria geral do ordenamento jurídico[717], permite diferenciar duas modalidades de direitos subjetivos:

---

[713] Cfr. Francesco Santoro-Passarelli, *Diritti assoluti e relativi*, in EdD, XII, Milano, 1964, pp. 748 ss.

[714] Cfr. José de Oliveira Ascensão, *Direito Civil – Teoria Geral*, III, pp. 87 ss. Traçando também o recorte entre direitos absolutos e direitos relativos, sublinhando que a teoria do direito subjetivo, elaborada no Direito privado, é transponível para o Direito público e, em especial, para o Direito internacional, cfr. Miguel Galvão Teles, *Direitos absolutos e relativos*, in *Estudos em Homenagem ao Prof. Doutor Joaquim Moreira da Silva Cunha*, Coimbra, 2005, pp. 649 ss.; Idem, *Rights* erga omnes, *obligations* omnivm *and obligations* erga omnes, in *Estudos em Homenagem ao Prof. Doutor José Joaquim Gomes Canotilho*, I, Coimbra, 2012, pp. 707 ss.

[715] Falando em "deveres de abstenção universal", cfr. Mário Esteves de Oliveira, *Direito Administrativo*, I, p. 345.

[716] Cfr. Widar Cesarini Sforza, *Diritto soggettivo*, p. 693.

[717] Cfr. António Menezes Cordeiro, *Tratado...*, I, 4ª ed., pp. 896 ss.; Miguel Galvão Teles, *Direitos absolutos...*, pp. 659 ss.

236 | BASES JURÍDICAS DA ADMINISTRAÇÃO PÚBLICA

(i) Os *direitos potestativos*, conferindo ao seu titular o poder de, por via unilateral, baseada exclusivamente num ato de vontade, alterar a ordem jurídica, impondo a criação, modificação ou extinção de situações jurídicas, criam uma sujeição contra quem são exercidos (v.g., o direito de os assistentes aprovados em doutoramento a serem contratados como professores auxiliares, o direito à realização de melhoria de nota por quem já foi aprovado na unidade curricular, o direito a desencadear arbitragem administrativa prevista em cláusula contratual[718]);

(ii) Os *direitos não potestativos* ou *"direitos subjetivos comuns"*[719], em termos diferentes, não permitem ao seu titular, de modo unilateral, provocar essa alteração na ordem jurídica (v.g., o direito à marcação da prova oral, o direito à fixação do montante da pensão, o direito à modificação do contrato administrativo).

10.3.3. Uma terceira classificação de direitos subjetivos, também proveniente dos quadros da dogmática jusprivatista[720], assume relevância jusadministrativa[721], diferenciando quanto ao objeto:

(i) Os *direitos patrimoniais*, traduzindo todos aqueles que têm natureza económica e são passíveis de avaliação pecuniária (v.g., o direito de propriedade privada, o direito a indemnização contratual, o direito ao salário dos funcionários públicos);

(ii) Os *direitos não patrimoniais* que, sem assumirem natureza económica, não suscitam uma imediata avaliação pecuniária, sem embargo de a sua violação gerar indemnizações compensatórias em dinheiro (v.g., os direitos à vida, à honra, ao bom nome, à integridade física).

---

[718] Controvertida mostra-se a solução prevista no artigo 182º do CPTA, conferindo ao interessado que "pode exigir da Administração a celebração de compromisso arbitral, nos termos da lei". No sentido de rejeitar que a disposição confira um direito potestativo, cfr. FAUSTO DE QUADROS, *Arbitragem "necessária", "obrigatória", "forçada": breve nótula sobre a interpretação do artigo 182º do Código de Processo nos Tribunais Administrativos*, in *Estudos em Homenagem a Miguel Galvão Teles*, II, Coimbra, 2012, em especial, p. 260.

[719] Expressão utilizada por ANTÓNIO MENEZES CORDEIRO, *Tratado...*, I, 4ª ed., p. 896.

[720] Cfr. ANTÓNIO MENEZES CORDEIRO, *Tratado...*, I, 4ª ed., p. 899.

[721] Neste sentido, cfr. GUIMARÃES PEDROSA, *Curso...*, I, 2ª ed., p. 220; ROCHA SARAIVA, *Construcção...*, II, p. 79; IDEM, *Lições de Direito Administrativo*, (1914), p. 70.

§10º POSIÇÕES JURÍDICAS DOS PARTICULARES FACE À ADMINISTRAÇÃO PÚBLICA | 237

10.3.4. Tomando como referencial a natureza do ato jurídico criador e regulador dos direitos subjetivos dos particulares face à Administração Pública, mostra-se possível traçar a seguinte classificação[722]:

(i) *Direitos subjetivos privados* – são todos aqueles cuja origem e disciplina emerge de atos jurídicos de Direito privado (v.g., direito do senhorio à renda de imóvel arrendado para nele funcionar uma repartição de finanças, direito ao cumprimento de um contrato-promessa de alienação de participações sociais do Estado numa empresa privada, direitos dos sócios minoritários perante o acionista Estado de uma sociedade de capitais mistos);

(ii) *Direitos subjetivos públicos* – são, em sentido contrário, aqueles cuja criação e regulação radica em normas ou atos de Direito público[723], sendo possível neles autonomizar diversas categorias[724], limitamos o nosso recorte classificativo a duas principais categorias:

---

[722] Encontra-se em Rocha Saraiva a primeira formulação doutrinária nacional desta classificação e do critério de diferenciação das realidades em causa, cfr. ROCHA SARAIVA, *Construcção...*, II, p. 78. Aplicando-a também ao Direito Administrativo português, cfr. MARCELLO CAETANO, *Tratado...*, I, pp. 170 e 171; ARMANDO MARQUES GUEDES, *Direito Administrativo*, (1957), p. 265.

[723] Para uma formulação inicial do conceito de direito subjetivo público, cfr. GEORG JELLINEK, *System der subjektiven öffentlichen Rechte*, Freiburg, 1892 (consultável em versão digitalizada, in http://archive.org/details/systemdersubjek00jellgoog), objeto de uma recensão muito crítica por OTTO MAYER, *G. Jellinek, System der subjektiven öffentlichen Rechte*, in AöR, 1894, pp. 280 ss. (consultável, in http://www.digizeitschriften.de). Para um aprofundamento da origem e desenvolvimento do conceito de direito subjetivo público, cfr. OTTMAR BÜHLER, *Altes und Neues über Begriff und Bedeutung der subjektiven öffentlichen Rechte*, in *Gedächtnisschrift für Walter Jellinek (12. Juli 1885- 9.Juli 1955)*, München, 1955, pp. 269 ss.; OTTO BACHOFF, *Reflexwirkungen und subjektive Rechte im öffentlichen Recht*, in *Gedächtnisschrift für Walter Jellinek (12. Juli 1885- 9.Juli 1955)*, München, 1955, pp. 287 ss.; ELIO CASETTA, *Diritti pubblici subbiettivi*, in EdD, XII, Milano, 1964, pp. 791 ss.; WILHELM HENKE, *Das subjektive öffentliche Recht*, Tübingen, 1968; NORBERT ACHTERBERG, *Allgemeines...*, (1982), pp. 68 ss.; VASCO PEREIRA DA SILVA, *Em Busca...*, pp. 220 ss.; PEDRO MACHETE, *Estado de Direito...*, pp. 485 ss.; PIERRE MOOR/ETIENNE POLTIER, *Droit Administratif*, II, pp. 15 ss. Note-se, porém, que a introdução desta temática no Direito português, fazendo já referências à situação doutrinal alemã, remonta a 1912, falando-se então em "direitos públicos subjetivos", cfr. ROCHA SARAIVA, *Construcção...*, II, pp. 75 ss.

[724] Cfr., entre muitos, SANTI ROMANO, *Corso...*, 3ª ed., pp. 145 ss.; GUIDO LANDI/GIUSEPPE POTENZA, *Manuale...*, pp. 173 ss.

- Direitos subjetivos públicos que impõem à Administração Pública uma *ação a favor do particular*, traduza-se num dever de *facere* ou num dever de *dare* (v.g., direitos de crédito resultantes de norma, ato ou contrato administrativo; os direitos à educação e à saúde no âmbito de acesso prestacional a estabelecimentos públicos);
- Direitos subjetivos públicos que impõem à Administração Pública uma *conduta omissiva a favor dos particulares*, seja um dever de *non facere* ou um dever de *pati* (= suportar) (v.g., garantia da liberdade de expressão e de manifestação, o direito a não ser privado arbitrariamente da propriedade privada, o direito ao respeito pela integridade física).

10.3.5. Atendendo ao seu objeto no relacionamento com a conduta administrativa, os direitos subjetivos dos particulares face à Administração Pública podem classificar-se nos seguintes termos:

(i) *Direitos subjetivos substantivos* – são aqueles que o particular goza à luz do Direito material regulador da conduta administrativa, consubstanciando posições jurídicas de vantagem traduzidas em atos de satisfação de pretensões nele alicerçadas (v.g., direito a subsidio de desemprego, direito à resolução do contrato administrativo, direito de utilização do domínio público);

(ii) *Direitos subjetivos procedimentais* – dizem respeito a posições jurídicas de vantagem que são conferidas aos particulares no âmbito das sucessivas fases da tramitação decisória no âmbito do procedimento interno da Administração Pública, visando a defesa das respetivas posições jurídicas materiais (v.g., o direito a ser informado do andamento dos processos que lhe digam respeito, o direito de audiência prévia, o direito à notificação dos atos finais aos interessados);

(iii) *Direitos subjetivos processuais* – são posições jurídicas tituladas pelos particulares e cujo exercício é feito junto dos tribunais contra a Administração Pública, nos termos das leis processuais (v.g., direito à impugnação judicial dos atos administrativos lesivos, direito à igualdade de armas processuais, direito de contraditório).

10.3.6. Tendo presente a respetiva força jurídica e os meios de tutela dentro do ordenamento vigente, os direitos subjetivos dos particulares perante a Administração Pública podem ser:

§10º POSIÇÕES JURÍDICAS DOS PARTICULARES FACE À ADMINISTRAÇÃO PÚBLICA | 239

(i) *Direitos fundamentais*[725] – são os direitos subjetivos[726] reconhecidos e garantidos por normas da Constituição formal ou, nos termos da cláusula aberta prevista no seu artigo 16º, nº 1 – expressando uma das dimensões da fundamentalidade como "categoria aberta"[727] –, de atos normativos por ela rececionados, as quais podem, por sua vez, compreender ainda duas categorias de direitos fundamentais:
 – Os *direitos, liberdades e garantias*[728];
 – Os direitos económicos, sociais e culturais (ou, em termos sintéticos, os *direitos sociais*)[729];

(ii) *Direitos subjetivos (em sentido estrito)* – compreendem todos os direitos subjetivos provenientes de normas sem valor, natureza ou qualificação como sendo constitucionais, englobando o universo de todos os direitos subjetivos que não merecem o qualificativo jurídico-constitucional de direitos fundamentais[730], sendo possível aqui recortar duas principais categorias:

---

[725] Para uma densificação do conceito de direito fundamental, usando diferentes vias de elaboração dogmática, cfr. JORGE MIRANDA, *Manual de Direito Constitucional*, IV, 5ª ed., Coimbra, 2012, pp. 9 ss.; JOSÉ DE MELO ALEXANDRINO, *Direitos Fundamentais...*, pp. 22 ss.; GOMES CANOTILHO, *Dignidade e constitucionalização da pessoa humana*, in *Estudos de Homenagem ao Prof. Doutor Jorge Miranda*, II, Coimbra, 2012, pp. 290 ss.

[726] Sobre os direitos fundamentais como direitos subjetivos, cfr. ANDRÉ SALGADO DE MATOS, *O direito ao ensino...*, pp. 415 ss.

[727] Cfr. GOMES CANOTILHO, *Dignidade...*, p. 292.

[728] No contexto das normas sobre direitos, liberdades e garantias, a Constituição habilita, nos termos do seu artigo 17º, que se estabeleçam ainda as seguintes distinções:
(i) Os direitos, liberdades e garantias inseridos no titulo II, da Parte I da Constituição;
(ii) Os direitos, liberdades e garantias que, situados fora do título II da Parte I da Constituição, têm natureza análoga, podendo os mesmos encontrar-se dentro ou fora da Constituição formal;
(iii) Os direitos, liberdades e garantias que, situados fora do título II da Parte I da Constituição, não tenham natureza análoga, encontrando-se dentro ou fora da Constituição formal.

[729] Uma vez mais utilizando o critério fornecido pelo artigo 17º da Constituição, os direitos sociais podem subdividir-se nos seguintes termos:
(i) Os direitos sociais com natureza análoga aos direitos, liberdades e garantias do título II da Parte I da Constituição, integrando ou não a Constituição formal;
(ii) Os direitos sociais sem natureza análoga aos direitos, liberdades e garantias do título II da Parte I da Constituição, inserindo-se dentro ou fora da Constituição formal.

[730] Neste contexto se devem integrar ainda as designadas *exceções materiais*, funcionando como verdadeiros contra-direitos, permitem que aquele que se encontra vinculado a um dever possa

240 | BASES JURÍDICAS DA ADMINISTRAÇÃO PÚBLICA

- Os *direitos subjetivos perfeitos* – consubstanciando posições jurídicas de vantagem conferidas em termos plenos, isto é, que não se encontram especial ou especificamente enfraquecidos, comprimidos ou condicionados por efeito da sua sujeição a intervenções administrativas preventivas ou condicionantes;
- Os *direitos subjetivos imperfeitos* – traduzindo a atribuição de direitos enfraquecidos[731], condicionados, comprimidos ou precários, isto por efeito da sua sujeição normativa a intervenções administrativas preventivas (v.g., autorização, licença ou *nulla osta*), condicionantes (v.g., condição, termo, modo) ou sucessivas (v.g., revogação, suspensão).

10.4. Idem: classificação dos interesses legalmente protegidos

10.4.1. Tendo presente a titularidade dos interesses legalmente protegidos, mostra-se possível distinguir duas situações:

(i) Os *interesses individuais ou individualizáveis*, sempre passíveis de subjetivação ou apropriação individual da respetiva titularidade[732], podem assumir uma dupla configuração[733]:
- Emergir de atos que, direta e imediatamente, visam proteger interesses de determinadas pessoas (v.g., a concessão de subsídios a certo tipo de empresas exportadoras), falando-se em *interesses legítimos ou diretamente protegidos*;
- Resultar de atos que só reflexa ou indiretamente visam a proteção de interesses individuais, pois o seu propósito imediato

---

recusar, desvitalizar ou paralisar, em termos lícitos, a correspondente pretensão do titular do direito (v.g., prescrição, exceção do não cumprimento). Para mais desenvolvimentos sobre as exceções materiais, cfr. ANTÓNIO MENEZES CORDEIRO, *Tratado...*, I, 4ª ed., pp. 910 ss.

[731] Cfr. MÁRIO ESTEVES DE OLIVEIRA, *Direito Administrativo*, I, pp. 360 e 361.

[732] Antes do atual Código Civil, durante a vigência do Código de Seabra, negava-se que o interesse legítimo envolvesse um benefício individual objeto de garantia de forma particular, antes se traduziria sempre numa tutela genérica resultante de uma reflexa projeção individual da proteção global conferida a um interesse comum a certa categoria abstrata de pessoas (cfr. MANUEL GOMES DA SILVA, *O Dever de Prestar...*, I, p. 129): "os chamados interesses legítimos não são mais do que a perspetiva individual, juridicamente irrelevante, de uma realidade social" (cfr. FERNANDO PESSOA JORGE, *Ensaio...*, p. 294).

[733] Neste sentido, cfr. FERNANDO PESSOA JORGE, *Ensaio...*, p. 305.

§10ª POSIÇÕES JURÍDICAS DOS PARTICULARES FACE À ADMINISTRAÇÃO PÚBLICA | 241

é proteger o interesse geral, registando-se que só "por tabela" acabam por beneficiar interesses de certas pessoas (v.g., a tributação agravada de certos produtos importados face aos produtores nacionais de produtos semelhantes), falando-se agora em *interesses reflexamente protegidos*[734];

(ii) Os *interesses difusos*, em sentido diferente, representam a subjetivação não individualizada ou não individualizável[735] de interesses públicos ou de necessidades comuns da sociedade que são passíveis de satisfação coletiva através de bens indivisíveis e insuscetíveis de apropriação individual[736], encontrando-se na circunstância de se estar diante de interesses "de todos e de cada um"[737] ou, também ditos, "interesses dispersos por toda a comunidade"[738] uma característica intrínseca da figura e, simultaneamente, uma razão pela qual se esbate nessa mesma generalidade ou pluralidade inseparável de titulares a sua força jurídica. É possível aqui recortar, no entanto, dois tipos de interesses difusos:

– Interesses difusos concretos (v.g., a defesa do ambiente ou dos direitos dos consumidores);
– Interesses difusos abstratos (v.g., a defesa da legalidade da atuação administrativa).

10.4.2. Tomando agora como critério classificativo a dinâmica evolutiva da normatividade consagradora de interesses legalmente protegidos, podem distinguir-se quatro hipóteses:

(i) Normas que criam, *ex novo* ou originariamente, interesses (passando, por isso, a serem legalmente protegidos), segundo duas variantes de regime:

---

[734] Num sentido diferente cfr. MARCELO REBELO DE SOUSA/ANDRÉ SALGADO DE MATOS, *Direito Administrativo...*, I, 2ª ed., p. 210.

[735] Em sentido contrário, considerando que os interesses difusos podem ter titulares cuja determinação é feita pela sua inserção numa classe ou categoria, cfr. MIGUEL TEIXEIRA DE SOUSA, *A Legitimidade Popular na Tutela dos Interesse Difusos*, Lisboa, 2003, p. 25.

[736] Cfr. ALDO SANDULLI, *Manuale...*, I, p. 105.

[737] Cfr. LUÍS FILIPE COLAÇO ANTUNES, *A Tutela dos Interesses Difusos em Direito Administrativo: para uma legitimação procedimental*, Coimbra, 1989, p. 22.

[738] Cfr. JORGE MIRANDA, *Manual...*, IV, 5ª ed., p. 85.

242 | BASES JURÍDICAS DA ADMINISTRAÇÃO PÚBLICA

- Interesses legalmente protegidos equiparados aos direitos subjetivos (v.g., é o que sucede em matéria de revogação de atos administrativos válidos);
- Interesses legalmente protegidos sem equiparação ao regime dos direitos subjetivos;

(ii) Normas que, operando o reconhecimento jurídico de meros interesses de facto, convertem esses (até então) interesses de facto em interesses legalmente protegidos;

(iii) Normas que protegem interesses que podem evoluir ou originar verdadeiros direitos subjetivos – são as designadas expectativas jurídicas[739];

(iv) Normas que efetuam ou permitem a degradação ou conversão de direitos subjetivos em meros interesses legítimos: são os designados direitos degradados ou debilitados[740].

10.4.3. Tendo em consideração o objeto dos interesses legalmente protegidos, mostra-se possível identificar a seguinte classificação[741]:

(i) *Interesses opositivos* – consubstanciam posições jurídicas que surgem diante de normas que conferem poderes à Administração Pública cujo exercício produz efeitos restritivos ou ablativos na esfera dos particulares, fazendo emergir um interesse em que o poder não venha a ser exercido (v.g., a aplicação de uma multa, a expropriação de um terreno, a suspensão disciplinar);

---

[739] As *expectativas jurídicas*, conferindo relevância à sucessão de factos que se vão produzindo no tempo e no âmbito de um processo complexo e gradual de gestação de um potencial direito, podem traduzir-se em posições de vantagem outorgadas ao titular da expectativa ou em proibições dirigidas a terceiros, tudo isto em nome de uma tutela antecipatória de um eventual direito por parte de quem o prevê e espera no futuro (v.g., o titular de um direito sob condição suspensiva). Sobre o conceito de expectativas jurídicas e sua recondução (ou não) ao conceito e direito subjetivo, cfr. MARIA RAQUEL REI, *Da expectativa jurídica*, in ROA, 1994, I, pp. 149 ss.; JOSÉ DE OLIVEIRA ASCENSÃO, *Direito Civil – Teoria Geral*, III, pp. 84 ss.; PEDRO PAIS DE VASCONCELOS, *Teoria...*, pp. 680 ss.; ANTÓNIO MENEZES CORDEIRO, *Tratado...*, I, 4ª ed., pp. 907 ss.; JOÃO DE OLIVEIRA GERALDES, *Tipicidade Contratual e Condicionalidade Suspensiva – Estudo sobre a exterioridade condicional e sobre a posição jurídica resultante dos tipos contratuais condicionados*, Coimbra, 2010, em especial, pp. 247 ss. Especificamente ao nível do Direito Administrativo, cfr. AFONSO RODRIGUES QUEIRÓ, *Lições...*, I, (1959), pp. 224 ss.

[740] Cfr. ALDO SANDULLI, *Manuale...*, I, pp. 116-117.

[741] Cfr. GUIDO CORSO, *Manuale...*, p. 214.

§10º POSIÇÕES JURÍDICAS DOS PARTICULARES FACE À ADMINISTRAÇÃO PÚBLICA | 243

(ii) *Interesses pretensivos* – são posições jurídicas provenientes de normas que envolvem poderes através dos quais o administrado recebe um benefício ou vantagem, determinando a existência de um interesse em que o poder venha a ser exercido pela Administração Pública (v.g., concessão de um subsídio, realização de um exame de melhoria de nota, admissão a um concurso público).

10.4.4. Usando agora o critério do fim subjacente à instituição normativa de interesses legalmente protegidos, pode verificar-se a existência de uma classificação que separa:

(i) Os *interesses de legalidade* – os quais conferem ao respetivo titular um poder de exigir o cumprimento pela Administração Pública (ou por outros administrados) da normatividade vinculativa, habilitando aos seus titulares, se necessário, o acesso aos tribunais;

(ii) Os *interesses de mérito* – os quais traduzem um reflexo subjetivo da exigência de conveniência e oportunidade da atuação administrativa discricionária, envolvendo a sintonia entre o interesse individual e/ou coletivo com uma melhor prossecução do interesse público ou dever de boa administração[742], encontrando-se a sua garantia no acesso dos titulares a mecanismos políticos, graciosos e, eventualmente, arbitrais de controlo[743].

10.4.5. Por último, no que diz respeito à tutela que os interesses legalmente protegidos recebem da ordem jurídica, existem três diferentes situações:

(i) Os *interesses legalmente protegidos perfeitos* – dizem respeito a todos aqueles que têm tutela judicial, verificando-se que a respetiva violação pode ser objeto de controlo pelos tribunais, num modelo em tudo semelhante ao que existe perante a violação (por ação ou omissão) de direitos subjetivos;

(ii) Os *interesses legalmente protegidos imperfeitos* – são aqueles que não gozam de tutela judicial, sendo apenas passíveis de controlo através de mecanismos de tutela graciosa ou política (v.g, congelamento

---

[742] Cfr. ALDO SANDULLI, *Manuale...*, I, pp. 106-107.

[743] Neste último sentido, admitindo o controlo do mérito por via arbitral, cfr. PAULO OTERO, ***Admissibilidade e limites da arbitragem voluntária nos contratos públicos e nos actos administrativos***, in ***II Congresso do Centro de Arbitragem da Câmara de Comércio e Indústria Portuguesa – Intervenções***, Almedina, Coimbra, 2009, pp. 88 e 89.

244 | BASES JURÍDICAS DA ADMINISTRAÇÃO PÚBLICA

genérico de concursos para a progressão na função pública, a deliberação de não abertura de concurso para professor catedrático ou associado, o adiamento da prática de ato discricionário que não tem prazo legal para ser emanado);

(iii) Os *interesses legalmente protegidos semiperfeitos* – correspondem àqueles que, sendo passíveis de tutela graciosa e política, podem ainda ser objeto de controlo arbitral, encontrando-se excluída, todavia, a intervenção dos tribunais administrativos.

10.5. Idem: excurso – posições jurídicas ativas tituladas pela Administração Pública?

10.5.1. Não suscita dúvidas que as entidades públicas integrantes da Administração Pública são titulares de posições jurídicas (v. *supra*, nº 10.1.3.), resta saber se podem ser titulares de direitos subjetivos e de interesses legalmente protegidos.

10.5.2. Num primeira aproximação, pode adiantar-se que a Administração Pública é titular, por força da normatividade, de poderes e de faculdades (v. *supra*, nº 10.2.6.): estas posições jurídicas ativas compõem a sua competência (v. *supra*, nº 8.6.).

10.5.3. A competência administrativa, sendo uma realidade jurídica quantitativa[744], uma vez que compreende o conjunto de poderes ou faculdades conferidas pelo ordenamento jurídico à Administração Pública, aparece como um agregado ou conjunto de posições jurídicas ativas.

10.5.4. Não se identifica a competência administrativa, todavia, com um direito subjetivo[745] ou com um interesse legalmente protegido:

---

[744] Cfr. ARNALDO DE VALLES, *Teoria Giuridica della Organizzazione dello Stato*, I, Padova, 1931, p. 81.

[745] Nem sempre, em termos históricos, essa distinção entre competência e direito subjetivo foi clara, assistindo-se à patrimonialização dos ofícios públicos (v. *infra*, nº 11.3.5.), sublinhando--se que ainda no século XX a doutrina sentia a necessidade de afirmar que a competência administrativa não era um direito subjetivo do respetivo titular (cfr. ROCHA SARAIVA, *Construcção...*, I, p. 96; MAGALHÃES COLLAÇO, *Lições...*, (1924), p. 87 ss.; IDEM, *Direito Administrativo*, 2ª ed., (1924), pp. 159 ss.; DOMINGOS FEZAS VITAL, *Direito Administrativo...*, (1930), pp. 290 ss.; MARCELLO CAETANO, *Manual...*, 1ª ed., p. 242), sem prejuízo de se sublinhar que existem direitos subjetivos decorrentes do cargo (cfr. ROCHA SARAIVA, *Princípios...*, pp. 153

§10º POSIÇÕES JURÍDICAS DOS PARTICULARES FACE À ADMINISTRAÇÃO PÚBLICA | 245

(i) A competência, sendo dotada de uma muito maior exigência de fundamento normativo, obedece a um princípio geral de tipicidade, só existindo nos termos e com a configuração resultante das normas (princípios ou regras), enquanto os direitos e os interesses têm uma vocação expansiva, subordinados aos princípios da universalidade (para as pessoas singulares) ou da especialidade (para as pessoas coletivas);

(ii) A competência consubstancia sempre uma realidade vinculada pela ideia de interesse público, enquanto os direitos e os interesses visam a satisfação de preocupações egoístas, pautadas por um princípio geral de liberdade;

(iii) A competência é, salvo permissão normativa em contrário, indisponível ou irrenunciável por quem é dela titular[746]; ao invés, os direitos e interesses são disponíveis ou renunciáveis pelo titular, salvo proibição normativa ou se essa indisponibilidade decorrer da dimensão autorreferencial da dignidade humana[747];

(iv) O não-exercício da competência, salvo se existir discricionariedade quanto a esse exercício, é um ato ilegal, registando-se que o não-exercício voluntário de um direito ou de um interesse ainda traduz uma manifestação lícita de exercício da respetiva posição jurídica ativa.

---

ss.). E ainda hoje, há que reconhecer, existem situações em que a diferenciação pode suscitar alguma perplexidade: (i) veja-se, neste sentido, a questão constitucional de saber se a renúncia do Presidente da República é uma competência ou um direito subjetivo (cfr. PAULO OTERO, *A Renúncia do Presidente da República na Constituição Portuguesa*, Coimbra, 2004, pp. 129 ss.), situação equacionável em relação aos titulares de estruturas administrativas; (ii) ou a natureza do designado direito de regresso no âmbito da responsabilidade administrativa, para uns considerado um direito (cfr. PAULO OTERO, *Responsabilidade civil pessoal dos titulares de órgãos, funcionários e agentes da Administração do Estado*, in J. LUIS MARTÍNEZ LÓPEZ--MUÑIZ/ANTONIO CALONGE VELÁZQUEZ (Coords.), *La Responsabilidad Patrimonial de los Poderes Públicos – III Colóquio Hispano-Luso de Derecho Administrativo, Valladolid, 16-18 de octubre de 1997*, Madrid, Marcial Pons, 1999, p. 501) e para outros um poder funcional, enquadrável no âmbito da competência (cfr. TIAGO SERRÃO, *O Direito de Regresso na Responsabilidade Administrativa*, Coimbra, 2013, nº 104).

[746] Sublinhando que a indisponibilidade da competência pelos órgãos administrativos é um princípio geral de Direito Público, cfr. Acórdão do Tribunal Constitucional nº 296/2013, de 28 de maio de 2013, processo nº 354/2013, in http://www.tribunalconstitucional.pt.

[747] Neste último sentido, considerando de ninguém pode dispor da sua própria dignidade como pessoa, cfr. PAULO OTERO, *Instituições...*, I, pp. 553-554 e 567-568.

246 | BASES JURÍDICAS DA ADMINISTRAÇÃO PÚBLICA

A distinção entre competência e direito subjetivo ou interesse legalmente protegido não exclui, todavia, a possibilidade de existirem colisões ou conflitos ao nível do exercício da competência e da sua articulação com direitos fundamentais possuídos por titulares de órgãos administrativos – o direito à objeção de consciência[748] e o direito à greve[749] mostram-se paradigmáticos de uma tal conflitualidade.

10.5.5. Poderá, no entanto, a capacidade jurídica das entidades integrantes da Administração Pública, paralelamente à competência, integrar também direitos subjetivos e interesses legalmente protegidos?

(i) A doutrina portuguesa reconhece, há mais de cem anos, a admissibilidade de o Estado ser titular de direitos subjetivos[750], alargando esse entendimento a todas as restantes entidades públicas integrantes da Administração Pública[751] – trata-se, aliás, de uma posição acolhida também por alguma doutrina estrangeira[752];

(ii) Não temos dúvidas em reconhecer que a Administração Pública é titular de direitos subjetivos no âmbito de relações jurídico-pri-

---

[748] Para mais desenvolvimentos, cfr. PAULO OTERO, *Legalidade e Administração Pública*, pp. 925 ss.

[749] O exemplo do direito à greve foi particularmente estudado quanto aos juízes que, apesar de não serem titulares de órgãos administrativos, têm subjacente idêntica temática de articulação entre o exercício de um tal direito fundamental e a sua inserção num contexto de relações especiais de poder ou relações de estatuto especial, cfr. JOSÉ DE MELO ALEXANDRINO, *A greve dos juízes – segundo a Constituição e a dogmática constitucional*, in *Estudos em Homenagem ao Professor Doutor Marcello Caetano – No Centenário do seu Nascimento*, I, Coimbra, 2006, pp. 747 ss., em especial, 770 ss. Ainda sobre o tema, cfr. JORGE MIRANDA, *Os juízes têm direito à greve?*, in *Homenagem ao Prof. Doutor André Gonçalves Pereira*, Coimbra, 2006, pp. 287 ss.

[750] Neste sentido, cfr. ROCHA SARAIVA, *Construcção...*, I, p. 74 e II, pp. 12, 18, 27 ss.

[751] Neste sentido, cfr. ARMANDO MARQUES GUEDES, *Direito Administrativo*, (1957), p. 265; AFONSO RODRIGUES QUEIRÓ, *Lições...*, I, (1959), pp. 233-234; MARCELLO CAETANO, *Tratado...*, I, p. 169; IDEM, *Manual...*, I, 10ª ed., p. 223; VASCO PEREIRA DA SILVA, *Em Busca...*, pp. 200 ss.; MIGUEL GALVÃO TELES, *Direitos absolutos...*, p. 662; PEDRO MACHETE, *Estado de Direito...*, pp. 540 ss.; MIGUEL NOGUEIRA DE BRITO, *A iniciativa económica municipal: fundamento e limites constitucionais*, in *Estudos em Memória do Prof. Doutor J.L. Saldanha Sanches*, I, Coimbra, 2011, pp. 503 ss., em especial, pp. 514 ss.

[752] Cfr. HARTMUT BAUER, *Subjektive öffentliche Rechte des Staates – Zugleich ein Beitrag zur Lehre vom subjektiven öffentlichen Recht*, in DVBl, 1986, pp. 208 ss.; HANS-UWE ERICHEN, *Das Verwaltungshandeln*, in HANS-UWE ERICHEN/WOLFGAN MARTENS, (org.), *Allgemeines Verwaltungsrecht*, p. 218.

§10º POSIÇÕES JURÍDICAS DOS PARTICULARES FACE À ADMINISTRAÇÃO PÚBLICA | 247

vadas que estabeleça com particulares – serão direitos subjetivos privados[753];

(iii) Admite-se também a suscetibilidade de entidades públicas serem titulares de direitos subjetivos e interesses legalmente protegidos em relação a outras entidades públicas – são direitos e interesses intra-administrativos[754];

(iv) Não se pode negar, atendendo à complexidade das relações jurídico-públicas envolvendo a Administração Pública e os particulares que existem hoje direitos subjetivos das entidades públicas oponíveis aos particulares – trata-se de direitos subjetivos públicos que têm como sujeito passivo os particulares e como sujeito ativo uma entidade pública[755].

10.5.6. A titularidade de direitos subjetivos públicos do Estado (e demais entidades públicas) em relação aos particulares, invertendo o tradicional e histórico desenvolvimento do conceito de direito subjetivo, além de suscitar delicados problemas de recorte e articulação entre o exercício de direitos subjetivos e o exercício da competência por parte das entidades administrativas[756], envolve, no entanto, duas especificidades:

---

[753] V.g.: (1) se uma entidade pública participa no capital social de uma sociedade maioritariamente privada, ela possui os direitos subjetivos próprios dos sócios minoritários; (2) de igual modo, enquanto arrendatária de um imóvel privado, a Administração Pública possui direitos subjetivos oponíveis ao senhorio.

[754] Mostra-se aqui possível recortar, a título ilustrativo, os seguintes exemplos: (1) os direitos de crédito no âmbito de contratos administrativos ou de Direito privado celebrados com entidades privadas ou com outras entidades públicas; (2) os direitos reais de uma autarquia local relativamente a bens do seu domínio público ou privado têm de ser respeitados por todos, desde o Estado até aos particulares.

[755] Será o caso, por exemplo, das seguintes situações legais: (1) o direito de crédito que, por efeito de inexecução de obrigação de prestação de facto imposta ao particular, a Administração Pública goza por se ter substituído na sua execução direta (CPA, artigo 157º, nº 2); (2) o direito indemnizatório de uma entidade pública na sequência de incumprimento pelo cocontratante privado de um contrato administrativo (v.g., artigo 333º, nº 2, do CCP); (3) o direito do contraente público resolver o contrato administrativo, nos termos do artigo 335º, nº 1, do CCP; (4) no âmbito das parcerias público-privadas, o direito de o contraente público partilhar os benefícios financeiros anormais e imprevisíveis, à luz do preceituado pelo artigo 341º do CCP.

[756] Cfr. MARCELLO CAETANO, *Tratado...*, I, pp. 169-170; AFONSO RODRIGUES QUEIRÓ, *Lições...*, I, (1959), pp. 233-234; VASCO PEREIRA DA SILVA, *Em Busca...*, pp. 200 ss.; PEDRO MACHETE, *Estado de Direito...*, pp. 568 ss.

248 | BASES JURÍDICAS DA ADMINISTRAÇÃO PÚBLICA

(i) O exercício de tais direitos subjetivos nunca pode traduzir uma ameaça efetiva à esfera da sociedade civil e ao espaço de direitos, liberdades e garantias dos particulares – a titularidade de direitos subjetivos por entidades públicas não pode transformar-se em instrumento de totalitarismo[757];

(ii) Sempre que o exercício de direitos subjetivos por entidades públicas encontrar resistência por parte dos particulares, aquelas nunca podem recorrer à autotutela declarativa e, por maioria de razão, à autotutela executiva[758], antes têm de se dirigir aos tribunais para efetivar tais posições jurídicas ativas em relação aos particulares.

10.5.7. Não se pode excluir, atendendo à Constituição vigente, que as entidades públicas integrantes da Administração Pública sejam titulares de posições jurídicas ativas de base constitucional, o que suscita uma inevitável interrogação: podem as entidades públicas ser titulares de direitos fundamentais?

Ao assunto voltaremos mais adiante (v. *infra*, nº 19.6.).

10.6. Posições jurídicas passivas

10.6.1. As posições jurídicas passivas dos particulares face à Administração Pública podem, atendendo à natureza dos respetivos atos criadores e reguladores, dividir-se em duas grandes categorias estruturais:

(i) As posições jurídicas passivas *privadas* – correspondem a situações de desvantagem criadas e reguladas por atos jurídicos de Direito privado (v.g., obrigações do senhorio cujo arrendatário de imóvel é o Estado, deveres dos sócios minoritários privados face ao acionista Estado numa sociedade de capitais mistos);

(ii) As posições jurídicas passivas *públicas* – dizem respeito às situações de desvantagem que emergem e são disciplinadas por atos jurídicos de Direito Público (v.g., deveres do cocontratante privado resultantes de cláusulas de contrato de concessão, o dever de pagar impostos, a obrigação de entregar ou enviar às finanças a declaração anual de rendimentos).

---

[757] Cfr. PAULO OTERO, *A Democracia Totalitária*, p. 155.
[758] Em sentido contrário, cfr. AFONSO RODRIGUES QUEIRÓ, *Lições...*, I, (1959), p. 234.

§10º POSIÇÕES JURÍDICAS DOS PARTICULARES FACE À ADMINISTRAÇÃO PÚBLICA | 249

10.6.2. Partindo dos ensinamentos oriundos da teoria geral do Direito[759], as posições jurídico-administrativas passivas dos particulares resumem-se em três principais categorias[760]:
(a) Os deveres;
(b) As sujeições;
(c) Os ónus.
Observamos, separadamente, cada uma delas.

10.6.3. *(a)* Os *deveres*, criando vinculações a que se encontram adstritos os respetivos titulares, envolvem sempre a obrigação de realizar ou suportar uma determinada conduta (omissiva ou ativa), verificando-se que existe a possibilidade prática (e ilícita) de o vinculado se eximir ao cumprimento do dever. Neste âmbito, sem prejuízo de múltiplas classificações, podem diferenciar-se duas principais situações de deveres:

(i) Os *deveres fundamentais* – consubstanciando obrigações que resultam da Constituição[761], podendo consistir no lado passivo ou na contraface dos direitos fundamentais[762] ou, em alternativa, em vinculações emergentes (expressa ou implicitamente) de normas constitucionais sem caráter jusfundamental[763];

(ii) Os *deveres não fundamentais* – traduzindo obrigações cuja base jurídica não resulta de normas constitucionais, antes se encontra em leis, regulamentos, atos ou contratos administrativos.

---

[759] Cfr. JOSÉ DE OLIVEIRA ASCENSÃO, *Direito Civil – Teoria Geral*, III, pp. 100 ss.; ANTÓNIO MENEZES CORDEIRO, *Tratado...*, I, 4ª ed., pp. 915 ss.

[760] Segundo uma perspetiva jurídico-administrativa, cfr. AFONSO RODRIGUES QUEIRÓ, *Lições...*, I, (1959), pp. 234 ss.; JOSÉ CARLOS VIEIRA DE ANDRADE, *A Justiça...*, pp. 76 ss.; IDEM, *Lições...*, 2ª ed., pp. 61 ss.

[761] Para um enquadramento histórico-dogmático, falando em deveres constitucionais ou deveres fundamentais, cfr. GIORGIO LOMBARDI, *Doveri pubblici (diritto costituzionale)*, in EdD, VI – Aggiornamento, Milano, 2002, pp. 357 ss.; GREGÓRIO PECES-BARBA, *Los deberes fundamentales*, in ED, nº 1, 1987-1988, pp. 9 ss.

[762] Cfr. PAULO OTERO, *Instituições...*, I, pp. 537 ss.

[763] Cfr. JOSÉ CASALTA NABAIS, *Dos deveres fundamentais*, in JOSÉ CASALTA NABAIS, *Por uma Liberdade com Responsabilidade – Estudos sobre direitos e deveres fundamentais*, Coimbra, 2007, pp. 197 ss.; IDEM, *A face oculta dos direitos fundamentais: os deveres e os custos dos direitos*, in IDEM, *Por uma Liberdade com Responsabilidade – Estudos sobre direitos e deveres fundamentais*, Coimbra, 2007, pp. 163 ss.

250 | BASES JURÍDICAS DA ADMINISTRAÇÃO PÚBLICA

10.6.4. *(b)* As *sujeições*, por seu lado, traduzem situações em que alguém se encontra vinculado a suportar na sua esfera jurídica os efeitos decorrentes de uma atuação unilateral do titular de uma posição jurídica ativa potestativa, sem que lhe assista a possibilidade de violar, infringir ou fugir a uma tal situação. Mostra-se aqui possível autonomizar, porém, duas situações:

(i) As *situações gerais de sujeição* – consubstanciam posições jurídicas passivas que, por razões decorrentes do desenvolvimento e sobrevivência da sociedade, são criadas imperativamente com o propósito de vincular a generalidade dos cidadãos (v.g., a sujeição às decisões administrativas ou, em termos mais específicos, ao privilégio de execução prévia, ao poder expropriativo, ao poder tributário, ao poder policial);

(ii) As *situações especiais de sujeição* – ao invés as anteriores, instituem posições de vinculação para um núcleo delimitado de destinatários que, voluntária ou involuntariamente, se submeteram ao seu âmbito de aplicação (v.g., a regulação dos visitantes de doentes em hospitais públicos, dos reclusos e das suas visitas ou a obediência a comandos hierárquicos dos subalternos);

10.6.5. *(c)* Os ónus jurídicos, estabelecendo um determinado encargo como meio para obter uma posição de vantagem, têm a particularidade de estabelecer o encargo em proveito ou interesse do próprio sujeito sobre o qual o mesmo impende, registando-se que o seu incumprimento não gera qualquer ilicitude, antes impede a obtenção ou a manutenção de uma vantagem[764] (v.g., a prova dos factos alegados pelos interessados ou a junção de documentos e pareceres para serem esclarecidos factos[765]).

---

[764] Sobre os ónus jurídicos no âmbito da Administração, cfr. ROGÉRIO EHRARDT SOARES, *Interesse Público...*, pp. 24 ss.; ANDRÉ FOLQUE, *Curso de Direito da Urbanização e da Edificação*, Coimbra, 2007, pp. 218 ss.; FERNANDO ALVES CORREIA, *Manual de Direito do Urbanismo*, III, Coimbra, 2010, pp. 222 ss.

[765] Para a indicação de outros exemplos, nem sempre enquadráveis na figura, cfr. MÁRIO ESTEVES DE OLIVEIRA, *Direito Administrativo*, I, p. 366.

Secção 2ª
Memória histórica da Administração Pública

§11º ADMINISTRAÇÃO PÚBLICA PRÉ-LIBERAL

11.1. Preliminares

11.1.1. A existência de um poder político envolve sempre o surgir de uma estrutura administrativa apta a preparar e a executar as decisões desse poder: não há poder político sem Administração Pública – foi assim no Antigo Egito, nas restantes civilizações mediterrâneas e do Médio Oriente, tal como seria nas cidades-estado gregas ou em Roma e, num momento subsequente, no seu Império[766].

11.1.2. No Império Romano, enquanto espaço em que se integra a Lusitânia, mostra-se possível recortar a existência de uma Administração militar e de uma Administração civil, sendo de diferenciar nesta última, atendendo à extensão da dimensão do território do império, uma estrutura administrativa central e uma multiplicidade de estruturas administrativas provinciais e locais[767], surgindo ainda a instituição municipal[768].

---

[766] Para uma ilustração da Administração Pública em tais modelos históricos, cfr. DIOGO FREITAS DO AMARAL, *Curso...*, I, 3ª ed., pp. 49 ss.

[767] Cfr. RUI FIGUEIREDO MARCOS, *A Administração romana peninsular*, in *Estudos em Memória do Professor Doutor António Marques dos Santos*, II, Coimbra, 2005, pp. 695 ss.; PEDRO MARTINS, *História Geral do Direito Romano, Peninsular e Português*, Coimbra, 1907, pp. 373 ss.

[768] Cfr. PEDRO MARTINS, *História...*, pp. 383 ss.; ALEXANDRE HERCULANO, *História de Portugal*, I, p. 50.

BASES JURÍDICAS DA ADMINISTRAÇÃO PÚBLICA

A complexidade da estrutura administrativa tem o seu início durante o Império Romano e, desde então até hoje, essa complexidade nunca cessou de aumentar.

11.1.3. Circunscrevendo o estudo à realidade portuguesa, correspondendo ao período que vai da fundação da nacionalidade até à Revolução Liberal de 1820, podem recortar-se três diferentes tipos de Administração Pública:
– A Administração medieval-corporativa (séculos XII-XIV);
– A Administração renascentista-barroca (séculos XV-XVII);
– A Administração iluminista-absolutista (séculos XVIII-XIX).

11.1.4. Uma vez que, "em matéria administrativa, as coisas são historicamente fluidas"[769], pois cada período herda sempre institutos provenientes do passado, vivendo apegado a realidades oriundas de outras épocas, sem ter disso sempre plena consciência[770]: era assim ontem, tal como ainda hoje sucede – conhecer a Administração pré-liberal poderá ainda significar mergulhar nas raízes do presente.

11.2. Administração medieval-corporativa

11.2.1. Num período histórico em que a existência do Estado se tem como incerta em alguns espaços europeus, Portugal, desde muito cedo, até como meio de consolidação da sua própria identidade nacional, empreendeu um processo de centralização régia do poder e de afirmação da prevalência do Direito do rei, o mesmo é dizer do Estado: D. Afonso II (1211-1223) foi o primeiro grande edificador do Estado[771] e, por essa via também, o primeiro impulsionador da Administração Pública estadual[772].

---

[769] Cfr. RUI FIGUEIREDO MARCOS, *História da Administração Pública*, p. 54.

[770] Neste sentido, cfr. ROGÉRIO EHRARDT SOARES, *Interesse Público...*, pp. 45 e 46.

[771] Cfr. PAULO OTERO, *D. Afonso II e a edificação do Estado: a raiz do constitucionalismo português*, in *Estudos em Homenagem ao Prof. Doutor Martim de Albuquerque*, I, Coimbra, 2010, pp. 523 ss.

[772] Contestando a utilização, neste período histórico, do conceito de Administração Pública, cfr. ROGÉRIO EHRARDT SOARES, *Direito Administrativo*, (1992), pp. 17 ss.; RUI FIGUEIREDO MARCOS, *A Administração visigótica revisitada*, in *Estudos em Honra de Ruy de Albuquerque*, II, Coimbra, 2006, pp. 681-682.

§11º ADMINISTRAÇÃO PÚBLICA PRÉ-LIBERAL | 255

11.2.2. A Administração régia, apesar de dominada por uma preocupação de prevalência decisória e progressiva ampliação material e territorial de ação em termos tributários[773], militares, judiciais e locais, tinha de conviver com a Administração senhorial, a Administração concelhia e ainda com a Administração eclesiástica, verificando-se que cada uma delas reivindicava áreas potencialmente concorrenciais ou sobrepostas de intervenção.

11.2.3. A Administração régia, se não se tiver em conta a posição do próprio rei, comportava dois níveis de estruturas decisórias[774]:
(i) As estruturas e instâncias superiores, compreendendo todos aqueles servidores régios que tinham contacto direto com o próprio rei e que exerciam uma jurisdição sobre todo o território – eram o que hoje corresponde à Administração central do Estado;
(ii) As estruturas e instâncias intermédias, integrando todos os servidores régios que, fazendo a ligação entre as estruturas superiores e as estruturas locais municipais, não tinham ligação direta com o rei, nem exerciam uma jurisdição de âmbito nacional (v.g., juízes de fora, corregedores e provedores) – seriam o que hoje se chama a Administração periférica do Estado.

11.2.4. O propósito de proteção de interesses de certos grupos profissionais levou à criação de associações que, "talvez, já no século XII, decerto no século XIII"[775], conduziram a uma progressiva corporativização da sociedade, envolvendo a existência de uma pluralidade de mesteres organizados e reguladores do exercício de certas profissões[776]: reforçou-se o pluralismo

---

[773] Cfr. Rui Figueiredo Marcos, *A Administração fiscal anterior ao século XV – alguns aspectos fundamentais*, in *Estudos em Honra do Professor Doutor José de Oliveira Ascensão*, II, Coimbra, 2008, pp. 1857 ss.

[774] Neste sentido e para mais desenvolvimentos, cfr. José Duarte Nogueira, *Organização intermédia do Estado – séculos XIII e XIV. Uma perspectiva júris-historiográfica*, in *Estudos em Homenagem ao Professor Doutor Paulo de Pitta e Cunha*, III, Coimbra, 2010, pp. 521 ss.

[775] Cfr. Ruy de Albuquerque/Martim de Albuquerque, *História do Direito Português*, I, 10ª ed., Lisboa, 1999, p. 695.

[776] Sobre a génese das corporações medievais, cfr. Rogério E. Soares, *Lições de Direito Corporativo* (lições coligidas por Manuel Cruz Mariano), reedição, policop., Coimbra, 1965-1966, pp. 12 ss.; Pedro Soares Martínez, *Manual de Direito Corporativo*, 2ª ed., Lisboa, 1967, pp. 19 ss., em especial, pp. 28 ss.; José de Oliveira Ascensão, *Direito Corporativo*,

256 | BASES JURÍDICAS DA ADMINISTRAÇÃO PÚBLICA

administrativo, atendendo ao exercício de poderes de autoridade que comportava, e a vitória do Mestre de Avis, em 1385, ampliou a sua integração na organização administrativa pública[777].

11.2.5. A análise das leis gerais revela a existência de uma atividade administrativa fortemente interventiva em diversos setores económicos, assumindo até uma feição dirigista, registando-se que, sem embargo do recorte de uma "política de fixação" e de uma "política de transporte"[778], essa intervenção se centra em cinco principais áreas[779]:(i) acesso à titularidade dos bens de produção, (ii) produção e circulação de bens, (iii) preços e qualidade de bens e serviços, (iv) moeda e (v) atividades profissionais económicas.

11.2.6. Se a teoria política medieval cristã formula claramente a existência de limites ao Estado e aos governantes, reconduzíveis à prossecução da justiça[780] e do bem comum da sociedade[781], devendo o rei ser tal como um pai de família para com o seu povo[782], num papel semelhante ao de Deus[783], a deposição de D. Sancho II pelo Papa Inocêncio IV, nos ternos

---

policop., Lisboa, 1964, pp. 52 ss.; RUY DE ALBUQUERQUE/MARTIM DE ALBUQUERQUE, *História do Direito Português*, I, pp. 688 ss.

[777] Cfr. MARCELLO CAETANO, *O concelho de Lisboa na crise de 1383-1385*, in IDEM, *Estudos de História da Administração Pública Portuguesa*, Coimbra, 1994, pp. 270 ss. Para um desenvolvimento das referências à "Casa dos Vinte e Quadro", cfr. MARCELLO CAETANO, *A antiga organização dos mesteres da cidade de Lisboa*, in IDEM, *Estudos de História da Administração Pública Portuguesa*, Coimbra, 1994, pp. 127 ss.; PEDRO SOARES MARTÍNEZ, *Manual...*, pp. 30 ss.

[778] Utilizou-se a terminologia de ANTÓNIO SÉRGIO, *Breve Interpretação da História de Portugal*, 2ª ed., Lisboa, 1972, pp. 27 ss.

[779] Para mais desenvolvimentos, cfr. PAULO OTERO, *Origem da intervenção económica do Estado em Portugal: notas para uma história do Direito Público da Economia*, in RDPE, nº 4, Out./Dez de 2003, pp. 169 ss.

[780] Cfr. SANTO AGOSTINHO, *A Cidade de Deus*, 3 vols., Lisboa, Edição da Fundação Calouste Gulbenkian 1991 a 1995, Livro II, Cap. XXI (I vol., p. 251) e Livro XIX, Cap. XXI (III vol., p. 1942).

[781] Cfr. S. TOMÁS DE AQUINO, *La Monarquía*, Liv. 1, Cap.1, Cap. 8 e Cap. 9.

[782] Cfr. S. TOMÁS DE AQUINO, *La Monarquía*, Liv. 1, Cap.1.

[783] Cfr. S. TOMÁS DE AQUINO, *La Monarquía*, Liv. 1, Cap. 9; Liv. 2, Cap. 1 e ss. Nas palavras das *Partidas*, "(...) el Rey es puesto en la tierra en lugar de Dios (...)" (Partida II, título I, lei 5).

da Bula *Grandi non immerito*, em 1245, ilustra a limitação do rei perante a autoridade papal no contexto da *respublica christiana*[784], acusando o rei de negligenciar a administração da justiça[785], havendo até quem, falando na existência de uma "tapeçaria" de privilégios e direitos subjetivos adquiridos e limitativos do monarca, diga estar-se já diante de um Estado de Direito[786].

11.2.7. Em Marsílio de Pádua encontra-se o que se pode considerar uma noção medieval do princípio da legalidade (v. *supra*, n.º 4.3.3.), registando--se que o legislador é visto como "a causa eficiente primária" e o príncipe que, tendo recebido do legislador a autoridade, "a secundária (...), executora ou instrumental"[787].

11.2.8. A doutrina proclama que a lei deve ser "honesta, justa, possível, de acordo com a natureza, em consonância com os costumes da pátria, apropriada ao lugar e às circunstâncias temporais, necessária, útil e clara"[788] e o rei, apesar de estar acima da lei positiva[789], encontrava-se subordinado à lei natural[790]: as *Partidas*, o *Livro das Leis e Posturas* e as *Ordenações de Dom*

---

[784] Cfr. PAULO OTERO, *O Poder de Substituição...*, I, p. 182, nota n.º 215.

[785] Para uma leitura do texto da bula *Grandi non immerito*, cfr. RUY DE ALBUQUERQUE/ MARTIM DE ALBUQUERQUE, *História do Direito Português – Elementos Auxiliares*, I, Lisboa, 1992, pp. 551 ss.

[786] Cfr. LUÍS LEGAZ Y LACAMBRA, *El Estado de Derecho*, in *Humanismo, Estado y Derecho*, Barcelona, 1960, p. 63.
Numa visão complementar, desenvolvendo os pressupostos filosóficos dos direitos individuais no período medieval, cfr. ISABEL BANOND, *Fundamentação jus-filosófica-histórica de um pensamento actuante na Europa e no Portugal medievo: os direitos individuais*, in *Estudos em Homenagem ao Professor Doutor Marcello Caetano – No Centenário do seu Nascimento*, I, Coimbra, 2006, pp. 455 ss.

[787] Cfr. MARSÍLIO DE PÁDUA, *O Defensor da Paz*, Parte I, Cap. XIV, §4 (p. 154).

[788] Cfr. SANTO ISIDORO DE SEVILHA, *Etimologías*, V, 21 (p. 507).

[789] Um tal entendimento derivava de sobre o príncipe não ser possível exercer qualquer poder coativo, isto no sentido de o obrigar a obedecer à lei: o príncipe deve cumprir voluntariamente a lei, respondendo apenas perante Deus, sem prejuízo de poder sempre mudar a lei por si definida (cfr. S. TOMÁS DE AQUINO, *Suma de Teologia*, I-II, q. 96, a5. pp. 752-753).
Para maiores desenvolvimentos ilustrativos do princípio geral de que o rei, segundo as normas das *Ordenações*, se situa num plano superior à lei positiva, cfr. PAULO OTERO, *O Poder de Substituição...*, I, pp. 188 ss.

[790] Cfr. MARTIM DE ALBUQUERQUE, *A ideia de igualdade dos primórdios ao constitucionalismo*, in MARTIM DE ALBUQUERQUE, *Na Lógica do Tempo – Ensaios de História das Ideias Políticas*, Coimbra, 2012, p. 151.

258 | BASES JURÍDICAS DA ADMINISTRAÇÃO PÚBLICA

Duarte confirmam o entendimento de que a lei positiva só merece o nome de Direito se se mostrar conforme com a lei divina e a lei natural[791] – a força da lei positiva depende de ser justa e conforme à lei natural[792], sem atentar contra a lei divina[793].

11.2.9. Filiando-se numa tradição que remonta à Antiguidade clássica, a Idade Média torna bem presente a distinção entre lei e privilégio[794], a primeira é expressão de generalidade e de igualdade, traduzindo o segundo um comando do poder dotado de uma estatuição particular e para um destinatário individualizado, registando-se o entendimento doutrinário de que a lei não pode ser ditada para benefício particular, antes tem sempre de ser feita "em proveito do bem comum dos cidadãos"[795]: as ideias de igualdade, proporcionalidade e bem comum tornam-se requisitos da lei justa e, por conseguinte, de obediência em consciência[796].

11.2.10. Salvo em situações de punição criminal, o rei só podia, por ato singular ou individual, lesar direitos validamente adquiridos existindo justa causa, identificada com uma causa de utilidade pública, fazendo surgir na esfera do lesado um direito a ser indemnizado[797], sem embargo da competência régia para proceder a inquirições e confirmações sobre a titularidade de bens suspeitos de indevida apropriação individual[798].

11.2.11. Desde o ano de 1269 que o vocábulo "cidadão" faz parte do léxico português, enquanto expressão de "um vínculo especial com a *civitas*"[799], remontando ao início do século XIII, durante o reinado de D. Afonso II, a existência de exemplos de responsabilidade civil do Estado

---

[791] Cfr. MARTIM DE ALBUQUERQUE, *A ideia de igualdade...*, p. 152.

[792] Cfr. S. TOMÁS DE AQUINO, *Suma de Teologia*, I-II, q. 95, a.2. (II vol., p. 742).

[793] Cfr. S. TOMÁS DE AQUINO, *Suma de Teologia*, I-II, q. 96, a.4. (II vol., p. 751).

[794] Cfr. MARTIM DE ALBUQUERQUE, *A ideia de igualdade...*, pp. 158 ss..

[795] Cfr. SANTO ISIDORO DE SEVILHA, *Etimologías*, II, 10, 6 (p. 365); *Idem*, V, 21 (p. 507).

[796] Cfr. S. TOMÁS DE AQUINO, *Suma de Teologia*, I-II, q. 96, a.4. (II vol., pp. 750-751).

[797] Cfr. MARTIM DE ALBUQUERQUE, *A ideia de igualdade...*, pp. 164 ss.

[798] Cfr. ALEXANDRE HERCULADO, *História de Portugal*, V, Lisboa, Ulmeiro, 1983, pp. 50 ss. e 103 ss.; PAULO OTERO, *D. Afonso II e a edificação do Estado*, p. 525.

[799] Cfr. MARTIM DE ALBUQUERQUE, *As ideias de cidadão e de cidadania em Portugal. Génese e evolução*, in MARTIM DE ALBUQUERQUE, *Na Lógica do Tempo*, p. 214.

perante os súbditos, a génese embrionária de uma conceção humanista que, numa formulação mais abrangente do que a Magna Carta britânica de 1215, conduz à definição das primeiras garantias fundamentais dos súbditos perante o rei[800].

11.2.12. A defesa da liberdade individual conhece, por via das cartas de seguro ou de segurança, desde (pelo menos) a segunda metade do século XIII, expressão consagrada no ordenamento jurídico português, enquanto instrumentos de reação contra a arbitrariedade e a ilegalidade da prisão de pessoas antes do julgamento, devolvendo a liberdade ao acusado durante o decurso do processo, num antepassado lusitano do *habeas corpus* de origem britânica[801] que, num momento cronológico muito posterior, viria a ser introduzido[802].

11.3. Administração renascentista-barroca

11.3.1. Retomando a herança do período anterior, torna-se claro o entendimento de que os governantes se encontram vinculados à prossecução do bem comum e não podem agir em benefício próprio[803]:

(i) Formula-se o princípio de que o "reino não existe para o monarca, mas o monarca para o reino";

(ii) Os poderes do rei não são tidos como direitos seus, antes se configuram como direitos da comunidade;

(iii) O rei é um representante, um verdadeiro órgão, uma vez que o seu agir pertence à pessoa de que faz parte.

---

[800] Neste último sentido e para mais desenvolvimentos, cfr. PAULO OTERO, *D. Afonso II e a edificação do Estado*, pp. 530 ss.

[801] Sobre o tema das cartas de seguro, cfr., por todos, JOSÉ DOMINGUES, *As origens do princípio de «habeas corpus» no pré-constitucionalismo português*, in *Historia Constitucional*, nº 14, 2013, consultável in http://www.historiaconstitucional.com, pp. 329 ss., em especial, pp. 341 ss.

[802] Note-se que o instuto das cartas de seguro viria a ser extinto passados mais de cinco séculos, através do Decreto de 2 de junho de 1830, sendo que a garantia do *habeas corpus* só seria introduzida, em Portugal, através da Constituição de 1911.

[803] Cfr. MARTIM DE ALBUQUERQUE, *O Poder Político no Renascimento Português*, 2ª ed., Lisboa, 2012, pp. 133 ss.

260 | BASES JURÍDICAS DA ADMINISTRAÇÃO PÚBLICA

11.3.2. A expansão portuguesa, a partir de 1415, provocou uma profunda alteração administrativa: a necessidade de serem administrados novos territórios e novas populações conduziu à diversificação de estruturas administrativas de âmbito nacional, metropolitano e colonial.

11.3.3. A vastidão e a distância de alguns dos territórios ultramarinos, aliada à nossa diminuta população, justificaram a atribuição a privados do exercício de funções públicas de natureza administrativa: as capitanias donatárias, numa vertente administrativa, e as companhias coloniais ou, também designadas, companhias majestáticas, dotadas de intuito económico e poderes de autoridade, foram soluções organizativas encontradas[804].

11.3.4. O rei continuava, todavia, titular da suprema jurisdição, possuindo a plenitude de poderes, verificando-se que todas as restantes jurisdições, assumindo a natureza de meras delegações do soberano[805], à luz de uma antiga "conceção descendente do poder"[806], se exerciam em termos cumulativos entre o monarca e o respetivo titular[807]: a criação de ofícios ou a doação de jurisdição nunca comportava uma alienação de poderes, antes traduzia um mero alargamento do exercício de poderes, chamando outras pessoas a exercerem poderes cuja origem e titularidade pertencia ao rei.

11.3.5. Surgiu, por via informal, sem qualquer alicerce normativo e até contra lei expressa[808], uma "administração honorária"[809] que, fazendo substituir a ideia de função ou serviço pela ideia de honra ou privilégio, condu-

---

[804] Para mais desenvolvimentos, incluindo referências bibliográficas, cfr. PAULO OTERO, *Coordenadas jurídicas da privatização da Administração Pública*, in *Os Caminhos da Privatização da Administração Pública – IV Colóquio Luso-Espanhol de Direito Administrativo*, Coimbra, 2001, pp. 32-33.

[805] Cfr. ANTÓNIO MANUEL HESPANHA, *História das Instituições – Épocas medieval e moderna*, Coimbra, 1982, pp. 216 e 218.

[806] Cfr. JOSE M. GARCÍA MARÍN, *El Oficio Público en Castilla durante la Baja Edad Media*, 2ª ed., Madrid, 1987, p. 21.

[807] Cfr. PAULO OTERO, *O Poder de Substituição...*, I, pp. 197 ss.

[808] Cfr. ANTÓNIO PEDRO BARBAS HOMEM, *O Espírito das Instituições – Um Estudo de História do Estado*, Coimbra, 2006, pp. 195 ss.

[809] Cfr. ANTÓNIO MANUEL HESPANHA, *História das Instituições*, p. 387.

ziu à patrimonialização e privatização dos ofícios públicos[810], numa visão que passou a incorporar a titularidade de um ofício público como vantagem patrimonial ou direito subjetivo do seu titular e, nesse sentido, integrante da sua esfera jurídica privada como um direito real, limitando, por essa via, *de facto*, a intervenção dispositiva do monarca sobre os ofícios públicos[811].

11.3.6. Na sequência do entendimento medieval de que a justiça era o fim subjacente a toda a atuação do poder, a sua prossecução, enquanto busca do bem comum[812], envolvendo a prática de atos individuais e de atos gerais, faz-se sem qualquer preocupação de separação de poderes[813], assistindo-se a um alargamento das tarefas do Estado e a um progressivo entendimento de que a Administração Pública deve tomar uma postura ativa, intervindo e configurando em novos termos a sociedade[814]: alargou-se o conceito de jurisdição, passando a compreender, por influência de Bártolo, outras atividades enquadráveis na ideia de realização do interesse público[815], ainda que não subsumíveis na tarefa de julgar[816], revelando uma extensão do poder político[817].

11.3.7. Observa-se, desde o século XVI, o formular de um embrionário princípio da legalidade da competência dos ofícios públicos, proibindo-se a intromissão em área de jurisdição territorial ou material alheia, assim

---

[810] Cfr. ANTÓNIO PEDRO BARBAS HOMEM, *Judex Perfectus. Função Jurisdicional e Estatuto Judicial em Portugal. 1640-1820*, Coimbra, 2003, pp. 469 ss.

[811] Neste sentido, desenvolvendo a patrimonialização dos ofícios públicos e a ideia de uma "administração honorária" (: *Honorationensverwaltung*), cfr. PAULO OTERO, *O Poder de Substituição...*, I, pp. 226 ss.

[812] Cfr. MARTIM DE ALBUQUERQUE, *O Poder Político no Renascimento...*, pp. 145 ss.

[813] Cfr. ANTÓNIO MANUEL HESPANHA, *História das Instituições*, p. 409.

[814] Cfr. ANTÓNIO MANUEL HESPANHA, *Vísperas del Leviatán – Instituciones y poder político (Portugal, siglo XVII)*, Madrid, 1989, pp. 215 ss.; IDEM, *Representação dogmática e projectos de poder para uma arqueologia da teoria do Direito Administrativo*, in *Estudos em Homenagem ao Prof. Doutor A. Ferrer-Correia*, III, Coimbra, 1991, pp. 103 ss.

[815] Sobre as funções do Estado durante este período, cfr. ANTÓNIO PEDRO BARBAS HOMEM, *O Espírito das Instituições*, pp. 61ss.

[816] Cfr. ANTÓNIO MANUEL HESPANHA, *Justiça e Administração entre o Antigo Regime e a Revolução*, in ANTÓNIO HESPANHA, *Justiça e Litigiosidade: História e Prospectiva*, Lisboa, 1993, p. 386; PAULO OTERO, *O Poder de Substituição...*, I, p. 195.

[817] Cfr. ANTÓNIO PEDRO BARBAS HOMEM, *Judex Perfectus*, p. 118.

262 | BASES JURÍDICAS DA ADMINISTRAÇÃO PÚBLICA

como uma regra de imprescritibilidade das regras de competência e de primado do direito escrito em matéria de competência sobre o direito costumeiro *contra legem*[818].

11.3.8. A primeira metade do século XVI integra no vocabulário europeu a expressão "razão de Estado", enquanto esfera de intervenção do Estado dotada de uma força decisória prevalecente a quaisquer preocupações éticas, naturais ou religiosas, rompendo com as limitações medievais à ação do governante e abrindo um duelo argumentativo entre a conveniência e utilidade do príncipe/Estado ou, em alternativa, o dever ser da justiça[819], numa luta entre a esfera da política e o domínio do Direito[820], num processo de progressiva autonomização da politica como ciência: Fernando Alvia de Castro introduz a ideia de justa causa como requisito da razão de Estado, só podendo a lei ser afastada se existir justa causa, identificada com a racionalidade e o bem público[821].

11.3.9. O privilégio, afastando a solução da lei que é ditada pelo bem comum, traduz um "instituto de exceção", beneficiando alguém contra o *ius commune*[822], nunca sendo admissível se for concedido com prejuízo de terceiro[823], não se transmitindo se tiver natureza pessoal[824], nem sendo válido se contrariar o direito público[825] ou causar prejuízo à repú-

---

[818] Para mais desenvolvimentos e indicações legislativas, jurisprudenciais e doutrinárias, cfr. PAULO OTERO, *O Poder de Substituição...*, I, p. 219 ss.

[819] Para um quadro genérico das funções do governante da Idade Moderna, cfr. ANTÓNIO PEDRO BARBAS HOMEM, *O Espírito das Instituições*, pp. 35 ss.

[820] Cfr. MARTIM DE ALBUQUERQUE, *Razão de Estado e Iconologia*, in MARTIM DE ALBUQUERQUE, *Na Lógica do Tempo*, pp. 46 ss.

[821] Sublinhando a importância do pensamento católico tradicional na refutação da ideia de "razão de Estado", cfr. MARTIM DE ALBUQUERQUE, *O Poder Político no Renascimento...*, pp. 189 ss.; IDEM, *A verdadeira razão de Estado de Alvia de Castro (1616)*, in MARTIM DE ALBUQUERQUE, *Na Lógica do Tempo*, p. 112; ANTÓNIO PEDRO BARBAS HOMEM, *O Espírito das Instituições*, p. 55; IDEM, *Judex Perfectus*, pp. 49 ss.

[822] Para mais desenvolvimentos sobre o tema dos privilégios, indicando a principal doutrina portuguesa sobre o tema, cfr. MARTIM DE ALBUQUERQUE, *A ideia de igualdade...*, pp. 169 ss.; ANTÓNIO PEDRO BARBAS HOMEM, *O Espírito das Instituições*, pp. 203 ss.

[823] Cfr. DOMINGOS ANTUNES PORTUGAL, *Tractatus de Donationisbus Jurium et Bonarum Regiae Corolnae*, II, Leon, 1699, p. 16.

[824] Cfr. DOMINGOS ANTUNES PORTUGAL, *Tractatus de Donationisbus...*, II, p. 36.

[825] Cfr. DOMINGOS ANTUNES PORTUGAL, *Tractatus de Donationisbus...*, II, p. 365.

§11º ADMINISTRAÇÃO PÚBLICA PRÉ-LIBERAL | 263

blica[826], sendo sempre passível de revogação se for ilegal ou contrário à utilidade pública[827].

11.3.10. Durante o século XVI, acompanhando o progressivo distanciamento da regulação das matérias referentes ao poder público da esfera de influência do Direito Romano[828], o pensamento hispânico gera uma teoria do Estado, falando-se em "Estado de Direito, peninsular renascimental"[829], assente numa tripla formulação[830]:

(i) Supremacia do Direito (positivo, natural e divino) relativamente aos governantes;

(ii) Aceitação da existência de direitos básicos limitativos da esfera política;

(iii) Esboço de um controlo da Administração pelos tribunais[831].

11.3.11. A intervenção modificativa do monarca sobre situações jurídicas privadas encontrava-se normalmente limitada[832], numa manifestação de vinculatividade do rei à proteção da confiança[833], sem que se possa dizer existir sujeição do monarca às suas leis[834], valendo aqui um princípio de

---

[826] Cfr. DOMINGOS ANTUNES PORTUGAL, *Tractatus de Donationisbus...*, II, p. 322.

[827] Cfr. DOMINGOS ANTUNES PORTUGAL, *Tractatus de Donationisbus...*, II, p. 322.

[828] Para uma breve análise deste fenómeno, cfr. ANTÓNIO PEDRO BARBAS HOMEM, *As Ordenações Manuelinas: significado no processo de construção do Estado*, in *Estudos em Homenagem ao Prof. Doutor Raúl Ventura*, I, Coimbra, 2003, pp. 319-320.

[829] Cfr. MARTIM DE ALBUQUERQUE, *Estado de Direito e Estado Renascimental Peninsular*, in MARTIM DE ALBUQUERQUE, *Na Lógica do Tempo*, p. 138.

[830] Cfr. MARTIM DE ALBUQUERQUE, *Estado de Direito...*, pp. 137 ss.

[831] Cfr. MARTIM DE ALBUQUERQUE, *O Poder Político...*, pp. 271 ss.

[832] Cfr. ANTÓNIO PEDRO BARBAS HOMEM, *Judex Perfectus*, pp. 158 ss.

[833] Cfr. ANTÓNIO PEDRO BARBAS HOMEM, *Judex Perfectus*, p. 164.

[834] No sentido do texto, reconhecendo a superiodade do rei face à lei positiva, cfr. ANTÓNIO PEDRO BARBAS HOMEM, *As Ordenações Manuelinas...*, p. 319. Em sentido contrário, usando uma desenvolvida argumentação, cfr. MARTIM DE ALBUQUERQUE, *O Poder Político no Renascimento...*, pp. 227 ss., em especial, pp. 260 ss. Para uma discussão do tema, durante os séculos XV e XVI, cfr. NUNO ESPINOSA GOMES DA SILVA, *A máxima Princeps legibus solutus: sua origem histórica, evolução e repercussões na literatura portuguesa, nos séculos XV e XVI*, in *Estudos Dedicados ao Prof. Doutor Mário Júlio de Almeida Costa*, Lisboa, 2002, pp. 1145 ss.; IDEM, *A máxima Princeps legibus solutus na literatura jurídica portuguesa, do século XVI: posições de Aires Pinhel, António da Gama, Pedro Barbosa, Álvaro Valasco e Gonçalo Mendes de Vasconcelos*, in *Estudos em Homenagem ao Prof. Doutor Joaquim Moreira*

imodificabilidade dos direitos adquiridos[835], salvo perante o exercício de *potestas extraordinaria* do soberano[836].

11.3.12. Nos termos da teoria dos dois corpos do rei[837], diferenciando-se entre o seu interesse como pessoa particular e o seu interesse como pessoa pública, o príncipe desdobra-se em duas pessoas[838]: o príncipe quando contrata age como um privado, motivo pelo qual, violando o Direito natural e a justiça comutativa a superioridade de um dos contraentes, não pode unilateralmente revogar esse compromisso[839].

11.3.13. As decisões do monarca, apesar de insuscetíveis de embargo com fundamento em vício de incompetência[840], eram passíveis de ser questionadas por certos vícios lesivos de direitos adquiridos[841], incluindo a suscetibilidade de serem suspensas[842], assim como contra as decisões arbitrárias dos funcionários régios existem garantias judiciais e políticas[843].

11.4. Administração iluminista-absolutista

11.4.1. O monarca não deve a sua autoridade a qualquer pacto, nem ao povo, antes em si próprio reside a fonte de legitimidade[844]: o ilumi-

---

da Silva Cunha, Coimbra, 2005, pp. 677 ss.; João TABORDA DA GAMA, *Promessas Administrativas – Da decisão de autovinculação ao acto devido*, Coimbra, 2008, pp. 40 ss.

[835] Para mais desenvolvimentos, incluindo referências legislativas e doutrinais, cfr. PAULO OTERO, *O Poder de Substituição...*, I, p. 192; IDEM, *Da revogabilidade dos títulos nobiliárquicos*, in *Estudos em Honra de Ruy de Albuquerque*, I, Coimbra, 2006, p. 926, nota nº 2.

[836] Cfr. ANTÓNIO MANUEL HESPANHA, *Vísperas del Leviatán*, pp. 400-401 e 410.

[837] Cfr. ERNST H. KANTOROWICZ, *The King's Two Bodies: a Study in Medieval Political Theory*, Princeton, 1957.

[838] Cfr. MARTIM DE ALBUQUERQUE, *A verdadeira razão de Estado de Alvia de Castro (1616)*, pp. 93 e 112.

[839] Cfr. ANTÓNIO PEDRO BARBAS HOMEM, *Judex Perfectus*, pp. 162 e 164.

[840] Cfr. PAULO OTERO, *O Poder de Substituição...*, I, pp. 193 e 194.

[841] Cfr. MARIA DA GLÓRIA FERREIRA PINTO DIAS GARCIA, *Da Justiça...*, pp. 109 ss. e 226 ss.

[842] Cfr. Regimento do Desembargo do Paço, aprovado pela Lei de 27 de julho de 1582, §101º.

[843] Para mais desenvolvimentos, cfr. MARIA DA GLÓRIA FERREIRA PINTO DIAS GARCIA, *Da Justiça...*, pp. 129 ss., 223 ss., em especial, 239 ss.

[844] Cfr. MARIA DA GLÓRIA FERREIRA PINTO DIAS GARCIA, *Da Justiça...*, p. 186. Para um desenvolvimento desta temática em Portugal, cfr. ISABEL BANOND DE ALMEIDA, *A Ideia*

§11º ADMINISTRAÇÃO PÚBLICA PRÉ-LIBERAL | 265

nismo absolutiza o rei e liberta-o de quaisquer limites jurídico-positivos, eliminando também os últimos privilégios feudais do clero e da nobreza – "o rei não partilha o poder com outras instituições"[845], nem existem já instituições que limitem o poder do rei[846].

11.4.2. Um absolutismo de raiz teocrática, fazendo remontar a Deus o fundamento último do poder real[847], mostra-se particularmente avesso às ideias políticas de soberania popular, contrato resolúvel[848] e direito de insurreição[849] – é o tempo da monarquia pura[850], falando-se em Administração iluminista-absolutista[851].

11.4.3. Na sequência de uma tradição legislativa anterior[852] e da formulação de Bodin[853] e de Hobbes[854], o Rei absoluto situa-se numa posição de superioridade face à lei de que é autor[855], não se encontrando por ela vinculado, salvo na medida em que o entenda[856].

---

de Liberdade em Portugal – Do contratualismo absolutista às sequelas do triénio vintista, Coimbra, 2012, pp. 246 ss.

[845] Cfr. ANTÓNIO PEDRO BARBAS HOMEM, *O Espírito das Instituições*, p. 55.

[846] Para uma análise, neste contexto, do significado constitucional das leis fundamentais, cfr. ANTÓNIO PEDRO BARBAS HOMEM, *Lei fundamental e lei constitucional: a formação do conceito de Constituição. Contributo para uma história do Direito público*, in *Estudos em Honra de Ruy de Albuquerque*, I, Coimbra, 2006, pp. 131 ss.

[847] Cfr. ANTÓNIO PEDRO BARBAS HOMEM, *Judex Perfectus*, pp. 47 e 48.

[848] Sobre a figura do contrato no período absolutista, cfr. ISABEL BANOND DE ALMEIDA, *A Ideia de Liberdade...*, pp. 58 ss.

[849] Cfr. RUI FIGUEIREDO MARCOS, *A Legislação Pombalina – Alguns aspectos fundamentais*, 2ª ed., Coimbra, 2006, p. 25.

[850] Cfr. ANTÓNIO PEDRO BARBAS HOMEM, *Judex Perfectus*, pp. 78 ss.

[851] Sublinhando que a doutrina portuguesa setecentista e oitocentista não usa o conceito de "Estado de polícia", cfr. ANTÓNIO PEDRO BARBAS HOMEM, *Judex Perfectus*, p. 557.

[852] Cfr. OF, II, 35, §21; OF, III, 66, proémio; OF, III, 75, §1. Para mais desenvolvimentos, cfr. PAULO OTERO, *O Poder de Substituição...*, I, pp.189-190.

[853] Segundo JEAN BODIN, o soberano estava acima das leis, isto por oposição aos magistrados que se encontravam submetidos à lei e ao soberano, in *Los Seis Libros de la República*, 2ª ed., Madrid, Tecnos, 1992, livro III, cap. 5 (p. 142).

[854] Cfr. THOMAS HOBBES, *Leviathan*, reimp., México, ed. Fundo de Cultura Económica, 1992, (Parte II, Cap. 26º), p. 218.

[855] Cfr. ANTÓNIO PEDRO BARBAS HOMEM, *Judex Perfectus*, pp. 216 e 217.

[856] Cfr. PEDRO CARIDADE DE FREITAS, *Souveraineté et loi au Portugal pendant l'absolutisme juridique*, in *Estudos de Homenagem ao Prof. Doutor Jorge Miranda*, III, Coimbra, 2012, pp. 263 ss., em especial, pp. 281-282.

266 | BASES JURÍDICAS DA ADMINISTRAÇÃO PÚBLICA

11.4.4. Não obstante o aprofundamento de uma política administrativa centralizadora, visando racionalizar e "colocar a ordem no lugar da desordem"[857], reforçando o papel do monarca[858], numa continuidade proveniente da tradição portuguesa do século XIII, nunca se conseguiram suprimir as estruturas administrativas locais de natureza colonial ou municipal, nem impedir que se continuasse a observar a patrimonialização dos ofícios públicos.

11.4.5. Intensifica-se, contudo, o combate a essa prática informal de patrimonialização e privatização dos ofícios públicos, designadamente através da legislação josefina: os ofícios de justiça e fazenda são bens da coroa, criados e exercidos em função da sua utilidade pública e não de qualquer interesse particular do seu titular, devendo ser pessoalmente servidos pelos respetivos titulares[859] – o titular do ofício nada mais tem do *"(...) que huma comissão simples, e precária do Principe (...) totalmente dependente do seu bom, ou máo serviço, ou para se conservar, ou ser della expulso (...)"*[860].

11.4.6. A estrutura administrativa clássica, sem preocupações de subordinação a uma legalidade formal, resume-se nos seguintes termos[861]:
(i) O poder encontra um fundamento e uma legitimação tradicionais, radicando em última instância no monarca, sem se encontrar limitado por normas jurídico-positivas;
(ii) O aparelho administrativo é dominado por serviçais do rei, designados sem critérios técnico-racionais de decisão, inexistindo qualquer domínio da "máquina administrativa" por funcionários recrutados pelas suas qualificações profissionais;

---

[857] Cfr. RUI FIGUEIREDO MARCOS, *A Legislação Pombalina*, p. 26.

[858] Para uma síntese dos instrumentos de centralização, cfr. ANTÓNIO PEDRO BARBAS HOMEM, *O Espírito das Instituições*, pp. 132 ss.

[859] Para mais desenvolvimentos, cfr. PAULO OTERO, *O Poder de Substituição...*, I, em especial, pp. 234 ss.

[860] Cfr. preâmbulo da Carta de Lei de 23 de novembro de 1770. Para uma análise aprofundada desta lei, cfr. ANTÓNIO PEDRO BARBAS HOMEM, *Judex Perfectus*, pp. 560 ss.

[861] Cfr. MAX WEBER, *Sociología del Poder...*, pp. 85 ss.; ANTÓNIO MANUEL HESPANHA, *L'espace politique dans l'ancien regime*, in *Estudos em Homenagem aos Profs. Doutores M. Paulo Merêa e G. Braga da Cruz*, II, Coimbra, 1982, pp. 468 ss.

§11º ADMINISTRAÇÃO PÚBLICA PRÉ-LIBERAL | 267

(iii) Predomínio informal ou "não oficial" de uma conceção patrimonial dos cargos públicos, sendo frequente a ausência de coincidência entre o titular do órgão e aquele que o exerce;
(iv) Não há uma clara definição de regras de distribuição da competência entre os diferentes ofícios, obedecendo tudo a um modelo casuístico de atribuições de mercês;
(v) Inexiste, por via de regra, fixação de salário a favor dos serviçais do monarca e, ainda que exista, nem sempre o salário é pago em dinheiro;
(vi) A atividade administrativa, sem se desenvolver em termos comunicacionais por via escrita, não se encontra sujeita a regras legais específicas – a arbitrariedade ocupa o lugar da discricionariedade.

11.4.7. A "estratégica jurisdicionalista na construção dogmática do poder"[862], permitindo o alargamento das tarefas administrativas do Estado sob as vestes de jurisdição[863], determinou que a noção de "polícia" ganhasse um especial significado durante o Estado absoluto[864], registando-se o empenho do Estado, "quase em delírio"[865], numa ampla cruzada intervencionista a nível económico, social e cultural[866]:

(i) O conceito de polícia passou a compreender medidas sobre a economia (comércio, agricultura e manufaturas), aumento da população e funerais, saúde, alimentação, edifícios e vias públicas, educação, colégios e universidades[867], tratamento social, vadios e mendigos "e bem muitas outras coisas que seria longo enumerar"[868]

---

[862] Expressão de ANTÓNIO MANUEL HESPANHA, *Representação...*, p. 117.

[863] Cfr. ANTÓNIO MANUEL HESPANHA, *Justiça e Administração...*, pp. 386 ss.

[864] Cfr. PIERANGELO SCHIERA, *A "polícia" como síntese de ordem e de bem-estar no moderno Estado centralizado*, in ANTÓNIO MANUEL HESPANHA (org.), *Poder e Instituições na Europa do Antigo Regime*, Lisboa, 1984, pp. 309 ss.; ANTÓNIO PEDRO BARBAS HOMEM, *Judex Perfectus*, pp. 558 ss.

[865] Cfr. ROGÉRIO EHRARDT SOARES, *Interesse Público...*, p. 56.

[866] Cfr. PAULO OTERO, *O Poder de Substituição...*, I, p. 195.

[867] Especificamente sobre a reforma pombalina da universidade, de 1772, cfr. RUI FIGUEIREDO MARCOS, *A Legislação Pombalina*, 160 ss.; ANTÓNIO PEDRO BARBAS HOMEM, *Judex Perfectus*, pp. 379 ss.

[868] Cfr. PASCOAL JOSÉ DE MELO FREIRE, *Institutiones Juris Civilis Lusitani cum Publici tum Privati*, I, Conimbricae, 1815, pp. 131 ss.; FRANCISCO COELHO DE SOUSA SAMPAIO, *Prelecções...*, pp. 138 ss.

268 | BASES JURÍDICAS DA ADMINISTRAÇÃO PÚBLICA

– em linguagem atual, está em causa a prossecução pelo Estado da segurança, do bem-estar e da regulação económica[869];

(ii) O mercantilismo também favorece a intervenção económica do Estado, assistindo-se à criação de empresas pelo próprio Estado[870];

(iii) Encontra-se subjacente, todavia, uma conceção paternalista do exercício do poder real: o monarca, autoinvestido da função de *pater patriae*, age para proporcionar felicidade aos seus vassalos, provocando com isso novas e crescentes formas de intromissão na esfera dos particulares[871];

(iv) Pouco a pouco, porém, durante a segunda metade do século XVIII, "o rei justo falecia perante o rei administrador"[872]: a "derrocada do Estado justicialista" conduz ao desenvolvimento de uma conceção de monarca determinado na prossecução do bem comum através da Administração;

(v) O rei torna-se o senhor que decide, de modo arbitrário, "o que convém ao bem público do Estado"[873].

11.4.8. A conceção jurisdicionalista do poder gerou, no entanto, três principais efeitos[874]:

(i) A inexistência de especialização funcional na atuação dos decisores, exercendo o mesmo órgão tarefas materialmente jurisdicionais e administrativas;

(ii) A aplicação de regras procedimentais da atividade jurisdicional ao exercício da atividade administrativa[875];

(iii) O apelo ao Direito comum para a disciplina substantiva e processual das questões administrativas.

---

[869] Cfr. António Pedro Barbas Homem, *O Espírito das Instituições*, p. 68.

[870] Cfr. Ana Raquel Gonçalves Moniz, *Traços da evolução do Direito administrativo português*, in BFDUC, 2011, p. 265.

[871] Neste sentido, cfr. Rui Figueiredo Marcos, *O «ius politiae» e o comércio. A idade publicista do Direito comercial*, in *Estudos em Homenagem ao Prof. Doutor Rogério Soares*, Coimbra, 2002, pp. 655 ss.

[872] Cfr. Rui Figueiredo Marcos, *A felicidade não rogada e a Administração Pública de polícia em Portugal*, in *Estudos em Homenagem ao Prof. Doutor José Joaquim Gomes Canotilho*, IV, Coimbra, 2012, p. 337.

[873] Cfr. Rogério Ehrardt Soares, *Interesse Público...*, p. 57.

[874] Cfr. Paulo Otero, *O Poder de Substituição...*, I, p. 196.

[875] Cfr. António Manuel Hespanha, *Justiça e Administração...*, pp. 386 ss. e 396 ss.

§11º ADMINISTRAÇÃO PÚBLICA PRÉ-LIBERAL | 269

11.4.9. Na Europa central, o Estado polícia desenvolve uma conceção de Administração Pública baseada numa dupla dicotomia[876]:

(i) Entre matérias de Direito e matérias de Administração, registando-se que estas últimas, expressão de um modelo administrativo sem subordinação a regras jurídicas, se pautam por ordens e instruções do monarca;

(ii) Entre Estado e Fisco, sabendo-se que o primeiro emite comandos sem controlo judicial e vive subordinado à vontade do monarca, enquanto o segundo, sendo uma pessoa de direito privado, é passível de ser judicialmente acionado e responsabilizado pelos prejuízos que causa.

11.4.10. Em Portugal, existe a formulação clara do princípio de que o rei deve sempre respeitar os contratos onerosos celebrados com particulares[877], salvo em situações de necessidade ou de utilidade pública, caso em que fica obrigado a indemnizar[878], registando-se que mesmo o privilégio régio concedido por via contratual não pode ser revogado unilateralmente pelo monarca[879].

11.4.11. Não obstante a manutenção das garantias judiciais contra atuações dos funcionários régios, o regime processual dos embargos à execução de atos de autoridade do monarca sofre, por via do Alvará de 30 de outubro de 1751, alterações, impedindo-se que, em nome da dignidade real, a sua apreciação seja feita por quaisquer juízes, concentrando-se essa competência nas entidades que decidiram ou auxiliaram o rei a decidir[880].

---

[876] Cfr. ROGÉRIO EHRARDT SOARES, *Interesse Público...*, pp. 58 ss.

[877] Cfr. PAULO OTERO, *O Poder de Substituição...*, I, p. 193, nota nº 268.

[878] Cfr. ANTÓNIO VANGUERVE CABRAL, *Epílogo Jurídico de vários casos cíveis, e crimes concernentes ao especulativo, & pratico controvertidos, disputados, e decididos a maior partes deles no Supremo Tribunal da Corte, & Casa da Supplicação*, Lisboa, 1729, pp. 107 ss.

[879] Cfr. MELCHIOR FEBO, *Decisiones Senatus Lusitaniae*, Lisboa, 1760, p. 105.

[880] Para mais desenvolvimentos, cfr. MARIA DA GLÓRIA FERREIRA PINTO DIAS GARCIA, *Da Justiça...*, pp. 231 ss.

270 | BASES JURÍDICAS DA ADMINISTRAÇÃO PÚBLICA

§12º ADMINISTRAÇÃO LIBERAL

12.1. As inovações revolucionárias

12.1.1. A Revolução Liberal de agosto de 1820, a aprovação pelas Cortes Constituintes das Bases da Constituição, em março de 1821, e do texto da Constituição, em setembro de 1822, geraram os pressupostos de uma revolução administrativa visível em cinco novos princípios jurídicos:

(i) *Separação de poderes* – entendido como mecanismo limitativo do poder, conduziu à exclusão da tomada de medidas administrativas pelos tribunais, afastando ainda o monarca da feitura das leis (confiadas agora à competência do parlamento) e da decisão primária de conflitos de pretensões (atribuída aos tribunais);

(ii) *Supremacia da lei* – expressão primordial da vontade da sociedade expressa pelo parlamento[881], garantia da esfera dos privados e limite à ação do poder, a lei passava a subordinar a atuação administrativa, legitimando-a politicamente, e condicionando-a, numa espécie de linha de fronteira entre o que era permitido e aquilo que, sob pena de ilegalidade, já se tinha como proibido;

(iii) *Igualdade de todos perante a lei* – envolvendo a abolição de todos os privilégios decorrentes do nascimento, sendo as soluções normativas formuladas e aplicadas sem qualquer dependência de fatores arbitrários relacionados com a pessoa do destinatário, postula a generalidade e a abstração dos comandos jurídicos;

(iv) *Tutela de direitos fundamentais dos cidadãos* – a limitação do poder envolve o reconhecimento e a garantia de direitos fundamentais, tanto mais garantidos quanto menor fosse a intervenção do Estado na esfera dos indivíduos e da sociedade civil, deixando-lhes a máxima liberdade de ação;

(v) *Abstencionismo do Estado* – a garantia da liberdade pressupõe um Estado mínimo, sem qualquer vocação intervencionista nas áreas económica e social (deixadas à liberdade da iniciativa económica privada e às forças do mercado), limitando-se o poder a garantir a segurança de pessoas e bens, a justiça e a definir as regras do jogo entre os diversos intervenientes.

---

[881] Cfr. ROGÉRIO EHRARDT SOARES, *Direito Administrativo*, (1992), pp. 30-31.

§12º ADMINISTRAÇÃO LIBERAL | 271

12.1.2. Nos seus postulados teóricos, o liberalismo trouxe uma aparente revolução face ao sistema administrativo típico do *ancien régime*:

(i)   A concentração de poderes no monarca foi substituída pela separação de poderes;

(ii) A supremacia da vontade do rei cedeu lugar à supremacia da lei e da vontade do parlamento;

(iii) O sistema de privilégios e de desigualdades sociais foi abolido pelo princípio da igualdade de todos perante a lei;

(iv) A ausência de declarações formais de direitos deu origem a um extenso elenco escrito de direitos fundamentais dos cidadãos perante o poder;

(v)   A um modelo de Estado de polícia e intervencionista sucedeu um modelo de Estado guarda-noturno ou abstencionista.

Será, porém, que tudo isto foi suficiente para, em termos de realidade efetiva, ter ocorrido essa revolução administrativa?[882]

12.2. As continuidades pré-revolucionárias

12.2.1. O liberalismo europeu oitocentista, encontrando as suas raízes filosóficas em momentos e quadros ideológicos bem anteriores[883], debateu-se com duas tendências políticas diversas:

(i)   A britânica, expressão de uma evolução continuada e de sobreposição de instituições;

(ii) A francesa, estruturalmente revolucionária e apostada em roturas institucionais.

12.2.2. Em Portugal, por força das invasões francesas e de uma histórica proximidade cultural, o seu sistema administrativo (e constitucional) sempre esteve, durante todo o século XIX, sob forte influência francesa[884],

---

[882] Para um desenvolvimento da resposta a esta questão, cfr. PAULO OTERO, *Revolução liberal e codificação administrativa: a separação de poderes e as garantias dos administrados*, in *Estudos em Memória do Professor Doutor João de Castro Mendes*, Lisboa, s.d., em especial, pp. 617 ss.

[883] Para uma análise da génese do liberalismo, cfr., por todos, ISABEL BANOND DE ALMEIDA, *A Ideia de Liberdade...*, em especial, pp. 353 ss.

[884] Essa influência francesa começou logo com Junot, em 1808, enquanto "general em chefe do exército francês em Portugal", criando um Conselho de Governo, substituindo o Conselho de Regência designado antes da partida do príncipe-regente para o Brasil, dotando o

272 | BASES JURÍDICAS DA ADMINISTRAÇÃO PÚBLICA

produzindo-se, todavia, uma curiosa subversão das instituições revolucionárias a favor de uma marcada continuidade herdada das instituições pré-liberais.

12.2.3. Não obstante existirem diversas conceções valorizadoras da descentralização e do municipalismo[885], enquanto expressão de liberdade e progresso[886], o peso da influência francesa ditou a prevalência de modelos organizativos centralizadores, valorizadores do papel administrativo do Estado e da sua capital:

(i) A centralização administrativa, transformada em bandeira da Revolução Francesa, nada mais é do que uma instituição do Antigo Regime[887] que, recuperada pelos revolucionários, foi exportada por toda a Europa continental como conquista revolucionária;

(ii) O mesmo se diga da tutela administrativa, enquanto mecanismo de intervenção do Estado que exerce uma função limitativa da vontade e da gestão autónoma das estruturas administrativas não estaduais – igualmente a tutela é uma instituição do Antigo Regime[888].

---

país de uma nova estrutura administrativa e definindo, em momento posterior, instruções para os corregedores-mores, num modelo organizativo hierarquizado e de intensa amplitude interventiva na justiça, bens públicos, segurança pública e economia (Para uma leitura destes diplomas, cfr. MARCELLO CAETANO, *Os antecedentes da reforma administrativa de 1832 (Mouzinho da Silveira)*, sep. da RFDUL, Lisboa, 1967, pp. 107 ss.).

[885] Em termos jurídicos, a defesa valorizadora do papel dos municípios encontra-se logo nas Cortes Constituintes de 1821-1822, configurando-se a administração local como um quarto poder, dizia-se então fundado na própria tradição portuguesa, remontando antes a Benjamin Constant esse entendimento (cfr. PAULO OTERO, *A Administração Local nas Cortes Constituintes de 1821-1822*, in RDES, 1988, nº 2, pp. 237 ss.). Igualmente na Assembleia Constituinte de 1837-1838, defendia-se o papel do município como base da liberdade (cfr., para mais desenvolvimentos, PAULO OTERO, *A descentralização territorial na Assembleia Constituinte de 1837-1838 e no Acto Adicional de 1852*, in RFDUL, 1989, pp. 298 ss.).

[886] Será através do pensamento político de Alexandre Herculano que o revigorar do município, correspondendo à criação de um espaço dotado de uma individualidade própria, é visto como o principal elemento do progresso e da liberdade: o município "(...) não é mais do que o símbolo, a manifestação organizada da pátria popular (...)" (cfr. ALEXANDRE HERCULANO, *Opúsculos*, I, Lisboa, 1993, p. 391 ss.).

[887] Neste sentido, cfr., por todos, ALEXIS DE TOCQUEVILLE, *O Antigo Regime e a Revolução*, Lisboa, ed. Fragmentos, 1989, pp. 47 ss. (liv. II, cap. II).

[888] Para mais desenvolvimentos, cfr. ALEXIS DE TOCQUEVILLE, *O Antigo Regime e a Revolução*, pp. 55 ss. (liv. II, cap. III).

§12º ADMINISTRAÇÃO LIBERAL | 273

12.2.4. A mencionada recuperação de instituições do Antigo Regime, adaptando-as e convertendo-as em conquistas revolucionárias do liberalismo, tem igualmente projeção ao nível do princípio da separação de poderes.

12.2.5. (a) Visando subtrair o julgamento das decisões administrativas à esfera dos tribunais – entendidos estes como afetos à ordem política anterior à Revolução e, neste sentido, "travões" da vontade revolucionária do executivo –, surge o postulado de que "julgar a Administração é ainda administrar", numa fórmula de justiça administrativa cuja ideia pertence ao Antigo Regime[889]: em nome da separação de poderes, os litígios envolvendo decisões administrativas deviam ser resolvidos pela própria Administração que, deste modo, decidia e julgava a validade das suas próprias decisões – foi assim em França e em Portugal, sendo de salientar as seguintes notas adicionais face à evolução nacional:

(i) Só em 1997, através de revisão da Constituição de 1976, se consagrou o direito de os particulares impugnarem judicialmente as normas administrativas externas que sejam lesivas das suas posições jurídicas subjetivas;

(ii) Só em 1974, através da Lei Constitucional nº 3/74, de 14 de maio, ficou definitivamente certo que os tribunais administrativos integravam o poder judicial e não eram órgãos da Administração – opção confirmada pela Constituição de 1976[890];

(iii) Só em 1971, por efeito da revisão da Constituição de 1933, seria constitucionalizado o direito de os particulares impugnarem contenciosamente os atos administrativos ilegais[891];

(iv) Só em 1908, através da lei orçamental de 9 de setembro, foi consagrada, em termos definitivos, a possibilidade de impugnação contenciosa de atos e decisões do Governo[892].

---

[889] Cfr. ALEXIS DE TOCQUEVILLE, *O Antigo Regime e a Revolução*, pp. 64 ss. (liv. II, cap. IV).

[890] Cfr. SÉRVULO CORREIA, *Direito do Contencioso Administrativo*, I, Lisboa, 2005, pp. 533 ss. e 592 ss.

[891] Cfr. ANDRÉ GONÇALVES PEREIRA, *A garantia de recurso contencioso no texto constitucional de 1971*, in *Estudos de Direito Público em Honra do Professor Marcello Caetano*, Lisboa, 1973, pp. 243 ss.

[892] Cfr. JOÃO MARIA TELLO DE MAGALHÃES COLLAÇO, *Direito Administrativo – Apendice – Noções Gerais sobre Contencioso Administrativo*, (lições coligidas por Carlos A. L. Moreira), 2ª ed., Porto, 1924, pp. 11 e 12.

274 | BASES JURÍDICAS DA ADMINISTRAÇÃO PÚBLICA

12.2.6. (b) Tal como o monarca absoluto concentrava a Administração e a justiça, sem fazer qualquer sentido que a execução coativa das suas decisões administrativas fosse autorizada por si próprio como juiz, também agora, por força do princípio da separação de poderes, segundo a formulação que impede os tribunais de intervir na esfera da Administração, a execução coativa das decisões administrativas não carece de qualquer prévia intervenção permissiva dos tribunais[893]: a Administração goza de um privilégio de execução prévia (: independente de qualquer intervenção permissiva dos tribunais) das suas decisões – a uma autotutela declarativa junta-se nas mãos da Administração Pública, em nome da separação de poderes, uma autotutela executiva[894].

12.2.7. (c) Se excetuarmos os escassos meses de vigência da Constituição de 1822 e os poucos anos de vigência da Constituição de 1911, verifica-se que, apesar de vigorar o princípio da separação de poderes, o poder executivo nunca foi totalmente alheio à feitura das leis vinculativas do agir administrativo, numa verdadeira promiscuidade entre legislar e administrar, fazendo que a legalidade administrativa, em vez de assumir uma postura heterovinculativa para o poder executivo, exercesse uma função quase sempre autovinculativa[895], isto através de três principais mecanismos:

(i) Durante a Carta Constitucional de 1826 e a Constituição de 1838, a intervenção do monarca sancionando as leis provenientes das Cortes, sob pena de um seu veto possuir natureza absoluta, conferia-lhe uma vontade coconstitutiva ou codecisória na feitura das leis: cada lei era sempre a conjugação entre a vontade de quem aprovava (: o parlamento) e a vontade que quem sancionava (: o rei), representando, nesse sentido, uma legalidade autovinculativa para o executivo;

(ii) Podia mesmo suceder que, em situações extraordinárias, verificando-se a dissolução do parlamento, o poder executivo assumia

---

[893] Para mais desenvolvimentos, cfr., por todos, RUI GUERRA DA FONSECA, *O Fundamento da Autotutela...*, em especial, pp. 151 ss.

[894] Cfr. PAULO OTERO, *A execução do acto administrativo no Código do Procedimento Administrativo*, SJ, nº 238/240, 1992, em especial, pp. 210 ss.

[895] Para mais desenvolvimentos, cfr. PAULO OTERO, *Legalidade e Administração Pública*, pp. 110 ss.

o exercício direto da competência legislativa pertencente ao parlamento, emanando os designados "decretos ditatoriais", depois sujeitos a um *bill de indemnidade* parlamentar[896];

(iii) Ou, numa derradeira hipótese, comum a todo o constitucionalismo liberal, a existência de autorizações legislativas do parlamento para o governo emanar decretos com força de lei, prática essa marginal à Constituição formal durante a monarquia, apesar de consagrada na Constituição de 1911.

12.2.8. Não custa reconhecer, dentro da distorção de matriz francesa feita ao princípio da separação de poderes, que "do ponto de vista da administração, o Estado liberal é mais absoluto do que o Estado absoluto"[897].

12.3. A contraditória génese do Direito Administrativo revolucionário

12.3.1. Um outro efeito da separação de poderes, segundo a configuração liberal proveniente do Conselho de Estado francês, resultou de, em virtude de os órgãos administrativos não estarem sujeitos ao poder judicial, se ter começado a entender que o Direito comum não dava suficiente mobilidade de ação aos órgãos da Administração na prossecução do interesse público, iniciando-se um processo de progressiva fuga ao Direito comum e ao princípio da igualdade que lhe está subjacente, edificando-se, paulatinamente, princípios e regras especificamente reguladoras da Administração Pública, atribuindo-lhe prerrogativas de autoridade, que, em confronto com o Direito comum, assumem caráter exorbitante – nasce, deste modo, o Direito Administrativo.

12.3.2. Observa-se, aliás, o nascimento de um Direito Administrativo que, sendo proveniente da jurisprudência francesa do *Conseil d'État*, ocorre ao arrepio do princípio da separação de poderes e da competência do poder legislativo[898]:

---

[896] Note-se que, durante o século XIX, as principais reformas legislativas em Portugal foram feitas sob a forma de decreto ditatorial, cfr. PAULO OTERO, *O Poder de Substituição...*, I, pp. 339 ss., nota nº 441.

[897] Cfr. ANTÓNIO PEDRO BARBAS HOMEM, *O Espírito das Instituições*, p. 22.

[898] Para mais desenvolvimentos e indicações bibliográficas, cfr. PAULO OTERO, *Legalidade e Administração Pública*, pp. 269 ss.

276 | BASES JURÍDICAS DA ADMINISTRAÇÃO PÚBLICA

(i) O Direito Administrativo francês não é o resultado da lei, nem da intervenção da vontade geral expressa pelo parlamento, antes é um produto de um órgão administrativo – a Administração Pública, por via do *Conseil d'État*, cria o seu próprio ordenamento jurídico;

(ii) O Direito Administrativo francês surge da Administração Pública, para regular a Administração Pública e o seu respeito está sujeito a controlo pela própria Administração Pública – será difícil conceber maior concentração de poderes.

12.3.3. Não teve o Direito Administrativo na sua origem francesa, por conseguinte, qualquer propósito de aumentar as garantias dos particulares perante a Administração Pública, antes nasce como o Direito das prerrogativas de autoridade administrativa face aos particulares[899]: o Direito Administrativo tem aqui o seu "pecado original"[900] – os últimos duzentos anos têm procurado resgatar esse "pecado original", reforçando os direitos e garantias dos administrados.

12.3.4. A Revolução Francesa foi, nesse sentido, estruturalmente antigarantística, circunstância agravada pela exclusão do controlo da Administração Pública da esfera do poder judicial: os últimos dois séculos têm traduzido uma luta constante no sentido da "domesticação" das prerrogativas de autoridade do poder administrativo e da sujeição do seu exercício ao controlo dos tribunais, revelando sempre a Administração Pública, no entanto, uma capacidade regeneradora de novos expedientes de fuga a limitações acrescidas.

12.4. O mito revolucionário liberal: equívocos

12.4.1. A revolução administrativa liberal acabou por produzir um reforço do poder administrativo idêntico, senão mesmo superior, ao existente durante o Estado absoluto:

(i) As decisões administrativas eram julgadas pela própria Administração, afirmando-se um princípio geral de autotutela executiva e

---

[899] Cfr. PAULO OTERO, *Legalidade e Administração Pública*, pp. 275 ss.

[900] Considerando que esse "pecado original" está na promiscuidade entre administrar e julgar, cfr. VASCO PEREIRA DA SILVA, *Para um Contencioso...*, p. 19; IDEM, *Em Busca...*, pp. 28 ss.; IDEM, *O Contencioso...*, pp. 13 ss.

assistiu-se à criação de um Direito próprio, afastando-se a Administração do Direito comum sempre que tal fosse conveniente e sem perigo de qualquer controlo pelos tribunais;

(ii) Produziu-se, deste modo, uma aproximação estrutural e institucional entre o Estado liberal e o Estado pré-liberal: a ideia de revolução administrativa liberal cedeu lugar a uma renovação administrativa pré-liberal.

12.4.2. O liberalismo administrativo português limitou-se a afirmar um conjunto de equívocos:

(i) A separação de poderes conduziu a concentrar no poder executivo o poder administrativo, o poder de julgar a Administração Pública e ainda, por vezes, a definição da legalidade vinculativa da atuação administrativa;

(ii) A supremacia da lei sempre se baseou na expressão de uma vontade a que o poder executivo nunca era completamente alheio, sendo até algumas vezes ele o seu autor;

(iii) A igualdade de todos perante a lei não impediu que, por via legislativa, surgisse o Direito Administrativo, criando prerrogativas de autoridade a favor da Administração Pública nas suas relações com os particulares;

(iv) A tutela dos direitos fundamentais dos administrados era uma ilusão, afastados que estavam, por força da separação de poderes, os tribunais do controlo da atuação administrativa e da garantia das restantes posições jurídicas dos particulares[901];

(v) Em Portugal, o abstencionismo do Estado nunca foi completo, antes uma tradição "paternalista" sempre se fez sentir, acompanhada, a partir da segunda metade do século XIX, de uma política de fomento desenvolvida pelo fontismo[902].

---

[901] Para mais desenvolvimentos, cfr. MÁRIO REIS MARQUES, *A justiça administrativa portuguesa nos inícios do século XX*, in *Estudos em Homenagem a Miguel Galvão Teles*, I, Coimbra, 2012, pp. 591 ss.

[902] Cfr. ANA RAQUEL GONÇALVES MONIZ, *Traços...*, pp. 277 ss.

12.5. Da legitimação administrativa tradicional à legitimação legal--constitucional do aparelho administrativo

12.5.1. A grande inovação que a Revolução Liberal comportou reside na rotura com todo um aparelho administrativo fundado numa legitimação tradicional[903], tal como sucedia com a Administração iluminista-absolutista, operando-se uma relegitimação administrativa:

(i) Todo o poder político passa a encontrar o seu fundamento e as regras estruturantes da sua organização e funcionamento num texto formal – a Constituição;

(ii) A lei, expressão da vontade geral, é agora uma manifestação da razão mediatizada pela intervenção parlamentar – a legitimidade política do novo modelo constitucional já não reside no rei ou, pelo menos, numa legitimação exclusivamente tradicional do monarca;

(iii) A Administração existe para aplicar a lei, resultando desta os critérios decisórios concretos a cuja execução, num processo tendencialmente silogístico, se consubstancia o exercício da atividade administrativa – aplicar a lei é dar voz à razão e à vontade geral;

(iv) O poder legislativo goza, neste contexto de separação de poderes, de supremacia face ao poder executivo – o ponto de equilíbrio é, num primeiro momento, claramente favorável ao parlamento.

12.5.2. Independentemente das vicissitudes que o equilíbrio entre o legislativo e executivo vai sofrendo ao longo do século XIX, num difícil jogo de articulação entre o princípio democrático e o princípio monárquico, a verdade é que o aparelho administrativo liberal vai adquirindo, progressivamente, traços de racionalidade e de legalidade[904]:

(i) Os funcionários das estruturas administrativas encontram-se organizados sob forma hierárquica[905], devendo obediência às ordens

---

[903] Para um confronto entre o antes e o depois da Revolução de 1820, ao nível da Administração Pública, cfr. JOAQUIM THOMAZ LOBO D'ÁVILA, *Estudos de Administração*, Lisboa, 1874, pp. 25 ss.

[904] Cfr. MAX WEBER, *Sociología del Poder...*, pp. 85 ss.

[905] Para um enquadramento da matéria à luz das coordenadas do liberalismo, cfr. GUIMARÃES PEDROSA, *Curso...*, I, 2ª ed., pp. 281 ss.; ROCHA SARAIVA, *Lições de Direito Administrativo*, (1914), pp. 89 ss.; LUDGERO NEVES, *Direito Administrativo*, pp. 95 ss.

e instruções dos órgãos superiores e estão sujeitos ao seu poder disciplinar – a hierarquia torna-se veículo de difusão da vontade do legislador[906];

(ii) O recrutamento e a seleção do pessoal integrante da Administração Pública, sendo livres, deverão respeitar o princípio da igualdade de todos perante a lei, sem discriminações que não radiquem nas qualificações de índole técnica dos sujeitos[907];

(iii) O funcionalismo público exerce funções tendo por base um vínculo jurídico com a Administração Pública[908];

(iv) O funcionário insere-se numa carreira administrativa[909], sendo passível de promoções que se refletem em acréscimo de poder e de remuneração[910];

(v) O exercício de funções públicas é remunerado[911] e, em caso de aposentação, reconhece-se, progressivamente, que o funcionário recebe uma pensão[912];

(vi) O funcionário não exerce os seus poderes como se tivesse um direito de propriedade sobre o cargo, nem a competência é um direito subjetivo[913] – a competência é um poder funcional, claramente repartida entre os diferentes órgãos;

---

[906] Cfr. PAULO OTERO, *Conceito e Fundamento...*, pp. 306-307 e 319 ss.

[907] Cfr. GUIMARÃES PEDROSA, *Curso...*, I, 2ª ed., pp. 301 ss.; ROCHA SARAIVA, *Lições de Direito Administrativo*, (1914), pp. 100 ss.; LUDGERO NEVES, *Direito Administrativo*, pp. 126 ss.

[908] Cfr. GUIMARÃES PEDROSA, *Curso...*, I, 2ª ed., pp. 293 ss.; ROCHA SARAIVA, *Lições de Direito Administrativo*, (1914), pp. 92 ss.; LUDGERO NEVES, *Direito Administrativo*, pp. 117 ss.

[909] Cfr. ROCHA SARAIVA, *Lições de Direito Administrativo*, (1914), pp. 109 ss.

[910] Cfr. GUIMARÃES PEDROSA, *Curso...*, I, 2ª ed., pp. 393 ss.

[911] Cfr. GUIMARÃES PEDROSA, *Curso...*, I, 2ª ed., pp. 377 ss.; ROCHA SARAIVA, *Lições de Direito Administrativo*, (1914), pp. 163 ss.; DOMINGOS FEZAS VITAL, *A Situação dos Funcionários (Sua natureza jurídica)*, Coimbra, 1915, pp. 131 ss.; LUDGERO NEVES, *Direito Administrativo*, pp. 193 ss.

[912] Sobre o tema, ao nível da doutrina liberal, cfr. ROCHA SARAIVA, *Lições de Direito Administrativo*, (1914), pp. 181 ss.; DOMINGOS FEZAS VITAL, *A Situação dos Funcionários...*, pp. 144 ss.; LUDGERO NEVES, *Direito Administrativo*, pp. 195 e 200-201; IDEM, *Questões Administrativas*, Lisboa, s.d., pp. 51 ss.

[913] Cfr. DOMINGOS FEZAS VITAL, *A Situação dos Funcionários...*, pp. 97 ss., em especial, pp. 114 ss.

280 | BASES JURÍDICAS DA ADMINISTRAÇÃO PÚBLICA

(vii) O funcionário exerce pessoalmente o seu cargo[914], nunca lhe sendo lícito declinar o exercício da competência, sem prejuízo de a lei permitir a delegação de poderes e situações de substituição;

(viii) A atividade jurídica desenvolve-se sob forma escrita e encontra-se sujeita a controlo administrativo e/ou judicial.

12.5.3. Na passagem de um modelo administrativo fundado numa legitimação tradicional para um modelo alicerçado numa legitimação legal-constitucional reside a grande diferença entre a Administração iluminista-absolutista e a Administração liberal: o liberalismo subordinou a organização e o funcionamento do aparelho administrativo à legalidade jurídico-positiva ou, talvez mais rigorosamente, iniciou esse processo histórico de subordinação.

§13º ADMINISTRAÇÃO PÓS-LIBERAL

13.1. Administração do Estado intervencionista

13.1.1. Já durante a Constituição de 1911 se fala na existência de um fim de cultura que ao Estado cumpre desenvolver no âmbito da sua atividade social[915], reconhecendo-se a existência de "direitos do indivíduo às prestações do Estado"[916], pedindo-se mesmo ao Estado, "em nome do funcionamento regular e equilibrado das diversas atividades sociais, que intervenha na vida económica, moral e intelectual das sociedades ajudando, umas vezes, substituindo-se, outras, à iniciativa particular"[917].

---

[914] Cfr. GUIMARÃES PEDROSA, *Curso...*, I, 2ª ed., pp. 337 ss.; ROCHA SARAIVA, *Lições de Direito Administrativo*, (1914), pp. 131 ss.; LUDGERO NEVES, *Direito Administrativo*, pp. 164 ss.

[915] Cfr. ROCHA SARAIVA, *Construcção...*, II, p. 47.
Para uma análise da temática da proteção social ao nível do ensino universitário do Direito e da sua consagração constitucional, cfr. JOÃO CARLOS LOUREIRO, *República mental e solidariedade social*, in BFDUC, 2011, em especial, pp. 162 ss.

[916] Cfr. ROCHA SARAIVA, *Construcção...*, II, pp. 81 e 89.

[917] Cfr. ROCHA SARAIVA, *As teorias sobre a representação política e a nossa Constituição*, in *Revista de Justiça*, 1916, p. 314.

§13º ADMINISTRAÇÃO PÓS-LIBERAL | 281

13.1.2. Seria a Constituição de 1933, todavia, que, instituindo um modelo de Estado corporativo, adotaria uma clara postura intervencionista do Estado no plano económico, social e cultural, sendo continuada, sem prejuízo de todas as diferenças, pela Constituição de 1976, primeiro à luz de uma formulação socialista-marxista e, num segundo momento, dentro do quadro de um Estado de Direito democrático.

13.1.3. O Estado intervencionista, revelando uma deliberada intromissão na esfera da sociedade, arvorando-se em "garantia contra a injustiça do destino"[918], tornou-se produtor de bens e prestador de serviços, habilitando os particulares a reclamarem, num movimento sempre crescente, prestações públicas e novas pretensões: o intervencionismo gerou o Estado social, segundo uma feição de "Estado «solidarista»"[919] ou Estado-repartidor, entretanto convertido em Estado de bem-estar[920].

13.1.4. O modelo de Administração de um Estado intervencionista assenta nas seguintes características nucleares:
(i) Ampliação das necessidades coletivas cuja satisfação se encontra a cargo da Administração Pública, produzindo-se um aumento das matérias integrantes da função administrativa;
(ii) Subjetivação de tarefas fundamentais a cargo da Administração Pública, reconhecendo-se a existência de direitos fundamentais a prestações que se traduzem em incumbências públicas de bem-estar social;
(iii) Transformação dos administrados em utentes de serviços e consumidores de prestações sociais fornecidas pelo Estado, degradando o seu estatuto como cidadãos – "o consumidor é um anti-cidadão"[921];
(iv) Crescimento da estrutura organizativa e funcional da Administração Pública, visando responder ao aumento de tarefas, multiplicando-se o número de entidades, órgãos, serviços e pessoal;

---

[918] Cfr. ROGÉRIO EHRARDT SOARES, *Direito Público e Sociedade Técnica*, Coimbra, 1969, p. 88.

[919] Cfr. ROGÉRIO EHRARDT SOARES, *Interesse Público...*, p. 76.

[920] Para uma síntese magistral desta evolução, cfr., por todos, ROGÉRIO EHRARDT SOARES, *Direito Público...*, pp. 86 a 91.

[921] Neste sentido, cfr. GOMES CANOTILHO, *O administrado e as suas máscaras*, in *Estudos em Homenagem ao Prof. Doutor Sérvulo Correia*, I, Coimbra, 2010, pp. 310 ss., em especial, p. 311.

282 | BASES JURÍDICAS DA ADMINISTRAÇÃO PÚBLICA

(v) Reforço do poder administrativo no contexto dos restantes poderes do Estado, falando-se na emergência de um "Estado-administrativo"[922], por oposição ao clássico e liberal "Estado-legislador";

(vi) O acréscimo dos mecanismos de sindicabilidade da atividade administrativa tem como contrapartida um aumento da "elasticidade de movimentos" da Administração[923], dotada de "preceitos de borracha" que lhe permitem conformar a realidade[924];

(vii) Criação de reservas de administração ou setores de monopólio administrativo, enquanto espaços de intervenção exclusiva da Administração Pública, limitando ou excluindo a ação do parlamento, dos tribunais ou do setor privado;

(viii) Protagonismo acrescido do executivo e da sua normatividade na regulação da ação administrativa, relegando para segundo plano o parlamento e a sua produção legislativa;

(ix) Domínio da ação administrativa por burocratas e pessoal especializado, numa progressiva indiferenciação ou marginalização da componente política, conduzindo a uma crescente burocratização e tecnicização administrativas;

(x) Aumento dos custos financeiros de funcionamento e de prestação de serviços e bens pela Administração Pública.

13.2. Idem: a Administração do Estado Novo

13.2.1. A Administração Pública do Estado Novo, proveniente da Constituição de 1933, acolhendo o espírito colonialista da I República, elaborada à luz de postulados antidemocratas, antiliberais, autoritários e intervencionistas[925], sintetiza-se nas seguintes ideias[926]:

---

[922] Para um alicerce histórico da expressão, cfr. ROGÉRIO EHRARDT SOARES, *Interesse Público...*, p. 85.

[923] Cfr. ROGÉRIO EHRARDT SOARES, *Interesse Público...*, p. 81.

[924] Cfr. ROGÉRIO EHRARDT SOARES, *Interesse Público...*, p. 89.

[925] Cfr. OLIVEIRA SALAZAR, *Discursos e Notas Políticas (1938-1943)*, III, 2ª ed., Coimbra, 1959, p. 236.

[926] Para mais desenvolvimentos, cfr. MARCELLO CAETANO, *Manual...*, I, 10ª ed., pp. 255 ss.

(i) Reforço da Administração do Estado, em termos centrais e locais, diretos e indiretos, visando satisfazer o imperativo constitucional que confere ao "Estado o direito e a obrigação de coordenar e regular superiormente a vida económica e social"[927];

(ii) Sujeição da atividade dos corpos administrativos das autarquias locais a intervenção do Governo[928];

(iii) Aperfeiçoamento da Administração ultramarina, num primeiro momento, à luz de uma conceção imperial, num segundo momento, dentro do contexto de uma política de assimilação e, por último, garantindo propósitos autonómicos[929];

(iv) Integração dos organismos corporativos no âmbito de uma Administração corporativa;

(v) Reconhecimento de relevância administrativa de empresas de interesse coletivo e das concessões, falando-se em "pessoas coletivas de direito privado e regime administrativo"[930].

13.2.2. Num modelo político sem genuínas garantias dos administrados, regista-se que a própria existência de um verdadeiro Estado de Direito surge questionada nas palavras de Marcello Caetano: "que segurança temos nós todos, os que andamos nos caminhos da vida pública, se podemos ser demitidos sem defesa prévia, ver destruídos os nossos contratos por discordância de opinião de um governante e ser incriminados – ou antes, presos e envolvidos em demoradas investigações por nos queixarmos à *Polícia* ou por utilizarmos, pelas vias mais lícitas, documentos sem caráter ostensivamente secreto mas que depois se considere terem essa índole?"[931].

13.2.3. A natureza formal do Estado de Direito instituído com a Constituição de 1933, traduzindo um modelo administrativo autoritário[932] e esvaziado de efetivas garantias dos administrados perante o poder, sem prejuízo

---

[927] Cfr. artigo 31º.

[928] Cfr. artigos 126º, 130º e 131º.

[929] Para mais desenvolvimentos, cfr. PAULO OTERO, *A concepção unitarista do Estado na Constituição de 1933*, sep. da RFDUL, Lisboa, 1990, pp. 416 ss.

[930] Cfr. MARCELLO CAETANO, *Manual...*, I, 10ª ed., pp. 396 ss.

[931] Anexo de carta de Marcello Caetano enviada a Oliveira Salazar, datada de 8 de abril de 1949, in JOSÉ FREIRE ANTUNES, *Salazar e Caetano – Cartas secretas 1932-1968*, Lisboa, 1994, p. 230.

[932] Cfr. DIOGO FREITAS DO AMARAL, *Última Lição*, Coimbra, 2007, pp. 14 ss.

284 | BASES JURÍDICAS DA ADMINISTRAÇÃO PÚBLICA

de revelar preocupações de bem-estar social[933] – podendo falar-se numa "Administração de prestações"[934]–, fazia dos tribunais administrativos os principais instrumentos de garantia da fiscalização do cumprimento da legalidade pela Administração Pública[935], possuindo a faculdade de anular ou declarar a nulidade das decisões administrativas individuais e concretas do próprio Governo[936].

13.2.4. Compreende-se, também neste contexto, que a execução das sentenças dos tribunais administrativos pela Administração Pública fosse o momento da verdade sobre a existência de um efetivo Estado de Direito[937]: saber se as autoridades administrativas estavam ou não vinculadas a obedecer às sentenças judiciais anulatórias da vontade do poder expressa em sentido contrário à lei, conferindo-lhe execução, traduzia a materialização de uma real subordinação do poder administrativo à juridicidade[938].

13.3. Idem: a Administração do Estado de Direito democrático

13.3.1. A Constituição de 1976, utilizando uma expressão formulada vinte anos antes por Afonso Rodrigues Queiró[939], institui um Estado de Direito democrático[940], enquanto conceito conjugado de três realidades

---

[933] Cfr. Constituição de 1933, artigo 6º, nº 3. Considerando a Constituição de 1933 como instituindo um Estado social, cfr. PAULO OTERO, *O Poder de Substituição...*, II, pp. 519 ss. Em sentido contrário, cfr. ANDRÉ SALGADO DE MATOS, *O direito ao ensino...*, p. 400, nota nº 25.

[934] Cfr. ANA RAQUEL GONÇALVES MONIZ, *Traços...*, pp. 286 ss.

[935] Cfr, DIOGO FREITAS DO AMARAL, *A Execução das Sentenças dos Tribunais Administrativos*, Lisboa, 1967, p. 13.

[936] Cfr. MARIA DA GLÓRIA GARCIA, *Com um passo à frente: Estado de Direito, Direitos do ordenamento do território, do urbanismo e Direito do ambiente*, in *Em Homenagem ao Professor Doutor Diogo Freitas do Amaral*, Coimbra, 2010, em especial, pp. 28 ss.

[937] Neste sentido, cfr. DIOGO FREITAS DO AMARAL, *A Execução...*, pp. 13 ss.

[938] Para uma leitura política do contributo científico da dissertação de doutoramento de Diogo Freitas do Amaral, precisamente sobre a execução das sentenças dos tribunais administrativos, cfr. MÁRIO AROSO DE ALMEIDA, *A Execução das Sentenças dos Tribunais Administrativos no pensamento de Diogo Freitas do Amaral*, in *Em Homenagem ao Professor Doutor Diogo Freitas do Amaral*, Coimbra, 2010, em especial, pp. 142 ss.

[939] In *Lições de Direito Administrativo*, I, (policop.), Coimbra, 1956, p. 143.

[940] Cfr. PAULO OTERO, *O Poder de Substituição...*, II, pp. 523 ss. Para uma síntese do valor conceitual-dogmático do princípio do Estado de Direito democrático, cfr. JOSÉ DE MELO

§13º ADMINISTRAÇÃO PÓS-LIBERAL | 285

constitucionalmente indissociáveis[941]: (i) Estado social, (ii) Estado de Direito material e (iii) Estado democrático[942].

13.3.2. O modelo administrativo subjacente ao Estado de Direito democrático, sem prejuízo da sua inicial configuração distorcida por via da componente marxista da versão primitiva da Constituição, reflete as seguintes características:

(i) Trata-se de uma Administração que se organiza, funciona e relaciona de perto com a Constituição[943], podendo falar-se em Administração amiga da Constituição;

(ii) Trata-se de uma Administração com preocupações sociais, observando-se a existência de uma cláusula constitucional de bem-estar que encontra no Estado o seu garante;

(iii) Trata-se de uma Administração vinculada ao Direito[944], isto no sentido de não estar apenas subordinada ao ordenamento que expressa a vontade do poder, mas também a uma juridicidade heterolimitativa do próprio poder;

(iv) Trata-se de uma Administração politicamente democrática, aplicando normas que são a expressão da vontade geral, tendo titulares de órgãos (direta ou indiretamente) legitimados e responsáveis perante a coletividade.

13.3.3. O Estado de Direito democrático instituído pela Constituição de 1976 permite observar que as entidades públicas se encontram vinculadas a conferir aplicabilidade direta às normas referentes a certos direi-

---

ALEXANDRINO, *Direito das Autarquias Locais*, in PAULO OTERO/PEDRO GONÇALVES, *Tratado de Direito Administrativo Especial*, IV, Coimbra, 2010, pp. 65 ss.

[941] Cfr. A. CASTANHEIRA NEVES, *Da «jurisdição» no actual Estado-de-Direito*, in *Ab Vno ad Omnes – 75 anos da Coimbra Editora 1920-1995*, Coimbra, 1998, em especial, pp. 182 ss. e 209 ss.

[942] Para uma reflexão sobre a evolução administrativa ao abrigo da Constituição de 1976, cfr. RUI CHANCERELLE DE MACHETE, *O Direito administativo português no último quartel do século XX e nos primeiros anos do século XXI*, in IDEM, *Estudos de Direito Público*, Coimbra, 2004, pp. 279 ss.; DIOGO FREITAS DO AMARAL, *Última Lição*, pp. 13 ss.

[943] Neste sentido, cfr. PEDRO MACHETE, *As actuações informais da Administração, em especial a difusão de informações e a defesa do Estado de Direito demcrático*, in *Estudos em Homenagem ao Professor Doutor Paulo de Pitta e Cunha*, III, Coimbra, 2010, p. 625.

[944] Cfr. ANA RAQUEL GONÇALVES MONIZ, *Traços...*, pp. 294 ss.

286 | BASES JURÍDICAS DA ADMINISTRAÇÃO PÚBLICA

tos fundamentais[945], estando a Administração Pública sujeita a controlo político parlamentar[946] e ao controlo jurídico dos tribunais[947], registando--se que a decisões destes são obrigatórias e prevalecem sobre as de quaisquer autoridades[948].

13.3.4. Consagra a Constituição um modelo organizativo baseado no postulado da "unidade no pluralismo"[949], observando-se que a unidade é assegurada pela Administração do Estado e o pluralismo pelas Administrações infraestaduais, nos seguintes termos:

(i) O Estado encontra-se vinculado a implementar um vasto elenco de tarefas fundamentais e incumbências prioritárias no âmbito económico, social, cultural e ambiental[950], à luz de imperativos ditados pela cláusula de bem-estar social;

(ii) O Governo goza do estatuto de órgão superior da Administração Pública[951] e de uma vasta competência administrativa[952], sem prejuízo de também possuir uma ampla competência legislativa[953], suscetível de o transformar em principal definidor da legalidade (auto)vinculativa da sua atuação administrativa;

(iii) A pluralidade de Administrações Públicas infraestaduais encontra-se garantida pelo próprio texto constitucional a vários níveis:
 – Cria duas regiões autónomas[954];
 – Configura as autarquias locais como expressão de um "poder local"[955];
 – Confere existência constitucional a associações públicas[956] e a universidades[957];

---

[945] Cfr. CRP, artigo 18º, nº 1.
[946] Cfr. CRP, artigo 162º, alínea a).
[947] Cfr. CRP, artigos 20º, nº 1, e 268º, nºs 4 e 5.
[948] CFr. CRR, artigo 205º, nº 2.
[949] Cfr. PAULO OTERO, *O Poder de Substituição...*, II, pp. 742 ss.
[950] Cfr. CRP, artigos 9º e 81º.
[951] Cfr. CRP, artigo 182º.
[952] Cfr. CRP, artigo 199º.
[953] Cfr. CRP, artigo 198º.
[954] Cfr. CRP, artigos 6º, nº 2, e 227º, nº 1.
[955] Cfr. CRP, artigos 235º e seguintes.
[956] Cfr. CRP, artigo 267º, nº 4.
[957] Cfr. CRP, artigo 76º, nº 2.

- Remete para a discricionariedade do legislador a criação de entidades administrativas independentes[958], outras entidades públicas administrativas de base institucional e de configurar o exercício de poderes públicos por entidades privadas[959].

13.3.5. Sucede, porém, que o Estado de Direito democrático consagrado na Constituição, tendo ajudado a transformar a realidade social, desempenhando uma função de mudança[960], é hoje, nesta segunda década do século XXI, uma realidade em transformação, restando saber se desempenhará uma função de garantia do adquirido político, social e administrativo – tudo se resume a indagar se o Estado de Direito democrático não estará em transição para um Estado de Direito neoliberal.

13.4. Pressupostos de uma Administração neoliberal?

13.4.1. Os antecedentes mais remotos de uma conceção neoliberal de Administração Pública, visando a redução drástica das matérias que estão confiadas à sua prossecução e do inerente aparelho organizativo, submetendo-o a regras de gestão oriundas do setor privado, localizando-se nas últimas décadas do século XX, permitindo falar numa época "postmoderna"[961] ou em "pósmodernidade"[962], podem resumir-se nos seguintes termos:

(i) *Crise do hiperintervencionismo do Estado*[963] – desde os finais da década de 70 do século XX, na sequência dos ensinamentos da Escola de Chicago, um alegado asfixiante Estado de bem-estar ou Estado de mal-estar[964] começou a reivindicar *"more Market, less State"*[965];

---

[958] Cfr. CRP, artigo 267º, nº 3.

[959] Cfr. CRP, artigo 267º, nº 6.

[960] Cfr. AFONSO D'OLIVEIRA MARTINS, *O Estado em transformação. Alguns aspetos*, in *Em Homenagem ao Professor Doutor Diogo Freitas do Amaral*, Coimbra, 2010, pp. 329 ss.

[961] Cfr. PIERRE MOOR/ALEXANDRE FLÜCKIGER/VICENT MARTENET, *Droit Administratif*, I, pp. 28 ss.

[962] Cfr. MARÇAL JUSTEN FILHO, *Curso...*, pp. 16 ss.; SÉRGIO GUERRA, *Discricionariedade, Regulação e Reflexividade – Uma nova teoria sobre as escolhas administrativas*, 2ª ed., Belo Horizonte, 2013, pp. 68 ss.

[963] Cfr. PAULO OTERO, *Instituições...*, I, pp. 461 ss.

[964] Cfr. RAMON COTARELO, *Del Estado del Bienestar al Estado del Malestar*, 2ª ed., Madrid, 1990.

[965] Cfr. NICOLÁS MARÍA LÓPEZ CALERA, *Yo, el Estado*, Madrid, 1992, pp. 17 ss.

288 | BASES JURÍDICAS DA ADMINISTRAÇÃO PÚBLICA

(ii) *Privatização de tarefas e serviços públicos* – reduzindo a intervenção administrativa do Estado, a privatização conduziu à desregulação de matérias por via pública, gerando fenómenos de autorregulação, e ao chamamento do setor privado à satisfação de necessidades coletivas até então na esfera da Administração Pública (v.g., telecomunicações, correios, fornecimento de eletricidade, transportes públicos), transfigurando o administrado de utente em cliente[966];

(iii) *Redução da função pública e reconfiguração do aparelho administrativo do Estado* – redimensionamento da Administração Pública dependente do executivo, conduzindo à criação de autoridades administrativas independentes e que tendencialmente se desenvolvem à margem da legitimidade democrática direta, conferindo-lhes poderes de regulação económica[967], preferindo-se, por outro lado, formas jurídico-privadas de vinculação da "função pública";

(iv) *Substituição dos clássicos instrumentos de coação e de comando (ordens e proibições)* – relegando-os para *ultimum remedium* no seu relacionamento com os cidadãos[968], preferindo-se uma metodologia informal, flexível, própria de modelos de ação jurídico-privados ou empresariais, transformando-se o contrato em veículo privilegiado de exercício da atividade administrativa, vivendo-se um "ambiente contratual", falando-se até em "Administração contratual"[969];

(v) *Introdução da temática da boa governação administrativa (: "new public governance")* – revelando exigências de eficiência de gestão e controlo do modelo organizativo e ainda do procedimento decisório da Administração Pública[970], numa clara importação de preocupa-

---

[966] Cfr. GOMES CANOTILHO, *O administrado...*, p. 313-314; PIERRE MOOR/ALEXANDRE FLÜCKIGER/VICENT MARTENET, *Droit Administratif*, I, p. 30.

[967] Cfr. SÉRGIO GUERRA, *Discricionariedade...*, pp. 88 ss.; IDEM, *Agências Reguladoras: da administração da organização administrativa piramidal à governança em rede*, Belo Horizonte, 2012.

[968] Cfr. CARLOS RUIZ MIGUEL, *Hacia el fin del Derecho Constitucional Europeu?*, in BFDUC, 2003, p. 489.

[969] Para um breve apontamento destes tópicos, cfr. PEDRO GONÇALVES, *A relação jurídica fundada em contrato administrativo*, in CJA, nº 64, 2007, pp. 36-37.

[970] Manda a verdade que se diga que já antes, no início dos anos oitenta do século XX, o problema então dito da rentabilidade da Administração Pública era discutido, defendendo-se a sua sujeição aos critérios técnicos e financeiros usados pela administração privada, cfr. HEN-

§13º ADMINISTRAÇÃO PÓS-LIBERAL | 289

ções de *corporate governance* do setor privado[971], visa a inserção do modelo administrativo no contexto do sistema político, do mercado e das suas relações com a sociedade civil[972], podendo dizer-se que se reconduz à ideia de "sistema de governo da Administração Pública"[973]: a boa governação administrativa consubstancia uma linha de política pública de melhoria da gestão organizativa e da eficiência da ação do aparelho da Administração Pública[974];

(vi) *Compulsão pela modificação e pela inovação* – ainda que sem substância ou utilidade, muitas vezes no contexto de um modelo de "Estado espetáculo", vocacionado para instrumentalizar as suas instituições para o entretenimento e a moda da opinião pública, sem objetivos definidos de bem comum, antes sempre preocupado em garantir aos seus políticos espaço de destaque na comunicação social[975].

13.4.2. A dimensão social do modelo de Estado, expressa num propósito de bem-estar, entrou, por via de conceções ideológicas neoliberais, num primeiro momento, e de constrangimentos financeiros, num segundo momento, numa fase de contração quantitativa e qualitativa da intervenção pública[976]:

(i) O Estado, reduzindo o seu papel prestador de serviços e produtor de bens, remetendo-o para a esfera da iniciativa económica privada sujeita à livre concorrência, passou agora a assumir uma postura reguladora[977];

RIQUE MARTINS DE CARVALHO, *O problema da rentabilidade na Administração Pública*, in DL, nº 17, dezembro de 1980, pp. 73 ss.

[971] Cfr. SOFIA TOMÉ D'ALTE, *Conceito de* corporate governance *e a sua possível aplicação no modelo dos hospitais E.P.E.*, in *O Governo da Administração Pública*, Coimbra, 2013, pp. 117 ss.

[972] Cfr. PEDRO GONÇALVES, *Ensaio sobre a boa governação da Administração Pública a partir do mote da "new public governance"*, in *O Governo da Administração Pública*, Coimbra, 2013, pp. 7 ss.

[973] Cfr. TIAGO ANTUNES, *Governação da actividade administrativa de inspecção*, in *O Governo da Administração Pública*, Coimbra, 2013, p. 275.

[974] Sobre a governança e as políticas públicas, cfr. MARIA DA GLÓRIA GARCIA, *Direito das Políticas Públicas*, pp. 93 ss.

[975] Para uma caracterização, nesse sentido, do "Estado Espetáculo", cfr. MARÇAL JUSTEN FILHO, *Curso...*, p. 17.

[976] Cfr. PAULO OTERO, *Legalidade e Administração Pública*, pp. 298 ss.

[977] Neste último sentido, sublinhando a existência de uma "trânsição para o Estado regulador e de garantia", cfr. PEDRO GONÇALVES, *Direito administrativo da regulação*, in *Estudos em*

290 | BASES JURÍDICAS DA ADMINISTRAÇÃO PÚBLICA

(ii) No âmbito da sua função reguladora, o Estado controla as prestações fornecidas pelo setor privado, visando assegurar o acesso do conjunto da população a um mínimo prestacional[978];

(iii) O Estado regulador não substituiu integralmente, porém, o "Estado social e de serviço público"[979], antes se assiste, neste momento, a uma convivência ou coabitação entre os dois modelos.

13.4.3. O Estado sofreu, desde finais da década de oitenta do século XX, uma considerável transformação no seu ambiente tradicional, falando-se em "Estado pós-providência" e "Estado pós-moderno":

(i) A emergência de conceções políticas defensoras de "menos Estado e melhor Estado", conduziram à privatização de serviços de interesse geral e de serviços essenciais[980] – em largas matérias, o mercado substituiu o Estado;

(ii) A integração supranacional de Estados no âmbito europeu, por via do aprofundamento da União Europeia, desvalorizou a soberania dos Estados-membros, criando novos centros de poder externos ao Estado – a "destadualização" deu origem a federalismos setoriais ou parciais;

(iii) A internacionalização e a globalização da economia e das comunicações, abolindo as fronteiras entre os Estados, suscitaram zonas de concorrência e competitividade financeira entre os próprios Estados – os Estados disputam os mercados internacionais como agentes económicos privados (v.g., atraindo investimentos estrangeiros, fomentando exportações para mercados emergentes);

Homenagem ao Professor Doutor Marcello Caetano – No Centenário do seu Nascimento, II, Coimbra, 2006, pp. 535 ss.

[978] Cfr. PIERRE MOOR/ALEXANDRE FLÜCKIGER/VICENT MARTENET, *Droit Administratif*, I, p. 29.

[979] Cfr. PEDRO GONÇALVES, *Reflexões...*, p. 30.

[980] Para uma delimitação de tais conceitos e certos aspetos do seu regime, cfr. ADELAIDE MENEZES LEITÃO, *Alterações à lei dos serviços públicos essenciais*, in *Centenário do Nascimento do Professor Doutor Paulo Cunha – Estudos em Homenagem*, Coimbra, 2012, em especial, pp. 98 ss.; CARLOS FERREIRA DE ALMEIDA, *Serviços públicoa, contratos privados*, in *Estudos em Homenagem à Professora Doutora Isabel de Magalhães Collaço*, II, Coimbra, 2002, pp. 117 ss.

(iv) A homogeneidade social foi quebrada, vivendo-se numa sociedade fragmentada e multicultural, contestatária, conflitual e dominada por novos sistemas de comunicação que se mostram geradores de um desgaste político informal e rapidamente deslegitimador dos titulares do poder;

(v) A crise da segurança motivada pelo terrorismo, num primeiro momento, a que se adicionou a crise financeira, tornam mais frágil o Estado e os seus "inimigos" deixaram de ter um rosto: o modelo tradicional de Estado ocidental vive hoje em clima de uma dupla guerra mundial – a guerra contra o terrorismo e a guerra contra o desemprego.

13.4.4. Mesmo abstraindo da questão da segurança relacionada com o terrorismo, tornou-se patente que o Estado deixou de ter meios financeiros para satisfazer níveis ótimos de bem-estar social crescente, num cenário de exaustão da carga tributária suportada pelos contribuintes[981], a neoliberalização administrativa veio encontrar novos pressupostos argumentativos:

(i) A crise financeira mundial e a necessidade de repensar o Estado social[982];

(ii) A urgência em garantir a sustentabilidade das gerações futuras e o seu acesso a prestações sociais;

(iii) O esgotamento da alienação de património público e do recurso ao endividamento externo;

(iv) A execução de um programa externo de redução das despesas públicas e de limitações ao endividamento público.

13.4.5. A neoliberalização administrativa, fruto de uma genérica insuficiência financeira dos Estados europeus, igualmente passível de ser equacionada à luz de uma influência oriunda do princípio da subsidiariedade, coloca duas questões dilemáticas[983]:

---

[981] Cfr. José Casalta Nabais/Suzana Tavares da Silva, *O Estado pós-moderno...*, pp. 263 ss.

[982] Cfr. Rui Nunes, *Reinventar o Estado social*, in *Estudos em Homenagem ao Prof. Doutor José Joaquim Gomes Canotilho*, IV, Coimbra, 2012, pp. 479 ss.

[983] Para mais desenvolvimentos, cfr. Paulo Otero, *Instituições...*, I, pp. 466 ss.

(i) A compatibilidade entre a realidade dos factos e a realidade normativa: a cláusula constitucional de bem-estar social encontra-se refém do financeiramente possível, numa visão de condicionalidade da dimensão legal-positiva do sistema jurídico pela factualidade da sua componente informal – será que a força dos factos pode fazer sucumbir a força das "normas velhas", fazendo emergir novas normas?

(ii) A articulação ou o equilíbrio entre os valores da liberdade e da segurança, por um lado, e da livre iniciativa económica ou do mercado perante as exigências de justiça social ou solidariedade, por outro – como proceder, numa sociedade aberta e complexa, a uma ponderação ótima de tais valores?

São dilemas de natureza constitucional, excluídos de uma ponderação primária por parte da Administração Pública, apesar de nela encontrarem o seu "momento da verdade": as opções do legislador, designadamente ao nível da lei do Orçamento do Estado, e as ponderações feitas pelo poder judicial nunca deixam de remeter para a Administração Pública uma responsabilidade secundária de ponderação.

13.4.6. A existência de uma Administração neoliberal, suscitando um claro divórcio entre textos constitucionais oficialmente definidores de modelos interventivos, à luz de postulados de bem-estar e níveis ótimos de satisfação de necessidades coletivas próprias de um Estado social, e a carência de meios financeiros suficientes para continuar a realizar uma Administração prestadora, num claro propósito político de se repensar a dimensão do Estado social, não se trata, porém, de um problema de "memória história" – aqui reside uma temática de "última hora", reconduzível a um possível efeito permanente de um "estado de emergência financeira" que reflete a "tragédia do Estado"[984], passível de ilustrar o desenvolvimento de uma normatividade "não oficial".

---

[984] Expressão de GOMES CANOTILHO, *O Direito Constitucional passa...*, pp. 709 ss.

Secção 3ª
Conceções político-filosóficas sobre a Administração Pública

§14º POLITICIDADE DA ADMINISTRAÇÃO PÚBLICA

14.1. Conceção tradicional: a Administração executiva da vontade política do legislador

14.1.1. A Administração Pública nunca foi politicamente neutra[985]: o poder político sempre procurou instrumentalizar a ação das estruturas administrativas, colocando-as ao seu serviço e configurando a sua atividade como tendo natureza executiva[986].

14.1.2. Partindo da ideia de que a lei é sempre outorgada por quem tem o poder público[987], a Administração Pública é entendida como protagonista de um poder executivo encarregue de conferir eficácia aplicativa a essas opções políticas tomadas pelo legislativo: administrar é executar as linhas políticas definidas pelo legislador.

14.1.3. A supremacia do poder legislativo e a instrumentalização da Administração Pública na tarefa de conferir execução às leis pode dizer--se que constitui uma tradição do pensamento político ocidental: Aristó-

---

[985] Para mais desenvolvimentos sobre o tema, cfr. PAULO OTERO, *A dimensão política da Administração Pública: a quebra do mito da separação de poderes entre política e administração*, in *Estudos em Homenagem ao Prof. Doutor Jorge Miranda*, IV, Coimbra, 2012, pp. 713 ss.
[986] Especificamente sobre as relações entre a função política e a função administrativa, sublinhando o significado político que assumem certos atos da função administrativa, considerando ainda não dever exagerar-se a natureza executiva da função administrativa, cfr. JORGE MIRANDA, *Manual de Direito Constitucional*, V, 4ª ed., Coimbra, 2010, pp. 22 ss., em especial, pp. 33 e 34.
[987] Neste sentido, cfr. FRANCISCO SUÁREZ, *De Legibus – De Natura Legis*, I, edição bilingue integrada no Corpus Hispanorum de Pace, Consejo Superior de Investigaciones Científicas, Instituto Francisco de Vitoria, Madrid, 1971, p. 147 (I, 8, 2).

296 | BASES JURÍDICAS DA ADMINISTRAÇÃO PÚBLICA

teles[988], Marsílio de Pádua[989], John Locke[990], Montesquieu[991], Rousseau[992], Kant[993] e Hegel[994] filiam-se nessa tradição.

---

[988] Remonta a Aristóteles a conceção de que, havendo três poderes em qualquer governo, o poder executivo, surgindo depois da assembleia titular do poder deliberativo, compreende as magistraturas governamentais que, encarregues da satisfação das necessidades sociais (v.g., bem-estar, polícia, rendimentos públicos, execução das decisões judiciais), se tornam necessárias para a ação do Estado (cfr. ARISTÓTELES, *Tratado da Política*, pp. 96 ss. (Liv. III, cap. X)): essas magistraturas, identificando-se com as estruturas administrativas aptas a agir, exercem um poder de natureza executiva do verdadeiro soberano, isto é, o poder deliberativo.

[989] Marsílio de Pádua, partindo da distinção entre o poder de legislar e o poder de fazer cumprir as leis (cfr. *O Defensor da Paz*, Parte I, Cap. XII, §6 (p. 134) e Cap. XIII, §8 (p. 144)), considera que o primeiro pertence "ao conjunto dos cidadãos ou à sua parte preponderante" (*idem*, Parte I, Cap. XII, §6 (p. 134)), enquanto o segundo, sendo titulado pelo príncipe (*idem*, Parte I, Cap. XIV, §4 (p. 154)), é subordinando ao primeiro (*idem*, Parte I, Cap. XIV, §8 (p. 149)), enquanto expressão do governo das leis, formulando aquilo que se pode considerar uma noção medieval do princípio da legalidade: "todos os governantes devem exercer o seu cargo de acordo com a lei e não além do que ela determina" (*idem*, Parte I, Cap. XI, §5 (p. 125)).

[990] John Locke, configurando o poder legislativo como sendo o poder supremo (cfr. *Segundo Tratado do Governo – Ensaio sobre a verdadeira origem, alcance e finalidade do governo civil*, ed. Fundação Calouste Gulbenkian, Lisboa, 2007, Cap. X, §132; Cap. XI, §134 e ss.; Cap. XIII, §149 ss.), reconhece, todavia, que ele carece de um poder permanente capaz de garantir a execução das leis (*idem*, Cap. XII, §144), razão pela qual o poder executivo é subordinado ao legislativo (*idem*, Cap. XIII, §153), pois, afinal, "não possui outra vontade nem outro poder que não sejam os da lei" (*idem*, Cap. XIII, §151).

[991] Montesquieu, falando em poder legislativo, executivo e judicial (cfr. *Del Espíritu de las Leyes*, Liv. XI, Cap. VI, p. 206), considerando este último como invisível e nulo (*idem*, Liv. XI, Cap. VI, pp. 208, 211 e 214), entende que o legislativo expressa a vontade geral do Estado, enquanto o executivo, por sua vez, expressa a execução dessa mesma vontade geral (*idem*, Liv. XI, Cap. VI, p. 208), sem embargo de, apesar de estar sujeito a controle do legislativo (*idem*, Liv. XI, Cap. VI, p. 213), o poder executivo também possuir, sob pena de despotismo, a faculdade de limitar ou impedir as aspirações do poder legislativo (*idem*, Liv. XI, Cap. VI, p. 213).

[992] Rousseau, reconduzindo a soberania ao exercício da vontade geral (cfr. *O Contrato Social*, Livro II, Cap. I, p. 30; Livro III, Cap. XV, pp. 94-95), o poder legislativo surge como o único poder soberano (*Idem*, Livro II, Cap. II, p. 31; Livro III, Cap. I, p. 59) e superior (*idem*, Livro II, Cap. VII, p. 45), consubstanciando "o coração do Estado" (*idem*, Livro III, Cap. XI, p. 89) e traduzindo a lei essa vontade geral, razão pela qual o poder executivo se configura como simples corpo sem autonomia, simplesmente encarregue de executar as leis e manter a liberdade, segundo a vontade geral (*idem*, Livro III, Cap. I, p. 60), isto é, subordinado à lei: o poder executivo não é mais do que "a força aplicada à lei" (*idem*, Livro III, Cap. XV, p. 95).

[993] Kant, identificando também o poder soberano com a pessoa do legislador (cfr. *La Metafísica de las Costumbres*, 3ª ed., ed. Tecnos, Madrid, 1999, §45, p. 142), correspondendo à vontade unida do povo (*idem*, §46, p. 143) e manifestado através da lei (*idem*, §45, p. 142), entende que o poder executivo, entregue ao governante e seguindo a lei (*idem*, §45, p. 142), desenvolve uma atividade "submetido à lei e obrigado por ela" (*idem*, §49, pp. 147-148).

[994] Hegel, a propósito do poder legislativo, considera também que, pertencendo a este a legislação geral, isto é, aquilo que pelo seu conteúdo é universal, às autoridades administrativas

14.1.4. A conceção filosófica traçada, transformando as estruturas administrativas em correntes de expressão da vontade política do titular da soberania, identificado este com o monarca ou com uma assembleia, traduz uma instrumentalização política da Administração Pública que decorre da sua função executiva, encontrando consagração jurídico-constitucional no Estado liberal de tradição parlamentar: administrar é executar a vontade política do parlamento, sendo a lei a expressão da vontade geral.

14.1.5. Um tal modelo de Administração Pública sempre comprometida com a vontade política do legislador é reproduzido, salvo pontuais aditamentos, pela maioria das constituições do mundo ocidental, numa surpreendente fidelidade estrutural ao que, desde a Idade Média, a História ensina: administrar é dar expressão jurídica e/ou material à vontade política do soberano.

14.2. Conceção alternativa: a Administração independente do legislativo

14.2.1. A politização da Administração Pública pode produzir-se através de um modelo definidor do seu funcionamento que, ao invés da conceção anterior, lhe reconhece um protagonismo político independente do poder legislativo, pressupondo a distinção entre a estrutura de topo do poder executivo e a restante Administração Pública (v. *supra*, nº 9.3.1.): na independência do órgão executivo supremo face à lei, conferindo-se-lhe um espaço próprio e autónomo de decisão política, reside o cerne inovatório desta conceção, verificando-se que a restante Administração está subordinada à vontade política do órgão de topo do executivo e/ou à vontade política do legislador.

---

e da regulamentação governamental, pelo contrário, encontra-se confiado "o particular e as modalidades de execução" (cfr. *Princípios da Filosofia do Direito*, Guimarães Editores, Lisboa, 1959, §299, nota, p. 309).

298 | BASES JURÍDICAS DA ADMINISTRAÇÃO PÚBLICA

14.2.2. Trata-se de uma conceção que, curiosamente, surge já delineada em alguns dos autores da história do pensamento que têm sido apontados como campeões da ideia de uma Administração subordinada à vontade política do legislador[995]: é o caso de John Locke, a propósito da prerrogativa[996]; de Montesquieu, conferindo um *pouvoir d'empêcher* ao executivo face ao legislativo[997]; de Rousseau, através da ditadura[998]; de Kant, partindo da

---

[995] Para mais desenvolvimentos, cfr. PAULO OTERO, *A dimensão política da Administração Pública*, pp. 719 ss.

[996] John Locke, a propósito da prerrogativa, reconhecendo que "nenhum legislador pode prever e providenciar através das leis tudo aquilo que será útil para a comunidade" (cfr. *Segundo Tratado do Governo*, Cap. XIV, §159), introduz diversos elementos perturbadores e debilitadores da centralidade do poder legislativo a favor do reforço do poder executivo, acabando por permitir ao executivo o exercício de uma atividade de prossecução do bem público à margem de qualquer regra (*idem*, Cap. XIV, §166) e, por vezes, mesmo contra a própria lei (*idem*, Cap. XIV, §160): a "prerrogativa" envolve, verificadas certas circunstâncias, a possibilidade de os governantes agirem no silencio da lei e até contra a letra expressa da lei, "desde que o façam para o bem público, e desde que contem com o consentimento popular" (*idem*, Cap. XIV, §164).

[997] Montesquieu, num certo sentido, na medida em que confere ao poder executivo a faculdade de limitar ou impedir as aspirações do poder legislativo (cfr. *Del Espíritu de las Leyes*, Liv. XI, Cap. VI, pp. 212 e 214), adotando uma postura de equilíbrio de poderes, diz-nos que a lei nunca deixa de ter presente a intervenção do executivo, podendo vetá-la: o órgão de topo do poder executivo não se limita a exercer uma simples função subordinada de aplicação de critérios decisórios a cuja definição é totalmente alheio (cfr. CHARLES EISENMANN, *L'«Esprit des Lois» et la séparation des pouvoires*, in *Mélanges R. Carré de Malberg*, Paris, 1933, p. 183), inexistindo uma necessária subalternização política do poder executivo ao poder legislativo.

[998] Rousseau, confessando também que o legislador não tem capacidade de tudo prever (cfr. *O Contrato Social*, Livro IV, Cap. VI, p. 121), existindo mesmo situações em que, estando em causa a salvação da pátria, se justifica concentrar poderes no governo ou mesmo suspender as leis (*ibidem*), admite a ditadura, isto é, que se entregue o poder a um chefe supremo, reconhecendo-lhe competência para "que faça calar todas as leis e suspenda por momentos a autoridade soberana" (*ibidem*, p. 122): algo paradoxalmente, Rousseau acaba por encontrar no magistrado do poder executivo que exerce a ditadura a salvaguarda do modelo de sociedade por si traçado, razão pela qual se pode lançar uma dúvida nuclear – soberano será o poder legislativo ou aquele poder que a ditadura confere a um magistrado para, visando salvar a pátria, suspender as leis?

§14º POLITICIDADE DA ADMINISTRAÇÃO PÚBLICA | 299

configuração do chefe de Estado[999] e, por último, de Hegel, alicerçado na posição do monarca[1000].

14.2.3. O desenvolvimento de uma Administração Pública fundada no princípio monárquico torna-se, nos termos equacionados por Kant e Hegel, a face visível de um modelo administrativo politicamente independente do poder legislativo: o constitucionalismo oitocentista de matriz germânica materializaria esse modelo, verificando-se que o monarca surge como elemento nuclear das instituições políticas, verdadeiro órgão supremo do Estado[1001], pois nele se encontrava contido o poder do Estado[1002], sendo

---

[999] Kant, baseado na conjugação entre a ideia de que o chefe de Estado não se encontra sujeito a constrangimento como todos os restantes membros da coletividade que são súbditos das leis, sendo o único que pode exercer a coação sem a ela estar sujeito (cfr. *Sobre a expressão corrente: Isto pode ser correcto na teoria, mas nada vale na prática*, in IMMANUEL KANT, *A Paz Perpétua e Outros Opúsculos*, Edições 70, Lisboa, 1995, p. 76), e, por outro lado, a ideia de que aos súbditos não é permitido resistir ou desobedecer mesmo quando o chefe de Estado violou o contrato originário e passou a agir de modo violento (*ibidem*, p. 86), acaba por modelar um chefe do executivo que, sendo aquele a quem a lei confere a última palavra em matéria de coação (cfr. *La Metafísica...*, §46, p. 143), não pode estar sujeito, sob pena da contradição de não ser o supremo chefe do poder executivo, a qualquer coação (cfr. *Sobre a expressão...*, p. 76), gozando, por isso mesmo, de um poder que não é limitado por ninguém (cfr. PIERRE HASSNER, *Immanuel Kant (1724-1804)*, in LEO STRAUSS/JOSEPH CROPSEY (org.), *Historia de la Filosofía Política*, reimp. México, 1996, p. 571).

[1000] Hegel, encontrando no monarca a síntese unificadora dos diversos poderes do Estado (cfr. *Princípios...*, §273, p. 281), diz-nos que o seu poder é incondicionado (*idem*, p. 291), fundando-se na autoridade divina (*ibidem*) e expressando a "suprema vontade do Estado" (*idem*, §280, p. 294), traduz a verdadeira "cúpula e começo do todo que constitui a monarquia constitucional" (*idem*, §273, p. 281): as próprias funções do Estado confiadas às autoridades administrativas "constituem uma parte da face objetiva da soberania emanada do monarca" (*idem*, §293, p. 304), razão pela qual o poder governativo, propondo o conteúdo das soluções (*idem*, §283, p. 298) e assegurando a sua execução (*idem*, §287, p. 300), sendo servido por funcionários sujeitos a um verdadeiro arbítrio do monarca (*idem*, §283, p. 298), transforma--se no efetivo poder dentro do modelo hegeliano de Estado (cfr. PIERRE HASSNER, *Georg W.F. Hegel (1770-1831)*, in LEO STRAUSS/JOSEPH CROPSEY (org.), *Historia de la Filosofía Política*, 3ª ed., reimp., México, 1996, p. 704), sendo a expressão da vontade do monarca (cfr. GAETANO SILVESTRI, *La Separazione dei Poteri*, II, Milano, 1984, p. 114).

[1001] Cfr. GEORG MEYER/GERHARD AUSCHÜTZ, *Lehrbuch des deutschen Staatsrechts*, 7ª ed., München-Leipzig, 1919, pp. 271 ss.

[1002] Cfr. G. JELLINEK, *Teoría General del Estado*, Granada, 2000, p. 671.

300 | BASES JURÍDICAS DA ADMINISTRAÇÃO PÚBLICA

dotado de uma legitimidade própria e de uma esfera decisória prevalecente sobre o parlamento[1003].

14.2.4. O século XX ensina-nos que o desenvolvimento de uma Administração Pública politicamente autónoma do poder legislativo, sem possuir uma integral dimensão executiva da lei, pode conviver com a legitimidade democrática, tornando-se uma realidade totalmente independente do princípio monárquico:

(i) É o que sucede, desde 1958, em França, consagrando o artigo 37º da Constituição todo um amplo conjunto residual de matérias que, situando-se fora do domínio da reserva de lei do parlamento, traduzem uma reserva de poder regulamentar a favor do governo[1004]: em todas as matérias situadas fora do domínio da lei, a Administração Pública goza aqui, através do governo, de um espaço de decisão de natureza normativa que se fundamenta diretamente na Constituição, sem mediação ou subordinação legislativa;

(ii) É o que acontece na Constituição portuguesa de 1976, verificando-se que, além de o artigo 18º, nº 1, vincular as entidades administrativas à aplicabilidade direta dos preceitos constitucionais, permitindo o exercício de uma atividade não executiva da lei, igualmente o artigo 199º, alínea g), habilita o Governo a desenvolver uma atividade administrativa diretamente fundada na Constituição[1005], sem prejuízo de também existir quem defenda a possibilidade de uma norma regulamentar poder extrair "corolários retirados da generalização de regras e princípios que regem a atividade administrativa em geral"[1006] (v. *infra*, nº 18.1.5.).

[1003] Cfr. DIETRICH JESCH, *Gesetz und Verwaltung*, 2ª ed., Tübingen, 1968, pp. 76 ss.

[1004] Cfr. SÉRVULO CORREIA, *Noções...*, I, pp. 20 ss.

[1005] Cfr. AFONSO QUEIRÓ, *Lições...*, I, (1976), pp. 421 ss.; IDEM, *A função administrativa*, in RDES, 1977, p. 38; IDEM, *Teoria dos regulamentos*, RDES, 1980, p. 13; SÉRVULO CORREIA, *Legalidade...*, pp. 208 ss.; PAULO OTERO, *O Poder Substituição...*, II, pp. 614 ss. e 822 ss.

[1006] Neste último sentido, a propósito da previsão de impedimentos que se possam extrair do princípio da imparcialidade ou do princípio da concorrência, cfr. MIGUEL ASSIS RAIMUNDO, *A Formação dos Contratos...*, p. 875.

14.3. Administração e participação no exercício da função legislativa

14.3.1. A politização da Administração Pública manifesta-se também ao nível da sua participação no exercício da função legislativa, desde logo no âmbito do procedimento de feitura das leis.

14.3.2. Já em Montesquieu se torna visível que o executivo participa no exercício da função legislativa[1007], reconhecendo-se ao monarca o poder de veto, o que confere à lei a força compromissória de conjugar a vontade do parlamento que a aprova e a vontade do monarca que a sanciona ou promulga: a vontade política do órgão de topo da Administração não é alheia, deste modo, à definição do conteúdo político da lei, integrando-o através da exigência da intervenção constitutiva do monarca.

14.3.3. Será Benjamin Constant, no entanto, que, desenvolvendo as ideias de Montesquieu, confere ao rei um poder de veto absoluto que o faz participar na feitura das leis através da sanção, verificando-se ser mediante uma tal intervenção real que se confere força de lei às resoluções parlamentares[1008], pois, como explicava, nenhum poder executa com zelo uma lei que desaprova[1009]:

(i) A lei torna-se o produto da conjugação de duas vontades: a vontade do legislador que aprova e a vontade do monarca que sanciona ou, caso não concorde com o respetivo conteúdo, poderá vetar em termos absolutos;

(ii) O monarca participa na função legislativa ou, talvez mais rigorosamente, o poder legislativo é partilhado por dois órgãos, pertencendo ao parlamento a primeira palavra e ao rei a última;

(iii) Esse foi o modelo que recebeu acolhimento constitucional em França[1010], no Brasil[1011] e em Portugal, através da Carta Constitucional de 1826[1012].

[1007] Cfr. MONTESQUIEU, *Del Espíritu de las Leyes*, Liv. XI, Cap. VI, p. 214.

[1008] Cfr. BENJAMIN CONSTANT, *Cours de Politique Constitutionnelle*, I, Paris, 1861, p. 182.

[1009] Cfr. BENJAMIN CONSTANT, *Cours...*, I, p. 183.

[1010] Cfr. Carta Constitucional de 1814, artigo 15º; Ato Adicional às Constituições do Império, datado de 1815, artigo 2º.

[1011] Cfr. Constituição de 1824, artigo 13º.

[1012] Proclama o seu artigo 13º, "o Poder Legislativo compete às Cortes com a sanção do Rei".

302 | BASES JURÍDICAS DA ADMINISTRAÇÃO PÚBLICA

14.3.4. A politização da Administração Pública ao nível da sua participação no poder legislativo pode também manifestar-se pela preparação técnica do conteúdo das soluções a consagrar nas leis, pois, possuindo a informação e os técnicos especializados, encontra-se melhor preparada para efetuar escolhas e propor critérios decisórios[1013], invertendo-se aqui, em certa medida, o papel paramétrico do legislador perante as estruturas administrativas:

(i) Em vez de serem estas a ter a sua conduta ditada pela lei, verifica--se, num momento cronológico anterior, ser antes a lei que recebe as soluções que os técnicos da Administração Pública fornecem ao poder legislativo[1014];

(ii) Participando na definição do conteúdo das soluções legislativas, a Administração Pública goza de uma força política determinante do próprio sentido da lei a que, num momento posterior, ficará vinculada.

14.3.5. Poderá mesmo observar-se a atribuição ao órgão de topo do executivo de um poder de impulso legiferante junto do parlamento, registando-se que esta iniciativa legislativa governamental assume um importante significado político:

(i) É a própria Administração que, autora imediata das propostas de lei, as apresenta ao parlamento, deixando-lhe a decisão final que, se for de aprovação, passará a plasmar em lei a decisão política proposta pelo executivo;

[1013] Não significa isto que a Administração vá ao ponto de publicar despachos ministeriais definindo orientações políticas para reformas legislativas, tal como sucedeu em Portugal no âmbito da reforma do contencioso administrativo de 2001-2002. Num sentido muito crítico desta solução, cfr. PAULO OTERO, *Breve nota sobre o processo político-constitucional de reforma do contencioso administrativo*, in CJA, nº 28, julho/agosto 2001, pp. 55 ss. Em sentido contrário, defendendo a solução, cfr. MÁRIO TORRES, *Relatório de Síntese II*, in CJA, nº 28, julho/agosto 2001, p. 67, nota nº 9; VASCO PEREIRA DA SILVA, *O Contencioso Administrativo...*, pp. 223 ss.

[1014] Já em Hegel, aliás, a propósito da relação entre o poder legislativo e o poder governamental, se sublinha que aquele delibera graças ao conhecimento concreto que este possui, à sua visão de conjunto dos aspetos particulares e à informação que transmite sobre aquilo que os poderes públicos carecem (cfr. HEGEL, *Princípios...*, §300, pp. 310-311).

§14º POLITICIDADE DA ADMINISTRAÇÃO PÚBLICA | 303

(ii) Num tal cenário, em vez de ser o executivo a pautar-se pelos critérios políticos definidos pelo legislativo, será antes o legislativo que andará a "reboque" das opções políticas apresentadas pelo executivo;

(iii) A existência de casos de reserva de iniciativa legislativa a favor do executivo, em matérias de considerável complexidade técnica que escapa ao parlamento, tal como sucede com a lei do Orçamento de Estado, revela o protagonismo do executivo na definição das opções políticas a executar pela Administração Pública.

14.4. Administração e efetividade da Constituição: a Constituição refém

14.4.1. A politização da Administração Pública pode também decorrer do seu modo de relacionamento direto com a Constituição, sem intermediação legislativa, fazendo-a destinatária imediata da normatividade constitucional: a aplicabilidade direta de normas constitucionais pela Administração Pública politiza-a, tornando-a intérprete imediata da Constituição.

14.4.2. As normas da Constituição são as principais responsáveis pela dependência administrativa da Lei Fundamental e, visto de ângulo diferente, pelas conceções que falam em "erosão da teoria da Constituição" a favor do poder administrativo[1015], tendo presente o seguinte:

(i) Perante textos constitucionais programáticos, a Administração Pública é chamada a produzir bens e a prestar serviços aptos à satisfação dos direitos económicos, sociais, culturais e ambientais identificados pela Constituição;

(ii) As imposições da Constituição em matéria de bem-estar não têm apenas o legislador como destinatário[1016], registando-se que também a Administração Pública é, numa posição subsidiária ou com-

---

[1015] Especificamente sobre a "erosão da teoria da Constituição" por efeito do poder administrativo, cfr. GOMES CANOTILHO, *Direito Constitucional...*, pp. 1339 ss.

[1016] Sobre os destinatários das imposições constitucionais, cfr., por todos, GOMES CANOTILHO, *Constituição Dirigente e Vinculação do Legislador*, Coimbra Editora, Coimbra, 1982, pp. 294 ss.

304 | BASES JURÍDICAS DA ADMINISTRAÇÃO PÚBLICA

plementar, destinatária de tais vinculações[1017]: esse é o sentido do artigo 199º, alínea g), da Constituição Portuguesa de 1976[1018], reforçado pelo preceituado no seu artigo 18º, nº 1;

(iii) A efetivação das imposições constitucionais em matéria de bem-estar não se esgota através do simples exercício de uma atividade jurídico-normativa: é necessário que a Administração Pública desenvolva uma atividade material visando a satisfação concreta ou efetiva de tais necessidades coletivas.

14.4.3. A cláusula constitucional de bem-estar, assim como qualquer inverso propósito político de desmantelar o Estado social, reserva à Administração Pública um protagonismo político que ultrapassa tudo aquilo que os teóricos liberais do fenómeno constitucional podiam imaginar: o Estado-constitucional e o Estado-legislativo cederam lugar a um verdadeiro Estado-administrador.

14.4.4. Se as Constituições programáticas "expropriaram" o legislador ordinário de um conjunto de opções políticas que o legislador constituinte resolveu chamar a si, a centralidade da Administração Pública na implementação desse programa permitiu conferir ao decisor administrativo um poder político *de facto* que expressa um "desenvolvimento constitucional" a favor do protagonismo do poder administrativo.

14.4.5. O "ativismo" constitucional da Administração Pública, se é verdade que permite a Administração continuar a ser vista como "a Constituição em ação"[1019], também se mostra passível de, em termos degenerativos, conferir à Administração o papel de "Constituição em omissão", fazendo sucumbir o idealismo de um programa constitucional voluntarista às mãos do pragmatismo de uma execução administrativa "do financeiramente pos-

---

Sublinhando que a implementação do bem-estar é, cada vez mais, uma questão de competência, ou seja, de determinação de quem é chamado a definir e a realizar o bem-estar, cfr. RUPERT STETTNER, *Grundfragen einer Kompetenzlehre*, Berlin, 1983, pp. 203 ss.

[1017] Para mais desenvolvimentos desta afirmação, cfr. PAULO OTERO, *O Poder de Substituição...*, II, pp. 586 ss., em especial, pp. 596 ss.

[1018] Cfr. PAULO OTERO, *O Poder de Substituição...*, II, pp. 614 ss.

[1019] Cfr. LORENZ VON STEIN, *Handbuch der Verwaltungslehre*, I, 3ª ed., Stuttgart, 1888, p. 6.

§14º POLITICIDADE DA ADMINISTRAÇÃO PÚBLICA | 305

sível" ou "do politicamente desejável": a Constituição estará, em qualquer cenário, refém do poder administrativo[1020].

14.5. Legitimação política e colonização partidária

14.5.1. Num Estado pluralista, a politização da Administração Pública passa também pelo reforço da legitimidade política das diversas estruturas administrativas, segundo um modelo assente em quatro regras nucleares:
(i)   Fundamentação democrática dos critérios de decisão administrativa;
(ii) Representatividade político-democrática do decisor administrativo;
(iii) Responsabilidade política do decisor e da decisão administrativa;
(iv) Preferência pela maior legitimidade política do decisor administrativo e da respetiva decisão.
O fenómeno descrito não se mostra isento de efeitos patológicos, conduzindo ao degenerar da politização ou democratização da Administração Pública.

14.5.2. Em cenários de maioria absoluta parlamentar, atendendo à proeminência do partido ou coligação que se encontra a exercer o poder executivo em sistemas políticos parlamentares, controlando o parlamento e a Administração Pública, além de perder significado político a separação entre os poderes legislativo e o executivo, inutilizando a formulação liberal do princípio e os mecanismos constitucionais de garantia da sua efetividade política, verifica-se que o "Estado de partidos" se converte em "Estado do partido maioritário" ou, em termos mais rigorosos, em "Estado do partido governamental"[1021] – a Administração Pública dependente do Estado passa a ter a cor do partido governamental.

[1020] Para mais desenvolvimentos, cfr. PAULO OTERO, *Legalidade e Administração Pública*, pp. 28 ss.; IDEM, *Instituições...*, I, pp. 345 ss.
[1021] Cfr. PAULO OTERO, *A Democracia Totalitária*, em especial, pp. 217 ss.; IDEM, *Direito Constitucional Português*, I, pp. 233 ss.

306 | BASES JURÍDICAS DA ADMINISTRAÇÃO PÚBLICA

14.5.3. Não se encontra uma Administração legitimada democraticamente imune a um fenómeno de colonização administrativa pelos partidos políticos: a intervenção dos partidos políticos, fazendo de quase toda a máquina administrativa um palco da luta hegemónica do "Estado do partido governamental", além de gerar um domínio informal das estruturas administrativas, determina também uma infiltração no próprio aparelho administrativo de *boys* ou *fidèles du gouvernement*, provocando uma transferência do centro decisório dos gabinetes administrativos para as salas dos diretórios partidários.

14.5.4. Uma politização desordenada das estruturas da Administração Pública, envolvendo a sua colonização pelo "partido governamental", poderá mesmo conduzir a uma quebra da neutralidade e da imparcialidade administrativas[1022]: a Administração politizada, gerando no seu seio verdadeiros *lobbies* de interesses particulares e tráfico de influências, será então "coveira" das garantias dos administrados, desenvolvendo-se num processo de completa marginalidade face à ordem constitucional – será o exemplo de uma Administração "não oficial" que vive paralela à Administração oficial (v. *supra*, nº 9.2.6.).

14.5.5. Nem se poderá excluir, num clima já de degradação irreversível das instituições políticas e administrativas, que a colonização partidária da Administração Pública, proporcionando a satisfação de clientelas políticas à custa do delapidar de recursos públicos financeiros em projetos de evidente ou grosseira má administração, se faça num cenário de total ausência de responsabilidade financeira e criminal dos envolvidos: o Estado constitucional será então uma ficção, capturando que se encontra por um genuíno sistema de *pork barrel politics*[1023].

14.5.6. O movimento privatizador da Administração Público veio, no entanto, limitar a sua colonização partidária, uma vez que a transferência

---

[1022] Sublinhando que as nomeações políticas de cargos dirigentes, segundo um critério de confiança política, limitam ou devem ser harmonizadas com o princípio da imparcialidade, cfr. MARIA TERESA DE MELO RIBEIRO, *O Princípio da Imparcialidade da Administração Pública*, Coimbra, 1996, p. 316.

[1023] Sobre o conceito de *pork barrel politics*, cfr. DAYSE DE VASCONCELOS MAYER, *Incidências constitucinais no Brasil e em Portugal: realpolitik, casuísmo e pork barrel politic*, in *Estudos de Homenagem ao Prof. Doutor Jorge Miranda*, I, Coimbra, 2012, em especial, pp. 560 ss.

§14º POLITICIDADE DA ADMINISTRAÇÃO PÚBLICA | 307

de atividades, matérias e empresas para a esfera do setor privado as fez comungar de exigências de gestão que não se compadecem com lógicas de clientelas partidárias, sem embargo de se assistir a um curioso fenómeno de "captura" político-empresarial: é o caso de "repescagem" de ex-governantes para altos cargos de administração em empresas privadas, numa tentativa de, usando os seus antigos contactos ao serviço das estratégias negociais de tais empresas, procederem a uma certa "privatização" das redes de influência pública e político-partidárias que gravitam em torno de tais políticos – haverá aqui, visto de ângulo diverso, uma certa "contaminação" política do setor empresarial privado.

14.6. Politicidade da decisão administrativa: o mito da neutralidade

14.6.1. A politização da Administração contribui para que algumas das principais decisões administrativas assentem num propósito ou envolvam um conteúdo político[1024]:

(i) Em tais casos, as decisões administrativas, em vez de uma tradicional neutralidade política, mostram-se politicamente comprometidas, envolvendo uma escolha do interesse público ditada por puros critérios de oportunidade e valoração política – pode falar--se em politicidade da decisão administrativa;

(ii) Há aqui um espaço de liberdade política conformadora titulado pela Administração Pública, verdadeira área de *indirizzo* político, que lhe confere autonomia de orientação própria, criando novos pressupostos de conduta e, sob o seu próprio impulso, definindo inovatoriamente meios, critérios e objetivos que não possuem uma natureza predeterminada ou executiva da lei ou da Constituição.

14.6.2. Um tal espaço de liberdade política conformadora, integrante da esfera da Administração Pública, sinalizando a mencionada politicidade da inerente decisão, não se encontra exclusivamente no âmbito da Administração do Estado, enquanto titular supremo da função política, nem se limita a compreender também a Administração das regiões autónomas,

---

[1024] Para mais desenvolvimentos, cfr. PAULO OTERO, *A dimensão política da Administração Pública*, pp. 729 ss.

308 | BASES JURÍDICAS DA ADMINISTRAÇÃO PÚBLICA

alargando-se a todas as estruturas integrantes da designada Administração autónoma – as autarquias locais[1025], as universidades e os institutos politécnicos públicos e as associações públicas.

14.6.3. As estruturas administrativas do Estado, das regiões autónomas e da Administração autónoma possuem diversos mecanismos que, previstos na Constituição e na lei, lhes conferem um espaço político de decisão administrativa:

(i) Os principais titulares dos órgãos de direção destas entidades são eleitos ou resultam de um processo eleitoral plural com diversas soluções políticas submetidas a sufrágio, envolvendo a apresentação de programas políticos, definindo prioridades, metas e objetivos;

(ii) Os dirigentes das diferentes entidades públicas podem sempre ser politicamente responsabilizados;

(iii) Todas estas entidades revelam uma estrutura interna de equilíbrio de órgãos decisórios que permite recortar a existência de um sistema de governo;

(iv) O referendo local, tal como a realização de possíveis referendos nas restantes entidades integrantes da Administração autónoma, traduz uma forma de decisão política sobre matérias administrativas;

(v) A necessidade de cada uma destas entidades públicas aprovar o seu orçamento, afetando receitas a certas despesas (e não a outras), consubstancia uma escolha política feita pela Administração;

(vi) Cada uma destas entidades tem uma competência normativa decisória ou de mera participação decisória que lhe confere a suscetibilidade de materializar opções políticas próprias dos seus órgãos[1026].

[1025] Neste sentido, defendendo a autonomia municipal como autonomia político-administrativa, cfr. ANDRÉ FOLQUE, *A Tutela Administrativa nas Relações entre o Estado e os Municípios (Condicionalismos Constitucionais)*, Coimbra Editora, Coimbra, 2004, pp. 116 ss.

[1026] É o que sucede, por exemplo, quando uma universidade ou um instituto politécnico aprova os respetivos estatutos e/ou linhas estratégicas de ação interna e externa a desenvolver num determinado período de tempo. Sobre o caráter primário de certas faculdades normativas das universidades públicas, sem a confundir com a discricionariedade administrativa, cfr., por todos, LUÍS PEREIRA COUTINHO, *As Faculdades Normativas Universitárias no Quadro do Direito Fundamental à Autonomia Universitária – O caso das universidades públicas*, Almedina, Coimbra, 2004, pp. 135 ss.

§15º PERSONALISMO E ADMINISTRAÇÃO PÚBLICA | 309

14.6.4. Ultrapassado o mito de uma Administração Pública politicamente neutra ou apolítica, regista-se que existem espaços de decisão administrativa assentes em pressupostos políticos e envolvendo um conteúdo político, salvaguardando-se sempre, todavia, três limites intransponíveis:

(i) Todas as decisões têm de visar sempre a prossecução do interesse público[1027] – sem prejuízo da determinação deste assumir uma inegável componente política (v. *supra*, nº 4.2.8.) –, nunca poderá essa componente política ser usada para habilitar derrogações à juridicidade;

(ii) Respeito pelas fronteiras decorrentes do princípio da separação de poderes[1028], nunca habilitando o *indirizzo* político da Administração Pública invadir a esfera do poder legislativo ou do poder judicial;

(iii) Proibição de gerar lesão a pessoas individualmente consideradas, devendo sempre respeitar direitos e interesses legalmente protegidos[1029].

§15º PERSONALISMO E ADMINISTRAÇÃO PÚBLICA

15.1. Conceção personalista de prossecução do interesse público

15.1.1. A prossecução do interesse público e a satisfação das necessidades coletivas pela Administração Pública pode fazer-se, atendendo ao seu relacionamento com as posições jurídicas subjetivas, à luz de três diferentes conceções:

(i) *Conceção de matriz totalitária*: prevalência absoluta da prossecução do interesse público, justificando o sacrifício de quaisquer posições jurídicas subjetivas;

[1027] Cfr. CRP, artigo 266º, nº 1.

[1028] Cfr. CRP, artigos 2º e 111º.

[1029] Cfr. CRP, artigo 266º, nº 1.

Não se mostra admissível, neste contexto, por exemplo, que um órgão administrativo, usando um alegado ato de conteúdo ou propósito político (v.g., resolução, moção, declaração), possa lesar o bom nome ou a honorabilidade de pessoas individualizadas. Se o fizer, além da invalidade da deliberação, revela-se a mesma passível de gerar responsabilidade civil dos titulares que a votaram favoravelmente.

310 | BASES JURÍDICAS DA ADMINISTRAÇÃO PÚBLICA

(ii) *Conceção compromissória*: harmonização entre a prossecução do interesse público e o respeito pelas posições jurídicas subjetivas dos administrados;

(iii) *Conceção personalista*: prevalência absoluta do núcleo essencial da dignidade da pessoa humana sobre qualquer prossecução do interesse público.

15.1.2. A conceção personalista da Administração Pública, envolvendo a interpretação do artigo 266º, nº 1, da Constituição dentro do contexto do primado da dignidade da pessoa humana fixado pelo seu artigo 1º, uma vez que a própria República se fundamenta na dignidade humana[1030], alicerça-se em duas ideias estruturais:

(i) O respeito da dignidade humana de cada pessoa viva e concreta é um postulado que nunca pode ceder perante a prossecução do interesse público[1031];

(ii) A prossecução do interesse público encontra na dignidade da pessoa humana o seu fundamento e o seu limite de relevância constitucional.

15.1.3. A conceção personalista[1032], fazendo da pessoa humana "(...) o princípio, o sujeito e o fim de todas as instituições sociais"[1033], tal como faz deslocar do Estado para a pessoa a essência do fenómeno constitucional[1034], também provoca um descentrar da ideia de prossecução do inte-

---

[1030] Neste último sentido e para mais desenvolvimentos, cfr., por todos, Luís Pedro Pereira Coutinho, *Do que a República é: uma República baseada na dignidade humana*, in *Estudos em Homenagem ao Prof. Doutor Martim de Albuquerque*, II, Coimbra, 2010, pp. 187 ss.

[1031] Nem perante casos de "bomba-relógio" se mostra admissível o Estado recorrer à tortura contra os terroristas, isto no sentido de obter deles a confissão do local ou do momento da sua deflagração: a superioridade do Estado de Direito e da democracia encontra-se no respeito pela legalidade, pois não existe segurança sem lei ou à margem da lei (neste sentido, sem prejuízo da existência de votos de vencido, usando argumentação valorizadora da "razão de Estado", cfr. *The Public Committee against Torture in Israel v. The Government of Israel*, Case n. HCJ 769/02, The Supreme Court of Isarel, sitting as the High Court of Justice, 13 de dezembro de 2006, in http://elyon1.court.gov.il e IsrLR, 2006, pp. 459 ss., em especial, pp. 516 ss.

[1032] Para uma síntese das diversas formulações do personalismo, cfr. J. M. da Cruz Pontes, *Personalismo*, in *Polis*, IV, 1986, pp. 1156 ss.

[1033] Cfr. Constituição Pastoral *Gaudium et Spes*, de 7 de dezembro de 1965, nº 25.

[1034] Para mais desenvolvimentos, cfr. Paulo Otero, *Instituições...*, I, pp. 15 ss., em especial, pp. 25 ss.

§15º PERSONALISMO E ADMINISTRAÇÃO PÚBLICA | 311

resse público para a pessoa humana e a sua dignidade o propósito central do bem comum e do agir da Administração Pública:

(i) A pessoa humana tem primado sobre as necessidades coletivas e materiais da sociedade, nela residindo o fundamento da Constituição e o alicerce da sua permanente e renovada legitimidade[1035];

(ii) A conceção personalista perfilha uma construção antropocêntrica do poder[1036], fazendo da dignidade humana o "ponto de Arquimedes do Estado constitucional"[1037];

(iii) O personalismo administrativo, alicerçando-se na prevalência da dignidade humana, faz "honrar o princípio parametrizador em que se baseia a República"[1038].

15.1.4. O personalismo acolhe, numa verdadeira síntese reveladora da centralidade da pessoa humana e da sua dignidade[1039], a tradição axiológica judaico-cristã[1040] e os contributos de Pico della Mirandola[1041], Kant[1042]

[1035] Neste sentido, cfr. MARIA DA GLÓRIA GARCIA, *A Constituição e a construção da democracia*, in JORGE MIRANDA (org.), *Perspectivas Constitucionais*, II, Coimbra, 1997, p. 574.

[1036] Falando em "princípio antrópico ou personicêntrico", cfr. GOMES CANOTILHO, *Dignidade...*, pp. 285 ss.

[1037] Cfr. GÖRG HAVERKATE, *Verfassungslehre. Verfassung als Gegenseitigkeitsordnung*, München, 1992, p. 142.

[1038] Neste último sentido, referindo-se ao princípio da prevalência da dignidade humana, cfr. LUÍS PEDRO PEREIRA COUTINHO, *A Autoridade Moral...*, p. 159.

[1039] Neste sentido e para mais desenvolvimentos, cfr. PAULO OTERO, *Instituições...*, I, pp. 545 ss.; IDEM, *Direito Constitucional Português*, I, pp. 35 ss.

[1040] O contributo da ordem de valores judaico-cristã, fazendo de cada pessoa humana um ser criado à imagem e semelhança de Deus (cfr. Gen.I, 26e 27), dotado de um valor sagrado e, por isso, único.
Sublinhando essa identidade de pontos de vista entre a Declaração Universal dos Direitos do Homem e o pensamento cristão, cfr. JOAQUIM MANUEL CARDOSO DA COSTA, *Reflexão nos 60 anos da Declaração Universal dos Direitos do Homem*, in *Estudos de Homenagem ao Prof. Doutor Jorge Miranda*, VI, Coimbra, 2012, pp. 247 ss.

[1041] A conceção renascentista de Pico della Mirandola que, reconhecendo a cada pessoa a capacidade de determinar o seu próprio destino, relaciona a liberdade e a soberania da vontade do ser humano (cfr. GIOVANNI PICO DELLA MIRANDOLA, *Discurso Sobre a Dignidade do Homem*, edições 70, Lisboa, 1998, p. 51).

[1042] O pensamento kantiano, sublinhando que a pessoa é sempre um fim em si mesma, não podendo ter preço e nunca sendo válida a sua transformação ou degradação em simples meio, coisa ou objeto (cfr. IMMANUEL KANT, *Fundamentação da Metafísica dos Costumes*, ed. Porto Editora, Porto, 1995, pp. 66 ss.; IDEM, *La Metafísica...*, em especial, pp. 299 ss.).

312 | BASES JURÍDICAS DA ADMINISTRAÇÃO PÚBLICA

e do pensamento existencialista[1043]: a conceção personalista é um ponto de chegada de uma longa tradição evolutiva de valorização da pessoa humana, enquanto realidade viva, concreta e irrepetível, dotada de uma dignidade sagrada e inviolável – o ser humano é digno porque é pessoa[1044].

15.1.5. É em cada ser humano vivo e concreto que a Administração Pública encontra, enquanto instituição social e jurídica, o sujeito e o fim da sua atividade:

(i) É em função da pessoa humana e da sua dignidade inalienável que o interesse público existe e deve ser prosseguido;

(ii) Não há, nem pode existir, interesse público ou bem comum contra a dignidade humana[1045];

(iii) O respeito pela dignidade humana é o parâmetro de relevância jurídica do interesse público ou do bem comum;

(iv) A garantia e proteção da dignidade humana não postulam apenas respeito pela juridicidade, exigem também eficiência da gestão administrativa[1046].

Para mais desenvolvimentos, cfr. ANTÓNIO CORTÊS, *O princípio da dignidade humana em Kant*, in BFDUC, 2005, pp. 601 ss.

[1043] O movimento existencialista que, aproveitando a ideia de Hegel sobre o conceito de homem determinado (cfr. HEGEL, *A Razão na História*, p. 77), sublinha que não se trata de um conceito abstrato ou transpersonalista de pessoa humana, antes a dignidade humana tem sempre como referencial cada ser humano vivo e concreto (cfr. SÖREN KIERKEGAARD, *Ponto de Vista Explicativo da Minha Obra de Escritor*, Edições 70, Lisboa, 2002, em especial, p. 116 ss.; IDEM, *Desespero – A Doença Mortal*, Rés-Editora, Lisboa, 2003, p. 142; IDEM, *El Concepto de la Angustia*, Alianza Editorial, Madrid, 2007, em especial, p. 249).

[1044] Cfr. JOSÉ DE OLIVEIRA ASCENSÃO, *A dignidade da pessoa e o fundamento dos direitos humanos*, in *Estudos em Homenagem ao Prof. Doutor Martim de Albuquerque*, II, Coimbra, 2010, em especial, pp. 52-53; IDEM, *O "fundamento do Direito": entre o Direito natural e a dignidade da pessoa*, in RFDUL, 2011, em especial, pp. 38 ss.; JOÃO CARLOS LOUREIRO, *Os genes do nosso (des)contentamento (dignidade humana e genética: notas de um roteiro)*, in BFDUC, 2001, em especial, pp. 186 e 187.

[1045] Mostram-se, neste sentido, totalmente inadmissíveis, a título de exemplo, usando como justificação a defesa do interesse público da sobrevivência do Estado em cenários de luta ou "guerra" contra o terrorismo, a elaboração pela Administração de regulamentos definindo "técnicas reforçadas de interrogatório" ou manuais de tortura. Sobre o tema, cfr. JAMES P. PFIFFNER, *Torture as Public Policy – Restoring US Credibility on the Wold Stage*, Colorado, 2010.

[1046] Para um relacionamento entre uma Administração ao serviço da pessoa humana e o respeito pelo bom andamento administrativo, cfr. L. MAZZAROLLI/G. PERICU/A. ROMANO/ F.A.R. MONACO/F.G. SCOCA, *Diritto Amministrativo*, I, pp. 384 ss.

§15º PERSONALISMO E ADMINISTRAÇÃO PÚBLICA | 313

15.1.6. A recente jurisprudência constitucional acolhe uma tal concepção personalista da Administração Pública, limitando a liberdade conformadora do legislador:

(i) O Tribunal Constitucional alemão, em decisão de 15 de fevereiro de 2006, a propósito da Lei de Segurança Aérea (decisão *Luftsicherheitsgesetz*), veio considerar inconstitucional, em nome do direito à vida e do princípio da dignidade humana de passageiros e tripulantes, a norma que permitia as forças armadas abaterem um avião que, sequestrado por terroristas, e sob sua coação, fosse usado contra alvos civis ou militares[1047], numa situação paralela ao que sucedeu, nos EUA, em 11 de setembro de 2001[1048];

(ii) O Tribunal Constitucional português, em decisão de 5 de abril de 2013, expressamente afirma que "não pode deixar de reconhecer-se que haverá sempre de ressalvar, ainda que em situação de emergência económica, o núcleo essencial da existência mínima", sabendo-se que uma existência condigna traduz uma emanação garantística nuclear da dignidade da pessoa humana[1049].

15.1.7. O interesse público da segurança nacional ou subjacente a uma situação de emergência económica ou financeira não pode prevalecer sobre o núcleo indisponível da dignidade humana[1050]: se até as forças armadas, num cenário de ataque terrorista, não podem estar habilitadas pelo legis-

---

[1047] Cfr. BVerfG, 1 BvR 357/05, de 15 de fevereiro de 2006, in http://www.bverfg.de

[1048] Uma tal declaração de inconstitucionalidade faz prevalecer a dignidade humana sobre o interesse público em remover uma ameaça terrorista, numa postura kantiana em que os reféns do avião não podem ser reconduzidos pelo legislador a meros objetos, até porque não se colocaram voluntariamente numa situação de perigo (cfr. MICHAEL PAWLICK, §14 Abs. 3 des Luftsicherheitsgesetz. ein Tabruch?, in JZ, nº 21, 2004, p. 1047; JOCHEN VON BERNSTORFF, *Pflichtenkollision und Menschenwürdegarantie. Zum Vorrang staatlicher Achtungspflichten im Normbereich Von Art. 1 GG*, in *Der Staat*, 48, 2008, pp. 21 ss.). Para uma análise do acórdão na doutrina portuguesa, cfr. AUGUSTO SILVA DIAS, *Os criminosos são pessoas?*, pp. 830 ss.

[1049] Cfr. Acórdão do Tribunal Constitucional nº 187/2013, de 5 de abril de 2013, processos nºs 2/2013, 3/2013, 8/2013 e 11/2013, cit.

[1050] Em sentido convergente, o Acórdão do Tribunal de Justiça (3ª secção), de 25 de abril de 2013, processo nº C-398/11, conhecido como "Acórdão Hogan", veio a considerar, a propósito da Irlanda, num cenário de subordinação a um programa de assistência financeira internacional, "*que a situação económica do Estado-Membro em causa não constitui uma circunstância excecional suscetível de justificar um nível de proteção reduzido dos interesses dos trabalhadores no que respeita aos*

314 | BASES JURÍDICAS DA ADMINISTRAÇÃO PÚBLICA

lador, em nome do interesse público da segurança nacional, a adotar uma conduta violadora do núcleo essencial da dignidade humana, por maioria de razão, a Administração Pública civil, em cenários de normalidade constitucional, nunca poderá fazer prevalecer a prossecução do interesse público sobre o núcleo indisponível da dignidade humana[1051] – aqui reside a essência da conceção personalista e dos efeitos limitativos da dignidade humana sobre a prossecução do interesse público pela Administração Pública.

15.1.8. A subordinação da prossecução do interesse público pela Administração Pública ao respeito pelo núcleo essencial da dignidade da pessoa humana impõe um conjunto de corolários na articulação entre as duas realidades ao nível da ação administrativa:

(i) A dignidade humana mostra-se passível de contribuir para uma densificação positiva do conteúdo dos próprios interesses públicos cuja prossecução se encontra, por lei, a cargo da Administração Pública[1052];

---

seus direitos a prestações de velhice a título de um regime complementar de previdência profissional" (in http://curia.europa.eu)

[1051] Num sentido diferente, sem alicerçar a temática no âmbito da dignidade da pessoa humana, antes fazendo-o no princípio da legalidade vinculativo de um Estado democrático, o Supremo Tribunal de Israel, em sentença de 13 de dezembro de 2006, a propósito de ataques preventivos lançados pelo Estado contra palestinianos, envolvendo efeitos mortais para civis inocentes, vem dizer que, na luta contra o terrorismo, o Estado não pode agir à margem da lei ou fora da lei, antes terá sempre de se pautar pelas normas legais, sublinhando que aqui reside a diferença entre um Estado democrático e a luta dos próprios terroristas (in *The Public Committee against Torture in Israel v. The Government of Israel*, Case n. HCJ 769/02, The Supreme Court of Isarel, sitting as the High Court of Justice, 13 de dezembro de 2006, in http://elyon1.court.gov.il e IsrLR, 2006, pp. 459 ss., em especial, pp. 516 ss.).

[1052] Neste contexto, importa ter presente o seguinte: (a) a garantia da dignidade humana envolve a criação de deveres ou de tarefas fundamentais para a Administração: o dever de respeitar, o dever de proteger, o dever de remover os obstáculos, o dever de defesa e o dever de ressarcir os danos resultantes de omissão do dever de guarda; (b) a defesa da liberdade individual e coletiva, tal como o funcionamento da justiça e a garantia efetiva de direitos de participação política, exigem o desenvolvimento de uma inerente atividade administrativa; (c) razões que decorrem da segurança da vida em sociedade, envolvendo a proteção de pessoas e de bens, habilitam uma atividade administrativa de natureza policial; (d) a necessidade de garantia de uma existência humana condigna a todas as pessoas singulares justifica uma atividade administrativa prestacional: o bem-estar social, económico, cultural e ambiental constitui fim de atuação administrativa.

§15º PERSONALISMO E ADMINISTRAÇÃO PÚBLICA | 315

(ii) Nunca existem razões de interesse público que justifiquem ou habilitem que o ser humano seja tratado com indignidade pela Administração Pública, antes esta se encontra vinculada a uma obrigação universal de respeito, garantia e proteção da dignidade de cada pessoa humana[1053];

(iii) Os direitos fundamentais (pessoais e sociais) e as liberdades inerentes ao núcleo essencial da dignidade humana são insuscetíveis de ceder perante todo e qualquer interesse público[1054];

(iv) A dignidade humana postula um espaço privado ou reservado de cada pessoa, excluindo ou limitando a existência de interesses públicos habilitadores de intervenção administrativa;

(v) A dignidade de cada ser humano só pode sofrer limitações administrativas decorrentes de uma concorrencial ponderação alicerçada na dignidade de outro ser humano: só a dignidade humana limita ou condiciona a dignidade humana;

(vi) A dignidade humana envolve sempre uma prevalência do ser sobre o ter e das pessoas sobre as coisas: não pode existir prevalência de valorização administrativa de bens patrimoniais privados sobre bens de natureza pessoal;

(vii) O respeito pela dignidade humana constitui critério teleológico de interpretação e adequação da prossecução do interesse público;

(viii) O decisor administrativo tem a obrigação de tomar em consideração os efeitos ou resultados (efetivos ou previsíveis) da decisão ao nível da garantia da dignidade humana;

(ix) Uma teleologia decisória fundada no respeito pela dignidade humana habilita um dever administrativo de revisão ou reformulação de decisões lesivas ou passíveis de gerar perigos à dignidade humana;

[1053] Sublinhando que o pleno desenvolvimento da pessoa humana é o propósito finalístico da atuação administrativa, cfr. L. MAZZAROLLI/G. PERICU/A. ROMANO/F.A.R. MONACO/F.G. SCOCA, *Diritto Amministrativo*, I, p. 387.

[1054] Mesmo os restantes direitos e liberdades fundamentais só podem ceder perante razões de interesse público se, num juízo de ponderação, se demonstrar que existem "razões de interesse público de peso prevalecente" (cfr. Acórdão do Tribunal Constitucional nº 474/2013, de 29 de agosto, cit.).

316 | BASES JURÍDICAS DA ADMINISTRAÇÃO PÚBLICA

(x)   O respeito e a garantia da dignidade humana pode constituir causa legítima de inexecução administrativa de sentenças judiciais.

15.1.9. Se, tal como Francisco Lucas Pires dizia, ao princípio era o Homem e não o Estado, razão pela qual "será o Estado a ter de se humanizar – não o Homem quem tem de se estadualizar"[1055], também se poderá dizer ser o interesse público que tem de se curvar perante a dignidade humana e não a dignidade humana que tem de se ajoelhar perante o interesse público.

15.2. Dignidade humana e personalismo administrativo

15.2.1. A estreita ligação entre o princípio da dignidade humana e o personalismo aplicado à conduta administrativa, enquanto conceção limitativa ou subordinante da prossecução do bem comum ou interesse público, mostra-se passível de gerar múltiplos efeitos:

(i)   Todas as pessoas têm um direito absoluto e inalienável ao respeito da sua dignidade pela Administração Pública;

(ii)   A Administração Pública tem um especial dever de proteção da dignidade de quem não tem ainda, de quem já não tem ou de quem nunca teve consciência da sua própria existência ou dignidade e ainda de quem a pode ver ameaçada[1056];

(iii) Não existem posições jurídicas adquiridas contra a dignidade da pessoa humana, nem pretensões juridicamente tuteláveis, salvo situações de concorrência ou conflito de duas ou mais pretensões alicerçadas na dignidade humana de diferentes sujeitos;

(iv)   A transposição para a Administração Pública da ideia de um "Direito Penal do inimigo", expressão de um modelo securitário que nos transforma em presumíveis criminosos, colocando o "inimigo" e o "suspeito de ser inimigo" à margem da legali-

---

[1055] Cfr. FRANCISCO LUCAS PIRES, *Uma Constituição para Portugal*, Coimbra, 1975, p. 4.

[1056] Neste âmbito, (a) quanto mais débil é a consciência da dignidade ou o risco de perigo para a dignidade, maior deverá ser sempre a obrigação administrativa de respeito e proteção; (b) a vida humana já concebida e ainda não nascida, os recém-nascidos, os doentes mentais, aqueles que se encontram em estado vegetativo e os delinquentes à guarda do Estado gozam de um direito reforçado à proteção da sua dignidade.

dade, é totalmente incompatível com o respeito pela dignidade humana[1057] – ninguém pode ser privado da sua dignidade[1058];

(v)   Numa sociedade de vigilância total, próxima de um modelo orwelliano[1059], numa absolutização da segurança, o respeito pela dignidade humana nunca poderá conduzir a uma "dessubjetivação do indivíduo"[1060] – o ser humano é sempre um fim em si mesmo[1061];

(vi)   As violações da dignidade humana pela Administração Pública nunca podem assumir relevância positiva, alicerçar precedentes ou servir de fundamento para a tutela da confiança;

(vii)   Todas as violações do núcleo essencial da dignidade humana geram atos feridos de inexistência jurídica – esses atos jamais se consolidam na ordem jurídica e nunca lhes podem ser reconhecidos efeitos de facto neles fundados;

(viii)   O ressarcimento de danos decorrentes da violação administrativa da dignidade humana é imprescritível.

15.2.2. A vinculatividade do princípio da dignidade humana, inserido num contexto de personalismo administrativo, não poderá levar, no entanto, a uma paralisia ou a um temor de agir por parte da Administração Pública perante a necessidade de prossecução de interesses públicos vitais para a coletividade:

(i)   Não será possível, numa desproporcional e unidimensional ponderação da dignidade humana, privar as estruturas administrativas de eficácia de ação inerente à prossecução do bem comum da coletividade;

(ii)   Se o respeito pela dignidade humana fundamenta e limita a prossecução do interesse público, a verdade é que não anula ou exclui essa prossecução, até porque a dignidade humana, se é fonte pri-

---

[1057] Neste sentido, cfr. ALEXANDRE SOUSA PINHEIRO, *O Direito Penal do Inimigo...*, pp. 24 ss.

[1058] Cfr. BVerfG, 1 BvR 357/05, de 15 de fevereiro de 2006, cit.

[1059] Cfr. PAULO OTERO, *A Democracia Totalitária*, pp. 190 ss.

[1060] Cfr. ALEXANDRE SOUSA PINHEIRO, *Privacy e Protecção de Dados Pessoais: a construção dogmática do direito à identidade informacional*, I, dissertação de doutoramento, inédita, Lisboa, 2011, p. 246.

[1061] Cfr. IMMANUEL KANT, *La Metafísica...*, p. 299.

318 | BASES JURÍDICAS DA ADMINISTRAÇÃO PÚBLICA

meira de direitos fundamentais, também é alicerce primário de deveres fundamentais[1062]: não há direitos fundamentais sem deveres fundamentais[1063];

(iii) O respeito pela dignidade humana de uns não pode impedir que a Administração Pública satisfaça a garantia da dignidade humana de outros que, numa conduta ilícita de terceiros, se encontram a ser alvo de uma agressão ou ameaça de tentativa de agressão.

15.2.3. Como garantir, em tais cenários de necessidade de atuação administrativa, a indispensável subordinação do interesse público ao respeito pela dignidade humana?

(i) Há que ter presente a função da reserva de lei (enquanto conjunto de matérias cuja disciplina jurídica se encontra confiada à intervenção do poder legislativo) no habilitar da atuação administrativa:

– A reserva de lei traduz um "instrumento de proteção preventiva"[1064] da dignidade humana: a Administração Pública encontra aqui uma definição da linha de fronteira entre o que pode, o que deve e o que não pode ou não deve fazer;

– A reserva de lei revela-se como área de ponderação entre a dignidade humana e o interesse público, à luz de um critério definido pelo legislador, que se impõe à Administração Pública;

(ii) A ponderação feita pelo legislador, ao abrigo da reserva de lei, entre a dignidade da pessoa humana e a prossecução do interesse público goza de uma presunção de constitucionalidade que só excecionalmente poderá ser afastada pelas estruturas administrativas – existe aqui um princípio *in dubio pro dignitate secundum legem*;

(iii) Haverá ainda a diferenciar duas situações radicalmente distintas em que a Administração Pública se pode confrontar:

– Se os particulares se colocaram voluntariamente numa situação de perigo, suscetível de levantar riscos a uma lesão da sua

---

[1062] No sentido de que os deveres fundamentais têm a sua raiz na dignidade da pessoa humana, cfr. JOSÉ CASALTA NABAIS, *Dos deveres fundamentais*, pp. 224-225 e 240 ss.; IDEM, *A face oculta...*, p. 170.

[1063] Cfr. PAULO OTERO, *Instituições...*, I, pp. 536 ss.

[1064] Cfr. EBERHARD SCHMIDT-ASSMANN, *Das allgemeines Verwaltungsrecht...*, p. 73.

dignidade (v.g., a participação numa manifestação não autorizada, a prática de ilícitos criminais, contravencionais ou disciplinares);

– Aquela em que os particulares, sem qualquer vontade ou intenção, se encontram numa situação de perigo ou expostos (involuntariamente) a um risco.

Na primeira hipótese, ao invés desta última, a prevalência da dignidade humana sobre a prossecução do interesse público encontra-se relativizada: o próprio particular se expôs, voluntariamente, ao perigo ou ao risco de sofrer uma intervenção administrativa que, habilitada por lei e respeitado o princípio da proporcionalidade, interfira com a sua dignidade (v.g., coação policial, detenção, suspensão preventiva), sem nunca habilitar, todavia, uma lesão do seu núcleo sagrado (v.g., nunca permite sujeitar a tortura ou a sevícias);

(iv) Haverá, em quarto lugar, que atender se, à luz do entendimento em concreto do decisor administrativo, existia (ou se era expectável que, face às circunstâncias reais, pensasse existir) uma situação de estado de necessidade ou, em alternativa, de legítima defesa de terceiros que, em nome de um interesse público imperioso e urgente, objetiva ou subjetivamente configurado, justificava, segundo as exigências do princípio da proporcionalidade, uma intervenção administrativa lesiva da dignidade humana – a teoria do erro sobre os pressupostos e a justificação decorrente da desculpabilidade da conduta do decisor administrativo podem complementar o cenário traçado.

15.3. Personalismo administrativo, direitos e deveres fundamentais

15.3.1. Uma conceção personalista da Administração Pública não é um espaço de direitos fundamentais inserido num projeto egoísta de sociedade[1065], antes traduz, até por força da própria dignidade humana, uma fonte de deveres fundamentais (v. *supra*, nº 15.2.2.): a existência de direitos fundamentais decorrentes da dignidade humana faz sempre surgir uma

---

[1065] Cfr. ROLF STOBER, *Vom sozialen Rechtsstaat zum egoistischen Rechthaberschutzstaat?*, in DÖV, 1998, pp. 775 ss.

320 | BASES JURÍDICAS DA ADMINISTRAÇÃO PÚBLICA

correlativa série de deveres fundamentais, igualmente alicerçados na dignidade humana[1066] – na sugestiva expressão de Mahatma Gandi, "o Gange dos direitos desce do Himalaia dos deveres"[1067].

15.3.2. Se os direitos fundamentais decorrentes da dignidade humana justificam uma determinada conduta administrativa, não se pode excluir que a tutela dos deveres fundamentais resultantes da dignidade humana possa impor uma diferente postura à Administração Pública: haverá então que ponderar, à luz dos critérios decisórios provenientes da reserva de lei, sem embargo da vinculatividade direta de certas normas constitucionais, a conduta administrativa mais conforme ao respeito e garantia da dignidade humana das pessoas envolvidas.

15.3.3. O personalismo administrativo, envolvendo uma especial vinculação da Administração Pública aos direitos e deveres fundamentais, enquanto decorrência da relevância do princípio da dignidade da pessoa humana[1068], permite extrair um conjunto de corolários vinculativos da conduta administrativa:

(i)   Os direitos e deveres fundamentais podem ser fundamento e limite da intervenção administrativa;

(ii)   A vinculação constitucional da Administração Pública à aplicabilidade direta dos direitos, liberdades e garantias, nos termos do artigo 18º, nº 1, da Lei Fundamental, é também vinculação a deveres fundamentais;

(iii) A vinculação da Administração aos direitos e deveres fundamentais, alargando o campo material das suas tarefas e complexificando a sua conduta decisória concreta, permite recortar diversas dimensões de vinculatividade administrativa[1069]: os direitos fun-

---

[1066] Cfr. PAULO OTERO, *Instituições...*, I, p. 537.

[1067] Cfr. BENTO XVI, *Mensagem para a Celebração do Dia Mundial da Paz*, de 1 de janeiro de 2007, nº 12.

[1068] Sublinhando o papel da dignidade da pessoa humana na unidade valorativa ou axiológica do sistema de direitos fundamentais, cfr. JORGE MIRANDA, *A dignidade da pessoa humana e a unidade valorativa do sistema de direitos fundamentais*, in *Estudos em Homenagem ao Prof. Doutor Martim de Albuquerque*, I, Coimbra, 2010, pp. 933 ss.

[1069] Cfr. EBERHARD SCHMIDT-ASSMANN, *Das allgemeines Verwaltungsrecht...*, pp. 63 ss.

§15º PERSONALISMO E ADMINISTRAÇÃO PÚBLICA | 321

damentais como (1) instrumentos de defesa[1070], (2) mandatos de proteção[1071], (3) obrigações prestacionais[1072], (4) vinculações procedimentais[1073] ou (5) problema organizacional[1074];

(iv) As normas sobre direitos (e deveres) fundamentais têm uma capacidade genética geradora de outros novos direitos (e deveres), segundo uma ótica substantiva ou processual, em termos implícitos ou explícitos;

(v) Valorização de uma conduta administrativa alicerçada no princípio geral da justiça, enquanto decorrência indispensável de uma conceção personalista, envolvendo uma preocupação decisória orientada para os resultados concretos dos efeitos da atuação administrativa, assumindo aqui particular importância (1) a proibição do excesso, assim como de proteção insuficiente, (2) a tutela da confiança legítima e (3) a igualdade ou proibição do arbítrio;

(vi) Não se pode tomar como definitiva a postura de prevalência absoluta do princípio da legalidade sobre o princípio da igualdade no

---

[1070] Limitando a atuação interventiva e lesiva do Poder sobre a esfera privada, a Administração Pública deverá remover todos os obstáculos que dificultem ou impeçam a eficácia ou o exercício de direitos que funcionam como espaços de liberdade da pessoa face ao Poder.

[1071] Prevenindo os perigos, evitando riscos, a Administração Pública deverá, respeitando os princípios da necessidade e da separação de poderes, adotar condutas positivas que resguardem os direitos fundamentais de condutas omissivas ou ativas lesivas e, em termos complementares, promovam a sua implementação.

[1072] Produzindo bens e prestando serviços, a Administração Pública, por via direta ou indireta, deverá prover à satisfação material de posições jurídicas subjetivas fundamentais, pelo menos à luz de um mínimo existencial que garanta condições de vida condignas.

[1073] Tão importante quanto o conteúdo da decisão é, por vezes, o processo que conduz à produção da decisão, desenvolvendo-se, deste modo, a par de posições jurídicas substantivas, posições jurídicas adjetivas ou procedimentais, que, vinculando a Administração na sua atuação, conferem aos particulares direitos de intervenção no procedimento decisório e, em caso de frustração, permitem até invalidar judicialmente a decisão administrativa.

[1074] Se, por um lado, a satisfação de certos direitos de participação envolve a criação de estruturas administrativas aptas ao seu acolhimento (v.g., a participação dos alunos ou dos encarregados de educação na gestão democrática das escolas), a realização plena de outros direitos fundamentais exige a existência de estruturas administrativas dotadas de certas características (v.g., a liberdade de ensino, determinando a designada liberdade de cátedra, exige autonomia das universidades).

322 | BASES JURÍDICAS DA ADMINISTRAÇÃO PÚBLICA

agir administrativo[1075], uma vez que ambos os princípios possuem acolhimento constitucional equiordenado, registando-se que a igualdade poderá até encontrar-se, comparativamente à legalidade, numa relação de maior proximidade em relação à dignidade humana;

(vii) O respeito pelos direitos fundamentais postula um princípio geral de subsidiariedade da Administração face à sociedade civil[1076], devendo o legislador motivar-se por essa vinculação, alicerçando uma regra de *in dubio pro libertate* que, vinculando a interpretação administrativa da legalidade, condiciona qualquer habilitação do agir administrativo sem base legal expressa;

(viii) A inserção dos direitos no contexto da dignidade da pessoa humana determina que, encontrando-se em causa a prossecução do interesse público em colisão face a diferentes posições jurídicas subjetivas tituladas por pessoas singulares, a Administração Pública deverá sempre conferir preferência à solução que se mostre mais próxima ou mais indispensável à garantia do núcleo essencial da dignidade humana;

(ix) A ingerência administrativa de conteúdo restritivo ou lesivo de direitos fundamentais encontra-se sempre vinculada a respeitar os limites decorrentes da (1) precedência de lei habilitante, (2) salvaguarda do núcleo ou conteúdo essencial do direito, (3) ponderação do princípio da proporcionalidade e (4) observância das garantias procedimentais;

(x) A violação do conteúdo essencial de um direito fundamental gera uma conduta administrativa nula.

15.3.4. A vinculação administrativa aos direitos e deveres fundamentais nunca pode fazer esquecer que a satisfação dos direitos tem custos financeiros públicos[1077], existindo uma dependência do nível prestacional

---

[1075] Para mais desenvolvimentos, cfr. PAULO OTERO, *Legalidade e Administração Pública*, pp. 976 ss.

[1076] No sentido de que a consagração da subsidiariedade revela um visão personalista, cfr. LUÍS CABRAL DE MONCADA, *A subsidiariedade nas relações do Estado com a economia e a revisão constitucional*, in *Estudos em Homenagem ao Prof. Doutor Joaquim Moreira da Silva Cunha*, Coimbra, 2005, pp. 545 ss.

[1077] Neste sentido, cfr. JOSÉ CASALTA NABAIS, *A face oculta...*, pp. 176 ss.; PAULO OTERO, *Instituições...*, I, pp. 539 ss.

de satisfação dos direitos da reserva do financeira e economicamente possível: à luz dos quadros de um "Estado fiscal"[1078], a implementação administrativa dos direitos fundamentais comporta uma valorização política e decisória do Direito orçamental.

15.3.5. Se se excetuar a dimensão básica inerente ao respeito e garantia da dignidade humana, todos os direitos fundamentais cuja satisfação envolve custos financeiros públicos surgem como compromissos da comunidade que, em cada momento histórico, se encontram dependentes da concretização política do legislador, segundo os encargos que os membros da sociedade se encontram dispostos a assumir para garantir um determinado nível prestacional[1079].

15.4. Direitos fundamentais e "cidadania administrativa"

15.4.1. A conceção personalista da Administração Pública mostra uma radical incompatibilidade com o entendimento de que o particular que se relaciona com a estrutura administrativa seja visto como súbdito, administrado, consumidor, utente ou cliente[1080]:

(i)   Os particulares são possuidores de uma vontade e de posições jurídicas ativas tuteladas pela ordem jurídica que, em consonância com a centralidade da dignidade humana e de tudo o que existe ser em função dos interesses da pessoa humana, se impõem junto da Administração Pública;

(ii) Os particulares, configurados como verdadeiros sujeitos de Direito Administrativo, num relacionamento autónomo e reciproco com a Administração Pública, são verdadeiros cidadãos[1081].

[1078] Neste sentido, cfr. JOSÉ CASALTA NABAIS, *O Dever Fundamental de Pagar Impostos – Contributo para a compreensão constitucional do Estado fiscal contemporâneo*, Coimbra, 1998, pp. 191 ss.; IDEM, *O princípio do Estado fiscal*, in *Estudos Jurídicos e Económicos em Homenagem ao Professor João Lumbrales*, Coimbra, 2000, pp. 363 ss.; IDEM, *A face oculta...*, pp. 179 ss.

[1079] Neste último sentido, especificamente face aos direitos sociais, cfr. LUÍS PEREIRA COUTINHO, *Os direitos sociais e a crise: breve reflexão*, in D&P, nº 1, 2012, em especial, pp. 77 ss.

[1080] Para uma anáise detalhada das diversas "máscaras" do administrado no seu relacionamento com a Administração Pública, cfr., por todos, GOMES CANOTILHO, *O administrado...*, pp. 307 ss.

[1081] Neste sentido, cfr. SÉRVULO CORREIA, *Direito do Contencioso Administrativo*, I, pp. 333 e 334.

324 | BASES JURÍDICAS DA ADMINISTRAÇÃO PÚBLICA

15.4.2. Nunca se pode, à luz da conceção personalista, deixar de tomar o destinatário normal da atuação administrativa como cidadão, inserido num contexto social e ético de "desenvolvimento humano"[1082], falando-se em "cidadania administrativa dos particulares"[1083] ou, pura e simplesmente, em "cidadania administrativa"[1084], por quatro principais razões:

(i) O vocábulo cidadão convoca as ideias de liberdade e de igualdade[1085], numa dimensão histórico-evolutiva[1086], apelando a formas de participação perante o poder administrativo[1087];

(ii) Revela a superação do conceito oitocentista de administrado, ligado a uma posição jurídica de subordinação perante uma Administração que se arrogava uma "distância burocrática"[1088];

(iii) Corresponde a um conceito constitucional[1089] e a um modelo de particulares titulares de direitos fundamentais perante a Admi-

---

[1082] Para um aprofundamento deste conceito, num propósito de refundação dos direitos fundamentais, cfr. ANTÓNIO CORTÊS, *O paradigma social do «desenvolvimento humano» – contributo para uma refundação ética dos direitos fundamentais*, in *Estudos de Homenagem ao Prof. Doutor Jorge Miranda*, VI, Coimbra, 2012, pp. 41 ss.

[1083] Cfr. GOMES CANOTILHO/VITAL MOREIRA, *Constituição...*, II, 4ª ed., pp. 819 e 820.

[1084] Cfr. PASCALE GONOD/FABRICE MELLERAY/PHILIPPE YOLKA (org.), *Traité...*, II, pp. 397 ss.

[1085] Cfr. MARTIM DE ALBUQUERQUE, *As ideias de cidadão e de cidadania em Portugal. Génese e evolução*, in IDEM, *Na Lógica do Tempo*, p. 230.

[1086] Cfr. PAULA VEIGA, *Cidadania – cambiante de um conceito e suas incidências político- -constitucionais*, in BFDUC, 2006, pp. 391 ss.

[1087] Cfr. FABIO GIGLIONI/SERGIO LARICCIA, *Partecipazione dei cittadini all'attività amministrativa*, in EdD, IV – Aggiornamento, Milano, 2000, pp. 943 ss.

[1088] Cfr. GOMES CANOTILHO/VITAL MOREIRA, *Constituição...*, II, 4ª ed., p. 820.

[1089] Trata-se de um conceito acolhido ao nível dos princípios fundamentais da Administração Pública (CRP, artigo 266º, nº 1, *in fine*) e do seu controlo pelo Provedor de Justiça (CRP, artigo 23º, nº 1), reafirmado no âmbito da participação na formação das decisões administrativas (CRP, artigo 267º, nº 5) e na satisfação do direito à informação e de acesso aos arquivos e registos administrativos (CRP, artigo 268º, nºs 1 e 2), traduzindo a cidadania administrativa uma forma de "aprofundamento da democracia participativa" inerente ao Estado de Direito democrático (CRP, artigo 2º, *in fine*).
Em sentido contrário à orientação do texto, criticando a utilização constitucional do conceito de "cidadão", pois considera excluir os estrangeiros e as pessoas coletivas, cfr. DIOGO FREITAS DO AMARAL, *Curso...*, II, 2ª ed., pp. 70-71.

§15º PERSONALISMO E ADMINISTRAÇÃO PÚBLICA | 325

nistração[1090]– a cidadania é sempre "um direito de acesso a direitos"[1091];

(iv) Mostra-se uma terminologia acolhida no âmbito do Direito da União Europeia[1092], corporizando uma nova categoria de direitos fundamentais – os "direitos humanos administrativos"[1093]

15.4.3. A cidadania administrativa torna-se elemento central de uma conceção administrativa personalista que, centrada na dignidade da pessoa humana, valoriza o ser humano como razão de ser da existência e funcionamento da Administração Pública, permitindo começar a edificar-se uma Administração paritária[1094].

15.4.4. A cidadania administrativa confere ao ser humano o estatuto de participante político ativo e legitimador da organização e da atividade administrativas, permitindo construir, segundo as coordenadas de uma democracia participativa, um modelo de Administração Pública baseado numa postura de diálogo e cooperação decisória ou mesmo de codecisão administrativa[1095]:

[1090] Cfr. GOMES CANOTILHO/VITAL MOREIRA, *Constituição...*, II, 4ª ed., p. 820.

[1091] Cfr. JORGE PEREIRA DA SILVA, *O direito fundamental à cidadania portuguesa*, in *Estudos em Homenagem ao Prof. Doutor Armando M. Marques Guedes*, Coimbra, 2004, p. 279.

[1092] Justificando todo um extenso elenco de direitos fundamentais decorrentes da cidadania europeia e projetáveis na atuação administrativa da União Europeia e dos seus Estados-membros (cfr. artigos 39º a 46º da Carta dos Direitos Fundamentais da União Europeia), cfr. FAUSTO DE QUADROS, *Direito da União Europeia*, 3ª ed., pp. 156 ss.; ANA MARIA GUERRA MARTINS, *A cidadania na União Europeia – Definição, conteúdo e contributo para a constitucionalização da União Europeia*, in *Estudos em Homenagem ao Professor Doutor Paulo de Pitta e Cunha*, I, Coimbra, 2010, pp. 9 ss.; IDEM, *Manual de Direito da União Europeia*, Coimbra, 2012, pp. 101 ss., 217 ss. e 221 ss.; MARIANA RODRIGUES CANOTILHO, *Com um lenço e com documento. A propósito do exercício transnacional de direitos fundamentais*, in *Estudos em Homenagem ao Prof. Doutor José Joaquim Gomes Canotilho*, III, Coimbra, 2012, em especial, pp. 215 ss.; CUNHA RODRIGUES, *Entre a Europa das liberdades e a Europa da cidadania*, in *Estudos Jurídicos e Económicos em Homenagem ao Prof. Doutor António de Sousa Franco*, I, Coimbra, 2006, pp. 675 ss.; RUI MOURA RAMOS, *A cidadania da União: caracterização, conteúdo e desenvolvimento*, in *Estudos Jurídicos e Económicos em Homenagem ao Prof. Doutor António de Sousa Franco*, III, Coimbra, 2006, pp. 895 ss.; MARIA LUÍSA DUARTE, *União Europeia e Direitos Fundamentais*, pp. 318 ss.

[1093] Cfr. MÁRIO AROSO DE ALMEIDA, *Teoria Geral...*, pp. 53-54.

[1094] Neste sentido, cfr. PEDRO MACHETE, *Estado de Direito...*, pp. 457 ss. e 577 ss.

[1095] Cfr. EBERHARD SCHMIDT-ASSMANN, *Das allgemeines Verwaltungsrecht...*, pp. 106-107.

326 | BASES JURÍDICAS DA ADMINISTRAÇÃO PÚBLICA

(i) Em sentido diferente ao modelo liberal oitocentista, a necessidade de reforço da participação dos cidadãos na organização dos serviços administrativos e no processo de decisão administrativa, reforçando a "democratização da democracia"[1096], conduz a uma reformulação do modelo organizativo e funcional da Administração Pública nas modernas sociedades pluralistas[1097];

(ii) O desenvolvimento de uma cidadania administrativa, fazendo esbater uma Administração autoritária e vertical herdada do período pré-liberal e renovada pelo modelo napoleónico, a favor de uma Administração participada e do consentimento, permite dizer que se vive já uma fase de transição para um modelo de Administração paritária.

15.4.5. A cidadania administrativa determina uma democracia administrativa[1098]: a conceção personalista da Administração Pública é a que melhor se compatibiliza com uma democracia humana[1099].

15.4.6. A democracia administrativa decorrente da cidadania administrativa encontra diversas manifestações:

(i) Integra formas históricas de cidadania administrativa, tal como sucede com os direitos de petição, de queixa, de ação popular e o direito de eleger (e de se candidatar a) titulares de órgãos administrativos;

(ii) Confere preferência aos procedimentos administrativos negociais e de concertação, visando gerar o consenso decisório entre quem decide e o destinatário da decisão;

(iii) Reconhece um amplo direito de participação a todos os interessados, seja exercido em termos individuais ou coletivos;

[1096] Cfr. J. Baptista Machado, *Participação...*, pp. 115 ss.

[1097] Cfr. Paulo Otero, *Direito Constitucional Português*, I, pp. 65 ss.

[1098] Cfr. Pascale Gonod/Fabrice Melleray/Philippe Yolka (org.), *Traité...*, II, p. 408.

Para referências ao conceito de "democracia administrativa", cfr. Pierre Moor/Zlexandre Flückiger/Vicent Martenet, *Droit Administratif*, I, pp. 605 ss.; Maria da Glória Garcia, *Direito das Políticas Públicas*, pp. 23 e 109, nota nº 152.

[1099] Sobre o respetivo conceito, cfr. Paulo otero, *Instituições...*, I, pp. 424 ss. e 599 ss.

§15º PERSONALISMO E ADMINISTRAÇÃO PÚBLICA | 327

(iv) Satisfaz o direito à informação dos cidadãos, garantindo transparência do agir administrativo[1100] e um modelo de Administração aberta;

(v) Não exclui, nos quadros de uma sociedade aberta e plural, a existência de processos ou mecanismos informais de intervenção participativa[1101].

15.4.7. Não se pode ignorar, todavia, o perigo de uma certa neocorporativização da Administração participativa e consertada ou até o risco de captura do decisor pelos grupos de interesses que mais meios participativos são passíveis de mobilizar[1102]:

(i) A Administração nunca pode deixar de ponderar o interesse público subjacente ao bem comum da coletividade;

(ii) A Administração nunca pode esquecer os interesses de quem não tem voz participativa ou reivindicativa ou que dela não faz um uso tão eficaz[1103] – os princípios da igualdade e da imparcialidade assim o exigem.

15.4.8. Quem integra o conceito de cidadão administrativo?

Em termos administrativos, cidadão é todo aquele que, sendo ou não nacional desse Estado[1104], se relaciona ou pretende relacionar com a Administração Pública, sendo destinatário das suas decisões ou que se coloca em posição de ser destinatário. O conceito de cidadão administrativo, revelando uma noção de "cidadania ampliada"[1105], mostra-se passível de integrar:

(i) Todos os nacionais (pessoas singulares ou coletivas);

(ii) Os estrangeiros e os apátridas que, por qualquer razão, entrem em contacto com a Administração Pública portuguesa;

[1100] Cfr. FERNANDO CONDESSO, *Direito à Informação Administrativa*, Lisboa, 1995, em especial, pp. 34 ss.; JOSÉ RENATO GONÇALVES, *Estado burocrático...*, pp. 813 ss.

[1101] Cfr. J. BAPTISTA MACHADO, *Participação e Descentralização...*, p. 40.

[1102] Cfr. ANTÓNIO M. BARBOSA DE MELO, *Introdução...*, em especial, pp. 106 ss.

[1103] Cfr. PAULO OTERO, *A 'desconstrução'...*, pp. 638-639, nota nº 87.

[1104] Em sentido contrário, usando apenas uma conceção constitucional do termo "cidadão", cfr. DIOGO FREITAS DO AMARAL, *Curso...*, II, 2ª ed., pp. 70-71.

[1105] Expresssão, num diferente contexto, de DIOGO DE FIGUEIREDO MOREIRA NETO, *Novas funções...*, p. 588.

(iii) Estruturas não personalizadas (nacionais ou estrangeiras) que se relacionem com a Administração Pública (v.g., famílias, organizações de moradores, herança jacente, associações sem personalidade jurídica e comissões especiais).

Secção 4ª
Constituição e Administração Pública

§16º CONSTITUIÇÃO ADMINISTRATIVA

16.1. Conceito, função e tipologia

16.1.1. Todos os textos constitucionais contêm, em diferentes graus de detalhe, disposições referentes à Administração Pública e às suas relações com os cidadãos: esse conjunto de regras e princípios traduzem a designada "Constituição administrativa"[1106].

16.1.2. A Constituição administrativa, traduzindo a sede do núcleo normativo integrante da subordinação administrativa ao princípio da constitucionalidade[1107], representa sempre um verdadeiro código administrativo[1108]: reúne todas as normas da Constituição que têm por objeto a Administração Pública e as posições jurídicas dos particulares como cidadãos administrativos, isto é, o relacionamento destes últimos com a Administração Pública ou desta com eles.

16.1.3. No âmbito do sistema jurídico interno vigente em cada Estado, a Constituição administrativa desempenha uma tripla função:

[1106] Cfr. VITAL MOREIRA, *Constituição e Direito Administrativo (A «Constituição administrativa» portuguesa)*, in *Ab Vno ad Omnes – 75 anos da Coimbra Editora 1920-1995*, Coimbra, 1998, pp. 1141 ss.

[1107] Para mais desenvolvimentos, cfr. ANA RAQUEL GONÇALVES MONIZ, *O administrative constitutionalism: resgatar a Constituição para a Administração Pública*, in *Estudos em Homenagem ao Prof. Doutor José Joaquim Gomes Canotilho*, IV, Coimbra, 2012, pp. 387 ss.

[1108] Neste sentido e para mais desenvolvimentos, cfr. PAULO OTERO, *Revolução liberal...*, pp. 605 ss.

332 | BASES JURÍDICAS DA ADMINISTRAÇÃO PÚBLICA

(i)   Revela as bases estruturais do ordenamento regulador da organização, atividade e autoridade da Administração Pública;
(ii) Fundamenta as garantias dos cidadãos face à Administração Pública e os mecanismos de fiscalização da atividade administrativa;
(iii) Permite recortar um setor do Direito Administrativo que, contendo as normas internas dotadas de um nível superior de força jurídica, formam o designado "Direito Administrativo constitucionalizado"[1109] ou, também chamado, "Direito Constitucional administrativo" ou "Direito Administrativo constitucional"[1110].

16.1.4. Num contexto de normação exclusiva do Estado, reside na Constituição administrativa o núcleo fundamental das opções políticas e das normas jurídicas reguladoras da Administração Pública e das suas relações com os cidadãos: a constitucionalização da Administração Pública é, antes de tudo, subordinação da política e da Administração ao Direito – mais especificamente ao Direito Constitucional.

16.1.5. A Constituição administrativa revela a essência de uma juridicidade interna vinculativa da conduta da Administração:
(i)   A vontade exclusiva do Estado na regulação da Administração nunca pode contrariar o preceituado pela Constituição, devendo antes agir no sentido de lhe conferir fiel execução;
(ii) Se excetuarmos os domínios resultantes de imposição pelo Direito Internacional e pelo Direito da União Europeia, toda a regulação da Administração Pública tem sempre de, sob pena de inconstitucionalidade, ser conforme com a Constituição administrativa;
(iii) Nas regras e princípios da Constituição administrativa reside a "pedra angular" da regulação da Administração Pública e da cidadania administrativa.

[1109] Cfr. RAFAEL ENTRENA CUESTA, *Curso...*, I, 1º tomo, 8ª ed., p. 89.
[1110] Cfr. VITAL MOREIRA, *Constituição e Direito Administrativo*, p. 1141; J.M. SÉRVULO CORREIA, *A jurisprudência constitucional portuguesa e o Direito Administrativo*, in *XXV Anos de Jurisprudência Constitucional Portuguesa*, Coimbra, 2009, p. 93; PIERRE MOOR/ ALEXANDRE FLÜCKIGER/VICENT MARTENET, *Droit Administratif*, I, p. 43.

§16º CONSTITUIÇÃO ADMINISTRATIVA | 333

16.1.6. A Constituição administrativa, traduzindo um setor normativo da Constituição política, permite diferenciar, atendendo à natureza dos seus preceitos, duas diferentes situações:
(i)   Podem as normas assumir uma dimensão formal, instrumental ou escrita, traduzindo uma parte da Constituição política escrita que foi objeto de publicação no jornal oficial, falando-se em Constituição administrativa formal ou Constituição administrativa oficial;
(ii) Pode suceder, em termos complementares ou até mesmo subversivos desta última noção, que a Constituição administrativa resulte de normas não escritas, provenientes da designada "Constituição não oficial", falando-se agora em Constituição administrativa "não oficial" ou Constituição administrativa informal[1111].

16.1.7. Num outro sentido, tomando agora como critério de referência a natureza da fundamentalidade das suas normas, mostra-se possível recortar dois diferentes conceitos de Constituição administrativa:
(i)   Há uma Constituição administrativa formal, integrando todos os preceitos da Constituição política formal que se referem à Administração Pública e às suas relações com os cidadãos, normas essas que recebem do respetivo procedimento de feitura e revisão uma fundamentalidade formal;
(ii) Existe também, por outro lado, uma Constituição administrativa material cujos preceitos, integrando sempre as normas da Constituição formal, podem também resultar de fontes infraconstitucionais (voluntárias ou involuntárias) que, partindo da análise do seu conteúdo, lhes seja reconhecida uma essencialidade estruturante e, por isso, ganhem uma natureza (materialmente) constitucional ao nível da organização e funcionamento da Administração Pública e das suas relações com os cidadãos (v.g., o princípio hierárquico de estruturação organizativa da Administração, o princípio da colegialidade dos órgãos consultivos, o princípio do contraditório nos atos de natureza sancionatória).

[1111] Para um aprofundamento dos conceitos em causa, designadamente de "Constituição não oficial", cfr. PAULO OTERO, *As instituições políticas e a emergência de uma «Constituição não oficial»*, in APDC, vol. II, 2002, pp. 83 ss.; IDEM, *Legalidade e Administração Pública*, pp. 418 ss.; IDEM, *Direito Constitucional Português*, I, pp. 180 ss.

334 | BASES JURÍDICAS DA ADMINISTRAÇÃO PÚBLICA

16.1.8. A existência de bens fundamentais situados fora da Constituição formal, se expressa o caráter multipolar que a constitucionalidade hoje assume[1112], diz-nos que o conceito de Constituição administrativa é aberto ao nível das próprias fontes geradoras das suas normas: a Constituição administrativa material não se esgota na Constituição formal.

16.1.9. A abertura de fontes geradoras de normas constitucionais determinou mesmo um descentrar do Estado da exclusividade produtora de normas fundamentais: o Direito Internacional e o Direito da União Europeia representam hoje ordenamentos reveladores de normas de incidência administrativa que assumem natureza materialmente constitucional – haverá aqui uma Constituição administrativa transnacional.

16.1.10. Num modelo plural, diversificado e concorrencial de normas constitucionais reguladoras da Administração Pública, podem surgir conflitos normativos entre a Constituição administrativa nacional e a Constituição normativa transnacional: a unidade da Constituição administrativa – ou, talvez mais rigorosamente, das constituições administrativas vigentes – é sempre um propósito a alcançar, nunca um adquirido jurídico concreto.

16.2. Constituição administrativa e Constituição política

16.2.1. A Constituição administrativa formal é parte da Constituição política[1113], motivo pelo qual esta condiciona aquela: em termos formais, a Constituição política dita a Constituição administrativa, funcionando esta última como pretexto de apreensão das opções daquela.

16.2.2. Não obstante a História mostrar que as mudanças constitucionais são sempre mais rápidas do que as mudanças administrativas, havendo mesmo quem afirme que "o Direito Constitucional muda, o Direito Administrativo permanece"[1114], o certo é que existe hoje um condomínio natural

---

[1112] Neste sentido, falando na falência do modelo do "imperialismo constitucional" (formal), cfr. João Carlos Loureiro, *Autonomia do Direito...*, p. 33.

[1113] Para uma definição das grandes coordenadas dogmáticas do relacionamento entre ambas, apesar de tratar o assunto a propósito da relação entre Constituição económica e Constituição política, cfr. Vital Moreira, *Constituição e Economia*, 2ª ed., Coimbra, 1979, pp. 145 ss.

[1114] Cfr. Otto Mayer, *Deutsches Verwaltungsrechts*, I, 3ª ed., Berlin, 1924.

entre o Direito Constitucional e o Direito Administrativo, num verdadeiro casamento sem divórcio[1115]: a efetividade de muitas normas constitucionais depende da atuação real da Administração Pública (v. *supra*, nº 14.4.), assim como todos os grandes problemas referentes à Administração Pública e às garantias dos cidadãos administrativos são também problemas constitucionais.

16.2.3. Na sequência do Estado-parlamentar de matriz liberal oitocentista, a existência de um Estado-administrador, tal como foi gerado pelo modelo político inerente ao Estado social do século XX, hoje com claras tendências de transição para um Estado-judicial, expressa um assumir da centralidade da Constituição administrativa dentro da Constituição política: uma Constituição refém da Administração Pública (v. *supra*, nº 14.4.) diz-nos que o cerne do modelo político traçado pela Constituição acaba por encontrar-se na Constituição administrativa.

16.2.4. A Constituição administrativa, inserindo-se formalmente dentro da Constituição política, nunca pode deixar de ser analisada e interpretada no contexto da própria Constituição política e da Constituição económica que se encontram subjacentes:

(i) Uma Constituição instituidora de um regime autoritário envolve uma Administração Pública autoritária, tal como uma Constituição que consagra um regime pluralista e democrático conduz a uma Administração Pública plural e democrática;

(ii) Uma Constituição pouco generosa em matéria de direitos fundamentais tende a limitar as posições jurídicas subjetivas dos súbditos ou administrados, em termos materiais e processuais, assim como uma Constituição garantística, em sentido inverso, favorece a ampliação do reconhecimento de direitos fundamentais (substantivos e adjetivos) dos cidadãos nas suas relações com a Administração Pública;

(iii) Uma Constituição económica de direção central ou dotada de forte intervencionismo estatal gera uma Administração Pública de ampla dimensão material e organizativa, enquanto que, em sentido

---

[1115] Cfr. PAULO OTERO, *O Poder de Substituição...*, I, pp. 122 ss.; IDEM, *Legalidade e Administração Pública*, pp. 28 ss.

336 | BASES JURÍDICAS DA ADMINISTRAÇÃO PÚBLICA

contrário, uma Constituição económica de mercado, assente numa postura de supletividade ou subsidiariedade do Estado, tende a racionalizar ou "emagrecer" a Administração Pública.

16.2.5. Se tivermos em análise exclusivamente o constitucionalismo formal português, verificamos que a Constituição de 1822 assume o estatuto de primeira Constituição administrativa formal portuguesa[1116] e regista-se, por outro lado, que todas as restantes constituições consagraram sempre disposições referentes à organização e funcionamento da Administração Pública e ainda às garantias dos administrados[1117].

16.2.6. Observando as linhas evolutivas do reflexo dos textos constitucionais sobre a Administração Pública, desde 1822 até ao presente, podem extrair-se duas principais ilações[1118]:

(i) Múltiplas normas constitucionais nunca foram objeto de qualquer efetivação pela Administração Pública: o discurso normativo da Constituição escrita nem sempre tem motivado o legislador a criar normas vinculativas para as estruturas administrativas, tal como nem sempre a Administração tem deparado com normas constitucionais dotadas de aplicabilidade direta;

(ii) Têm existido inovações no âmbito da Administração Pública que nem sempre encontraram, à data da sua introdução ou gestação, base constitucional: há momentos reveladores de uma dinâmica social e administrativa que, gerando uma normatividade "não oficial", definem rumos administrativos que só num momento subsequente encontram legitimação constitucional formal.

16.2.7. A existência de um "casamento sem divórcio" entre o Direito Constitucional e o Direito Administrativo não significa, tal como a História ilustra, que ambos os "cônjuges" tenham cumprido o inerente dever de fidelidade, numa dupla vertente:

[1116] Cfr. PAULO OTERO, *Revolução Liberal...*, pp. 606 ss.

[1117] Cfr. JORGE MIRANDA, *A Administração Pública nas constituições portuguesas*, in OD, nº 120, 1988, III/IV, pp. 607 ss.; IDEM, *A Administração Pública na constituição portuguesa*, in RFDUL, vol. XLIII, nº 2, 2002, pp. 964 ss.

[1118] Cfr. JORGE MIRANDA, *A Administração Pública nas constituições portuguesas*, p. 616.

§16º CONSTITUIÇÃO ADMINISTRATIVA | 337

(i) A Constituição administrativa formal nem sempre goza de uma real efetividade reguladora da Administração Pública, registando-se casos de "infidelidade" ou "rebeldia" constitucional da própria Administração e do legislador regulador da Administração Pública – os tribunais, fiscalizando a constitucionalidade das normas, têm sido garantes do dever de "fidelidade";

(ii) Nem sempre a regulação da Administração Pública encontra na Constituição formal que alicerça o núcleo duro do Direito Constitucional o seu parâmetro de validade, uma vez que a fundamentalidade das suas opções pode ser ditada por normas provenientes do Direito Internacional e do Direito da União Europeia – a Constituição administrativa transnacional tem uma vocação subalternizadora da Constituição nacional.

16.3. Idem: as condicionantes políticas do modelo de Administração Pública

16.3.1. A ilustração da dependência da Constituição administrativa formal face à Constituição política em que se encontra inserida, traduzindo a expressão das condicionantes políticas subjacentes à configuração da Administração Pública vigente em cada país, mostra-se visível através de quatro referências:

(a) O modelo político-constitucional de Estado;
(b) A forma de Estado;
(c) O sistema económico;
(d) O sistema político-governativo.

Breves indicações relativamente a cada um destes parâmetros condicionadores da Administração Pública.

16.3.2. *a) Modelo político-constitucional de Estado*
A dicotomia entre modelos constitucionais pluralistas e não pluralistas de Estado resume-se, segundo a perspetiva do modelo pluralista, na verificação cumulativa de cinco pressupostos:

(i) Garantia dos direitos fundamentais, à luz dos quadros de um Estado de Direito;

(ii) Designação dos principais titulares ativos do poder político através de eleições periódicas e por sufrágio universal;

338 | BASES JURÍDICAS DA ADMINISTRAÇÃO PÚBLICA

(iii) Reconhecimento de protagonismo aos partidos políticos num contexto de democracia pluralista;

(iv) Hierarquia das normas jurídicas e vinculação da validade dos atos aos princípios da constitucionalidade e da legalidade;

(v) Controlo jurisdicional da atividade do poder público.

O reconhecimento de Portugal, nos termos dos artigos 1º e 2º da Constituição, como sendo uma república, tendo por bases a dignidade da pessoa humana e a vontade popular, no quadro de um Estado de Direito democrático, inserem-no no âmbito do modelo de Estado pluralista: a Administração Pública portuguesa move-se, por conseguinte, num tal contexto axiológico e principiológico definido pela Constituição.

16.3.3. *b) Forma de Estado*

A forma de Estado, permitindo que se trace uma dicotomia entre Estados simples ou unitários e Estados compostos ou complexos, projeta-se sobre a organização da Administração Pública, a repartição de poderes e a estrutura do ordenamento jurídico-administrativo[1119]:

(i) Os Estados simples ou unitários, integrando ou não formas de descentralização interna de poderes por outras entidades públicas, tendem a simplificar as estruturas orgânicas administrativas e a repartição de poderes, isto comparativamente com os modelos de Estados compostos (v.g., federações ou confederações), uma vez que estes duplicam tais estruturas e esferas materiais de ação, separando zonas de Administração pertencentes às partes (v.g., Estados federados) e zonas de Administração integrantes do todo (v.g., Estado federal), sem esquecer a possível existência de zonas de sobreposição ou "condomínio" entre administrações;

(ii) Em igual sentido, o ordenamento jurídico-administrativo no Estado unitário tem uma complexidade gestativa e aplicadora muito inferior àquela que se observa nos Estados compostos, sempre propensos a uma conflitualidade decorrente da concorrência de zonas materiais de intervenção, sem prejuízo de se registar uma crescente "importação" de tal conflitualidade para os quadros do Estado unitário descentralizado.

[1119] Em sentido não coincidente, cfr. MARCELO REBELO DE SOUSA/ANDRÉ SALGADO DE MATOS, *Direito Administrativo...*, I, 2ª ed., pp. 111-112.

Portugal é um Estado unitário que, sendo descentralizado, comporta duas regiões autónomas[1120], podendo falar-se em Estado unitário descentralizado ou até em Estado regional parcial, configurando-se ainda, num plano externo, como Estado-membro da União Europeia[1121]: a Administração Pública portuguesa possui, todavia, uma complexidade organizativa, de repartição de áreas materiais de ação e de pluralidade de ordenamentos jurídicos que se situa mais próxima dos Estados compostos do que, verdadeiramente, dos Estados unitários, pois, em termos internos, a descentralização provocou uma neofeudalização e mesmo uma federalização administrativas (v. *supra*, n.º 6.1.10.), a que se adicionou, em termos externos, a sua integração num contexto complexo de uma União de Estados com vocação federalizante imperfeita.

16.3.4. *c) Sistema económico*

A existência de um sistema económico cuja tónica se encontre no mercado ou, em sentido inverso, num modelo de direção central, confere distinta projeção organizacional e funcional à Administração Pública:

(i) Em sistemas económicos de mercado, a Administração Pública será menor, em termos organizativos e de atividade desenvolvida, remetendo para a esfera da iniciativa privada a produção normal de bens e a prestação de um número significativo de serviços, limitando a sua intervenção ao exercício de uma função reguladora, policial e sancionatória;

(ii) Em sistemas de direção central, o protagonismo do Estado como agente económico adiciona à atividade burocrática da Administração Pública o exercício de uma atividade empresarial de natureza económica, fazendo-a produzir bens e prestar serviços que, numa lógica de mercado, deveriam estar a cargo da iniciativa privada: o aumento orgânico e material da Administração Pública torna-se inevitável.

Portugal, vinculado constitucionalmente a realizar uma democracia económica, social e cultural[1122] e a respeitar a coexistência de três setores

---

[1120] Cfr. CRP, artigo 6.º, n.º 1.
[1121] Cfr. CRP, em especial, artigo 7.º, n.º 6, e artigo 8.º, n.º 4.
[1122] Cfr. CRP, artigo 2.º.

340 | BASES JURÍDICAS DA ADMINISTRAÇÃO PÚBLICA

de propriedade dos meios de produção[1123], adota, segundo expressa qualificação constitucional, um modelo económico designado como "economia mista"[1124]: uma "economia mista de bem-estar" ou "economia social de mercado"[1125] determina uma Administração Pública mais robusta do que aquela normalmente existente em sistemas típicos de mercado, sabendo-se que a vocação marxista inicial do modelo económico da Constituição tinha criado uma Administração Pública em "transição para o socialismo" e atualmente, tendo presente o amplo processo de privatizações em curso (e que já tinha sido antecedido, desde os anos oitenta do século XX, de um movimento reprivatizador) e a influência do Direito da União Europeia, cria uma Administração Pública em clara transição para um sistema de mercado neoliberal – por saber fica, no entanto, a sua exata compatibilidade com a Constituição formal (v. *supra*, nº 16.2.7.).

16.3.5. *(d) Sistema político-governativo*
A grande dicotomia entre sistemas de governo de matriz presidencial e de matriz parlamentar projeta inevitáveis efeitos sobre a legitimação política, a direção política e a responsabilidade política da Administração Pública, sem prejuízo de igual temática encontrar expressão em diferentes sistemas político-governativos de caráter histórico (v.g., monarquia limitada, sistema orleanista, sistema de chanceler) ou ainda vigentes (v.g., diretorial, ditatorial)[1126]: o presidencialismo tende a concentrar e identifi-

---

[1123] Cfr. CRP, artigos 80º., alínea b), e 82º.

[1124] Cfr. CRP, artigo 288º, alínea g), *in fine*. Para mais desenvolvimentos, cfr. RUI GUERRA DA FONSECA, *Organização Económica*, in PAULO OTERO (coord.), *Comentário à Constituição Portuguesa*, II, Coimbra, 2008, pp. 60 ss.; EVARISTO FERREIRA MENDES, *Constituição e Direito Comercial*, in *Estudos de Homenagem ao Prof. Doutor Jorge Miranda*, I, Coimbra, 2012, pp. 635 ss.

[1125] Cfr. PAULO OTERO, *Vinculação e Liberdade...*, pp. 18 ss. 119-120, e 199 ss. Para uma densificação conceitual e dos seus traços caracterizadores, cfr. ALFRED MÜLLER-ARMACK, *Wirtschaftsordnung und Wirtschaftspolitik*, Freiburg, 1966, pp. 10 ss.; ROLF STOBER, *Allgemeines Wirtschaftsverwaltungsrecht: Grundlagen des Wirtschaftsverfassungs- und Wirtschaftsverwaltungsrechts, des Weltwirtschafts- und Binnenmarktrechts*, 15ª ed., Stuttgart, 2006, pp. 34 ss.; PAULA VAZ FREIRE, *Os fundamentos ordoliberais do Direito europeu da concorrência*, in *Estudos em Honra do Professor Doutor José de Oliveira Ascensão*, II, Coimbra, 2008, em especial, pp. 1802-1803.

[1126] Sublinhando a condicionante que o sistema de governo desempenha sobre a Administração Pública e o Direito Administrativo, cfr. MARCELO REBELO DE SOUSA/ANDRÉ SALGADO DE MATOS, *Direito Administrativo...*, I, 2ª ed., p. 117.

§16º CONSTITUIÇÃO ADMINISTRATIVA | 341

car, sob a forma unipessoal, o protagonista político da linha de curso adotada pela Administração Pública, numa legitimação política imediata do seu líder, falando-se em "Administração do presidente"; o parlamentarismo, em sentido diferente, promovendo a colegialidade, tende a esbater a direção e responsabilidade individuais, assistindo-se a uma legitimação política indireta do Governo por via parlamentar, permitindo que se fale em "Administração do Governo".

Em Portugal, não obstante a normatividade do texto escrito da Constituição apontar para um parlamentarismo monista racionalizado, a permeabilidade do sistema de governo a uma componente factual dita a existência de um presidencialismo de primeiro-ministro e, em cenários de governos maioritários, um esbatimento da responsabilidade parlamentar[1127]:

(i) O Governo é o órgão superior da Administração Pública[1128], competindo ao Primeiro-Ministro dirigir a sua política, coordenando e orientando a ação dos ministros[1129], sabendo-se que a "soberania do primeiro-ministro"[1130], além de imperar dentro da "soberania governamental" face à "soberania do parlamento"[1131], controla a própria maioria parlamentar de que é o líder partidário;

(ii) Assim, existindo uma maioria absoluta parlamentar, a Administração do Estado torna-se uma "Administração do primeiro-ministro", numa transfiguração em presidencial do modelo parlamentar gizado pelo texto da Constituição escrita, ou, talvez com mais rigor, se possa falar em "Administração do partido governamental".

Uma nota final, a título de excurso: a presidencialização da Administração Pública do Estado foi acompanhada de uma igual tendência ao nível das Administrações das regiões autónomas e dos municípios – a presidencialização do sistema de governo das regiões autónomas[1132] provocou a presidencialização da respetiva Administração Pública, tal como a pre-

---

[1127] Para mais desenvolvimentos, cfr. PAULO OTERO, *Direito Constitucional Português*, II, pp. 477 ss.; IDEM, *idem*, I, pp. 225 ss.

[1128] Cfr. CRP, artigo 182º.

[1129] Cfr. CRP, artigo 201º, nº 1, alínea a).

[1130] Para uma explicitação deste conceito, cfr. PAULO OTERO, *A subversão da herança política liberal: a presidencialização do sistema parlamentar*, in *Estudos em Homenagem ao Prof. Doutor Armando Marques Guedes*, Coimbra, 2004, pp. 258 ss.

[1131] Cfr. PAULO OTERO, *O Poder de Substituição...*, II, pp. 632 ss.

[1132] Cfr. PAULO OTERO, *Direito Constitucional Português*, II, pp. 612 e 613.

342 | BASES JURÍDICAS DA ADMINISTRAÇÃO PÚBLICA

sidencialização do sistema de governo municipal[1133] presidencializou a
Administração Pública dos municípios.

16.4. Conflitualidade administrativa constitucional

16.4.1. A complexidade da natureza compromissória de um texto constitucional, tal como sucede com a Constituição de 1976, aliada à sua abertura interpretativa[1134], determina que se procure sempre encontrar na
normatividade constitucional o fundamento da tutela e garantia de bens,
interesses e valores junto da Administração Pública:

(i) A estrutura da Constituição administrativa complexificou-se,
fazendo conviver num mesmo texto constitucional normas de
garantia de diferentes posições jurídicas subjetivas – algumas concorrentes entre si e outras mesmo contrárias – e normas definidoras de tarefas e funções do aparelho administrativo[1135];

(ii) A Constituição é hoje um quadro de hipertrofia garantística de
interesses, bens e valores, todos numa concorrência antagónica e
desesperada por espaços reivindicativos de afirmação ou sucesso
junto da Administração Pública[1136];

(iii) A própria pluralidade de princípios gerais referentes à organização
e ao agir administrativo ajuda um crescente movimento reivindi-
cativo de posições jurídicas concorrentes e conflituantes fundadas
na Constituição.

Se a tudo isto se adicionar a concorrência normativa decorrente da
Constituição administrativa transnacional (v. *supra*, nº 16.1.9.), permitindo
alicerçar a tutela de novas posições jurídicas em normas internacionais e
europeias, o risco de conflitualidade internormativa torna-se elevadíssimo.

16.4.2. Uma multiplicidade de bens, interesses e valores reivindica alicerce constitucional, uns de forma expressa e outros de forma implícita

---

[1133] Cfr. PAULO OTERO, *Direito Constitucional Português*, II, pp. 640 ss.

[1134] Cfr. PAULO OTERO, *Direito Constitucional Português*, I, pp. 163 ss. e 188 ss.

[1135] Cfr. ROSARIO FERRARA, *Introduzione...*, pp. 48 ss.

[1136] Para uma exemplificação de problemas suscitados pela "Constituição administrativa", cfr.
VITAL MOREIRA, *Constituição e Direito Administrativo*, pp. 1160 ss.

extraídos das normas da Constituição, tutelando posições jurídicas subjetivas dos cidadãos face à Administração Pública ou, em sentido oposto,
visando garantir posições jurídicas protagonizadas pelas diversas Administrações Públicas entre si ou de todas em relação ao Estado.

16.4.3. Sabendo-se que nem todos os bens, interesses ou valores em
causa podem obter sucesso de garantia simultânea junto da Administração
Pública, tanto mais que alguns deles alicerçam posições jurídicas tituladas
por diferentes sujeitos e que são entre si incompatíveis, surgem inevitáveis
conflitos ou colisões de bens, interesses ou valores no agir administrativo.
E o mais significativo é que tais conflitos administrativos, procurando sempre os diferentes intervenientes encontrar um fundamento constitucional
para as respetivas pretensões reivindicativas, tornam-se, por esse efeito,
conflitos constitucionais – uns de exclusiva incidência nacional, outros de
projeção transnacional.

16.4.4. Uma vaga de sucessivos conflitos constitucionais invade o agir
administrativo: só a título excecional, pode bem dizer-se, é que as diferentes colisões de interesses, bens ou valores administrativos não assumem
projeção constitucional.

16.4.5. Nunca, como hoje, a Administração Pública se tornou protagonista no dirimir de conflitos com clara e expressa incidência constitucional: ponderando diferentes normas constitucionais, procurando garantir
um mínimo de operatividade aos diferentes interesses, bens ou valores
envolvidos, ou, em alternativa, procedendo a uma hierarquização de tais
realidades, traçando critérios de precedência ou prevalência, as estruturas
administrativas tornam-se referências decisórias nucleares na implementação da Constituição – as normas constitucionais são usadas como "espadas"
argumentativas em verdadeiros duelos jurídicos que têm a Administração
Pública como alvo ou árbitro.

16.4.6. Uma tal centralidade constitucional da Administração Pública
é tanto maior quanto o legislador, cada vez com mais frequência, remete
para a esfera administrativa tais ponderações de índole constitucional,
demitindo-se a lei pela sua indeterminação e vaguidade de definir critérios ou apontar soluções decisórias: a Administração Pública torna-se

344 | BASES JURÍDICAS DA ADMINISTRAÇÃO PÚBLICA

uma verdadeira primeira instância de resolução de conflitos constitucionais.

16.4.7. Num momento posterior, uma vez que só muito dificilmente a resolução administrativa de tais conflitos constitucionais é feita a contento de todos os interessados, assiste-se a uma inevitável intervenção judicial, suscitada por quem se sentiu preterido ou insatisfeito nas suas pretensões pela decisão administrativa:

(i) Os tribunais administrativos são invadidos por litígios que, desencadeados a propósito de questões de índole administrativa, passam a assumir uma inevitável projeção constitucional;

(ii) A uma constitucionalização das controvérsias administrativas, regista-se, num segundo momento, uma constitucionalização dos litígios administrativos cuja resolução é confiada aos tribunais administrativos;

(iii) Os tribunais administrativos transformam-se numa segunda instância de resolução de conflitos constitucionais.

16.4.8. Haverá mesmo uma tendência para, desde que estejam em causa normas administrativas ou a interpretação administrativa conferida a normas jurídicas cuja inconstitucionalidade tenha sido suscitada, chamar o Tribunal Constitucional à resolução de tais controvérsias de base administrativa que foram constitucionalizadas: o Tribunal Constitucional torna-se, tendencialmente, a última instância judicial de litígios administrativos que, por efeito da sua projeção constitucional, ganharam uma dimensão anómala no contexto do sistema jurídico – assiste-se aqui a um administrativação da jurisdição constitucional.

16.4.9. Se se tratar de uma conflitualidade constitucional de dimensão transnacional, a intervenção de instâncias judiciais internacionais ou da União Europeia poderá mesmo determinar delicados problemas de harmonização com a intervenção do Tribunal Constitucional, revelando este tipo de conflitualidade administrativa a progressiva erosão do Estado e a internacionalização da Administração Pública (v. *infra*, §26º).

§17º ORDEM AXIOLÓGICA CONSTITUCIONAL E ADMINISTRAÇÃO PÚBLICA

17.1. Princípios fundamentais conformadores do sistema político

17.1.1. Centrando a atenção exclusivamente na Constituição portuguesa vigente, a integração da Constituição administrativa no contexto da Constituição política determina que os valores desta se comuniquem à Administração Pública: a constitucionalização da Administração Pública é, em primeira linha, comunhão e participação na ordem axiológica emergente do texto constitucional.

17.1.2. A adoção pela Constituição de um modelo de Estado de direitos humanos[1137], baseado na dignidade da pessoa humana, fazendo de cada ser humano vivo e concreto a razão justificativa de todas as instituições, num propósito de construção de uma sociedade mais justa e solidária, permite observar que acolhe uma conceção personalista da Administração Pública (v. *supra*, §15º):

(i) A prossecução do interesse público não se limita a ter de respeitar os direitos e interesses legalmente protegidos dos cidadãos (artigo 266º, nº 1), antes nunca pode deixar de se subordinar à prevalência do respeito e garantia da dignidade humana (artigo 1º);

(ii) A própria ideia de bem comum, enquanto substrato material do interesse público, acolhe, reflete e integra esse respeito e garantia da dignidade de cada pessoa humana viva e concreta.

17.1.3. A dignidade humana, funcionando como cerne dos princípios da igualdade, da liberdade e da solidariedade[1138], encontra como suas concretizações parcelares no âmbito da organização e do funcionamento do

---

[1137] Para mais desenvolvimentos sobre o conceito de "Estado de direitos humanos", cfr. PAULO OTERO, *Instituições...*, I, pp. 479 ss e 525 ss.; IDEM, *Pessoa humana e Constituição: contributo para uma concepção personalista do Direito Constitucional*, in DIOGO LEITE DE CAMPOS/ SILMARA JUNY DE ABREU CHINELLATO (coord.), *Pessoa Humana e Direito*, Almedina, Coimbra, 2009, pp. 349 ss.; IDEM, *Direito Constitucional Português*, I, pp. 31 ss.

[1138] Cfr. LUÍS PEDRO PEREIRA COUTINHO, *A Autoridade Moral...*, pp. 583-584.

346 | BASES JURÍDICAS DA ADMINISTRAÇÃO PÚBLICA

poder dois princípios nucleares: o princípio do Estado de Direito e o princípio democrático[1139].

17.1.4. Num sentido mais amplo, observa-se que a comunhão pela Constituição administrativa da ordem axiológica da Constituição política determina a subordinação administrativa a quatro princípios fundamentais conformadores do sistema de valores do sistema jurídico vigente[1140]:
- Princípio da democracia humana;
- Princípio do Estado de Direito democrático;
- Princípio da soberania internacionalizada e europeizada;
- Princípio da unidade descentralizada.

Observemos, sucintamente, a refração de cada um destes princípios fundamentais da Constituição a nível administrativo.

17.2. Princípio da democracia humana

17.2.1. O conceito material de democracia, radicando a sua raiz nos pressupostos cristãos da cultura ocidental, tendo como norma fundamental que "ninguém deve instrumentalizar ninguém", encontra-se intimamente relacionado com a dignidade da pessoa humana[1141]: não há genuína democracia sem a convocação dos valores da liberdade, da igualdade e da fraternidade – eles representam a "trilogia democrática".

17.2.2. A democracia humana ou Estado de direitos humanos – enquanto modelo de sociedade política ao serviço da pessoa humana, de cada ser humano vivo e concreto[1142] – envolve diversos pressupostos que ajudam a enquadrar o modelo constitucional de Administração Pública:
(i)   A liberdade, a justiça e a solidariedade são as "pedras angulares" do sistema constitucional, projetando-se como valores nucleares da configuração e atuação da própria Administração Pública – a

---

[1139] Cfr. Luís Pedro Pereira Coutinho, *A Autoridade Moral...*, pp. 590-591.
[1140] Cfr. Paulo Otero, *Direito Constitucional Português*, I, pp. 31 ss.
[1141] Neste sentido, para mais desenvolvimentos, cfr. António Barbosa de Melo, *Democracia e Utopia (reflexões)*, Porto, 1980, pp. 17 ss.
[1142] Cfr. Paulo Otero, *Instituições...*, I, pp. 479 ss e 525 ss.; Idem, *Direito Constitucional Português*, I, pp. 31 ss.

segurança surge como mero instrumento ao serviço da garantia de uma tal "trindade" axiológica;

(ii) Vinculação do poder à satisfação das necessidades coletivas dos membros da sociedade que se reconduzam ao conceito de bem comum, segundo um princípio de justiça material e entendido o exercício do poder como um serviço e não uma prerrogativa do seu titular – a Administração Pública é uma estrutura do poder ao serviço da coletividade, devendo sempre pautar-se por um critério de justiça material decisória na realização do bem comum;

(iii) Os direitos fundamentais decorrentes da natureza humana, enquanto corolários da sua dignidade como ser humano, devem ser respeitados, protegidos e implementados também pela Administração Pública: o ser humano nunca pode ser tratado com indignidade, antes possui um direito fundamental a não sofrer indignidades ou a não suportar atentados à sua dignidade;

(iv) A Administração Pública encontra-se vinculada ao dever de remover todos os obstáculos que impeçam, dificultem ou menorizem a máxima efetividade da dignidade humana, tal como tem a incumbência fundamental de promover essa mesma dignidade num plano pessoal, social e político face a cada ser humano vivo e concreto;

(v) A democracia humana exige uma Administração Pública ao serviço da garantia e defesa de uma "cultura da vida", assegurando sempre a inviolabilidade da vida humana, o livre desenvolvimento da personalidade, a vinculação de uso da técnica e da ciência ao serviço do ser humano e um postulado geral de solidariedade.

17.2.3. O respeito pelo princípio da democracia humana revela, em síntese, o cerne de uma conceção personalista da Administração Pública, permitindo concluir que "o Estado e a Sociedade são por causa do Homem e não o Homem por causa deles"[1143].

17.3. Princípio do Estado de Direito democrático

17.3.1. A vinculação administrativa ao Estado de Direito democrático, enquanto expressão de um verdadeiro *Estado de Direito* democrático e não

---

[1143] Cfr. ANTÓNIO BARBOSA DE MELO, *Democracia e Utopia*, p. 29.

348 | BASES JURÍDICAS DA ADMINISTRAÇÃO PÚBLICA

de um mero Estado de *Direito democrático*[1144], sintetiza a definição constitucional de um modelo de Estado e de Administração Pública (v. *supra*, nº 13.3.).

17.3.2. O princípio do Estado de Direito democrático desdobra-se, nos termos do artigo 2º da Constituição, em quatro vertentes ou subprincípios fundamentais[1145]:

(a) Princípio da separação de poderes;
(b) Principio pluralista;
(c) Princípio da juridicidade;
(d) Princípio do bem-estar.

Tomemos em consideração, sumariamente, cada um deles na sua projeção administrativa.

17.3.3. *(a) Princípio da separação de poderes*

Designado formalmente por princípio da separação e interdependência de poderes[1146], a sua inserção como alicerce do Estado de Direito democrático, por força da revisão constitucional de 1997, exerce hoje um papel semelhante ao que resultava do artigo 16º da Declaração dos Direitos do Homem e do Cidadão de 1789: qualquer sociedade em que não esteja assegurada a separação de poderes não tem um Estado de Direito.

Como se projeta, neste contexto, o princípio da separação e interdependência de poderes sobre a Administração Pública?

(i) Uma vez que a separação de poderes determina que o "núcleo essencial do sistema de competências" caracterizador de determi-

---

[1144] A diferença reside no seguinte: o primeiro, sendo um *Estado de Direito* democrático, fundamenta-se na dignidade única da pessoa humana e tem instituições democráticas, enquanto o Estado de *Direito democrático*, alicerçando-se nos postulados de Rousseau, é dominando apenas pela vontade geral, recusando tudo o que seja superior à vontade popular, designadamente os direitos fundamentais (neste sentido, cfr. ARMANDO MARQUES GUEDES, *La loi...*, p. 236).

[1145] Para um maior aprofundamento, incluindo óticas diferentes de desenvolvimento, cfr. PAULO OTERO, *O Poder de Substituição...*, II, pp. 522 ss.; L. PAREJO ALFONSO/A. JIMÉNEZ-BLANCO/L. ORTEGA ÁLVAREZ, L. ORTEGA, *Manual...*, I, pp. 46 ss.; EBERHARD SCHMIDT-ASSMANN, *Das allgemeines Verwaltungsrecht...*, pp. 80 ss. ; LUÍS CABRAL DE MONCADA, *Introdução. Os princípios gerais de Direito Administrativo. Seu conteúdo, tipologia e alcance*, in *Em Homenagem ao Professor Doutor Diogo Freitas do Amaral*, Coimbra, 2010, em especial, pp. 675 ss.

[1146] Cfr. CRP, artigo 111º, nº 1.

§17º ORDEM AXIOLÓGICA CONSTITUCIONAL E ADMINISTRAÇÃO PÚBLICA | 349

nada função[1147] seja atribuído, a título principal ou prevalecente, a determinado órgão ou complexo de órgãos, o legislador encontra-se vinculado, sob pena de inconstitucionalidade, a confiar aos órgãos da Administração Pública o exercício do "núcleo essencial" da função administrativa (v. *supra*, nº 8.4.):

– A separação de poderes fundamenta a existência de uma reserva constitucional de Administração Pública: o legislador e os tribunais não podem exercer a função administrativa;

– A reserva de administração decorrente da Constituição traduz uma área de decisão exclusiva das estruturas administrativas, insuscetível de ser suprimida pelo legislador e excluída de sindicância judicial quanto ao mérito (: conveniência e oportunidade) do seu conteúdo decisório;

– A reserva constitucional de Administração Pública é oponível ao legislador e aos tribunais que a não podem esvaziar, desvirtuar ou invadir;

(ii) Em sentido paralelo, a Administração Pública nunca pode invadir o "núcleo essencial do sistema de competências" caracterizador da função legislativa ou da função jurisdicional, originando-se aqui dois limites intransponíveis ao agir administrativo:

– A reserva de lei, enquanto conjunto de matérias que, por força de expressa disposição constitucional, se encontra confiada à competência decisória exclusiva do poder legislativo: só por ato legislativo tais matérias podem ser objeto de disciplina jurídica, encontrando-se interdita a intervenção decisória primária por parte da Administração Pública e dos tribunais;

– A reserva de jurisdição ou reserva de tribunais ou, também dita, reserva de juiz, envolvendo o conjunto de matérias que integram a competência decisória exclusiva do poder judicial: só por decisão judicial a matéria pode ser disciplinada, excluindo-se qualquer intervenção revogatória do legislador e impondo-se sempre à Administração Pública, sob pena de crime de desobediência;

[1147] Cfr. Acórdão do Tribunal Constitucional nº 677/95, de 23 de novembro de 1995, relativo ao processo nº 358/94, in http://www.tribunalconstitucional.pt.

350 | BASES JURÍDICAS DA ADMINISTRAÇÃO PÚBLICA

(iii) A separação de poderes, uma vez que é entendida como envolvendo uma interdependência de poderes, não impede que o legislador possa redefinir o anterior parâmetro de decisão administrativa, desde que salvaguarde a segurança e a tutela da confiança, nem inviabiliza que os tribunais possam controlar a validade da conduta administrativa face ao parâmetro vinculado de decisão;

(iv) A violação da separação de poderes gera decisões feridas de usurpação de poderes ou inconstitucionalidade orgânica, sendo juridicamente nulas;

(v) O princípio constitucional da separação de poderes não impede que ao legislador, por força da própria Constituição, em certas "zonas cinzentas" entre o que significa administrar e julgar ou entre legislar e administrar, seja conferido um poder de definição da fronteira entre os diferentes poderes envolvidos, criando, por via de lei, reservas legais de Administração e reservas legais de jurisdição.

17.3.4. *(b) Princípio pluralista*

Pressuposto de base de um Estado de Direito democrático[1148] e raiz do princípio democrático[1149], o princípio pluralista, radicando ainda na dignidade humana[1150], expressa a ideia de uma Administração Pública não totalitária, aberta, reconhecendo e valorizando as diferenças, a participação e o contraditório.

Neste contexto, uma Administração Pública plural envolve:

(i) Tomar em consideração ponderativa e decisória bens, interesses e valores dotados de proteção constitucional na prossecução do interesse público ou bem comum, fazendo refletir na sua atuação um modelo de sociedade livre, tolerante e respeitador da diversidade de referenciais acolhidos e tutelados pela Constituição;

(ii) A existência de várias Administrações Públicas, dotadas de autonomia face ao Estado, prosseguindo diferentes fins, segundo diversos

---

[1148] Cfr. PAULO OTERO, *O Poder de Substituição...*, II, pp. 526 ss.; IDEM, *Direito Constitucional Português*, I, pp. 56 ss.

[1149] Cfr. MIGUEL PRATA ROQUE, *Sociedade aberta e dissenso. Contributo para a compreensão contemporânea do princípio do pluralismo político*, in *Homenagem ao Prof. Doutor André Gonçalves Pereira*, Coimbra, 2006, pp. 355 ss.

[1150] Neste sentido, cfr. LUÍS PEDRO PEREIRA COUTINHO, *A Autoridade Moral...*, pp. 138 ss.

§17º ORDEM AXIOLÓGICA CONSTITUCIONAL E ADMINISTRAÇÃO PÚBLICA | 351

modelos organizativos e de funcionamento, podendo até esse pluralismo comportar o chamamento de particulares a exercer funções administrativas: não há apenas a Administração do Estado,
antes existe uma pluralidade de estruturas intervenientes que, sem
dependerem politica e administrativamente do Estado, prosseguem interesses públicos específicos e através de órgãos próprios;

(iii) Uma pluralidade de estruturas orgânicas dentro de cada Administração Pública, evitando a concentração ou absolutização do
poder num único centro de decisão, reforçada pela existência de
órgãos colegiais, proporcionando a abertura a um pluralismo de
titulares, de intervenções participativas e de mundividências;

(iv) Encontrarem-se diversas formas de legitimação democrática do
agir administrativo[1151], sendo possível autonomizar três principais
manifestações:

(1) Legitimação democrática, em primeiro lugar, por via das normas legislativas que a Administração Pública aplica, enquanto
expressão da vontade decisória de órgãos político-legislati-
vos representativos que fundamenta o agir administrativo,
falando-se em "legalidade democrática"[1152] – as normas de
competência administrativa[1153] e os critérios de decisão administrativa resultam da lei e traduzem, por isso, emanações da
"vontade geral";

(2) Legitimação democrática, em segundo lugar, por existirem
órgãos administrativos cujos titulares são designados por via
de eleição, assumindo natureza representativa, ou, em alternativa, por existirem titulares que são nomeados por órgãos

---

[1151] Para mais desenvolvimentos, cfr. EBERHARD SCHMIDT-ASSMANN, *Das allgemeines Verwaltungsrecht...*, pp. 88 ss.

[1152] Cfr. CRP, artigos 3º, nº 2; 199º, alínea f); 202º, nº 2; 219º, nº 1, e 272º, nº 1. Para um desen-
volvimento doutrinal sobre o sentido da "legalidade democrática", cfr. AFONSO D'OLIVEIRA
MARTINS, *Legalidade democrática e legitimidade do poder político na Constituição*, in JORGE
MIRANDA (org.), *Perspectivas Constitucionais*, II, Coimbra, 1997, pp. 577 ss.; MIGUEL
NOGUEIRA DE BRITO, *Direito Administrativo de Polícia*, in PAULO OTERO/PEDRO GON-
ÇALVES, *Tratado de Direito Administrativo Especial*, I, Coimbra, 2009, pp. 376 ss.; PAULO
OTERO, *O Poder de Substituição...*, II, pp. 558 ss.

[1153] Para uma diferente leitura da relação entre competência e legitimidade, cfr. GIORGIO
ORSONI, *Competenza e Amministrazione*, Padova, 1990, pp. 61 ss.

352 | BASES JURÍDICAS DA ADMINISTRAÇÃO PÚBLICA

representativos: o princípio democrático determina que, em igualdade de circunstâncias de validade, se deve sempre preferir a decisão de um órgão dotado de legitimidade política mais ampla, superior ou direta em relação à decisão de um órgão legitimado em menor grau ou com uma legitimidade inferior ou indireta[1154];

(3) Legitimação democrática, em terceiro lugar, por existirem mecanismos de participação dos interessados que, reforçando a democracia representativa, abrem as estruturas orgânicas e/ou os procedimentos administrativos à integração e ponderação decisória de uma pluralidade de interesses[1155];

(v) Uma pluralidade de mecanismos internos e externos de controlo, assumam natureza administrativa, política ou judicial, visando fiscalizar o mérito ou a legalidade da atuação administrativa: a Administração Pública plural é sempre uma Administração controlada por múltiplas estruturas (formais e informais) e os seus órgãos de topo são responsáveis politicamente perante um órgão colegial eleito por sufrágio direto.

17.3.5. *(c) Princípio da juridicidade*

Cerne estrutural de todos os meios de implementação ou concretização do Estado de Direito democrático[1156], o princípio da juridicidade diz-nos, em síntese, que a Administração Pública se encontra subordinada ao Direito, significando isto o seguinte:

(i) Exclusão da prepotência, do arbítrio e da injustiça na atuação administrativa: a juridicidade postula uma Administração Pública vinculada à ideia de Direito justo que é superior, anterior e indisponível pelo Estado – a "consciência jurídica geral" é o referencial último de heterovinculação axiológica e de validade de atuação do Poder;

(ii) As normas a que se encontra sujeita a Administração Pública, podendo assumir uma natureza autovinculativa, têm, todavia, na

---

[1154] Cfr. PAULO OTERO, *Conceito e Fundamento da Hierarquia...*, pp. 331 ss.

[1155] Neste sentido, apesar de se referir apenas no âmbito urbanístico, cfr. FERNANDO ALVES CORREIA, *Manual de Direito do Urbanismo*, I, 4ª ed., Coimbra, 2008, pp. 483 ss.

[1156] Cfr. PAULO OTERO, *O Poder de Substituição...*, II, pp. 526 ss. e 551 ss.; IDEM, *Direito Constitucional Português*, I, pp. 75 ss.

§17º ORDEM AXIOLÓGICA CONSTITUCIONAL E ADMINISTRAÇÃO PÚBLICA | 353

sua essência uma natureza heterovinculativa: são normas que, produzidas nacional ou internacionalmente, vinculam as estruturas
administrativas independentemente da sua vontade ou mesmo
contra a sua vontade;

(iii) A vinculação à juridicidade determina que, em caso de violação de
tais parâmetros de conduta, a atuação administrativa (por ação ou
omissão) será inválida, devendo sempre existir mecanismos judiciais de controlo que garantam a reposição da juridicidade lesada;

(iv) A reposição da juridicidade violada, envolvendo a suscetibilidade
de intervenção dos tribunais no controlo da atuação administrativa,
nunca se podendo dizer violar o princípio da separação de poderes, determina, em caso de procedência da ação, o dever fundamental de a Administração Pública executar a decisão judicial: a
execução administrativa das decisões dos tribunais é o "momento
da verdade" da efetiva subordinação da Administração Pública à
juridicidade;

(v) A existência de vinculação à juridicidade nunca impede a Administração Pública de, numa concretização do princípio da reversibilidade das decisões, procurar melhores formas de tutelar a garantia
da dignidade da pessoa humana, encontrando novas modalidades
de concretização do interesse público, salvaguardando, todavia, a
segurança e a proteção da confiança dos interesses envolvidos.

17.3.6. *(d) Princípio do bem-estar*

Objetivo teleológico do Estado de Direito democrático[1157], enquanto
modelo político dotado de uma vertente social, o princípio do bem-estar,
envolvendo a definição de tarefas ou incumbências para a Administração
Pública, traduz uma correlativa forma de implementação administrativa
de direitos sociais, comportando diversos efeitos:

(i) Revela a existência de uma cláusula constitucional de bem-estar
ou de Estado social que, resultando da Constituição, se impõe ao
legislador, à Administração Pública e aos Tribunais, sem que o
Poder seja o seu único destinatário: à luz de um princípio da subsidiariedade, os privados devem também ser chamados a colabo-

---

[1157] Cfr. PAULO OTERO, *O Poder de Substituição...*, II, pp. 524 ss. e 586 ss.; IDEM, *Direito
Constitucional Português*, I, pp. 100 ss.

354 | BASES JURÍDICAS DA ADMINISTRAÇÃO PÚBLICA

rar na implementação dessa cláusula, sem prejuízo da posição de último garante que o Estado aqui desempenha;

(ii) Em termos jurídicos, a Administração Pública desenvolve, em relação ao poder legislativo, um papel subsidiário na implementação das imposições constitucionais de bem-estar, exercendo uma função complementar e compensadora dos défices de concretização do legislador: o Governo desempenha aqui um papel de guardião da cláusula constitucional de bem-estar;

(iii) No entanto, a efetivação do bem-estar não se esgota na prática de atos jurídicos, envolvendo também todo um conjunto de operações materiais tendentes a obter a produção de bens e a prestação de serviços: a Administração Pública goza de uma posição nuclear na satisfação concreta e efetiva da cláusula de bem-estar que torna refém a Constituição (v. *supra*, nº 14.4.);

(iv) Em qualquer caso, a implementação do bem-estar postula um princípio de eficiência ou otimização na atuação administrativa: não basta agir, importa agir no sentido de obter o máximo de vantagens ou de satisfação de necessidades com o mínimo de custos ou sacrifícios, razão pela qual a prossecução do interesse público deve sempre procurar atingir o melhor nível de satisfação, por aqui passando uma forma de legitimação pelo êxito dos resultados do exercício do poder administrativo[1158];

(v) Não obstante por aqui passar a garantia de realização do próprio modelo de Estado plasmado na Constituição, empenhado na construção de uma sociedade mais justa e solidária, uma vez dependente do nível de efetivação da cláusula de bem-estar social, sabendo-se que a sua implementação envolve custos financeiros, pode esse nível encontrar-se sujeito a uma reserva do possível em termos de meios económico-financeiros[1159], em cada momento afe-

---

[1158] Cfr. ONOFRE ALVES BATISTA JÚNIOR, *Princípio Constitucional...*, pp. 125 ss; PIERRE MOOR/ALEXANDRE FLÜCKIGER/VICENT MARTENET, *Droit Administratif*, I, p. 32.

[1159] Para um desenvolvimento da reserva do possível, cfr. INGO WOLFGANG SARLET, *A Eficácia dos Direitos Fundamentais*, Porto Algre, 1998, pp. 259 ss.; INGO WOLFGANG SARLET/ LUCIANO BENETTI TIMM (Org.), *Direitos Fundamentais, Orçamento e "Reserva do Possível"*, Porto Alegre, 2008; EGON BOCKMANN MOREIRA/RODRIGO LUÍS KANAYAMA, *A solvência absoluta do Estado vs. a reserva do possível*, in *Estudos em Memória do Prof. Doutor J.L. Saldanha Sanches*, I, Coimbra, 2011, pp. 139 ss.

§17º ORDEM AXIOLÓGICA CONSTITUCIONAL E ADMINISTRAÇÃO PÚBLICA | 355

rível, à luz do orçamento do Estado: o grau de satisfação do bem--estar social, sem embargo da garantia de um mínimo existencial inerente à dignidade humana de todos os cidadãos, encontra-se subordinado a um princípio de necessidade.

17.4. Princípio da soberania internacionalizada e europeizada

17.4.1. Tal como o Estado não vive isolando, antes tem de conviver com outros sujeitos de direito no âmbito da sociedade internacional, verificando-se que integra organizações internacionais de vocação universal e de vocação supranacional, produzindo-se uma limitação da soberania clássica, igualmente a Administração Pública de cada Estado membro de tais instituições internacionais sofre efeitos decorrentes da integração: a uma internacionalização e europeização da soberania do Estado, segundo uma ótica essencialmente constitucional[1160], assistimos a uma inerente internacionalização e europeização da Administração Pública nacional.

17.4.2. Quais as principais manifestações da internacionalização e europeização da soberania nacional ao nível da Administração Pública?
(i) O sucesso ou o fracasso de muitas políticas e soluções normativas no âmbito dos direitos humanos e nos campos económico, financeiro, ambiental e criminal passa hoje pela necessidade de conjugação de esforços que ultrapassam as fronteiras de cada Estado: a cooperação internacional torna-se um pressuposto do êxito das medidas propostas ou das soluções adotadas, envolvendo uma pluralidade de Estados numa determinada zona do hemisfério ou até mesmo à escala mundial;
(ii) Produz-se uma inerente e progressiva sujeição da Administração Pública a normas de Direito Internacional geral ou comum, a normas internacionais convencionais e ainda a normas provenientes do Direito da União Europeia: alarga-se, nestes termos, as fontes da juridicidade vinculativa do agir administrativo nacional, registando-se que algumas de tais normas podem ser adotadas sem a intervenção do Estado ou até mesmo contra a vontade expressa do

---

[1160] Cfr. PAULO OTERO, *Direito Constitucional Português*, I, pp. 119 ss.

Estado a que pertence a Administração Pública em causa, fazendo, em qualquer caso, precludir ou predeterminar o sentido decisório interno;

(iii) Ocorre a transferência ou delegação de matérias da esfera decisória nacional para o domínio internacional e/ou europeu, provocando uma espécie de "expropriação" de zonas de decisão do Estado português a favor das organizações internacionais e da União Europeia (v. *infra*, §26º): em tais domínios materiais, o Estado deixou de ter competência decisória primária, sem prejuízo da execução interna das respetivas decisões internacionais ou europeias poder estar a cargo da Administração Pública nacional que aqui age, em boa verdade, como Administração indireta internacional ou europeia;

(iv) A paralela deslocação de certas matérias que, até então, estavam reservadas em exclusivo à decisão nacional para domínios de exercício em comum, ao nível das organizações internacionais ou da União Europeia, sem transferirem para estas estruturas o exclusivo da decisão, envolve a necessidade de partilha e articulação procedimentais entre a Administração nacional, as Administrações de tais entidades e ainda, por vezes, as Administrações de Estados estrangeiros – complexifica-se, deste modo, o itinerário decisório administrativo, partilhado que se encontra entre diversas Administrações externas ao Estado;

(v) O controlo da atuação administrativa interna, podendo ser feito por estruturas internas, passa a ter como referencial uma normatividade nem sempre produzida em exclusivo pelo Estado, além de ser passível de também fazer envolver instâncias fiscalizadoras (jurisdicionais e não jurisdicionais) externas ao Estado: a própria Administração Pública nacional internacionaliza-se e europeíza-se (v. *infra*, §26º).

17.4.3. Todo este processo de internacionalização e europeização da Administração Pública nacional pode tomar proporções muito maiores se, num modelo próximo da sujeição a um protetorado internacional, o Estado se encontrar subordinado a um plano de ajuda e intervenção financeira internacional e/ou europeia que, tendo num primeiro momento sido por si requerido, num segundo momento, passa a instituir uma estrutura *ad hoc* de acompanhamento que, sem qualquer legitimidade política e até com indiferença face à Constituição vigente, dita soluções políticas internas de natureza legislativa e administrativa – "o autogoverno democrático foi substituído pelo heterogoverno dos credores"[1161].

17.4.4. Num cenário de emergência financeira geradora de ajuda internacional, a situação de protetorado determina que, em vez de uma mera limitação, se assista a uma suspensão da soberania nacional: a internacionalização e a europeização fazem submergir a soberania do Estado, ilustrando que um Estado sem meios financeiros para se governar acaba por ter de se sujeitar aos ditames dos credores[1162] – esse será o maior preço político a pagar pela ajuda financeira externa.

17.5. Princípio da unidade descentralizada

17.5.1. O artigo 6º da Constituição, procurando conciliar a unidade decorrente da caracterização de Portugal como sendo um Estado unitário e, por outro lado, a referência aos princípios da subsidiariedade, autonomia e descentralização, permite falar num princípio fundamental da unidade descentralizada: a Constituição estabelece um "casamento sem divórcio" entre a unidade, própria de uma força centrípeta protagonizada pelo Estado no contexto da Administração Pública, e um propósito descentralizador, dotado de uma dinâmica centrifuga, própria de entes infraestaduais – fala-se, neste sentido, num modelo administrativo pautado pela ideia de unidade no pluralismo[1163].

17.5.2. As principais incidências do princípio constitucional de unidade no âmbito da Administração Pública resumem-se nos seguintes termos:
(i)   A Constituição atribui ao Estado a titularidade de interesses gerais e comuns a toda a coletividade, reconduzíveis ao conceito de interesse nacional que, funcionando como expressão justificativa de

---

[1161] Cfr. Jónatas Machado/Paulo Nogueira da Costa, *O Tribunal de Contas...*, p. 153.

[1162] Neste último sentido, cfr. Jónatas Machado/Paulo Nogueira da Costa, *O Tribunal de Contas...*, p. 152.

[1163] Para mais desenvolvimentos, cfr. Paulo Otero, *O Poder de Substituição...*, II, pp. 742 ss.; Idem, *Direito Constitucional Português*, I, pp. 141 ss.

uma reserva de poderes decisórios a favor do Estado através dos órgão de soberania, conferem unidade de ação, visível através de diversas figuras:

- A reserva de lei da República, enquanto conjunto de matérias que têm de ser objeto de intervenção legislativa por parte da Assembleia da República e/ou do Governo e promulgadas pelo Presidente da República, encontrando-se excluídas de decisão pelas assembleias legislativas das regiões autónomas ou por qualquer estrutura administrativa;
- A reserva administrativa da República, compreendendo todas as matérias que, por força da Constituição (v.g., proibição de discriminações em função do território), integram a competência de estruturas administrativas de âmbito nacional, afastando-se do seu âmbito decisório qualquer estrutura administrativa exterior e inferior ao Estado;
- Reserva de função judicial a favor dos tribunais do Estado, sem prejuízo da existência de tribunais arbitrais;

(ii) Primado das fontes de juridicidade comuns a todo o território nacional relativamente às fontes provenientes de entidades infraestaduais, salientando-se que a existência e eficácia destas se encontra dependente de um ato de vontade do Estado, afirmando-se aqui dois princípios gerais de relacionamento internormativo:
- Prevalência do Direito do Estado;
- Supletividade do Direito do Estado;

(iii) Definição do Governo como órgão superior da Administração Pública, dotado de poderes de intervenção intra-administrativa e titular de amplos poderes de garantia da cláusula constitucional de bem-estar;

(iv) Responsabilidade política do Governo perante a Assembleia da República, enquanto órgão representativo de todos os portugueses, e sujeição de todas as estruturas decisórias administrativas ao controle jurídico perante os tribunais;

(v) O interesse nacional ou interesse geral da coletividade serve sempre de cláusula (explícita ou implícita) de reserva de intervenção do Estado em todos os domínios objeto de descentralização: não há matérias ou poderes infraestaduais imunes ao interesse da unidade protagonizado pelo Estado.

§17º ORDEM AXIOLÓGICA CONSTITUCIONAL E ADMINISTRAÇÃO PÚBLICA | 359

17.5.3. Como se expressa, em sentido contrário, a ideia genérica de descentralização, enquanto fenómeno de natureza centrifuga, no âmbito administrativo?

(i) Uma primeira manifestação consiste na consagração constitucional do princípio da subsidiariedade ao nível da organização e funcionamento administrativos, significando isto duas diferentes ideias:

 – Em termos de separação de esferas de ação, o Estado só deve intervir na resolução de matérias que não possam, não devam ou não sejam tão bem decididas por entes infraestaduais, salvaguardando-se um espaço próprio e primário de intervenção decisória a favor destes entes: há aqui uma subsidiariedade de sentido descentralizador;

 – Porém, o Estado nunca pode ficar privado de poderes que lhe permitam intervir na decisão de tudo aquilo que não deva, não tenha sido ou não se mostre vir a ser decidido com eficácia por parte dos entes infraestaduais: a subsidiariedade tem agora um sentido centralizador;

(ii) A Constituição consagra um regime autonómico para os arquipélagos dos Açores e da Madeira, criando dois espaços de autonomia regional, envolvendo poderes de natureza legislativa e administrativa, e dotados de uma garantia institucional de número[1164]: o legislador não pode criar novas regiões autónomas, nem extinguir as existentes;

(iii) A Constituição configura as autarquias locais como expressão de um fenómeno de autonomia local, designando-as até como "poder local", conferindo-lhe uma garantia institucional de categoria: o legislador não pode criar novas categorias de autarquias locais, além das que se encontram expressamente previstas na Constituição (= princípio da tipicidade)[1165], sem prejuízo de não existir qualquer garantia quanto ao número exato de cada uma dessas categorias[1166];

[1164] Cfr. PAULO OTERO, *O Poder de Substituição...*, II, p. 544.
[1165] Cfr. Acórdão do Tribunal Constitucional nº 296/2013, de 28 de maio de 2013, cit.
[1166] Cfr. PAULO OTERO, *O Poder de Substituição...*, II, p. 545; IDEM, *Direito Constitucional...*, II, p. 621.

360 | BASES JURÍDICAS DA ADMINISTRAÇÃO PÚBLICA

(iv) As universidades (públicas) gozam, segundo a Constituição, de uma pluralidade de manifestações de autonomia que são constitucionalmente configuradas como expressões de um direito fundamental, registando-se que as associações públicas beneficiam também de parte de um regime decorrente da liberdade de associação;

(v) Por último, a Constituição habilita que o legislador possa criar novas entidades, adotando uma política descentralizadora, desde que se salvaguarde a eficácia e a unidade administrativas e ainda os poderes de intervenção intra-administrativa[1167].

§18º PRINCÍPIOS GERAIS DA ADMINISTRAÇÃO PÚBLICA: UMA INTRODUÇÃO

18.1. Generalidades

18.1.1. A Constituição de 1976, além de consagrar princípios fundamentais conformadores do sistema jurídico que se fazem refletir a nível administrativo (v. *supra*, §17º), também compreende um vasto conjunto de princípios gerais que se referem especificamente à Administração Pública, isto a dois níveis:

– Princípios gerais da organização administrativa, os quais visam traçar o quadro em que se estruturam e relacionam os protagonistas do agir administrativo – são os princípios da Administração Pública em sentido orgânico ou subjetivo;

– Princípios gerais da atividade administrativa, os quais procuram definir os termos em que a Administração Pública pauta a sua atuação no exercício da função administrativa – são agora os princípios da Administração Pública em sentido material ou substantivo.

18.1.2. Os princípios gerais da Administração Pública consagrados na Constituição podem assumir uma feição expressa, se indicados ou designados como tais (v.g., artigo 266º), ou, em termos diferentes, podem ser implícitos, se extraídos ou deduzidos de um ou vários preceitos constitu-

---

[1167] Cfr. CRP, artigo 267º, nº 2.

cionais – limitaremos a análise subsequente aos princípios gerais expressos, remetendo para momento posterior a autonomização de eventuais princípios gerais implícitos.

18.1.3. Os princípios da organização e os princípios da atividade administrativa, apesar de terem como referência a Administração Pública, são, em primeiro lugar, comandos constitucionais dirigidos ao legislador: a liberdade conformadora da lei na definição da organização administrativa e do agir administrativo encontra-se vinculada, sob pena de inconstitucionalidade, a respeitar, ponderar e harmonizar tais parâmetros constitucionais.

18.1.4. Nos espaços reservados pela Constituição a favor da Administração Pública (: reserva constitucional de Administração) e ainda no âmbito dos espaços decisórios deixados pelo legislador a favor da Administração Pública (: reserva legal de Administração) haverá sempre uma vinculação imediata das estruturas administrativas aos princípios organizativos e aos princípios do agir administrativo: tais princípios constitucionais gozam de aplicação direta junto da Administração Pública na ausência de lei.

18.1.5. A aplicabilidade direta de tais princípios gerais pela Administração Pública não significa, todavia, que os mesmos sirvam, necessariamente, de fundamento para o exercício de uma competência regulamentar diretamente alicerçada na Constituição[1168]: haverá sempre que respeitar, se assim resultar da interpretação sistemática da Constituição, a exigência de reserva de lei, aqui traduzida na existência de um nível legislativo mínimo de densificação ou desenvolvimento de tais princípios gerais.

18.1.6. Os princípios gerais da Administração Pública resultantes da Constituição funcionam ainda, por último, como parâmetros normativos de fiscalização da constitucionalidade das soluções legislativas e administrativas referentes à organização e à atividade da Administração Pública, habilitando que os tribunais possam controlar a respetiva validade. E, tratando-se de normas cuja constitucionalidade suscite dúvidas, o Tribunal Constitucional poderá sempre ser chamado a intervir na decisão final do litígio.

[1168] Em sentido contrário, cfr. MIGUEL ASSIS RAIMUNDO, *A Formação dos Contratos...*, p. 875.

362 | BASES JURÍDICAS DA ADMINISTRAÇÃO PÚBLICA

18.2. Princípios gerais da organização administrativa

18.2.1. A Constituição permite registar que a organização administrativa portuguesa se pauta pelos seguintes princípios gerais[1169]:
(a) Subsidiariedade;
(b) Descentralização;
(c) Desconcentração;
(d) Unidade;
(e) Participação dos interessados na gestão da Administração;
(f) Aproximação dos serviços às populações;
(g) Desburocratização.
Adiantemos brevíssimas noções sobre cada um destes princípios, remetendo para momento posterior o seu desenvolvimento.

18.2.2. *(a) Princípio da subsidiariedade*
O princípio da subsidiariedade, já apontado como sendo dotado de um sentido descentralizador e também de um sentido centralizador (v. *supra*, nº 17.5.3.), sem prejuízo de ter subjacente o entendimento de que tudo aquilo que puder ser feito pelas estruturas mais próximas ou de nível inferior não deverá ser feito, respetivamente, pelas estruturas mais distantes ou de nível mais elevado, revela-se dotado de uma operatividade que lhe permite a definição de um modelo de repartição de áreas materiais de decisão ou de diferentes níveis de intervenção decisória de diversas estruturas organizativas.
A flexibilidade do princípio da subsidiariedade habilita, no entanto, que se produza, em vez de um sentido centrífugo, um movimento centrípeto:
(i) Reforça-se, por razões de eficiência ou de inércia, a intervenção decisória da estrutura mais distante ou de nível mais elevado;
(ii) Suscita-se, neste contexto, uma inerente elasticidade avaliativa se, em caso de uma entidade pública agir sobre a esfera normal de decisão de outra entidade, haverá ou não uma ilegalidade reconduzível a uma situação de incompetência – é que, afinal, o princípio da subsidiariedade poderá habilitar essa intervenção sobre uma esfera decisória (normalmente) alheia[1170].

[1169] Cfr. DIOGO FREITAS DO AMARAL, *Curso...*, I, 3ª ed., pp. 907 ss.; MARCELO REBELO DE SOUSA/ANDRÉ SALGADO DE MATOS, *Direito Administrativo...*, I, 2ª ed., pp. 140 ss.
[1170] Neste último sentido, e para mais desenvolvimentos, cfr. PAULO OTERO, *Legalidade e Administração Pública*, pp. 866 ss.

§18º PRINCÍPIOS GERAIS DA ADMINISTRAÇÃO PÚBLICA: UMA INTRODUÇÃO | 363

18.2.3. *(b) Princípio da descentralização*

O princípio da descentralização diz-nos que o exercício das funções do Estado, não podendo ser um monopólio estadual, deve estar repartido por uma pluralidade de entidades[1171]: a descentralização envolve sempre um sentido centrífugo de descongestionamento de poderes, originando novos centros de imputação de efeitos jurídicos ou reforçando as suas áreas de intervenção decisória.

Salvo no que diz respeito à função jurisdicional – por natureza, num Estado unitário, confiada aos tribunais do Estado, sem prejuízo dos tribunais arbitrais –, todas as restantes funções não são exercidas em termos exclusivos pelo Estado, antes são partilhadas entre ele e uma pluralidade de outras pessoas coletivas: a descentralização é ainda uma manifestação da separação (institucional) de poderes[1172].

A descentralização postula, neste sentido, uma divisão da função política, legislativa e administrativa entre o Estado e várias entidades ou, num segundo nível de incidência, entre essas várias entidades e outras por eles criadas. Nunca poderá a descentralização envolver, todavia, tarefas que a Constituição confia ao Estado ou competência que atribui a órgãos de soberania[1173].

18.2.4. *(c) Princípio da desconcentração*

Se a descentralização traduz uma repartição de poderes a nível intersubjetivo, envolvendo diferentes entidades, a desconcentração é sempre um fenómeno orgânico: a desconcentração traduz o descongestionamento ou a repartição da competência entre vários órgãos, normalmente pertencentes a uma mesma entidade, sem prejuízo de também poder traduzir um fenómeno intersubjetivo.

Note-se que a desconcentração administrativa, por força do princípio da imodificabilidade e da intransmissibilidade da competência constitucional, só pode começar quando terminam os poderes resultantes da Constituição[1174], razão pela qual o Governo goza aqui de uma posição privilegiada:

[1171] Para um desenvolvimento do tema à luz da Constituição, cfr. PAULO OTERO, *O Poder de Substituição...*, II, pp. 673 ss., em especial, pp. 680 ss.

[1172] Cfr. NUNO PIÇARA, *A Separação de Poderes como Doutrina e Princípio Constitucional – Um contributo para o estudo das suas origens e evolução*, Coimbra, 1989, p. 265.

[1173] Cfr. Acórdão do Tribunal Constitucional nº 296/2013, de 28 de maio de 2013, cit.

[1174] Cfr. Acórdão do Tribunal Constitucional nº 296/2013, de 28 de maio de 2013, cit.

364 | BASES JURÍDICAS DA ADMINISTRAÇÃO PÚBLICA

a desconcentração da competência do Governo só começa quando acabam os poderes que lhe foram conferidos pela Constituição[1175].

18.2.5. *(d) Princípio da unidade*

Conhecedores das principais incidências da ideia constitucional de unidade no âmbito da Administração Pública (v. *supra*, nº 17.5.2.), o princípio da unidade administrativa, resultando da posição do Governo como órgão superior da Administração Pública e da sua responsabilidade política perante a Assembleia da República, permite ao Governo exercer um poder de intervenção intra-administrativa sobre quase todas as esferas decisórias do próprio Estado no âmbito da função administrativa e ainda sobre todas as restantes entidades infraestaduais[1176].

Esse poder de intervenção intra-administrativa do Governo, sendo passível de comportar diferentes níveis de intensidade, ora visando a defesa da legalidade, ora o controlo da conveniência ou da oportunidade do agir administrativo, ora até a definição de um certo *indirizzo* político-administrativo, determina inevitáveis limitações sobre o grau de descentralização ou de desconcentração de poderes: o princípio da unidade condiciona o pluralismo decorrente de fenómenos de descongestionamento de poderes administrativos.

Neste sentido, o princípio da unidade não se mostra exclusivo do Estado, antes poderá servir de modelo organizativo de qualquer entidade pública e do seu relacionamento com outras entidades sujeitas aos seus poderes de intervenção intra-administrativa.

18.2.6. *(e) Princípio da participação dos interessados na gestão da Administração*

A participação dos interessados na gestão das estruturas administrativas, expressão de reforço da democraticidade do modelo organizativo da Administração Pública, traduz um complemento da sua legitimação democrático-representativa, sabendo-se que esta última já envolve participação na escolha de titulares de órgãos eletivos (v. *supra*, nº 17.3.4.): a eleição dos titulares de órgãos autárquicos ou dos órgãos de governo de uma universi-

---

[1175] Para mais desenvolvimentos, cfr. PAULO OTERO, *O Poder de Substituição...*, II, pp. 712 ss.
[1176] Para mais desenvolvimentos sobre o princípio da unidade da Administração, incluindo referências bibliográficas, cfr. PAULO OTERO, *O Poder de Substituição...*, II, pp. 742 ss.

§18º PRINCÍPIOS GERAIS DA ADMINISTRAÇÃO PÚBLICA: UMA INTRODUÇÃO | 365

dade pública ou de qualquer das suas unidades orgânicas expressa já uma forma de participação na gestão organizativa da Administração Pública.

Mas o sentido do princípio constitucional em causa, diferenciando-se da simples participação dos interessados ao nível do procedimento administrativo, vai mais longe do que a mera eleição de titulares de órgãos, sendo passível de produzir significativos efeitos organizativos. A participação dos interessados, envolvendo a abertura da organização administrativa à intervenção decisória ou meramente opinativa, permite:

(i) A criação de novas estruturas orgânicas aptas a conferir expressão participativa aos interessados, tornando-os titulares de órgãos administrativos (v.g., participação de professores e de alunos na gestão democrática das escolas);

(ii) A organização dos interessados em formas de autoadministração de base territorial (v.g., comissões de moradores, associações de municípios ou de freguesias) ou socioprofissional (v.g., Ordem dos Advogados, Ordem dos Médicos);

(iii) A adaptação das estruturas orgânicas já existentes a mecanismos de participação dos interessados (ou seus representantes), sem envolver a sua transformação em titulares de órgãos administrativos (v.g., a presença de um delegado dos assistentes em reuniões do Conselho Científico que trate de assuntos relativos a assistentes ou a participação do presidente da associação académica em reuniões do Conselho Académico).

A diversidade de modelos participativos dos interessados na gestão administrativa envolve uma inerente diferenciação de níveis de responsabilidade, sabendo-se que essa responsabilidade será tanto maior quanto maior for a inserção participativa dos interessados na própria organização administrativa e a natureza do seu conteúdo – uma intervenção meramente presencial e opinativa, desde que não vinculativa, sem possuir qualquer efeito decisório, nunca gera responsabilidade civil e financeira aos participantes.

18.2.7. *(f) Princípio da aproximação dos serviços às populações*

A Constituição exige ainda, numa lógica centrífuga subjacente aos princípios da subsidiariedade, da descentralização e da desconcentração, que a organização administrativa se estruture num sentido periférico ou local, visando impedir que os serviços públicos e as inerentes decisões se encontrem distantes das reais necessidades dos cidadãos, produzindo

366 | BASES JURÍDICAS DA ADMINISTRAÇÃO PÚBLICA

uma correlativa melhor acessibilidade dos cidadãos aos centros do poder administrativo: o princípio da aproximação dos serviços às populações, procurando reforçar a ligação e o conhecimento entre quem decide, os destinatários da decisão e as concretas situações factuais, postula que, em vez de localizadas as estruturas administrativas exclusivamente a nível central, distanciadas geográfica e psicologicamente das populações, se encontrem mecanismos organizativos que facilitem o encontro entre o decisor e os cidadãos.

18.2.8. *(g) Princípio da desburocratização*

O princípio da desburocratização, se, por um lado, envolve uma preocupação de simplificação, eficiência e racionalidade organizativa da Administração Pública, evitando a duplicação de estruturas organizativas e de procedimentos sobrepostos, facilitando o relacionamento dos cidadãos com a máquina administrativa[1177], o certo é que também se mostra passível, por outro lado, de comportar uma componente política, determinando que o centro da decisão nuclear se deve localizar em estruturas dotadas de legitimidade democrática e não num aparelho de burocratas profissionalizados e/ou tecnocratas.

Neste último sentido, o princípio da desburocratização, sem embargo da sua vertente racionalizadora e simplificadora do agir administrativo, exige que as estruturas burocráticas se encontrem ao serviço da preparação e execução das decisões administrativas dotadas de *indirizzo* político que foram tomadas pelos órgãos cujos titulares gozam de legitimidade democrática: desburocratizar será agora fazer prevalecer a força das estruturas organizativas e funcionais de uma Administração Pública politicamente legitimada, relegando para um plano secundário e subalterno todo o aparelho burocrático.

18.3. Princípios gerais da atividade administrativa

18.3.1. A Constituição não se limita a definir princípios gerais referentes à organização administrativa, estabelecendo também um elenco de princí-

---

[1177] Cfr. MARIA MANUEL LEITÃO MARQUES, *Gracioso e também simples – reflexões sobre o impacto da simplificação e da Administração electrónica no procedimento administrativo*, in *Em Homenagem ao Professor Doutor Diogo Freitas do Amaral*, Coimbra, 2010, pp. 747 ss.

§18º PRINCÍPIOS GERAIS DA ADMINISTRAÇÃO PÚBLICA: UMA INTRODUÇÃO | 367

pios que devem reger o modo como a Administração Pública, exercendo a sua atividade (jurídica e não jurídica), desenvolve a função administrativa. Neste contexto se inserem os seguintes princípios gerais da atividade administrativa que, nos termos do artigo 266º, encontram expresso acolhimento constitucional[1178]:

(a) Juridicidade;
(b) Prossecução do interesse público;
(c) Respeito pelas posições jurídicas ativas dos cidadãos;
(d) Igualdade;
(e) Proporcionalidade;
(f) Justiça;
(g) Imparcialidade;
(h) Boa-fé.

Adiantemos, seguidamente, uma breve noção conceitual sobre cada um destes princípios, remetendo para local apropriado o seu desenvolvimento.

18.3.2. (a) Princípio da juridicidade

Tradicionalmente formulado como princípio da legalidade, a ideia de juridicidade visa sublinhar que a Administração Pública, além de sujeita à Constituição e à lei, encontra-se subordinada ao Direito e a todo o Direito, qualquer que seja a sua fonte: toda a normatividade, seja ela elaborada pelo Estado, pela Comunidade Internacional, pela União Europeia ou resulte da pura juridificação da factualidade, vincula a atuação administrativa, gerando fenómenos de heterovinculação ou de autovinculação – toda a ordem jurídica é, por força do princípio da juridicidade, chamada a limitar ou condicionar o agir administrativo.

O princípio da juridicidade diz-nos que, em termos materiais e procedimentais, a Administração Pública só pode fazer aquilo que resulta permitido pelas normas, equivalendo o silêncio destas a uma regra de proibição de agir: ao invés dos privados, em que é lícito tudo aquilo que não é proibido pelas normas, para a Administração Pública só é lícito aquilo que é permitido pelas normas.

[1178] Cfr. DIOGO FREITAS DO AMARAL, *Curso...*, II, 2ª ed., pp. 39 ss.; MARCELO REBELO DE SOUSA/ANDRÉ SALGADO DE MATOS, *Direito Administrativo...*, I, 2ª ed., pp. 157 ss.

368 | BASES JURÍDICAS DA ADMINISTRAÇÃO PÚBLICA

18.3.3. *(b) Princípio da prossecução do interesse público*

Na sua atuação, a Administração Pública, sem prejuízo de conferir sempre primado aos postulados de uma conceção personalista (v. *supra*, §15º), nunca pode deixar de estar ao serviço dos interesses gerais da coletividade, isto no sentido de que nunca se pode motivar pela prossecução de interesses privados, identificados com interesses de pessoas ou grupos particulares: no respeito pelas coordenadas do personalismo, a Administração Pública visa a defesa, a garantia e a promoção do bem comum ou interesse público.

Os titulares das estruturas administrativas não prosseguem o seu interesse pessoal, nem o interesse dos partidos políticos ou grupos de pressão de que são simpatizantes ou militantes, antes se encontram sempre ao serviço do bem comum ou interesse público, tal como a Constituição impõe, o legislador define, a Administração concretiza e os tribunais controlam.

Respeitada que seja a dignidade humana, o interesse público constitui o critério, o fundamento e o limite da atuação administrativa.

18.4.4. *(c) Respeito pelas posições jurídicas ativas dos cidadãos*

No contexto de uma conceção personalista da prossecução do interesse público, o princípio do respeito pelas posições jurídicas ativas dos cidadãos determina que a Administração Pública deva sempre preferir a solução que evite lesar ou, não lhe sendo isso possível, aquela que menor dano provoque aos seus direitos e interesses, sabendo-se que, em caso de ilegalidade da conduta ou, ainda que legal, se gerar um sacrifício individual ou individualizado em benefício da coletividade, deve sempre indemnizar os prejuízos sofridos.

O princípio do respeito pelas posições jurídicas ativas dos cidadãos, limitando a intervenção administrativa, não exclui, no entanto, que uma atuação administrativa lesiva de direitos de conteúdo patrimonial possa conduzir a uma substituição, por via indemnizatória, do bem privado lesado. Mais difícil se torna, todavia, o integral ressarcimento da lesão de direitos de natureza pessoal, razão pela qual o seu respeito, até por revelar sempre uma maior conexão com a dignidade da pessoa humana – isto comparativamente aos direitos de natureza patrimonial –, deve envolver uma maior vinculatividade por parte da Administração Pública.

§18º PRINCÍPIOS GERAIS DA ADMINISTRAÇÃO PÚBLICA: UMA INTRODUÇÃO | 369

18.3.5. *(d) Princípio da igualdade*

A vinculação constitucional da Administração Pública ao princípio da igualdade, sem necessidade de referência autónoma no artigo 266º, nº 2, atendendo ao disposto no artigo 13º – e à igual dignidade de cada um e de todos os seres humanos, num mútuo reconhecimento "do respeito devido por cada um ao bem consubstanciado no valor do outro"[1179] –, determina a proibição de discriminações infundadas ou arbitrárias, devendo as situações factualmente semelhantes merecer um tratamento ou solução idênticas, assim como a interpretação e a aplicação das mesmas normas.

O princípio da igualdade, numa aceção formal, impõe que todos os cidadãos sejam tratados pela lei do mesmo modo, sem prejuízo de exigir, numa aceção material, que as diferenças de facto tenham reflexos num tratamento diferenciado[1180], desde que assentes numa motivação ou fundamentação racional.

Regista-se, deste modo, uma igualdade-universalidade, no sentido de todos serem tratados de modo igual (= trato igual), e uma igualdade como diferença fundamentada, agora no sentido de todos serem tratados não de modo igual, mas antes como iguais (= trato de todos como iguais)[1181].

Remonta a Aristóteles o entendimento de que o princípio da igualdade, expressando também uma ideia de justiça[1182], nunca se aplica a todos, apenas se dirigindo aos iguais[1183]: o princípio da igualdade não exclui uma desigualdade de tratamento, pois nada existe de mais contrário à igualdade (e à justiça) do que tratar como igual aquilo que é desigual.

Numa vertente negativa, o que a igualdade postula é, antes de tudo, a proibição do arbítrio no agir administrativo[1184], sendo discutível, no entanto,

---

[1179] Cfr. Luís Pedro Pereira Coutinho, *A Autoridade Moral...*, p. 553.

[1180] Sublinhando que a igualdade material assenta no paradoxo de que a sua realização envolve a instituição de uma desigualdade jurídica a favor de quem a situação de facto aproveita, cfr. Pierre Moor/Alexandre Flückiger/Vicent Martenet, *Droit Administratif*, I, p. 846.

[1181] Cfr. Castanheira Neves, *O Instituto dos Assentos e a Função Jurídica dos Supremos Tribunais*, Coimbra, 1983, pp. 119 ss.; Maria Lúcia Amaral, *O princípio da igualdade na Constituição portuguesa*, in *Estudos em Homenagem ao Prof. Doutor Armando M. Marques Guedes*, Coimbra, 2004, em especial, pp. 37 ss.

[1182] Cfr. Aristóteles, *Ética a Nicómaco*, p. 115 (1132a30-33).

[1183] Cfr. Aristóteles, *Tratado da Política*, pp. 123. (Liv. III, cap. XIII).

[1184] Traçando um confronto entre a autonomia da vontade das entidades privadas, envolvendo essa liberdade a faculdade de arbítrio, e a vinculação das entidades públicas às normas

370 | BASES JURÍDICAS DA ADMINISTRAÇÃO PÚBLICA

que a interdição ou proibição do arbítrio se reconduza sempre a um sub-princípio decorrente da igualdade[1185]: a proibição do arbítrio, excluindo a diferenciação sem motivos sérios e objetivos ou desprovida de sentido e utilidade, traduz uma violação grosseira do sentido comum de justiça, projetando-se na motivação e nos resultados da conduta administrativa – a interdição do arbítrio veda o abuso grosseiro do poder de "livre" apreciação da Administração Pública[1186].

18.3.6. *(e) Princípio da proporcionalidade*

Reside em Aristóteles a expressão clara de que a proporcionalidade tem subjacente um postulado de justiça distributiva[1187], envolvendo o conceito de proporcionalidade as ideias de necessidade, adequação e equilíbrio no agir administrativo. Numa manifestação limitativa da liberdade de apreciação[1188], a proporcionalidade revela um afloramento setorial de um verdadeiro princípio geral de Direito[1189], podendo recortar-se três aceções tradicionais[1190] ou três "princípios parciais"[1191]:

(i) A proporcionalidade determina proibição do excesso ou necessidade[1192], nunca legitimando a imposição de sacrifícios ou lesões

---

jurídicas, inexistindo liberdade no sentido de que gozam os privados, cfr. PIERRE MOOR/ ALEXANDRE FLÜCKIGER/VICENT MARTENET, *Droit Administratif*, I, pp. 892 ss.

[1185] Para uma discussão do assunto, cfr. PIERMARCO ZEN-RUFFINEN, *Droit Administratif*, pp. 74 ss.

[1186] Cfr. THIERRY TANQUEREL, *Manuel...*, pp. 204 e 205.

[1187] Cfr. ARISTÓTELES, *Ética a Nicómaco*, p. 113 (1131b10-20).

[1188] Cfr. PIERRE MOOR/ALEXANDRE FLÜCKIGER/VICENT MARTENET, *Droit Administratif*, I, p. 809.

[1189] Para uma discussão se a proporcionalidade é um princípio ou uma regra, cfr. DULCE LOPES, *Proporcionalidade, um instrumento fraco ou forte ao serviço do Direito do urbanismo*, in *Estudos em Homenagem ao Prof. Doutor José Joaquim Gomes Canotilho*, IV, Coimbra, 2012, em especial, pp. 312 ss.

[1190] Cfr. PAULO OTERO, *Lições...*, I, 1º tomo, pp. 163 ss.

[1191] Neste último sentido, cfr. WILLIS SANTIAGO GUERRA FILHO, *Notas em torno do princípio da proporcionalidade*, in JORGE MIRANDA (org.), *Perspectivas Constitucionais*, I, Coimbra, 1996, p. 259.

[1192] Para um desenvolvimento da origem da proibição do excesso, cfr. VITALINO CANAS, *O princípio da proibição do excesso na Constituição: arqueologia e aplicações*, in JORGE MIRANDA (org.), *Perspectivas Constitucionais*, II, Coimbra, 1997, pp. 323 ss.

§18º PRINCÍPIOS GERAIS DA ADMINISTRAÇÃO PÚBLICA: UMA INTRODUÇÃO | 371

pessoais ou patrimoniais[1193] para além do indispensável à satisfação do interesse público – o cidadão tem direito à menor ingerência possível por parte da autoridade pública[1194];

(ii) A proporcionalidade exige adequação das soluções às situações, impondo ao decisor a aptidão do meio a utilizar ou que a medida adotada seja apropriada tendo em vista alcançar o resultado pretendido;

(iii) A proporcionalidade traduz também a exigência de equilíbrio entre as diversas prestações ou posições envolvidas, numa perspetiva comparativa e ponderativa entre os prós e os contra da decisão[1195], fazendo uma avaliação ou balanço custo-beneficio[1196], expressão da justa medida de sopesamento dos diferentes interesses em conflito, impedindo soluções de desequilíbrio, intoleráveis ou desproporcionais (em sentido restrito) entre os inconvenientes e as vantagens[1197].

Mostra-se possível encontrar, tendo por base a jurisprudência do Tribunal Constitucional no âmbito legislativo[1198], a existência de uma alegada quarta vertente do princípio da proporcionalidade – trata-se do designado "princípio da proteção insuficiente" ou "princípio da proibição do

---

[1193] Para uma aplicação do princípio da necessidade ao nível da expropriação, cfr. FERNANDO ALVES CORREIA, *Manual de Direito do Urbanismo*, II, Coimbra, 2010, pp. 195 ss.

[1194] Neste último sentido, cfr. ANTÓNIO CARLOS DOS SANTOS, *O princípio da proporcionalidade e a sua aplicação às regras nacionais sobre juros compensatórios em sede de imposto sobre o valor acrescentado*, in *Estudos em Homenagem ao Professor Doutor Paulo de Pitta e Cunha*, II, Coimbra, 2010, p. 16.

[1195] Cfr. RUI CHANCERELLE DE MACHETE, *O controlo do poder discricionário em França*, in *Estudos em Homenagem ao Professor Doutor Paulo de Pitta e Cunha*, III, Coimbra, 2010, em especial, pp. 705 ss.

[1196] Cfr. TIAGO MACIEIRINHA, *Avaliar a avalição custo-benefício: um olhar sobre a concepção francesa do princípio da proporcionalidade*, in *Estudos de Homenagem ao Prof. Doutor Jorge Miranda*, IV, Coimbra, 2012, pp. 833 ss.

[1197] Em sentido contrário a esta vertente do princípio da proporcionalidade, entendendo que a questão do desequilíbrio traduz uma questão anterior de ponderação mal resolvida, cfr. LUIS PEREIRA COUTINHO, *Sobre a justificação das restrições aos direitos fundamentais*, in *Estudos em Homenagem ao Prof. Doutor Sérvulo Correia*, I, Coimbra, 2010, p. 572; IDEM, *Direito do Planeamento Territorial*, in PAULO OTERO/PEDRO GONÇALVES, *Tratado de Direito Administrativo Especial*, VI, Coimbra, 2012, p. 173, nota nº 104.

[1198] Cfr. Acórdão do Tribunal Constitucional nº 75/2010, de 23 de fevereiro de 2010, referente aos processos nº 733/07 e 1186/07, (nºs 11.4.3. e 11.4.4.), in http://www.tribunalconstitucional.pt

372 | BASES JURÍDICAS DA ADMINISTRAÇÃO PÚBLICA

defeito"[1199], suscetível de ser adaptado ao agir administrativos nos seguintes termos: ao contrário da proibição do excesso, a proteção insuficiente, requerendo um nível superior ou mais exigente de proteção jurídica de certa realidade, determina que uma proteção mínima, por defeito ou défice, ficando aquém das exigências legais ou constitucionais, gera, pela sua insuficiência na tutela do bem, valor ou interesse em causa, a ilegalidade da decisão – há aqui ainda, em certa medida, uma inadequação (por defeito) da medida.

18.3.7. *(f) Princípio da justiça*

A justiça não se basta com a igualdade e a proporcionalidade.

Expressão de uma longa evolução filosófica[1200], o princípio da justiça exige que, devendo cada um ter aquilo que lhe é devido[1201], a Administração Pública procure sempre agir visando a equidade do caso concreto, "uma vez que o injusto é iníquo e a injustiça iniquidade"[1202].

A vinculação do poder à justiça, traduzindo uma dimensão estruturante do Estado de Direito material[1203], envolve o reconhecimento de, na sequência de Locke, reside na justiça o fundamento, o critério e o limite do poder[1204].

[1199] Cfr. K.-E HAIN, *Der Gesetzgeber in der Klemme zwischen Übermaß- und Untermaßverbot*, in DVBl, 1993, pp. 982 ss.; LENIO LUIZ STRECK, *Bem jurídico e Constituição: da proibição de excesso (Übermaßverbot) à proibição de proteção deficiente (Untermaßverbot) ou de como não há blindagem contra normas penais inconstitucionais*, in BFDUC, 2004, em especial, pp. 316 ss.; JORGE MIRANDA/RUI MEDEIROS, *Constituição...*, I, I, 2ª ed., pp. 105 e 106; INGO SARLET, *Constituição, proporcionalidade e direitos fundamentais: o direito penal entre proibição de excesso e de insuficiência*, in BFDUC, nº 2005, em especial. pp. 360 ss.; CARLA AMADO GOMES/DINAMENE DE FREITAS, *Le juge constitutionnel et la proporcionnalité – rapport du Portugal, Estudos em Homenagem ao Prof. Doutor Sérvulo Correia*, I, Coimbra, 2010, pp. 203--204; MIGUEL NOGUEIRA DE BRITO, *A iniciativa económica...*, pp. 516 ss.; JORGE PEREIRA DA SILVA, *Interdição de proteção insuficiente, proporcionalidade e conteúdo essencial*, in *Estudos de Homenagem ao Prof. Doutor Jorge Miranda*, II, Coimbra, 2012, pp. 185 ss.

[1200] Para uma síntese da evolução filosófica em torno do princípio da justiça, aplicando as conclusões no âmbito da Administração Pública, cfr. DIOGO FREITAS DO AMARAL, *O princípio da justiça no artigo 266º da Constituição*, in *Estudos em Homenagem ao Prof. Doutor Rogério Soares*, Coimbra, 2002, pp. 685 ss.

[1201] Cfr. ARISTÓTELES, *Ética a Nicómaco*, pp. 108 e 110 (1129b1, 1130a20).

[1202] Cfr. ARISTÓTELES, *Ética a Nicómaco*, p. 112 (1131a10).

[1203] Cfr. Luís PEDRO PEREIRA COUTINHO, *A Autoridade Moral...*, pp. 589.

[1204] Cfr. Luís PEDRO PEREIRA COUTINHO, *A Autoridade Moral...*, pp. 29 e 591.

§18º PRINCÍPIOS GERAIS DA ADMINISTRAÇÃO PÚBLICA: UMA INTRODUÇÃO | 373

Note-se que o princípio da justiça não tem apenas uma dimensão material ou substantiva, referente ao conteúdo da atuação administrativa: o princípio da justiça envolve também uma dimensão procedimental, adjetiva ou formal, projetando-se sobre o modo ou os termos como se decide – não basta, neste sentido, decidir através de uma solução cujo conteúdo é justo, há ainda que respeitar um procedimento ou processo justo para se chegar a uma decisão igualmente justa.

A ideia de devido processo (ou procedimento) legal (v. *infra*, nº 19.4.1.), envolvendo imparcialidade, equidade, participação (contraditório) e prazo razoável de decisão, radica num postulado decorrente do princípio da justiça[1205].

E a preocupação de justiça no agir administrativo, devendo sempre ser aferida face a cada caso concreto, traduz uma exigência da dignidade de cada pessoa concreta, sabendo-se que "a injustiça é simultaneamente excesso e defeito"[1206].

18.3.8. *(g) Princípio da imparcialidade*

Numa primeira e nuclear aceção, a imparcialidade, envolvendo uma exigência de isenção e equidistância entre quem decide e o objeto ou o destinatário da decisão, expressa ainda uma ideia de justiça[1207]: a prossecução do interesse público deve ser feita sem envolvimento de interesses subjetivos ou pessoais de quem decide, impedindo-se situações de favorecimento ou desfavorecimento por conflito ou colisão entre os interesses envolvidos.

Numa segunda dimensão, a imparcialidade aproxima-se da adequação ponderativa dos interesses relevantes para a decisão, devendo o decisor tomar sempre em consideração todos esses interesses[1208], excluindo do seu âmbito, no entanto, todos os interesses que se mostram inapropriados ou irrelevantes face à situação concreta a decidir[1209].

[1205] Cfr. TIMOTHY ENDICOTT, *Administrative Law*, pp. 111 ss.

[1206] Cfr. ARISTÓTELES, *Ética a Nicómaco*, p. 119 (1134a10).

[1207] Cfr. PAULO OTERO, *Lições...*, I, 1º tomo, p. 167.

[1208] Cfr. MARCELO REBELO DE SOUSA/ANDRÉ SALGADO DE MATOS, *Direito...*, I, pp. 213-214.

[1209] A tomada em consideração de interesses inapropriados (v.g., adotar-se uma solução normativa com o propósito de prejudicar ou atingir alguém), além da ilicitude da conduta, reconduz--se a uma quebra do princípio da imparcialidade que, sem embargo de também convocar a temática do desvio de poder, consubstancia um ato de desonestidade ou fraude (D. Peixoto

374 | BASES JURÍDICAS DA ADMINISTRAÇÃO PÚBLICA

O princípio da imparcialidade comporta, neste sentido, uma dupla vertente:

(i) Em termos negativos, a imparcialidade envolve a neutralidade administrativa face a quaisquer interesses alheios ao interesse público, salvaguardando-se a independência e a isenção do decisor através de um conjunto de impedimentos, incompatibilidades, escusas e suspeições dos titulares das estruturas administrativas intervenientes;

(ii) Em termos positivos, a imparcialidade determina parâmetros racionais, objetivos, lógicos e transparentes de decisão, visando que se tomem em consideração ponderativa todos os fatores ou elementos relevantes para a decisão, assim como excluir de ponderação quaisquer interesses alheios ou irrelevantes.

18.3.9. *(h) Princípio da boa-fé*

O princípio da boa-fé, consubstanciando uma exigência de confiança, veracidade e exatidão na atuação administrativa, enquanto corolário ainda de um postulado de justiça inerente a um Estado de Direito, impõe que a Administração Pública não possa extrair qualquer vantagem de uma sua atuação falsa, inexata ou contrária a um comportamento anterior gerador de confiança – a boa-fé apela a uma dimensão ética, honesta e leal do agir administrativo.

O princípio da boa-fé, sem prejuízo de também traduzir uma exigência na conduta dos cidadãos perante a Administração Pública, nunca devendo permitir a proteção do exercício de uma posição jurídica envolvendo a sua violação, comporta diversas manifestações vinculativas na atuação administrativa[1210]:

(i) O respeito pelas promessas feitas[1211];

(ii) A proibição de abuso de direito;

(iii) A interdição de comportamentos contraditórios;

(iv) A relevância da culpa *in contrahendo*[1212];

Duarte ilustra esta última temática, in ***Procedimentalização, Participação e Fundamentação: para uma concretização do princípio da imparcialidade administrativa como parâmetro decisório***, Coimbra, 1996, p. 295, nota nº 126).

[1210] Cfr. PAULO OTERO, ***Direito Administrativo – Relatório***, pp. 301-302.

[1211] Cfr. JOÃO TABORDA DA GAMA, ***Promessas...***, em especial, pp. 153 ss.

[1212] Cfr. JORGE SINDE MONTEIRO, ***Culpa*** in **contrahendo**, in CJA, nº 42, 2003, pp. 5 ss.

(v) A proibição da fraude à lei;
(vi) A tutela da confiança e da segurança jurídicas[1213].

§19º PRINCÍPIOS GARANTÍSTICOS FACE À ADMINISTRAÇÃO PÚBLICA

19.1. Explicação prévia

19.1.1. A subordinação da Administração Pública aos princípios fundamentais conformadores do sistema político (v. *supra*, §17º), assim como a vinculação da sua organização e da sua atividade aos princípios gerais definidos pela Constituição (v. *supra*, §18º), traduzem já importantes mecanismos de garantia dos cidadãos perante a Administração Pública, uma vez que consubstanciam formas de sujeição do poder à juridicidade – existe aqui uma indiscutível vertente garantística.

19.1.2. Mostra-se a Constituição, porém, mais generosa em matéria garantística, permitido que se autonomize um conjunto de princípios que, visando tutelar a defesa de posições jurídicas subjetivas ou a pura limitação do agir administrativo em benefício dos cidadãos, assumem uma reforçada componente vinculativa face à Administração Pública: condicionando ou predeterminando a conduta administrativa e/ou servindo de reação defensiva ou reparadora aos seus efeitos, os princípios garantísticos impõem-se ao poder administrativo em nome da cidadania administrativa.

19.1.3. Sucede mesmo que a Constituição levou o reforço da componente garantística de alguns de tais princípios face à Administração Pública ao ponto de proceder à sua subjetivação, atribuindo uma posição jurídica de vantagem que se mostra passível de satisfazer um interesse ou o aproveitamento de um bem, criando direitos fundamentais e garantias institucionais[1214]: os princípios garantísticos transformam-se então em fundamento

---

[1213] Cfr. PEDRO MONIZ LOPES, *Princípio da Boa Fé e a Decisão Administrativa*, Coimbra, 2011, em especial, pp. 256 ss.

[1214] O método da subjetivização decorrente de princípios gerais referentes à Administração Pública não se mostra exclusivo da Constituição, uma vez que também em termos externos, numa confluência metodológica igualmente observável ao nível da Convenção Europeia dos Direitos do Homem e do Direito da União Europeia, permite construir direitos fundamentais

376 | BASES JURÍDICAS DA ADMINISTRAÇÃO PÚBLICA

de pretensões subjetivas formuladas perante a Administração ou contra a Administração e, alicerçando o dever de satisfazer tais situações jurídicas de vantagem, criam a vinculação do decisor a uma decisão de conteúdo favorável.

19.1.4. Independentemente da incidência da subjetivação, os princípios garantísticos face à Administração revelam-se passíveis de sistematização em cinco principais categorias:
- Princípios operativos da unidade do sistema jurídico;
- Princípios de acesso à Administração Pública;
- Princípios do procedimento administrativo;
- Princípios de controlo da Administração Pública;
- Princípios de incidência intra-administrativa.
Observemos, resumidamente, o seu conteúdo.

19.2. Princípios operativos da unidade do sistema jurídico

19.2.1. A Administração Pública, encontrando-se vinculada ao Direito, uma vez que baseia na juridicidade a habilitação e o parâmetro do seu agir, nunca pode deixar de viver dentro do sistema jurídico: num Estado de Direito material, as autoridades nunca podem, sob pena de invalidade ou até de ilegitimidade, agir fora do sistema jurídico ou à margem do sistema jurídico. Ora, o sistema jurídico exige unidade, incorporando as ideias de sintonia e de coerência axiológica entre todos os seus elementos[1215], razão pela qual assume natureza garantística a vinculação da Administração Pública aos seguintes princípios densificadores e implementadores da unidade do sistema jurídico:
(a) Princípio da supremacia da Constituição;
(b) Princípio da reserva de lei;

---

a partir de normas principiológicas. O designado "direito a uma boa administração", hoje previsto no artigo 41º da CDFUE, mostra-se um exemplo ilustrativo da subjetivação decorrente da força vinculativa do princípio da imparcialidade e do (designado pela jurisprudência comunitária) princípio da solicitude. (para uma análise da génese histórica deste direito à boa administração, cfr. CARLA AMADO GOMES, *A "boa administração"...*, pp. 143-144; FILIPE BRITO BASTOS, *Autonomia institucional...*, pp. 45 ss.).

[1215] Para mais desenvolvimentos, cfr. PAULO OTERO, *Legalidade e Administração Pública*, pp. 203 ss.

§19º PRINCÍPIOS GARANTÍSTICOS FACE À ADMINISTRAÇÃO PÚBLICA | 377

(c) Princípio da precedência de lei;
(d) Princípio da preferência de lei;
(e) Princípio da reserva de juiz;
(f) Princípio da prevalência das decisões judiciais.

19.2.2. (a) Princípio da supremacia da Constituição

A supremacia da Constituição, se resulta formalmente do caráter rígido que subjaz ao respetivo procedimento de alteração[1216], envolve a exigência de validade de todos os atos provenientes de entidades públicas depender da sua conformidade com a Lei Fundamental[1217] e de estar instituído um mecanismo jurisdicional de fiscalização da constitucionalidade das normas jurídicas[1218]. Em consequência, (i) todos os atos da Administração Pública têm de ser conformes com a Constituição, sob pena de serem inconstitucionais, expressando o princípio da vinculação à Constituição[1219], e (ii) todos aqueles atos que revistam natureza normativa beneficiam do sistema de garantia jurisdicional previsto na Constituição para a fiscalização da constitucionalidade.

Mais complexa revela-se, no entanto, a concretização da supremacia da Constituição face à Administração Pública e o seu paralelo relacionamento com a lei, registando-se três manifestações limitativas da referida supremacia:

(i) Em casos de antinomia ou contradição entre a lei e a Constituição, a Administração Pública deve preferir a aplicação da lei, não gozando de uma genérica competência de rejeição aplicativa das leis inconstitucionais[1220], salvo pontuais exceções[1221];

[1216] Cfr. CRP, artigos 284º e seguites.
[1217] Cfr. CRP, artigo 3º, nº 3.
[1218] Cfr. CRP, artigos 204º e 277º e seguintes.
[1219] Cfr. CRP, artigo 266º, nº 2, 1ª parte.
[1220] Neste sentido, para mais desenvolvimentos, cfr. PAULO OTERO, *O Poder de Substituição...*, II, pp. 562 ss.; IDEM, *Legalidade e Administração Pública*, pp. 667 ss. e 990 ss.
[1221] Neste âmbito, enquanto situações que habilitam a Administração Pública a desaplicar leis inconstitucionais, se identificam as seguintes hipóteses:
(a) Leis que se configurarem como "leis injustas";
(b) Leis que violem, em termos ostensivos, o núcleo essencial de direitos fundamentais inseridos em normas constitucionais dotadas de aplicabilidade direta;
(c) Leis cuja inconstitucionalidade seja sancionada expressamente pela Constituição com a inexistência ou a ineficácia jurídicas.

378 | BASES JURÍDICAS DA ADMINISTRAÇÃO PÚBLICA

(ii) Em casos de ausência de lei, a Administração Pública nem sempre poderá desenvolver uma genérica atividade direta e imediatamente fundada na Constituição[1222], sem embargo de existirem exceções[1223];

(iii) Em casos de declaração de inconstitucionalidade com força obrigatória geral, a Constituição habilita que atos inconstitucionais praticados pela Administração Pública possam continuar a produzir efeitos ou que os seus efeitos já produzidos fiquem ressalvados (v. *infra*, §30º)[1224].

19.2.3. *(a) Idem: princípio da vinculação das entidades públicas à aplicação direta das normas sobre direitos, liberdades e garantias*

Expressão específica do princípio da supremacia da Constituição, o princípio da vinculação das entidades públicas à aplicabilidade direta das normas sobre direitos, liberdades e garantias, segundo o preceituado nos artigos 17º e 18º, nº 1, comporta diversas vinculações face à Administração Pública[1225]:

(i) Em situações de falta ou ausência de lei, essas normas gozam de operatividade imediata, regulando a conduta administrativa;

[1222] Cfr. PAULO OTERO, *O Poder de Substituição...*, II, pp. 564 ss.

[1223] Neste último âmbito se inserem as seguintes áreas de atividade administrativa diretamente fundada na Constituição:

(a) O examinar da constitucionalidade de todos os atos infraconstitucionais que a Administração é chamada a aplicar ou tenha produzido;

(b) Perante cláusulas automáticas de resolução de conflitos entre atos jurídicos (v.g. artigos 8º, nºs 3 e 4; 112º, nº 2), tais critérios servem para a Administração determinar o direito ordinário aplicável;

(c) Os princípios constitucionais sobre a atividade administrativa servem como fonte de critério para a Administração interpretar, integrar e aplicar todos os atos infraconstitucionais;

(d) Fora dos casos de reserva de lei, desde que a matéria não tenha sido objeto de qualquer intervenção legislativa e exista uma norma constitucional habilitante, o Governo pode exercer uma atividade diretamente fundada na Constituição, nos ternos do artigo 199º, alínea g);

(e) Diante de preceitos constitucionais referentes a direitos fundamentais que gozem de aplicabilidade direta, tal como sucede no artigo 18º, nº 1, a Administração também pode exercer uma atividade diretamente baseada na Constituição.

[1224] Cfr. PAULO OTERO, *Legalidade e Administração Pública*, pp. 1014 ss.

[1225] Cfr. PAULO OTERO, *O Poder de Substituição...*, II, pp. 531 ss.

§19º PRINCÍPIOS GARANTÍSTICOS FACE À ADMINISTRAÇÃO PÚBLICA | 379

(ii) Fornecem um critério de interpretação, integração e aplicação de todos os atos infraconstitucionais;

(iii) Em caso de normas legais ostensivamente violadoras de direitos, liberdades e garantias, habilita a sua desaplicação pelos órgãos administrativos.

Nem se pode excluir que mesmo os direitos fundamentais que não se integram no âmbito dos direitos, liberdades e garantias, desde que esteja em causa o *"núcleo essencial* da garantia de existência condigna"[1226], possuindo uma natureza análoga àqueles decorrente da sua proximidade ao núcleo da dignidade humana, gozem de uma parcela ou de um nível mínimo de aplicabilidade direta[1227] e, nessa medida, vinculem a Administração Pública – certas zonas de alguns direitos sociais mostram-se passíveis de vincular as autoridades administrativas a conferir-lhes aplicabilidade direta[1228].

19.2.4. *(b) Princípio da reserva de lei*

A reserva de lei determina que a disciplina jurídica de certas matérias se encontra adstrita à intervenção primária do poder legislativo, expressando uma forma de legitimação político-democrática das inerentes opções normativas, excluindo-se de um tal âmbito regulador a Administração Pública e os tribunais: a reserva de lei é sempre espaço decisório exclusivo do legislador. E, neste domínio, a Constituição permite extrair três principais lições:

(i) Todas as matérias integrantes da competência legislativa da Assembleia da República, do Governo e das assembleias legislativas das regiões autónomas integram a reserva de lei;

(ii) Fora das matérias da competência legislativa, a reserva de lei só existe nos casos expressamente previstos na Constituição[1229];

[1226] Expressão usada no Acórdão do Tribunal Constitucional nº 187/2013, de 5 de abril de 2013, cit.

[1227] Já neste sentido, referindo-se aos direitos sociais universais, cfr. PAULO OTERO, *Instituições...*, I, p. 591.

[1228] Cfr. FABRÍCIO JOSÉ DA FONSECA PINTO, *O Ministério Público e a garantia judiciária dos direitos fundamentais sociais*, dissertação de mestrado apresentada na Faculdade de Direito da Universidade de Lisboa, inédita, Lisboa, 2006.

[1229] Para mais desenvolvimentos, cfr. PAULO OTERO, *O Poder de Substituição...*, II, pp. 568 ss.

380 | BASES JURÍDICAS DA ADMINISTRAÇÃO PÚBLICA

(iii) A reserva de lei conhece limites jurídicos e fáticos[1230], nunca envolvendo uma reserva integral ou total do tratamento jurídico da matéria a favor do legislativo: a reserva é de intervenção *primária* do legislador e possui diferentes graus de intensidade, existindo sempre espaços de concretização aplicativa[1231] e de intervenção normativa a favor da Administração Pública[1232].

19.2.5. *(c) Princípio da precedência de lei*

A precedência de lei – ou, também designada, reserva vertical de lei – refere-se à necessidade de o agir administrativo se fundar sempre num prévio ato legislativo, mostrando-se insuficiente a mera previsão constitucional para habilitar a atividade administrativa, tal como qualquer outra fonte de natureza diferente da vontade legislativa: sem lei habilitante, a Administração Pública encontra-se impedida de agir, devendo adotar uma conduta omissiva – o princípio da precedência de lei transporta para a Administração Pública uma técnica de "tipificação" própria do Direito Penal[1233].

Não obstante, face à Constituição, a precedência de lei pode também ser precedência de decreto-lei ou de decreto legislativo regional, importando sublinhar que o princípio da precedência de lei comporta quatro principais limitações:

(i) As normas constitucionais que habilitam o exercício de uma atividade administrativa diretamente fundada na Constituição;

[1230] Para um desenvolvimento, à luz desta dicotomia, dos limites à reserva de lei, cfr. Luís Pereira Coutinho, *Regime orgânico dos direitos, liberdades e garantias e determinação normativa. Reserva de parlamento e reserva de ato legislativo*, in RJ, nº 24, abril 2001, pp. 566 ss.; Idem, *As duas subtracções. Esboço de uma reconstrução da separação entre as funções de legislar e de administrar*, in RFDUL, 2000, nº 1, pp. 112 ss. e 127 ss.

[1231] Para um desenvolvimento da postura metodologicamente ativa da Administração Pública na aplicação da legalidade, cfr. Paulo Otero, *Legalidade e Administração Pública*, pp. 400 ss. e, em especial, 699 ss.; Luís Pereira Coutinho, *Regime orgânico...*, pp. 566 ss.; Idem, *As duas subtrações...*, pp. 118 ss.

[1232] Neste sentido, em termos regulamentares, cfr. J.C. Vieira de Andrade, *Autonomia regulamentar e reserva de lei – Algumas reflexões acerca da admissibilidade de regulamentos das autarquias locais em matéria de direitos, liberdades e garantias*, in *Estudos em Homenagem ao Prof. Doutor Afonso Rodrigues Queiró*, I, Coimbra, 1984, pp. 1 ss.

[1233] Cfr. Alejandro Nieto, *Las Contradicciones de la Administración y del Derecho Administrativo*, in *Estudios sobre Administración y Derecho Administrativo*, Madrid, 1986, p. 246.

§19º PRINCÍPIOS GARANTÍSTICOS FACE À ADMINISTRAÇÃO PÚBLICA | 381

(ii) As normas de Direito Internacional Público e de Direito da União Europeia que podem servir de imediato fundamento habilitante do agir administrativo;

(iii) Os princípios ou regras de natureza consuetudinária que fundamentem a atuação administrativa;

(iv) Em situações de lacuna da lei, a própria Administração Pública é chamada a proceder à sua integração, por via de recuso à analogia ou à reconstituição hipotética da norma que o legislador criaria se tivesse de legislar dentro do espírito do sistema.

19.2.6. *(d) Princípio da preferência de lei*

A preferência de lei diz-nos que a lei goza de uma força jurídica especial, de uma capacidade de resistir a atos de diferente natureza, razão pela qual um ato de nível inferior nunca a pode contrariar[1234] e se o fizer, em vez de a revogar ou modificar, torna-se inválido: o princípio da preferência de lei assenta no conceito de força de lei formal negativa[1235].

A capacidade de resistência da lei a atos de diferente natureza não é, todavia, ilimitada, razão pela qual o princípio da preferência de lei conhece limites:

(i) Limites decorrentes da prevalência das decisões judiciais (v. *infra*, nº 19.2.8.);

(ii) Limites resultantes de uma inversão do princípio da invalidade ao nível do exercício da atividade administrativa (v.g., irregularidade administrativa)[1236];

(iii) Limites decorrentes da existência de habilitações jurídico-positivas de atuação administrativa *contra legem* (v.g., legalidade interna da Administração, nos termos do artigo 112º, nº 5, *a contrario*)[1237].

[1234] Cfr. DIOGO FREITAS DO AMARAL, *Curso...*, II, 2ª ed., p. 59.

[1235] Sobre o conceito de lei formal negativa, cfr. JORGE MIRANDA, *Manual...*, V, 4ª ed., p. 242.

[1236] Neste âmbito se inserem, além da figura da irregularidade, as seguintes situações: a execução de atos fundados em normas declaradas nulas ou inconstitucionais e que foram objeto de ressalva por expressa disposição legal; a atuação informal *contra legem* ou a execução de sentença administrativa consubstanciada na prática de ato ilegal (cfr. PAULO OTERO, *Legalidade e Administração Pública*, pp. 966 ss.).

[1237] Para mais desenvolvimentos, incluindo as figuras da desaplicação administrativa da lei, do estado de exceção constitucional e do estado de necessidade administrativa, cfr. PAULO OTERO, *Legalidade e Administração Pública*, pp. 998 ss.

382 | BASES JURÍDICAS DA ADMINISTRAÇÃO PÚBLICA

19.2.7. *(e) Princípio da reserva de juiz*

A reserva de juiz (também dita reserva dos tribunais, reserva do judiciário ou reserva jurisdicional) consubstancia o conjunto de matérias que integram a esfera decisória exclusiva a cargo do poder judicial: elemento essencial do princípio da separação de poderes e, por essa via, pressuposto estruturante do Estado de Direito democrático, a reserva de juiz funciona como zona de exclusão de intervenção decisória do legislador e da Administração Pública, desempenhando, simultaneamente, uma condição essencial de efetividade do direito de acesso dos cidadãos aos tribunais.

O princípio da reserva de juiz no seu relacionamento com a Administração Pública suscita duas questões centrais:

(i) A delimitação das fronteiras ou concretização do seu conteúdo – será que a reserva de juiz exige que "todas as palavras" do processo decisório em causa pertençam ao poder judicial, excluindo qualquer intervenção decisória administrativa, falando-se aqui numa reserva total de juiz, ou, em sentido diferente, a reserva de juiz basta-se com a possibilidade de uma prévia decisão administrativa poder ser sindicada na sua legalidade pelos tribunais, reservando-se a estes apenas a "última palavra", numa reserva parcial de juiz?[1238] – a resposta depende de uma análise constitucional da matéria em causa;

(ii) A violação das fronteiras – se a Administração Pública invadir a esfera da reserva de juiz, os seus atos encontram-se feridos de usurpação de poderes, expressando uma forma de inconstitucionalidade orgânica, tal como, em termos paralelos, se o poder judicial invadir a reserva de Administração Pública.

19.2.8. *(f) Princípio da prevalência das decisões judiciais*

Visando resolver quaisquer dúvidas ao nível da articulação entre os diferentes poderes que, apesar de separados se encontram numa relação de interdependência[1239], a Constituição estabeleceu que as decisões dos tribunais, sendo obrigatórias para as autoridades públicas e privadas, gozam de primado face às decisões de quaisquer outras autoridades[1240]: em caso

---

[1238] Sobre o tema, por todos, cfr. José De Oliveira Ascensão, *A reserva constitucional de jurisdição*, in OD, 1991, II-III, pp. 465 ss.

[1239] Cfr. CRP, artigo 111º, nº 1.

[1240] Cfr. CRP, artigo 205º, nº 2.

de concurso ou concorrência entre uma decisão proveniente de um tribunal e uma decisão, em sentido contrário, do poder legislativo, da Administração Pública e, por maioria de razão, de uma entidade privada, o artigo 205º, nº 2 da Constituição resolve conferir sempre prevalência à decisão judicial – aqui reside uma efetiva garantia de subordinação administrativa à juridicidade e aos efeitos do controlo que de uma tal subordinação é feito pelos tribunais (v.g., "habeas corpus"[1241], a impugnação contenciosa de um ato administrativo).

Um único limite se pode equacionar ao princípio da prevalência das decisões judiciais: as leis de revisão constitucional que façam uma interpretação autêntica da Constituição e que se projete, em sentido inverso e em termos retroativos, face a normas aplicadas pelas decisões judiciais, desde que a nova interpretação tenha um conteúdo mais favorável e incida sobre matéria sancionatória[1242].

19.3. Princípios de acesso à Administração Pública

19.3.1. Ao contrário da situação existente antes das revoluções liberais, o contacto, o relacionamento ou o acesso de alguém à Administração Pública, seja como seu trabalhador ou como cidadão, não pode ser visto como um privilégio, uma graça ou uma honra (v. *supra*, §11º): o acesso à Administração Pública é, em qualquer das suas perspetivas, um direito fundamental de todos. Trata-se de um princípio de natureza garantística que assume múltiplas vertentes:

(a) Universalidade de acesso prestacional aos serviços administrativos;
(b) Liberdade de acesso à função pública e a cargos públicos administrativos;
(c) Liberdade de petição;
(d) Arquivo aberto.

Vejamos, sucintamente, cada um destes princípios.

[1241] Sobre a importância da garantia do *habeas corpus* no Direito britânico, cfr. H.W.R. WADE/ C.F. FORSYTH, *Administrative Law*, pp. 615 ss.; TIMOTHY ENDICOTT, *Administrative Law*, pp. 5 ss.; HILAIRE BARNETT, *Constitutional...*, pp. 418 ss. Não pode esquecer-se, todavia, o seu antecedente português: as designadas cartas de seguro (v. *supra*, nº 11.2.12.).

[1242] Cfr. PAULO OTERO, *Da interpretação autêntica da Constituição*, in D&P, nº 5, 2013.

384 | BASES JURÍDICAS DA ADMINISTRAÇÃO PÚBLICA

19.3.2. *(a) Princípio da universalidade de acesso prestacional aos serviços administrativos*

A ideia de todos terem o direito de aceder à atuação prestacional da Administração Pública expressa um corolário de um adquirido constitucional que vincula os poderes públicos a promover as "condições de desenvolvimento integral dos cidadãos enquanto pessoas"[1243], colocando à disposição dos membros da sociedade, tendo presente o grau de implementação do modelo constitucional de bem-estar, um conjunto de prestações. Importa, no entanto, tomar com consideração o seguinte:

(i) Existem serviços administrativos prestacionais que correspondem a imperativos constitucionais expressos, funcionando como "portas abertas" de acesso de todos à Administração Pública: é o que sucede, desde logo, nos domínios da saúde (: "serviço nacional de saúde"[1244]), segurança social (: "sistema de segurança social"[1245])[1246], educação (: "rede de estabelecimentos públicos de ensino"[1247]), segurança (: polícia e demais forças de segurança[1248]), justiça (: acesso ao Direito e aos tribunais[1249]);

(ii) Nem todos os serviços administrativos prestacionais implementam a sua atividade em monopólio ou exclusivo, pois existem serviços que a desenvolvem em concorrência com a iniciativa económica privada e a iniciativa cooperativa;

(iii) A existência de princípios de igualdade e de liberdade no acesso prestacional aos serviços administrativos não exclui a suscetibilidade de se fixarem taxas de utilização – salvo quando a Consti-

---

[1243] Cfr. Afonso d'Oliveira Martins, *Para uma teoria dos adquiridos constitucionais*, in *Estudos em Homenagem ao Prof. Doutor Rogério Soares*, Coimbra, 2002, em especial pp. 1071-1072.

[1244] Cfr. CRP, artigo 64º, nº 2, alínea a).

[1245] Cfr. CRP, artigo 63º.

[1246] Especificamente sobre o princípio da universalidade no âmbito da segurança social, cfr. João Carlos Loureiro, *Constituição da segurança social: sujeitos, prestações e princípios*, in BFDUC, 2008, pp. 201 ss.

[1247] Cfr. CRP, artigo 75º, nº 1. A universalidade de acesso prestacional exclui que o Estado possua estabelecimento de ensino diferenciado – exclusivamente admissíveis no âmbito do ensino privado ou cooperativo –, apesar de admitir formas de ensino para fazer face a necessidades educativas especiais.

[1248] Cfr. CRP, artigo 272º.

[1249] Cfr. CRP, artigo 20º, nºs 1 e 2.

§19º PRINCÍPIOS GARANTÍSTICOS FACE À ADMINISTRAÇÃO PÚBLICA | 385

tuição determina a sua gratuitidade –, nem de se fazerem refletir regras de justiça social diferenciadoras no seu pagamento;
(iv) Se os direitos fundamentais que se encontram na base dos serviços administrativos prestacionais gozam de uma natureza universal decorrente da sua essencialidade à dignidade humana[1250], uma conceção personalista da Administração Pública exclui a possibilidade de se criar uma reserva de acesso prestacional aos serviços administrativos a favor dos nacionais.

19.3.3. *(b) Princípio da liberdade de acesso à função pública e a cargos públicos administrativos*
Visando colocar termo ao entendimento anterior ao liberalismo de que o exercício de funções públicas era um privilégio reservado a pessoas pertencentes a certos grupos sociais, as Bases da Constituição proveniente da Revolução de 1820, aprovadas em 9 de março de 1821, consagraram o princípio de que "todos os cidadãos podem ser admitidos aos cargos públicos sem outra distinção, que não seja a dos seus talentos e das suas virtudes"[1251]. A Constituição de 1976 diferencia, porém, duas situações nos seus artigos 47º, nº 2, e 50º:
(i) O acesso à função pública, envolvendo a constituição de uma relação laboral ou de emprego público, encontra-se franqueado a todos os cidadãos, traduzindo um direito subjetivo pessoal[1252], pautando-se por três regras nucleares:
  – A igualdade, proibindo-se discriminações ou diferenciações "de tratamento baseadas em fatores irrelevantes"[1253];
  – A liberdade que, sendo a postura dos candidatos, não significa que a Administração goze de uma escolha discricionária[1254];

[1250] Cfr. PAULO OTERO, *Instituições...*, I, pp. 573-574. Sublinhando o universalismo dos direitos fundamentais, cfr. ANA MARIA GUERRA MARTINS, *A Igualdade e a Não Discriminação dos Nacionais de Estados Terceiros Legalmente Residentes na União Europeia – Da origem na integração económica ao fundamento na dignidade do ser humano*, Coimbra, 2010, pp. 526 ss.

[1251] Cfr. Base nº 13.

[1252] Cfr. GOMES CANOTILHO/VITAL MOREIRA, *Constituição...*, I, 4ª ed., p. 659.

[1253] Cfr. Acórdão do Tribunal Constitucional nº 53/88, de 8 de março de 1988, referente ao processo nº 21/86, in http://www.tribunalconstitucional.pt/.

[1254] Cfr. GOMES CANOTILHO/VITAL MOREIRA, *Constituição...*, I, 4ª ed., p. 660.

386 | BASES JURÍDICAS DA ADMINISTRAÇÃO PÚBLICA

- A regra do concurso[1255], enquanto "forma normal de provimento de lugares"[1256], falando-se, a propósito, em "direito a um procedimento justo de recrutamento"[1257];

(ii) O acesso a cargos públicos de natureza administrativa, expressando uma manifestação do direito de participação na vida pública, uma vez mais subordinado aos princípios da igualdade e da liberdade, envolve como garantia o direito a não ser prejudicado pelo exercício de cargos públicos, assumindo as incapacidades eleitorais e as inelegibilidades caráter excecional[1258].

19.3.4. (c) Princípio da liberdade de petição

Bem mais remota que a abertura de acesso ao exercício de funções públicas, é a faculdade de os administrados – num primeiro momento, súbditos – formularem pedidos à Administração Pública ou sobre matéria administrativa ao poder político, em termos individuais ou coletivos, reconduzível ao conceito de direito de petição em sentido amplo, visando, desde a Idade Média, a defesa de posições jurídicas e/ou a defesa da juridicidade ou do interesse público, mostrando-se suscetível de compreender, à luz do artigo 52º, nº 1, da Constituição, diversas modalidades[1259]:

(i) A *representação* – pressupondo a existência de uma decisão administrativa, tem por objeto uma chamada de atenção para a validade, conveniência ou oportunidade do seu conteúdo ou dos seus efeitos, retardando a sua execução, em benefício de um melhor esclarecimento do seu autor, sem solicitar a revogação;

(ii) A *queixa* – tem como propósito denunciar ou levar ao conhecimento da Administração Pública uma situação que, podendo dizer respeito a pessoas ou a coisas, envolvendo ações ou omissões, apela a uma investigação ou averiguação, visando apurar a sua veracidade

---

[1255] Cfr. CLÁUDIA VIANA, *O regime jurídico do concurso no emprego público*, in CJA, nº 89, 2011, pp. 3 ss.; RAQUEL CARVALHO, *O procedimento concursal no acesso à função pública – reflexões de natureza constitucional*, in *Estudos de Homenagem ao Prof. Doutor Jorge Miranda*, III, Coimbra, 2012, pp. 515 ss.

[1256] Cfr. Acórdão do Tribunal Constitucional nº 53/88, cit.

[1257] Cfr. GOMES CANOTILHO/VITAL MOREIRA, *Constituição...*, I, 4ª ed., p. 661.

[1258] Cfr. GOMES CANOTILHO/VITAL MOREIRA, *Constituição...*, I, 4ª ed., pp. 675 ss.

[1259] Em sentido parcialmente coincidente, cfr. DIOGO FREITAS DO AMARAL, *Curso...*, II, 2ª ed., pp. 756 ss.; IDEM, *Conceito e Natureza do Recurso Hierárquico*, 2ª ed, Coimbra, 2005, pp. 95 ss.

ou dimensão, e, caso se confirme, habilita as medidas apropriadas (v.g., sanção, recomendação[1260], revogação, participação ao Ministério Público)[1261];

(iii) A *reclamação* – consubstancia a impugnação de uma decisão administrativa junto do seu próprio autor, pedindo-lhe que a revogue, suspenda ou modifique;

(iv) O *recurso* (gracioso) – traduz a impugnação de uma decisão administrativa perante autoridade da Administração Pública diversa do seu autor, solicitando a sua revogação, suspensão ou modificação;

(v) A *petição em sentido estrito* – consiste num pedido formulado a uma autoridade administrativa no sentido de, sem ter existido anterior decisão, ser adotada ou tomada determinada providência face a um problema concreto.

Note-se que o direito de petição, tal como se encontra consagrado na sua formulação ampla no artigo 52º, nº 1, da Constituição, goza de aplicabilidade direta e vincula as autoridades administrativas[1262].

19.3.5. *(d) Princípio do arquivo aberto*

Uma outra modalidade garantística de acesso dos cidadãos à Administração Pública, introduzida pela revisão constitucional de 1989, encontra-se prevista no artigo 268º, nº 2, da Constituição: o direito de acesso aos arquivos e registos administrativos – trata-se do designado princípio do arquivo aberto.

Salvaguardadas as situações relativas à segurança interna e externa do Estado[1263], o segredo da investigação criminal, a intimidade das pessoas[1264] e

---

[1260] Cfr. CRP, artigo 23º, nº 1, referente às recomendações do Provedor de Justiça.

[1261] Em sentido diferente, autonomizando a figura da queixa face à denúncia, considerando que aquela visa apenas a denúncia de comportamentos dos funcionários ou agentes no sentido de ser acionado o poder disciplinar, cfr. DIOGO FREITAS DO AMARAL, *Curso...*, II, 2ª ed., pp. 759-760; IDEM, *Conceito e Natureza...*, I, pp. 104 ss. Trata-se, porém, de uma solução que, salvo melhor opinião, carece hoje de concordância face ao preceituado no artigo 23º da Constituição, quanto ao Provedor de Justiça,

[1262] Para um extrair de alguns efeitos desta vinculação à aplicabilidade direta do direito de petição, em sede de garantias impugnatórias, cfr. PAULO OTERO, *O Poder de Substituição...*, II, pp. 576 e 812 ss.

[1263] Cfr. JORGE BACELAR GOUVEIA, *Segredo de Estado*, in DJAP, VII, Lisboa, 1996, pp. 365 ss.

[1264] Cfr. JOSÉ EDUARDO FIGUEIREDO DIAS, *Direito à informação, protecção da intimidade e autoridades administrativas independentes*, in *Estudos em Homenagem ao Prof. Doutor Rogério Soares*, Coimbra, 2002, em especial, pp. 626 ss.

388 | BASES JURÍDICAS DA ADMINISTRAÇÃO PÚBLICA

ainda o segredo comercial ou segredo de negócio[1265], sem prejuízo de outros interesses constitucionais conflituantes que habilitem a restrição[1266], todos gozam do direito de consulta e, se possível, de reprodução dos documentos administrativos[1267], independentemente de qualquer procedimento em curso[1268]: um tal direito de acesso à informação[1269] torna-se um instrumento privilegiado de edificação da "democracia administrativa"[1270], reforçando a transparência das instituições públicas[1271], assumam estas uma forma organizativa de Direito público (: entidades públicas)[1272] ou de Direito privado (: entidades privadas)[1273].

[1265] Sobre esta última temática, cfr. Dário Moura Vicente, *Segredo comercial e acesso à informação administrativa*, in *Estudos em Homenagem ao Prof. Doutor Sérvulo Correia*, III, Coimbra, 2010, pp. 289 ss.; Fernando Pereira Ricardo, *Os segredos de negócio e o acesso aos autos no procedimento de controlo de concentrações*, in *Estudos em Memória do Prof. Doutor J.L. Saldanha Sanches*, I, Coimbra, 2011, pp. 161 ss.

[1266] Nas palavras do Tribunal Constitucional, "é possível ao legislador prever excepções ao direito *geral* de informação, quer no âmbito das restrições *expressamente autorizadas* pela Constituição, quer em hipóteses de *conflito* de direitos ou interesses constitucionalmente reconhecidos", cfr. Acórdão nº 136/2005, de 15 de março de 2005, relativo ao processo nº 470/02, in http://www.tribunalconstitucional.pt.

[1267] Especificamente sobre a cobrança de comparticipações pecuniárias pela obtenção de certidões de documentos integrantes de um procedimento administrativo, cfr. Raquel Carvalho, *Restrição ilegítima do direito à informação procedimental*, in CJA, nº 23, 2000, pp. 51 ss.

[1268] Sobre as exceções ao direito à informação, cfr. Fernando Condesso, *Direito à Informação...*, pp. 331 ss.

[1269] Note-se que este direito de acesso à informação resultante do princípio do arquivo aberto se diferencia do direito decorrente do princípio da informação procedimental por aquele compreender, desde logo, a informação relativa a procedimentos já encerrados ou concluídos e, neste sentido, "arquivados".

[1270] Cfr. Gomes Canotilho/Vital Moreira, *Constituição...*, II, 4ª ed., p. 824.

[1271] Cfr. Fernando Condesso, *Direito à Informação...*, pp. 27 ss.

[1272] Cfr. José Renato Gonçalves, *Acesso à Informação das Entidades Públicas*, Coimbra, 2002; Alexandre Brandão da Veiga, *Acesso à Informação da Administração Pública pelos Particulares*, Coimbra, 2007.

[1273] Neste último sentido, cfr. João Miranda, *O acesso à informação administrativa não procedimental das entidades privadas*, in *Estudos em Homenagem ao Prof. Doutor Sérvulo Correia*, II, Coimbra, 2010, pp. 433 ss.

§19º PRINCÍPIOS GARANTÍSTICOS FACE À ADMINISTRAÇÃO PÚBLICA | 389

19.4. Princípios do procedimento administrativo

19.4.1. Igualmente a tramitação que a Administração Pública segue para formar as suas decisões assume relevância garantística para os cidadãos: não basta garantir a legalidade material ou substantiva do que se decide, há também que garantir a legalidade do modo como se chega à decisão – tão importante é o conteúdo da decisão como o processo que conduziu à sua formação.

Por aqui passa também o princípio da justiça no exercício da atividade administrativa (v. *supra*, nº 18.3.7.).

Existe uma dimensão entrelaçada de legalidade (incluindo a justiça) e de legitimidade procedimental da decisão administrativa, permitindo a Constituição recortar, neste contexto de garantias procedimentais, a consagração de um verdadeiro princípio geral do procedimento equitativo[1274] ou do devido procedimento legal[1275] [1276], desdobrável em cinco vertentes nucleares:

(a) Princípio da decisão;
(b) Princípio da informação;
(c) Princípio da fundamentação;
(d) Princípio da notificação;
(e) Princípio da participação.

19.4.2. *(a) Princípio da decisão*
Corolário imediato do princípio da liberdade de petição, o texto constitucional confere aos cidadãos, nos termos do artigo 52º, nº 1, *in fine*, "o direito de serem informados, em prazo razoável, sobre o resultado da respetiva apreciação": a Administração Pública encontra-se vinculada a decidir as pretensões que lhe sejam formuladas pelos cidadãos – a essa vinculação

---

[1274] Cfr. SÉRVULO CORREIA, *Procedimento equitativo e direito de participação procedimental*, in *Estudos de Homenagem ao Prof. Doutor Jorge Miranda*, IV, Coimbra, 2012, pp. 411 ss.
[1275] Sublinhando a aplicação à Administração Pública do "devido processo legal", cfr. ADA PELLEGRINI GRINOVER, *A atividade administrativa em face do sistema constitucional*, in *Estudos de Homenagem ao Prof. Doutor Jorge Miranda*, I, Coimbra, 2012, pp. 45 ss.
[1276] Considerando o princípio do devido procedimento legal ou do procedimento equitativo como um verdadeiro princípio global ou direito fundamental de natureza global, cfr. SÉRVULO CORREIA, *Administrative due or fair process: different paths in the evolutionary formation of a global principle and of a global right*, in RLAEC, nº 11, 2010, pp. 103 ss.

administrativa de decisão, corresponde, por expressa disposição constitucional, um direito fundamental dos cidadãos[1277].

O princípio da decisão, expressando o dever imposto pela Constituição de as estruturas administrativas interagirem com os cidadãos que a elas se dirigem, assume uma configuração complexa:

(i) O dever de as pretensões formuladas serem examinadas;

(ii) O dever de, em prazo razoável, a Administração se pronunciar sobre as pretensões;

(iii) O conteúdo da decisão pode ter diferente natureza:
- Poderá possuir uma dimensão material, se a Administração se pronunciar sobre o fundo ou o conteúdo substantivo da pretensão formulada, deferindo-a ou indeferindo-a;
- Poderá conduzir a uma simples dimensão formal, se se verificar qualquer objeção procedimental que obste ao conhecimento do mérito ou substância do pedido, caso em que haverá indeferimento liminar;

(iv) Instrumentalização e subalternização dos requisitos formais a razões de ordem material, numa aplicação procedimental do princípio *pro actione*[1278], fazendo sempre prevalecer o conhecimento do fundo sobre a forma, numa postura de busca da verdade material ou decisão de mérito, significando isto o seguinte:
- A Administração deverá suprir ou mandar o interessado suprir as deficiências formais;
- Só poderá existir indeferimento liminar, recusando-se a apreciação da posição jurídica substantiva, por incumprimento de exigências procedimentais, se, oficiosamente ou a convite dirigido ao interessado, tais deficiências forem objeto de tentativa de suprimento;

[1277] Em igual sentido, fazendo decorrer do artigo 52º, nº 1, da Constituição o fundamento do princípio procedimental do dever de decidir a cargo da Administração Pública, cfr. SÉRVULO CORREIA, *O incumprimento do dever de decidir*, in CJA, nº 54, 2005, pp. 6 ss.; IDEM, *O incumprimento do dever de decidir*, in *Estudos Jurídicos e Económicos em Homenagem ao Prof. Doutor António de Sousa Franco*, I, Coimbra, 2006, em especial, pp. 218 ss.

[1278] Neste sentido e para mais desenvolvimentos, cfr. SÉRVULO CORREIA/MADAFALDA CARMONA, *O princípio* pro actione *no procedimento administrativo*, in CJA, nº 44, 2004, em especial, pp. 38 ss.

§19º PRINCÍPIOS GARANTÍSTICOS FACE À ADMINISTRAÇÃO PÚBLICA | 391

(v) O abuso de direito por parte dos cidadãos, formulando pretensões repetitivas, ilegais ou de má-fé, determina os termos do dever de decidir;

(vi) A inércia administrativa face a pretensões que lhe foram formuladas só a título excecional pode encontrar justificação;

(vii) O dever de decisão complementa-se com os deveres de informação, de fundamentação, de notificação e de participação.

19.4.3. *(b) Princípio da informação*

O direito fundamental de os cidadãos serem informados pela Administração Pública[1279], funcionando como condição de participação na vida púbica[1280] e pressuposto de qualquer intervenção procedimental e contenciosa – pois sem informação suficiente, clara e adequada todos os meios garantísticos se revelam de diminuta operatividade –, expressa a existência de um dever de publicidade da ação estatal que constitui corolário do princípio republicano[1281]. Há aqui uma vinculação administrativa de índole constitucional[1282] que, podendo ser desencadeada por iniciativa própria ou a pedido dos interessados, se insere no âmbito dos designados "direitos constitucionais comunicativos"[1283], envolvendo as seguintes principais vertentes:

(i) O direito ao esclarecimento sobre os atos praticados pelas entidades administrativas[1284];

(ii) O direito à informação sobre a gestão dos assuntos públicos[1285], incluindo os que assumem natureza administrativa;

[1279] Cfr. JORGE MIRANDA, *O direito de informação dos administrados*, in OD, 1988, III-IV, pp. 457 ss.; RAQUEL CARVALHO, *O Direito à Informação Administrativa Procedimental*, Porto, 1999.

[1280] Cfr. SÉRVULO CORREIA, *O direito à informação...*, pp. 133 ss.

[1281] Neste sentido e para mais desenvolvimentos, cfr. ANA PAULA BARCELLOS, *Algumas reflexões...*, pp. 227 ss.

[1282] No sentido de se estar diante de um preceito diretamente aplicável e imediatamente vinculativo da Administração Pública, cfr. DIOGO FREITAS DO AMARAL, *Direitos fundamentais dos administrados*, in JORGE MIRANDA (org.), *Nos Dez Anos da Constituição*, Lisboa, 1986, p. 14.

[1283] Cfr. GOMES CANOTILHO/VITAL MOREIRA, *Constituição...*, II, 4ª ed., p. 823.

[1284] Cfr. CRP, artigo 48º, nº 2, 1ª parte.

[1285] Cfr. CRP, artigo 48º, nº 2, 2ª parte.

392 | BASES JURÍDICAS DA ADMINISTRAÇÃO PÚBLICA

(iii) O direito à publicidade concursal[1286], envolvendo o dever de divulgação pública aos diversos atos de procedimentos concorrenciais;

(iv) O direito à informação sobre o andamento ou tramitação dos processos em que cada um seja diretamente interessado[1287];

(v) O direito a conhecer as decisões finais sobre os procedimentos que lhes digam respeito[1288];

(vi) O direito de os cidadãos participantes num procedimento concursal terem acesso a certos documentos referentes aos candidatos concorrentes, visando o controlo da atuação administrativa e desde que o seu conhecimento não seja inviabilizado por interesses ou valores atendíveis e que limitem o seu conhecimento por terceiros (v.g., reserva da intimidade da via privada, segredo comercial ou de negócio)[1289-1290];

(vii) O direito de qualquer cidadão obter informações administrativas, independentemente de ser o interessado direto ou ter tido intervenção no procedimento concursal em causa, desde que prove ser titular de um interesse legítimo na informação que solicita[1291];

(viii) O direito a ser informado sobre o resultado da apreciação das diferentes modalidades de exercício do direito de petição[1292];

(ix) O direito a conhecer, a obter a retificação e a atualização dos danos informatizados que lhes digam respeito, assim como a

---

[1286] Sobre o tema, procedendo ao desenvolvimento de todo um conjunto de atos em que se desdobra a publicidade dos procedimentos concursais, cfr., por todos, ANA NEVES, *A publicidade concursal*, in *Estudos em Homenagem ao Prof. Doutor José Joaquim Gomes Canotilho*, IV, Coimbra, 2012, pp. 449 ss.

[1287] Cfr. CRP, artigo 268º, nº 1.

[1288] Cfr. CRP, artigo 268º, nº 1, *in fine*.

[1289] Para mais desenvolvimentos, cfr. FERNANDO CONDESSO, *Direito à Informação...*, p. 345; JOÃO CAUPERS, *Acesso a documentos nominativos: direito à informação ou reserva da intimidade?*, in CJA, nº 1, 1997, pp. 33 ss.

[1290] Um tal direito compreende também a faculdade de assistir a audiências públicas envolvendo opositores no mesmo procedimento concursal, sendo discutível que possa compreender a gravação de imagens e/ou de som sem a necessária autorização.

[1291] Para mais desenvolvimentos sobre a determinação da legitimidade no direito à informação administrativa, cfr. RAQUEL CARVALHO, *Os direitos à informação administrativa*, in CJA, nº 33, 2002, pp. 35 ss.

[1292] Cfr. CRP, artigo 52º, nº 1.

§19º PRINCÍPIOS GARANTÍSTICOS FACE À ADMINISTRAÇÃO PÚBLICA | 393

serem informados sobre a finalidade a que os mesmos se destinam[1293];

(x) O direito a possuir meios processuais tendentes a obter uma tutela
jurisdicional efetiva das diversas vertentes do direito material (ou
procedimental) à informação[1294], pois "a cada direito cabe uma
ação que lhe forneça tutela judicial adequada"[1295].

A Administração Pública sob forma jurídica privada, designadamente
no âmbito do setor empresarial público que age em mercado concorrencial, poderá suscitar, todavia, algumas especificidades no âmbito da satisfação do direito de acesso à informação[1296].

19.4.4. *(c) Princípio da fundamentação*
Se os cidadãos têm o direito a conhecer a fundamentação dos atos que
afetem as suas posições jurídicas subjetivas[1297], a Administração Pública
encontra-se vinculada a proceder à sua fundamentação, indicando os motivos ou as razões de facto e de direito que conduziram ou justificam a decisão tomada:

(i) A fundamentação, procurando reconstituir o itinerário intelectual
subjacente ao processo decisório, deve ser expressa, usar uma linguagem acessível ou clara ao cidadão normal, revelando-se suficiente e congruentemente explicativa do ato[1298];

[1293] Cfr. CRP, artigo 35º, nº 1.
[1294] Cfr. Sérvulo Correia, *O direito dos interessados à informação:* **ubi ius, ibi remen-
dium**, in CJA, nº 5, 1997, pp. 7 ss.; Catarina Sarmento e Castro, *Direito à informação
procedimental: os interesses e os interessados. Todos diferentes, todos iguais?*, in CJA, nº 31,
2002, em especial, pp. 46 e 47.
[1295] Cfr. Raquel Carvalho, *Os direitos à informação administrativa*, p. 36.
[1296] Cfr. Pedro Gonçalves, *O direito de acesso à informação...*, pp. 3 ss.; Miguel Assis
Raimundo, *Ainda o acesso à informação detida por empresas públicas*, in CJA, nº 98, 2013,
pp. 40 ss.
[1297] Cfr. CRP, artigo 268º, nº 3.
[1298] Cfr. José Carlos Vieira de Andrade, *O Dever de Fundamentação Expressa dos
Actos Administrativos*, Coimbra, 1991; Joana Albernaz Delgado, *Os requisitos da fundamentação do acto administrativo e a jurisprudência do Supremo Tribunal Administrativo*, in
RFDUL, 2004, pp. 151 ss.; Luís Vasconcelos Abreu, *A obrigatoriedade de fundamentação
dos actos administrativos e das decisões judiciais nalguma jurisprudência recente*, in *Estudos
em Honra de Ruy de Albuquerque*, I, Coimbra, 2006, pp. 829 ss.

394 | BASES JURÍDICAS DA ADMINISTRAÇÃO PÚBLICA

(ii) A fundamentação visa sustentar as razões de interesse público e as inerentes ponderações de interesses (públicos e privados) que ditaram a solução adotada, permitindo um melhor controlo judicial, administrativo e político da decisão.

Constitui matéria controvertida saber se o princípio constitucional que impõe a fundamentação das decisões administrativas se subjetivou, existindo um direito fundamental à fundamentação[1299].

19.4.5. *(d) Princípio da notificação*

Não basta os cidadãos terem o direito a ser informados das decisões que lhes digam respeito, nem a conhecer a respetiva fundamentação: a Constituição confere a todos os interessados o direito fundamental a serem notificados pela Administração Pública dos atos que afetem direitos ou interesses legalmente protegidos[1300], incluindo, naturalmente, a respetiva fundamentação, se existir. Note-se que o conhecimento de tais atos por outras vias – designadamente através da publicação em jornal oficial – não isenta a Administração do dever de notificar, em termos formais e oficiais[1301], nem constitui o cidadão no dever de lhe obedecer ou sofrer os seus efeitos.

O princípio da notificação subjetivou-se no direito fundamental à notificação, assumindo uma predominante função garantística dos cidadãos[1302] e, nesse contexto, também instrumental ao exercício de outras garantias:

(i) Sem notificação ou perante notificação absolutamente insuficiente (v.g., falta de notificação do sentido do ato, do seu autor ou da sua data), o ato é inoponível ao interessado[1303];

[1299] Para uma recente e abragente síntese do tema, cfr. MIGUEL PRATA ROQUE, *Acto nulo ou anulável? – A jus-fundamentalidade do direito de audiência prévia e do direito à fundamentação*, in CJA, nº 78, 2009, em especial, pp. 28 ss.

[1300] Cfr. CRP, artigo 268º, nº 3. Em termos doutrinais, cfr. PEDRO GONÇALVES, *Notificação dos actos administrativos (notas sobre a génese, âmbito, sentido e consequências de uma imposição constitucional)*, in *Ab Vno ad Omnes – 75 anos da Coimbra Editora 1920-1995*, Coimbra, 1998, pp. 1091 ss.

[1301] Cfr. GOMES CANOTILHO/VITAL MOREIRA, *Constituição...*, II, 4ª ed., p. 825.

[1302] Para mais desenvolvimentos sobre as diversas funções da notificação e dos efeitos da sua ausência ou insuficiência, cfr. SÉRVULO CORREIA, *Inexistência e insuficiência da notificação do acto administrativo*, in *Estudos em Homenagem ao Professor Doutor Marcello Caetano – No Centenário do seu Nascimento*, I, Coimbra, 2006, pp. 583 ss.

[1303] Neste último sentido, cfr. Acórdão da 3ª Subsecção do Contencioso Administrativo do Supremo Tribunal Administrativo, de 24 de maio de 2000, processo nº 41194, in http://www.

§19º PRINCÍPIOS GARANTÍSTICOS FACE À ADMINISTRAÇÃO PÚBLICA | 395

(ii) A deficiência da notificação (v.g., informações incorretas prestadas pela Administração ao particular) projeta inevitáveis efeitos contenciosos ao nível das garantias dos particulares[1304].

19.4.6. *(e) Princípio da participação*

Na sua dimensão procedimental, o princípio da participação não tem o centro nuclear na designada participação dos interessados na gestão da Administração Pública (v. *supra*, nº 18.2.6.), nem na genérica participação na vida política que alicerça o acesso a cargos públicos de natureza administrativa (v. *supra*, nº 19.3.2.): trata-se agora de sublinhar a vertente da participação que se materializa no direito reconhecido a cada cidadão de ter intervenção na formação das decisões ou deliberações que lhes digam respeito[1305] – a participação procedimental dos cidadãos consubstancia o respeito pelo contraditório e o contraditório realiza o Estado de Direito administrativo.

Acolhendo e generalizando o princípio do contraditório, historicamente formulado a propósito de atos de conteúdo sancionatório[1306], o artigo 267º, nº 5, cria, em primeiro lugar, uma vinculação ao legislador para garantir, por via de lei, um procedimento administrativo que, antes da tomada das decisões, assegure a participação dos cidadãos no processo de formação de atos que os tenham como destinatários ou relativamente aos quais tenham

---

dgsi.pt/jsta; . Acórdão da 2ª Secção do Contencioso Administrativo do Supremo Tribunal Administrativo, de 31 de março de 2004, processo nº 02007/03, in http://www.dgsi.pt/jsta; Acórdão da 2ª Secção do Contencioso Administrativo do Supremo Tribunal Administrativo, de 6 de outubro de 2005, processo nº 022/05, in http://www.dgsi.pt/jsta.

[1304] Neste sentido, indicando jurisprudência do Supremo Tribunal Administrativo de 2006 e 2008, cfr. PEDRO MACHETE, *Notificação deficiente de acto administrativo – a articulação entre meios administrativos e contenciosos*, in CJA, nº 75, 2009, pp. 11 ss.

[1305] Cfr. CRP, artigo 267º, nº 5. Sublinhando e desenvolvendo o conceito de participação procedimental como direito fundamental, cfr. SÉRVULO CORREIA, *Procedimento equitativo...*, em especial, pp. 423 ss.

[1306] Dizia-se nas Ordenações Filipinas (liv. II, tít. I, §13º) que "(...) o Direito Natural não consente que condenar-se, nem infamar-se publicamente alguma pessoa, sem primeiro ser ouvida e convencida judicialmente, ou per sua confissão" (cfr. PAULO OTERO, *Revolução liberal...*, pp. 629 e 630). A necessidade de audiência prévia antes de ser tomada uma decisão individual de natureza sancionatória tem a sua origem recente no Reino Unido, em 1723, usando-se o exemplo bíblico de Adão e Eva no designado *Bentley's case* (cfr. H.W.R. WADE/C.F. FORSYTH, *Administrative Law*, pp. 493 ss., em especial, pp. 497-498).

396 | BASES JURÍDICAS DA ADMINISTRAÇÃO PÚBLICA

interesse – os artigo 32º, nº 10, referente aos procedimentos contraordena-
cionais (e demais procedimentos de natureza sancionatória), assim como
o artigo 269º, nº 3, em matéria de procedimento disciplinar na função
pública, constituem afloramentos do direito de participação procedimental ou direito do contraditório, tendo a particularidade de serem direitos
fundamentais que gozam de aplicabilidade direta.

Mostra-se ainda a Constituição, por último, passível de alicerçar um
direito de participação procedimental dos interessados na formação de
normas regulamentares[1307].

19.5. Princípios de controlo da Administração Pública

19.5.1. Não basta dizer-se que a Administração Pública se encontra
subordinada à juridicidade e a todo um conjunto de vinculações, se, em
caso de efetiva ou presumível violação, não existirem mecanismos de fiscalização – os princípios de controlo da Administração Pública exercem
essa função garantística, salientando-se os seguintes:
   (a) Princípio da tutela jurisdicional efetiva;
   (b) Princípio da responsabilidade civil da Administração Pública;
   (c) Princípio da intervenção moderadora do Provedor de Justiça;
   (d) Princípio da responsabilidade política da Administração Pública;
   (e) Princípio do controlo administrativo;
   (f) Princípio do respeito pelos mecanismos internacionais e europeus
        de garantia.

19.5.2. *(a) Princípio da tutela jurisdicional efetiva*
Manifestação específica do direito geral de acesso aos tribunais[1308], a
tutela jurisdicional efetiva de direitos e interesses legalmente protegidos,
dizendo-nos que todas as dúvidas sobre a legalidade da conduta (ativa ou
omissiva) da Administração Pública são passíveis de sindicabilidade judicial, segundo um postulado de que a todas as posições jurídicas subjetivas

---

[1307] Neste sentido, tomando como referência o Acórdão do Tribunal Constitucional
nº 163/2007, de 6 de março de 2007, relativo ao processo nº 730/06 (in http://www.tribunal-
constitucional.pt), cfr. J. M. SÉRVULO CORREIA, *A jurisprudência constitucional...*, pp. 111 ss.
[1308] Cfr. CRP, artigo 20º, nº 1.

materiais dos cidadãos corresponde um meio processual adequado a fazê-las reconhecer em tribunal, consubstancia um direito fundamental complexo e de natureza processual que, exercendo-se junto do poder judicial, se desdobra nas seguintes manifestações constitucionais:

(i) Ação para o reconhecimento de direitos e interesses legalmente protegidos[1309];

(ii) Ação de impugnação contenciosa de atos administrativos lesivos de posições jurídicas subjetivas[1310];

(iii) Ação para a determinação da prática de atos administrativos legalmente devidos[1311];

(iv) Ação para a adoção de medidas cautelares adequadas[1312];

(v) Ação célere ou urgente de defesa de direitos, liberdades e garantias[1313];

(vi) Ação de impugnação de regulamentos com eficácia externa lesivos de posições jurídicas subjetivas[1314];

(vii) Ação de *habeas corpus* face a detenção ilegal por autoridade administrativa[1315].

Não existe neste domínio, cumpre sublinhar, um princípio de tipicidade dos mecanismos de tutela jurisdicional efetiva: respeitado que seja o princípio da separação de poderes, o legislador pode sempre criar outros mecanismos judiciais garantísticos dos cidadãos face à Administração Pública.

19.5.3. *(b) Princípio da responsabilidade civil da Administração Pública*
Traduzindo ainda um mecanismo de tutela jurisdicional efetiva, visando o ressarcir de danos ou prejuízos gerados por ações ou omissões da Admi-

---

[1309] Cfr. CRP, artigo 268º, nº 4.

[1310] Cfr. CRP, artigo 268º, nº 4.

[1311] Cfr. CRP, artigo 268º, nº 4.

[1312] Cfr. CRP, artigo 268º, nº 4.

[1313] Cfr. CRP, artigo 20º, nº 5.

[1314] Neste último sentido, cfr. CRP, artigo 268º, nº 5.

[1315] Cfr. CRP, artigo 31º. Sobre o *habeas corpus* como garantia de liberdade dos cidadãos contra atuações abusivas da Administração, isto através da intervenção dos tribunais, cfr. JOSÉ DE FARIA COSTA, *Habeas Corpus: ou a análise de um longo e ininterrupto "diálogo" entre o poder e a liberdade*, in BFDUC, 1999, pp. 537 ss.; CARLA SOFIA XAVIER COELHO, *Contributo para o estudo da tutela jurisdicional da liberdade pessoal contra agressões ilegais – o «habeas corpus» no Direito Português*, dissertação de mestrado na FDL, inédita, Lisboa, 2003.

398 | BASES JURÍDICAS DA ADMINISTRAÇÃO PÚBLICA

nistração Pública na esfera jurídica do cidadão, a responsabilidade civil administrativa cria a obrigação de indemnizar o lesado, tendo como fundamento último o sentido de justiça de uma sociedade: o princípio da igualdade dos encargos públicos constitui o alicerce da responsabilidade dos entes públicos[1316].

Mostra-se possível encontrar na responsabilidade civil ou patrimonial da Administração Pública, entretanto objeto de subjetivação num direito fundamental dos cidadãos à reparação dos danos causados pela conduta administrativa[1317], três diferentes fontes ou "títulos de imputação"[1318]:

(i) A *responsabilidade civil por facto ilícito* (= responsabilidade aquiliana[1319]) – verifica-se sempre que a Administração Pública, por ação ou omissão, adota uma conduta desconforme com a juridicidade, violando com culpa posições jurídicas subjetivas[1320], provocando dano;

(ii) A *responsabilidade civil por facto lícito* (= responsabilidade pelo sacrifício) – ocorre sempre que a Administração Pública, apesar de agir dentro da juridicidade, gera um dano (de natureza patrimonial[1321] ou não patrimonial[1322]) ao cidadão[1323];

(iii) A *responsabilidade pelo risco* – baseada na existência de prejuízos que, sem terem na sua base factos lícitos ou ilícitos, são provocados por atividades, coisas ou serviços administrativos especialmente perigosos, excedendo o dano normal decorrente da vivência em sociedade.

[1316] Neste último sentido, cfr. MARTINHO NOBRE DE MELO, *Teoria Geral da Responsabilidade do Estado – Indemnizações pelos danos causados no exercício das funções públicas*, Lisboa, 1914, pp. 77 ss.

[1317] Cfr. GOMES CANOTILHO/VITAL MOREIRA, *Constituição...*, I, 4ª ed., pp. 428-429; PAULO OTERO, *Direito Constitucional Português*, I, p. 113.

[1318] Usando esta última terminologia, cfr. ANTÓNIO MENEZES CORDEIRO, *Tratado...*, I, 4ª ed., p. 983.

[1319] Sobre a origem histórica da designada "responsabilidade aquiliana", cfr. ANTÓNIO MENEZES CORDEIRO, *Tratado de Direito Civil Português*, II, 3º tomo, Coimbra, 2010, pp. 387 ss.

[1320] Cfr. CRP, artigo 22º.

[1321] Cfr. CRP, artigo 62º, nº 2.

[1322] Cfr. CRP, artigo 22º.

[1323] Traçando, neste sentido, a dicotomia, cfr. PAULO OTERO, *Direito Constitucional Português*, I, p. 113.

§19º PRINCÍPIOS GARANTÍSTICOS FACE À ADMINISTRAÇÃO PÚBLICA | 399

19.5.4. *(c) Princípio da intervenção moderadora do Provedor de Justiça*

O Provedor de Justiça, sendo titular de um poder moderador garantístico dos cidadãos e da juridicidade[1324], encontra-se habilitado a receber queixas[1325], por ações ou omissões dos poderes públicos – incluindo da Administração Pública –, visando a defesa de posições jurídicas (: competência de incidência subjetivista) ou a defesa da legalidade (: competência de incidência objetivista), apreciando-as, sem poder decisório, e, caso entenda dar-lhes seguimento, formulará recomendações aos órgãos administrativos, visando, deste modo, prevenir ou reparar tais situações[1326] – aqui reside a função garantística do Provedor de Justiça, tornando-se uma "ponte", uma instância independente de moderação de possíveis conflitos entre as estruturas administrativas decisórias e os cidadãos[1327].

19.5.5. *(d) Princípio da responsabilidade política da Administração Pública*

Expressão legitimadora e democratizadora da Administração Pública, a sua responsabilidade política, podendo assumir natureza concertada ou difusa (v. *supra*, nº 4.4.6.), comporta uma dupla função garantística:

(i)   Encontra na dinâmica própria da tradicional responsabilidade do órgão executivo perante um órgão colegial de natureza representativa um instrumento limitativo do poder, falando-se em separação de poderes entre maioria e oposição;

(ii) Depara com o controlo que a opinião pública exerce[1328], designadamente através dos meios de comunicação social e das novas tecnologias subjacentes às redes sociais, garantindo uma ação

---

[1324] Neste sentido e para mais desenvolvimentos, cfr. PAULO OTERO, *Direito Constitucional Português*, II, pp. 16 e 519 ss.

[1325] Para uma densificação das queixas passíveis de serem admitidas pelo Provedor de Justiça, cfr. JOSÉ LUCAS CARDOSO, *Os pressupostos de admissibilidade de queixas pelo Provedor de Justiça – Abertura ou restrição do acesso dos ciadãos a um órgão de defesa dos seus direitos fundamentais?*, in RDP-IDP, nº 2, 2009, pp. 91 ss.

[1326] Cfr. CRP, artigo 23º. Para uma discussão em torno da natureza unitária ou plural da figura do Provedor de Justiça, analisando a possibilidade de se criarem vários provedores de justiça, cfr. JOÃO CAUPERS, *Direito e Outras Coisas*, pp. 575 ss.

[1327] Cfr. ANA FERNANDA NEVES, *O Provedor de Justiça e a Administração Pública*, in *Estudos em Homenagem ao Prof. Doutor Joaquim Moreira da Silva Cunha*, Coimbra, 2005, pp. 51 ss.

[1328] Sublinhando a importância da opinião pública, em termos comparativos ao direito de petição, enquanto garantia de controlo da Administração Pública, cfr. ROCHA SARAIVA, *Lições de Direito Administrativo*, (1914), pp. 308-309.

400 | BASES JURÍDICAS DA ADMINISTRAÇÃO PÚBLICA

administrativa sujeita a permanente escrutínio do eleitorado – regista-se aqui, por vezes, uma democracia administrativa quase direta.

19.5.6. *(e) Princípio do controlo administrativo*

A garantia de fiscalização ou controlo da atuação administrativa pode encontrar-se, igualmente, dentro da própria Administração Pública.

A Administração Pública é (ou deve ser) a primeira instância de controlo da sua conduta, assumindo uma postura garantística da juridicidade e das posições jurídicas dos cidadãos, isto através de duas vias:

(i) Cada órgão administrativo tem o dever de fiscalizar a legalidade e o mérito da sua conduta[1329], falando-se em *princípio do autocontrolo administrativo*, registando-se que, caso verifique anomalias, deve promover a sua resolução;

(ii) Existem órgãos administrativos que, detendo uma posição de supremacia, exercerem poderes intra-administrativos de controlo ou fiscalização sobre a atuação de outros órgãos[1330], falando-se agora em *princípio de heterocontrolo administrativo* (v.g., supervisão hierárquica, superintendência, tutela revogatória).

19.5.7. *(f) Princípio do respeito pelos mecanismos internacionais e europeus de garantia*

O princípio da soberania internacionalizada e europeizada (v. *supra*, nº 17.4.), alicerçando um conjunto de garantias internacionais e europeias aos cidadãos (v. *supra*, nº 5.5.), impõe ao Estado um triplo conjunto de vinculações:

(i) Vinculação, em primeiro lugar, a respeitar as normas materiais definidoras das garantias dos cidadãos no seu relacionamento com a Administração Pública do Estado, enquanto limite da sua ação administrativa interna;

(ii) Vinculação, em segundo lugar, às decisões das instâncias (judiciais e não judiciais) internacionais e europeias que se encontram encarregues de controlar o cumprimento pelos Estados de tais imperativos materiais;

[1329] Cfr. CRP, artigo 199º, alínea f).
[1330] Cfr. CRP, artigo 199º, alínea d).

§19º PRINCÍPIOS GARANTÍSTICOS FACE À ADMINISTRAÇÃO PÚBLICA | 401

(iii) Vinculação, em terceiro lugar, a dar execução às decisões judiciais do Tribunal Europeu dos Direitos do Homem[1331] ou do Tribunal de Justiça da União Europeia, repondo ou reparando a situação que decorreria do inicial cumprimento da normatividade material.

19.6. Princípios de incidência intra-administrativa

19.6.1. As garantias dos cidadãos face à Administração Pública são completadas, a nível constitucional, através da institucionalização de mecanismos garantísticos de certas instituições administrativas face à liberdade conformadora do legislador: a Constituição resolveu estabelecer um conjunto de garantias de incidência intra-administrativa, limitando a margem decisória da lei e permitindo a reivindicação de pretensões de estruturas administrativas contra outras estruturas administrativas, num cenário de uma possível conflitualidade intra-administrativa sujeita a controlo judicial.

19.6.2. A criação de princípios garantísticos de instituições administrativas perante o poder, encontrando-se alicerçada na Constituição, pode fazer-se através de duas técnicas jurídicas:
(i) O reconhecimento de *direitos fundamentais* – traduzindo posições jurídicas subjetivas de vantagem que, alicerçadas em norma com valor constitucional, permitem ao seu titular reivindicar uma decisão de conteúdo favorável ao seu reconhecimento, salvaguarda ou tutela;
(ii) A criação de *garantias institucionais* – envolvendo o reconhecimento de proteção constitucional a certas instituições[1332] ou "de qualquer forma ou princípio de organização social"[1333], excluindo a sua supressão e a sua transfiguração identificativa da disponibilidade do legislador, sem que isso signifique, todavia, qualquer subjetivação da realidade em causa[1334].

[1331] Cfr. JOSÉ EDUARDO GONÇALVES LOPES, *A Execução...*, pp. 183 ss.
[1332] Cfr. CARL SCHMITT, *Teoría de la Constitución*, reimp., Madrid, 1992, pp. 175 ss.
[1333] Cfr. JORGE MIRANDA, *Manual...*, IV, 5ª ed., pp. 88 ss.
[1334] Cfr. JOSÉ DE MELO ALEXANDRINO, *Direitos Fundamentais...*, pp. 38-39.

402 | BASES JURÍDICAS DA ADMINISTRAÇÃO PÚBLICA

19.6.3. Mostra-se possível recortar, à luz da ordem jurídico-constitucional vigente, três princípios garantísticos ao nível intra-administrativo:
(a) Princípio do reconhecimento da titularidade de direitos fundamentais pelas entidades públicas;
(b) Princípio da salvaguarda de garantias institucionais de natureza administrativa;
(c) Princípio da configuração de certos poderes administrativos como direitos fundamentais.

Indiquemos breves referências explicativas e ilustrativas de cada um deles.

19.6.4. *(a) Princípio do reconhecimento da titularidade de direitos fundamentais pelas entidades públicas*

Não obstante os direitos fundamentais terem nascido e ainda hoje serem, na sua essência, posições jurídicas de vantagem dos indivíduos em relação ao Estado ou ao Poder, a verdade é que não se pode recusar a titularidade de direitos fundamentais por entidades públicas[1335], oponíveis ao Estado e a outras entidades públicas, sem excluir mesmo que o próprio Estado possua direitos fundamentais, apesar destes últimos nunca se poderem converter em ameaças à sociedade civil ou aos cidadãos[1336].

Como exemplos de direitos fundamentais titulados por entidades públicas temos o direito de propriedade privada[1337], o direito à impugnação de atos administrativos lesivos da sua esfera jurídica e o direito de participação em decisões de natureza sancionatória que as tenham como destinatárias.

[1335] Para uma síntese da discussão da matéria, cfr. Luís PEREIRA COUTINHO, *As Faculdades Normativas...*, pp. 93 ss.; DAVID PEIXOTO DUARTE, *A norma de universalidade de direitos e deveres fundamentais: esboço de uma anotação*, in BFDUC, 2000, em especial, pp. 426 ss.; JOÃO PACHECO AMORIM, *A autonomia das universidades públicas no Direito português*, in *Estudos em Homenagem ao Prof. Doutor José Joaquim Gomes Canotilho*, II, Coimbra, 2012, pp. 81 ss.

[1336] Sobre a substancialização do Estado e a temática da titularidade de direitos fundamentais, cfr. K.A. BETTERMANN, *Juristische Personen des öffentlichen Rechts als Grundrechtsträger*, in NJW, 1969, pp. 1321 ss.; NICOLÁS MARÍA LÓPEZ CALERA, *Yo, el Estado*, pp. 45 ss.

[1337] Neste sentido, apesar de se referir a uma empresa pública dotada de personalidade jurídica de direito privado, cfr. PAULO OTERO, *Privatizações, Reprivatizações e Transferências de Participações Sociais no Interior do Sector Público*, Coimbra Editora, Coimbra, 1999, pp. 127 ss.

§19º PRINCÍPIOS GARANTÍSTICOS FACE À ADMINISTRAÇÃO PÚBLICA | 403

19.6.5. *(b) Princípio da salvaguarda de garantias institucionais de natureza administrativa*

A proteção constitucional de certas instituições administrativas ou, em termos genéricos, de realidades jurídicas referentes à Administração Pública, limitando a margem de liberdade conformadora do legislador e do princípio maioritário na sua disponibilidade ou configuração, levando à criação de garantias institucionais de natureza administrativa, encontra diversas exemplificações ilustrativas: (i) a autonomia regional[1338], (ii) a autonomia local[1339], (iii) a autonomia das associações públicas[1340], (iv) a função pública e a existência de um regime jurídico próprio[1341], (v) o domínio público[1342], (vi) a reserva de Direito Administrativo[1343].

19.6.6. *(c) Princípio da configuração de certos poderes administrativos como direitos fundamentais*

Ultrapassando a criação de garantias institucionais no âmbito da Administração Pública, a Constituição portuguesa vai, por vezes, ainda mais longe: configura como direitos fundamentais poderes que reconhece a

---

[1338] Cfr. CRP, artigos 6º e 225º e ss. Considerando já a autonomia regional como garantia institucional, cfr. PAULO OTERO, *O Poder de Substituição...*, II, p. 546.

[1339] Cfr. CRP, artigos 6º, nº 1, e 235º e ss. Neste sentido, cfr. PAULO OTERO, *O Poder de Substituição...*, II, pp. 546-547; IDEM, *Direito Constitucional...*, II, pp. 621 ss. Igualmente a jurisprudência constitucional reconheceu, expressamente, a existência aqui de uma garantia institucional, cfr. Acórdão do Tribunal Constitucional nº 296/2013, de 28 de maio de 2013, cit.

Considerando que o princípio da autonomia local mais do que uma garantia institucional é uma "garantia constitucional", cfr. JOSÉ DE MELO ALEXANDRINO, *Direito das Autarquias Locais*, p. 85.

Em sentido contrário, negando que a autonomia local se deva conceptualizar como uma garantia institucional, cfr. MIGUEL NOGUEIRA DE BRITO, *A iniciativa económica...*, pp. 509 ss., em especial, p. 514.

[1340] Cfr. CRP, artigo 267º, nº 4.

[1341] Cfr. CRP, artigo 269º.

[1342] Cfr. CRP, artigo 84º.

[1343] Sustentando a existência de uma reserva constitucional de Direito Administrativo, sem, todavia, a qualificar como garantia institucional, cfr. PAULO OTERO, *Vinculação e Liberdade...*, pp. 237 ss. e 281 ss.; IDEM, *Direito Administrativo – Relatório*, p. 230; IDEM, *Legalidade e Administração Pública*, pp. 815 ss.; SILVIA DEL SAZ, *Dessarrollo...*, pp. 99 ss.; LUÍS CABRAL DE MONCADA, *A Administração Pública...*, pp. 479 ss.

404 | BASES JURÍDICAS DA ADMINISTRAÇÃO PÚBLICA

entidades públicas – é o que sucede, nos termos do artigo 76º, nº 2, em matéria de autonomia universitária[1344].

A autonomia estatutária, científica, pedagógica, administrativa e financeira das universidades públicas não traduz simples poderes reconhecidos pela Constituição a favor de entidades públicas e que assumem a natureza de garantia institucional da liberdade de investigação e de ensino científico[1345]: há aqui um *plus*, estamos diante, por expressa imposição constitucional, de verdadeiros direitos fundamentais destas entidades[1346] [1347], passíveis de serem alargados, por via interpretativa ou legislativa, a outras entidades públicas.

[1344] Neste sentido e para mais desenvolvimentos, cfr. PAULO OTERO, *O Poder de Substituição...*, II, pp. 548 ss. e 647.

[1345] Neste último sentido e para mais desenvolvimentos, cfr. JOÃO PACHECO AMORIM, *A autonomia das universidades...*, pp. 57 ss.

[1346] Para uma discussão aprofundada do tema ao nível das universidades públicas, cfr. LUÍS PEREIRA COUTINHO, *As Faculdades Normativas...*, pp. 91 ss.; JOÃO PACHECO AMORIM, *A autonomia das universidades...*, pp. 81 ss.

[1347] Note-se que, a propósito das regiões autónomas, a Constituição revela uma linguagem ambigua: no artigo 227º, nº 1, fala em "poderes, a definir nos respetivos estatutos", apesar de o artigo 281º, nº 1, alínea d), falar em "violação dos direitos de uma região autónoma consagrados no seu estatuto" (em sentido semelhante, igualmente os artigos 281º, nº 2, alínea g), e 283º, nº 1).

Capítulo 2º
IDENTIDADE ESTRUTURANTE DA ADMINISTRAÇÃO PÚBLICA

Secção 1ª
**Traços materiais da Administração
Pública contemporânea**

§20º PERSONALIZAÇÃO: ADMINISTRAÇÃO PÚBLICA PERSONALIZADA

20.1. A génese histórica da personalização

20.1.1. Sem prejuízo de tentativas de fazer remontar o fenómeno da personalidade coletiva pública ao Direito Romano[1348], a ideia moderna de personalidade jurídica aplicada a estruturas decisórias públicas parece encontrar o seu alicerce histórico em Thomas Hobbes (1588-1679)[1349]: partindo da distinção entre pessoa natural e pessoa imaginária ou artificial[1350], "personificar é atuar ou representar a si mesmo ou a outro"[1351], Hobbes afirma que "poucas coisas existem que não possam ser representadas por ficção"[1352], definindo o Estado como uma pessoa[1353].

[1348] Neste sentido e para mais desenvolvimentos, cfr. MARGARIDA SEIXAS, *Personalidade coletiva no Direito Romano*, in *Estudos em Homenagem ao Prof. Doutor Raúl Ventura*, I, Coimbra, 2003, pp. 1053 ss., em especial, pp. 1075 ss.; A. SANTOS JUSTO, *Direito Privado Romano*, I, 4ª ed., Coimbra, 2008, pp. 152 ss.

[1349] Em sentido contrário, entendendo que o município medieval envolvia já "o reconhecimento da personalidade coletiva", cfr. MARCELLO CAETANO, *A antiga organização dos mesteres...*, p. 174. Para uma referência ao tema durante a Idade Moderna, concluindo que também só no século XIX se precisa o conceito de personalidade coletiva, cfr. ANTÓNIO PEDRO BARBAS HOMEM, *O Espírito das Instituições*, pp. 59 ss. e 132.

[1350] Cfr. THOMAS HOBBES, *Leviathan*, (Parte I, Cap. 16º), p. 132.

[1351] Cfr. THOMAS HOBBES, *Leviathan*, (Parte I, Cap. 16º), p. 132.

[1352] Cfr. THOMAS HOBBES, *Leviathan*, (Parte I, Cap. 16º), p. 134.

[1353] Cfr. THOMAS HOBBES, *Leviathan*, (Parte II, Cap. 17º), p. 141. Em sentido semelhante, utilizando a ideia de representação a propósito do povo, Hobbes considera que o povo é dotado de um duplo significado: o povo é a multidão de indivíduos par-

410 | IDENTIDADE ESTRUTURANTE DA ADMINISTRAÇÃO PÚBLICA

A noção hobbesiana de personalidade no âmbito do Estado, decorrendo de uma ideia ficcional de representação, configura-se como uma abstração, produzindo efeitos ao nível da imputação jurídica da vontade: o Estado é uma pessoa que tem como titular o soberano, seja ele um monarca ou uma assembleia[1354], sendo o ministro aquele que, empregado do soberano, tem autorização para representar a personalidade do Estado[1355].

20.1.2. Remonta à Administração renascentista-barroca e à teoria dos dois corpos do rei, desdobrando o príncipe em duas pessoas (v. *supra*, nº 11.3.12.), a raíz da personalização ao nível do Direito público.

Excluída a existência de relações jurídicas entre o Estado absoluto e os súbditos fora do Direito privado[1356], será a propósito da Administração de valores pecuniários ou questões patrimoniais do Estado, que a doutrina cria, ao lado do Estado soberano, uma pessoa coletiva de Direito privado: o fisco[1357]. Compreende-se, neste sentido, que em Savigny (1779-1861) o fenómeno da personalidade coletiva se circunscrevesse a relações de Direito privado[1358].

---

ticulares que vive num país e, por outro lado, é também uma pessoa jurídica, sendo o homem ou o conselho a cuja vontade se imputa a vontade de cada um dos indivíduos em particular, cfr. THOMAS HOBBES, *Elementos de Derecho Natural...*, (Parte II, Cap. 2º, nº 11), pp. 234 e 235.

[1354] Cfr. THOMAS HOBBES, *Leviathan*, (Parte II, Cap. 17º), p. 141.

[1355] Cfr. THOMAS HOBBES, *Leviathan*, (Parte II, Cap. 23º), p. 197.

[1356] Cfr. OTTO MAYER, *Derecho Administrativo Alemán*, IV, p. 252.

[1357] Cfr. OTTO GIERKE, *Das deutsche Genossenchaftsrecht*, III, Berlin, 1881, pp. 796 ss.

Nesta solução, proveniente do Direito alemão, o fisco traduzia a pessoa coletiva que, situada ao lado do imperador, "pertenciam os bens que serviam para cumprir o fim do Estado e que gozava de recursos especiais e de certos privilégios de direito civil e de procedimento" (cfr. OTTO MAYER, *Derecho Administrativo Alemán*, I, p. 59).

Em Portugal, sem se falar em pessoa coletiva, igualmente existia a noção de fisco e de erário régio, significando o primeiro, todavia, o dinheiro do príncipe e o segundo o dinheiro do povo, isto é, o erário régio integrava os bens públicos "destinados a proteger a República e não à sustentação dos Imperantes" (cfr. PASCOAL JOSÉ DE MELO FREIRE, *Institutiones...*, I, pp. 28 ss., em especial, p. 30). Curiosamente, o sentido vigente em Portugal, fazendo corresponder o "fisco" ao património do governante e o "erário" ao património do Estado, estava mais próximo do significado original das figuras no âmbito do Direito Romano, sendo só com a concentração de poderes no imperador que a palavra "fisco" vem a significar património do Estado reunido nas mãos do imperador, assumindo o inicial significado da palavra "erário". Neste sentido, cfr. FRIEDRICH CARL SAVIGNY, *System des heutigen Römischen Rechts*, II, Berlin, 1842, pp. 272 ss.

[1358] Cfr. FRIEDRICH CARL SAVIGNY, *System...*, II, pp. 236-237.

§20º PERSONALIZAÇÃO: ADMINISTRAÇÃO PÚBLICA PERSONALIZADA | 411

20.1.3. Será só na segunda metade do século XIX, através de Gerber (1823-1891), que se fixa o entendimento de que, igualmente no contexto do Direito público alemão[1359], o Estado é um ente coletivo[1360], configurando-se o povo como base natural da personalidade do Estado[1361], competindo a este a sua representação e gozando, enquanto pessoa, de uma peculiar força de vontade e de um poder de domínio sobre a personalidade civil dos membros do seu povo[1362], assente em relações de natureza jurídica baseadas em direitos e deveres[1363].

20.2. Origem do fenómeno em Portugal

20.2.1. Em Portugal, será igualmente no século XIX que, sob a mão de juscivilistas, a ideia de personalidade surge no âmbito da Administração Pública[1364], sem existir qualquer discussão (ou até mesmo consciência) da temática sobre a natureza pública ou privada das relações em causa[1365].

20.2.2. Em Manuel de Almeida e Sousa de Lobão (1744-1817) encontra-se a primeira dicotomia entre "pessoas particulares" e "pessoas morais"[1366],

---

[1359] Para uma síntese de tal evolução, cfr., por todos, RUI CHANCERELLE DE MACHETE, *A personalidade jurídica do Estado, a relação jurídica e o direito subjectivo público em Gerber, Laband e Jellinek*, in *Em Homenagem ao Professor Doutor Diogo Freitas do Amaral*, Coimbra, 2010, pp. 295 ss.

[1360] Cfr. CARL FRIEDRICH GERBER, *Grundzüge eines Systems des deutschen Staatsrechts*, 2ª ed., Leipzig, 1869, p. 219.

[1361] Cfr. CARL FRIEDRICH GERBER, *Grundzüge...*, pp. 219-220.

[1362] Cfr. CARL FRIEDRICH GERBER, *Grundzüge...*, pp. 220 e 222.

[1363] Cfr. CARL FRIEDRICH GERBER, *Grundzüge...*, p. 223.

[1364] Para uma breve referência a alguns antecedentes, cfr. ANTÓNIO PEDRO BARBAS HOMEM, *O Espírito das Instituições*, pp. 60 e 61.

[1365] A questão viria, no entanto, a ser discutida, a propósito da responsabilidade civil do Estado, no início do século XX, concluindo-se que o "Estado é intrinsecamente uno, como é uma a sua personalidade", considerando-se ser "um erro distinguir, dentro do Estado, uma pessoa política e outra jurídica, como se aquela estivesse fora do direito e contraposta a esta, e o Estado não fosse sempre uma entidade tendo por fim e razão de ser o interesse público", cfr. LUIZ DA CUNHA GONÇALVES, *A Responsabilidade da Administração Pública pelos Actos dos seus Agentes*, Coimbra, 1905, pp. 49 e 50.

[1366] Cfr. MANOEL D'ALMEIDA E SOUSA, *Notas de Uso Prático, e Críticas, addições, illustrações e remissões (à imitação das de Muler a Struvio) Sobre todos os Títulos, e todos os*

412 | IDENTIDADE ESTRUTURANTE DA ADMINISTRAÇÃO PÚBLICA

identificadas estas últimas como as "assembleias de muitas pessoas unidas em um corpo" que existem na República[1367], nelas integrando "os Cabidos, as Universidades, os Mosteiros, e outras Casas Religiosas, os Colégios, as Sociedades instituídas para formar Sociedades úteis, ou a Religião ou a Polícia"[1368].

20.2.3. Será em Manuel Borges Carneiro (1774-1833), todavia, que a ideia de personalidade aplicada a estruturas da Administração Pública ganha tratamento científico[1369]. E a lição de Borges Carneiro, falando também em pessoas morais, passaria a dominar a doutrina oitocentista que fazia referência a entidades integrantes da Administração Pública[1370].

---

§§ *do Livro 2º das Instituições do Direito Civil Lusitano do Doutor Pascoal José de Mello Freire*, II, Lisboa, 1818, pp. 5-6.

[1367] Cfr. MANOEL D'ALMEIDA E SOUSA, *Notas...*, II, p. 6.

[1368] Cfr. MANOEL D'ALMEIDA E SOUSA, *Notas...*, II, p. 6.

[1369] A propósito das corporações, entendidas como "a associação de muitas pessoas instituída para algum fim honesto, com estatutos ou regimento e aprovação da Autoridade pública" (cfr. MANUEL BORGES CARNEIRO, *Direito Civil de Portugal*, III, Lisboa, 1858, p. 259), numa receção do entendimento de Heineccio (1681-1741) – que, sob a designação de universidade (= *università*), fala numa "multiplicidade de homens associados sob um determinado regime para vantagens comuns" (cfr. GIOV. GOTTL. EINECCIO, *Elementi del Diritto Civile Romano*, I, 9ª ed., Palermo, 1842, p. 245) –, Borges Carneiro reconduz a figura à "pessoa moral ou mística" (cfr. MANUEL BORGES CARNEIRO, *Direito Civil...*, III, p. 259), nelas incluindo, por terem sido instituídas para utilidade pública, as Câmaras (cfr. *ibidem*, pp. 261, 263, 270 e 297 ss.), o Banco de Lisboa, o Banco Nacional do Brasil, a Companhia Geral da Agricultura das Vinhas do Alto Douro, a Companhia Real das Fiações das Sedas e uma multiplicidade de outras companhias, sociedades reais e grémios de ofícios e artes (cfr. *ibidem*, pp. 270 ss.).

[1370] Tendo presente a doutrina e a legislação subsequentes a Borges Carneiro, verifica-se o seguinte quadro de referências:

(i) Coelho da Rocha (1793-1850), falando em pessoa moral ou jurídica, "consideradas em abstração aos indivíduos" (cfr. M.A. COELHO DA ROCHA, *Instituições de Direito Civil Portuguez*, I, 2ª ed., Coimbra, 1848, p. 34), insere neste âmbito o Estado ou a Nação, as câmaras municipais, as juntas de paróquia "e outros estabelecimentos políticos, susceptíveis de direitos" (cfr. *ibidem*, p. 47);

(ii) António Liz Teixeira (1790-1847) afirma, por seu lado, que a lei, por um poder de abstração, pode criar pessoas e erigir como pessoas o Estado, as cidades, as corporações e as universidades, os estabelecimentos de beneficência e outros, dizendo tratar-se de pessoas morais ou abstratas (cfr. ANTÓNIO RIBEIRO DE LIZ TEIXEIRA, *Curso de Direito Civil Portuguez*, I, Coimbra, 1848, p. 68);

§20º PERSONALIZAÇÃO: ADMINISTRAÇÃO PÚBLICA PERSONALIZADA | 413

20.2.4. Já no início do século XX, através dos ensinamentos de Guilherme Alves Moreira (1861-1922)[1371], fixa-se o conceito de pessoa coletiva[1372], sem prejuízo do contributo precursor do então aluno José Caeiro da Matta (1883-1963)[1373]:

(i) Remonta a 1903, a introdução, por Caeiro da Matta, do conceito de pessoa coletiva no âmbito da Administração Pública[1374], apesar de preferir a expressão "pessoas sociais administrativas"[1375], muito provavelmente aprofundando aquilo que, no ano letivo de 1902-1903, Guimarães Pedrosa (1850-1933) havia ensinado, falando já, a propósito da organização administrativa, em "entidades coletivas" e em "pessoa coletiva"[1376];

(ii) Em Guilherme Moreira encontra-se, todavia, a partir de 1907, a difusão geral do termo pessoa coletiva, afastando a inicial ideia da

---

(iii) Em sentido semelhante, o Código de Seabra vem qualificar o Estado, a Igreja, as câmaras municipais, as juntas de paróquia e quaisquer fundações ou estabelecimentos de beneficência, piedade ou instrução pública como pessoas morais (artigo 37º), sem prejuízo de também introduzir a expressão "pessoas coletivas" (artigo 382º);

(iv) Manuel Silva Bruschy (1813-1873), escrevendo já na vigência do Código Civil de 1867, igualmente sublinha que a pessoa moral traduz uma "abstração dos indivíduos" (cfr. BRUSCHY, *Manual do Direito Civil Portuguez, segundo a novíssima legislação*, I, Lisboa, 1868, p. 2), incluindo neste domínio o elenco referido no Código (cfr. *ibidem*, pp. 45-46).

[1371] In *Instituições de Direito Civil*, I, Coimbra, 1907.

[1372] Cfr. ANTÓNIO MENEZES CORDEIRO, *Tratado de Direito Civil Português*, I, 3º tomo, 2ª ed., Coimbra, 2007, p. 518.

[1373] In *Pessoas Sociais Administrativas (Princípios e Theorias)*, Coimbra, 1903.

[1374] Nas suas palavras, "o homem, individualmente considerado, é insuficiente para prover à satisfação das suas necessidades; assim as pessoas coletivas representam uma condição de existência do indivíduo humano" (cfr. JOSÉ CAEIRO DA MATTA, *Pessoas Sociais Administrativas*, p. 45), traçando a dicotomia entre pessoas sociais de caráter público ou, também ditas, pessoas sociais administrativas, e pessoas sociais de caráter privado (cfr. *ibidem*, pp. 81 ss.). Note-se, porém, que são múltiplas as expressões que Caeiro da Matta utiliza em torno da ideia de personalidade coletiva (cfr. *ibidem*), salientando-se as seguintes: "entidades jurídicas coletivas" (p. 31), "entes coletivos" (pp. 34, 38, 78 e 79), "ser coletivo" (p. 35), "entidades coletivas" (pp. 36, 38, 42, 82, 84 e 88) ou "seres coletivos" (p. 38).

[1375] Essa preferência compreende-se através da lição de Guimarães Pedrosa, autor ao qual José Caeiro da Matta dedica o seu estudo, pois aquele, antes do seu livro impresso, datado de 1908, igualmente utilizava no seu ensino a expressão "pessoas sociais administrativas", cfr. GUIMARÃES PEDROSA, *Lições de Administração...*, (1902-1903), p. 242.

[1376] Cfr. GUIMARÃES PEDROSA, *Lições de Administração...*, pp. 241 e 242.

414 | IDENTIDADE ESTRUTURANTE DA ADMINISTRAÇÃO PÚBLICA

personalidade coletiva ser uma ficção, pois tais entidades constituem uma verdadeira realidade destinada à representação de interesses coletivos[1377], procedendo à definição do primeiro quadro jurídico-dogmático das pessoas coletivas de direito público[1378].

20.2.5. A doutrina de Guilherme Moreira, introduzindo a expressão "pessoas coletivas de direito público", é rececionada pelos jusadministrativistas nacionais, através do *Curso de Ciência da Administração e Direito Administrativo* de Guimarães Pedrosa[1379], passando a constituir um adquirido doutrinal[1380], sem embargo de resistências a nível jurídico-positivo[1381] e dogmático-científico[1382]

20.2.6. A inicial expressão "pessoa coletiva de direito público" conhece, entretanto, diversas terminologias sinónimas: "pessoa coletiva pública", "entidade coletiva de direito público", "entidade pública" ou "ente público".

[1377] Cfr. GUILHERME MOREIRA, *Instituições...*, I, pp. 124 ss., em especial, pp. 126-127.

[1378] Integrando nas pessoas coletivas de direito público "todas as organizações sociais que têm por fim a administração pública" (cfr. GUILHERME MOREIRA, *Instituições...*, I, p. 284), Guilherme Moreira traça o regime da constituição e extinção das pessoas coletivas de direito público (cfr. *ibidem*, pp. 304 e 320 ss.). Neste contexto, o Estado aparece como a pessoa que ocupa o primeiro lugar, atendendo a que lhe pertence o poder supremo no território nacional (cfr. *ibidem*, p. 284), salientando-se que, dentro do território do Estado e subordinado a ele, existem outras pessoas coletivas de direito público de natureza territorial, institucional ou corporativa (cfr. *ibidem*, pp. 285 ss.).

[1379] Cfr. GUIMARÃES PEDROSA, *Curso...*, I, 2ª ed., pp. 201 ss.

[1380] Cfr. ROCHA SARAIVA, *Construcção...*, II, pp. 10 ss.; IDEM, *Lições de Direito Administrativo*, (1914), pp. 7-8, 58 e 60; LUDGERO NEVES, *Direito Administrativo*, pp. 8 e 55 ss.; MARCELLO CAETANO, *Manual...*, (1937), pp. 94 ss.

[1381] Em termos constitucionais, seria só com a revisão constitucional de 1951 que, inserindo formalmente o Ato Colonial de 1930 no texto da Constituição de 1933, o novo artigo 165º proclamaria que "as províncias ultramarinas são pessoas coletivas de direito público".

[1382] Neste último sentido, contestando a admissibilidade da personalidade do Estado, cfr. MAGALHÃES COLLAÇO, *Lições...*, (1916), em especial, pp. 22 ss.; IDEM, *Direito Administrativo*, 2ª ed., (1924), p. 158;

20.3. Personalidade pública e subordinação ao Direito

20.3.1. Deve-se a Rocha Saraiva, numa clara influência germânica, o entendimento de que a teoria da personalidade jurídica aplicada ao Estado, configurando-o como uma pessoa jurídica, traduz um meio de afastar o arbítrio, submetendo o poder político ao Direito[1383].

20.3.2. A atribuição de personalidade jurídica a estruturas da Administração Pública, transformando-as em sujeitos de direito, dotadas de uma individualidade própria, conferindo-lhe a titularidade de posições jurídicas ativas e passivas, permite observar:

(i) A delimitação de áreas de interesses públicos próprios cuja prossecução, colocada juridicamente a cargo de cada entidade, integra as suas atribuições;

(ii) A criação de uma esfera própria de formação de vontade e de imputação de efeitos: as ações ou omissões dos seus órgãos são como se fossem da entidade coletiva em causa;

(iii) A existência de normas jurídicas habilitadoras e reguladoras da ação de cada entidade, exercendo uma função limitativa da esfera de agir e do conteúdo decisório;

(iv) A sujeição a obrigações decorrentes de posições jurídicas ativas tituladas pelos cidadãos administrativos.

20.3.3. Se a atribuição de personalidade jurídica às entidades públicas tem também o significado de as subordinar à juridicidade, importa não esquecer que essa subordinação pode ser feita ao Direito Público, revelando uma capacidade jurídica pública, ou ao Direito Privado, traduzindo a suscetibilidade de cada entidade pública possuir também uma capacidade jurídica privada.

20.3.4. Em igual sentido, a existência de entidades privadas que exercem funções públicas de natureza administrativa (v. *supra*, nº 1.2.5.) revela que, paralelamente à sua natural capacidade jurídica privada – enquanto possuidoras de uma personalidade jurídica de Direito Privado –, têm uma capacidade jurídica pública, regulada pelo Direito Público.

[1383] Cfr. ROCHA SARAIVA, *Construcção...*, II, p. 25; IDEM, *As doutrinas políticas...*, pp. 283 ss., em especial, p. 292.

416 | IDENTIDADE ESTRUTURANTE DA ADMINISTRAÇÃO PÚBLICA

20.3.5. Não se pode esquecer ainda que as entidades públicas se têm servido da personalidade jurídica de Direito Privado, criando ou participando na estrutura do capital social de entidades privadas, controlando-as e instrumentalizando-as à prossecução dos seus fins: ao lado de uma tradicional Administração Pública sob forma pública, floresceu uma paralela Administração Pública sob forma privada[1384], suscitando delicados problemas de articulação aplicativa entre o Direito público e o Direito privado[1385].

20.3.6. A subordinação do Estado ao princípio constitucional da soberania internacionalizada e europeizada (v. *supra*, nº 17.4.) determina que entidades dotadas de personalidade jurídica internacional e/ou comunitária desenvolvam uma atividade passível de projetar, direta e imediatamente, efeitos administrativos em território nacional, encontrando-se vinculadas a um Direito que não é o português – a natureza externa da personalidade jurídica pode determinar a subordinação de tais entidades ao Direito Internacional Público e/ou ao Direito da União Europeia.

20.3.7. A existência de interesses públicos transnacionais cuja prossecução se encontra a cargo dos Estados (v. *supra*, nº 4.2.14.), numa manifestação possível de Administração transnacional (v. *supra*, nº 9.6.6.), envolve a suscetibilidade de atos produzidos por entidades públicas estrangeiras, possuindo uma personalidade jurídica conferida pelo Direito de um Estado estrangeiro e desenvolvendo uma atividade regulada por esse mesmo ordenamento estrangeiro, produzirem efeitos em Portugal – existirá aqui uma "abertura" do Direito português regulador da Administração Pública à relevância do Direito estrangeiro, tal como, num sistema de espelhos, o Direito português e a atividade desenvolvida por entidades públicas dotadas de personalidade jurídica por ele regulada poderem assumir relevância em matérias administrativas transnacionais objeto de tratamento em território estrangeiro.

20.3.8. Nem se poderá excluir que, por força do artigo 33º do Código Civil, existam pessoas coletivas privadas estrangeiras que, obtendo o

---

[1384] Cfr. PAULO OTERO, *Legalidade e Administração Pública*, pp. 304 ss. e 793 ss.

[1385] Neste último sentido, a título ilustrativo, cfr. PEDRO GONÇALVES, *Natureza jurídica das sociedades de capitais exclusiva ou maioritariamente públicos*, in CJA, nº 84, 2010, pp. 24 ss.

§20º PERSONALIZAÇÃO: ADMINISTRAÇÃO PÚBLICA PERSONALIZADA | 417

estatuto de utilidade pública ou interesse público em Portugal, possam desenvolver uma atividade com relevância administrativa e parcialmente regulada pelo Direito estrangeiro – igualmente aqui, teremos casos de personalidade jurídica estrangeira não exclusivamente subordinada ao Direito português.

20.4. Personalização e pluralismo intra-administrativo: entre a racionalização e a desresponsabilização

20.4.1. A personalização da Administração Pública, multiplicando o número de entidades coletivas encarregues da gestão de interesses públicos, revela um pluralismo intra-administrativo e comporta um esforço de racionalização da gestão:

(i) A cada entidade pública deverá corresponder a prossecução de fins de interesse público próprios, evitando-se que duas (ou mais) entidades desenvolvam interesses sobrepostos e proibindo-se que uma delas possa invadir a esfera de ação material pertencente a entidade alheia;

(ii) A eficiência poderá justificar que uma melhor prossecução dos interesses públicos confiados a uma entidade pública origine a criação de uma ou várias entidades coletivas "menores" ou "satélites", agindo sob a orientação e o controlo da entidade pública "mãe" ou "holding";

(iii) O princípio de subsidiariedade determina um modelo de Administração Pública flexível quanto à repartição dos interesses públicos pelas diferentes entidades coletivas, permitindo dinâmicas centrífugas ou, em sentido contrário, habilitando movimentos centrípetos (v. *supra*, nº 18.2.2.);

(iv) As atribuições a cargo das entidades integrantes da Administração Pública podem conduzir ao reconhecimento de uma capacidade jurídica de Direito público e também de uma capacidade jurídica de Direito privado;

(v) A prossecução dos interesses a cargo da Administração Pública mostra-se passível de ser feita através de entidades "satélites" de Direito privado, integrando uma Administração Pública sob forma privada (v. *supra*, nº 20.3.5.): as entidades públicas podem gerar entidades privadas administrativas;

418 | IDENTIDADE ESTRUTURANTE DA ADMINISTRAÇÃO PÚBLICA

(vi) A personalização da Administração Pública poderá ser acompanhada de uma promiscuidade de regimes materiais reguladores da sua atividade, fazendo emergir pessoas coletivas públicas de regime de Direito privado ou pessoas coletivas privadas de regime de Direito público: a Administração Pública torna-se um palco de seres híbridos.

20.4.2. A evolução da personalização da Administração Pública tornou hoje possível, utilizando pretensas justificações racionalizadoras, quase tudo o que antes se tinha como impossível em termos de configuração organizativa e funcional, revelando que um dos problemas científicos atuais de maior complexidade consiste em determinar o que é uma pessoa coletiva pública ou, talvez mais rigorosamente, o que se deve entender por Administração Pública.

20.4.3. O progressivo cruzamento entre formas jurídicas de organização da personalidade administrativa e os regimes jurídicos aplicáveis ao desenvolvimento da respetiva atividade, deixando sem se saber onde começa o Direito privado e onde termina o Direito público ou vice-versa, não é isento de efeitos ao nível das garantias dos cidadãos, lançando sérias dúvidas sobre os tribunais competentes e os meios processuais idóneos para a apreciação da validade da atividade desenvolvida.

20.4.4. A natureza híbrida da personalidade de algumas entidades integrantes da Administração Pública poderá conduzir a uma dualidade de mecanismos judiciais de fiscalização de uma mesma pessoa coletiva:

(i) A atividade predominantemente regida pelo Direito público será controlada pelos tribunais administrativos, à luz da respetiva lei processual;

(ii) A atividade pautada pelo Direito privado, ao invés, será fiscalizada pelos tribunais judiciais, aplicando-se o Código de Processo Civil.

20.4.5. A personalização da Administração Pública comporta também efeitos ao nível da responsabilidade civil e, por essa via, sobre as garantias dos cidadãos:

(i) Sendo cada pessoa coletiva um centro de imputação de efeitos jurídicos da sua própria conduta, é o seu património (e não o de qualquer outra entidade) que responde pelos danos resultantes das respetivas ações e omissões;

§21º COMPLEXIFICAÇÃO: ADMINISTRAÇÃO PÚBLICA GESTORA DE CONFLITOS | 419

(ii) A crescente personalização de estruturas da Administração Pública pode tornar-se um processo de desresponsabilização patrimonial da entidade pública maior que, a montante, cria "entes satélites", instrumentalizados à prossecução dos seus fins, tendo a vantagem de não assumir os inerentes riscos de responsabilização;

(iii) Se a criação de novas entidades administrativas tiver como motivo principalmente determinante a desresponsabilização patrimonial da entidade "mãe" que gerou tais "entes satélites" pelos danos decorrentes da sua conduta, haverá uma situação de desvio de poder: o ato de criação será inválido.

20.4.6. A multiplicação da personalização administrativa, revelando a possível instrumentalização ou plasticidade do fenómeno, pode bem tornar-se um mecanismo de "fuga" administrativa a uma cultura de responsabilidade pela gestão dos interesses que lhe estão confiados, debilitando os meios patrimoniais de garantia indemnizatória dos cidadãos.

§21º COMPLEXIFICAÇÃO: ADMINISTRAÇÃO PÚBLICA GESTORA DE CONFLITOS

21.1. Multilateralidade administrativa

21.1.1. Em termos tradicionais, o desenvolvimento da atividade administrativa foi sendo configurado à luz da simplicidade do seguinte esquema:

(i) Existe, por um lado, a atividade que relaciona uma entidade administrativa com um ou vários sujeitos determinados, criando posições jurídicas ativas ou passivas dentro de uma relação jurídica bilateral ou bipolar, produzindo efeitos *inter partes*;

(ii) Existe, por outro, a atividade prosseguida por via normativa, relacionando uma entidade administrativa com uma generalidade ou pluralidade indeterminada de sujeitos, situados numa relação geral ou especial de poder, criando posições jurídicas ativas ou passivas com uma eficácia *erga omnes*.

21.1.2. Sucede, no entanto, que toda a clássica simplicidade configuradora das situações jurídicas subjacentes ao desenvolvimento da atividade administrativa foi sendo, paulatinamente, alterada, emergindo uma pluralidade conflitual de interesses titulados por diferentes protagonistas que, gerando necessidades de harmonização ou ponderação, determinou uma Administração multilateral e gestora de conflitos, envolvendo múltiplos sujeitos, complexificando os procedimentos decisórios e seus efeitos, isto numa dupla área de incidência:

(i) No que respeita à Administração Pública, a personalização das suas estruturas complexificou as relações dentro da própria Administração Pública e desta com os cidadãos:

– Fez desenvolver relações intersubjetivas, conduzindo à intervenção de uma pluralidade de entidades públicas no âmbito da regulação de uma determinada situação;

– Suscitou o emergir de novas formas de relacionamento jurídico intrassubjetivo;

(ii) Quanto às relações dos cidadãos com a Administração Pública, o modelo da relação jurídica bilateral ou bipolar complexificou-se, assistindo-se a uma progressiva conflitualidade ou colisão entre diferentes interesses privados e a uma crescente produção de efeitos decisórios face a terceiros que, não sendo os destinatários típicos das decisões dentro do quadro bipolar, pois são alheios à tradicional bilateralidade, sofrem os reflexos de tais efeitos na sua esfera jurídica – surgem as designadas relações jurídicas multipolares[1386] ou poligonais[1387], passíveis de assumir uma tripla projeção[1388]:

[1386] Cfr. Vasco Pereira da Silva, *Em Busca...*, pp. 273 ss.; Francisco Paes Marques, *As Relações Jurídicas...*, pp. 23 ss.; Pierre Moor/Alexandre Flückiger/Vicent Martenet, *Droit Administratif*, I, p. 785.

[1387] Cfr. Gomes Canotilho, *Relações jurídicas poligonais. Ponderação ecológica de bens e controlo judicial preventivo*, in RJUA, nº 1, 1994, pp. 55 ss.; Rui Chancerelle de Machete, *A legitimidade dos contra-interessados nas acções administrativas comuns e especiais*, in *Estudos em Homenagem ao Professor Doutor Marcello Caetano – No Centenário do seu Nascimento*, II, Coimbra, 2006, pp. 614 ss.; Mafalda Carmona, *Relações jurídicas poligonais, participação de terceiros e caso julgado na anulação de actos administrativos*, in *Estudos em Homenagem ao Prof. Doutor Sérvulo Correia*, II, Coimbra, 2010, em especial, pp. 699 ss.; Idem, *O Acto Administrativo...*, p. 20.

[1388] Cfr. Rui Chancerelle de Machete, *Algumas reflexões sobre as relações jurídicas poligonais, a regulação e o objecto do processo administrativo*, in *Estudos em Homenagem a Miguel Galvão Teles*, I, Coimbra, 2012, em especial, pp. 580 ss.

§21º COMPLEXIFICAÇÃO: ADMINISTRAÇÃO PÚBLICA GESTORA DE CONFLITOS | 421

- Relações multipolares (ou poligonais) substantivas[1389];
- Relações multipolares (ou poligonais) procedimentais;
- Relações multipolares (ou poligonais) processuais[1390].

21.1.3. A multilateralidade administrativa expressa, nestes termos, a existência de um modelo de Administração Pública cuja complexidade gestora de conflitos se centra num duplo ângulo de configuração:

(i) Ao nível da produção de efeitos, numa Administração Pública que procura conformar a realidade social, envolvendo o contacto com diferentes e antagónicos (por vezes até inconciliáveis) interesses privados existentes na sociedade, regista-se que a multilateralidade determina a existência de decisões individuais que produzem efeitos relativamente a terceiros, isto é, a quem se situa fora da estrutura bilateral da relação jurídico-administrativa típica, lesando ou afetando um elevado número de pessoas que não são os seus imediatos destinatários[1391];

(ii) Ao nível da estrutura interna da Administração Pública, registando-se aqui uma multilateralidade decorrente da pluralidade de interesses situados dentro das próprias estruturas administrativas que, nem na sua aparência, expressam unidade ou uniformidade, antes revelam uma crescente conflitualidade.

21.1.4. A multilateralidade administrativa manifesta, num diferente ângulo de análise, a diversidade de interesses públicos particulares ou específicos em que se desdobra o conceito abstrato ou geral de interesse público[1392]: o interesse público revela-se um conceito fragmentado e que,

---

[1389] Para mais desenvolvimentos, incluindo a indicação de exemplos ilustrativos e a sua subsequente relevância processual, cfr. RUI CHANCERELLE DE MACHETE, *A legitimidade...*, em especial, pp. 618 ss.

[1390] Falando apenas em relações poligonais substantivas e processuais, cfr. RUI CHANCERELLE DE MACHETE, *Sobre a legitimidade dos particulares nas acções administrativas especiais*, in *Estudos em Homenagem ao Prof. Doutor Sérvulo Correia*, II, Coimbra, 2010, p. 1123.

[1391] Neste sentido e para mais desenvolvimentos, cfr. VASCO PEREIRA DA SILVA, *Em Busca...*, pp. 127 ss. e 273 ss.

[1392] Cfr. PIERRE MOOR/ALEXANDRE FLÜCKIGER/VICENT MARTENET, *Droit Administratif,* I, p. 785 ; THIERRY TANQUEREL, *Manuel...*, p. 185.

422 | IDENTIDADE ESTRUTURANTE DA ADMINISTRAÇÃO PÚBLICA

por via de uma apropriação por grupos, perdeu a sua generalidade e homogeneidade (v. *supra*, nºs 4.2.15. e 4.2.16.).

21.1.5. O arbitrar dos conflitos de interesses que a multilateralidade administrativa encerra, tendo a sua harmonização como propósito, acaba por se transformar no "coração da ação propriamente política da Administração"[1393], suscitando delicados problemas de controlo judicial de uma tal margem de ponderação político-administrativa.

21.2. Complexificação administrativa e relações intersubjetivas

21.2.1. A integração de uma pluralidade de pessoas coletivas no âmbito da Administração Pública determina que, sob uma ótica do seu funcionamento interno, a Administração Pública, apesar de poder surgir para o exterior como um todo global e uniforme, envolva, no entanto, um conjunto diversificado e complexo de relações internas:

(i) Paralelamente às relações que a Administração Pública estabelece com os cidadãos, existem relações internas de natureza intersubjetiva, isto é, envolvendo duas ou mais pessoas coletivas[1394]: a juridificação da atividade externa administrativa foi acompanhada, por efeito da personificação administrativa, de uma juridificação da sua atividade interna;

(ii) A juridificação do relacionamento intersubjetivo no seio da Administração Pública conduziu até a que certos poderes de algumas entidades públicas sejam reconhecidos como direitos (e até como direitos fundamentais) sobre outras pessoas coletivas (v. *supra*, nº 19.6.6.): a Constituição reconhece direitos fundamentais às universidades públicas face ao Estado[1395], tal como fala em direitos das regiões autónomas perante o Estado[1396], sem prejuízo da discussão genérica se as pessoas coletivas públicas são titulares de direitos fundamentais;

[1393] Cfr. THIERRY TANQUEREL, *Manuel...*, p. 186,

[1394] A temática surge reconhecida, em Portugal, desde o início do século XX, cfr. GUIMARÃES PEDROSA, *Curso...*, I, 2ª ed., p. 219.

[1395] Cfr. CRP, artigo 76º, nº 2.

[1396] Cfr. CRP, artigo 281º, nº 1, alínea d), e nº 2, alínea g).

§21º COMPLEXIFICAÇÃO: ADMINISTRAÇÃO PÚBLICA GESTORA DE CONFLITOS | 423

(iii) As relações intersubjetivas são passíveis de gerar conflitualidade entre diferentes pessoas coletivas integrantes da Administração Pública, razão pela qual só ilusoriamente estamos num mundo intra-administrativo pacífico e uniforme: a personalização da Administração Pública, reforçando o seu pluralismo, gerou também conflitualidade entre pessoas coletivas administrativas;

(iv) Visando prevenir ou resolver a existência de conflitos intersubjetivos no seio da Administração Pública, foram instituídos mecanismos de intervenção unificadora de possíveis desarmonias de prossecução dos interesses públicos a cargo das diferentes pessoas coletivas, surgindo, por essa via, relações de coordenação, tutela e superintendência entre entidades administrativas;

(v) A conflitualidade intersubjetiva no interior da Administração Pública pode consubstanciar-se em conflitos positivos de atribuições, isto sempre que duas ou mais pessoas coletivas administrativas reivindiquem poderes decisórios sobre uma mesma matéria, ou, em alternativa, em conflitos negativos de atribuições, verificando-se que nenhuma entidade coletiva se considera competente;

(vi) O grau de conflitualidade intersubjetiva dentro da Administração Pública pode mesmo ultrapassar a intervenção de mecanismos administrativos de resolução, exigindo, atendendo à tutela constitucional direta de certas posições jurídicas subjetivas tituladas por pessoas coletivas contra outras igualmente integrantes da Administração Pública, uma intervenção judicial tendente a dirimir os respetivos litígios: os tribunais são hoje, cada vez mais, chamados a resolver conflitos entre entidades da Administração Pública.

21.2.2. A personalização no contexto interno da Administração Pública portuguesa, envolvendo a sua "fragmentação" em múltiplas pessoas coletivas, num possível processo de neofeudalização interna[1397], não pode fazer

---

[1397] Essa neofeudalização administrativa, expressando uma certa fragmentação interna do Estado e do seu poder administrativo, gera uma conflitualidade quase permanente entre as diferentes Administrações Públicas e, num momento distinto, entre essas Administrações infraestaduais e a Administração do Estado: a reivindicação crescente de poderes decisórios e de transferência de recursos financeiros do Estado para os entes infraestaduais tornam-se as bandeiras de uma guerra latente entre as diferentes Administrações Públicas. E o fenómeno neofeudalizador é agravado, sendo mesmo passível de uma ampla expressão numérica, pela

424 | IDENTIDADE ESTRUTURANTE DA ADMINISTRAÇÃO PÚBLICA

esquecer a complexificação crescente gerada por relações intersubjetivas externas, envolvendo o cruzamento de interesses públicos titulados pela Administração Pública nacional e interesses públicos de natureza transnacional protagonizados por Administrações Públicas externas, a saber:

(i) A Administração Pública da União Europeia;
(ii) As Administrações Públicas de cada um dos restantes Estados--membros da União Europeia;
(iii) As Administrações Públicas de todos os restantes Estados estrangeiros no âmbito de relações administrativas "atravessadas por fronteiras"[1398];
(iv) A Administração Pública de organizações internacionais.

21.3. Complexificação administrativa e relações intrassubjetivas

21.3.1. Em sentido paralelo à complexificação de relações intersubjetivas, verifica-se que, dentro de cada entidade pública administrativa, se desenvolveram relações jurídicas, dotadas de natureza intrassubjetiva, subsumíveis em três diferentes tipos:

(a) Relações interorgânicas;
(b) Relações intraorgânicas;
(c) Relações laborais.

Vejamos, resumidamente, cada uma destas relações intrassubjetivas.

21.3.2. *(a) Relações interorgânicas*
As pessoas coletivas carecem sempre de órgãos para expressar uma vontade: a personalização administrativa comporta em si, a nível intrassubjetivo, a existência de órgãos administrativos que, sendo centros institucionalizados de formação e expressão de uma vontade imputável à pessoa coletiva na qual se encontram integrados, envolvem a existência de relações interorgânicas.

---

personalização de múltiplas estruturas decisórias integrantes de cada uma das várias Administrações Públicas existentes – basta pensar, a título de exemplo, o número de municípios e de freguesias que se inserem na Administração autárquica.

[1398] Cfr. PAULO OTERO, *Legalidade e Administração Pública*, pp. 489 ss.

Uma vez que cada pessoa coletiva integrante da Administração Pública possui vários órgãos, observam-se diversas manifestações da complexificação do relacionamento interorgânico administrativo:

(i) A definição de normas de competência, conferindo a cada órgão um espaço próprio de atuação que, visando a prossecução dos interesses públicos a cargo da respetiva entidade pública em que se encontra integrado, impede a sobreposição ou a "invasão" do campo de ação dos restantes órgãos da mesma entidade;

(ii) As normas de competência nem sempre envolvem, todavia, a atribuição de poderes decisórios, razão pela qual, ao lado dos órgãos com poderes de decisão, e dentro da mesma pessoa coletiva, a Administração Pública conhece uma pluralidade de outros órgãos dotados de diferentes tipos de competência (v.g., órgãos consultivos, órgãos fiscalizadores) que têm de se relacionar entre si;

(iii) A pluralidade de órgãos no interior de uma mesma pessoa coletiva determina a necessidade de existirem normas que garantam unidade ou coordenação de ação, impedindo que cada órgão exerça os seus poderes sem uma estratégia ou fora do plano global de ação da própria pessoa coletiva em que se insere: as relações interorgânicas da Administração Pública nem sempre são pautadas pela equiordenação;

(iv) A existência de relações interorgânicas de supremacia, envolvendo o exercício de poderes de direção ou coordenação entre diferentes órgãos da mesma pessoa coletiva, determinam ainda um poder de controlo interno da atividade desenvolvida e, em caso de necessidade, a correção de eventuais desvios e/ou o seu sancionamento disciplinar;

(v) Todos os órgãos administrativos são responsáveis pela respetiva conduta (ativa ou omissiva), verificando-se que existem normas impondo a um deles a responsabilização global dentro de cada pessoa coletiva pela atuação individual dos diferentes órgãos, incluindo a definição de regras de intervenção administrativa perante situações de controlo judicial dessa mesma atuação;

(vi) Mostra-se até possível o surgimento de normas permitindo a certos órgãos desencadear ações judiciais contra atos praticados por outros órgãos da mesma pessoa coletiva, num processo de judicialização da atividade administrativa interorgânica[1399]: os tribunais são chamados a resolver conflitos entre órgãos da mesma pessoa administrativa – há aqui um paradoxal "levantamento" ou "desconsideração" da personalidade jurídica.

21.3.3. *(b) Relações intraorgânicas*

Em termos paralelos aos exemplos de relações interorgânicas, é possível vislumbrar, a nível intrassubjetivo, formas de relacionamento intraorgânico, isto é, situações jurídicas que ocorrem no interior de um órgão de uma mesma pessoa coletiva e que assumem repercussão administrativa:

(i) Todas as vicissitudes que incidam sobre o titular de um órgão – tal como sucede, exemplificativamente, com a sua morte, ausência temporária, impedimento ou invalidade do título habilitador do exercício de funções – projetam-se na atividade desenvolvida: o órgão nunca pode deixar de se relacionar com o titular que em cada momento o ocupa;

(ii) Uma vez que os órgãos das entidades administrativas carecem de agentes e serviços administrativos que, desempenhando uma função auxiliar ou instrumental, preparam e executam a vontade expressa pelos órgãos, igualmente aqui se colocam questões de relacionamento intraorgânico;

(iii) Será ao nível dos órgãos colegiais da Administração Pública, no entanto, que se revela melhor ilustrado o desenvolvimento de relações intraorgânicas[1400] que, dizendo respeito à constituição e ao funcionamento de tais órgãos, se encontram sujeitas a normas específicas reguladoras de diversas matérias (v.g., *quorum*, maioria deliberativa, exoneração de responsabilidade pessoal);

(iv) Mostra-se até possível que, em caso de contradição sobre o sentido da legalidade entre o presidente de um órgão colegial e a deliberação final do colégio, aquele tenha a possibilidade de solicitar aos tribunais a última palavra sobre a validade da deliberação colegial, arrastando para o poder judicial a resolução de um conflito intra-

---

[1399] Cfr. Pedro Gonçalves, *A justiciabilidade dos litígios entre órgãos da mesma pessoa coletiva pública*, in CJA, nº 35, 2002, pp. 9 ss.

[1400] Cfr. Stelio Valentini, *La Collegialità Nella Teoria dell'Organizzazione*, reimp., Milano, 1980.

orgânico[1401], naquilo que se pode considerar como uma manifestação de "desconsideração" da colegialidade[1402].

21.3.4. *(c) Relações laborais*

Sabe-se que os órgãos das pessoas coletivas carecem sempre de titulares para formar e expressar uma vontade. Sucede, porém, que, apesar de nem todos os titulares de órgãos administrativos exercerem tais funções a título profissional (v.g., ministro, secretário de Estado, presidente de câmara municipal), a grande maioria dos titulares são funcionários que integram a Administração Pública, exercendo os respetivos cargos a título profissional.

Em igual sentido, os agentes e os serviços administrativos são constituídos por pessoas físicas que exercem essas funções a título profissional, sendo passíveis de qualificação como trabalhadores da Administração Pública.

A personalização administrativa não faz desaparecer a intervenção de pessoas físicas nas suas estruturas orgânicas, antes pressupõe essa mesma intervenção, motivo pelo qual a Administração Pública, configurando-se como um espaço de ação humana, é também local de exercício a título profissional de uma atividade.

Existe aqui a formação de um outro setor de relações intrassubjetivas: as relações laborais que, desenvolvendo-se no interior de cada entidade integrante da Administração Pública, à luz de vínculos jurídicos unilaterais ou bilaterais, envolvem o pessoal que faz parte do substrato humano das diversas estruturas administrativas e que, exercendo tais funções a título profissional, são trabalhadores que têm como entidade empregadora a respetiva pessoa coletiva. Trata-se, num sentido amplo (e impróprio), das relações laborais referentes à função pública, envolvendo os trabalhadores que exercem funções no âmbito da Administração Pública.

São múltiplas as manifestações exemplificativas deste tipo de relacionamento laboral no seio da Administração Pública, visando conciliar inte-

---

[1401] Sobre a matéria, cfr. DIOGO FREITAS DO AMARAL, *O princípio do contraditório nos recursos interpostos pelos presidentes dos órgãos colegiais em defesa da legalidade*, in CJA, nº 6, 1997, pp. 32 ss.; ANTÓNIO CÂNDIDO DE OLIVEIRA, *Autarquias locais: poderes de impugnação dos membros dos órgãos colegiais*, in CJA, nº 25, 2001, pp. 27 ss.; PEDRO GONÇALVES, *A justiciabilidade...*, pp. 18 ss.; CLÁUDIA SAAVEDRA PINTO, *Os litígios emergentes no âmbito dos órgãos colegiais*, in CJA, nº 79, 2010, pp. 52 ss.

[1402] Cfr. DIOGO FREITAS DO AMARAL, *O princípio do contraditório...*, p. 37.

428 | IDENTIDADE ESTRUTURANTE DA ADMINISTRAÇÃO PÚBLICA

resses públicos titulados pela "entidade patronal" e interesses laborais protagonizados pelos "trabalhadores"[1403]:

(i)   A natureza do título constitutivo do vínculo laboral, a configuração das carreiras e dos respetivos níveis remuneratórios;

(ii) O regime jurídico de exercício de funções que, dependendo do tipo de vínculo, pode estar salvaguardado por disposições transitórias, num equilíbrio (nem sempre fácil) entre a tutela do interesse público e a salvaguarda da confiança de legítimas expectativas (ou "direitos adquiridos") dos trabalhadores[1404];

(iii) A disciplina jurídica da contratação coletiva dos trabalhadores que exercem funções públicas, a sua representação sindical e a intervenção negocial com as entidades empregadoras;

(iv) O exercício do direito de greve e os limites decorrentes do princípio da continuidade dos serviços públicos;

(v)   O estatuto disciplinar dos trabalhores que exercem funções públicas, seus direitos, deveres e procedimento disciplinar[1405];

(vi) O contencioso laboral dos trabalhadores que exercem funções públicas.

21.4. Complexificação e conflitualidade jurídico-privada

21.4.1. Não é apenas no âmbito das estruturas administrativas que uma pluralidade de interesses antagónicos complexifica o agir da Administração Pública, igualmente o relacionamento desta com os cidadãos revela elevados níveis de conflitualidade:

(i)   Existem, num primeiro patamar, conflitos entre a configuração do interesse público prosseguido pela Administração Pública e um conjunto de *interesses privados entre si conciliáveis e unificados* que se cruzam ou atravessam em sentido contrário (v.g., o conflito entre o interesse de quem expropria e os interesses daqueles que serão

---

[1403] Sobre o tema, cfr. ANA FERNANDA NEVES, *O Direito da Função Pública*, in PAULO OTERO/PEDRO GONÇALVES (coord.), *Tratado de Direito Administrativo Especial*, IV, Coimbra, 2010, pp. 359 ss.

[1404] Paradigmático de uma possível ponderação de tais princípios mostra-se o Acórdão do Tribunal Constitucional nº 474/2013, de 29 de agosto, cit.

[1405] Cfr. ANA FERNANDA NEVES, *O Direito Disciplinar da Função Pública*, dissertação de doutoramento, inédita, Lisboa, 2007.

§21º COMPLEXIFICAÇÃO: ADMINISTRAÇÃO PÚBLICA GESTORA DE CONFLITOS | 429

expropriados; o conflito entre a autoridade que decide o aumento das propinas escolares e os interesses dos alunos);

(ii) Existem, num segundo patamar, conflitos de interesses ao nível dos diversos cidadãos passíveis de ser envolvidos em efeitos da atuação administrativa, registando-se que estamos diante de *interesses privados entre si inconciliáveis e autónomos*, passíveis de incidir em dois diferentes cenários:

- Conflitos no âmbito de atuação administrativa geral e abstrata (v.g., regulação determinando o corte de verbas públicas nos serviços de apoio à interrupção voluntária de gravidez ou, em alternativa, disciplinando o reforço de verbas a conceder aos serviços hospitalares de pediatria);
- Conflitos no âmbito da atuação administrativa individual e concreta, verificando-se a existência de uma relação administrativa multipolar ou poligonal (v. *supra*, nº 14.1.2.).

Centremo-nos nesta última situação.

21.4.2. A existência de uma relação administrativa multipolar ou poligonal, envolvendo conflitos de interesses tendencialmente inconciliáveis protagonizados por privados perante a Administração Pública, gera uma decisão assente numa verdadeira relação trilateral ou triangular[1406], expressa num "triângulo jurídico" que compreende a autoridade administrativa decisória, o destinatário da decisão e um (ou vários) terceiro(s)[1407].

Note-se, porém, que esse "triângulo jurídico" de interesses e de titularidades, assume diversas particularidades:

(i) Estamos diante de conflitos ou colisões entre interesses privados que, diante da Administração Pública, podem assumir duas configurações[1408]:

- Casos de *interesses privados heterogéneos em colisão*: visando a alteração da realidade existente, o reconhecimento a um sujeito de uma posição jurídica favorável gera em outro, em termos correlativos, uma posição jurídica desfavorável, num cenário de

---

[1406] Cfr. VASCO PEREIRA DA SILVA, *Em Busca...*, p. 274.
[1407] Cfr. MAFALDA CARMONA, *O Acto Administrativo...*, pp. 20-21.
[1408] Cfr. FRANCISCO PAES MARQUES, *As Relações Jurídicas...*, pp. 56-57 e 90 ss.

430 | IDENTIDADE ESTRUTURANTE DA ADMINISTRAÇÃO PÚBLICA

"conflito de oposição recíproca"[1409] de interesses – fala-se aqui em *multipolaridade de oposição recíproca* [1410];

- Casos de *interesses privados homogéneos em colisão*: estando em causa distribuir, escolher ou repartir bens entre particulares concorrentes que pretendem obter a mesma vantagem, sabe-se que, por efeito da sua escassez, a satisfação de um (ou vários) implica a preterição de todos os demais[1411] – fala-se agora em *multipolaridade de concorrência de atribuição*[1412];

(ii) Em qualquer das hipóteses, o conflito ou a colisão de interesses entre cidadãos tem sempre subjacente uma mediação conformadora a cargo da Administração Pública, segundo o quadro do "programa normativo multipolar" definido pelo legislador[1413], podendo ocorrer duas diferentes formas de exercício de interesses multipolares[1414]:

- Interesses multipolares de neutralização – visando, por via impugnativa, neutralizar ou remover uma anterior decisão administrativa lesiva dos seus interesses;
- Interesses multipolares de constituição – promovendo a emissão ou a produção *ex novo* de uma decisão administrativa que satisfaça, em termos positivos, os seus interesses;

(iii) Os cidadãos podem encontrar-se em diferente situação relacional face à Administração Pública: uns podem ser parte da relação administrativa, enquanto outros, assumindo a posição de contrainteressados, aparecerem como terceiros;

(iv) Se o conhecimento da existência de um contrainteressado privado ocorre na fase preparatória da decisão, a Administração Pública

---

[1409] Cfr. MATHIAS SCHMIDT-PREUSS, *Kollidierende Privatinteressen im Verwaltungsrecht: Das subjektive öffentliche Recht im multipolaren Verwaltungsrechtsverhältnis*, 2ª ed., Berlin, 2005, p. 31.

[1410] V.g., o licenciamento da construção de um empreendimento turístico numa zona litoral pode suscitar a oposição de todos aqueles que têm casas no local e que, por efeito da nova construção, ficam sem vista de mar.

[1411] Cfr. MATHIAS SCHMIDT-PREUSS, *Kollidierende...*, pp. 34 ss.

[1412] V.g., num concurso para uma única vaga de professor catedrático, existem dois ou mais interessados que se apresentam a esse concurso.

[1413] Cfr. FRANCISCO PAES MARQUES, *As Relações Jurídicas...*, pp. 236 ss. e 287 ss.

[1414] Cfr. FRANCISCO PAES MARQUES, *As Relações Jurídicas...*, pp. 95 ss.

§21º COMPLEXIFICAÇÃO: ADMINISTRAÇÃO PÚBLICA GESTORA DE CONFLITOS | 431

deverá sempre procurar harmonizar ou ponderar a sua situação na decisão final (v.g., autorização de funcionamento de uma fábrica e os protestos de grupos ambientalistas); se, pelo contrário, só depois da decisão final se revela a sua existência, a ausência de contraditório poderá viciar a decisão;

(v) Em qualquer caso, a ponderação de interesses feita pela Administração Pública no âmbito das relações jurídico-administrativas multipolares ou poligonais muito dificilmente escapa à tentação de controlo judicial, sendo igualmente complexa a determinação do grau de intervenção dos tribunais no âmbito da ponderação administrativa efetuada[1415].

21.4.3. A complexificação da conflitualidade de interesses jurídico--privados junto da Administração Pública poderá assumir um grau particularmente intenso, em qualquer das suas formulações, se tais interesses encontrarem tutela constitucional (v. *supra*, nº 16.4.):

(i) A conflitualidade administrativa assumirá natureza concretizadora da Constituição, reivindicando cada titular dos interesses uma preferência argumentativa e decisória fundada na Lei Fundamental;

(ii) A impugnação judicial de qualquer decisão administrativa envolverá uma questão de constitucionalidade que, dependendo dos termos da sua formulação, poderá terminar no Tribunal Constitucional;

(iii) Cada protagonista de interesses procurará sempre encontrar um alicerce (direto ou indireto) das suas reivindicações no texto da Constituição, aumentando a força argumentativa da sua pretensão.

21.4.4. Nem se poderá excluir que, num esforço de internacionalização ou europeização da conflitualidade administrativa, as decisões internas venham a ser questionadas junto de instâncias internacionais e da União Europeia: a complexificação do agir administrativo nacional assumirá, num tal cenário, natureza transnacional.

[1415] Para mais desenvolvimentos, cfr. FRANCISCO PAES MARQUES, *As Relações Jurídicas...*, pp. 277 ss.

432 | IDENTIDADE ESTRUTURANTE DA ADMINISTRAÇÃO PÚBLICA

§22º PONDERAÇÃO: ADMINISTRAÇÃO PÚBLICA DE BALANCEAMENTO

22.1. Pressupostos: normatividade e conflitualidade

(A) O Direito como ponderação

22.1.1. A ponderação – ou *balancing*, na terminologia norte-americana –, envolvendo um contrapesar, um balanceamento ou um equilibrar equitativo do peso relativo de realidades jurídicas conflituais em presença (: bens, interesses ou valores), pode dizer-se que é um método[1416], estabelecendo um enunciado racional de preferência[1417] e afastando a radicalidade de um "tudo ou nada"[1418]. A ponderação surge como uma forma de decidir com um duplo significado[1419]:

(i) A ponderação é um *procedimento* decisório, traduzindo um metodologia de construir, por via argumentativa e mediante fundamentação adequada, decisões jurídicas de prioridade alicerçadas em bens, interesses ou valores conflituantes;

(ii) A ponderação é também o *resultado* ou conteúdo da solução decisória alcançada, sabendo-se que quanto maior for o grau de contração aplicativa ou não satisfação do bem, interesse ou valor sacrificado, maior será a importância da satisfação ou cumprimento do outro bem, interesse ou valor[1420] que, por isso, assume prevalência ponderativa.

22.1.2. A ponderação, ultrapassando a sua origem judicial em torno de conflitos entre privados[1421] ou de colisões normativas envolvendo direitos

---

[1416] Cfr. HEINRICH HUBMANN, *Die Methode der Abwägung*, in *Festschrift für Ludwig Schnorr von Carolsfeld zum 70. Geburtstag*, Köln/München, 1973, p. 175.

[1417] Cfr. ROBERT ALEXY, *Teoría de los Derechos Fundamentales*, pp. 158 ss.

[1418] Cfr. GOMES CANOTILHO, *Direito Constitucional...*, p. 1223.

[1419] Cfr. EBERHARD SCHMIDT-ASSMANN, *Das allgemeines Verwaltungsrecht...*, p. 226; FERNANDO ALVES CORREIA, *O Plano Urbanístico e o Princípio da Igualdade*, Coimbra, 1989, pp. 277 ss.; IDEM, *Manual...*, I, pp. 486 ss.; JOSÉ Mª. RODRÍGUEZ DE SANTIAGO, *La Ponderación de Bienes e Intereses en el Derecho Administrativo*, Madrid/Barcelona, 2000, pp. 9 e 48 ss.

[1420] Adapta-se, deste modo, a designada "lei da ponderação" de ROBERT ALEXY, *Teoría los Derechos Fundamentales*, p. 161.

[1421] Cfr. WALTER LEISNER, *"Privatisierung" des Öffentlichen Rechts. Von der "Hoheitsgewalt" zum gleichordnenden Privatrecht*, Berlin, 2007, pp. 42 ss. e 113 ss. Sublinhando, nesta

§22º PONDERAÇÃO: ADMINISTRAÇÃO PÚBLICA DE BALANCEAMENTO | 433

fundamentais[1422], transformou-se numa técnica decisória comum às diversas áreas do ordenamento jurídico-positivo, podendo dizer-se que todo o Direito é ponderação:
  (i)   Pondera-se a solução abstrata a adotar na *feitura da norma*[1423];
  (ii) Pondera-se na determinação do *sentido interpretativo* da norma[1424];
  (iii) Pondera-se no momento da *aplicação* da norma ao caso concreto[1425].

22.1.3. Se todo o Direito assenta numa metodologia de ponderação, a Administração Pública – subordinando-se ao Direito, criando Direito, interpretado Direito e aplicando Direito – não pode deixar de também usar uma metodologia decisória assente em ponderações:

---

sequência, que a ponderação é um método oriundo do Direito privado que foi adotado pelo Direito público, tornando, por isso também, mais problemática a distinção entre ambos os setores da ordem jurídica, cfr. MIGUEL NOGUEIRA DE BRITO, *Sobre a distinção entre direito público e direito privado*, in *Estudos em Homenagem ao Prof. Doutor Sérvulo Correia*, I, Coimbra, 2010, pp. 43 ss. Confirmando este entendimento, usando a ponderação como critério de resolução de situações de colisão de direitos no âmbito do Direito civil, utilizando ainda um apelo à proporcionalidade, cfr. ANTÓNIO MENEZES CORDEIRO, *Da colisão de direitos*, in *Estudos Jurídicos e Económicos em Homenagem ao Prof. Doutor António de Sousa Franco*, I, Coimbra, 2006, em especial, pp. 305 e 306.

[1422] Adotando esta visão tradicional, circunscrevendo a ponderação a um método de desenvolvimento judicial do Direito, cfr. FRITZ OSSENBÜHL, *Abwägung in Verfassungsrecht*, in DVBl, 1995, p. 909; KARL LARENZ, *Metodologia da Ciência do Direito*, 3ª ed., Lisboa, 1997, pp. 574 ss.

[1423] V.g., deve preferir-se uma diminuição das despesas públicas através da redução dos salários dos funcionários públicos ou da redução do montante das reformas dos aposentados e reformados? Face à ausência de verbas para a contratação de novo pessoal docente para a Faculdade de Direito, deve reduzir-se o *numerus clausus* ou aumentar o número de alunos em aulas práticas?

[1424] São exemplos de ponderação a nível interpretativo, entre múltiplos outros, o conceito constitucional de "ambiente familiar normal", nos termos do artigo 69º, nº 2, compreende casais homossexuais? O conceito constitucional de "casamento" compreende a união de duas pessoas do mesmo sexo ou o designado casamento poligâmico? (sublinhando que a ponderação se situa "a jusante da interpretação", cfr. GOMES CANOTILHO, *Direito Constitucional...*, p. 1223).

[1425] V.g., o exame oral realizado pelo aluno *A* merece a classificação de aprovado ou de reprovado e, em qualquer dos casos, qual a classificação entre zero e vinte valores? Deve a polícia dispersar a manifestação ilegal e violenta que está a decorrer junto à A.R. usando uma simples ordem verbal, recorrer a canhões de água ou avançar com bastonadas e disparar balas de borracha?

434 | IDENTIDADE ESTRUTURANTE DA ADMINISTRAÇÃO PÚBLICA

(i) Tal como se diz existir um "Estado de ponderação"[1426], pode falar-se numa Administração Pública de balanceamento ou de ponderação;

(ii) A normatividade reguladora da Administração Pública encontra-se "minada" de "cláusulas de ponderação"[1427], tal como o resultado da atividade administrativa assenta em procedimentos e decisões de ponderação[1428];

(iii) A ponderação administrativa de interesses assume-se como exigência decorrente do próprio Estado de Direito[1429].

(B) Resolução de conflitos normativos

22.1.4. A proliferação de um sistema constitucional "principialista" (v. *supra*, §17º a §19º), expressão de um "Estado principiológico"[1430], conduzindo a uma progressiva transformação da normatividade vinculativa da Administração Pública, substituiu um predominantemente "Direito de regras" por um "Direito de princípios" regulador da ação administrativa[1431], fazendo da ponderação ou balanceamento de bens, interesses ou valores uma metodologia decisória comum:

(i) Os princípios, em vez de uma lógica de "tudo ou nada" própria das regras, estabelecem orientações gerais e necessitam sempre de uma ulterior atividade concretizadora[1432], nunca obedecendo

---

[1426] Neste sentido, numa postura fortemente crítica, falando mesmo em substituição do Estado de Direito pelo referido "Estado de ponderação", cfr. WALTER LEISNER, *Der Abwägungsstaat Verhältnismässigkeit als Gerechtigkeit?*, Berlin, 1997, pp. 99, 127 ss. 221 ss. e 230 ss.

[1427] Expressão usada por EBERHARD SCHMIDT-ASSMANN, *Das allgemeines Verwaltungsrecht...*, p. 231.

[1428] Cfr. LUIS ORTEGA/SUSANA DE LA SIERRA (coord.), *Ponderación y Derecho Administrativo*, Madrid/Barcelona/Buenos Aires, 2009; RUI CHANCERELLE DE MACHETE, *Algumas reflexões...*, p. 581.

[1429] Cfr. JOSÉ F.F. TAVARES, *A ponderação de interesses na gestão pública vs. gestão privada*, in *Estudos Jurídicos e Económicos em Homenagem ao Prof. Doutor António de Sousa Franco*, II, Coimbra, 2006, p. 685.

[1430] Expressão de VITALINO CANAS, *A proibição do excesso como instrumento mediador de ponderação e optimização (com incursão na teoria das regras e dos princípios)*, in *Estudos de Homenagem ao Prof. Doutor Jorge Miranda*, III, Coimbra, 2012, p. 812.

[1431] Cfr. PAULO OTERO, *Legalidade e Administração Pública*, pp. 166 ss.

[1432] Cfr. GUSTAVO ZAGREBELSKY, *Manuale di Diritto Costituzionale*, reimp., Torino, 1991, p. 107.

§22º PONDERAÇÃO: ADMINISTRAÇÃO PÚBLICA DE BALANCEAMENTO | 435

a uma lógica de exclusão antinómica, antes surgem numa "convivência conflitual"[1433] com princípios que apontam em direção contrária[1434], sem qualquer pretensão de exclusividade[1435], circunstância que determina exigir a sua aplicação uma atividade metodológica de ponderação[1436], permitindo "o balanceamento de valores e interesses"[1437], consoante as possibilidades jurídicas e fáticas existentes em cada momento[1438] e o peso ou a importância dos princípios em causa[1439];

(ii) Uma normatividade principialista reguladora da Administração Pública, expressando a implementação legislativa de princípios constitucionais contraditórios ou conflituantes, remete para a aplicação administrativa do Direito no caso concreto a ponderação, a escolha e a decisão sobre a harmonia possível entre os diversos princípios acolhidos pela Constituição, utilizando normas legais assentes numa técnica jurídica reveladora de uma "textura aberta" da regulação administrativa[1440]:

– Recorrendo a conceitos vagos e indeterminados ou dotados de imprecisão e ambiguidade[1441];

– Consagrando cláusulas gerais e enumerações exemplificativas;

– Atribuindo reforçados poderes discricionários de decisão[1442].

[1433] Neste sentido, cfr. GUSTAVO ZAGREBELSKY, *Manuale...*, I, p. 108.

[1434] Cfr. RONALD DWORKIN, *Los Derechos en Serio*, p. 76.

[1435] Cfr. CLAUS-WILHELM CANARIS, *Pensamento Sistemático e Conceito de Sistema na Ciência do Direito*, Lisboa, 1989, pp. 88 ss.

[1436] Cfr. ROBERT ALEXY, *El Concepto...*, p. 162; JOSÉ Mª. RODRÍGUEZ DE SANTIAGO, *La Ponderación...*, pp. 12 e 39 ss.

[1437] Cfr. GOMES CANOTILHO, *Direito Constitucional e Teoria...*, 6ª ed., p. 1147.

[1438] Cfr. ROBERT ALEXY, *El Concepto...*, p. 162.

[1439] Cfr. RONALD DWORKIN, *Los Derechos en Serio*, pp. 77-78.

[1440] Existe aqui como que uma"delegação" do legislador a favor dos órgãos concretizadores das normas, cfr. CRISTINA QUEIROZ, *O Direito como sistema (interno) de regras e princípios*, in *Estudos Jurídicos e Económicos em Homenagem ao Prof. Doutor António de Sousa Franco*, I, Coimbra, 2006, p. 672.

[1441] Sublinhando que também as regras (e não apenas os princípios) que contenham conceitos indeterminados carecem de ponderação, cfr. JOSÉ Mª. RODRÍGUEZ DE SANTIAGO, *La Ponderación...*, pp. 47-48.

[1442] Considerando a ponderação "um imperativo para um correto exercício do poder discricionário", cfr. RUI CHANCERELLE DE MACHETE, *Algumas reflexões...*, p. 581.

436 | IDENTIDADE ESTRUTURANTE DA ADMINISTRAÇÃO PÚBLICA

22.1.5. O reconhecimento da utilização pela Administração Pública de uma metodologia ponderativa[1443], afastando o mito tradicional de que a subordinação administrativa à juridicidade envolve o exercício de uma atividade metodologicamente subsuntiva[1444], revelando antes a existência de uma margem de "livre" decisão[1445], radica em diversas causas:

(i) A conflitualidade decorrente da natureza compromissória da Constituição e da sua abertura interpretativa (v. *supra*, nº 16.4.), aliada à vinculação da Administração Pública aos princípios da supremacia da Constituição (v. *supra*, nº 19.2.2.) e da aplicabilidade direta das normas sobre direitos, liberdades e garantias (v. *supra*, nº 19.2.3.) – a Administração Pública é uma "atriz" protagonista da Constituição e da complexidade dos seus compromissos e conflitos normativos, recorrendo à ponderação;

(ii) A conflitualidade emergente da crescente complexidade de interesses jurídico-privados que se cruzam com a prossecução do interesse público a cargo da Administração Pública, atendendo à natureza multilateral ou poligonal das relações jurídico-administrativas de estrutura triangular que se estabelecem (v. *supra*, nº 21.4.), fez introduzir a nível administrativo uma metodologia decisória que reflete a igualdade entre os titulares dos interesses a ponderar[1446] – no exercício das suas funções decisórias, a Administração Pública arbitra, por via da ponderação, conflitos envolvendo posições jurídicas privadas[1447];

(iii) A conflitualidade resultante da crescente complexidade das relações intersubjetivas (v. *supra*, nº 21.2.) e intrassubjetivas (v. *supra*, nº 21.3.) que se desenvolvem no seio interno da própria Administração Pública –há aqui um espaço intra-administrativo de ponde-

---

[1443] Neste sentido, cfr. JOSÉ Mª. RODRÍGUEZ DE SANTIAGO, *La Ponderación...*, pp. 31 ss.; RUI CHANCERELLE DE MACHETE, *A tutela administrativa...*, pp. 821 ss.

[1444] Neste sentido, a nível constitucional, traçando a dicotomia entre uma metodologia subsuntiva e uma metodologia de ponderação, cfr. MARIA LÚCIA AMARAL, *Justiça constitucional e trinta anos de Constituição*, in THEMIS, 2006, pp. 147 ss.

[1445] No sentido de reconduzir a discricionariedade a uma "ponderação autónoma dos interesses públicos e privados relevantes", enquanto expressão da margem de livre decisão, cfr. SÉRVULO CORREIA, *Margem de livre decisão...*, pp. 385 e 386.

[1446] Cfr. WALTER LEISNER, *"Privatisierung"...*, p. 114.

[1447] Cfr. RUI CHANCERELLE DE MACHETE, *A tutela administrativa...*, pp. 825 ss.

ração entre interesses conflituantes protagonizados por diferentes Administrações Públicas[1448].

22.1.6. A ponderação, visando a resolução de conflitos normativos envolvendo bens, interesses e valores em colisão, procura sempre, atendendo ao "peso" específico de tais realidades, determinar a medida em que cada uma tem de ceder perante a outra ou cada uma entre si, tendo como propósito último o restabelecimento da paz jurídica[1449]: a ponderação só começa, porém, quando as antinomias normativas não possam ser solucionadas através dos critérios normais, revestindo natureza residual[1450].

22.2. Objeto da ponderação: bens, interesses e valores

22.2.1. A ponderação, alicerçando-se em realidades conflituantes normativamente reconduzíveis a princípios jurídicos, sem excluir que também possa incidir sobre regras jurídicas[1451] consagradoras de conceitos indeterminados e habilitações de poderes decisórios discricionários a favor da Administração Pública, tem por objeto, como temos salientado, o balanceamento, o sopesamento ou o contrapesar de (a) bens, (b) interesses e/ou (c) valores[1452].

[1448] Para uma discussão sobre a aplicabilidade da ponderação e do princípio da proporcionalidade ao nível das relações organizativas no âmbito da Administração Pública, cfr. FRITZ OSSENBÜHL, *Abwägung...*, p. 906; JOSÉ Mª. RODRÍGUEZ DE SANTIAGO, *La Ponderación...*, pp. 111 ss.

[1449] Cfr. KARL LARENZ, *Metodologia...*, p. 575.

[1450] Neste último sentido, cfr. MARIANA MELO EGÍDIO, *Análise da estrutura das normas atributivas de direitos fundamentais. A ponderação e a tese ampla da previsão*, in *Estudos em Homenagem ao Prof. Doutor Sérvulo Correia*, I, Coimbra, 2010, p. 622.

[1451] Neste sentido, contestando o entendimento de reservar aos princípios a "dimensão da ponderabilidade", afastando-a das regras, cfr. MIGUEL NOGUEIRA DE BRITO, *A Constituição Constituinte...*, pp. 314 ss.; MIGUEL TEIXEIRA DE SOUSA, *Introdução ao Direito*, Coimbra, 2012, pp. 457 ss.; RUI CHANCERELLE DE MACHETE, *Algumas reflexões...*, p. 581.

[1452] Para uma abordagem conceitual destas três realidades, cfr. RUDOLF JHERING, *O Espírito do Direito Romano*, III, Rio de Janeiro, 1943, pp. 220 ss.; PEDRO PAIS DE VASCONCELOS, *Teoria...*, pp. 635-636; VITALINO CANAS, *A proibição do excesso...*, pp. 873 ss.

438 | IDENTIDADE ESTRUTURANTE DA ADMINISTRAÇÃO PÚBLICA

22.2.2. *(a) Ponderação de bens*

Sabendo-se que um bem é todo o elemento apto à satisfação de uma necessidade, o conceito de bem jurídico é dotado de considerável amplitude[1453]: ele compreende toda a realidade possuidora de relevância social e protegida pela ordem jurídica – bem é "tudo o que sirva para o homem atingir qualquer fim"[1454].

Naturalmente, a proteção que a ordem jurídica confere aos diversos bens não é toda igual: há, desde logo, uma diferença estruturante que separa entre (i) bens protegidos pela Constituição – podendo aqui ainda distinguir-se aqueles que gozam de uma proteção direta e expressa e os que apenas possuem uma proteção indireta, implícita ou reflexa – e (ii) bens sem proteção constitucional.

A existência de bens jurídico-constitucionais ou bens jusfundamentais, numa situação de colisão ou conflito face a bens sem proteção constitucional, nunca pode deixar de ser tomada em conta numa metódica ponderativa, envolvendo a presença dos primeiros face a estes últimos uma óbvia prevalência.

22.2.3. *(b) Ponderação de interesses*

O interesse é todo o bem jurídico subjetivado, enquanto "relação entre um sujeito e um determinado bem"[1455] ou, numa linguagem sugestiva, o interesse é um bem jurídico capturado ou reivindicado por um sujeito, sendo possível traçar uma dicotomia nuclear entre (i) interesses que a ordem jurídica configura como direitos subjetivos e (ii) interesses que, apesar de protegidos pela ordem jurídica, não se reconduzem a direitos subjetivos.

Não obstante qualquer destes interesses poder ter tutela constitucional, falando-se, no caso de interesses reconduzíveis a direitos subjetivos, em direitos fundamentais (v.g., direito à vida, direito à integridade física, direito ao livre desenvolvimento da personalidade), e, no caso de interesses não identificáveis como direitos subjetivos, em interesses tutelados consti-

---

[1453] Para uma interrelação entre o conceito económico e o conceito jurídico de bem, sublinhando o primeiro a utilidade e a sua utilização pelas pessoas, enquanto o segundo adota a perspetiva da tutela pelo ordenamento jurídico, cfr. SALVATORE PUGLIATTI, *Beni (teoria generale)*, in EdD, V, Milano, 1959, pp. 164 ss.

[1454] Cfr. MANUEL GOMES DA SILVA, *O Dever de Prestar...*, I, p. 83.

[1455] Cfr. JOSÉ F.F. TAVARES, *A ponderação...*, p. 684.

tucionalmente (v.g., prossecução do interesse público, segurança pública, redistribuição da riqueza), igualmente aqui existem reflexos ao nível da ponderação administrativa, vislumbrando-se dois cenários[1456]:

- Conflitos entre o interesse público e interesses jurídicos privados, à luz de uma relação bilateral ou de uma relação multipolar ou poligonal;
- Conflitos entre interesses públicos protagonizados por diferentes entidades da Administração Pública.

22.2.4. (c) Ponderação de valores

Os valores são critérios de avaliação ou valoração de bens ou de condutas, traduzindo um juízo axiológico de bondade, superioridade ou quantificação[1457]: o valor como que encarna num bem ou numa conduta, envolvendo uma tomada de posição de um sujeito, numa "rotura de indiferença" face à realidade que é avaliada[1458].

Podendo ter ou não consagração constitucional[1459], os valores são passíveis de uma ordenação hierárquica e que, em caso de conflito axiológico, se projeta no momento da sua ponderação: os valores de nível superior têm primado sobre os valores hierarquicamente inferiores[1460].

22.2.5. (c) Idem: o caso da dignidade humana

Será que a dignidade da pessoa humana, enquanto valor fundamental da ordem jurídico-constitucional, goza de uma prevalência absoluta em caso de ponderação face a outros bens, interesses ou valores constitucionais?[1461]

[1456] Para uma sistemática diferente de ponderações a nível urbanístico, cfr. FERNANDO ALVES CORREIA, *O Plano...*, pp. 281 ss.; IDEM, *Manual...*, I, pp. 492 ss.

[1457] Para mais desenvolvimentos, cfr. ROBERT ALEXY, *Teoría los Derechos Fundamentales*, pp. 138 ss., em especial, pp. 143 ss.

[1458] Cfr. ENRICO OPOCHER, *Valore (filosofia del diritto)*, in EdD, XLVI, Milano, 1993, em especial, pp. 117 ss.

[1459] Especificamente sobre os valores constitucionais, cfr. PAULO FERREIRA DA CUNHA, *Constituição e Valores – Diálogos de axiologia constitucional*, in RDP-IDP, nº 1, 2009, pp. 145 ss.; IDEM, *Valores constitucionais – uma introdução axiológico-política*, in *Estudos de Homenagem ao Prof. Doutor Jorge Miranda*, III, Coimbra, 2012, pp. 201 ss.

[1460] Cfr. KARL LARENZ, *Metodologia...*, p. 586.

[1461] Para uma discussão setorial do problema, cfr. MIGUEL NOGUEIRA DE BRITO, *O conceito constitucional de dignidade humana entre o absoluto e a ponderação: o caso da reprodução humana*, in *Estudos em Homenagem ao Prof. Doutor José Joaquim Gomes Canotilho*, III, Coimbra, 2012, pp. 151 ss.

440 | IDENTIDADE ESTRUTURANTE DA ADMINISTRAÇÃO PÚBLICA

A Constituição permite extrair, tendo presente a conceção personalista (v. *supra*, §15º), três ilações:

(i) O núcleo indisponível da dignidade humana nunca pode deixar de prevalecer numa situação de ponderação face ao interesse público (v. *supra*, nº 15.1.7.);

(ii) Por identidade de razões, a dignidade humana prevalece face a quaisquer ponderações envolvendo outros bens, interesses ou valores objeto de tutela constitucional que, sendo conflituantes, não convoquem a dignidade da pessoa humana (v. *supra*, nº 15.1.8.), e, por maioria de razão, se estamos diante de bens, interesses ou valores que carecerem de tutela constitucional[1462];

(iii) A dignidade humana mostra-se passível de, num procedimento ponderativo, ser limitativamente condicionada pela presença de uma concorrencial pretensão conflitual que também se alicerce na dignidade de outro ser humano (v. *supra*, nº 15.1.8.)[1463], devendo dar-se proeminência àquela que maior conexão, intensidade ou proximidade revele face à dignidade humana[1464], salvo se ambas gozarem de igual "peso", hipótese em que, não podendo uma prevalecer sobre a outra – nem se conferir uma proteção insuficiente (v. *supra*, nº 18.3.6.)–, têm de ter igual proteção[1465].

[1462] Para uma reflexão sobre a ponderação de bens e valores à luz da ordem axiológica constitucional, cfr. MIGUEL ASSIS RAIMUNDO, *Ponderação de Bens e Valores Constitucionais e Ordem Axiológica Constitucional*, relatório de mestrado na Faculdade de Direito da Univ. de Lisboa, inédito, 2004.

[1463] Compreende-se, neste sentido, que "nenhuma situação subjetiva pode ser considerada absoluta", cfr. MIGUEL TEIXEIRA DE SOUSA, *Introdução ao Direito*, p. 276.

[1464] Contra uma tal hierarquização entre direitos fundamentais ao nível da ponderação da dignidade humana em situações de colisão de direitos, cfr. GOMES CANOTILHO, *Dignidade...*, pp. 292 ss.

[1465] A relação entre liberdade e dignidade humana assume particular complexidade, uma vez que, sendo a liberdade uma emanação da dignidade, o certo é que a liberdade também não pode atentar contra a dignidade. Neste último sentido, sublinhando que um princípio de liberdade ilimitado se mostra incompatível com o princípio parametrizador da dignidade humana, cfr. LUÍS PEDRO PEREIRA COUTINHO, *A Autoridade Moral...*, p. 154.

22.3. Cenários de ponderação e separação de poderes

22.3.1. A ponderação administrativa de realidades normativamente conflituantes pode ocorrer em dois cenários radicalmente distintos:

(i) Pode tratar-se de uma *ponderação abstrata,* correspondendo à figura norte-americana do *definitional balancing,* permitindo alcançar uma fórmula normativa de futura resolução de conflitos envolvendo bens, interesses e valores[1466];

(ii) Poderá, em sentido diferente, tratar-se de uma *ponderação no caso concreto,* reconduzível ao *ad hoc balancing* do ordenamento norte--americano, decidindo-se qual o bem, o interesse ou o valor que prevalece face à situação individual em causa que cumpre resolver[1467].

22.3.2. A ponderação abstrata, podendo ser feita pela Administração Pública, por via regulamentar, respeitando a margem de liberdade conferida pelo legislador, nunca deixa de ter presente a preferência ponderativa feita pela lei:

(i) Se é verdade que o legislador goza de um primado de ponderação[1468], competindo-lhe, em primeira linha, o exercício de uma tal tarefa, relativamente a todos os demais poderes constituídos[1469], importa ter presente que existem conflitos de bens, interesses e valores que a Constituição reservou para si essa mesma ponderação, excluindo o legislador de intervenção decisória: é o sucede, a

---

[1466] No sentido de que aqui não se está diante de um modelo de ponderação, falando antes em "procedimento interpretativo" relativo à determinação do âmbito de proteção das normas, apesar de admitir "o balanceamento abstrato feito pela norma constitucional", cfr. GOMES CANOTILHO, **Direito Constitucional...**, pp. 1225-1226.

[1467] Há ainda quem fale em "ponderações de laboratório" que, em oposição às ponderações efetuadas no caso concreto, perante uma situação factual que deverá ficar resolvida, se traduzem em exercícios teórico-hipotéticos abstratos, visando a definição de regras que assumem um papel decisório de mera *prima facie,* sempre passíveis de "ceder" perante situações concretas. Sobre o tema, cfr., por todos, ANDRÉ SALGADO DE MATOS, *A Fiscalização Administrativa da Constitucionalidade,* Coimbra, 2004, pp. 329 ss.

[1468] Cfr. JOSÉ Mª. RODRÍGUEZ DE SANTIAGO, *La Ponderación...,* pp. 59 ss.; RUI CHANCERELLE DE MACHETE, *A tutela administrativa...,* p. 824.

[1469] Cfr. FRITZ OSSENBÜHL, *Abwägung...,* p. 910; WALTER LEISNER, *Der Abwägungsstaat...,* pp. 134 e 213.

442 | IDENTIDADE ESTRUTURANTE DA ADMINISTRAÇÃO PÚBLICA

título de exemplo, com as exceções ao princípio de que ninguém pode ser privado da liberdade, à luz do artigo 27º, nºs 2 e 3[1470];

(ii) No que respeita a todos os restantes conflitos de bens, valores ou interesses constitucionais cuja resolução ponderativa não é reservada à própria Constituição, a exigência de reserva de lei significa exclusão de ponderação primária a favor da Administração Pública[1471]: a ponderação administrativa assume um estatuto subordinado, complementar e subsidiário face à ponderação legislativa de natureza abstrata;

(iii) A ponderação abstrata legislativa ou administrativa nunca pode conduzir a uma aplicação subsuntiva aos casos concretos, existindo sempre uma margem possível de ponderações *ad hoc*[1472], atendendo às especificidades e circunstâncias de facto e de direito subjacentes a cada situação concreta[1473].

[1470] Mostra-se discutível, neste preciso contexto, se as restrições aos direitos fundamentais, nos termos do artigo 18º, nº 2, tendo sempre de ser feitas por lei, se limitam aos "casos expressamente previstos na Constituição", como a interpretação literal do preceito refere, ou, pelo seu contrário, se uma ponderação dentro do contexto global dos bens, interesses e valores da Constituição poderá habilitar restrições não expressamente previstas (neste último sentido, cfr. JORGE REIS NOVAIS, *As Restrições...*, em especial, pp. 693 ss.). Num sentido mais rigoroso e dogmaticamente mais abrangente, tomando em consideração na ponderação de "bens não articulados" justificativos de restrições a direitos fundamentais o artigo 29º, nº 2, da Declaração Universal dos Direitos do Homem, cfr. LUÍS PEREIRA COUTINHO, *Sobre a justificação das restrições...*, em especial, pp. 562 ss.

[1471] Note-se, porém, que, tal como antes se afirmou (v. *supra*, nº 19.2.4.), a reserva de lei obedece a um princípio de tipicidade constitucional.

Sobre o tema e para mais desenvolvimentos, ao nível das ponderações administrativas no domínio de conflitos de direitos fundamentais, fazendo o ponto da situação ao nível da doutrina portuguesa, cfr. RUI CHANCERELLE DE MACHETE, *A tutela administrativa...*, pp. 826 ss. Sublinhando, neste contexto, que só a lei formal pode restringir direitos fundamentais, motivo pelo qual o regulamento autónomo não pode fazer restrições ou harmonizar colisões entre direitos fundamentais, apesar de admitir que, em circunstâncias excecionais, atos administrativos possam fazer restrições pontuais, cfr. RUI CHANCERELLE DE MACHETE, *Conceitos indeterminados e restrições a direitos fundamentais por via regulamentar*, in *Estudos em Homenagem ao Prof. Doutor Joaquim Moreira da Silva Cunha*, Coimbra, 2005, em especial, pp. 731 ss.

[1472] Neste sentido, ilustrativamente ao nível do planeamento territorial, cfr. LUÍS PEREIRA COUTINHO, *Direito do Planeamento Territorial*, pp. 172 ss.

[1473] Sublinhando que tais circunstâncias "nunca são iguais em tudo", cfr. KARL LARENZ, *Metodologia...*, p. 587.

§22º PONDERAÇÃO: ADMINISTRAÇÃO PÚBLICA DE BALANCEAMENTO | 443

22.3.3. No que diz respeito à ponderação concreta ou *ad hoc* feita pela Administração Pública, cumpre sublinhar o seguinte:

(i) A conflitualidade subjacente à multilateralidade da moderna atividade administrativa (v. *supra*, §21º e 22.1.5.), aliada a uma normatividade principialista reguladora da Administração Pública (v. *supra*, nº 22.1.4.), reforçada ainda pela vinculação à aplicabilidade direta das normas constitucionais sobre direitos fundamentais (v. *supra*, nº 19.2.3.), fazem de quase toda a ação administrativa uma permanente ponderação de bens, interesses e valores – administrar é hoje ponderar face a casos concretos;

(ii) A atribuição de poderes discricionários de decisão administrativa, tal como a utilização de conceitos indeterminados na normatividade reguladora da conduta administrativa, reforçam o apelo a ponderações entre bens, interesses e valores[1474] – trata-se de criar, por decisão do legislador, uma reserva de ponderação a cargo da Administração Pública;

(iii) A própria existência de ponderações abstratas ou normativas, se facilitam a tarefa ponderativa face a casos concretos, nunca a excluem (v. *supra*, nº 22.3.2.) – a aplicação de ponderações abstratas é feita através de ponderações concretas;

(iv) Nem se pode excluir que, em situações de invalidade do agir administrativo, uma colisão entre princípios gerais (v.g., tutela da confiança, legalidade, interesse público) seja passível de justificar, estando em causa uma atuação unilateral[1475] ou bilateral[1476], uma ponderação modeladora de efeitos *ad hoc* por parte da Administração Pública[1477];

[1474] Para mais desenvolvimentos, cfr. JOSÉ Mª. RODRÍGUEZ DE SANTIAGO, *La Ponderación...*, pp. 67 ss.; RUI CHANCERELLE DE MACHETE, *A tutela administrativa...*, pp. 829-830.

[1475] Cfr. PEDRO MONIZ LOPES, *Ponderação na revogação de actos administrativos inválidos*, in *Estudos de Homenagem ao Prof. Doutor Jorge Miranda*, IV, Coimbra, 2012, pp. 769 ss.

[1476] Cfr. PAULO OTERO, *Da negociação no procedimento de adjudicação de contratos públicos*, in *Estudos em Homenagem ao Professor Doutor Diogo Freitas do Amaral*, Coimbra, 2010, pp. 921 ss., em especial, pp. 947 ss.

[1477] Afinal, a atribuição de relevância jurídica a certos efeitos de facto decorrentes de atos nulos da Administração Pública, fundando-se em razões de tutela da confiança e da segurança jurídica, atendendo ao decurso do tempo e à boa-fé, nada mais representa do que a expressão de uma ponderação.

444 | IDENTIDADE ESTRUTURANTE DA ADMINISTRAÇÃO PÚBLICA

(v) A realização de ponderações concretas ou *ad hoc* não pode deixar de assumir, à luz dos princípios da igualdade e da imparcialidade, caráter autovinculativo para o decisor face a casos idênticos ou semelhantes, permitindo vislumbrar a formação de precedentes ponderativos em relação a um mesmo quadro factual e jurídico.

22.3.4. Em qualquer dos cenários de ponderação, os tribunais exercem uma função tendencialmente repressiva, acessória e *a posteriori*, controlando as ponderações antes feitas pelo legislador e pela Administração Pública[1478] – sem embargo de se poder admitir a utilização de meios injuntivos visando a condenação à adoção ou à abstenção administrativa de ponderação de certos bens, interesses ou valores[1479] –, isto numa dupla vertente[1480]:

(i) Controlando o procedimento de ponderação;
(ii) Controlando o resultado da ponderação.

22.3.5. Não se pode excluir que, invalidada judicialmente uma ponderação, por ausência de tomada em consideração de determinado bem, interesse ou valor pelo decisor legislativo ou administrativo – numa manifestação de proibição do excesso[1481] ou de proibição de insuficiente proteção ponderativa –, se vislumbre um verdadeiro efeito aditivo na decisão judicial: o tribunal, em tais casos, poderá predeterminar a ponderação administrativa, nunca lhe sendo admissível, no entanto, à luz do princípio da separação de poderes, se existirem diversas soluções ponderativas juridicamente possíveis, substituir aquela que foi adotada por uma sua[1482].

[1478] Sublinhando a ampliação dos poderes dos tribunais através da ponderação, cfr. José Mª. Rodríguez de Santiago, *La Ponderación...*, pp. 102 ss.

[1479] Para uma análise aprofundada da metodologia a utilizar pelo juiz administrativo, incluindo a discussão em torno do uso da ponderação, cfr. Paulo Pereira Gouveia, *O método e o juiz da intimação para proteção de direitos, liberdades e garantias*, in OD, 2013, pp. 51 ss., em especial, pp. 60 ss.

[1480] Cfr. Eberhard Schmidt-Assmann, *Das allgemeines Verwaltungsrecht...*, p. 226; Rui Chancerelle de Machete, *A tutela administrativa...*, pp. 830-831.

[1481] Para um estudo desenvolvido da operatividade da proibição do excesso em termos de ponderação de normas, passível de ser transposto para o âmbito administrativo, cfr. Vitalino Canas, *A proibição do excesso...*, pp. 874 ss.

[1482] Problema controvertido consiste em saber os exatos limites de os tribunais tomarem em consideração circunstâncias de facto não ponderadas pelo decisor da ponderação judicial-

22.4. Fases procedimentais da ponderação

22.4.1. A ponderação, sendo um método, não se reconduz a um sentimento[1483], antes se afirma como um processo racional[1484], apesar de impregnado de considerável discricionariedade[1485], dotado de um método argumentativo e fundamentador das suas decisões[1486], sendo possível autonomizar três fases procedimentais que, sem se materializarem de forma rígida, se resumem nos seguintes termos[1487]:

(a) Identificação das realidades em colisão;
(b) Atribuição do peso a cada uma das realidades em conflito;
(c) Decisão sobre a prevalência entre as realidades em colisão.

22.4.2. *(a) Identificação das realidades em colisão*
O recorte identificativo dos exatos bens, interesses ou valores que se encontram em conflito, sendo o primeiro pressuposto de qualquer ponderação, pode contar com a participação procedimental dos interessados[1488], levando ao conhecimento da Administração Pública interesses que importa ter em conta, sem esquecer que nunca pode permitir (i) que se tomem em consideração ponderativa realidades que não se encontram em verdadeira colisão ou, em alternativa, (ii) que se deixem de considerar realidades que se encontram em efetiva colisão: o erro na identificação das realidades em conflito para efeitos de ponderação, seja por via de (i) falsos problemas de ponderação ou de (ii) omissão ponderativa, determina, inevitavelmente, a invalidade da ponderação.

---

mente impugnada, alterando, deste modo, os resultados da ponderação efetuada, tornando-se o tribunal uma "superinstância de factos", cfr. FRITZ OSSENBÜHL, *Abwägung...*, p. 911.

[1483] Cfr. GOMES CANOTILHO, *Direito Constitucional...*, pp. 1224-1225.

[1484] Cfr. KARL LARENZ, *Metodologia...*, p. 587.

[1485] Cfr. MARIANA MELO EGÍDIO, *Análise da estrutura...*, p. 623; SÉRVULO CORREIA, *Margem de livre decisão...*, em especial, pp. 386, 397 e 402.

[1486] Cfr. GOMES CANOTILHO, *Direito Constitucional...*, pp. 1225 ss.

[1487] Cfr. HEINRICH HUBMANN, *Die Methode der Abwägung*, p. 177; FRITZ OSSENBÜHL, *Abwägung...*, p. 908; JOSÉ Mª. RODRÍGUEZ DE SANTIAGO, *La Ponderación...*, pp. 48, 52, 54 e 121 ss.

[1488] Sublinhando e exemplificando esta possibilidade no âmbito urbanístico (cfr. FERNANDO ALVES CORREIA, *O Plano...*, pp. 275 ss.; IDEM, *Manual...*, I, p. 148) e no domínio ambiental (cfr. LUÍS FILIPE COLAÇO ANTUNES, *O Procedimento Administrativo de Avaliação do Impacto Ambiental*, Coimbra, 1998, pp. 214 ss.).

446 | IDENTIDADE ESTRUTURANTE DA ADMINISTRAÇÃO PÚBLICA

22.4.3. *(b) Atribuição do peso a cada uma das realidades em conflito*
Recortados os bens, interesses ou valores em colisão face à situação cuja ponderação se encontra em causa, há agora que, tendo em vista as circunstâncias factuais subjacentes[1489], proceder à definição da importância ou peso de cada um de tais bens, interesses ou valores em conflito: há que comparar[1490], utilizando uma argumentação racional[1491], e encontrar uma fundamentação que permita avaliar e "pesar" cada uma das realidades em colisão[1492], procurando saber, atendendo às diversas soluções possíveis do conflito, o grau de realização de um bem, interesse ou valor e o correlativo nível de compressão ou não realização do bem, interesse ou valor sacrificado – a ponderação *ad hoc* expressa sempre um procedimento aberto à factualidade das circunstâncias do caso concreto.

22.4.4. *(c) Decisão sobre a prevalência entre as realidades em colisão*
Equacionadas argumentativamente as diversas soluções possíveis do conflito, encontra-se o decisor apto a solucioná-lo, nos seguintes termos[1493]:

(i) Se estiver em causa um conflito entre bens, interesses ou valores de igual "peso", reconduzíveis a uma situação de "empate ponderatório"[1494], deverá procurar obter-se a sua concordância prática, harmonizando-os, em termos de conferir a ambos um espaço de operatividade[1495], sem embargo de, à luz do princípio da necessidade, ser admissível que um "ceda" perante o outro, contraindo-se o espaço de eficácia deste a favor daquele, mas sem que exista um aniquilar do sacrificado;

[1489] Sublinhando que tais circunstâncias factuais funcionam como fonte argumentativa, num "ir e vir de observação" entre a norma e o facto e, de novo, entre este e a norma, cfr. JOSÉ Mª. RODRÍGUEZ DE SANTIAGO, *La Ponderación...*, pp. 134 e 138-139.

[1490] Cfr. MIGUEL TEIXEIRA DE SOUSA, *Introdução ao Direito*, p. 457.

[1491] Sobre a racionalidade da argumentação usada, cfr. ROBERT ALEXY, *Teoría los Derechos Fundamentales*, pp. 159 ss.; JOSÉ Mª. RODRÍGUEZ DE SANTIAGO, *La Ponderación...*, pp. 130 ss.

[1492] Sublinhando a importância da fundamentação para se aferirem os termos da ponderação feita pela Administração, cfr. RUI CHANCERELLE DE MACHETE, *Algumas reflexões...*, p. 582.

[1493] Adotando uma diferente configuração da ponderação e otimização, cfr. VITALINO CANAS, *A proibição do excesso...*, pp. 870 ss.

[1494] Expressão de PEDRO MONIZ LOPES, *Ponderação...*, p. 794.

[1495] Cfr. KONRAD HESSE, *Grundzüge...*, p. 28; ROBERT ALEXY, *Teoría los Derechos Fundamentales*, pp. 166-167.

(ii) Se, em sentido diverso, os bens, interesses ou valores em conflito revelam a existência de "pesos" diferentes, a ponderação conduz, nos termos da lei de Alexy[1496], à prevalência ou primado daquele bem, interesse ou valor que, segundo a argumentação antes usada, tendo presente o princípio da proporcionalidade e as circunstâncias concretas[1497], justifica o sacrifício total ou parcial do bem, interesse ou valor contrário – trata-se, porém, de uma hierarquização ponderativa móvel, "instável, que é válida para um caso concreto, podendo essa relação inverter-se noutro caso"[1498].

22.5. Efeitos da ponderação administrativa

22.5.1. A ponderação de bens, interesses e valores feita pela Administração Pública, se permite obter uma melhor justiça na decisão do caso concreto, alicerçando-se na vinculação constitucional da Administração Pública ao princípio da justiça (v. *supra*, n.º 18.3.7.), não deixa de se encontrar sujeita a um conjunto de críticas que, sendo na sua origem formuladas a propósito de decisões de ponderação judicial, são transponíveis para o campo administrativo:

(i) A ponderação aumenta, diz-se, o risco de incerteza e de insegurança do agir administrativo face aos cidadãos, pois torna imprevisíveis as decisões aplicativas da normatividade – não se pode esquecer, todavia, o efeito autovinculativo que cada ponderação acarreta para o seu autor (v. *supra*, n.º 22.3.3.) e o progressivo surgimento, "ao longo do tempo, de uma malha ou rede de regras de prevalência"[1499];

[1496] Cfr. ROBERT ALEXY, *Teoría los Derechos Fundamentales*, p. 161. Usando uma formulação diferente, num critério de comparação ponderativa, cfr. MIGUEL TEIXEIRA DE SOUSA, *Introdução ao Direito*, pp. 457 ss.

[1497] Para um sublinhar da relevância do princípio da proporcionalidade ao nível da ponderação e seus efeitos ao nível da validade do agir administrativo, cfr. LUÍS FILIPE COLAÇO ANTUNES, *Interesse público, proporcionalidade e mérito: relevância e autonomia processual do princípio da proporcionalidade*, in *Estudos em Homenagem à Professora Doutora Isabel de Magalhães Collaço*, II, Coimbra, 2002, pp. 539 ss.

[1498] Cfr. GOMES CANOTILHO, *Direito Constitucional...*, p. 1227.

[1499] Cfr. JOSÉ Mª. RODRÍGUEZ DE SANTIAGO, *La Ponderación...*, pp. 150-151.

448 | IDENTIDADE ESTRUTURANTE DA ADMINISTRAÇÃO PÚBLICA

(ii) A ponderação gera, dizem outros, uma redução ou subversão do papel garantístico da lei, dissolvida que fica num modelo casuístico de aplicação ponderativa *ad hoc*, assistindo-se a uma desvalorização da própria força normativa da lei – não será esse, no entanto, um problema geral de todo o Direito, atendendo à complexidade de interesses antagónicos existentes nas modernas sociedades, alguns deles obtendo acolhimento constitucional, e tanto maior quanto mais a ordem jurídica recorre a princípios gerais e a conceitos vagos e indeterminados?

(iii) A ponderação redefine, opiniam alguns, o papel do princípio da separação de poderes, debilitando o protagonismo de legislador e a inerente legitimidade político-democrática, a favor da Administração Pública e, em última análise, dos tribunais, a quem estaria confiada a última palavra em matéria de ponderações – não será esse, porém, um efeito garantido pelo princípio da interdependência de poderes que reorienta ou limita, por efeito ponderativo, o princípio da separação de poderes?

22.5.2. Não existem dúvidas, no entanto, de que uma Administração Pública da ponderação ou do balanceamento entre bens, interesses e valores determina que um sistema tendencialmente fechado de juridicidade é substituído por um sistema predominantemente aberto[1500]:

(i) Remetendo-se para o aplicador administrativo do Direito um poder suplementar de proceder a ponderações, confere-se à Administração Pública um impensável protagonismo na realização do Direito – Direito não é aquilo que a norma diz, Direito será aquilo que a Administração Pública, recorrendo a uma metodologia de ponderação, diz ser Direito[1501], salvo se os tribunais anularem essa ponderação administrativa;

(ii) Observa-se, simultaneamente, que a lei deixou aí de servir de instrumento de certeza e segurança jurídicas na atuação administrativa, rompendo-se com toda a tradição jurídica liberal que via na lei

---

[1500] Cfr. PAULO OTERO, *Legalidade e Administração Pública*, p. 167.

[1501] Parafraseando WALTER LEISNER, considerando que a ponderação conferia ao juiz a posição de um "Deus desvinculado da lei", (in *Der Abwägungsstaat...*, p. 44), quase se poderia dizer que a ponderação confere à Administração Pública igual prerrogativa.

um meio de proteção da liberdade dos particulares face ao poder, confiando-se agora ao poder judicial, exclusivamente, a proteção dos cidadãos e a defesa deste novo modelo de juridicidade administrativa aberta;

(iii) O modelo alimenta, por sua vez, a conflitualidade social e jurídica: quem ficou insatisfeito com a ponderação administrativa efetuada, procurando sempre alicerçar a sua pretensão em preceitos constitucionais, tenderá a abrir litígios judiciais[1502], arrastando os tribunais para uma discussão político-constitucional (v. *supra*, nº 16.4.), contribuindo para ampliar a crise na concretização jurisdicional da justiça[1503].

22.5.3. Não deixa de ser verdadeira a crítica de que "a ponderação exige acordos excessivos em torno das suas premissas e permite desacordos excessivos nos seus resultados"[1504]. Todavia, pode bem questionar-se se essa não será uma característica típica de uma sociedade aberta a uma pluralidade de interpretações da sua ordem jurídica, incluindo ao seu texto constitucional[1505]. No limite, excesso de acordos nas suas premissas e desacordos excessivos nos seus resultados poderá ser a melhor síntese de uma postura procedimental crítica à democracia.

[1502] Os litígios judiciais em torno da "obrigação de ponderação" podem envolver, à luz da jurisprudência administrativa alemã (cfr. FERNANDO ALVES CORREIA, *O Plano...*, pp. 280--281; IDEM, *Manual...*, I, pp. 487 ss.), quatro distintas situações:

   (i)   A falta de ponderação;

   (ii) O défice de ponderação;

   (iii) A falta de avaliação na ponderação.

   (iv) A desproporcionalidade da ponderação.

[1503] Neste sentido, e para mais desenvolvimentos, cfr. PAULO OTERO, *A crise na concretização jurisdicional da justiça*, in ANTÓNIO PEDRO BARBAS HOMEM/JORGE BACELAR GOUVEIA (org.), *O Debate da Justiça*, Lisboa, 2001, pp. 164 ss.

[1504] Cfr. GUILHERME SOARES, *Restrições aos direitos fundamentais: a ponderação é indispensável?*, in *Estudos em Homenagem ao Prof. Doutor Joaquim Moreira da Silva Cunha*, Coimbra, 2005, p. 365.

[1505] Neste último sentido, cfr. PETER HÄBERLE, *Hermenêutica Constitucional – A sociedade aberta aos intérpretes da Constituição: contribuição para a interpretação pluralista e "procedimental" da Constituição*, Porto Alegre, 1997; PAULO OTERO, *Direito Constitucional...*, I, pp. 188 ss.

450 | IDENTIDADE ESTRUTURANTE DA ADMINISTRAÇÃO PÚBLICA

§23º ESPECIALIZAÇÃO: ADMINISTRAÇÃO PÚBLICA TÉCNICO-CIENTÍFICA

23.1. A valorização das estruturas tecno-burocráticas

23.1.1. A satisfação das necessidades coletivas a cargo do "Estado-providência" (ou "Estado de bem-estar"), igualmente designado como "Estado Zorro"[1506] ou "Estado Robin dos Bosques"[1507], e do "Estado-segurança"[1508] (ou "Estado-preventivo"[1509]) não se compadece com um aparelho administrativo dotado de um elemento humano sem qualificações técnicas ou científicas: as tarefas a cargo do moderno Estado exigem uma Administração especializada[1510].

23.1.2. A tecnicidade da intervenção do Estado regulador e preventivo de riscos, assim como a própria reformulação do âmbito do bem-estar social a cargo do Estado, envolvendo intervenções financeiras promovendo a redução de despesas e o aumento de receitas, determinam uma complexidade técnica de fórmulas e mecanismos de normas com incidência orçamental que não se compadece sem uma intervenção especializada na preparação das soluções políticas e normativas: a moderna Administração Pública é especializada ou, pura e simplesmente, não tem razão para existir.

23.1.3. A especialização administrativa, revelando-se algo incompatível com a colonização pelos partidos políticos das estruturas decisórias da Administração Pública, provoca uma deslocação do centro decisório para as estruturas tecno-burocráticas e, neste sentido, mostra-se debilitadora da legitimação política da decisão administrativa:

(i) Se a busca de legitimação democrática da Administração Pública tende a colocar nas mãos dos políticos a iniciativa das principais

---

[1506] Expressão de CLAUDE EMERI, *L'État de Droit dans les Systèmes Polyarchiques Européens*, in RFDC, 1992, pp. 35-36.

[1507] Cfr. EMÍLIO KAFFT KOSTA, *Estado de Direito – O paradigma zero: entre lipoaspiração e dispensabilidade*, Coimbra, 2007, p. 149.

[1508] Cfr. JOACHIM HIRSCH, *Der Sicherheitsstaat*, Francfort-sur-Main, 1980.

[1509] Cfr. ERHARD DENNINGER, *Der Präventions-Saat*, in ERHARD DENNINGER, *Der gebändigte Leviathan*, Baden-Baden, 1990, pp. 33 ss.

[1510] Cfr. PAULO OTERO, *Legalidade e Administração Pública*, pp. 295 ss.

§23º ESPECIALIZAÇÃO: ADMINISTRAÇÃO PÚBLICA TÉCNICO-CIENTÍFICA | 451

decisões, a especialização das estruturas burocráticas pode sempre inviabilizar, por obstáculos de racionalidade técnica e científica, o sucesso ou a implementação das decisões políticas;

(ii) A tradicional ideia de que a Administração Pública é um simples instrumento ao serviço da política, destituída de uma lógica de atuação autónoma[1511], mostra-se desmentida pelo facto de que a concretização do processo decisório ou implementador das diversas políticas se encontrar nas mãos de quem, agindo *a priori*, aconselha o decisor ou, atuando *a posteriori*, executa a decisão[1512].

23.1.4. Independentemente das situações de grande instabilidade governativa que fazem da burocracia a instituição permanente que garante a continuidade dos serviços públicos[1513], verifica-se que a viabilidade ou a efetividade da grande maioria das opções políticas subjacentes a decisões jurídicas repousa nas mãos dos técnicos e dos burocratas da Administração Pública: a influência dos funcionários administrativos através da sua experiência e da sua sabedoria técnica no estabelecimento das possibilidades e das consequências das decisões políticas, permitindo o seu condicionamento, a sua modificação ou a sua própria supressão, confirma um relacionamento entre a burocracia e a estrutura política assente na ideia de "o que *deve* ser feito depende do que *pode* ser feito e dos seus efeitos"[1514].

23.1.5. A valorização do elemento tecnocrático e burocrático no processo de decisão administrativa acarreta uma subalternização da componente política da Administração, observando-se que o "relacionamento entre os meios e os fins fica invertido: a natureza dos meios administrativos determina o fim ou o objetivo da política"[1515]. Ou seja: as exigências de tecnicidade limitam ou condicionam a dimensão político-democrática da

---

[1511] Para uma síntese desta visão, cfr. JACQUES CHEVALLIER, *Science Administrative*, Paris, 1986, p. 85.

[1512] Neste sentido, cfr. CHARLES E. LINDBLOM, *O Processo de Decisão Política*, Brasília, 1981, pp. 59 ss.

[1513] Neste sentido, cfr. LORENZA CARLASSARE, *Amministrazione e Potere Politico*, Padova, 1974, p. 139.

[1514] Cfr. DAVID BEETHAM, *A Burocracia*, Lisboa, 1988, pp. 73-74.

[1515] Cfr. DAVID BEETHAM, *A Burocracia*, p. 79.

decisão administrativa e, numa outra dimensão, a própria configuração da juridicidade habilitadora da atuação administrativa.

23.1.6. A crescente complexidade técnica dos problemas que são colocados no âmbito da atividade legislativa e da atividade administrativa mostra-se particularmente propensa para que a decisão seja condicionada por obstáculos de índole técnica que, escapando na sua generalidade ao político-legislador ou ao político-administrador, remetem a verdadeira decisão final para estruturas compostas por técnicos, sem legitimidade político--democrática[1516]:

(i) São essas estruturas que controlam a informação, possuem o elenco das soluções possíveis e têm a perceção sobre o sucesso das diferentes opções, razões pelas quais são elas que ditam materialmente a decisão ou, em alternativa, demonstram a inviabilidade da decisão política;

(ii) Desde a preparação de decisões político-legislativas dotadas de assinalável complexidade técnica repousar em estruturas administrativas (v.g., a lei do orçamento do Estado, a lei das grandes opções do plano), invertendo-se o papel condicionante do poder legislativo sobre o poder administrativo (v. *supra*, nº 14.3.4.), até à própria falta de sucesso de muitas soluções legais residir na falta de operacionalidade técnica e prática das mesmas demonstrada por tais estruturas da Administração, regista-se que a legalidade administrativa vive hoje condicionada, *a priori* ou *a posteriori*, pela intervenção da Administração especializada.

23.1.7. O processo decisório político encontra-se consideravelmente nas mãos da burocracia[1517] e, dentro desta, concentrado em estruturas administrativas tecnocráticas, tornando em largos setores a ideia de decisões dotadas de legitimidade político-democrática uma simples aparência que corre o risco de se tornar uma mentira piedosa.

[1516] Cfr. PAULO OTERO, *Legalidade e Administração Pública*, pp. 296-297.
[1517] Neste sentido, cfr. CHARLES E. LINDBLOM, *O Processo...*, p. 62.

23.2. A decisão técnico-científica e os limites da legitimidade político-democrática

23.2.1. Num diferente contexto de especialização da atividade administrativa, verifica-se que, visando uma utilização da técnica e da ciência com o propósito de minimizar ou "domesticar" o risco[1518], a satisfação de amplos setores de necessidades coletivas de bem-estar a cargo da Administração Pública apela, cada vez mais, a critérios decisórios de natureza técnico-científica:

(i) São critérios que, situados fora de um puro raciocínio subsuntivo de aplicação de normas jurídicas ou de apelo a uma margem de autonomia jurídica de ponderação, pressupõem e remetem para pautas decisórias cujos referenciais se situam em domínios científicos e tecnológicos totalmente estranhos ao jurista[1519];

(ii) Estão em causa decisões técnico-científicas cujo conteúdo escapa na sua materialidade intrínseca ao conhecimento do jurista, sem embargo de, estando alicerçadas em pressupostos e raciocínios não jurídicos, serem decisões passíveis de produzir efeitos jurídicos[1520].

23.2.2. As decisões de natureza científica, assim como o próprio exercício da liberdade científica, não se encontram, nem se podem encontrar, submetidas ao jogo das regras da democracia[1521], trata-se de um "campeonato" diferente, somente passível de estar sujeito a regras políticas à luz

---

[1518] Cfr. CARLA AMADO GOMES, *Risco e Modificação...*, pp. 429-430.

[1519] É o que sucede, por exemplo, quando está em causa a autorização de introdução no mercado de um medicamento. Ou, num outro exemplo, quando o que se discute, num caderno de encargos de um concurso público ou perante as propostas apresentadas pelos concorrentes, é saber qual o material que permite maior ou melhores garantias de durabilidade do pavimento de autoestradas ou do revestimento das carruagens de comboios de alta velocidade. Ou ainda, entre milhares de outros exemplos, na elaboração de um diagnostico médico e na definição da respetiva terapêutica, isto num estabelecimento hospitalar público, perante o quadro clínico de um paciente e dos respetivos meios auxiliares de diagnóstico.

[1520] Será o que sucede, a título ilustrativo, em cenários de erro manifesto ou de efeitos lesivos suscetíveis de gerar responsabilidade civil extracontratual da Administração Pública.

[1521] Cfr. JOÃO PACHECO AMORIM, *A autonomia das universidades...*, pp. 68 e 69.

454 | IDENTIDADE ESTRUTURANTE DA ADMINISTRAÇÃO PÚBLICA

de um modelo totalitário de Estado: o avanço da ciência não "depende de decisões obtidas através de eleições e votações"[1522].

23.2.3. Em tais domínios de tecnicidade e cientificidade decisória, particularmente visíveis no âmbito da Administração educativa, da Administração de saúde, da Administração económico-financeira[1523] e da Administração do ambiente[1524], a ideia de legitimidade político-democrática encontra inevitáveis limites:

(i) Certas opções científicas no domínio da Administração educativa, envolvendo avaliações e escolhas de pessoas pelo seu mérito (v.g., em concursos e provas académicas) ou para o exercício de certas funções (v.g., distribuição do serviço docente, formação de júris de provas), não pressupõem – nem podem pressupor, à luz dos princípios da imparcialidade, da boa administração e da adequação – qualquer consideração de legitimação democrática dos intervenientes: a escolha dos decisores e os fundamentos da sua decisão alicerçam-se num juízo próprio de um modelo fundado na "meritocracia" dos seus membros, segundo um procedimento assente numa legitimidade científica – é o saber científico, segundo o juízo daqueles que têm essa legitimidade técnico-científica reconhecida e reforçada, sempre ao abrigo de um procedimento ade-

---

[1522] Cfr. João Pacheco Amorim, *A autonomia das universidades...*, p. 68.

[1523] Neste sentido, cfr. Luís Guilherme Catarino, *Direito Administrativo dos Mercados de Valores Mobiliários*, in Paulo Otero/Pedro Gonçalves (coord.), *Tratado de Direito Administrativo Especial*, III, Coimbra, 2010, em especial, pp. 450 ss.; Nuno Peres Alves, *Direito Administrativo das Telecomunicações*, in Paulo Otero/Pedro Gonçalves (coord.), *Tratado...*, V, Coimbra, 2011, pp. 283 ss.

[1524] Especificamente no que diz respeito à incorporação da ciência e da técnica no domínio do ambiente, cfr. Luís Filipe Colaço Antunes, *O Procedimento...*, pp. 233 ss.; Vasco Pereira da Silva, *Verde Cor...*, pp. 220 e 221; Tiago Antunes, *O Ambiente entre o Direito e a Técnica*, Lisboa, 2003; Carla Amado Gomes, *Risco e Modificação...*, pp. 423 ss., em especial, pp. 436 ss.; Idem, *Direito Administrativo do Ambiente*, in Paulo Otero/Pedro Gonçalves (coord.), *Tratado de Direito Administrativo Especial*, I, Coimbra, 2009, pp. 199 ss.; Idem, *Introdução ao Direito do Ambiente*, Lisboa, 2012, pp. 91 ss.; Maria da Glória Garcia, *O Lugar do Direito...*, pp. 57 ss.; Alexandra Aragão, *Direito Administrativo dos Resíduos*, in Paulo Otero/Pedro Gonçalves (coord.), *Tratado...*, I, pp. 11 ss.

quado, e não o peso político ou a representatividade eleitoral dos intervenientes, que tem de ditar tais decisões[1525];

(ii) Em termos semelhantes, as decisões técnicas e científicas no domínio da saúde, tal como sucede com diagnósticos, terapias e meios de intervenção médica, farmacêutica ou de enfermagem, nunca se podem basear na representatividade política do interveniente ou numa qualquer legitimação que não seja a técnica e a científica – não é por um médico ser bastonário da Ordem dos Médicos ou presidente do sindicato dos médicos que a sua opinião profissional vale mais do que a opinião de um seu colega que, tendo sido seu opositor (derrotado) nas eleições, é professor catedrático de medicina;

(iii) O mesmo sucede no que respeita às decisões administrativas no domínio das obras públicas, baseadas, nesse sentido, em conhecimentos técnicos e científicos de engenharia ou de arquitetura: a opção pelo material x ou pelo material y para o pavimento de uma estrada ou entre a solução a ou a solução b para efeitos de resistência das paredes de uma barragem não será mais acertada por ser proveniente de um membro do Governo, economista de profissão, que foi eleito deputado, isto comparativamente à opinião comum dos engenheiros especialistas no domínio em causa, apesar de nenhum deles ser deputado, carecendo de qualquer legitimidade democrática;

(iv) Ou ainda, num derradeiro exemplo, a avaliação do impacte ambiental resultante da instalação de determinada indústria, tomando em consideração o inerente risco de laboração para efeitos de permissão administrativa, não se mostra passível de uma regulamenta-

---

[1525] Neste sentido, quantos mais forem os intervenientes num procedimento avaliativo no domínio educativo, sendo as qualificações científicas dos avaliadores as mais elevadas, maior será a legitimidade científica do avaliado que, deste modo, ganha também uma legitimidade para participar em futuros processos avaliativos de terceiros – aqui reside, aliás, a essência do sistema avaliativo do ensino superior e da inerente carreira dos professores. Em termos recíprocos, a redução do número de intervenientes em tais processos científicos de avaliação, incluindo a deliberada ausência de certos membros mais carismáticos do setor científico em causa, debilita sempre a legitimidade científica do avaliado, lançando na respetiva comunidade a fundada dúvida se os resultados finais obtidos seriam os mesmos com a presença de um maior número ou mais qualificado de especialistas avaliadores.

ção abstrata, nem de uma decisão concreta, se tomada por simples juristas, apesar de poderem estar legitimados democraticamente para o efeito: têm de ser peritos, especialistas em diferentes áreas do conhecimento científico e tecnológico (v.g., engenharia, biologia, química, física, medicina), a proceder a essa avaliação, a definir eventuais critérios gerais de positivação normativa e a formular juízos de prognose face aos elementos técnicos disponíveis.

23.2.4. Em zonas de tecnicidade e cientificidade decisória administrativa, a democracia fica à porta das "casas" da técnica e da ciência, devendo sempre aguardar o que de tais "casas" sai: numa sociedade baseada no desenvolvimento científico e tecnológico, é inconcebível uma decisão acientífica[1526] ou atécnica.

23.2.5. Num certo sentido, onde se encontram decisões alicerçadas em critérios técnico-científicos, expressando áreas de uma Administração especializada, as ideias de legitimidade política e de legitimidade democrática do decisor são substituídas pelas ideias de legitimidade científica e legitimidade técnica: o mérito técnico-científico do decisor limita, condiciona e anula a força da decisão política de quem se encontra legitimado democraticamente – "a política verga-se totalmente aos ditames da técnica"[1527] (e da ciência).

23.3. O poder técnico-científico

23.3.1. A subordinação da política à técnica e à ciência, fazendo prevalecer as decisões de uma Administração especializada sobre as decisões de uma Administração politicamente legitimada, revelando o apelo a uma legitimidade do decisor que se situa fora dos quadros da legitimidade democrática, traduz a existência de uma Administração alicerçada num poder técnico-científico:

[1526] Neste sentido, cfr. MARIA DA GLÓRIA GARCIA, *O Lugar do Direito...*, p. 25.

[1527] Cfr. DIOGO FREITAS DO AMARAL/MARIA DA GLÓRIA FERREIRA PINTO DIAS GARCIA, *Parecer*, in *O Caso Co-Incineração (Pareceres Jurídicos)*, I, tomo 1º, Ed. Ministério do Ambiente e do Ordenamento do Território, Lisboa, 2001, p. 60.

(i) Há aqui um certo retorno a Platão e ao mito do rei-filósofo, detentor de um saber pericial[1528];

(ii) A Administração desloca o fundamento das suas decisões de simples opções de conveniência e oportunidade, traduzindo puras decisões políticas, para um alicerce decisório baseado no saber científico e tecnológico – neste sentido, "o princípio democrático não é um princípio constitutivo de toda a organização estadual e social"[1529];

(iii) A vontade de quem detém o saber pericial prevalece sobre a vontade daquele que goza de uma simples legitimidade política acientífica e atécnica: a liberdade científica e as decisões científicas têm primado sobre o princípio democrático[1530];

(iv) A garantia constitucional da liberdade científica[1531], englobando a tutela de uma liberdade de cátedra[1532] – apesar de nela não se esgotar –, constitui pressuposto constitucional de reconhecimento de um inerente poder técnico-científico, habilitando a edificação de uma Administração que encontra a sua legitimação fora da representatividade político-democrática.

23.3.2. Numa ótica político-constitucional de enquadramento deste poder técnico-científico[1533], não falta quem, desde a década de sessenta do século XX, assuma a consciência de que a técnica e a ciência, invadindo todas as esferas da sociedade, se transformavam, elas próprias, em fonte legitimadora das instituições e das opções políticas, havendo até quem as tome como uma nova "ideologia":

(i) A "técnica é dominação metódica, científica, calculada e calculante (sobre a natureza e sobre o homem)"[1534] – neste âmbito se insere o

---

[1528] Neste sentido, cfr., por todos, MARIA DA GLÓRIA GARCIA, *O Lugar do Direito...*, pp. 21 ss.

[1529] Cfr. JOÃO PACHECO AMORIM, *A autonomia das universidades...*, p. 68.

[1530] Neste sentido, cfr. JOÃO PACHECO AMORIM, *A autonomia das universidades...*, p. 69.

[1531] Cfr. MICHAEL SACHS (org.), *Grundgesetz Kommentar*, 3ª ed., München, 2003, pp. 353 ss.

[1532] Cfr. ENRIQUETA EXPÓSITO, *La Liberdad de Cátedra*, Madrid, 1995; PAULO OTERO, *Rocha Saraiva: o professor de Salazar – Universidade, liberdade e política*, Coimbra, 2013, pp. 225 ss.

[1533] Para mais desenvolvimentos, cfr. PAULO OTERO, *Instituições...*, I, pp. 629 ss.

[1534] Cfr. HERBERT MARCUSE, *Industrialisierung und Kapilalismus im Werk Marx Webers*, in *Kultur und Gesellschaft*, II, Francofort, 1965, cit. por JÜRGEN HABERMAS, *Técnica e Ciência*

cerne da tese de Marcuse: a técnica e a ciência desenvolvem hoje uma função legitimadora da dominação, dotadas de uma racionalidade política[1535] e assumindo-se como ideologia de uma "sociedade totalitária de base racional"[1536];

(ii) A progressiva interdependência entre a ciência e a técnica, apoderando-se de todas as principais esferas da sociedade, desde os sistemas escolares e de saúde até à própria família, impõe ao indivíduo uma determinada forma de vida[1537], substituindo os anteriores modos de legitimação tradicional da dominação[1538];

(iii) A política converte-se num simples processo de resolução de questões técnicas, reconduzindo-se a atividade estatal a meras tarefas técnicas de natureza administrativa, isto perante um clima geral de "despolitização da massa da população"[1539], senão mesmo de uma "despolitização do Estado"[1540], verificando-se que a própria formação democrática da vontade popular acaba por se reduzir a "decisões plebiscitárias acerca de equipas alternativas de administradores"[1541].

23.3.3. Não obstante o exagero de tais teses hipervalorizadoras do papel da técnica e da ciência no âmbito global do sistema político, conduzindo a uma alegada diluição da própria democracia, o certo é que esse poder pericial de natureza técnico-científica dentro da Administração Pública, sem prejuízo das tentativas de legitimação democrática decorrentes da sua previsão legislativa e da regulação procedimental do seu exercício, fundamenta-se na natureza das matérias a decidir:

(i) Se as matérias têm uma componente técnico-científica ou são, elas em si, integralmente técnico-científicas, naturalmente que apenas

---

como «Ideologia», Lisboa, 1997, p. 46.

[1535] Sobre esta conceção de Marcuse, cfr. GEORGE BURDEAU, *Traité de Science Politique*, V, 10ª ed., Paris, 1970, p. 232.

[1536] Para uma análise crítica desta conceção, cfr. JÜRGEN HABERMAS, *Técnica e Ciência...*, pp. 45 ss.

[1537] Cfr. JÜRGEN HABERMAS, *Técnica e Ciência...*, pp. 65-66.

[1538] Cfr. JÜRGEN HABERMAS, *Técnica e Ciência...*, pp. 45 e 66 ss.

[1539] Cfr. JÜRGEN HABERMAS, *Técnica e Ciência...*, pp. 70 ss.

[1540] Neste sentido, cfr. ROGÉRIO EHRHARDT SOARES, *Direito Público...*, p. 113.

[1541] Cfr. JÜRGEN HABERMAS, *Técnica e Ciência...*, pp. 73-74.

§23º ESPECIALIZAÇÃO: ADMINISTRAÇÃO PÚBLICA TÉCNICO-CIENTÍFICA | 459

quem tem habilitações periciais nesse mesmo setor se encontra preparado a decidir, à luz de uma boa e eficiente administração pautada pelo princípio da adequação dos meios – trata-se de uma exigência ditada pelos princípios da prossecução do interesse público, da imparcialidade e da proporcionalidade;

(ii) Existe aqui, visto de ângulo diferente, uma paralela e inerente regra natural de exclusão decisória de todos aqueles que, sem tais específicas habilitações técnicas e científicas, não reúnem os requisitos mínimos "opinativos" ou decisórios[1542].

23.3.4. A existência de decisões administrativas fundadas em critérios técnico-científicos, traduzindo verdadeiros coutos ou feudos decisórios reveladores de um poder técnico-científico dentro da Administração Pública, insuscetíveis de substituição por outras estruturas administrativas[1543] ou de um controlo jurisdicional do seu núcleo técnico e científico, mostra-se passível de expressar três diferentes realidades organizativas:

(i) Há decisões que são preparados por estruturas administrativas que, limitando-se a formular o projeto e a sua justificação, a resolução decisória final se encontra remetida para um órgão dotado de legitimidade político-democrática (v.g., a aprovação em Conselho de Ministros da proposta de caderno de encargos de um concurso público de construção de uma obra pública ou da própria proposta de lei de Orçamento do Estado);

(ii) Há, em sentido contrário, decisões que são, direta e imediatamente, adotadas por órgãos exclusivamente compostos por titulares dotados de um saber técnico-científico (v.g., os conselhos científicos das unidades orgânicas das universidades públicas, os júris de provas ou concursos universitários);

(iii) Há, por último, decisões administrativas que se encontram sujeitas à intervenção participativa de órgãos consultivos com uma com-

---

[1542] Assim, a título de exemplo, um jurista, por muito qualificado que seja no exercício das suas funções técnicas, não pode opinar sobre o modo como se deve efetuar uma intervenção cirúrgica ou, num exemplo análogo, um médico não pode ter intervenção decisória sobre as fases ou o processo de construção de uma barragem. E, por identidade de razão, todo aquele decisor político que não reúna, face ao caso concreto a decidir, as habilitações necessárias.

[1543] Cfr. PAULO OTERO, *O Poder de Substituição...*, II, pp. 809-810.

460 | IDENTIDADE ESTRUTURANTE DA ADMINISTRAÇÃO PÚBLICA

posição técnico-científica de peritos[1544], emitindo pareceres que são, em regra, não vinculativos (v.g., Conselho Económico e Social, Conselho de Avaliação dos Riscos Tecnológicos), sem embargo de também se conhecerem casos de pareceres vinculativos (v.g., a Comissão Científica Independente criada pela Lei nº 20/99, de 15 de Abril[1545]).

23.3.5. Em qualquer das suas manifestações, o poder técnico-científico existente no âmbito de uma Administração especializada, revelando-se imune à fiscalização política e só muito circunscritamente controlável pelos tribunais, mostra-se limitável pelas normas constitucionais dotadas de aplicabilidade direta e pela intervenção de outras estruturas técnico-científicas dotadas de uma legitimidade pericial prevalecente ou reforçada, sem prejuízo da intervenção do legislador, exercendo uma dupla função: definir a constituição ou composição e competência das estruturas intervenientes e regular o respetivo procedimento decisório.

23.3.6. Na intervenção do legislador reside o principal mecanismo de conformação político-democrática do poder técnico-científico da Administração especializada e a abertura de "janelas" procedimentais suscetíveis de habilitar o controlo jurisdicional.

23.4. Idem: os instrumentos técnico-científicos de poder

23.4.1. A existência de decisões administrativas reveladoras de uma acentuada componente técnico-científica, funcionando como mecanismos de afirmação de um verdadeiro poder autónomo no contexto das relações entre administrar, legislar e julgar, sendo suscetível de comportar uma legitimidade própria, apesar de alheia ao quadro normal de conceptualização dos poderes do Estado, encontra três principais instrumentos de afirmação:

[1544] Cfr. CARLA AMADO GOMES, *Risco e Modificação...*, pp. 437 ss.

[1545] Neste último sentido, o artigo 5º da Lei nº 20/99, de 15 de abril, cria, em matéria de tratamento de resíduos industriais, um parecer vinculativo, nos termos do relatório da referida Comissão Científica Independente. Sobre a matéria, cfr. PAULO OTERO, *Parecer*, in *O Caso Co-Incineração (Pareceres Jurídicos)*, I, tomo 1º, Ed. Ministério do Ambiente e do Ordenamento do Território, Lisboa, 2001, pp. 95 ss.

§23º ESPECIALIZAÇÃO: ADMINISTRAÇÃO PÚBLICA TÉCNICO-CIENTÍFICA | 461

(a) A reserva de formulação da normatividade;
(b) O monopólio interpretativo e aplicativo da normatividade;
(c) O exclusivo de decisão concreta avaliativa.
Analisemos, sucintamente, dada um destes instrumentos.

23.4.2. *(a) Reserva de formulação da normatividade*

A formulação de uma normatividade técnico-científica, fazendo apelo a critérios extrajurídicos, acolhe conhecimentos provenientes das ciências não jurídicas para elaborar normas que, transcritas ou acolhidas por normas jurídicas, passam a ter um valor jurídico-vinculativo para o agir administrativo[1546]: recorrendo a conhecimentos de matemática, de contabilidade, de economia e finanças, de medicina e biomedicina, de engenharia ou de informática, a normatividade jurídica abre-se a critérios normativos de decisão alheios na sua formulação e aplicação ao Direito[1547].

Naturalmente que a simples formulação de tais critérios normativos extrajurídicos de natureza técnico-científica, encontrando-se reservados a quem domina essas mesmas áreas do conhecimento tecnológico e científico, representa já uma fonte de poder, a qual se mostra passível de assumir uma dupla configuração:

(i) Pode a reserva de formulação da normatividade ser acompanhada de uma reserva de decisão sobre a aprovação de tais critérios normativos, significando isto um poder absoluto de fixação da normatividade técnico-científica[1548];

(ii) Pode essa reserva de formulação da normatividade técnico-científica traduzir um simples poder de apresentar uma proposta ou projeto de normas, pertencendo a um outro órgão a decisão final sobre a sua aprovação ou rejeição[1549].

Em qualquer das hipóteses, note-se, terá sempre de existir uma norma jurídica habilitante da reserva de formulação da normatividade técnico-

---

[1546] Cfr. PAULO OTERO, *Legalidade e Administração Pública*, pp. 764 ss.

[1547] Para um desenvolvimento desta temática em ternos constitucionais, cfr. PAULO OTERO, *Direito Constitucional Português*, II, pp. 187 ss.

[1548] V.g., a definição pela Ordem dos Médicos de um código de boas práticas científicas de exercício da medicina.

[1549] V.g., uma comissão de trabalho apresenta ao Governo uma proposta de caderno de encargos para um concurso público destinado à construção de uma barragem.

462 | IDENTIDADE ESTRUTURANTE DA ADMINISTRAÇÃO PÚBLICA

-científica, residindo aqui a fonte de validade da competência e da legitimação democrática deste poder.

23.4.3. (b) Monopólio interpretativo e aplicativo da normatividade

A natureza técnico-científica da normatividade envolve um correlativo monopólio da sua interpretação e aplicação por estruturas decisórias técnicas e científicas: só os especialistas dos diversos ramos do saber envolvidos são competentes para determinar o sentido e a subsunção dos conceitos técnicos e científicos usados nas normas às diversas situações reais ou factuais que as normas se destinam a regular.

Depois de fixada a norma, não existe, neste domínio, qualquer liberdade de escolha entre diversas soluções legalmente possíveis[1550]: a utilização de normas técnicas e científicas remete a determinação do sentido interpretativo e aplicativo dos conceitos usados para as respetivas esferas de conhecimento técnico e científico[1551].

Essa ausência de uma margem de livre decisão, perante um critério já fixado normativamente, não significa que nunca tenha existido pluralidade de opiniões ou mesmo de soluções técnicas e científicas[1552]. Nem significa que, perante a abertura interpretativa ou aplicativa da norma técnica ou científica a uma pluralidade de sentidos – tal como sucede com a utilização de conceitos indeterminados –, de novo se suscitem dúvidas técnicas e científicas sobre a interpretação e a aplicação da solução acolhida[1553].

Em qualquer caso, definido um critério pela norma técnico-científica, apontada uma solução por tais normas, a sua interpretação e aplicação deve obedecer aos parâmetros normativos fixados: interpretar é obedecer à norma, aplicar é subsumir a situação factual na norma, segundo os critérios decisórios da autoridade técnica ou cientificamente competente. E, igualmente aqui, os técnicos e cientistas assumem um poder absoluto, insuscetível de controlo judicial, salvo em casos de "erro manifesto", segundo um critério do "ostensivamente inadmissível" ou "manifesta-

---

[1550] Cfr. DIOGO FREITAS DO AMARAL, *Curso...*, II, 2ª ed., pp. 126 ss.

[1551] Cfr. PAULO OTERO, *Legalidade e Administração Pública*, p. 767.

[1552] V.g., o revestimento exterior da construção de um edifício público pode ser feito através de diferentes materiais, tal como uma intervenção cirúrgica às cataratas não conhece apenas um único meio técnico para ser efetuada ou, num exemplo semelhante, o tratamento de uma depressão pode envolver diferentes técnicas de terapia.

[1553] V.g., o que se deve entender pela exigência de um "Programa académico", a apresentar pelos candidatos aos concursos para professor catedrático na Universidade de Lisboa?

§23º ESPECIALIZAÇÃO: ADMINISTRAÇÃO PÚBLICA TÉCNICO-CIENTÍFICA | 463

mente desacertado"[1554]: fora dos domínios jurídicos, o juízo interpretativo e aplicativo feito pelos especialistas da Administração não pode ser substituído por um juízo judicial.

23.4.4. *(c) Exclusivo de decisão concreta avaliativa*

Esse exclusivo da decisão concreta de natureza técnico-científica, já patenteado na interpretação e aplicação dos critérios da normatividade técnica e científica, assume especial relevância se envolver juízos ponderativos de natureza avaliativa: a ordem jurídica cria aqui um verdadeiro feudo ou reserva exclusiva de avaliação a favor dos técnicos e cientistas.

É o que sucede, a título exemplificativo, perante júris de concursos públicos referentes à adjudicação de contratos de empreitadas públicas, concessões públicas ou em júris de provas académicas. Em qualquer destas hipóteses, sem prejuízo de outros casos que envolvem procedimentos administrativos avaliativos de propostas, candidaturas, currículos ou candidatos, assentes em juízos técnicos ou científicos, terminando com uma hierarquização avaliativa, o júri goza de um poder absoluto que, circunscrito ao âmbito técnico e científico de análise, se mostra dotado de uma força jurídica especial:

(i) O poder legislativo e o poder judicial nunca podem dizer que a solução decisória x que foi adotada é, no que diz respeito ao seu conteúdo técnico-científico, incorreta, devendo ser substituída pela solução y: a decisão concreta avaliativa impõe-se aos poderes legislativo e judicial (v.g., se um candidato reprova num doutoramento, não pode o legislador ou o tribunal considerar o candidato aprovado), salvo se, perante os tribunais, existir ilegalidade (v.g., júri irregularmente constituído);

(ii) O juízo avaliativo feito, se não for objeto de impugnação judicial ou esta for julgada improcedente, forma caso decidido e goza de uma força obrigatória geral no seu âmbito avaliativo técnico-científico (v.g., se alguém é aprovado numa prova de doutoramento, não pode depois deixar de ser doutor), salvo se se verificar um facto absoluto impeditivo (v.g., descobrir-se que houve plágio da dissertação)[1555];

[1554] Cfr. PAULO OTERO, *Legalidade e Administração Pública*, p. 768.

[1555] Se existe um facto que, em termos originários, impedia absolutamente a validade do juízo avaliativo favorável, tal como sucede em situações de plágio de dissertações académicas

IDENTIDADE ESTRUTURANTE DA ADMINISTRAÇÃO PÚBLICA

(iii) A utilização por terceiro de um juízo avaliativo público que, assumindo natureza técnico-científica, se consolidou na ordem jurídica (v.g., num concurso universitário, o candidato x foi avaliado como sendo medíocre em termos pedagógicos), desde que verdadeiro, nunca constitui conduta punível pelos crimes de difamação ou injúria;

(iv) Os juízos avaliativos que se consolidarem na ordem jurídica, sem possibilidade de revogação ou anulação, passam a valer como verdadeiros factos, sem prejuízo de alguns deles poderem ter de conviver com juízos avaliativos em sentido contrário, desde que provenientes de um procedimento administrativo posterior ou autónomo (v.g., a reprovação num exame não impede que o mesmo candidato venha a obter aprovação em novo exame).

§24º PRIVATIZAÇÃO: ADMINISTRAÇÃO PÚBLICA PRIVATIZADA

24.1. Polissemia do conceito

24.1.1. A privatização da Administração Pública tem gerado, desde a década de oitenta do século XX, sem embargo de o fenómeno ter raízes bem mais remotas[1556], uma verdadeira crise de identidade institucional:

(i) Sendo tradicionalmente expressão de uma realidade pública, dominada por formas organizativas, de gestão e regulação através do Direito público, a Administração Pública aparece, nas últimas décadas, aliada a uma dinâmica privatizadora;

(ii) Os últimos anos, numa tentativa de racionalização financeira do Estado, reduzindo-se custos de funcionamento do modelo de bem-estar, num contexto neoliberal centrado no reequilíbrio orçamental e das contas públicas, vieram ampliar o fenómeno privatizador.

---

aprovadas, não há qualquer proteção da confiança digna de tutela por parte do seu autor, atendendo à sua conduta de má-fé: o grau académico é nulo, ainda que já tenham decorrido vários anos sobre a sua obtenção.

[1556] Para mais desenvolvimentos sobre a origem do fenómeno, cfr. PAULO OTERO, *Coordenadas...*, pp. 31 ss.

§24º PRIVATIZAÇÃO: ADMINISTRAÇÃO PÚBLICA PRIVATIZADA | 465

24.1.2. Numa primeira aceção, não obstante a sua natureza polissémica, "privatizar" significa tornar privado algo que antes o não era: privatizar envolve remeter para o Direito Privado, transferir para entidades privadas ou confiar ao setor privado matérias ou bens até então excluídos ou mais limitadamente sujeitos a uma influência dominante privada[1557].

24.1.3. A privatização da Administração Pública traduz o conteúdo de uma política ou orientação decisória que, visando reduzir a organização e a atuação do poder administrativo ou a esfera de influência direta do Direito Administrativo, reforça o papel das entidades integrantes do setor privado ou do seu Direito na respetiva atuação sobre certas áreas, matérias ou bens até então objeto de intervenção pública.

24.1.4. A privatização da Administração Pública nunca desvincula ou exonera o Estado da sua responsabilidade institucional como garante, regulador e policia das realidades jurídicas privatizadas[1558].

24.1.5. O conceito jurídico de privatização da Administração Pública mostra-se passível de comportar os seguintes diferentes sentidos[1559]:
- Privatização da regulação administrativa da sociedade;
- Privatização do Direito regulador da Administração;
- Privatização das formas organizativas da Administração;
- Privatização da gestão ou exploração de tarefas administrativas;
- Privatização do acesso a uma atividade económica;
- Privatização do capital social de empresas públicas;
- Privatização dos critérios substantivos de decisão administrativa;
- Privatização dos mecanismos de controlo da Administração.
Vejamos, muito sucintamente, o seu significado.

[1557] Tanto existe privatização quando zonas de matérias afetas a uma influência dominante pública transitam para a esfera de influência privada, quanto se verifica também um fenómeno privatizador relativamente a atividades ou meios de produção integrados no setor social e cooperativo que são, posteriormente, transferidos para o campo do setor privado.

[1558] Cfr. ROLF STOBER, *Allgemeines Wirtschaftsverwaltungsrecht...*, pp. 278-279.

[1559] Num sentido algo diferente, cfr. PAULO OTERO, *Legalidade e Administração Pública*, pp. 304 ss.; IDEM, *Privatizações...*, pp. 11 ss.; IDEM, *Coordenadas...*, pp. 36 ss.

466 | IDENTIDADE ESTRUTURANTE DA ADMINISTRAÇÃO PÚBLICA

24.2. Privatização da regulação administrativa da sociedade

24.2.1. Numa manifestação do princípio da subsidiariedade do Estado, a privatização pode consubstanciar um processo mediante o qual uma entidade pública reduz ou suprime a sua intervenção reguladora, procedendo a uma devolução ou transferência para a sociedade civil (ou especificamente para certos sujeitos privados ou instituições privadas) do poder de criação de normas jurídicas disciplinadoras das respetivas atividades.

24.2.2. Trata-se de uma forma de privatização que envolve uma "destatização"[1560] ou "despublicização", assistindo-se a um processo de "desregulação" ou, em alternativa, ao substituir de uma regulação estadual por um fenómeno de autorregulação[1561]:

(i) Nas hipóteses de "desregulação" ou "desregulamentação", a privatização processa-se através do desaparecimento da regulação pública de certas matérias até então sujeitas a uma disciplina normativa pública, surgindo aqui novos "espaços vazios" ou "setores a descoberto" de qualquer intervenção administrativa;

(ii) Nos casos de autorregulação, além de um desaparecimento da regulação estadual da matéria ou da sua supletivização, verifica-se a substituição da regulação normativa estadual mediante a remissão da produção de tais normas para os respetivos interessados, isto em três hipóteses[1562]:

– Poderá tratar-se de uma autorregulação privada independente de qualquer intervenção pública;

– Pode ser uma autorregulação privada objeto de uma intervenção pública certificativa ou concordante;

– Poderá, pelo contrário, ser uma autorregulação proveniente de entidades públicas infraestaduais[1563].

[1560] Cfr. G. PÜTTNER, *La Privatisation des Règles. Manifestation, Problèmes et Portée Juridique*, in REDP, nº especial, 1994, pp. 159 ss.

[1561] Neste sentido, cfr. VITAL MOREIRA, *Auto-Regulação...*, pp. 43 ss. e 76 ss.; PAULO OTERO, *Lições...*, I, 2º tomo, pp. 26 ss.

[1562] Cfr. VITAL MOREIRA, *Auto-Regulação...*, pp. 82 ss.

[1563] Não existe, nesta última hipótese, uma verdadeira autorregulação integrada num processo de privatização, pois a disciplina jurídica da matéria continua ainda confiada a entidades públicas, traduzindo, por isso, um retorno a formas públicas, ainda que não estaduais, de

24.3. Privatização do Direito regulador da Administração

24.3.1. A privatização da Administração Pública poderá ser vista, numa diferente aceção, como fenómeno referente à natureza do Direito aplicável pelas entidades públicas, traduzindo a subordinação da sua atividade ou das respetivas relações laborais internas ao Direito privado, havendo mesmo quem aqui fale numa verdadeira "fuga para o Direito Privado" da Administração Pública (v. *supra*, nº 1.4.6.).

24.3.2. Inicialmente circunscrita à privatização do ordenamento regulador da atividade jurídica desenvolvida pelas entidades públicas[1564], deslocando a regulação do Direito Administrativo para o Direito privado, designadamente através da substituição de formas jurídico-públicas de atuação administrativa por formas jurídico-privadas – tal como sucede com a utilização pela Administração Pública de contratos de direito privado, em vez de contratos administrativos –, o fenómeno privatizador alargou-se, progressivamente, à própria natureza dos vínculos laborais intra-administrativos, substituindo-se as formas típicas da relação jurídica de emprego público por vinculações privatísticas[1565].

24.3.3. Não obstante a ausência de desenvolvimento da ideia de existir uma garantia institucional de reserva de Direito Administrativo (v. *supra*, nº 19.6.5.), os últimos anos têm assistido a uma progressiva consciencialização da necessidade de se introduzirem limitações e condicionamentos à

---

intervenção normativa autorregulativa (cfr. PAULO OTERO, *Lições...*, I vol., 2º tomo, p. 27) – só as restantes situações elencadas traduzem verdadeiros fenómenos de privatização da regulação administrativa da sociedade.

[1564] Neste âmbito cumpre referir, no entanto, que remonta ao século XVII, pelo menos ao "Regimento da Companhia da Índia Oriental", de 27 de agosto de 1628, a notícia de o monarca participar na referida Companhia como um simples particular, assumindo o compromisso de se subordinar ao direito comum, incluindo em matéria contenciosa, despindo-se, por isso mesmo, das prerrogativas régias normais. Neste sentido, cfr. RUI MANUEL DE FIGUEIREDO MARCOS, *As Companhias Pombalinas – Contributo para a história das sociedades por acções em Portugal*, Coimbra, 1997, p. 135.

[1565] Para uma análise do problema laboral ao nível da Administração Pública, cfr. ANA FERNANDA NEVES, *Relação Jurídica de Emprego Público*, Coimbra, 1999; IDEM, *O Direito da Função Púbica*, pp. 359 ss.; MARIA DO ROSÁRIO PALMA RAMALHO, *Tratado de Direito do Trabalho*, 4ª ed., Coimbra, 2012, pp. 335 ss.

468 | IDENTIDADE ESTRUTURANTE DA ADMINISTRAÇÃO PÚBLICA

fuga privatizadora do Direito regulador da Administração Pública, observando-se até uma certa "republicização" ou retorno ao Direito Público, tal como sucede hoje, por exemplo, com o regime de vinculação dos trabalhadores que exercem funções públicas[1566] ou com a aplicação do regime da contratação pública ao procedimento de formação de contratos sem natureza administrativa celebrados por entidades públicas[1567].

24.3.4. Salvo que no diz respeito à atividade empresarial de natureza comercial ou industrial desenvolvida por estruturas da Administração Pública em mercado concorrencial – caso em que, segundo a Constituição e o Direito da União Europeia, se regista uma reserva de Direito privado –[1568], o Direito privado aplicado pela Administração Pública assume sempre uma natureza *sui generis*[1569]: trata-se de um Direito privado administrativizado ou publicizado (v. *supra*, nº 1.4.7.), isto por força das vinculações públicas a que se encontra obrigada a Administração Pública (v.g., respeito pelos direitos fundamentais e pelos princípios constitucionais da atividade administrativa), sendo diferente do Direito privado aplicado pelos particulares nas suas relações entre si.

24.4. Privatização das formas organizativas da administração

24.4.1. As últimas décadas têm permitido observar que, paralelamente à criação de pessoas coletivas públicas, existem, em número cada vez maior, pessoas coletivas de direito privado que são criadas por entidades de direito público e instrumentalizadas à prossecução de fins primariamente integrantes da esfera destas últimas: observa-se aqui uma privatização das formas organizativas da Administração Pública.

24.4.2. A privatização de formas organizativas da Administração Pública, podendo envolver a criação *ex novo* de pessoas coletivas de direito privado por entidades públicas, mostra-se ainda suscetível de compre-

---

[1566] Cfr. Lei nº 12-A/2008, de 27 de fevereiro; Lei nº 59/2008, de 11 de setembro.
[1567] Cfr. CCP, aprovado pelo Decreto-Lei nº 18/2008, de 29 de janeiro, artigo 1º, nº 2.
[1568] Para mais desenvolvimentos e fundamentos desta afirmação, cfr. PAULO OTERO, *Vinculação e Liberdade...*, pp. 287 ss., em especial, pp. 296 ss.
[1569] Cfr. PAULO OTERO, *Vinculação e Liberdade...*, pp. 277 ss.

§24º PRIVATIZAÇÃO: ADMINISTRAÇÃO PÚBLICA PRIVATIZADA | 469

ender a simples conversão da forma de organização de antigas entidades públicas, entretanto objeto de transformação em formas organizativas jurídico-privadas[1570], falando-se aqui numa mera "privatização formal"[1571], ou até o surgimento "em cascata" de pessoas coletivas privadas que, formando "grupos de sociedades", têm como "progenitor comum" ou "entidade dominante" uma pessoa coletiva pública[1572].

24.4.3. Em todas as situações de privatização da forma organizativa, podendo envolver ou não a criação de sociedades comerciais[1573], depara-se sempre com um fenómeno de "privatização dos sujeitos"[1574], servindo-se a Administração Pública das formas organizativas típicas do Direito Privado, designadamente do Direito Comercial, para criar novas entidades, todas elas dotadas de uma personalidade jurídica de Direito privado, e confiar-lhes tarefas que, direta ou indiretamente, as instrumentaliza aos fins de interesse público subjacentes à entidade pública que está na respetiva génese.

24.4.4. A instrumentalização das entidades privadas criadas por estruturas administrativas, em moldes semelhantes aos que ocorrem com os entes públicos integrantes da Administração indireta relativamente à pessoa coletiva pública que os gerou, cria hoje uma Administração indireta pri-

---

[1570] Tal como sucedeu, desde logo, com as empresas públicas criadas e reguladas pelo antigo Decreto-Lei nº 260/76, de 8 de abril, que, por efeito habilitador do artigo 4º da Lei-Quadro das Privatizações, aprovada pela Lei nº 11/90, de 5 de abril, foram transformadas em sociedades anónimas.

[1571] Neste sentido, referindo-se às entidades empresariais públicas que são transformadas em sociedades anónimas, cfr. NUNO SÁ GOMES, *Nacionalizações e Privatizações*, Lisboa, 1988, pp. 349-350; FRANCO BONELLI, *Le Privatizzazione delle Imprese Pubbliche*, Milano, 1996, pp. 3-4; FRANCO BONELLI/MARIO ROLI, *Privatizzazioni*, in EdD, IV – Aggiornamento, Milano, 2000, pp. 994 ss.; SANTIAGO GONZÁLEZ-VARAS IBÁÑEZ, *El Derecho Administrativo Privado*, pp. 118 ss.; ROLF STOBER, *Allgemeines Wirtschaftsverwaltungsrecht...*, p. 278.

[1572] Especificamente sobre o fenómeno das "sociedades em «cascata»", cfr. ENCARNACIÓN MONTOYA MARTÍN, *Las Empresas Públicas Sometidas al Derecho Privado*, Madrid, 1996, p. 271; PAULO OTERO, *Vinculação e Liberdade...*, pp. 196-197.

[1573] Para um quadro tipológico das entidades privadas criadas por entidades públicas, cfr. PAULO OTERO, *Direito Administrativo – Relatório*, pp. 239 e 251.

[1574] Cfr. MARIO SANINO, *Le Privatizzazioni – Statto attuale e problematiche emergenti*, Roma, 1996, p. 8.

470 | IDENTIDADE ESTRUTURANTE DA ADMINISTRAÇÃO PÚBLICA

vada[1575] que, situada em termos verdadeiramente paralelos – senão mesmo substitutivos – à Administração indireta pública, transformou o modelo organizativo da moderna Administração Pública: ao lado da clássica Administração Pública sob forma jurídica pública desenvolveu-se, entretanto, uma Administração paralela sob forma jurídica privada (v. *supra*, nº 9.3.7.).

24.4.5. A existência de uma "Administração Pública sob forma privada", funcionando paralelamente à tradicional Administração Pública sob forma pública, provoca uma verdadeira revolução organizativa[1576]:

(i) A organização administrativa é objeto de um processo de "*societarização*"[1577], ou seja, o exercício de consideráveis setores da atividade administrativa é confiado, segundo decisão jurídico-pública, a entidades de tipo societário que, pulverizadas um pouco por toda a Administração Pública, tornam impossível esconder que o exercício da atividade administrativa não tem hoje como protagonistas exclusivos entidades públicas;

(ii) A prossecução do interesse público não é reservada às entidades de Direito público, nem a pessoas coletivas privadas que, alicerçadas num título específico, recebiam tal prerrogativa: a privatização das formas organizativas da Administração Pública "atirou" para estas entidades privadas o exercício de atividades que, até então, eram desenvolvidas diretamente por pessoas coletivas públicas, originando formas de Administração indireta sob forma privada;

(iii) O próprio conceito de personalidade jurídica de direito público se encontra desvalorizado ou debilitado, observando-se que nem todas as pessoas coletivas públicas exercem poderes de autoridade – tal como sucede com as atuais "entidades públicas empresariais"[1578] – e, simultaneamente, diversas entidades privadas de tipo socie-

---

[1575] Para um desenvolvimento desta ideia de uma Administração indireta privada, cfr. PAULO OTERO, *Vinculação e Liberdade...*, pp. 228 ss.; IDEM, *Direito Administrativo – Relatório*, pp. 250 ss.

[1576] Neste sentido, e para mais desenvolvimentos, cfr. PAULO OTERO, *Vinculação e Liberdade...*, pp. 222 ss.

[1577] No Direito italiano, falando em *"procedura di societarizzazione"*, cfr. MAURO RENNA, *Le Società Per Azioni in Mano Pubblica – Il caso delle S.P.A. derivanti della transformazione di enti pubblici economici ed aziende autonome statali*, Torino, 1997, pp. 73 ss.

[1578] Cfr. artigos 56º a 61º do Regime do Setor Público Empresarial, aprovado pelo Decreto-Lei nº 113/2013, de 3 de outubro.

§24º PRIVATIZAÇÃO: ADMINISTRAÇÃO PÚBLICA PRIVATIZADA | 471

tário gozam de poderes de autoridade que normalmente seriam confiados a pessoas coletivas públicas;

(iv) Deixou de existir uma identidade absoluta entre organização administrativa e subordinação predominante ao Direito Administrativo, pois as entidades integrantes da "Administração Pública sob forma privada" não se encontram normalmente sujeitas ao Direito Administrativo e, em termos semelhantes, múltiplas pessoas coletivas que fazem parte da "Administração Pública sob forma pública" passaram também a estar sujeitas a um regime de Direito Privado.

24.4.6. O movimento de privatização das formas organizativas da Administração Pública abalou os próprios quadros tradicionais do Direito Privado, criando figuras híbridas[1579], levando a uma "descontratualização" das sociedades comerciais, enquanto sociedades criadas agora por lei[1580], e, nesse sentido, a falar-se na proliferação de "sociedades legais"[1581], dotadas de um regime que, por razões de interesse público, se mostra derrogatório do Código das Sociedades Comerciais[1582] e, por tudo isto, gera a formação de um Direito Comercial Administrativo[1583] ou de um Direito Administrativo Comercial.

[1579] Neste sentido, cfr. SABINO CASSESE, *Le Basi...*, p. 174.

[1580] Cfr. PAULO OTERO, *Da criação de sociedades comerciais por decreto-lei*, in *Estudos em Homenagem ao Prof. Doutor Raúl Ventura*, Coimbra, 2003, pp. 103 ss.

[1581] Neste sentido, cfr. MAURO RENNA, *Le Società...*, pp. 5 ss. e 80.

[1582] A criação de entidades privadas por decreto-lei, permitindo fugir à aplicação do Direito Administrativo comum e também à aplicação do Direito Privado comum, sendo passível de fazer nascer a aplicação de um Direito estatutário singular, derrogatório do Direito comum, pois é produzido para cada ente privado criado por lei (cfr. MANUEL CLAVERO AREVALO, *Personalidad jurídica, derecho general y derecho singular en las Administraciones autónomas*, in MANUEL CLAVERO AREVALO, *Estudios de Derecho Administrativo*, Madrid, 1992, pp. 87 ss.), traduz um verdadeiro poder exorbitante que, alicerçando-se na instrumentalização do decreto-lei pelo executivo, não se concede aos particulares.

[1583] Falando num *"derecho mercantil administrativo"*, cfr. SEBASTIAN MARTIN-RETORTILLO BAQUER, *El Derecho Civil en la Genesis del Derecho Administrativo y de sus Instituiciones*, 2ª ed., Madrid, 1996, p. 191; IDEM, *Derecho Administrativo Economico*, I, Reimp., Madrid, 1991, p. 63.

472 | IDENTIDADE ESTRUTURANTE DA ADMINISTRAÇÃO PÚBLICA

24.4.7. A privatização da natureza jurídica da personalidade coletiva empresarial não significará, necessariamente, uma transferência do respetivo bem de produção do setor público para o setor privado: a simples transformação de entidades públicas empresariais em sociedades anónimas, isto é, em pessoas coletivas de direito privado, desde que a maioria ou a totalidade do respetivo capital continue a permanecer na titularidade de uma entidade pública, nunca comportará qualquer fenómeno de privatização do bem de produção que, deste modo, continuará integrado no setor público empresarial[1584].

24.4.8. A proliferação de entidades privadas no exercício de funções administrativas, segundo um processo de criação efetuado por pessoas coletivas públicas, mostra-se passível de traduzir uma utilização instrumental da personalidade jurídica com o intuito de, limitando a responsabilidade civil pelos danos por elas gerados, produzir uma efetiva fraude a direitos de terceiros, designadamente aos credores de tais entidades[1585] – a privatização jurídico-formal da organização administrativa, provocando uma "progressiva erosão do Direito Administrativo garantístico"[1586], modifica a identidade tradicional deste ramo de Direito, fazendo emergir uma certa contradição entre o aumento das garantias dos administrados e a fuga da Administração Pública às vinculações.

24.5. Privatização da gestão ou exploração de tarefas administrativas

24.5.1. A privatização poderá traduzir-se, num diferente sentido, no conferir a pessoas (singulares ou coletivas) privadas a gestão ou a exploração de determinadas tarefas administrativas concretas ou, em termos mais amplos, de certos serviços administrativos na sua globalidade.

24.5.2. Remetendo para entidades privadas a gestão ou a exploração de tais setores da atividade administrativa, observa-se aqui, comparativamente com a privatização das formas organizativas da Administração Pública, um movimento privatizador em sentido estruturalmente contrário:

[1584] Neste sentido, cfr. PAULO OTERO, *Vinculação e Liberdade...*, p. 83-84.

[1585] Para mais desenvolvimentos, apesar de circunscritos às sociedades comerciais, cfr. ROLF SERICK, *Apariencia y Realidad en las Sociedades Mercantiles. El abuso de Derecho por medio de la persona jurídica*, Barcelona, 1958, pp. 100 ss.

[1586] Neste sentido, cfr. ENCARNACIÓN MONTOYA MARTÍN, *Las Empresas Públicas...*, p. 207.

§24º PRIVATIZAÇÃO: ADMINISTRAÇÃO PÚBLICA PRIVATIZADA | 473

(i) Na privatização da gestão ou da exploração transfere-se para entidades privadas funções até então prosseguidas por entidades públicas, determinando que os respetivos "meios de produção" de propriedade pública passem a integrar, segundo o artigo 82º, nº 3, da Constituição, o setor privado;

(ii) Na privatização das formas de organização da Administração Pública, ao invés, nada se transfere para fora do setor público, tudo se resumindo a uma utilização instrumental de formas típicas privadas que, originando novas entidades, "engordam" o setor público com a respetiva integração[1587].

24.5.3. Há na privatização da gestão ou exploração de tarefas administrativas um elevado grau de precariedade decorrente de existir sempre uma pessoa coletiva pública que mantém a responsabilidade última pelo seu efetivo e eficiente funcionamento nas mãos das entidades privadas a quem foram confiadas:

(i) Alicerçando-se em atos ou contratos administrativos, a pessoa coletiva pública que tem uma responsabilidade última de garantia de tais tarefas goza de amplos poderes de conformação, fiscalização e sancionamento sobre o modo como a gestão ou a exploração dessas mesmas tarefas públicas se encontra a ser desempenhada pela entidade privada a quem foram confiadas, incluindo a faculdade de colocar termo ao respetivo ato ou contrato permissivo;

(ii) A privatização da gestão ou da exploração de tarefas administrativas distingue-se, neste último sentido, da privatização do capital social de entidades empresariais públicas que, assumindo natureza irreversível – salvo um eventual processo nacionalizador –, transfere a titularidade do bem em causa para a esfera jurídica de entidades integrantes do setor privado, deixando o anterior titular público de continuar a possuir uma responsabilidade direta ou normal pela forma como o mesmo passará a ser gerido ou explorado, sem prejuízo dos poderes gerais de regulação económica e de polícia administrativa.

24.5.4. Os últimos anos têm colocado delicados problemas sobre os limites da privatização da gestão ou exploração de tarefas administrativas,

---

[1587] Para uma utilização da expressão "Estado gordo", cfr. João CAUPERS, *O Estado Gordo*, Lisboa, 2011.

474 | IDENTIDADE ESTRUTURANTE DA ADMINISTRAÇÃO PÚBLICA

isto é, sobre o próprio grau de admissibilidade constitucional de desresponsabilização direta do Estado sobre certas áreas prestacionais ou sobre determinados serviços administrativos, indagando-se se pode ser abandonada ao setor privado a prossecução de tarefas típicas integrantes da função administrativa de um Estado de Direito material que se configura em termos constitucionais como "Estado-providência" (ou "Estado de bem--estar") e "Estado-segurança" (ou "Estado-preventivo")[1588].

24.5.5. Um processo ilimitado de privatização de tarefas administrativas e de serviços administrativos, sendo suscetível de produzir uma verdadeira "hemorragia" do setor público e o desmantelamento das suas áreas rentáveis, se é verdade que reduz custos financeiros de funcionamento e permite a obtenção de receitas rápidas pela privatização, também é certo que limitará o espaço material de atividade da Administração Pública e acabará por reduzir o campo de operatividade do Direito Administrativo:

(i)   Uma privatização desenfreada e fora do quadro axiológico e teleológico da Constituição poderá bem converter-se na mais séria ameaça ao Direito Administrativo no século XXI;

(ii)   A grande questão que hoje se coloca não consiste em saber se se pode privatizar mas sim, bem pelo contrário, até onde é que pode ir a privatização[1589].

24.6. Privatização do acesso a uma atividade económica

24.6.1. A privatização no âmbito da Administração Pública poderá ainda consistir na abertura à iniciativa económica privada de um ou mais

---

[1588] Se, num primeiro momento, eram meras conceções ideológicas de raiz neoliberal a ditar esse propósito privatizador, os últimos tempos têm, por efeitos das dificuldades financeiras decorrentes da crise de setembro de 2008 e da subsequente limitação do endividamento público, conduzindo à imperatividade, ditada até por compromissos externos de financiamento, de redução do setor público (administrativo e empresarial), alicerçando novas privatizações de tarefas administrativas: reduzir a Administração Pública é também suprimir custos financeiros públicos, além de que a privatização da gestão ou exploração de tarefas administrativas pode envolver consideráveis receitas financeiras, razão pela qual este tipo de privatização quase se torna uma obrigação política.

[1589] Sobre os limites da privatização, cfr. Mª NIEVES DE LA SERNA BILBAO, *La Privatización en España – Fundamentos constitucionales y comunitarios*, Pamplona, 1995, pp. 186 ss.; PAULO OTERO, *Coordenadas...*, pp. 52 ss.

setores básicos da economia até então vedados, isto é, que eram explorados por entidades integrantes do setor público (e/ou cooperativo) em regime de monopólio[1590].

24.6.2. A revisão constitucional de 1997, procedendo à desconstitucionalização da imperatividade de existirem setores básicos vedados à iniciativa privada, comportou uma amplitude da liberdade conformadora do legislador ordinário[1591], permitindo-lhe hoje proceder a uma privatização de áreas de intervenção económica até então vedadas à iniciativa económica privada.

24.6.3. A redução do número de setores básicos vedados à iniciativa económica privada, envolvendo uma modificação da lei de delimitação de setores, na medida em que comporta um alargamento material do campo de operatividade da própria iniciativa económica privada, passando esta a fazer concorrência às entidades integrantes do setor público que até aí detinham uma posição de monopólio no exercício de tais atividades económicas, senão mesmo a substituir por completo o exercício público dessas atividades, consubstancia um fenómeno de privatização do acesso a uma ou mais atividades económicas[1592].

24.6.4. Uma tal privatização, reduzindo o peso da intervenção pública no acesso a esses setores de atividade económica, revelando já uma postura limitativa da intervenção do Estado e mais consentânea com uma economia de mercado baseada na livre concorrência, poderá mesmo ser reforçada, segundo o princípio de subsidiariedade, através da privatização do capital social das empresas públicas que, até então, têm laborado nos setores básicos que estavam vedados[1593].

[1590] Sobre a questão de saber se os setores básicos vedados representam ou não uma reserva exclusiva do setor empresarial do Estado, concluindo pela admissibilidade de também entidades integráveis no setor cooperativo e social aí desenvolverem atividades, cfr. PAULO OTERO, *Vinculação e Liberdade...*, pp. 104 ss.

[1591] Cfr. PAULO OTERO, *Vinculação e Liberdade...*, pp. 95 ss.

[1592] Para uma análise dos efeitos decorrentes de um eventual alargamento dos setores vedados, procedendo-se a um movimento inverso ao da privatização, cfr. PAULO OTERO, *Vinculação e Liberdade...*, p. 100-101.

[1593] Deste modo, a privatização, comportando a liberalização do futuro acesso a uma atividade económica que estava vedada ao setor privado, será acompanhada da redução ou eliminação

476 | IDENTIDADE ESTRUTURANTE DA ADMINISTRAÇÃO PÚBLICA

24.7. Privatização do capital social de empresas públicas

24.7.1. Num outro sentido, pode falar-se de privatização da Administração Pública quando está em causa a abertura a entidades privadas do capital social de sociedades cuja titularidade do capital pertence na totalidade ou em parte a entidades públicas, isto independentemente de se diferenciar entre as situações de privatização em sentido rigoroso e de reprivatização[1594].

24.7.2. A privatização do capital social de empresas públicas envolve, no entanto, duas hipóteses:
(i) Pode tratar-se da simples privatização de uma parte minoritária do capital social de uma sociedade que, por isso, continua a deter a maioria do respetivo capital titulado por entidades públicas;
(ii) Poderá, pelo contrário, ser a privatização da maioria ou da totalidade do capital social, determinando, em consequência, que o controlo da respetiva sociedade passe a estar nas mãos de entidades integradas no setor privado[1595].

Ora, só nesta última hipótese existe verdadeira privatização, enquanto transferência do bem em causa do setor público dos meios de produção para o setor privado[1596]: se a maioria do capital social continua titulado por entidades públicas, a continuação da integração da sociedade minoritariamente "privatizada" no setor público empresarial justifica que se fale aqui num simples processo de "semiprivatização" ou "semipublicização", expressão, afinal, de uma "privatização imperfeita"[1597].

---

da intervenção pública existente nesse mesmo setor, numa projeção pretérita da privatização, procedendo-se à sua integral devolução para a esfera do setor privado dos meios de produção.

[1594] Para uma diferenciação conceitual e de regime entre a "privatização" de bens que nunca anteriormente pertenceram a entidades do setor privado e a "reprivatização" que, como se mostra evidente, se refere a bens que já antes estiveram integrados no setor privado, cfr. PAULO OTERO, *Privatizações...*, pp. 23 ss. e 31 ss.

[1595] Considerando que só nesta hipótese, envolvendo o controlo da sociedade pelos privados, se está diante de um fenómeno de "privatização substancial", cfr. FRANCO BONELLI, *Le Privatizzazione...*, pp. 8-9; FRANCO BONELLI/MARIO ROLI, *Privatizzazioni*, pp. 998 ss.

[1596] Cfr. PAULO OTERO, *Privatizações...*, p. 14.

[1597] Neste sentido, para mais desenvolvimentos, cfr. PAULO OTERO, *Privatizações...*, pp. 16 ss. e 22.

§24ª PRIVATIZAÇÃO: ADMINISTRAÇÃO PÚBLICA PRIVATIZADA | 477

24.7.3. A privatização do capital social de empresas públicas exige ainda que o adquirente do capital a privatizar não seja uma sociedade de capitais públicos ou de capitais mistos maioritariamente titulados por entidades públicas, isto sob pena de se estar diante de um simples fenómeno de circulação ou transferência de capitais entre entidades integrantes do setor público empresarial, traduzindo uma "falsa privatização" ou "privatização enganosa"[1598].

24.7.4. Se a aquisição do capital social aberto à privatização for feita por entidades públicas sujeitas a gestão privada ou por entidades privadas dotadas de gestão pública, apesar de ambas se integrarem no setor privado dos meios de produção, a verdade é que, atendendo à natureza publicizada deste capítulo do setor privado[1599], assistiremos à simples transferência de bens do setor público sob forma privada para o setor privado publicizado, ocorrendo um fenómeno de "privatização debilitada" ou "privatização enfraquecida"[1600].

24.8. Privatização dos critérios substantivos de decisão administrativa

24.8.1. A privatização da Administração Pública pode recair também sobre os critérios materiais subjacentes à atuação administrativa: o decisor administrativo passará a ter uma conduta pautada por instrumentos do mercado, agindo à luz de uma lógica própria dos agentes económicos privados ou visando a defesa de uma racionalidade decisória a ela conexa.

24.8.2. A privatização dos critérios substantivos de decisão administrativa, sendo uma realidade natural no âmbito do setor empresarial público, tem assumido natureza excecional fora das empresas públicas ou das entidades sujeitas ao seu ordenamento: se a privatização do Direito regulador da Administração Pública pode ser indício de substituição de uma lógica

---

[1598] Para mais desenvolvimentos, cfr. PAULO OTERO, *Privatizações...*, pp. 19 ss. e 22.

[1599] Esclarecendo o sentido e a composição do "setor privado publicizado" ou "setor privado *sui generis*", isto por oposição ao setor privado típico ou normal, cfr. PAULO OTERO, *Vinculação e Liberdade...*, pp. 65 ss.

[1600] Cfr. PAULO OTERO, *Privatizações...*, p. 19-20 e 22.

478 | IDENTIDADE ESTRUTURANTE DA ADMINISTRAÇÃO PÚBLICA

puramente administrativa de decisão, por critérios empresariais típicos do setor privado, a verdade é que nem sempre assim sucede.

24.8.3. Os últimos anos têm demonstrado que mesmo no âmbito da Administração Pública sem natureza empresarial e sujeita ao Direito público se observa a adoção de critérios substantivos ou materiais de decisão típicos das empresas privadas ou a eles conexos, fazendo do mercado e da sua lógica intrínseca instrumentos de prossecução do interesse público: a privatização dos critérios substantivos de decisão administrativa diz-nos que, em tais casos, apesar de o "corpo" da entidade se integrar na Administração Pública, a sua "alma" encontra-se no setor privado.

24.8.4. A prossecução do interesse público por entidades integrantes da Administração Pública, sujeitas ao Direito público, passa a ficar condicionada pela força dos instrumentos do mercado nos seguintes exemplos:
(i) Nas operações de defesa da concorrência[1601] – estando em causa o controlo administrativo dos (1) acordos, decisões e práticas concertadas, (2) o abuso de posição dominante, (3) o abuso de dependência económica e ainda (4) a concentrações de empresas – visa-se assegurar o funcionamento eficiente do mercado, isto mediante uma intervenção administrativa sobre negócios jurídicos privados;
(ii) A definição das regras relativas à formação e ao regime aplicável aos atos e contratos da Administração Pública encontra-se, à luz do Código dos Contratos Públicos, alicerçada na "defesa intransigente da liberdade do mercado"[1602], sendo feita em função de preocupações de concorrência de mercado[1603] – num certo sentido, "as exigências de contratação pública servem para proteger a economia e a lógica internas do próprio mercado"[1604];
(iii) Decisões estratégicas da Administração Pública de gestão patrimonial à luz de critérios de mercado, tal como sucede com o pro-

---

[1601] Cfr. PAULA VAZ FREIRE, *Direito Administrativo da Concorrência*, in PAULO OTERO/ PEDRO GONÇALVES, *Tratado de Direito Administrativo Especial*, I, Coimbra, 2009, pp. 457 ss.
[1602] Cfr. MIGUEL ASSIS RAIMUNDO, *A Formação dos Contratos...*, p. 50.
[1603] Cfr. MIGUEL ASSIS RAIMUNDO, *O objeto sujeito à concorrência de mercado no Código dos Contratos Públicos*, in *Estudos de Homenagem ao Prof. Doutor Jorge Miranda*, IV, Coimbra, 2012, pp. 675 ss.
[1604] Cfr. MIGUEL ASSIS RAIMUNDO, *A Formação dos Contratos...*, p. 376.

§24ª PRIVATIZAÇÃO: ADMINISTRAÇÃO PÚBLICA PRIVATIZADA | 479

pósito de maximização da rentabilidade de verbas públicas a seu cargo (v.g., aplicação de fundos da segurança social em investimentos de risco ou especulativos);

(iv) Decisões no domínio ambiental que, pressupondo a ineficácia dos tradicionais mecanismos de comando e controlo, envolvem formas de interação entre agentes económicos, fazendo apelo ao comércio de "licenças" ou quotas transacionáveis – surgirá aqui, a título ilustrativo, um mercado de emissões poluentes ou de gases com efeito de estufa que, dentro do montante máximo de poluição autorizado, revela ser possível a venda de títulos ou quotas de poluição sobrantes entre operadores[1605], o mesmo se podendo admitir no domínio da utilização de recursos hídricos em mercado[1606];

(v) Adoção de medidas económicas e financeiras que, visando aumentar a concorrência e a competitividade financeira entre Estados, isto a uma escala internacional, procura cativar e atrair investimentos estrangeiros (v. *supra*, nº 13.4.3.).

24.8.5. A utilização do mercado como instrumento substituto da tradicional lógica administrativa de prossecução do interesse público, fazendo também operar uma espécie de "mão invisível" na concretização da função administrativa, se se mostra ideologicamente sintonizada com uma conceção neoliberal, a verdade é nunca se mostra admissível sem expressa lei habilitante:

(i) A precedência de lei é aqui um elemento fundamental de legitimação e validação da privatização dos critérios substantivos de decisão administrativa;

[1605] Cfr. TIAGO ANTUNES, *Agilizar ou mercantilizar? O recurso a instrumentos de mercado pela Administração Pública – implicações e consequências*, in *Estudos Jurídicos e Económicos em Homenagem ao Prof. Doutor António de Sousa Franco*, III, Coimbra, 2006, pp. 1059 ss.; IDEM, *O Comércio de Emissões Poluentes à luz da Constituição da República Portuguesa*, Lisboa, 2006; IDEM, *The use of market-based instruments in environmental law (a brief european-american comparative perspective)*, in RDAOT, nº 14/15, pp. 175 ss.; CARLA AMADO GOMES, *Direito Administrativo do Ambiente*, pp. 238 ss.; IDEM, *Introdução ao Direito do Ambiente*, pp. 163 ss.

[1606] Cfr. TIAGO SOUZA D'ALTE, *Os novos mercados de águas: o comércio de títulos no quadro da lei da água*, in *Estudos em Homenagem ao Professor Doutor Paulo de Pitta e Cunha*, II, Coimbra, 2010, em especial, pp. 961 ss.

480 | IDENTIDADE ESTRUTURANTE DA ADMINISTRAÇÃO PÚBLICA

(ii) A ausência de lei habilitando a elevação do mercado a critério material de decisão administrativa conduzirá, inevitável e fatalmente, à invalidade da privatização.

24.8.6. A precedência de lei habilitante da utilização do mercado como instrumento de realização pela Administração Pública do interesse público nunca pode deixar de continuar a reconhecer ao Estado, no exercício tradicional da função administrativa, segundo uma lógica decisória não privatizável, o papel de regulador e garante da satisfação do interesse público, numa tripla aceção;
(i) Disciplinando os termos de acesso e permanência no mercado para se obter a satisfação do interesse público;
(ii) Garantindo, em caso de inoperatividade ou deficiente ação do mercado, o papel subsidiário do Estado;
(iii) Corrigindo e sancionando os comportamentos suscetíveis de colocar em causa o bom funcionamento do mercado e, por essa via, a prossecução do interesse público.

24.8.7. A exigência de precedência de lei no âmbito da privatização dos critérios substantivos de decisão administrativa não pode esquecer as novas dimensões transnacionais do mercado que, por efeito da globalização e da internacionalização das economias, revelam a insuficiência da capacidade reguladora de o Estado, por si só, fixar a própria exigência de precedência de lei: sem prejuízo de o mercado se mostrar suscetível de gerar a própria legalidade da economia[1607], a regulação internacional e a regulação supranacional mostram-se meios habilitadores de uma nova dimensão privatizadora dos critérios materiais do agir administrativo.

24.9. Privatização do controlo da Administração

24.9.1. Se, num primeiro momento, durante a segunda metade do século XX, a transformação do Estado de estrutura burocrática em agente económico produtor de bens e prestador de serviços indiciava já a sua submissão a uma certa lógica empresarial-privada, desde logo pelo abandono

---

[1607] Neste sentido, cfr. FRANCISCO LUCAS PIRES, *Nova economia...*, p. 232.

§24º PRIVATIZAÇÃO: ADMINISTRAÇÃO PÚBLICA PRIVATIZADA | 481

de uma postura de autoridade a favor de uma metodologia de colaboração ativa com o setor privado, a privatização da Administração Pública, reforçada nas últimas décadas, veio colocar a temática da própria privatização do controlo administrativo, isto numa dupla perspetiva:
(a) Privatização das entidades encarregues do controlo;
(b) Privatização dos mecanismos de controlo.

24.9.2. (a) A privatização das entidades encarregues de controlo da Administração Pública, especialmente visível no âmbito do designado controlo financeiro, envolve o recurso a empresas do setor privado para exercerem serviços de auditoria, consultadoria e avaliação de estruturas do setor público empresarial, do setor público administrativo e até do próprio Tribunal de Contas[1608].

24.9.3. A utilização de entidades do setor privado para efetuarem o controlo financeiro de autoridades públicas encontra a sua justificação em diversas razões:
(i) A ausência de estruturas públicas dotadas de pessoal tecnicamente preparado para o exercício de tais tarefas;
(ii) A obrigatoriedade de existirem mecanismos de controlo da legalidade, regularidade e economicidade da utilização das verbas provenientes da União Europeia;
(iii) A necessidade de credibilidade, isenção e rigor dos juízos técnico-financeiros a serem feitos junto do mercado.

24.9.4. (b) A privatização dos mecanismos de controlo ao agir administrativo, em sentido diferente, sem envolver necessariamente a privatização das entidades encarregues de efetuarem o controlo, apela a uma utilização de novos critérios fiscalizadores, diferentes dos tradicionalmente usados pelas entidades públicas, verificando-se uma aproximação aos mecanismos de controlo da gestão das empresas do setor privado[1609].

24.9.5. Mesmo sabendo-se que o lucro não pode tornar-se a única referência ou a motivação exclusiva do agir administrativo, a eficácia da conduta

---

[1608] Sobre a matéria, cfr., por todos, CARLOS MORENO, *Participação do sector privado no controlo financeiro público e nas privatizações em Portugal*, in RDP, nº 18, ano IX, pp. 101 ss.
[1609] Cfr. PIERRE MOOR/ETIENNE POLTIER, *Droit Administratif*, II, pp. 602 ss.

482 | IDENTIDADE ESTRUTURANTE DA ADMINISTRAÇÃO PÚBLICA

da Administração Pública, envolvendo a afetação de recursos da coletividade à prossecução de certos objetivos de interesse público, não pode ser indiferente aos resultados alcançados:

(i) O Estado é, em múltiplos aspetos, um agente económico que atua em mercado e, em todas as suas condutas, num propósito de transparência, tem de "prestar contas", encontrando-se sujeito ao escrutínio público;

(ii) O princípio da prossecução do interesse público, impondo-lhe a melhor atuação ou uma atuação ótima, determina a vinculação decisória ao princípio da boa administração;

(iii) A boa administração, postulando uma regra de eficiência, exige que, num momento futuro, as decisões adotadas e a sua execução sejam avaliadas, possibilitando-se, por essa via, a correção de eventuais "erros" de prognose ou "desvios" de execução[1610].

24.9.6. O controlo ou a avaliação das decisões administrativas, numa clara aproximação aos modelos empresariais usados no setor privado, num contexto de um *new public management*, mostra-se passível de conduzir a três principais soluções de caráter privatizador[1611]:

(i) A utilização da metodologia de controlo das empresas privadas, examinando-se a eficiência das estruturas de trabalho, numa análise da eficácia da repartição de tarefas e da circulação da informação, assim como da motivação do pessoal envolvido, monitorizando-se a realização de parâmetros quantitativos previamente definidos e planificados;

(ii) A assimilação das prestações administrativas a "produtos" e a transformação dos administrados em "clientes", procurando que a qualidade dos "produtos" oferecidos corresponda à procura dos "clientes", numa configuração da Administração Pública como titular de um "mandato de prestação" que a vincula a implementar um programa com parâmetros que, fixando objetivos, se mostra depois apto a ser controlado na sua execução;

[1610] Fazendo referência à jurisprudência constitucional alemã sobre a matéria no domínio legislativo, cfr. PIERRE MOOR/ETIENNE POLTIER, *Droit Administratif*, II, p. 609.
[1611] Cfr. ANDREAS LIENHARD, *Staats- und verwaltungsrechtliche Grundlagen für das New Public Management in der Schweiz*, Berne, 2005, pp. 22 ss.; PIERRE MOOR/ETIENNE POLTIER, *Droit Administratif*, II, pp. 605 ss.

§24º PRIVATIZAÇÃO: ADMINISTRAÇÃO PÚBLICA PRIVATIZADA | 483

(iii) A definição clara de objetivos das políticas públicas a implementar pela Administração Pública, os quais, sendo passíveis de ser confrontados com os resultados emergentes da sua execução, possibilitam um controlo *ex post*, podendo incidir sobre os efeitos ou impactos das soluções, os seus custos financeiros e sociais ou a conformidade dos resultados obtidos face aos resultados pretendidos ou esperados.

24.9.7. Os novos critérios de controlo administrativo, sendo suscetíveis de levantar a temática da judicialização do princípio da eficácia[1612], revelam-se ainda passíveis de acentuar a dependência técnica da sua utilização através de instrumentos de fiscalização administrativa que, envolvendo a intervenção de peritos que desenvolvem uma atividade avaliativa usado meios próprios do setor privado, tendem a substituir ou a concorrer com o tradicional papel fiscalizador a cargo das estruturas políticas de controlo da Administração Pública: os órgãos clássicos de controlo administrativo mostram-se pouco familiarizados com as novas técnicas de controlo oriundas do setor privado.

24.9.8. A privatização dos mecanismos de avaliação ou controlo da conduta administrativa, apesar de se realizar num alegado contexto de objetividade e tecnicidade, nunca se mostra politicamente neutra ou isenta de opções políticas de fundo[1613]:

(i) A escolha dos indicadores a serem avaliados, a própria utilização argumentativa dos resultados provenientes de dados estatísticos ou da avaliação recolhida, tudo se mostra modulável e instrumentalizável;

(ii) O Governo, tendo nas suas mãos a utilização destes novos meios de controlo, acaba por intervir sobre a metodologia e condicionar os próprios resultados avaliativos: a principal autoridade a ser controlada torna-se, paradoxalmente, a protagonista definidora dos termos do controlo;

(iii) A privatização dos mecanismos de controlo administrativo reforça a governamentalização da Administração Pública, reduzindo o espaço de intervenção fiscalizadora do parlamento.

[1612] Cfr. PIERRE MOOR/ETIENNE POLTIER, *Droit Administratif*, II, pp. 608 ss.
[1613] Cfr. PIERRE MOOR/ETIENNE POLTIER, *Droit Administratif*, II, p. 609.

§25º – INFORMATIZAÇÃO: ADMINISTRAÇÃO PÚBLICA ELETRÓNICA

25.1. Transformação da Administração: uma nova Administração?

25.1.1. As últimas décadas do século XX, por efeito de um crescente desenvolvimento tecnológico nos domínios da informática, permitiu registar quatro fases sucessivas de transformação das modernas sociedades[1614]:

(i) A utilização de "ferramentas" computadorizadas de tratamento e armazenamento de informação, possibilitando conexões, interações e uma gestão mais eficiente e rápida de informação desmaterializada;

(ii) A democratização do computador pessoal, permitindo a cada pessoa o acesso, a todo o tempo, em qualquer local, à informação;

(iii) A conexão à *internet*, verdadeira autoestrada da informação em que cada um tem ligação a partir da sua própria casa ou de um simples telefone móvel, num mundo globalizado na partilha de informação;

(iv) A criação de redes sociais, garantindo uma rápida circulação de informação, põe em contacto um universo que, sendo global, matou as distâncias[1615], sem necessidade de contactos físicos entre os seus membros.

25.1.2. A sociedade de informação criada, tornando quase anacrónica a utilização do papel na comunicação de mensagens, conduziu à desmaterialização da informação e à simplificação da linguagem escrita, senão mesmo à sua substituição por imagens ou símbolos universais de comunicação, abolindo fronteiras e revelando a ineficácia dos mecanismos clássicos de intervenção do Estado perante os desafios do ciberespaço. Ora, esta radical transformação das modernas sociedades, revelando um progressivo domínio da vida social pelas conquistas da técnica (v. *supra*, nº 23.3.), produziu inevitáveis efeitos na Administração Pública[1616].

[1614] Cfr. CLARA SHIH, *The Faceboock Era*, Boston, 2009, pp. 11 ss..

[1615] Cfr. FRANCES CAIRNCROSS, *The Death of Distance*, Boston, 1997.

[1616] Cfr. MIGUEL PRATA ROQUE, *Mais um passo...*, p. 166.

§25º – INFORMATIZAÇÃO: ADMINISTRAÇÃO PÚBLICA ELETRÓNICA | 485

25.1.3. A introdução da informática no âmbito da Administração Pública[1617], fazendo incorporar as novas tecnologias na sua gestão e funcionamento, assim como no seu relacionamento com os cidadãos, fez criar novos mecanismos e institutos jurídicos que, progressivamente, revelaram uma nova Administração: as duas últimas décadas, conduzindo à informatização da Administração Pública, trouxeram mais inovações que os últimos dois milénios – a Administração Pública clássica foi cedendo lugar, num processo ainda em pleno desenvolvimento e aprofundamento, a uma Administração Pública eletrónica[1618].

25.1.4. Quais as principais manifestações de um tal processo de informatização da Administração Pública?

(i)   Em termos evolutivos, a informatização administrativa passou de uma primeira fase, dita do "computador-arquivo", para uma nova fase, batizada do "computador-funcionário"[1619], permitindo hoje, em casos de predeterminação por via de programação de computador, a adoção de "atos administrativos informáticos"[1620]: a existência de conceitos jurídicos indeterminados e de poderes discricionários surgem como áreas de exclusão decisória informatizada[1621];

[1617] Para uma referência ao processo português, cfr. CATARINA SARMENTO E CASTRO, *Telematic administrative procedures in Portugal – an overview*, in BFDUC, 2008, pp. 741 ss.

[1618] Cfr. VINCENT HOMBURG, *Understanding E-Government: Information Systems in Public Administration*, New York, 2008; MATTHIAS PRAUSE, *Elektronische Verwaltung und ihr Umsetzungsstand in Deutschland: eGovernment in Deutschland*, Norderstedt, 2006; J.E.J. PRINS (ed.), *E-Government and its Implications for Administrative Law: Regulatory Initiatives in France, Germany, Norway and the United States*, The Hague, 2002; CHRISTOPHER G. REDDICK, *Public Administration and Information Technology*, Burlington, 2012; J. VALERO TORRIJOS, *Régimen Jurídico de la e-Administración*, Granada, 2004; MIKE WIENBRACKE, *Allgemeines...*, pp. 146-147.

[1619] Cfr. ALFONSO MASUCCI, *Attto amministrativo informatico*, in EdD, I – Aggiornamento, Milano, 1997, p. 222.

[1620] Cfr. RALF-MICHAEL POLOMSKI, *Der automatisierte Verwaltungsakt*, Berlin, 1993; ALFONSO MASUCCI, *L'Attto Amministrativo Informatico*, Napoli, 1993; PEDRO GONÇALVES, *O acto administrativo informático (o direito administrativo português face à aplicação da informática na decisão administrativa)*, in SJ, nº 267, 1997, pp. 47 ss.

[1621] Cfr. RALF-MICHAEL POLOMSKI, *Der automatisierte...*, pp. 56 ss.; ALFONSO MASUCCI, *L'Attto Amministrativo...*, pp. 19 ss. e 36 ss.; IDEM, *Attto amministrativo informatico*, p. 222.

486 | IDENTIDADE ESTRUTURANTE DA ADMINISTRAÇÃO PÚBLICA

(ii) A armazenagem, a gestão e a utilização da informação administrativa é hoje feita através de mecanismos computadorizados, conduzindo à desmaterialização do procedimento decisório, sendo visíveis altos graus de implantação da Administração eletrónica nos seguintes âmbitos setoriais[1622]: (1) Administração tributária ou fiscal[1623], (2) segurança social[1624], (3) sistema público de saúde[1625], (4) contratação pública[1626], (5) registo civil, criminal e predial, (6) justiça[1627], (7) setor financeiro e bancário[1628], (8) universidades públicas[1629];

(iii) O acesso dos cidadãos à Administração é feito, cada vez mais, através de portais da *internet*, recolhendo informação e formulários *on line*, enviando informação e apresentando reivindicações, impugnações e esclarecimentos, permitindo até o funcionamento de mecanismos de participação eletrónica[1630], registando-se que, igualmente em número crescente, a resposta administrativa vem por via de notificação eletrónica[1631], usando uma assinatura digital, num processo de desmaterialização do agir administrativo[1632] – a

---

[1622] Cfr. EDUARDO GAMERO CASADO/SEVERIANO FERNÁNDEZ RAMOS, *Manual...*, pp. 428 ss.

[1623] V.g., o processamento de contribuições, impostos, taxas e benefícios fiscais.

[1624] V.g., tramitação procedimental e pagamento de pensões, abonos, subsídio de desemprego, rendimento social de inserção.

[1625] V.g., dados pessoais de saúde armazenados em sistema de *"chips"*, digitalização do pedido, realização e conclusão de exames e meios complementares de diagnóstico, registo de consultas, tratamentos e internamentos hospitalares, receita eletrónica.

[1626] V.g., o anúncio e o desenrolar das diversas fases dos procedimentos administrativos de contratação pública, envolvendo a intervenção de autoridades administrativas e de concorrentes, pode fazer-se através de plataformas eletrónicas de contratação.

[1627] V.g., o funcionamento das secretarias dos tribunais; novos meios tecnológicos de investigação criminal; mecanismos de vigilância eletrónica, por via de rádio frequência.

[1628] V.g., intervenção do Banco Central Europeu, do Banco de Portugal ou da Comissão do Mercado de Valores Mobiliários sobre o sistema financeiro e bancário.

[1629] V.g., inscrições e matrículas, horários, programas e bibliografia das unidades curriculares, sumários das aulas, calendário de provas de avaliação, pautas de classificações, certificados.

[1630] Cfr. FRANK KUHN, *Elektronische Partizipation: Digitale Möglichkeiten – Erklärungsfaktoren – Instrumente (Forschung Politik)*, Wiesbaden, 2006; CHRISTOPHER G. REDDICK, *Public Administration...*, pp. 45 ss.

[1631] Cfr. RALF-MICHAEL POLOMSKI, *Der automatisierte...*, pp. 175 ss.

[1632] Cfr. VOLKER IBISCH, *Der elektronische Verwaltungsakt – ein neuer Dokumententyp im Verwaltungsverfahrensgesetz*, in *JurPC Web-Dok*. 210/2001.

indicação da morada é substituída, progressivamente, pela indicação do endereço eletrónico (*"email"*);

(iv) A criação de linhas pessoais de acesso a informação, envio ou obtenção de certificados constante de bases de dados administrativos, servindo de pressupostos para o exercício de direitos ou o cumprimentos de deveres, envolvendo documentação reservada de natureza pessoal ou profissional, através da atribuição aos cidadãos de uma palavra-chave de acesso (*"password"*);

(v) Publicação eletrónica dos boletins oficiais de legislação, divulgando *on line* atos jurídicos ou simples informação administrativa, que, assumindo um papel vinculativo para a Administração Pública ou em relação aos cidadãos, permita um fácil acesso de todos ao seu conteúdo, facilitando o controlo público do agir administrativo – os livros em suporte de papel que realizavam compilações ou coletâneas de legislação, de decisões administrativas e de sentenças judiciais estão a ser substituídos pela informação resultante de *"sites da net"* geridos por entidades públicas ou por *"e-books"*;

(vi) Substituição da presença física ou pessoal em certas reuniões de órgãos colegiais administrativos, por uma presença assegurada através de sistemas de videoconferência[1633], ou até da prática presencial de operações materiais administrativas, tal como sucede com o dar uma aula num estabelecimento público mediante um sistema de ensino eletrónico à distancia (*"e-learning"*).

25.1.5. Na nova Administração Pública eletrónica, expressão do resultado da influência das novas técnicas de informação e conhecimento de uma sociedade desenvolvida, em que o computador pessoal desempenha a função de chave de uma porta permanentemente aberta ao mundo, registam-se significativas alterações no agir administrativo:

(i) Trata-se de uma Administração que se encontra aberta vinte e quatro horas por dia, todos os dias do ano[1634], sem feriados, férias ou horário de funcionamento – a eletrónica tornou mais fácil o contacto do cidadão com a Administração e desta com o cidadão;

[1633] Para maiores desenvolvimentos, cfr. AGUSTÍ CERRILLO MARTÍNEZ, *Los órganos colegiados electrónicos Las tecnologías de la información y el conocimiento en el funcionamiento de los órganos colegiados de la Administración*, Pamplona, 2006.

[1634] Cfr. EDUARDO GAMERO CASADO/SEVERIANO FERNÁNDEZ RAMOS, *Manual...*, p. 424.

488 | IDENTIDADE ESTRUTURANTE DA ADMINISTRAÇÃO PÚBLICA

(ii) A rapidez no acesso à informação, localizada e concentrada a uma simples tecla do computador, permitindo uma gestão e um intercâmbio documental permanentes, agiliza os procedimentos administrativos: decidir torna-se bem mais fácil, sem necessidade de um suporte de papel e um processo em sentido físico, agora totalmente desmaterializado e até sem a presença (por vezes) embaraçosa dos cidadãos interessados na decisão;

(iii) Suprime as distâncias territoriais, fazendo do local em que cada cidadão se encontra, desde que munido de um meio de acesso à rede (v.g., computador, *"iPad"*, *"iPhone"*), um "local" de contacto administrativo: todos os cidadãos, qualquer que seja o local em que se encontram, se podem relacionar com os serviços administrativos;

(iv) Imprime uniformidade à decisão administrativa, fazendo de um centro único de receção e de decisão um novo vértice que, tendendo a substituir um modelo administrativo hierarquizado por um modelo eletrónico, garante uma potencial melhor satisfação do princípio da igualdade: se a informação administrativa disponível é igual, assim como as circunstâncias de facto, pedidos iguais, apesar de formulados por diferentes cidadãos, terão decisões "eletrónicas" iguais;

(v) Redução significativa de custos que, apesar de um investimento inicial em meios técnicos, melhora a eficiência administrativa, podendo mesmo conduzir a uma redução do pessoal administrativo necessário para a realização de tarefas agora informatizadas e, por essa via, se alcançar o corte de despesas públicas.

25.2. Riscos, perigos e desvantagens da Administração eletrónica

25.2.1. Será a Administração eletrónica um paraíso de vantagens, em termos comparativos com o modelo tradicional, sem quaisquer riscos, perigos ou desvantagens?

Esclareça-se, em primeiro lugar, que nem todas as identificadas alterações do agir administrativo, por efeito da introdução de mecanismos eletrónicos, se traduzem em verdadeiras vantagens[1635]:

[1635] Cfr. EDUARDO GAMERO CASADO/SEVERIANO FERNÁNDEZ RAMOS, *Manual...*, pp. 425 ss.

§25º – INFORMATIZAÇÃO: ADMINISTRAÇÃO PÚBLICA ELETRÓNICA | 489

(i) Se é certo que há um acesso mais fácil à Administração, a verdade, todavia, é que os cidadãos deixam de encontrar um rosto, um nome para o seu contacto junto das estruturas administrativas[1636], criando-se um abismo de impessoalidade no trato que desumaniza a Administração Pública: uma Administração personalista dificilmente será uma Administração integral ou predominantemente eletrónica;

(ii) A eficiência e a rapidez numa decisão desmaterializada não fazem desaparecer uma genérica desconfiança dos cidadãos perante tecnologias que não dominam[1637]: os cidadãos sentem-se menos cidadãos perante uma realidade administrativa que desconhecem;

(iii) Até o suprimir das distâncias territoriais pode ter uma leitura perversa, traduzindo um mecanismo inviabilizador da aproximação física dos serviços às populações, reintroduzindo esquemas organizatórios centralizados de decisão: a Administração eletrónica corre o risco de se tornar um instrumento contrário a princípios organizativos da Constituição administrativa;

(iv) Mesmo o alegado reforço da igualdade decisória, por força dos mecanismos de uniformidade da Administração eletrónica, pode bem revelar-se propiciador de um aprofundar de desigualdades entre cidadãos, desde logo entre aqueles que têm acesso aos meios tecnológicos e todos os restantes cidadãos que, por razões de idade, educação ou local de residência, não têm vocação ou contacto com esses novos meios tecnológicos: a Administração eletrónica não pode servir de fator de discriminação entre novos e velhos, residentes em zonas urbanas e residentes em zonas rurais, entre instruídos e "analfabetos digitais";

(v) Por último, até a redução de custos de funcionamento, por via da Administração eletrónica, se revela aparente, uma vez que tem sempre de existir um avultado investimento em múltiplos equi-

---

[1636] A atividade administrativa deixa de ser exercida por um funcionário concreto, passando a ser desenvolvida por um sistema administrativo automatizado, cfr. K. GRIMMER, *Die Automation und das Verhältnis der Verwaltung zum Bürger*, in DÖV, 1982, p. 258.

[1637] Assim, a título ilustrativo, os cidadãos receiam o desaparecimento da informação ou de um acesso indevido de terceiros, colocando em causa a fidedignidade do sistema de segurança face a pagamentos feitos pela *internet* ou a notificações eletrónicas, num ceticismo alargado ao nível das suas garantias como utentes desta nova Administração.

490 | IDENTIDADE ESTRUTURANTE DA ADMINISTRAÇÃO PÚBLICA

pamentos informáticos, sucessivamente renovados a um acelerado ritmo de desatualização, ampliado pela necessária formação profissional dos operadores administrativos, reduzindo postos de trabalho: a implementação e a manutenção de uma Administração eletrónica tem custos financeiros e sociais superiores à "Administração de papel".

25.2.2. No campo essencialmente técnico, tendo presente a diversidade de máquinas e de programas informáticos, há ainda a registar problemas de compatibilidade ou interoperatividade de equipamentos e de programas, impedindo a interconexão de redes e as inerentes impossibilidades de interação por via eletrónica, isto a três distintos níveis:

(i) No interior das diversas Administrações Públicas de âmbito nacional[1638];

(ii) Entre a Administração nacional e a Administração da União Europeia e as Administrações dos restantes Estados-membros;

(iii) Entre todas estas diversas Administrações Públicas e os cidadãos.

Torna-se necessário, neste contexto, a normalização técnica, permitindo a estandardização de equipamentos e de aplicações informáticas, isto de modo a favorecer a conectividade entre as diferentes Administrações e destas com os cidadãos.

25.2.3. A criação de uma rede comum de "diálogo eletrónico" suscita, no entanto, delicados problemas de cooperação interadministrativa e até de regulação extra-administrativa, podendo mesmo conduzir à imposição unilateral de um único modelo de compatibilidade ou interoperatividade de equipamentos e de programas, brigando com garantias constitucionais de autonomia (pública e privada) de decisão – essa será já, porém, uma tarefa do legislador.

25.2.4. Preocupante mostra-se a incidência deste modelo de Administração eletrónica sobre os riscos e os perigos que o armazenamento e o tratamento de dados pessoais podem encontrar junto de ficheiros públicos ou

---

[1638] V. g., entre as estruturas administrativas do Estado e das múltiplas autarquias locais ou entre os serviços da reitoria e os serviços das diversas unidades orgânicas da mesma universidade pública.

§25º - INFORMATIZAÇÃO: ADMINISTRAÇÃO PÚBLICA ELETRÓNICA | 491

de ficheiros privados passíveis de acesso público[1639]. E aqui, note-se, nem uma proibição de recolha de dados respeitantes às convicções filosóficas, políticas, filiação partidária ou sindical, religião, vida privada ou origem étnica[1640], ou ainda uma proibição de existirem sistemas secretos de tratamento de dados, se mostram particularmente eficazes: o que caracteriza as proibições jurídicas é, precisamente, a suscetibilidade de serem violadas.

25.2.5. Independentemente das zonas de proibição inerentes a um modelo político democrático, a simples circunstância de, por vicissitudes decorrentes do intervencionismo do Estado social e de recentes preocupações securitárias, a Administração Pública possuir um sistema de amplas informações pessoais e patrimoniais sobre cada cidadão[1641], criando verdadeiros bancos de dados pessoais que podem funcionar em rede, completa o desassossego face aos valores da segurança, reserva da vida privada e privacidade informacional: a pessoa corre o risco de deixar de ser sujeito para passar a ser objeto de um mundo eletrónico.

25.2.6. Sem embargo de a temática do armazenamento e da utilização de dados pessoais se colocar também ao nível de entidades privadas titulares de bancos de informação referentes às preferências de consumo (*lato sensu*) de cada pessoa, a sua titularidade por entidades públicas, num contexto de garantir com mais eficácia funções prestacionais típicas do Estado de bem-estar e funções policiais visando a segurança pública[1642], vem suscitar, ainda com mais acuidade, o tema dos limites à recolha de dados pessoais e à sua utilização pela Administração Pública. Neste contexto, os acontecimentos de 11 de setembro de 2001, fazendo emergir uma "Administração Pública do inimigo" (v. *supra*, nº 6.3.1.), reforçaram as preocupações securitárias que uma Administração eletrónica pode fazer comportar novos e agravados riscos e perigos para os direitos e liberdades dos cidadãos[1643].

[1639] Cfr. ALEXANDRE SOUSA PINHEIRO, *Privacy...*, I, pp. 231 ss.

[1640] Cfr. CRP, artigo 35º, nº 3.

[1641] V. g., declarações de rendimentos, prestações sociais, "cadastro" rodoviário, criminal ou disciplinar, "dados de saúde", pagamentos por transferência bancária.

[1642] Cfr. RUPERT SCHOLZ/RAINER PITSCHAS, *Informationelle Selbsbestimmung und Staatliche Informationsverantwortung*, Berlin, 1984, p. 103.

[1643] É certo, sempre se poderá dizer, que os riscos ao nível de abusos também existiram quando estavam em causa dados respeitantes a matérias sensíveis, recolhidos e armazenados manual-

492 | IDENTIDADE ESTRUTURANTE DA ADMINISTRAÇÃO PÚBLICA

25.3. Vinculações da informatização administrativa: os limites da Administração eletrónica

25.3.1. Os perigos de um armazenamento, de um tratamento e de uma utilização indevida da informação referente a dados pessoais dos cidadãos por uma Administração Pública eletrónica, num contexto de exacerbadas preocupações securitárias, sem prejuízo da satisfação de necessidades próprias de um modelo de bem-estar, recomendam a progressiva afirmação de um direito fundamental de todos os cidadãos à autodeterminação informacional[1644]: o artigo 35º, nº 1, da Constituição assume essa função no ordenamento jurídico, conferindo a cada um a faculdade de controlar a informação que lhe diz respeito, garantindo o seu estatuto como cidadão e não mero objeto de informações.

25.3.2. O reconhecimento e a garantia constitucional de direitos fundamentais relativos a dados informatizados que digam respeito aos cidadãos, limitando a atuação administrativa, envolvem as seguintes principais prerrogativas:

(i)   O direito de acesso a todos os dados informatizados que lhes sejam respeitantes: não podem existir "arquivos" secretos de informações que, envolvendo dados pessoais, se encontrem excluídos do conhecimento do cidadão a que dizem respeito;

(ii) O direito a exigir a retificação e a atualização dos dados informatizados: o cidadão tem sempre a faculdade potestativa de solicitar a alteração, a correção ou até a eliminação da informação que, lhe dizendo respeito, seja errada ou desatualizada;

(iii) O direito de conhecer a finalidade a que se destinam os dados informatizados, incluindo a possibilidade de questionar a necessidade de estarem ou serem recolhidos e de obter as inerentes respostas;

---

mente. No entanto, a quantidade, a rapidez e a capacidade de processar e conectar os dados pessoais informatizados hoje ao dispor da nova Administração nada tem que ver com o modelo clássico da Administração do pré-digital: alguns anos de diferença temporal criaram aqui um verdadeiro abismo de séculos no agir administrativo.

[1644] Cfr. ALEXANDRE SOUSA PINHEIRO, *Privacy...*, II, pp. 557 ss.; CRISTINA QUEIROZ, *A proteção constitucional da recolha e tratamento de dados pessoais informatizados*, in *Prof. Doutor Inocêncio Galvão Telles: 90 Anos*, Coimbra, 2007, pp. 291 ss.

§25º – INFORMATIZAÇÃO: ADMINISTRAÇÃO PÚBLICA ELETRÓNICA | 493

(iv) O direito a ser esclarecido sobre a natureza obrigatória ou facultativa da recolha de dados solicitada;

(v) O direito a consentir, expressamente, a recolha de certos dados pessoais para efeitos identificados em lei ou para mero processamento de dados estatísticos;

(vi) O direito à salvaguarda da confidencialidade dos dados pessoais face a terceiros.

25.3.3. Num sentido complementar, tendo presente as vinculações emergentes da Constituição e a unidade do sistema jurídico-administrativo, a utilização da informática numa Administração progressivamente eletrónica, envolvendo delicados problemas de tensão ou conflitualidade face a posições jurídicas subjetivas dos cidadãos, nunca pode deixar de respeitar os seguintes postulados[1645]:

(i) *Princípio da subordinação às normas constitucionais referentes à organização, atividade e garantias administrativas*: a Administração eletrónica não deixa de ser Administração Pública e, por isso, de se encontrar vinculada à Constituição;

(ii) *Princípio da paridade garantística entre as formas de exercício tradicional da atividade administrativa e as novas formas eletrónicas do agir administrativo*: a passagem para uma Administração eletrónica nunca deverá envolver uma diminuição ou abaixamento do nível de direitos e garantias procedimentais e contenciosas dos cidadãos, sem prejuízo de poderem assumir uma configuração diferente;

(iii) *Princípio da reserva de lei face a todas as exigências de utilização de meios informáticos ou eletrónicos por parte dos cidadãos no seu relacionamento com a Administração Pública*: só os atos legislativos podem criar um tal tipo de novas obrigações aos cidadãos como administrados;

(iv) *Princípio da utilização de um meio alternativo aos meios eletrónicos*: uma vez que ninguém pode ser discriminado por não possuir ou não saber lidar com os novos meios eletrónicos (v. *supra*, nº 25.2.1.), a ordem jurídica tem sempre de garantir aos cidadãos mecanismos alternativos à utilização dos meios informáticos no seu relacionamento com a Administração Pública;

[1645] Adotando uma perspetiva diferente sobre o tema, cfr. EDUARDO GAMERO CASADO/ SEVERIANO FERNÁNDEZ RAMOS, *Manual...*, pp. 432 ss.;

494 | IDENTIDADE ESTRUTURANTE DA ADMINISTRAÇÃO PÚBLICA

(v) *Princípio da acessibilidade à informação e aos serviços administrativos por via eletrónica*: ao invés do anterior princípio, este procura vincular as diferentes estruturas administrativas a implementar meios eletrónicos de relacionamento com os cidadãos;

(vi) *Princípio da neutralidade tecnológica*: ninguém poderá ser prejudicado ou beneficiado pela utilização de meios técnicos que, por efeito de problemas de compatibilidade ou interoperatividade de equipamentos e de programas, impossibilite ou torne muito difícil a conexão com a Administração Pública, devendo esta usar os meios mais comuns à generalidade aos usuários, preferencialmente através de um *software* livre ou, em termos alternativos, a disponibilizar *software* que permita essa comunicação;

(vii) *Princípio da equivalência entre o suporte digital e o suporte físico*: a atuação informatizada, as publicações digitais e as comunicações eletrónicas têm o mesmo valor jurídico e o mesmo nível de garantia de segurança que a ordem jurídica reconhece aos tradicionais meios usados em papel;

(viii) *Princípio da segurança no relacionamento eletrónico*: as relações entre os cidadãos e a Administração eletrónica obedecem ao respeito de requisitos técnicos que, vinculando ambas as partes, procuram garantir a segurança e a confiança da informação e dos documentos envolvidos. Neste âmbito se salientam os seguintes quatro principais requisitos:

- *Integridade*: há que tornar claro que o documento em causa não se encontra incompleto, contendo face ao recetor toda a informação enviada pelo emissor;
- *Fidelidade*: garantia de que o documento não foi alterado ou manipulado desde a sua origem até ao seu destinatário;
- *Autenticidade*: necessidade de prova de que o emitente e o recetor são quem dizem ser;
- *Conservação*: a documentação digital deve ser arquivada e devem fazer-se cópias de segurança;

(ix) *Princípio da equilibrada ponderação entre o respeito pela confidencialidade e a garantia de transparência da ação administrativa*: a atuação administrativa através de meios eletrónicos coloca ainda com mais acuidade o tema da reserva ou confidencialidade de documentos

§25º – INFORMATIZAÇÃO: ADMINISTRAÇÃO PÚBLICA ELETRÓNICA | 495

que instruem certos procedimentos[1646] e o respeito pelos princípios da concorrência e garantia de respeito pela imparcialidade, justificando a transparência e o acesso de terceiros à documentação (v. *supra*, nº 19.4.3.);

(x) *Princípio da cooperação informática entre as diferentes Administrações Públicas*: as diversas entidades integrantes da Administração Pública devem promover a criação de uma rede de mecanismos informáticos compatíveis e que permitam a interoperatividade de equipamentos e de programas entre si e entre elas e os cidadãos.

25.3.4. Por último, enquanto derradeira cláusula de salvaguarda da pessoa perante a administração eletrónica, não pode deixar de se aplicar aqui um princípio garantístico historicamente oriundo do processo penal: é inválida a atuação administrativa fundada em dados ou elementos informacionais recolhidos de forma ilegal ou ilícita[1647].

25.4. Haverá um direito fundamental ao relacionamento por meios eletrónicos com a Administração Pública?

25.4.1. Mostra particular interesse, sem prejuízo do disposto no artigo 35º, nº 1, da Constituição, indagar se a progressiva informatização da Administração Pública permite já hoje vislumbrar a formação e o desenvolvimento de novos direitos dos cidadãos perante a Administração: poder-se-á equacionar se, em vez de um princípio de acessibilidade à informação e aos serviços administrativos por via eletrónica, não terá já ocorrido, entretanto, por via consuetudinária, uma subjetivação desta norma, registando--se a existência de um direito de cada cidadão a relacionar-se por meios eletrónicos com a Administração Pública.

25.4.2. É certo que, nos termos do artigo 35º, nº 6, da Constituição, "a todos é garantido livre acesso às redes informáticas de uso público".

[1646] V. g., concessão de autorização de introdução no mercado de um medicamento, trabalhos científicos originais de concurso universitário.

[1647] Cfr. HUFER, *Fehler im Verwaltungsverfahren*, Baden-Baden, 1986, p. 123.

496 | IDENTIDADE ESTRUTURANTE DA ADMINISTRAÇÃO PÚBLICA

Trata-se, no entanto, em primeira linha, de um direito inserido no contexto da liberdade de expressão, sendo possível falar-se numa "liberdade de expressão via *Internet*"[1648]. Não está aqui em causa, diretamente, a afirmação de uma posição jusfundamental dos cidadãos, enquanto administrados, perante a Administração Pública.

25.4.3. A existência de um direito de cada cidadão a relacionar-se por meios eletrónicos com a Administração Pública, sem embargo de albergar as posições jurídicas ativas previstas no artigo 35º, nºs 1, 2 e 4, da Constituição, terá sempre um objeto ou conteúdo material bem mais vasto, compreendendo todas as formas possíveis de relacionamento dos cidadãos com a Administração Pública[1649]: tratar-se-á, em qualquer caso, de um direito sempre dependente do financeira e tecnicamente possível face a cada estrutura administrativa, sendo possível que, num contexto diversificado e plural de Administrações Públicas, existam também níveis diferenciados de satisfação de um tal direito subjetivo ao relacionamento por meios eletrónicos com a Administração Pública.

25.4.4. Por saber fica, por último, se esse direito de cada um se relacionar com a Administração Pública usando meios eletrónicos será um verdadeiro direito fundamental e, em caso afirmativo, se se integra na ordem jurídica por via da cláusula aberta do artigo 16º, nº 1, da Constituição, ou, em alternativa, se se trata de um direito implícito no artigo 35º da Constituição[1650].

[1648] Cfr. GOMES CANOTILHO/VITAL MOREIRA, *Constituição...*, I, 4ª ed., p. 556.

[1649] V.g., obter e fornecer informações, realizar consultas, formular pedidos e impugnações, entregar formulários e declarações, expressar o consentimento, realizar pagamentos, obter documentos.

[1650] A resposta ao problema pode ter implicações quanto à garantia do nível de implementação já alcançado de informatização do agir da Administração eletrónica face aos cidadãos, envolvendo uma implícita obrigação de investimento financeiro em atualização e ampliação dos mecanismos, equipamentos e programas informáticos, projetando também eventuais efeitos limitativos sobre a liberdade de conformação do legislador.

Secção 2ª
A desterritorialização da Administração Pública

§26º ADMINISTRAÇÃO PÚBLICA DESCENTRADA DO ESTADO

26.1. Da Administração territorializada à globalização administrativa

26.1.1. A tradicional associação entre Administração Pública, Estado e território tem sido um pressuposto até agora subjacente:

(i) A ideia de soberania típica do Estado, desde os inícios relacionada com o princípio da territorialidade do exercício exclusivo dos seus poderes[1651], reforçada pela garantia decorrente do princípio da não--ingerência nos assuntos internos dos Estados, fez da Administração Pública uma realidade territorial, expressão de um poder de autoridade e de uma função ou atividade do Estado;

(ii) Na base deste modelo administrativo, erigido com o advento do Estado moderno[1652], por feito da paz de Vestefália, encontra-se a omnipotência do Estado, dotado de uma capacidade de intervenção em todos os setores de atividade, circunscritos que estavam estes a um espaço geográfico delimitado, correspondente à esfera territorial de exercício da sua autoridade: tudo começava no Estado e tudo terminava no Estado – nas sugestivas palavras de Hegel, o "Estado (...) é pois o poder absoluto sobre a terra"[1653];

[1651] Neste último sentido, cfr. COSTANTINO MORTATI, *Istituzioni di Diritto Pubblico*, I, 10ª ed., Padova, 1991, 108 ss.; JAIME VALLE, *O território nacional na Constituição Portuguesa de 1976*, in *Estudos de Homenagem ao Prof. Doutor Jorge Miranda*, II, Coimbra, 2012, em especial, pp. 52 ss.

[1652] Cfr. MIGUEL MORGADO, *A noção de soberania e os seus fundamentos em Jean Bodin*, in *Estudos em Homenagem a Miguel Galvão Teles*, I, Coimbra, 2012, pp. 161 ss.

[1653] Cfr. HEGEL, *Princípios...*, §331, p. 338.

500 | IDENTIDADE ESTRUTURANTE DA ADMINISTRAÇÃO PÚBLICA

(iii) A Administração Pública tem, por inerência de uma lógica tradicional, comungado de uma tal visão territorialista e estadual, envolvendo a aplicação de um Direito material e a definição de regras de competência para o aplicar dominadas pelo princípio da territorialidade[1654].

26.1.2. Um modelo de Administração territorializada e fechada, expressão de uma soberania do Estado típica da Idade Moderna, não se coaduna, todavia, com as exigências da vida contemporânea, envolvendo a abertura das fronteiras[1655] e dos espaços económicos, o desenvolvimento do comércio internacional e a progressiva aceleração do movimento de circulação de pessoas[1656], tudo isto numa "sociedade mundial do risco"[1657]:

(i) Num crescente processo de mundialização, o Estado mostra-se incapaz de garantir, só por si, a segurança e a satisfação de necessidades coletivas transnacionais;

(ii) Emergem mecanismos de colaboração (formal ou informal) entre autoridades administrativas de diferentes Estados ou estruturas internacionais, envolvendo a troca de informações, a coordenação de procedimentos e decisões e ainda a harmonização de políticas[1658];

(iii) A globalização veio, neste sentido, relativizar a força política de conceções nacionalistas, protecionistas e patrióticas[1659], sem prejuízo de se correr hoje o risco de o combate à globalização se fazer através do recrudescimento de tais conceções geradoras de uma Administração fechada ao exterior.

[1654] Cfr. Pierre Moor/Alexandre Flückiger/Vicent Martenet, *Droit Administratif*, I, p. 156.

[1655] Cfr. Adriano Moreira, *Território, fronteira e soberania no mundo actual*, in *Estudos em Homenagem ao Prof. Doutor Martim de Albuquerque*, I, Coimbra, 2010, pp. 25 ss.

[1656] Note-se que em Portugal, desde o início do século XX, que a doutrina jusadministrativa tem consciência do problema, cfr. Guimarães Pedrosa, *Curso...*, I, 2ª ed., p. 204.

[1657] Cfr. João Loureiro, *Da sociedade técnica...*, pp. 826 e 834 ss.

[1658] Cfr. Pierre Moor/Alexandre Flückiger/Vicent Martenet, *Droit Administratif*, I, pp. 169 ss.

[1659] Cfr. Marçal Justen Filho, *Curso...*, p. 19.

26.1.3. Se, expressando a interdependência entre Estados, a própria normatividade constitucional se abriu ao exterior[1660], revelando um "défice do moderno Estado territorial"[1661], a verdade é que o fenómeno da internacionalização chegou também ao exercício da função administrativa: o Estado constitucional aberto é também um Estado administrativo aberto.

26.1.4. A multiplicação de situações jurídico-administrativas "atravessadas por fronteiras"[1662], envolvendo elementos de conexão com diversos ordenamentos administrativos estaduais[1663], gera diversos efeitos:

(i) Leva a que a Administração Pública nacional tenha de aplicar e reconhecer atos jurídicos estrangeiros, tal como as Administrações Públicas estrangeiras podem aplicar e reconhecer atos jurídicos nacionais;

(ii) Existe aqui uma irreversível quebra do princípio da territorialidade[1664], agora visto na perspetiva do ordenamento jurídico aplicável, uma vez que no território do Estado, e por intervenção do próprio Estado, é possível aplicar Direito estrangeiro: esse Direito estrangeiro, incluindo atos jurídicos provenientes de Administrações Públicas de Estados estrangeiros, goza de uma aplicação ou eficácia extraterritorial;

(iii) No limite, as situações jurídico-administrativas "atravessadas por fronteiras" dizem-nos que a Administração Pública de um Estado, além de ter a seu cargo a defesa e a garantia de interesses públicos nacionais, pode também prosseguir "interesses públicos transnacionais" (v. *supra*, nº 4.2.14.);

(iv) Observa-se aqui, num outro sentido, um reforço do pluralismo da Administração Pública que, por via da progressiva indiferenciação de fronteiras entre as Administrações nacionais e as Administra-

---

[1660] Cfr. PAULO OTERO, *Direito Constitucional...*, I, pp. 178-179.

[1661] Cfr. GEORG RESS, *Staatszwecke im Verfassungsstaat*, in VVDStRL, 1990, p. 80.

[1662] Cfr. PAULO OTERO, *Legalidade e Administração Pública*, pp. 489 ss.

[1663] V.g., o reconhecimento em Portugal de títulos académicos obtidos em escolas públicas estrangeiras, o registo pela Administração portuguesa do prospeto de uma oferta pública aprovado por autoridade administrativa estrangeira, informações e documentos das administrações tributárias estrangeiras.

[1664] Cfr. AFONSO RODRIGUES QUEIRÓ, *Lições...*, I, (1959), pp. 203 ss.

502 | IDENTIDADE ESTRUTURANTE DA ADMINISTRAÇÃO PÚBLICA

ções transnacionais[1665], se abre a novas realidades e relacionamentos interadministrativos externos;

(v) Opera-se, por último, um acentuar do protagonismo do Governo, por via do aumento das matérias integrantes da política externa e da importância crescente da negociação e conclusão de convenções internacionais reguladoras dos interesses transnacionais[1666].

26.1.5. A territorialização administrativa, enquanto expressão de uma Administração Pública estadual e fechada ao exterior, deixou de ser uma regra, revelando hoje uma configuração obsoleta do fenómeno administrativo[1667], circunstância que se projeta (i) na determinação da normatividade aplicável pela Administração Pública, (ii) na amplitude de incidência dos poderes de intervenção da Administração e (iii) na configuração da jurisdição e competência dos tribunais administrativos[1668].

26.1.6. A ideia de uma Administração Pública territorializada, fazendo do Estado o seu centro gravitacional, mostra-se incompatível ou, pelo menos, incoerente com uma conceção personalista do fenómeno administrativo (v. *supra*, §15º):

(i) Se o eixo da vida administrativa – assim como de todas as instituições político-sociais – se encontra na pessoa humana viva e concreta, nunca pode continuar a entender-se que a centralidade da Administração Pública resida no Estado;

(ii) Numa postura antropocêntrica do agir administrativo, as pessoas, e não o território, marcam os pressupostos e a eficácia da atuação administrativa: em vez de uma Administração territorializada, alicerçada nos interesses abstratos de uma comunidade fechada,

---

[1665] Neste sentido, cfr. FRANCISCO LUCAS PIRES, *Nova economia...*, p. 232, nota nº 9.

[1666] Cfr. PIERRE MOOR/ALEXANDRE FLÜCKIGER/VICENT MARTENET, *Droit Administratif*, I, p. 296.

[1667] Para uma análise mais vasta do fenómeno, cfr. LUC GONIN, *L'Obsolescence de l'État Moderne*, Genève, 2011.

[1668] Neste último domínio, cfr. PAULA COSTA E SILVA, *Jurisdição e competência internacional dos tribunais administrativos: a propósito do Acórdão n. 4/2010 STA*, in CJA, nº 84, 2010, pp. 3 ss.; IDEM, *Jurisdição e competência internacional dos tribunais administrativos: a propósito do Acórdão n. 4/2010 STA*, in *Estudos de Homenagem ao Prof. Doutor Jorge Miranda*, IV, Coimbra, 2012, pp. 697 ss.

residente num determinado território, produzindo uma atividade dotada de uma eficácia espacial circunscrita ao território de um Estado, temos uma Administração personalista, baseada nos interesses concretos das pessoas como seres humanos, independentemente do território estadual em que se encontram, desenvolvendo uma atividade com uma eficácia subjetiva alargada – importante não é o Estado ou o território, importante é a pessoa e as suas necessidades como ser humano, vivendo em sociedade e partilhando-as com outros seres humanos iguais em direitos e deveres;

(iii) Nas palavras de Kant, "um Estado não é um património", um território, antes "é uma sociedade de homens"[1669] – igualmente a Administração Pública não é um património, antes se traduz numa realidade ao serviço de seres humanos que vivem em sociedade.

26.1.7. Os tempos presentes, num sentido histórico cada vez mais acentuado e confirmado, revelam que existe uma pluralidade de necessidades coletivas que, sendo identificáveis como interesses públicos a cargo da função administrativa, não se circunscrevem aos limites do território de um Estado[1670], antes traduzem necessidades de satisfação global, verdadeiros "interesses públicos transnacionais" ou "interesses públicos globais"[1671], relativamente aos quais o Estado perdeu o papel de exclusivo protagonista[1672], num processo de "crescente internacionalização de problemas nacionais"[1673] e de ações ou interações coordenadas entre diferentes Estados[1674], conduzindo ao desenvolvimento de uma tendencial globalização administrativa:

(i) A tutela e garantia dos direitos humanos como questão jurídica e política que, em casos de clamorosa violação (v.g., genocídio, execuções e torturas) ou ausência de meios de satisfação de neces-

---

[1669] Cfr. IMMANUEL KANT, *A Paz Perpétua e Outros Opúsculos*, Edições 70, Lisboa, 1995, p. 121.

[1670] Cfr. ROLF STOBER, *Allgemeines Wirtschaftsverwaltungsrecht...*, p. 20.

[1671] Cfr. SUZANA TAVARES DA SILVA, *Um Novo Direito Administrativo?*, Coimbra, 2010, p. 11.

[1672] Cfr. CHRISTIAN TIETJE, *Internationalisiertes Verwaltungshandeln*, in *Rechtstheorie*, 39, 2008, pp. 268 ss.

[1673] Cfr. SABINO CASSESE, *Le Basi...*, p. 311.

[1674] Cfr. PEDRO MACHETE, *Constitucionalismo liberal e globalização – a legitimação democrática do poder público na «constelação pós-nacional»*, in *Estudos de Homenagem ao Prof. Doutor Jorge Miranda*, III, Coimbra, 2012, pp. 333 ss.

504 | IDENTIDADE ESTRUTURANTE DA ADMINISTRAÇÃO PÚBLICA

sidades básicas (v.g., fome, epidemias, terramotos), se encontra deslocada do foro doméstico de cada Estado, num processo de clara internacionalização (v.g., intervenção de assistência humanitária);

(ii) A dimensão interdependente das economias, num intensificar de trocas comerciais e fluxos financeiros[1675], envolveu a necessidade de regular de modo transnacional o comércio internacional, a defesa da concorrência, os movimentos de capitais e de valores mobiliários, a dupla tributação e a evasão fiscal[1676], falando-se numa reconfiguração da soberania fiscal[1677];

(iii) A tentativa de fazer face a problemas comuns e interdependentes nos domínios da segurança e defesa, da saúde e ambiente, dos novos meios de comunicação informática e dos inerentes limites à liberdade de expressão, sem poderem ser resolvidos por um único Estado, antes exigindo medidas convergentes de todos, levou ao desenvolvimento de mecanismos de cooperação e coordenação internacionais destinados a assegurar o combate à criminalidade organizada e terrorismo, prevenir e limitar pandemias, controlar as emissões poluentes e os riscos de desastres ambientais[1678] ou procurar regular a liberdade através dos novos meios informáticos[1679];

(iv) Em sentido semelhante, as necessidades de tráfego de pessoas e de mercadorias em sentido transfronteiriço e até transcontinental justificam o reconhecimento de atos administrativos transnacionais[1680] e a uniformização e padronização de regras

---

[1675] Cfr. PEDRO INFANTE MOTA, *Direito, política e economia: história, conceptualização e dimensão da globalização*, in D&P, nº 2, 2013, pp. 56 ss.

[1676] Cfr. ROLF STOBER, *Globales Wirtschaftsverwaltungsrecht: eine wirtschaftsrechtsprinzipielle Antwort auf die Globalisierung der Wirtschaft*, Köln, 2001 ; IDEM, *Allgemeines Wirtschaftsverwaltungsrecht...*, pp. 19 ss.

[1677] Neste último sentido, cfr. JOSÉ CASALTA NABAIS, *A soberania fiscal no actual quadro de internacionalização, integração e globalização económicas*, in *Homenagem ao Prof. Doutor André Gonçalves Pereira*, Coimbra, 2006, pp. 497 ss.

[1678] Sobre a regulação emergente da Convenção de Aahrus, cfr. SUZANA TAVARES DA SILVA, *Um Novo...*, pp. 30 ss.

[1679] Neste último domínio, ao nível da regulação da *internet*, cfr. SUZANA TAVARES DA SILVA, *Um Novo...*, pp. 21 ss.

[1680] Cfr. SUZANA TAVARES DA SILVA, *Direito Administrativo dos Transportes*, in PAULO OTERO/PEDRO GONÇALVES, *Tratado de Direito Administrativo Especial*, V, Coimbra, 2011, pp. 524 ss.; MIGUEL PRATA ROQUE, *Mais um passo...*, pp. 172 ss.

§26º ADMINISTRAÇÃO PÚBLICA DESCENTRADA DO ESTADO | 505

– os setores dos transportes (: ferroviário, rodoviário, aéreo e marítimo[1681]), dos correios e telecomunicações[1682] refletem essa internacionalização, assim como a preocupação de reconhecimento e equivalência de graus académicos e habilitações técnico-científicas;

(v) O desenvolvimento técnico proporcionou, a partir da segunda metade do século XX, uma busca desenfreada a novos bens, à apropriação e exploração de novos recursos, justificando, em cada vez maior número, a necessidade de regulação da matéria – surgem agora regras disciplinadoras dos espaços marítimos, do espaço aéreo, das fontes de energia, a proteção da propriedade intelectual, incluindo das invenções industriais;

(vi) A tentativa de disciplinar os poderes informais de novas entidades que, sem dependerem dos Estados, exercem uma atividade que projeta efeitos sobre os Estados e as pessoas, gerando um novo tipo de relações administrativas internacionais (v.g., "agências de *rating*", organizações não governamentais).

O Estado passou a viver em rede, exercendo poderes partilhados ou condicionados com uma pluralidade de interconexões com outros Estados, organizações internacionais e até entidades privadas[1683].

26.1.8. Existe uma "interconexão mundial"[1684] ou uma "sociedade global em rede"[1685], criadora de um espaço jurídico global[1686], numa interpenetração de redes normativas[1687], que, abandonando o paradigma centrado no Estado, alheia às coordenadas tradicionais da dimensão territorializada de uma Administração Pública dividida num agir circunscrito a um perímetro estadual fechado, envolve uma função administrativa empenhada na

---

[1681] Cfr. Suzana Tavares da Silva, *Direito Administrativo dos Transportes*, pp. 433 ss.

[1682] Cfr. Nuno Peres Alves, *Direito Administrativo das Telecomunicações*, pp. 295 ss.

[1683] Cfr. João Salis Gomes, *Interesse público, controlo democrático do Estado e cidadania*, in *Em Homenagem ao Professor Doutor Diogo Freitas do Amaral*, Coimbra, 2010, em especial, p. 364.

[1684] Cfr. Stefano Battini, *Amministrazioni Senza Stato – Profili di Diritto Amministrativo Internazionale*, Milano, 2003, p. 198.

[1685] Cfr. Rosario Ferrara, *Introduzione...*, p. 195.

[1686] Cfr. Sabino Cassese, *Lo Spazio Giuridico Global*, Bari, 2003.

[1687] Cfr. João Carlos Loureiro, *Direito à (protecção)...*, p. 667.

506 | IDENTIDADE ESTRUTURANTE DA ADMINISTRAÇÃO PÚBLICA

prossecução de interesses públicos transnacionais, fazendo apelo à necessidade de edificação de um modelo de Administração global ou globalizada[1688] – trata-se de uma Administração Pública em rede.

26.1.9. Um tal movimento de globalização, fazendo-se sem o Estado e até contra o Estado, se, por um lado, mostra a insuficiência da sua exclusividade na "administração" de todas as matérias, vem tornar evidente, por outro lado, que existem interesses que se situam muito para além do Estado, deixando lugar a um espaço jurídico internacionalizado e sem Estado – fala-se, neste sentido, numa "espécie de «desnacionalização» do Estado"[1689] ou, numa ótica muito crítica do globalismo neoliberal, numa "brasilianização da Europa"[1690].

26.1.10. Remonta ao pensamento pré-socrático a ideia de existir um mundo comum, expressão de uma globalização antecipada, posteriormente desenvolvida pelo cosmopolitismo estoico, a Escola Espanhola do século XVII, segundo a teoria de um Direito natural universal, e, já nos finais do século XVIII, o pensamento kantiano em torno da paz perpétua[1691].

26.1.11. As últimas décadas vieram tornar evidente o paradoxo de uma crescente desterritorialização da atividade administrativa ser acompanhada de uma persistente territorialização da organização política e administrativa centrada no Estado[1692], razão pela qual:

[1688] Cfr. KLAUSS KÖNIG, *Öffentliche Verwaltung und Globalisierung*, in VerwArch, 2001, pp. 475 ss.; MARIA DE JESUS HEILMANN, *Globalização e o Novo Direito Administrativo*, Curitiba, 2010.

[1689] Cfr. JEAN-BERNARD AUBY, *La Globalisation, le Droit et l'État*, 2ª ed., Paris, 2010, p. 25.

[1690] Cfr. ULRICH BECK, *Generation Global*, Frankfurt, 2007, pp. 266 ss., referenciado por GOMES CANOTILHO, *Dos direitos individuais ao direito à paz – entre a paz perpétua e a tópica política*, in BFDUC, 2008, p. 31.

[1691] Para um desenvolvimento do enquadramento histórico-filosófico da globalização, desde a antiguidade até à modernidade, cfr., por todos, OTFRIED HÖFFE, *Demokratie Im Zeitalter Der Globalisierung*, München, 1999, pp. 229 ss.

[1692] Cfr. STEFANO BATTINI, *Amministrazioni...*, p. 202.

(i) A "um direito global sem Estado"[1693], expressão de uma progressiva perda de poder do próprio Estado[1694], em termos económicos e políticos[1695], vem surgir uma Administração Pública sem Estado;

(ii) A Administração Pública tornou-se uma realidade independente do Estado: pode existir Administração Pública sem qualquer Estado na sua base, tal como existem administrações públicas comuns a diversos Estados.

26.1.12. Desenvolveu-se, neste contexto, um Direito Administrativo sem Estado e fora do Estado, podendo falar-se, em vez de um clássico Direito Administrativo Internacional, num verdadeiro Direito Administrativo global[1696].

26.2. Espaços administrativos comuns: os condomínios de Administrações

26.2.1. A desterritorialização da Administração Pública tem algo de paralelo com a progressiva afirmação, nos últimos tempos, de "espaços constitucionais comuns", traduzindo a abertura e a aproximação convergente de soluções constitucionais entre diversos Estados[1697], podendo falar-se, num sentido semelhante e subsequente, em espaços administrativos comuns.

26.2.2. A existência de uma Administração Pública satélite da normatividade constitucional, forçando a reconstrução do ordenamento regu-

---

[1693] Cfr. P. THIERRY, *Global Law without a State*, Aldershot, 1997.

[1694] Cfr. OTFRIED HÖFFE, *Demokratie...*, pp. 153 ss.

[1695] Cfr. JEAN-BERNARD AUBY, *La Globalisation...*, pp. 136 ss.

[1696] Cfr. PIERRE MOOR/ALEXANDRE FLÜCKIGER/VICENT MARTENET, *Droit Administratif*, I, p. 49. Ainda sobre o Direito Administrativo global, cfr. FAUSTO DE QUADROS, *Global law, plural constitutionalism and global administrative law*, in JAVIER ROBALINO-ORELLANA/JAIME RODRÍGUEZ-ARANA MUÑOZ (ed.), *Global Administrative Law – Towards a Lex Administrativa*, 2010, pp. 329 ss., em especial, pp. 338 ss.

[1697] Para um aprofundamento deste último conceito, cfr. AFONSO D'OLIVEIRA MARTINS, *Os espaços constitucionais comuns. Aspectos de um conceito*, in *Estudos em Homenagem a Miguel Galvão Teles*, I, Coimbra, 2012, pp. 621 ss.

508 | IDENTIDADE ESTRUTURANTE DA ADMINISTRAÇÃO PÚBLICA

lador da Administração em conformidade à Constituição, determina que a mudança desta envolva também uma mudança daquela: se os espaços constitucionais se tornam comuns, então também passam a existir espaços administrativos comuns – parafraseando Gomes Canotilho, se a Constituição muda, a Administração Pública também muda[1698].

26.2.3. Os espaços administrativos comuns, envolvendo administrações públicas de vários Estados, consubstanciam zonas de convergência ou sintonia de exercício partilhado da função administrativa, numa comunhão de interesses transnacionais por uma pluralidade de Estados, revelando uma espécie de condomínio de administrações públicas.

26.2.4. Os condomínios de administrações públicas não determinam, porém, uma eliminação da Administração Pública de cada um dos Estados, antes fazem conviver, lado a lado, três realidades: (i) zonas de administração exclusiva a cargo do Estado, (ii) zonas de exercício em comum da função administrativa e, eventualmente, (iii) zonas de administração exclusiva de uma estrutura supranacional – a União Europeia mostra-se, neste contexto, um exemplo paradigmático.

26.2.5. A emergência de espaços administrativos comuns revela o desenvolvimento de cinco principais fenómenos:
  (i)   A existência de administrações públicas de âmbito pluriestadual, envolvendo vários Estados e os respetivos ordenamentos jurídicos, numa partilha de matérias e de decisões administrativas;
  (ii) A proximidade substantiva de administrações públicas, irmanadas na prossecução de propósitos idênticos, numa vinculação teleológica comum e usando meios partilhados ou coordenados;
  (iii) A abertura das administrações públicas ao exterior, reconhecendo a validade e a eficácia no território de cada uma delas de atos jurídicos praticados pelas administrações públicas estrangeiras;
  (iv) A aproximação entre os ordenamentos reguladores das administrações públicas, numa convergência e harmonização de legislações internas ou na elaboração concertada de regras comuns;

[1698] Cfr. GOMES CANOTILHO, *O Direito Constitucional passa...*, pp. 706-707.

(v) O desenvolvimento de uma interculturalidade administrativa que, assim como sucede com a interculturalidade constitucional entre os povos europeus[1699] ou mesmo a nível mundial[1700], expressa uma identidade partilhada entre povos no domínio administrativo.

26.2.6. Os espaços administrativos comuns são mais do que uma simples manifestação de influência inspiradora entre administrações públicas de diferentes Estados e configuram-se como algo menos de uma presença colonizadora entre administrações públicas[1701]: os espaços administrativos comuns são sempre a expressão inicial de uma vontade autovinculativa dos Estados, sem prejuízo de, num momento posterior, poderem comportar efeitos heterovinculativos de base autovinculativa[1702].

26.2.7. A existência de espaços administrativos comuns, revelando também a existência de fenómenos de transterritorialidade administrativa, não pode deixar de envolver uma erosão do Estado e uma inevitável internacionalização da Administração Pública.

26.3. Erosão do Estado e internacionalização da Administração Pública

26.3.1. O Estado tem sido, desde meados do século XX, objeto de uma progressiva erosão de poderes que, por via externa e interna, tem gerado uma metamorfose organizativa e operativa: o Estado deste século, apesar de ser intervencionista, tendo uma multiplicidade de tarefas constitucionais a seu cargo em quase todos os domínios (social, económico, cultural e ambiental), principalmente se comparado com o modelo liberal oitocentista, revela-se, no entanto, em termos paradoxais, um Estado mais débil e limitado em termos materiais e internacionais.

[1699] Para um desenvolvimento deste entendimento, cfr. J.J. GOMES CANOTILHO, *"Brancosos" e Interconstitucionalidade – Itinerários dos discursos sobre a historicidade constitucional*, Coimbra, 2006, pp. 271 ss.; LUÍS PEDRO PEREIRA COUTINHO, *A Autoridade Moral...*, pp. 452 ss.

[1700] Cfr. JOÃO CARLOS LOUREIRO, *"É bom morar azul": a Constituição mundial revisitada*, in BFDUC, 2006, pp. 181 ss., em especial, pp. 196 ss.

[1701] Neste mesmo sentido no que se refere aos espaços constitucionais comuns, cfr. AFONSO D'OLIVEIRA MARTINS, *Os espaços constitucionais...*, p. 629.

[1702] Para uma análise deste último conceito, cfr. PAULO OTERO, *Lições...*, I, 2º tomo, pp. 205 ss.

510 | IDENTIDADE ESTRUTURANTE DA ADMINISTRAÇÃO PÚBLICA

26.3.2. A erosão ou perda de poder do Estado contemporâneo pode encontrar diversas explicações:

(i) O desenvolvimento de novas normas de Direito Internacional Público geral ou comum e a celebração de convenções internacionais que, limitando a liberdade conformadora do legislador, "expropriam" a vontade decisória unilateral do Estado;

(ii) A redução das matérias integrantes do domínio reservado aos Estados[1703], produzindo-se a sua internacionalização, incluindo a aplicação de normas administrativas por estruturas internacionais[1704], e, por inerência, a sua subtração da esfera decisória estadual[1705];

(iii) A perda consentida de soberania a favor de estruturas supranacionais, conduzindo à transferência de poderes ou ao seu exercício em comum com outros Estados;

(iv) A autonomia de certas instituições internacionais face aos Estados que as criaram, observando-se que "romperam as amarras", tal como sucede com o Conselho da Europa na aplicação da Convenção Europeia dos Direitos do Homem ou a Organização Mundial do Comércio[1706];

(v) A proliferação de "interesses públicos transnacionais" que, fruto da globalização, são reveladores da insuficiência decisória exclusiva do Estado, retirando-lhe efetividade e eficiência de ação, apelando a uma intervenção decisória internacional;

(vi) A desregulação, gerando uma renúncia do Estado ao exercício de uma atividade de ordenação e disciplina de setores da vida económica e social;

(vii) A subsidiariedade, excluindo matérias da esfera decisória normal do Estado a favor da sociedade civil e de entidades públicas infraestaduais;

(viii) A privatização, substituindo-se mecanismos de intervenção económica direta do Estado por formas privadas ou público-privadas de intervenção;

[1703] Cfr. artigo 2º, nº 7, da Carta das Nações Unidas.

[1704] Cfr. PIERRE MOOR/ALEXANDRE FLÜCKIGER/VICENT MARTENET, *Droit Administratif*, I, p. 176.

[1705] Cfr. PAULO OTERO, *Instituições...*, I, pp. 376 ss.

[1706] Cfr. JEAN-BERNARD AUBY, *La Globalisation...*, p. 138.

§26º ADMINISTRAÇÃO PÚBLICA DESCENTRADA DO ESTADO | 511

(ix) A tecnicidade, devolvendo para estruturas especializadas a preparação de decisões ou mesmo a sua predeterminação, retira aos órgãos políticos do Estado capacidade de intervenção decisória autónoma;

(x) A sujeição do Estado a um regime de protetorado internacional, por efeito da assunção ou imposição de um compromisso envolvendo ajuda financeira internacional (v.g., "Memorando da Troika", de 17 de maio de 2011);

(xi) O surgimento de conceções políticas e económicas neoliberais, aliadas a imposições externas de redução do défice orçamental e consolidação das finanças públicas, procuram reformular o papel social do Estado, reduzindo-lhe as áreas de intervenção e remetendo-as para o setor privado;

(xii) A aceitação por entidades públicas, através de contratos de Direito privado que celebram com entidades privadas (v.g, contratos financeiros), da aplicação de Direito substantivo estrangeiro regulador dos termos da vinculação contratual e até da jurisdição de tribunais estrangeiros para a resolução de litígios emergentes de tais contratos.

26.3.3. Regista-se uma perda de poder do Estado, reduzindo o seu campo material de ação e, simultaneamente, retirando liberdade decisória aos seus órgãos, existindo teses que defendem o seguinte:

(i) O Estado encontra-se marginalizado de questões que deixou de poder resolver ou não pode mais resolver sozinho;

(ii) Diminui-se a esfera interventiva da função administrativa estadual, transferindo para estruturas alheias ao Estado a competência decisória ou, se esta nele permanece, condiciona-se a sua atuação a vinculações extraestaduais: a Administração Pública estadual perdeu a centralidade que, durante séculos – em Portugal, desde a centralização do poder régio –, havia adquirido;

(iii) O apagamento do Estado tem até conduzido certos administrativistas, num esforço de conceptualização dogmática, a "esquecer" o Estado, falando no seu desaparecimento como figura central da construção do Direito Administrativo[1707], ou até em declarar a sua

---

[1707] Para maiores desenvolvimentos desta conceção, adotando uma postura crítica, cfr. PASCALE GONOD/FABRICE MELLERAY/PHILIPPE YOLKA (org.), *Traité...*, I, pp. 210 ss.

512 | IDENTIDADE ESTRUTURANTE DA ADMINISTRAÇÃO PÚBLICA

morte, enquanto "fim da parábola estadual como elemento genético e estruturante do direito administrativo"[1708].
Será válida uma tal visão apocalíptica do papel do Estado?

26.3.4. Sem embargo da regressão do papel do Estado num mundo globalizado, suscitando indiscutíveis questões de legitimação democrática do poder[1709], falar em desaparecimento ou morte do Estado traduz um óbvio exagero[1710]:

(i)   O Estado é espaço privilegiado de afirmação, implementação e garantia da dignidade humana;

(ii) No Estado continua a residir o mais firme alicerce da paz, da segurança coletiva, da ordem pública e da garantia da justiça;

(iii) O Estado traduz o palco do debate político, do exercício da democracia e de efetivação dos direitos e liberdades fundamentais[1711];

(iv) No Estado permanece o principal contributo para a construção jurídica da sociedade e do mercado;

(v)   O Estado é ainda o protagonista da regulação normativa internacional e interna, competindo-lhe a garantia da segurança jurídica.

26.3.5. Se é certo que o Estado hoje tem de conviver com o fenómeno da globalização, não é menos verdade que a globalização não produziu, nem se mostra plausível que venha a produzir, a extinção do Estado: a Administração Pública do Estado emagreceu e transformou-se, por efeito da globalização, não se encontra, porém, moribunda ou ferida de morte.

26.3.6. O exagero das conceções que falam em morte do Estado não podem fazer esquecer ou esconder que, por efeito da globalização, se assiste a uma erosão do Estado e da Administração Pública estadual. Não

---

[1708] Cfr. Luís Filipe Colaço Antunes, *O Direito Administrativo sem Estado – Crise ou Fim de um paradigma?*, Coimbra, 2008, pp. 35 e 36; Idem, *A Ciência...*, pp. 48 ss. e 123 ss.

[1709] Para um aprofundamento do tema, cfr. Pedro Machete, *Constitucionalismo liberal...*, em especial, pp. 337 ss. e 343 ss.

[1710] Cfr. Jean-Bernard Auby, *La Globalisation...*, pp. 140 ss.

[1711] Especificamente sobre a projeção no espaço das Constituições, sublinhando situações de relevância plena (interna) e externa, cfr. Afonso d'Oliveira Martins, *As Constituições e os seus espaços de relevância jurídica*, in *Homenagem ao Prof. Doutor André Gonçalves Pereira*, Coimbra, 2006, pp. 201 ss.

significa qualquer destes fenómenos, salvas as situações de privatização material, um inevitável desaparecimento da Administração Pública: existe uma metamorfose da Administração Pública que, tendo sido tradicionalmente uma realidade quase exclusiva do Estado, passa agora a também ser uma realidade sem Estado – a Administração Pública "destatizou-se", tornou-se uma instituição independente do Estado, internacionalizou-se.

26.3.7. A existência de uma Administração Pública sem Estado – ou, em termos mais rigorosos, a existência de várias Administrações Públicas sem Estado –, expressão de uma internacionalização crescente do fenómeno administrativo, aqui liberto das tradicionais amarras do Estado e da prossecução exclusiva de interesses públicos nacionais, conduz-nos a diferenciar três tipos de estruturas administrativas internacionais empenhadas na prossecução de "interesses públicos transnacionais":
  – A Administração Pública das organizações internacionais;
  – A Administração Pública da União Europeia;
  – A Administração Pública por organizações não-governamentais.

§27º ADMINISTRAÇÕES PÚBLICAS SEM ESTADO

27.1. Administração Pública das uniões internacionais

27.1.1. Desde o século XIX que os Estados compreenderam que existiam matérias de natureza administrativa relativamente às quais, sem uma ação concertada com outros Estados, se mostravam insuscetíveis de uma eficaz regulação unilateral ou exclusiva por cada um deles – surgiram, neste contexto oitocentista de prossecução de finalidades comuns a vários Estados, visando obter uma regulação mais eficiente de questões transnacionais, as uniões administrativas internacionais.

27.1.2. Traduzindo a expressão de mecanismos de cooperação interestadual organizados[1712], as uniões administrativas internacionais originaram o desenvolvimento no plano internacional de uma abordagem dogmática

---

[1712] Cfr. Paulo de Pitta e Cunha, *Dos Funcionários Internacionais*, sep. OD, Coimbra, 1964, p. 8.

514 | IDENTIDADE ESTRUTURANTE DA ADMINISTRAÇÃO PÚBLICA

semelhante àquela que o Direito Administrativo interno dos Estados suscitava: começou a falar-se num Direito Administrativo Internacional[1713] e, posteriormente, em Direito Internacional Administrativo[1714][1715].

27.1.3. Tendo presente que até ao ano de 1918 foram criadas mais de duzentas uniões administrativas internacionais[1716], indica-se, a título meramente ilustrativo, os seguintes exemplos de matérias transnacionais objeto de uniões administrativas durante o século XIX:

(i) Gestão comum da navegação de rios internacionais – Comissão Central para a Navegação do Reno (1815), Comissão do Danúbio (1856)[1717];

(ii) Transportes e comunicações – Associação de Administrações Ferroviárias (1846/47), União Telegráfica Internacional (1865), União Postal Universal (1874), União de Transportes Internacionais Ferroviários (1890);

(iii) Comércio – Comissão Internacional do Peso e da Medida (1875), União para a Publicação de Tarifas Aduaneiras (1890);

(iv) Propriedade intelectual – Gabinete de Berna para a Proteção da Propriedade Industrial (1883), União para a Proteção de Obras Artísticas e Literárias (1886).

27.1.4. As uniões administrativas internacionais, traduzindo uma forma ténue de coordenação das diferentes administrações nacionais na resolu-

---

[1713] Cfr. PIERRE KAZANSKY, *Théorie de L'Administration Internationale*, in RDIP, 1902, pp. 363 ss.

[1714] Cfr. PAUL NÉGULESCO, *Principes de Droit International Administratif*, in *Recueil des Cours de l'Académie de Droit Internacional de la Haye*, 1935, pp. 579 ss.

[1715] Para uma disntinção entre os dois conceitos, ao nível da doutrina portuguesa, cfr. PAULO DE PITTA E CUNHA, *Dos Funcionários Internacionais*, pp. 9 ss.; MARCELLO CAETANO, *Manual...*, I, 10ª ed., pp. 55-56; DIOGO FREITAS DO AMARAL, *Curso...*, I, 3ª ed., pp. 191-192.

[1716] Cfr. M. DENDIAS, *Les principaux services internationaux administratifs*, in *Recueil des Cours de l'Académie de Droit International de la Haye*, 1938, p. 301

[1717] Há quem recuse a integração destas comissões internacionais administrativas no âmbito das uniões internacionais administrativas, considerando a ausência de vocação universal e a natureza territorial de exercício dos seus poderes, cfr. STEFANO BATTINI, *Amministrazioni...*, pp. 22-23, nota nº 19.

Sobre a relevância e a evolução de tais estruturas internacionais, cfr. DULCE LOPES, *Direito Administrativo das Organizações Internacionais*, in PAULO OTERO/PEDRO GONÇALVES, *Tratado de Direito Administrativo Especial*, III, Coimbra, 2010, pp. 99-100, nota nº 1.

ção de problemas comuns, internacionalizados e, deste modo, convertidos em interesses públicos transnacionais, assumem ainda uma total compatibilidade com o princípio da soberania dos Estados[1718]: envolvem formas de interconexão com os aparelhos administrativos nacionais, buscando uma harmonização ou convergência de regras – algumas vezes conduzindo a que a legislação interna de um Estado seja recebida pelos demais, enquanto normas internacionais adotadas –, comportam uma estrutura organizativa simples, algumas vezes até associada à Administração do Estado em que têm a sua sede.

27.1.5. Tais uniões administrativas internacionais, atendendo à sua proximidade organizativa e funcional face às Administrações dos Estados que as integram, pouco mais representam do que uma "coligação" internacional de uma pluralidade de Administrações nacionais: a administração das uniões administrativas internacionais é ainda uma projeção de diferentes administrações nacionais.

27.1.6. As uniões administrativas internacionais limitavam-se a desenvolver uma atividade que, sem envolver um relacionamento direto com os cidadãos dos Estados integrantes, constituía uma "simples administração internacional *mediata*"[1719].

27.2. Administração Pública das organizações internacionais

27.2.1. O século XX, tendo por base a experiência das uniões administrativas internacionais, veio aprofundar as estruturas internacionais encarregues da gestão e prossecução de interesses públicos transnacionais, fazendo emergir as designadas organizações internacionais.

27.2.2. O evoluir dos tempos fez aumentar as questões dotadas de dimensão internacional, mostrando a insuficiência e a ineficácia da ação isolada dos Estados: a transnacionalidade dos interesses públicos em presença (v.g., epidemias à escala mundial, terrorismo, fome, criminalidade organizada internacional, armas de destruição maciça, desastres ecológicos transfronteiriços) determinou a imperatividade de se encontrarem

---

[1718] Cfr. STEFANO BATTINI, *Amministrazioni...*, pp. 23 ss.
[1719] Cfr. PAULO DE PITTA E CUNHA, *Dos Funcionários Internacionais*, p. 13.

516 | IDENTIDADE ESTRUTURANTE DA ADMINISTRAÇÃO PÚBLICA

respostas internacionais – as organizações internacionais, sem embargo de poderem ter uma vocação universal ou regional, visando a prossecução de atribuições gerais ou de atribuições especiais, foram a resposta encontrada pelos Estados.

27.2.3. Constituindo uma associação intergovernamental criada por Estados ou outros sujeitos de Direito Internacional de base estadual, tendo sempre um propósito de permanência, as organizações internacionais resultam de um ato internacional instituidor, definidor dos respetivos fins e meios de ação, registando-se que são titulares de personalidade jurídica e regem-se pelo Direito Internacional.

27.2.4. Sem prejuízo de algumas terem claros propósitos políticos, o certo é que todas as organizações internacionais, assumam intervenção em domínios de caráter económico, financeiro, militar, cultural, social, humanitário, ambiental, científico ou técnico, procuram fomentar relações de cooperação internacional entre os seus membros, desenvolvendo uma atividade administrativa que se centra nas seguintes faculdades[1720]:
  (i)   Preparação técnico-burocrática do exercício da atividade decisória ou consultiva;
  (ii) Participação e debate de soluções entre os seus membros;
  (iii) Emanação de normas, atos individuais e celebração de acordos;
  (iv) Supervisão da aplicação ou execução das suas decisões;
  (v)   Realização de operações materiais.

27.2.5. Nunca pode a atuação administrativa das organizações internacionais deixar de estar sujeita, no entanto, a vinculações[1721]: as organizações internacionais não exercem uma função administrativa à margem da juridicidade.

27.2.6. A prossecução de uma atividade administrativa por parte das organizações internacionais envolve, inevitavelmente, a edificação de uma estrutura organizativa própria, isto no sentido de ser autónoma em relação aos Estados, que, podendo ser mais ou menos complexa, permite recortar uma Administração Pública (em sentido orgânico) das organizações

---

[1720] Cfr. DULCE LOPES, *Direito Administrativo...*, pp. 128 ss.
[1721] Cfr. DULCE LOPES, *Direito Administrativo...*, pp. 197 ss.

internacionais. Essa estrutura administrativa obedece aos seguintes principais traços:

(i) Trata-se de um modelo organizativo que, visando a estabilidade e continuidade da ação administrativa, é composto por um conjunto de órgãos e serviços administrativos, dirigidos normalmente por um secretário-geral, sujeito ao controlo dos órgãos "constitucionais" da organização internacional;

(ii) Os funcionários e agentes da organização[1722], permitindo a existência de *staff* profissionalizado, integrando colaboradores permanentes ou temporários, indicados pelos Estados-membros e/ou pessoas autonomamente recrutadas pela própria organização, devem desempenhar as suas funções com independência face ao governo a que pertencem, formando uma função pública internacional[1723] cujos conflitos são passíveis de resolução por via judicial própria[1724];

(iii) Tais estruturas administrativas são titulares de um poder de auto--organização interna que, devendo sempre exercer-se no respeito pelos tratados constitutivos da organização internacional e demais normas vinculativas, não carece de expressa consagração positiva;

(iv) Sem possuírem receitas próprias – exceto as organizações financeiras e aquelas que prestam serviços –, os meios financeiros que permitem o funcionamento das organizações internacionais continuam quase todos a encontrar-se nas mãos dos próprios Estados--membros que, por essa via, garantem continuar a ser os "senhores" da vida ou da morte destas entidades.

27.2.7. Como se projeta a atuação administrativa das organizações internacionais na vida administrativa dos Estados-membros?

Pode dizer-se que essa projeção interna ou nacional da Administração Pública das organizações internacionais tem as seguintes principais incidências:

[1722] Para mais desenvolvimentos sobre a sua génese, conceito e regime até aos anos sessenta do século XX, cfr. PAULO DE PITTA E CUNHA, *Dos Funcionários Internacionais*, pp. 37 ss.

[1723] Cfr. DULCE LOPES, *Direito Administrativo...*, pp. 160 ss.

[1724] Neste último sentido, especificamente sobre o Tribunal Administrativo das Nações Unidas, cfr. AFONSO NUNES DE FIGUEIREDO PATRÃO, *O Tribunal Administrativo das Nações Unidas*, in BFDUC, 2006, pp. 2006, pp. 639 ss., em especial, pp. 664 ss.

518 | IDENTIDADE ESTRUTURANTE DA ADMINISTRAÇÃO PÚBLICA

(i) Cria vinculações ao nível das matérias cuja decisão foi confiada a organizações internacionais, isto num duplo sentido:
  – O Estado não deve unilateralmente decidir sobre aquilo em que convencionou que passasse a ser objeto de exercício decisório em comum no seio da organização internacional;
  – O Estado não deve decidir em sentido contrário aos atos provenientes das organizações internacionais de que é parte;

(ii) A execução de normas ou atos das organizações internacionais no território de um Estado-membro exige a sua colaboração, tornando-se a Administração Pública nacional, em tais casos, administração indireta de execução da atuação administrativa das organizações internacionais;

(iii) Estabelece obrigações de articulação e coordenação entre órgãos e serviços administrativos do Estado e, por outro lado, estruturas administrativas da organização internacional, tanto ao nível de atos jurídicos quanto de operações materiais.

27.2.8. A projeção interna no âmbito dos Estados da atuação administrativa das organizações internacionais, reforçada até pela crescente interpenetração de uma normatividade internacional junto das normatividades nacionais, numa reforçada internormatividade administrativa paralela à existente em termos constitucionais, gera um fenómeno de interadministratividade ou de uma Administração Pública multinível[1725].

27.3. Administração Pública da União Europeia

(A) Génese e especificidades

27.3.1. Igualmente a União Europeia, inicialmente constituída por três organizações internacionais de natureza supranacional, revelando um propósito de integração económica – depois ampliado aos campos político e

---

[1725] O fenómeno mostra-se, aliás, bem visível em diversas áreas do agir administrativo, cfr., especificamente ao nível da decisão administrativa sobre alimentos, MARIA JOÃO ESTOR-NINHO, *Direito da Alimentação*, Lisboa, 2013, pp. 42 ss.; SUZANA TAVARES DA SILVA, *Acto administrativo de "faca e garfo"*, in *Estudos em Homenagem ao Prof. Doutor José Joaquim Gomes Canotilho*, IV, Coimbra, 2012, pp. 627 ss.

§27º ADMINISTRAÇÕES PÚBLICAS SEM ESTADO | 519

social –, partilhado por um conjunto sucessivamente alargado de Estados europeus, consubstancia uma manifestação de desestatização da Administração Pública: não sendo a União Europeia um Estado, sem embargo das suas tendências políticas federalizantes, configura-se como uma associação de Estados atípica[1726], dotada de uma estrutura administrativa própria, autónoma dos seus Estados-membros, reveladora de uma Administração Pública sem Estado.

27.3.2. Por via dos tratados institutivos e modificativos das Comunidades Europeias, num primeiro momento, da Comunidade Europeia, num segundo momento, e da União Europeia, por último, os Estados europeus criaram uma nova realidade administrativa à escala europeia, numa tripla aceção:

(i) Transferindo ou delegando a favor da União Europeia ou partilhando com ela o exercício em comum de matérias que, até então, se encontravam nas mãos exclusivas dos Estados, estes como que renunciaram, num processo todavia reversível[1727], a decidir a nível exclusivamente nacional essas matérias, criando um "interesse público da União Europeia"[1728], o qual se mostra passível de assumir uma de três configurações[1729]:
   – Atribuições exclusivas da União Europeia;
   – Atribuições partilhadas entre os Estados-membros e a União Europeia;

[1726] O Tribunal Constitucional alemão fala em "associação de Estados soberanos nacionais", cfr. JÓNATAS E.M. MACHADO, *A União Europeia na zona da "pegada molhada": o Tribunal Constitucional alemão entre a "decisão-Lisboa" e a crise da dívida soberana*, in *Estudos em Homenagem ao Prof. Doutor José Joaquim Gomes Canotilho*, II, Coimbra, 2012, p. 365. Falando antes em "união de Estados", cfr. ANA MARIA GUERRA MARTINS, *Manual...*, pp. 217 ss. Em sentido diferente, falando na União Europeia como um "objeto institucional não identificado", cfr. VITAL MOREIRA, *Constitucionalismo supranacional. A União Europeia depois do Tratado de Lisboa*, in *Estudos em Homenagem ao Prof. Doutor José Joaquim Gomes Canotilho*, II, Coimbra, 2012, pp. 503 ss.

[1727] Cfr. Tratado da União Europeia, artigo 50º.

[1728] Cfr. MIGUEL PRATA ROQUE, *Direito Processual Administrativo Europeu – A convergência dinâmica no espaço europeu de justiça administrativa*, Coimbra, 2011, pp. 116 ss.

[1729] Cfr. Tratado sobre o Funcionamento da União Europeia, artigos 2º a 6º. Em termos doutrinais, cfr. ANA MARIA GUERRA MARTINS, *Manual...*, pp. 313 ss.

520 | IDENTIDADE ESTRUTURANTE DA ADMINISTRAÇÃO PÚBLICA

- Atribuições de coordenação, apoio ou complemento entre a União Europeia e ações ou políticas dos Estados-membros;
(ii) Instituindo ou permitindo a criação de diversas estruturas subjetivas e orgânicas, incluindo a proliferação de comités, grupos de trabalho e serviços, num crescente processo de burocratização e autonomização relativamente aos Estados-membros[1730], visando a prossecução das atribuições europeizadas, nasce uma Administração Pública (em sentido orgânico) da União Europeia[1731];
(iii) Apetrechando as diversas estruturas orgânicas de funcionários e agentes próprios[1732], criando uma verdadeira função pública da União Europeia, composta por pessoal independente, tecnicamente especializado, recrutado dos diferentes Estados-membros[1733], por via concursal, dotado até de uma instância judicial especializada para dirimir os seus litígios com a União Europeia[1734].

27.3.3. Construiu-se, em sentido paralelo à edificação política do projeto europeu, um "espaço administrativo europeu"[1735], uma "união administrativa europeia"[1736] ou um espaço administrativo comum (v. *supra*, nº 26.2.): a União Europeia tornou-se uma comunidade administrativa, geradora de uma juridicidade europeia ou "bloco da legalidade europeia"[1737], tendo expressão numa Administração Pública sem Estado e, atendendo

---

[1730] Sublinhando essa evolução crescente do aparelho administrativo europeu, cfr. MIGUEL PRATA ROQUE, *Direito Processual...*, pp. 89 ss.

[1731] Para mais desenvolvimentos, cfr. LOURENÇO VILHENA DE FREITAS, *Os Contratos...*, I, pp. 286 ss.; SUZANA TAVARES DA SILVA, *Direito Administrativo...*, pp. 43 ss.

[1732] Cfr. Tratado sobre o Funcionamento da União Europeia, artigo 336º.

[1733] Sublinhando a coexistência de três diferentes modelos de formação dos funcionários, correspondentes à tradição britânica, francesa e alemã, cfr. SABINO CASSESE, *Le Basi...*, pp. 327-328.

[1734] Trata-se do Tribunal da Função Pública, criado ao abrigo do artigo 257º do Tratado sobre o Funcionamento da União Europeia.

[1735] Cfr. MARTIN SHAPIRO, *The Institutionalization of European Administrative Space*, in ALEC STONE (org.), *The Institutionalization of Europe*, Oxford, 2001, pp. 94 ss.; LOURENÇO VILHENA DE FREITAS, *Os Contratos...*, I, pp. 47 ss.

[1736] Cfr, SUZANA TAVARES DA SILVA, *Direito Administrativo...*, pp. 13 ss.

[1737] Neste último sentido, falando em "legalidade europeia", cfr. LUÍS CABRAL DE MONCADA, *A legalidade europeia*, in *Homenagem ao Prof. Doutor André Gonçalves Pereira*, Coimbra, 2006, pp. 903 ss.

§27º ADMINISTRAÇÕES PÚBLICAS SEM ESTADO | 521

à sua natureza supranacional, numa Administração Pública colocada em plano superior às Administrações Públicas dos Estados-membros.

27.3.4. A Administração Pública da União Europeia revela um curioso fenómeno de reciproca interdependência ou de influência cruzada face às Administrações Públicas dos Estados-membros:

(i) Existe, num primeiro momento histórico, uma clara influência da organização e funcionamento das Administrações Públicas dos Estados-membros e dos respetivos ordenamentos jurídicos na formação e desenvolvimento da Administração Pública comunitária e do inerente Direito Administrativo Europeu, isto em termos substantivos e também contenciosos[1738], numa confluência entre o modelo francês e o modelo alemão;

(ii) Regista-se, num segundo momento, sem que o anterior desapareça, o desenvolvimento autónomo da Administração Pública comunitária, criando estruturas próprias e regras procedimentais privativas, incluindo a formação jurisprudencial de princípios jurídicos específicos, reforçando a autonomia da instituição supranacional face aos Estados-membros;

(iii) Observa-se, num terceiro momento, sem que os anteriores se tenham extinguido, a repercussão da Administração Pública da União Europeia e do seu ordenamento jurídico junto dos Estados-membros[1739], reformulando e reconfigurando a organização, o funcionamento e a atividade administrativa destes últimos[1740], à luz de um relacionamento vertical de integração ou convergência[1741] – as administrações nacionais europeizaram-se[1742] e um conjunto significativo de matérias até então nacionais "caiu no campo

---

[1738] Sublinhando, todavia, que a integração europeia não foi pensada para criar um Direito Administrativo, cfr. PASCALE GONOD/FABRICE MELLERAY/PHILIPPE YOLKA (org.), *Traité...*, I, p. 734.

[1739] Cfr. MATTHIAS RUFFERT, *Von der Europäisierung des Verwaltungsrechts zum Europäischen Verwaltungsverbund*, in DÖV, 2007, pp. 761 ss.

[1740] Cfr. EBERHARD SCHMIDT-ASSMANN, *Das allgemeines Verwaltungsrecht...*, pp. 36 ss.

[1741] Cfr. MIGUEL PRATA ROQUE, *Direito Processual...*, pp. 191 ss.; IDEM, *O Direito administrativo europeu – um motor da convergência dinâmica dos direitos administrativos nacionais*, in *Estudos em Homenagem ao Prof. Doutor Sérvulo Correia*, II, Coimbra, 2010, pp. 903 ss.

[1742] Cfr. FAUSTO DE QUADROS, *A Nova Dimensão do Direito Administrativo – o Direito Administrativo português na perspectiva comunitária*, Coimbra, 1999; AFONSO D'OLIVEIRA

522 | IDENTIDADE ESTRUTURANTE DA ADMINISTRAÇÃO PÚBLICA

gravitacional" do Direito da União Europeia[1743], existindo quem defenda que o Direito Administrativo se deve passar a entender "como Direito Europeu concretizado"[1744].

27.3.5. A coexistência no presente destes três momentos evolutivos[1745], propiciando um modelo administrativo miscigenado, reflexo de múltiplas interferências entre as diversas estruturas administrativas envolvidas de nível nacional e europeu[1746], permite caracterizar a Administração Pública da União Europeia como a expressão de um encontro de diferentes culturas administrativas europeias – a franco-italiana, a germânica e a britânica[1747].

(B) Europeização das administrações públicas nacionais

27.3.6. Nas últimas décadas, a Administração Pública da União Europeia gerou um fenómeno de europeização das Administrações Públicas dos Estados-membros, colonizando-as: o "espaço administrativo europeu" é hoje preenchido pela Administração Pública da União Europeia e pelas Administrações Públicos de todos os seus Estados-membros.

27.3.7. A influência da Administração Pública da União Europeia sobre as Administrações Públicas nacionais de cada um dos seus Estados-membros, expressando uma manifestação de um processo vertical de integração, sem prejuízo de diferentes formas de coadministração entre as duas administrações[1748], encontra diversas ilustrações:

MARTINS, *A europeização do Direito Administrativo português*, in *Estudos em Homenagem a Cunha Rodrigues*, II, Lisboa, 2001, pp. 999 ss.

[1743] Cfr. THOMAS VON DANWITZ, *Verwaltungsrechtliches System und Europäische Integration*, Tübingen, 1996, p. 334.

[1744] Cfr. VASCO PEREIRA DA SILVA, *O Contencioso Administrativo...*, pp. 103 e 104; IDEM, *Viagem pela Europa das formas de actuação administrativa*, in CJA, nº 58, 2006, p. 62.

[1745] Para um diferente enquadramento das fases da história da Administração Pública europeia, cfr. LOURENÇO VILHENA DE FREITAS, *Os Contratos...*, I, pp. 333 ss.

[1746] Falando aqui em "efeito *boomerang*", cfr. MIGUEL PRATA ROQUE, *Direito Processual...*, pp. 147 ss.

[1747] Para um desenvolvimento das diferentes tradições administrativas nacionais, cfr. MICHEL FROMONT, *Droit Administratif...*, pp. 13 ss.

[1748] Cfr. MARIA LUÍSA DUARTE, *Direito Administrativo...*, pp. 84 ss.; LOURENÇO VILHENA DE FREITAS, *Os Contratos...*, I, pp. 280 ss.

§27º ADMINISTRAÇÕES PÚBLICAS SEM ESTADO | 523

(i) Remetida, por via de regra, a execução administrativa do Direito da União Europeia para as Administrações dos Estados-membros[1749], isto significa que cada uma destas se transforma em verdadeira Administração indireta (ou delegada) da União Europeia[1750]: não há, por isso, uma só Administração Pública da União Europeia, antes existem tantas Administrações Públicas da União Europeia quantos os Estados-membros e ainda mais a Administração direta da própria União Europeia[1751];

(ii) Regista-se, por outro lado, a necessidade de articulação direta entre as Administrações Públicas dos diferentes Estados-membros, desenvolvendo-se mecanismos horizontais de relacionamento externo interadministrativo[1752], numa convergência horizontal por efeito de contágio[1753]: paralelamente às tradicionais formas de relacionamento político-diplomático, assiste-se hoje, entre os Estados-membros da União Europeia, a formas de relacionamento técnico-burocrático ditadas pela europeização das questões administrativas que geram procedimentos de coadministração;

[1749] Cfr. Tratado sobre o Funcionamento da União Europeia, artigo 291º, nº 1. Em termos doutrinais, cfr. FAUSTO DE QUADROS, *A europeização do contencioso administrativo*, in *Estudos em Homenagem ao Professor Doutor Marcello Caetano – No Centenário do seu Nascimento*, I, Coimbra, 2006, em especial, pp. 391 ss.

[1750] Cfr. PAULO OTERO, *A Administração Pública nacional como Administração Comunitária: os efeitos internos da execução administrativa pelos Estados-membros do Direito Comunitário*, in *Estudos em Homenagem à Professora Doutora Isabel de Magalhães Collaço*, I, Coimbra, 2002, pp. 817 ss.; IDEM, *Legalidade e Administração Pública*, pp. 470 ss.; FAUSTO DE QUADROS, *Direito da União Europeia*, 3ª ed., pp. 640 ss.; LOURENÇO VILHENA DE FREITAS, *Os Contratos...*, I, pp. 271 ss.; NUNO PIÇARRA, *A eficácia transnacional dos actos administrativos dos Estados-membros como elemento caracterizador do Direito Administrativo da União Europeia*, in *Em Homenagem ao Professor Doutor Diogo Freitas do Amaral*, Coimbra, 2010, pp. 594 ss.
Utilizando, no entanto, a expressão "administração heterogénea", cfr. MIGUEL PRATA ROQUE, *Direito Processual...*, pp. 91 ss.

[1751] Especificamente sobre a Administração direta da União Europeia, cfr. LOURENÇO VILHENA DE FREITAS, *Os Contratos...*, I, pp. 276 ss.
Falando aqui em "administração homogénea", cfr. MIGUEL PRATA ROQUE, *Direito Processual...*, pp. 91 ss. e 123 ss.

[1752] Cfr. EBERHARD SCHMIDT-ASSMANN, *Das allgemeines Verwaltungsrecht...*, p. 38.

[1753] Neste sentido, cfr. MIGUEL PRATA ROQUE, *Direito Processual...*, pp. 247 ss.; IDEM, *O Direito administrativo europeu...*, pp. 950 ss.

524 | IDENTIDADE ESTRUTURANTE DA ADMINISTRAÇÃO PÚBLICA

(iii) Mesmo ao nível interno ou nacional da Administração Pública de cada Estado-membro, a transferência de poderes decisórios para a esfera da União Europeia, amputando ou limitando as áreas materiais de ação de cada Estado, gerou importantes efeitos administrativos:

- Reduziu as atribuições decisórias exclusivas dos Estados-membros também ao nível do exercício da função administrativa: hoje, se se pretender saber aquilo que cada Estado-membro pode fazer, há primeiro que ver aquilo que se encontra a cargo da União Europeia, falando-se numa "função administrativa europeia"[1754] – observando-se, por efeito da União Europeia, uma redefinição do âmbito material do campo de ação da Administração Pública de cada Estado-membro;

- A prevalência do Direito da União Europeia, por outro lado, faz precludir parte da liberdade decisória dos Estados-membros, circunscrita que se encontra a margem de discricionariedade de cada um ao que lhe resta depois de respeitar a ordem jurídica europeia: existe aqui um fenómeno conformador da atividade administrativa dos Estados-membros ao respeito pelo Direito da União Europeu, sob pena de invalidade do seu agir;

- Essa conformação vai mesmo ao ponto de, em matérias partilhadas pelos Estados-membros, o Direito da União Europeia exigir o respeito pelo quadro normativo vinculativo da própria União: "as exigências que decorrem da proteção dos princípios gerais reconhecidos na ordem jurídica comunitária vinculam igualmente os EstadosMembros quando executam regulamentações comunitárias"[1755];

- Os próprios atos administrativos provenientes da União Europeia exercem uma função paramétrica no âmbito da atuação administrativa dos Estados-membros e assumem relevância junto do contencioso administrativo nacional[1756];

[1754] Cfr, SUZANA TAVARES DA SILVA, *Direito Administrativo...*, p. 15.

[1755] Cfr. Acórdão do Tribunal de Justiça (3ª Secção), de 15 de julho de 2004, Gerkens/Luxemburgo, referente ao processo C-459/02, in http://eur-lex.europa.eu.

[1756] Neste último sentido e para mais desenvolvimentos, cfr. FAUSTO DE QUADROS, *A relevância para o contencioso administrativo nacional do acto administrativo comunitário e do*

§27º ADMINISTRAÇÕES PÚBLICAS SEM ESTADO | 525

(iv) Por último, a própria harmonização e aproximação de legislações entre os Estados-membros, segundo imposição da União Europeia, tem produzido dois principais efeitos:
- A eficácia transnacional de atos das Administrações dos Estados-membros, significando isto que atos praticados num Estado podem produzir efeitos no território de outros Estados-membros, à luz de um princípio de reconhecimento mútuo[1757];
- Um esbater das diferenças substantivas e processuais entre as Administrações Públicas dos diferentes Estados-membros, num apagar progressivo da identidade própria de cada Administração nacional[1758], produzindo-se uma europeização administrativa[1759] – o Direito Administrativo dos Estados-membros é, cada vez mais, Direito europeu concretizado[1760].

(C) Idem: a federação administrativa europeia

27.3.8. A aproximação entre as Administrações Públicas de cada um dos vários Estados-membros da União Europeia e destas com a Administração Pública direta da própria União Europeia, segundo relacionamentos tendencialmente verticais impostos por esta última em relação às primeiras, gerando uma verdadeira comunidade de administrações públicas, permitirá falar já numa federação administrativa europeia[1761]:

---

acto administrativo nacional contrário ao Direito da União Europeia, in *Em Homenagem ao Professor Doutor Diogo Freitas do Amaral*, Coimbra, 2010, pp. 1037 ss.

[1757] Cfr. MIGUEL POIARES MADURO, *A Constituição Plural – Constitucionalismo e União Europeia*, Cascais, 2006, pp. 131 ss. e 167; NUNO PIÇARRA, *A eficácia transnacional...*, pp. 604 ss.

[1758] Para um desenvolvimento de uma postura crítica à europeização do Direito Administrativo nacional, cfr. THOMAS VON DANWITZ, *Verwaltungsrechtliches...*, pp. 334 ss.

[1759] Nem se poderá deixar de referir, num tal contexto, o propósito derradeiro de, por via de codificações parciais ou setoriais, se vir um dia a produzir um Direito da União Europeia uniforme e codificado (cfr. EBERHARD SCHMIDT-ASSMANN, *Das allgemeines Verwaltungsrecht...*, p. 32) que, substituindo as diferentes normatividades dos Estados-membros, garanta a completa unidade do ordenamento jurídico no espaço europeu.

[1760] Cfr. NUNO PIÇARRA, *A eficácia transnacional...*, p. 600.

[1761] Recupera-se, deste modo, uma ideia que, proveniente do relacionamento entre o Estado italiano e as suas regiões autónomas, ficou conhecida como "federalismo administrativo":

526 | IDENTIDADE ESTRUTURANTE DA ADMINISTRAÇÃO PÚBLICA

(i) A europeização das Administrações Públicas nacionais deu origem a um fenómeno administrativo de natureza federalista[1762];

(ii) Num certo sentido, tendo presente o funcionamento e a natureza da União Europeia, o Direito Administrativo antecipou o Direito Constitucional: a federação administrativa europeia existente, em alguns aspetos bem mais limitativa da autonomia dos Estados-membros do que a própria federação norte-americana[1763], surgiu antes da eventual federação política europeia.

27.3.9. Num contexto de federação administrativa europeia, importa ter presente os seguintes traços identificativos:

(i) A Administração Pública direta da União Europeia funciona como administração federal;

(ii) As Administrações Públicas dos Estados-membros comportam-se e relacionam-se como administrações federadas ou, sempre que executem o Direito da União Europeia, como administração indireta (ou delegada) federal;

(iii) O Tratado da União Europeia, o Tratado sobre o Funcionamento da União Europeia e a Carta dos Direitos Fundamentais da União Europeia desempenham o papel de uma verdadeira Constituição material da federação administrativa;

(iv) Existe uma sobreposição de ordenamentos jurídico-administrativos entre atos provenientes da União Europeia e de cada um dos Estados-membros, assistidos de uma igual estrutura dualista de garantia judicial;

(v) Cada cidadão da União Europeia, tendo também a nacionalidade de um Estado-membro[1764], é protagonista e destinatário de (pelo

---

tratava-se de conferir o máximo de autonomia às regiões, sem alterar o texto constitucional, traduzindo uma evolução administrativa sem modificações políticas (cfr. FRANCESCO CARINGELLA, *Corso...*, I, pp. 755 e 768 ss.).

[1762] Sublinhando a crescente "federalização jurídica" no âmbito da Direito europeu, cfr. VITAL MOREIRA, *Constitucionalismo supranacional...*, p. 522.

[1763] Salientando a forma nem sempre feliz como o Tribunal de Justiça tratou certas instituições jurídicas nacionais dos Estados-membros, isto em nome de uma aplicação o mais uniforme possível do então Direito Comunitário, cfr. EBERHARD SCHMIDT-ASSMANN, *Das allgemeines Verwaltungsrecht...*, p. 39.

[1764] Cfr. Tratado da União Europeia, artigo 9º.

menos) duas diferentes Administrações Públicas, gozando de posições jurídica ativas e passivas perante ambas[1765].

27.3.10. A Administração Pública da União Europeia revela-se, por efeito da federalização administrativa gerada, uma manifestação de Administração Pública sem Estado, apesar de dotada de uma vocação para se tornar a Administração Pública de um Estado federal – falta-lhe uma pura decisão política que, numa expressão do princípio contratualista, se encontra ainda nas mãos de cada um dos Estados-membros.

27.3.11. Em reforço da federalização administrativa proveniente da Administração Pública da União Europeia junto dos Estados-membros, o contencioso da União Europeia, sancionando o incumprimento da ordem jurídica comunitária pelos Estados-membros – incluindo no âmbito do exercício da função administrativa –, pode levar à responsabilização do Estado violador.

27.3.12. A incidência do Direito da União Europeia mostra-se mesmo passível de projetar efeitos para além do espaço dos seus Estados-membros, influenciando a elaboração e a adoção de soluções normativas em matéria administrativa por parte de terceiros Estados – a Suíça torna-se, neste sentido, o exemplo paradigmático[1766].

27.4. Administração Pública por organizações não-governamentais

27.4.1. As organizações não-governamentais são pessoas coletivas sem fins lucrativos que, tendo um propósito de atuação na cena internacional, são criadas por iniciativa privada ou público-privada, através de ato de Direito interno de um Estado, possuindo uma personalidade jurídica privada[1767]: as organizações não-governamentais são, por conseguinte, pessoas

---

[1765] Especificamente sobre o administrado como cidadão europeu, cfr. PASCALE GONOD/ FABRICE MELLERAY/PHILIPPE YOLKA (org.), *Traité...*, I, pp. 757 ss.

[1766] Para mais desenvolvimentos, cfr. PIERRE MOOR/ALEXANDRE FLÜCKIGER/VICENT MARTENET, *Droit Administratif*, I, pp. 296 ss.

[1767] Cfr. YVES BEIGBEDER, *Le Rôle International des Organisations Non Gouvernamentales*, Bruxelles, 1992; RODNEY BRUCE HALL/THOMAS J. BIERSTEKER (org.), *The Emergence of*

528 | IDENTIDADE ESTRUTURANTE DA ADMINISTRAÇÃO PÚBLICA

coletivas de Direito privado que, agindo no âmbito das relações internacionais, prosseguem propósitos transnacionais.

27.4.2. Sendo até passíveis de produzir impactos superiores ao papel desempenhado por certos Estados[1768], as organizações não-governamentais, visando influir ou corrigir a atuação de sujeitos de Direito Internacional[1769] ou a pura regulação privada universal de certas matérias, podem, num mundo globalizado, abranger múltiplos domínios e fins: humanitário[1770], desportivo[1771], ambiental[1772], científico[1773], religioso[1774], político[1775], económico-social[1776] e técnico[1777].

27.4.3. Afastando do nosso estudo a discussão em torno da personalidade internacional das organizações não-governamentais, circunscreveremos a análise subsequente ao único ponto que nos interessa: como podem tais organizações não-governamentais, enquanto entidades privadas, traduzir um fenómeno de destatização da Administração Pública?

27.4.4. A relação entre as organizações não-governamentais e a Administração Pública resume-se ao problema de tentar aqui recortar um fenómeno de Administração sem Estado:

(i) Há que ter presente, em primeiro lugar, que as organizações não--governamentais traduzem uma forma de privatização das relações

---

Private Authority in Global Governance, Cambridge, 2002; DULCE LOPES, *Direito Administrativo...*, pp. 111 ss.

[1768] Neste sentido, cfr. EDUARDO CORREIA BAPTISTA, *Direito Internacional Público*, II, Coimbra, 2004, p. 438.

[1769] Cfr. ANDRÉ GONÇALVES PEREIRA/FAUSTO DE QUADROS, *Manual...*, p. 402.

[1770] V.g., o Comité Internacional da Cruz Vermelha, a Amnistia Internacional.

[1771] V.g., o Comité Olímpico Internacional, a FIFA, a UEFA.

[1772] V.g., o *Green Peace*.

[1773] V.g., a Associação de Direito Internacional, o Comité Marítimo Internacional, a Comissão Internacional dos Juristas.

[1774] V.g., o Conselho Ecuménico das Igrejas, a Aliança Evangélica Internacional, o Concílio Mundial das Igrejas.

[1775] V.g., as federações partidárias internacionais.

[1776] V.g., as federações internacionais de sindicatos e de associações profissionais.

[1777] V.g., o Comité Europeu de Normalização, o Comité Europeu de Normalização Eletrotécnica.

§27º ADMINISTRAÇÕES PÚBLICAS SEM ESTADO | 529

internacionais[1778] – estamos diante de sujeitos privados que agem em termos transnacionais;

(ii) Em segundo lugar, atendendo à relevância dos interesses que algumas de tais organizações não-governamentais prosseguem, podendo até falar-se num verdadeiro "serviço público" que desenvolvem em termos internacionais[1779], mostra-se possível a atribuição de "um regime especial de Direito Administrativo"[1780].

27.4.5. Se as organizações não-governamentais se encontram investidas de uma missão de interesse público, reconhecida pelas administrações dos Estados e/ou das organizações internacionais e da União Europeia, resultam dois inevitáveis efeitos:

(i) Há aqui um "capturar" de tais organizações não-governamentais pelos interesses públicos transnacionais que prosseguem, o que lhes impõe um conjunto de vinculações materialmente administrativas no seu agir (v.g, proibição de discriminações, transparência de atuação e de gestão interna), abandonando a pura lógica privada que presidiu à sua criação e funcionamento iniciais;

(ii) Intensificam-se os laços de colaboração ou cooperação entre estas organizações não-governamentais com as administrações públicas dos Estados e/ou das organizações internacionais e da União Europeia, podendo ser investidas, por delegação de poderes ou mandato, da prossecução de missões concretas integrantes da esfera de intervenção administrativa da entidade delegante ou mandante[1781].

27.4.6. Existe aqui, em síntese, uma forma de exercício privado de funções públicas de natureza administrativa: as organizações não-governa-

---

[1778] Cfr. JORGE BACELAR GOUVEIA, *Manual de Direito Internacional Público*, 3ª ed., Coimbra, 2008, p. 601.

[1779] Neste sentido, falando em "serviços públicos internacionais", referindo, a propósito, o Comité Internacional da Cruz Vermelha, cfr. NGUYEN QUOC DINH/PATRICK DAILLIER/ ALAIN PELLET, *Droit International Public*, 6ª ed., Paris, 1999, p. 695.

[1780] Cfr. ANDRÉ GONÇALVES PEREIRA/FAUSTO DE QUADROS, *Manual...*, p. 403.

[1781] Neste último sentido, ao nível da União Europeia, mostra-se elucidativa a atribuição pela Comissão Europeia ao Comité Europeu de Normalização e ao Comité Europeu de Normalização Eletrotécnica do encargo de proceder à elaboração de normas técnicas, cfr. PEDRO GONÇALVES, *Entidades Privadas...*, pp. 89 ss.

530 | IDENTIDADE ESTRUTURANTE DA ADMINISTRAÇÃO PÚBLICA

mentais em causa desempenham, neste específico domínio, uma atividade materialmente administrativa. Trata-se, por isso, de uma forma de administração sem Estado que tem a particularidade de ser desenvolvida por entidades privadas no âmbito internacional.

27.4.7. Em termos mais recentes, no âmbito do contexto da globalização, aliado a um vazio internacional de intervenção regulatória e decisória pública em certas matérias, observa-se que organizações não-governamentais – e até entidades privadas de natureza empresarial – podem ser tentadas a ocupar tais espaços, regulando-os e administrando-os, gerando-se uma autoridade privada no sistema internacional de governação global[1782]:

(i) Haverá aqui uma governação administrativa privada[1783], suscetível, no entanto, de ser reconhecida e rececionada pelos Estados;

(ii) Ilustrativo deste fenómeno encontra-se a situação da ICANN (: *Internet Corporation for Assigned Names and Numbers*) que, sendo uma entidade privada, exerce funções de autoridade global, administrando a gestão da *internet*[1784], especialmente do sistema comum de endereços, segundo um modelo centralizado e de eficácia universal[1785], sem prejuízo da sua desconcentração em entidades nacionais sempre relacionadas com a ICANN[1786];

(iii) Observa-se uma forma de exercício privado de funções públicas de natureza administrativa e de âmbito internacional, num outro exemplo ilustrativo de administração sem Estado de interesses públicos transnacionais.

[1782] Cfr. RODNEY BRUCE HALL/THOMAS J. BIERSTEKER, *The emergence of private authority in international system*, in RODNEY BRUCE HALL/THOMAS J. BIERSTEKER (org.), *The Emergence...*, pp. 3 ss.; IDEM/IDEM, *Private authority as global governance*, in RODNEY BRUCE HALL/THOMAS J. BIERSTEKER (org.), *The Emergence...*, pp. 203 ss.

[1783] Para mais desenvolvimentos, cfr. PEDRO GONÇALVES, *Entidades Privadas...*, pp. 103 ss.

[1784] Trata-se de um modelo de gestão privada da *internet* à escala global, enquanto tarefa reveladora de um interesse público internacional de natureza administrativa, envolvendo o exercício de poderes de autoridade reguladora e de decisão concreta, entretanto objeto de uma legitimação *a posteriori*, por via de "delegação" contratual de autoridade pela Administração norte-americana (cfr. PEDRO GONÇALVES, *Entidades Privadas...*, pp. 111 ss.).

[1785] Cfr. PEDRO GONÇALVES, *Entidades Privadas...*, pp. 106 ss.

[1786] Cfr. JEAN-BERNARD AUBY, *La Globalisation...*, pp. 60 e 61.

§28º EXCURSO:
A ADMINISTRAÇÃO PÚBLICA NACIONAL – UM ENCLAVE?

28.1. Residualidade da Administração nacional: o equacionar da questão

28.1.1. As últimas décadas revelaram que um número crescente de matérias de natureza económica, financeira, social, cultural e ambiental não encontram uma suficiente ou eficaz intervenção reguladora ou de gestão através de um único Estado:

(i) O interesse público na tutela de tais matérias determinou que os interesses públicos subjacentes deixassem de assumir uma feição exclusiva ou predominantemente nacional para se tornarem em interesses públicos transnacionais;

(ii) A globalização gerou um efeito recessivo sobre as Administrações Públicas nacionais[1787]: os Estados cederam protagonismo a novos atores (públicos e privados) da esfera internacional[1788];

(iii) Uma pluralidade de entidades exteriores ao Estado, agindo no âmbito internacional, foi chamada a prosseguir esses novos interesses públicos transnacionais: desenvolveu-se uma Administração Pública protagonizada por organizações internacionais, pela União Europeia e até as organizações não-governamentais foram chamadas a exercer atividade administrativa.

28.1.2. A desterritorialização e a destatização da Administração Pública, permitindo aferir a existência de interesses públicos transnacionais – uns de dimensão internacional e outros de referência europeia – prosseguidos por entidades sem Estado, coloca uma inevitável interrogação: será que aquilo que resta para a Administração Pública do Estado, entendida como espaço de prossecução de interesses públicos nacionais, consubstancia um mero enclave dentro de uma lógica internacionalista ou transnacional de Administrações Públicas?[1789]

[1787] Em sentido semelhante, referindo-se ao papel recessivo que a lei nacional tem sofrido por via da globalização jurídica, cfr. EUGENIO PICOZZA, *Introduzioni...*, p. 15.

[1788] Cfr. SASKIA SASSEN, *The state and globalization*, in RODNEY BRUCE HALL/THOMAS J. BIERSTEKER (org.), *The Emergence...*, pp. 91 ss.

[1789] Colocando idêntica questão ao nível do Direito Administrativo, cfr. PASCALE GONOD/FABRICE MELLERAY/PHILIPPE YOLKA (org.), *Traité...*, I, pp. 774 ss.

532 | IDENTIDADE ESTRUTURANTE DA ADMINISTRAÇÃO PÚBLICA

28.1.3. A interrogação colocada, visando determinar o alcance operativo da Administração Pública nacional de cada um dos Estados-membros da União Europeia – e, neste sentido, também do Estado português –, tem subjacentes duas questões que se podem expressar nos seguintes termos:

(i) O interesse público nacional (IPN) será o que resta do interesse público geral (IPG), depois de retirados os interesses transnacionais prosseguidos por instituições internacionais (ITI) e os interesses transnacionais prosseguidos pela União Europeia (ITUE)? O significa, numa linguagem matemática, o seguinte:

$$IPN = IPG - [ITI + ITUE]?$$

(ii) A Administração Pública nacional (APN), será o que resta das estruturas da Administração Pública (AP), excluída a Administração Pública das organizações internacionais (APOI), a Administração Pública da União Europeia (APUE) e a Administração Pública prosseguida pelas organizações não-governamentais (APONG)? Em termos matemáticos:

$$APN = AP - [APOI + APUE + APONG]?$$

28.2. Idem: uma tentativa de resposta

28.2.1. Se, em termos gerais, a resposta às questões colocadas tenderá a ser afirmativa, resultando daqui a ideia de que a Administração Pública nacional traduz hoje um verdadeiro enclave protagonizado pelo Estado, há ainda que tomar em consideração as seguintes observações complementares:

(i) Em primeiro lugar, a Administração Pública nacional também pode ter a seu cargo a prossecução de interesses públicos transnacionais, desde que estejam em causa situações jurídico-administrativas "atravessadas por fronteiras", situação que a conduz a aplicar Direito Administrativo estrangeiro e a reconhecer efeitos a atos jurídico-administrativos estrangeiros (v. *supra*, nº 26.1.4.) – deste modo, a Administração Pública nacional não prossegue ape-

§28º EXCURSO: A ADMINISTRAÇÃO PÚBLICA NACIONAL – UM ENCLAVE? | 533

nas interesses públicos nacionais, pois também se pode encontrar envolvida na prossecução de interesses transnacionais;

(ii) Em segundo lugar, a Administração Pública nacional pode também ser chamada a conferir execução a atos praticados por organizações internacionais ou pela União Europeia que, visando a prossecução de interesses públicos transnacionais, transformam a Administração Pública de cada Estado em Administração indireta das organizações internacionais (v. *supra*, nº 27.2.7.) e/ou da União Europeia (v. *supra*, nº 27.3.7.) – confirma-se, igualmente por esta via, que a Administração Pública se mostra passível de prosseguir, a título indireto ou delegado, interesses públicos transnacionais, numa função de estrutura satélite de organizações internacionais ou da União Europeia;

(iii) Em terceiro lugar, atendendo a que existem matérias envolvendo uma sobreposição de interesses públicos de diferente dimensão – uns que são interesses nacionais de raiz mas que têm reflexos transnacionais ou, em sentido contrário, outros que são interesses transnacionais dotados de projeção face a interesses nacionais –, em cenários de coadministração vertical ou de relacionamento externo horizontal entre várias administrações (estrangeiras e internacionais), regista-se que a atuação da Administração Pública nacional se encontra condicionada ou limitada na prossecução do interesse nacional pela ponderação decisória de atos externos resultantes da incidência transnacional da matéria em causa: em suma, nem sempre a prossecução do interesse nacional pela Administração Pública nacional é feita livre de ponderações resultantes de atos de Direito Internacional Público e/ou do Direito Europeu, numa manifestação de interadministratividade;

(iv) Poderá mesmo suceder, em quarto lugar, que a Administração Pública nacional, visando a prossecução do interesse público nacional, se encontre, por via de compromisso assumido na sequência de resgate financeiro externo, numa situação de verdadeiro protetorado internacional, sem margem de liberdade decisória fora dos termos do ato constitutivo do protetorado – foi o que sucedeu com a Administração do Estado português, segundo o "Memorando de Entendimento sobre as Condicionalidades de Política Económica", celebrado entre o Governo Português, o Fundo Monetário

Internacional, o Banco Central Europeu e a Comissão Europeia, em 17 de maio de 2011[1790].

28.2.2. Num contexto de progressiva "des-nacionalização"[1791], a Administração Pública do Estado português, enquanto administração visando a prossecução do interesse nacional, é um enclave de reduzida dimensão territorial e ainda mais reduzida liberdade decisória.

28.2.3. Independentemente da situação específica do Estado português, a conclusão de que, por efeito da globalização e da progressiva emergência de interesses públicos transnacionais objeto de decisão por administrações sem Estado, num contexto de interadministratividade ou de administração multinível, a Administração Pública dos Estados-membros da União Europeia, visando a prossecução de interesses públicos de índole nacional, assume a configuração de um verdadeiro enclave nacional, suscita grandes e graves questões:

(i) Onde reside a legitimidade democrática dos novos decisores e como se materializa a inerente responsabilidade política?

(ii) O que resta do princípio da constitucionalidade e da força normativa da vontade constituinte e soberana do povo de cada Estado?

(iii) Como pode o cidadão continuar a ver garantidos os seus direitos (substantivos e processuais) perante autoridades decisórias que os desconhecem ou relativamente às quais o acesso é limitado e difícil?

[1790] Pode aqui colocar-se, aliás, a interessante questão de saber se, por eventuais prejuízos que resultem da implementação de medidas ditadas pela Troika, sem verdadeira liberdade de vontade por parte do Estado português, quem deverá responder.

Note-se que problema semelhante, envolvendo a responsabilidade decorrente de deportações políticas e raciais feitas pelo governo francês de Vichy, durante a ocupação alemã, discutindo-se o concurso de vontades entre as autoridades francesas e as forças de ocupação, registando-se que, por vezes, as autoridades francesas foram além do que a potência ocupante exigia, cfr. PASCALE GONOD/FABRICE MELLERAY/PHILIPPE YOLKA (org.), *Traité...*, I, pp. 256 ss., em especial, pp.264 ss.

[1791] Falando em "des-nacionalização" do Direito Administrativo, cfr. SABINO CASSESE, *Tendenze e problemi del Diritto Amministrativo*, in RTDP, nº 4, 2004, p. 902; ANA RAQUEL GONÇALVES MONIZ, *O Administrative...*, p. 388.

28.2.4. A globalização, antes de atingir o Estado e a sua Administração Pública, coloca em causa o cidadão e os seus direitos, até porque, se se esquecer a pouco densificada noção de cidadania europeia, ser cidadão é sempre uma relação (e um direito) face a um Estado – por paradoxal que possa parecer, no Estado continua a residir a melhor garantia da liberdade individual[1792] e da personalidade[1793], assim como da realização da solidariedade social[1794].

28.2.5. O eventual crepúsculo do Estado e da sua Administração Pública, vítimas de uma hemorragia de poderes e de protagonismo decisório a favor de uma pluralidade de novas Administrações Públicas sem Estado, pode também ser o "toque de finados" do Estado de Direito democrático: numa tal hipótese, democracia e juridicidade baquearão juntas com a Administração Pública do Estado – eis a encruzilhada que o presente suscita.

[1792] Num certo sentido, há aqui um retomar do modelo hegeliano de realização do indivíduo e da sua liberdade no Estado: é no Estado que a liberdade se realiza (cfr. HEGEL, *A Razão na História*, p. 97) e nele "o indivíduo tem e saboreia a sua liberdade" (cfr. *ibidem*, p. 96). Ainda sobre o tema em Hegel, cfr. PAULO OTERO, *Instituições...*, I, pp. 221-222; RUI GUERRA DA FONSECA, *O Fundamento...*, pp. 440-441; IDEM, *Hegel e a administração pública (Polizei) como pilar da Constituição*, in *Estudos em Homenagem a Miguel Galvão Teles*, I, Coimbra, 2012, pp. 121-122.

[1793] Cfr. MIGUEL DE UNAMUNO, *Monodiálogos*, Espasa-Calpe, Madrid, 1972, p. 122.

[1794] Cfr. ROCHA SARAIVA, *Construcção...*, II, p. 1.

Secção 3ª
Dimensão intertemporal da Administração Pública

§29º ADMINISTRAÇÃO PÚBLICA E PROJEÇÃO TEMPORAL DA LIBERDADE CONFORMADORA

29.1. Colocação do problema jurídico-temporal

29.1.1. A definição jurídica da organização administrativa, das soluções referentes ao seu funcionamento e à sua atividade, assim como as relações que a Administração Pública estabelece internamente ou com os cidadãos, tudo se mostra sempre passível de ser objeto de mutabilidade intencional[1795]: uma vez que não existem atos jurídicos imodificáveis, antes se regista um princípio geral de reversibilidade ou revogabilidade das decisões[1796], aquilo que hoje se encontra estabelecido pode amanhã ser objeto de uma nova conformação jurídica – resta saber em que termos ou respeitando que limites se mostra juridicamente admissível essa evolução.

29.1.2. A conformação jurídica da organização, funcionamento e relacionamento da Administração Pública, se se excetuar a intervenção reguladora da Constituição, pode ser feita através dos seguintes instrumentos:

(i) Por via legislativa, exercendo o legislador uma liberdade conformadora da normatividade referente à Administração Pública, natu-

---

[1795] Para um aprofundamento do conceito de mutabilidade intencional, enquanto característica do próprio Direito, cfr. PAULO OTERO, *Lições...*, I, 2º tomo, pp. 209 ss.

[1796] Neste sentido, referindo-se à designada "democracia crítica", cfr. GUSTAVO ZAGREBELSKY, *A Crucificação e a Democracia*, Coimbra, 2004, pp. 114 e 119 ss.

540 | IDENTIDADE ESTRUTURANTE DA ADMINISTRAÇÃO PÚBLICA

ralmente dentro dos limites impostos pela Constituição e demais juridicidade vinculativa[1797];

(ii) Por via administrativa, encontrando-se a Administração Pública habilitada a definir a sua própria conformação jurídica, respeitando o quadro das vinculações constitucionais e legais estabelecidas, segundo duas diferentes modalidades:

   – Através de um instrumento normativo: o regulamento[1798];
   – Mediante instrumentos que, por via unilateral ou bilateral, configuram relações jurídicas concretas: o ato administrativo[1799] e o contrato[1800].

29.1.3. Em qualquer dos cenários traçados de conformação jurídica da Administração Pública, sabendo-se que a liberdade decisória só existe dentro dos parâmetros materiais e formais da normatividade vinculativa, há um aspeto que merece particular atenção: o grau de liberdade conformadora da projeção temporal dos efeitos da nova solução jurídica introduzida – será que o decisor da conformação jurídica da Administração Pública goza de uma total liberdade de configurar o futuro e, simultaneamente, de reconfigurar o passado?

29.1.4. As temáticas em torno da amplitude da projeção temporal da liberdade decisória, permitindo apenas a configuração do futuro ou, em termos mais amplos, também a reconfiguração do passado, colocam em causa a articulação ponderativa entre vários princípios:

(i) O princípio da prossecução do interesse público – expressando a justificação de serem introduzidas novas e melhores soluções jurídicas face a antigos problemas ou a novas circunstâncias;

[1797] V.g., criação de uma nova entidade pública, redefinição dos critérios de cálculo das reformas e pensões, fixação de novas taxas de imposto.

[1798] V.g., alteração das regras de admissão à prova oral previstas no regulamento de avaliação da Faculdade, modificação dos critérios de concessão de bolsas de estudo pela universidade.

[1799] V.g., revogação de uma licença de construção, concessão de novas licenças de circulação de táxis.

[1800] V.g., modificação de cláusulas do contrato de concessão da autoestrada Lisboa-Porto, definição dos termos de um contrato de ajuda financeira entre o Estado e a região autónoma da Madeira.

(ii) O princípio democrático – legitimando o decisor, à luz da renovação decorrente do princípio maioritário, a expressar juridicamente um novo *indirizzo* político conformador da Administração Pública;

(iii) Os princípios da segurança jurídica e da proteção da confiança[1801] – limitando a liberdade conformadora do decisor, à luz da tutela da estabilidade normativa e da salvaguarda ou intangibilidade de certas posições jurídicas individuais[1802], segundo imperativos constitucionais.

29.1.5. O problema ponderativo que a projeção temporal da liberdade conformadora do decisor em matérias referentes ou envolvendo a Administração Pública suscita, tendo presente a temática da segurança jurídica[1803] ao nível da modificação, suspensão ou cessação de vigência de efeitos, desdobra-se, nos termos expostos, em duas distintas temáticas:

– A *configuração do futuro*: será que as alterações introduzidas e geradoras de efeitos projetados no futuro têm de ser previsíveis ou calculáveis ou, em sentido contrário, o decisor goza aqui de total liberdade conformadora?

– A *atendibilidade do passado*: será que as modificações introduzidas devem respeitar factos passados e situações jurídicas já existentes, segundo um postulado de imutabilidade, ou, ao invés, basta que as novas soluções garantam estabilidade na mudança, à luz de uma ideia de confiabilidade?

29.1.6. Qualquer que seja a solução ponderativa entre os princípios subjacentes às duas temáticas temporais equacionadas, a observação histórica permite extrair três ilações:

(i) A conquista do poder à margem da Constituição revela que as forças vitoriosas, num propósito de reconfigurar o futuro e reescrever

---

[1801] Para um desenvolvimento e densificação do princípio da segurança jurídica, cfr., por todos, Humberto Ávila, *Segurança Jurídica – Entre permanência, mudança e realização do Direito Tributário*, São Paulo, 2011.

[1802] Cfr. Pedro Romano Martínez, *Alterações de regime jurídico e tutela de direitos adquiridos*, in *Estudos de Homenagem ao Prof. Doutor Jorge Miranda*, III, Coimbra, 2012, pp. 353 ss.

[1803] Cfr. Humberto Ávila, *Segurança Jurídica*, em especial, pp. 124 ss. e 161 ss.

542 | IDENTIDADE ESTRUTURANTE DA ADMINISTRAÇÃO PÚBLICA

a História, tendem a recusar a atendibilidade do passado, procurando até "destruir" situações jurídicas consolidadas[1804];

(ii) Se, pelo contrário, o assumir do poder por novas forças políticas
se faz dentro do quadro constitucional, o propósito de modelar o
futuro é normalmente acompanhado da atendibilidade do passado:
os valores constitucionais da segurança, certeza e a tutela da confiança impedem soluções radicais;

(iii) A configuração jurídica do futuro, desde que não envolva factos ou
efeitos de situações jurídicas passadas, confere sempre ao decisor
uma liberdade conformadora que é muito superior à que possui
face à atendibilidade do passado – vejamos os seus termos.

29.2. Conformação da Administração Pública e configuração do futuro

29.2.1. O propósito político de introduzir reformas ou modificações
jurídicas, redesenhando institutos, criando novas regulações face a situações ainda a "descoberto" de intervenção jurídica ou simplesmente
alterando a configuração normativa de realidades já existentes, numa inces-
sante busca de melhores soluções, é um espírito que anima todo o decisor
e todos os setores do ordenamento jurídico: a Administração Pública não
é aqui exceção, seja por via da intervenção conformadora do legislador ou
do próprio decisor administrativo.

29.2.2. Não existe qualquer interesse ou direito subjetivo a não serem
introduzidas alterações na ordem jurídico-administrativa para o futuro[1805],
uma vez que:

(i) O legislador democraticamente legitimado tem liberdade de conformação e existe um princípio geral de autorevisibilidade das

---

[1804] Sucedeu assim com a aclamação de D. Miguel, em 1828, e a posterior vitória liberal, em
1834 (cfr. PAULO OTERO, *O Poder de Substituição...*, II, pp. 459-460, nota nº 221), com os
saneamentos na função pública feitos pela I República, pela II República e na sequência do
25 de abril de 1974 (cfr. LUÍS VASCONCELOS ABREU, *Os saneamentos da função pública na
lei e na jurisprudência do STA*, in *Estudos em Homenagem a Miguel Galvão Teles*, I, Coimbra,
2012, pp. 261 ss.).

[1805] Cfr. ROLF STOBER, *Allgemeines Wirtschaftsverwaltungsrecht...*, p. 53.

leis[1806], razão pela qual "não há (...) um direito à não-frustração de expectativas jurídicas ou à manutenção do regime em relação a relações jurídicas duradoiras ou relativamente a factos complexos já parcialmente realizados"[1807];

(ii) Inexiste qualquer direito de os cidadãos à manutenção de uma determinada lei[1808], salvo se se atribuir relevância jurídica a promessas eleitorais de governantes ou ao conteúdo do programa de governo.

A cristalização ou petrificação de uma lei, excluída de qualquer reversibilidade ou autorevisibilidade, equivale à sua constitucionalização: só por lei de revisão constitucional poderá ser revogada.

29.2.3. A permanente apetência para se introduzirem novas regulações jurídicas no âmbito da Administração Pública, configurando o futuro das instituições, definindo ou redefinindo novas soluções jurídicas, segundo uma legitimação política periodicamente renovada de visualizar uma evolutiva e melhor prossecução do interesse público, encontra como principal obstáculo a necessidade de garantia da segurança jurídica e a proteção da confiança:

(i) Sendo sempre admissível a configuração do futuro, mostra-se, todavia, juridicamente inadmissível que as mudanças, pela sua frequência ou pelo grau de radicalidade, lesem a segurança e a confiança;

(ii) Os cidadãos orientam as suas condutas e fazem as suas planificações, relativamente ao presente e ao futuro, segundo as coordenadas resultantes de uma previsibilidade assente na garantia e continuidade do quadro jurídico vigente[1809].

[1806] Cfr. Acórdão do Tribunal Constitucional nº 474/2013, de 29 de agosto, cit.

[1807] Cfr. Acórdão do Tribunal Constitucional nº 287/90, de 30 de outubro de 1990, referente ao processo nº 309/88, in http://www.tribunalconstitucional.pt.

[1808] Cfr. PIERRE MOOR/ALEXANDRE FLÜCKIGER/VICENT MARTENET, *Droit Administratif*, I, pp. 192-193.

[1809] Sublinhando a importância desta previsibilidade no âmbito da atuação económica dos agentes privados, isto em termos de investimentos, localização de empresas e planificações de produção, cfr. ROLF STOBER, *Allgemeines Wirtschaftsverwaltungsrecht...*, p. 53.

544 | IDENTIDADE ESTRUTURANTE DA ADMINISTRAÇÃO PÚBLICA

29.2.4. Num Estado de Direito, a evolução da ordem jurídica não pode fazer-se através de roturas que, recorrendo a mudanças bruscas e radicais, lesem a segurança e a confiança dos cidadãos em termos de previsibilidade[1810]:

(i) Existe arbitrariedade e violação da confiança, enquanto vertente da segurança jurídica, considerando-se inadmissível a afetação de expectativas, em sentido desfavorável, "quando constitua uma mutação da ordem jurídica com que, razoavelmente, os destinatários das normas dela constantes não possa contar"[1811];

(ii) Nunca a liberdade conformadora do decisor poderá adotar soluções normativas que, de forma excessiva, inadmissível ou intolerável, desde que injustificadas ou arbitrárias, lesem "as expectativas legítimas que os particulares depositavam na continuidade da Ordem Jurídica e na previsibilidade do seu devir"[1812].

29.2.5. Se a conformação do futuro nunca pode estar vedada ao decisor legitimado e habilitado para o efeito, sendo impossível uma petrificação temporal do Direito, motivo pelo qual todas as cláusulas de irrevogabilidade nunca deixam de poder ser revogadas ou anuladas[1813], o certo é que existem limites ao exercício da liberdade conformadora: a segurança jurídica e a proteção da confiança inerentes à continuidade e à sistematicidade do ordenamento jurídico, excluindo ruturas abruptas, impõem mínimos de vinculação – a "calculabilidade" da intervenção conformadora[1814] ou a "previsibilidade do seu devir"[1815].

29.2.6. A "calculabilidade" da intervenção conformadora ou a "previsibilidade" do devir da ordem jurídica resultam de, à luz de uma con-

---

[1810] Cfr. PAULO OTERO, *Lições...*, I, 1º tomo, pp. 198-199.

[1811] Cfr. Acórdão do Tribunal Constitucional nº 474/2013, de 29 de agosto, cit.

[1812] Cfr. Declaração de voto da Conselheira Maria Lúcia Amaral, in Acórdão do Tribunal Constitucional nº 615/07, de 19 de dezembro de 2007, processo nº 385/07, in http://www.tribunalconstitucional.pt/.

[1813] Cfr. PAULO OTERO, *Lições...*, I, 2º tomo, pp. 252 ss.

[1814] Cfr. GIANMARCO GOMETZ, *La Certezza Giuridica come Prevedibilità*, Torino, 2005, p. 224.

[1815] Cfr. Declaração de voto da Conselheira Maria Lúcia Amaral, in Acórdão do Tribunal Constitucional nº 615/07, de 19 de dezembro de 2007, cit.

ceção sistemática do Direito, todas as soluções normativas terem sempre de se mostrar teleologicamente adequadas à ordem de valores do sistema e de se integrarem no contexto da unidade interna do Direito[1816] – o decisor normativo nunca pode deixar de exercer a sua "liberdade" conformadora ou criativa "dentro do espírito do sistema"[1817] (tal como o aplicador ao integrar uma lacuna, desde que impossibilitado de recorrer à analogia).

29.2.7. Respeitado que seja o "espírito do sistema", o exercício da liberdade conformadora do decisor na configuração do futuro da Administração Pública determina, desde que não se projete em relação ao passado, numa ponderação dos valores e interesses conflituantes em causa, que os princípios da segurança jurídica e da proteção da confiança cedem perante os princípios democrático e da melhor prossecução do interesse público: a liberdade conformadora tem aqui o seu apogeu.

29.3. Idem: a alteração de circunstâncias

29.3.1. No âmbito de situações jurídicas de execução continuada, poderá bem suceder que uma reconfiguração do futuro pela Administração Pública, em vez de ser a simples expressão de uma opção ditada pela sua liberdade conformadora, traduza antes um imperativo decorrente da conjugação entre a alteração das circunstâncias subjacentes à solução vigente e a imperatividade de (diferente e melhor) prossecução do interesse público.

29.3.2. Em toda a atuação administrativa há como que uma cláusula implícita que, fundada na realidade que se encontrava na sua base inicial ou que lhe serviu de pressuposto de agir, alicerça uma vinculação de atualização das suas anteriores decisões, desde que estas tenham sofrido uma anormal alteração de pressupostos, obrigando a Administração Púbica a tomar em consideração as "melhores técnicas disponíveis" para efeito de

---

[1816] Cfr. PAULO OTERO, *Lições...*, I, 2º tomo, pp. 306 ss.; IDEM, *Legalidade e Administração Pública*, pp. 203 ss.

[1817] Utilizando-se aqui uma expressão consagrada no artigo 10º, nº 3, *in fine*, do Código Civil.

546 | IDENTIDADE ESTRUTURANTE DA ADMINISTRAÇÃO PÚBLICA

prevenção do risco[1818] ou a justiça do equilíbrio de posições jurídicas assumidas no passado[1819]: a conformação do futuro radica aqui numa alteração anormal das circunstâncias do passado que, por esta via, se mostra sempre passível de precarizar a conformação jurídica do presente.

29.3.3. A alteração de circunstâncias[1820], gerando uma anormal e imprevisível evolução do quadro factual e/ou jurídico que esteve na base de uma decisão administrativa, habilitará, desde que os efeitos não se encontrem cobertos pelo risco, nem exista violação da boa-fé, uma modificação ou resolução de tal decisão, atendendo a critérios de melhor prossecução do interesse público e de justiça material do caso – a cláusula *rebus sic stantibus* é um princípio geral de Direito diretamente alicerçado no valor da justiça.

29.3.4. A qualificação da alteração de circunstâncias como princípio geral de Direito, fazendo prevalecer o princípio justiça e da equidade sobre o princípio da estabilidade das situações jurídicas[1821], encontra consagração jurídico-positiva interna, no artigo 437º do Código Civil, e internacio-

---

[1818] Neste sentido, especificamente no domínio ambiental, sem prejuízo da sua extensão a todos os restantes setores administrativos, falando em "cláusula das «melhores técnicas disponíveis»", cfr. CARLA AMADO GOMES, *Mudam-se os tempos...*, pp. 238 e 240; IDEM, *Risco e modificação...*, pp. 447 ss. O problema assume, igualmente, especial relevância ao nível do risco em matéria alimentar, circunstância que contribui para a falta de estabilidade dos atos administrativos que definem situações jurídicas neste domínio (cfr. SUZANA TAVARES DA SILVA, *Acto administrativo de "faca e garfo"*, pp. 617 ss., em especial, pp. 636 ss.)

[1819] Neste último sentido, cfr. JOSÉ DE OLIVEIRA ASCENSÃO, *Elogio do doutorando, Sua Eminência o Cardeal Dom Alexandre do Nascimento*, in RFDUL, 2000, nº 1, pp. 376-377.

[1820] Para um aprofundamento dogmático do tema ao nível do Direito comum, cfr. JOSÉ DE OLIVEIRA ASCENSÃO, *Direito Civil – Teoria Geral*, III, pp. 199 ss.; ANTÓNIO MENEZES CORDEIRO, *Da Boa Fé...*, II, pp. 941 ss.; IDEM, *Da alteração das circunstâncias*, in *Estudos em Memória do Professor Doutor Paulo Cunha*, Lisboa, 1989, pp. 293 ss.; IDEM, *Tratado de Direito Civil Português*, II, 4º tomo, Coimbra, 2010, pp. 259 ss.
Falando antes em teoria da imprevisão, cfr. LUÍS CARVALHO FERNANDES, *Teoria da Imprevisão no Direito Civil Português*, Lisboa, 1963; IDEM, *Imprevisão*, in DJAP. V, Lisboa, 1993, pp. 125 ss.

[1821] Neste sentido, apesar de se referir apenas à alteração de circunstâncias no âmbito de relações administrativas de natureza contratual, apesar de ser suscetível de se generalizar a todas as restantes, cfr. Acórdão da 1ª Subsecção do Contencioso Administrativo do Supremo Tribunal Administrativo, de 3 de fevereiro de 2011, processo nº 0474/06, in http://www.dgsi.pt/jsta.

§29º ADMINISTRAÇÃO PÚBLICA E PROJEÇÃO TEMPORAL | 547

nal, no artigo 62º da Convenção sobre o Direito dos Tratados, assinada em Viena, a 22 de maio de 1969.

29.3.5. A alteração das circunstâncias tanto poderá ser invocada pela Administração Pública, impondo-se aos destinatários das suas decisões, como pode ser usada como argumento pelos cidadãos no seu relacionamento com a Administração Pública.

29.3.6. No âmbito da Administração Pública, a alteração de circunstâncias mostra-se passível de produzir efeitos na sua atuação bilateral ou unilateral: os contratos[1822], os atos[1823] e os regulamentos, desde que dotados de uma vigência prolongada no tempo, podem ser extintos ou ver o seu conteúdo e os seus efeitos reconfigurados se ocorrer uma alteração relevante do circunstancialismo existente ao tempo em que foram produzidos – a alteração de circunstâncias torna sempre presente o passado para efeitos de reconfiguração jurídica do futuro.

29.3.7. A alteração de circunstâncias, mostrando-se passível de colocar em causa a estabilidade de situações jurídicas já duradouras e que se supunham continuar a existir no futuro, nunca pode deixar de envolver

---

[1822] Ao nível da jurisprudência do Supremo Tribunal Administrativo, cfr. Acórdão da 2ª Subsecção do Contencioso Administrativo, de 12 de janeiro de 1988, processo nº 025056, in http://www.dgsi.pt/jsta; Acórdão da 2ª Subsecção do Contencioso Administrativo, de 21 de março de 2001, processo nº 046311, in http://www.dgsi.pt/jsta; Acórdão da 1ª Subsecção do Contencioso Administrativo, de 13 de setembro de 2007, processo nº 0568/06, in http://www.dgsi.pt/jsta; Acórdão da 1ª Subsecção do Contencioso Administrativo, de 3 de fevereiro de 2011, cit. Em termos doutrinais gerais, cfr. ANA GOUVEIA MARTINS, *A modificação e os trabalhos a mais nos contratos de empreitada de obras públicas*, in *Estudos em Homenagem ao Prof. Doutor Sérvulo Correia*, II, Coimbra, 2010, em especial, pp. 79 ss. Especificamente sobre a alteração de circunstâncias ao nível das parcerias público-privadas, cfr. PEDRO MELO, *O juízo de eficiência na alteração de circunstâncias nas parcerias público-privadas*, in *Estudos de Direito Público*, PLMJ, Coimbra, 2011, em especial, pp. 66 ss.

[1823] Ao nível da jurisprudência do Supremo Tribunal Administrativo, cfr. Acórdão da 1ª Subsecção do Contencioso Administrativo, de 20 de junho de 1991, processo nº 028190, in http://www.dgsi.pt/jsta.

Para a relevância da alteração de circunstâncias no que diz respeito às autorizações administrativas no domínio ambiental, cfr. CARLA AMADO GOMES, *Mudam-se os tempos...*, pp. 250 ss.; IDEM, *Risco e modificação...*, em especial, pp. 726 ss.

548 | IDENTIDADE ESTRUTURANTE DA ADMINISTRAÇÃO PÚBLICA

um apelo à justiça material da solução a encontrar, determinando a necessidade de tutela da segurança e da proteção da confiança, e, por essa via, reforça a atendibilidade do passado.

29.4. Conformação da Administração Pública e a atendibilidade do passado

29.4.1. Em termos comparativos face à configuração normativa do futuro, a intervenção conformadora da organização, funcionamento e relacionamento da Administração Pública que tem de atender a factos passados ou a situações jurídicas geradas no passado mostra-se bem mais complexa: podendo assumir uma natureza normativa[1824] ou concreta[1825], a atendibilidade do passado pelo decisor de soluções jurídicas envolvendo a Administração Pública, desde que possua um conteúdo lesivo de posições jurídicas ativas, suscita delicados problemas à luz dos princípios da segurança e da proteção da confiança.

29.4.2. Aqui, num cenário em que a segurança jurídica e a tutela da confiança vinculam o Direito futuro a ter em especial consideração o Direito passado, exigindo-se "estabilidade na mudança"[1826], regista-se um acentuar do reforço ou prevalência, à luz de uma metodologia ponderativa, dos valores da segurança e da proteção da confiança face aos princípios democrático e da melhor prossecução do interesse público: no entendimento do Tribunal Constitucional, a liberdade conformadora nunca poderá

[1824] V.g., modificação dos critérios de cálculo das reformas, aplicando-os aos atuais reformados, determinando, por essa via, um recalcular do valor das mesmas; redução do montante dos salários na função pública; alteração dos critérios de cálculo da média de licenciatura, aplicando-se a quem se encontra no último ano do curso ou a quem já se licenciou; definição de novas regras de acesso ao ensino superior, aplicáveis já no concurso a abrir de imediato; alteração do regulamento de avaliação com produção de efeitos a meio do ano letivo.

[1825] V.g., revogação de uma licença de abertura e funcionamento de um restaurante; aplicação de uma pena disciplinar de inibição de exercício da profissão de médico ou de advogado; revogação das dispensas de serviço docente já concedidas para elaboração de doutoramento; alteração do conteúdo das prestações de um contrato administrativo; alteração legislativa das bases de um contrato de concessão em vigor ou dos estatutos de uma sociedade comercial de capitais públicos.

[1826] Cfr. HUMBERTO ÁVILA, *Segurança Jurídica*, p. 124.

habilitar um conteúdo decisório que se mostre "violar, intolerável, arbitrária ou opressivamente, as justificadas e fundadas expectativas e confiança dos cidadãos"[1827] e, por maioria de razão, "a privação arbitrária de direitos adquiridos ou a injustificada privação retroativa de direitos"[1828].

29.4.3. Por força dos princípios da separação de poderes, da tutela da segurança e da proteção da confiança, o respeito pelo princípio da intangibilidade do caso julgado é um limite intransponível a qualquer regulação envolvendo a Administração Pública que procure atender ao passado:

(i) Apenas em casos de inconstitucionalidade da norma sancionatória aplicada, e desde que o conteúdo da solução seja menos favorável ao arguido, a Constituição habilita a destruição do caso julgado[1829];

(ii) Não pode deixar de se admitir, todavia, que, à luz da unidade do sistema jurídico, a inconstitucionalidade do caso julgado[1830] ou uma "injustiça intolerável" do caso julgado (v.g., crime do julgador, falsidade da prova, violação grosseira do contraditório)[1831] sejam passíveis de conduzir, por via de recurso judicial, à sua rotura;

(iii) Em todas as restantes hipóteses, os casos julgados ficam sempre ressalvados[1832], suscitando sérias dúvidas constitucionais que decisões judiciais transitadas em julgado e desconformes com o Direito da União Europeia, desde que envolvendo decisões administrativas em matérias fora da esfera de competência do Estado, possam ser revistas[1833].

[1827] Cfr. Acórdão do Tribunal Constitucional nº 233/91, de 23 de maio de 1991, relativo ao processo nº 89-0213, in www.dgsi.pt/atcol.nsf.

[1828] Cfr. Acórdão do Tribunal Constitucional nº 71/87, de 18 de fevereiro de 1987, relativo ao processo nº 86-0011, in www.dgsi.pt/atcol.nsf.

[1829] Cfr. CRP, artigo 282º, nº 3.

[1830] Cfr. PAULO OTERO, *Ensaio sobre o Caso Julgado Inconstitucional*, Lisboa, 1993, pp. 63 ss.

[1831] Cfr. PAULA COSTA E SILVA, *Injustiça intolerável e ruptura do caso julgado*, in *Estudos em Memória do Prof. Doutor J.L. Saldanha Sanches*, II, Coimbra, 2011, pp. 741 ss., especial, pp. 771 ss.; IDEM, *A Litigância de Má Fé*, Coimbra, 2008, 647 ss.

[1832] Cfr. PAULO OTERO, *Ensaio...*, pp. 49 ss.; MIGUEL TEIXEIRA DE SOUSA, *Introdução ao Direito*, p. 293.

[1833] Neste último sentido, fundando-se em jurisprudência comunitária, desde que estejam em causa decisões administrativas versando matérias da competência exclusiva da União Europeia e, por isso, relativamente às quais os Estados-membros perderam competência decisória, cfr. FAUSTO DE QUADROS, *A relevância...*, pp. 1050 ss.; IDEM, *Direito da União Europeia*,

550 | IDENTIDADE ESTRUTURANTE DA ADMINISTRAÇÃO PÚBLICA

29.4.4. A atendibilidade do passado ao nível da conformação reguladora da organização, funcionamento ou relacionamento da Administração Pública não é, todavia, uniforme, antes exige que se diferenciem os seguintes casos:

(i) Se a situação jurídica já se encontrava esgotada ou extinta à data da nova intervenção reguladora, procurando esta proceder à sua reconfiguração jurídica, interferindo nela *a posterior*, modificando-a, há aqui um caso de *retroatividade em sentido próprio*[1834];

(ii) Se a situação jurídica a regular, tendo na sua base factos iniciados no passado, mantém a produção de efeitos em curso, há aqui um caso de retroconexão[1835], devendo diferenciar-se na nova regulação duas posturas distintas:

– Pode a nova regulação produzir apenas efeitos para futuro, hipótese em que existe uma *retroconexão em sentido próprio*[1836];

– Se, ao invés, a nova regulação, além de visar produzir efeitos para o futuro, pretender também atingir efeitos em curso de produção, haverá aqui uma *retroconexão com efeito retroativo*[1837].

3ª ed., pp. 683 ss.. Ainda sobre o tema, cfr. RUI TAVARES LANCEIRO, *A «erosão» dos princípios da autoridade do caso julgado e do caso decidido pelo Direito da União Europeia*, in *Estudos de Homenagem ao Prof. Doutor Jorge Miranda*, V, Coimbra, 2012, pp. 463 ss. e 479 ss.

[1834] V.g., se a taxa do IRS ou do IRC, relativa a rendimentos auferidos em 2012, é aumentada, por lei de 2013; se, por alteração do regulamento de avaliação, no segundo semestre de 2013, só podem ter acesso à prova oral quem obtenha um mínimo de oito valores na prova escrita, se consideram excluídos todos os alunos que, no primeiro semestre, foram à prova oral com sete valores.

[1835] Sobre a figura, apesar de lhe conferir um conceito algo diferente, cfr. MIGUEL TEIXEIRA DE SOUSA, *Introdução ao Direito*, pp. 294 ss.

[1836] V.g., uma alteração da taxa do IVA, em junho de 2013, aumentando-a face ao valor inicialmente fixado no Orçamento de Estado para 2013, apenas produzirá efeitos relativamente a transações de bens feitas a partir da entrada em vigor da lei nova; uma modificação do valor a pagar por um cocontratante privado no âmbito de uma alteração a um contrato administrativo celebrado em 2010, só produzirá efeitos em data posterior a essa mesma alteração contratual; uma alteração dos termos de cálculo das pensões de reforma face a quem, sendo já trabalhador com descontos realizados, ainda se encontra em vésperas de se reformar ou aposentar.

[1837] V.g., se, em junho de 2013, são modificadas as taxas de IRS ou de IRS para o ano de 2013, aplicando-se a todos os rendimentos desse mesmo ano, incluindo os auferidos antes de junho; se, a meio do ano letivo, são alteradas as regras sobre o peso percentual dos testes realizados no âmbito da avaliação continua nas unidades curriculares anuais, aplicando-as de imediato no cálculo das notas do ano letivo em curso; se, numa alteração dos termos de cálculo das

§29º ADMINISTRAÇÃO PÚBLICA E PROJEÇÃO TEMPORAL | 551

29.4.5. A Constituição determina que qualquer intervenção decisória em matéria administrativa que atenda ao passado, regulando em termos retroativos as condições de validade de quaisquer factos que lhe são anteriores ou efeitos já produzidos, tenha sempre de respeitar os seguintes postulados[1838]:

(i) Proibição de retroatividade de todas as soluções que imponham ou envolvam (direta ou indiretamente) sacrifícios pessoais ou patrimoniais aos destinatários;

(ii) Obrigatoriedade de adoção de soluções retroativas nas seguintes hipóteses:

   – Perante decisões sancionatórias de conteúdo favorável ao arguido;
   – Se se tratar de ato de execução de norma retroativa[1839];
   – Se estiver em causa a interpretação de decisões anteriores, salvo se a lei determinar o contrário;
   – Tratando-se da "destruição" ou declaração de invalidade de ato anterior[1840], salvo existindo terceiros de boa-fé[1841];
   – Se for a execução de decisões judiciais anulatórias[1842], exceto se o ato for renovável;

---

reformas, se pretende recalcular as pensões ou reformas de quem se encontra hoje a auferir um determinado montante, calculado à luz de anteriores critérios.

[1838] Para uma primeira formulação de tais situações, cfr. PAULO OTERO, *Lições...*, I, 1º tomo, pp. 199 ss.

[1839] Neste sentido, especificamente quanto aos regulamentos, cfr. AFONSO RODRIGUES QUEIRÓ, *Lições...*, I, (1976), p. 440.

[1840] Nesta hipótese, a Administração ainda se encontra vinculada a "remover", reformar ou substituir os atos consequentes, e alterar as situações de facto entretanto constituídas, cuja manutenção seja incompatível com a necessidade de reconstituir a situação que existiria se o ato anulado não tivesse sido praticado.

[1841] Pode bem defender-se que os beneficiários de boa-fé de atos consequentes praticados há mais de um ano têm direito a ser indemnizados pelos danos que sofram em consequência da "destruição" do ato, mas a sua situação jurídica não pode ser posta em causa se esses danos forem de difícil ou impossível reparação e for manifesta a desproporção existente entre o seu interesse na manutenção da situação e dos interessados na concretização dos efeitos da "destruição".

[1842] Desenvolvendo a complexidade das situações suscitadas por este tipo de retroatividade, cfr. DIOGO FREITAS DO AMARAL, *A reconstituição da situação actual hipotética em caso de anulação de indeferimento irrenovável*, in *Estudos de Homenagem ao Prof. Doutor Jorge Miranda*, IV, Coimbra, 2012, pp. 295 ss., em especial, pp. 301 ss.

552 | IDENTIDADE ESTRUTURANTE DA ADMINISTRAÇÃO PÚBLICA

(iii) A Constituição não impede que as restantes soluções favoráveis aos seus destinatários diretos possam ser retroativas, sem prejuízo do limite decorrente da proibição de aumento de despesas ou redução de receitas fora do previsto na Lei do Orçamento em curso de execução;

(iv) Em todas as restantes situações, a retroatividade só se encontra excluída quando afete a segurança jurídica e a proteção da confiança, devendo presumir-se que ficam ressalvados os efeitos válidos já produzidos (à luz da regulação anterior) pelos factos que a (nova) regulação se destina a disciplinar[1843] ou ainda os efeitos inválidos que, entretanto, se tenham consolidado pelo decurso do tempo.

29.4.6. Particular complexidade reveste, neste último contexto, a regulação retroativa envolvendo efeitos inválidos de anteriores decisões administrativas, isto em duas particulares situações:

(i) Tratando-se de atos administrativos violadores do Direito da União Europeia[1844], ficando por saber se, tal como a jurisprudência comunitária e alguma doutrina advogam, devem poder ser revogados, em nome dos princípios da efetividade, uniformidade e igualdade aplicativas do Direito da União Europeia, ou, pelo contrário, se, atendendo aos valores da segurança e da confiança, decorrido um determinado prazo, devem tais decisões considerar-se consolidadas na ordem jurídica[1845], hipótese esta última que, a admitir-se, suscitará, num momento posterior, discussão em torno da margem

---

[1843] Neste último sentido, cfr. artigo 12º, nº 1, 2ª parte, do Código Civil. Para um desenvolvimento do direito intertemporal suíço em matéria administrativa, cfr. PIERRE MOOR/ALEXANDRE FLÜCKIGER/VICENT MARTENET, *Droit Administratif*, I, pp. 184 ss.

[1844] Cfr. FILIPE BRITO BASTOS, *Autonomia institucional...*, pp. 22 ss.

[1845] Para uma discussão do tema, fundando-se na jurisprudência comunitária, cfr. FAUSTO DE QUADROS, *A europeização...*, pp. 397 ss.; IDEM, *A relevância...*, pp. 1045 ss.; IDEM, *Direito da União Europeia*, 3ª ed., pp. 668 ss.; RAVI PEREIRA, *O Direito Comunitário posto ao serviço do Direito Administrativo – uma leitura da jurisprudência do STA sobre reposição de ajudas comunitárias*, in BFDUC, 2005, em especial, pp. 702 ss.; FILIPE BRITO BASTOS, *Autonomia institucional...*, em especial, pp. 35 ss.; CARLA AMADO GOMES/RUI LANCEIRO, *A revogação de actos administrativos entre o Direito nacional e a jurisprudência da União Europeia: um instituto a dois tempos?*, in CARLA AMADO GOMES, *Textos Dispersos de Direito Administrativo*, Lisboa, 2013, pp. 45 ss.

conformadora da Administração perante situações de execução continuada[1846];

(ii) Se forem atos administrativos inconstitucionais[1847], igualmente se poderá discutir, se se afirmar a sua insanabilidade, a possibilidade de regulação retroativa, revogando-os ou modificando-os, ou, se se operar a sua consolidação pelo decurso do tempo, levantar-se a controvérsia sobre a suscetibilidade de intervenção conformadora administrativa face a situações de execução prolongada no tempo.

29.4.7. Poderá a conformação da Administração Pública, visando a regulação do conteúdo de situações jurídicas originadas em momento anterior, não assumir, porém, natureza retroativa, limitando-se a versar para o futuro uma nova disciplina jurídica de incide sobre relações já constituídas no passado, caso em que haverá que ter em conta os seguintes limites decorrentes da tutela da segurança jurídica e da proteção da confiança[1848]:

(i) As posições jurídicas individuais definidas pela Administração Pública e que sejam constitutivas de direitos ou de interesses legalmente protegidos, desde que válidas, não podem ser livremente revogáveis, salvo em dois cenários: (1º) se forem posições jurídicas precárias; (2º) se, sem serem precárias, se tratar de situações excecionais e sempre mediante o pagamento de justa indemnização;

(ii) Em igual sentido, se tais posições jurídicas individuais favoráveis forem inválidas, desde que se trate de uma situação de anulabilidade consolidada na ordem jurídica pelo decurso do tempo, não podem ser revogadas com fundamento na sua invalidade inicial;

[1846] O problema poderá mesmo colocar-se, à luz do Direito da União Europeia, independentemente da origem inválida do ato, tudo estando em saber se existe uma obrigação de conformação das decisões administrativas com o Direito da União Europeia superveniente. Sobre a matéria, cfr. FAUSTO DE QUADROS, *Direito da União Europeia*, 3ª ed., pp. 680 ss.

[1847] Cfr. DINAMENE DE FREITAS, *O Acto Administrativo Inconstitucional – Delimitação do conceito e subsídio para um contencioso constitucional dos actos administrativos*, Coimbra, 2010.

[1848] Cfr. PAULO OTERO, *Direito Constitucional...*, I, p. 90.

554 | IDENTIDADE ESTRUTURANTE DA ADMINISTRAÇÃO PÚBLICA

(iii) As situações de facto emergentes de atos nulos[1849] ou inexistentes, por efeito conjugado do decurso do tempo e da tutela da boa-fé, podem ter certos efeitos reconhecidos pela ordem jurídica[1850];

(iv) A imodificabilidade das regras concursais, desde o momento da abertura do procedimento relativo ao concurso público e até ao seu termo[1851];

(v) A estabilidade das vinculações contratuais administrativas.

29.4.8. Num outro sentido ainda, a atendibilidade normativa do passado a nível administrativo pode determinar a obrigatoriedade de serem introduzidas "cláusulas de equidade"[1852] e/ou a inclusão de normas de direito transitório[1853] sempre que, num compromisso entre a aplicação da "lei nova" e a garantia da tutela de situações jurídicas adquiridas à luz da "lei velha", se procure uma solução consensual de salvaguarda da reversibilidade de um regime e o respeito pela segurança e proteção da confiança dos titulares de posições jurídicas anteriormente consolidadas[1854].

29.4.9. A obrigatoriedade constitucional de, por via dos princípios da segurança jurídica e da proteção da confiança, serem introduzidas "cláu-

---

[1849] Para uma limitação das hipóteses de declaração administrativa da nulidade, cfr. José Carlos Vieira de Andrade, *Validade (do acto administrativo)*, in DJAP. VII, Lisboa, 1996, p. 591.

[1850] Mostra-se aqui controvertido, tal como sucede com as situações de violação do Direito da União Europeia ou da Constituição (v. *supra*, nº 29.4.6.), se, perante decisões administrativas nulas ou inexistentes cujas situações de facto por elas geradas foram objeto de reconhecimento jurídico, esses efeitos jurídicos podem ser objeto de uma reconfiguração retroativa ou, pelo contrário, se lhes tiver sido permitido continuar a produzir efeitos, apenas para futuro poderão ser reconfigurados. Ou ainda, numa derradeira hipótese, se nada disso pode suceder, ocorrendo uma imutabilidade da decisão administrativa que reconheceu efeitos jurídicos a situações de facto.

[1851] Neste sentido, cfr. Acórdão do Tribunal Constitucional nº 353/2007, de 12 de junho de 2007, relativo ao processo nº 347/07, in http://www.tribunalconstitucional.pt. Considerando este acórdão um "leading case", cfr. J. M. Sérvulo Correia, *A jurisprudência constitucional...*, pp. 96 ss.

[1852] Cfr. Humberto Ávila, *Segurança Jurídica*, p. 124.

[1853] Sublinhando a articulação entre o recurso ao Direito transitório e a tutela da confiança, cfr. Luís Cabral de Moncada, *Boa fé e tutela da confiança no Direito Administrativo*, in *Estudos em Homenagem ao Prof. Doutor Sérvulo Correia*, II, Coimbra, 2010, pp. 604-605.

[1854] Cfr. Paulo Otero, *Direito Constitucional...*, I, p. 89.

§30º ADMINISTRAÇÃO PÚBLICA E PROJEÇÃO TEMPORAL DA CONFORMAÇÃO INVÁLIDA | 555

sulas de equidade" ou normas de direito transitório, em ambos os casos visando salvaguardar expectativas legítimas dos cidadãos, envolve a suscetibilidade de, à luz da fiscalização difusa da constitucionalidade, se alegar a inconstitucionalidade da lei que omita tais cláusulas ou que não contenha normas transitórias[1855]: a violação dos princípios da segurança e da proteção da confiança consubstancia uma violação do direito fundamental à segurança.

29.4.10. No limite, desde que se prove a existência de danos decorrentes da introdução de uma regulação jurídica fundada na atendibilidade do passado que não acautele o direito fundamental à segurança dos cidadãos perante a Administração Pública, a ordem jurídica habilita o seu ressarcimento por via do instituto da responsabilidade civil: a indemnização a pagar será o "preço" do exercício de uma liberdade conformadora à margem dos valores da segurança e da proteção da confiança – resta saber se esse "preço" indemnizatório deverá ser suportado por toda a comunidade ou, ao invés, pelos decisores públicos que foram os seus protagonistas.

§30º ADMINISTRAÇÃO PÚBLICA E PROJEÇÃO TEMPORAL DA CONFORMAÇÃO INVÁLIDA

30.1. Invalidade da conformação e modulação judicial de efeitos

(A) Princípios gerais

30.1.1. Em termos tradicionais, à luz das regras gerais vigentes no ordenamento jurídico português, o reconhecimento judicial da invalidade de ato jurídico relativo à organização, funcionamento ou relacionamento da Administração Pública determina a sua "destruição" retroativa:

(i)   Se for uma norma sujeita a fiscalização do Tribunal Constitucional, a declaração de inconstitucionalidade ou de ilegalidade nos casos àquela equiparados[1856], fazendo-se com força obrigatória geral, determina que a norma deixe de vigorar desde a sua entrada em

---

[1855] Neste sentido, cfr. HUMBERTO ÁVILA, *Segurança Jurídica*, pp. 640 e 641.
[1856] Para este último conceito, cfr. PAULO OTERO, *Direito Constitucional...*, II, pp. 466 e 467.

556 | IDENTIDADE ESTRUTURANTE DA ADMINISTRAÇÃO PÚBLICA

vigor (invalidade originária)[1857] ou desde o momento em que se iniciou a vigência da norma invalidante (invalidade superveniente)[1858];

(ii) Se se tratar de uma norma sujeita à fiscalização dos tribunais administrativos, igual solução se encontra prevista em caso de declaração da ilegalidade com força obrigatória geral: a norma invalidada deixa de vigorar desde a data da sua emissão[1859];

(iii) Tratando-se de ato não normativo, a sua "destruição" administrativa ou a procedência de ação judicial impugnatória determina que os seus efeitos sejam "destruídos", desde que ocorreu a sua ilegalidade[1860].

30.1.2. Uma imediata limitação à retroatividade das decisões que declaram com força obrigatória geral a invalidade de normas resulta, por imperativo constitucional ditado por razões de segurança, as decisões judiciais já transitadas em julgado[1861] e, por identidade de razões, as decisões administrativas individuais já consolidadas na ordem jurídica[1862] – incluindo aquelas que aplicam norma inconstitucional[1863] –, sendo relevante ter aqui em conta o seguinte:

[1857] Cfr. CRP, artigo 282º, nº 1.

[1858] Cfr. CRP, artigo 282º, nº 2.

[1859] Cfr. CPTA, artigo 76º, nº 1.

[1860] Num tal cenário, verifica-se que a Administração Pública passa a estar vinculada a reconstituir a situação que existiria se o ato anulado não tivesse sido praticado, bem como a dar cumprimento aos deveres que não tenha cumprido com fundamento naquele ato, por referência à situação jurídica e de fato existente no momento em que deveria ter atuado.

[1861] Cfr. CRP, artigo 282º, nº 3, e CPTA, artigo 76º, nº 3.

[1862] Cfr. CPTA, artigo 76º, nº 3.

[1863] Em igual sentido, fazendo a equiparação entre os casos julgados judiciais e os casos decididos ou resolvidos administrativos, cfr. RUI MEDEIROS, *A Decisão de Inconstitucionalidade – Os autores, o conteúdo e os efeitos da decisão de inconstitucionalidade da lei*, Lisboa, 1999, pp. 625 ss.; FERNANDO ALVES CORREIA, *A impugnação jurisdicional de normas administrativas*, CJA, nº 16, 1999, pp. 21-22, nota nº 10; PAULO OTERO, *Legalidade e Administração Pública*, pp. 1014 ss.. Igualmente em sentido favorável a uma extensão dos limites da retroatividade da declaração de inconstitucionalidade ou ilegalidade à ressalva de outras situações juridicamente consolidadas, cfr. GOMES CANOTILHO, *Direito Constitucional e Teoria...*, 6ª ed., pp. 1004-1005. Em sentido contrário, cfr. VASCO PEREIRA DA SILVA, *Revisitando a questão do pretenso «caso decido» no Direito Constitucional e no Direito Administrativo português*, in *Estudos de Homenagem ao Prof. Doutor Jorge Miranda*, III, Coimbra, 2012, pp. 797 ss.

§30º ADMINISTRAÇÃO PÚBLICA E PROJEÇÃO TEMPORAL DA CONFORMAÇÃO INVÁLIDA | 557

(i) A exceção ao que se acaba de dizer encontra-se nas normas de natureza sancionatória, desde que sejam menos favoráveis ao arguido, hipótese em que o caso julgado e a decisão administrativa consolidada (: "caso julgado administrativo"[1864] = "caso decidido"[1865] = "caso administrativo resolvido"[1866] = "preclusão administrativa"[1867]) podem ser objeto de "destruição", aplicando-se ao arguido a lei nova mais favorável – trata-se da designada retroatividade *in bonum partem*[1868];

(ii) Se não se tiver em conta esta última exceção, as situações de intangibilidade do caso julgado e de imodificabilidade das decisões administrativas consolidadas representam cenários em que, salvaguardando-se a manutenção na ordem jurídica de efeitos de atos fundados em normas inválidas[1869], a conformação do agir adminis-

---

Numa posição intermédia, apesar de primeiro ter admitido essa ressalva dos casos decididos administrativos, apelando antes, em vez de uma aplicação analógica do artigo 282º, nº 3, para uma utilização do artigo 282º, nº 4, cfr. JORGE MIRANDA, *Manual de Direito Constitucional*, VI, 4ª ed., Coimbra, 2012, pp. 344-345; VITALINO CANAS, *O Tribunal Constitucional: órgão de garantia da segurança jurídica, da equidade e do interesse público de excepcional relevo*, in *Estudos em Homenagem ao Prof. Doutor Armando M. Marques Guedes*, Coimbra, 2004, pp. 117 ss.

[1864] Expressão usada por ROGÉRIO EHRHARDT SOARES, *Direito Administrativo*, (1978), pp. 219 ss.

[1865] Expressão usada por MARCELO REBELO DE SOUSA/ANDRÉ SALGADO DE MATOS, *Direito...*, I, pp. 85 e 175; JOSÉ CARLOS VIEIRA DE ANDRADE, *Algumas reflexões a propósito da sobrevivência do conceito de "acto administrativo" no nosso tempo*, in *Estudos em Homenagem ao Prof. Doutor Rogério Soares*, Coimbra, 2002, pp. 1209 ss.; CARLA AMADO GOMES, *O "caso decidido": uma instituição (ainda) do nosso tempo?*, in CJA, nº 70, 2008, pp. 16 ss.; VASCO PEREIRA DA SILVA, *Revisitando...*, pp. 797 ss.; RUI TAVARES LANCEIRO, *A «erosão»...*, pp. 461 ss.; PIERRE MOOR/ETIENNE POLTIER, *Droit Administratif*, II, pp. 378 ss.

[1866] Cfr. JOÃO CAUPERS/ANTÓNIO LORENA SÈVES, *O acto administrativo como fonte de Direito*, in *Estudos em Homenagem ao Prof. Doutor José Joaquim Gomes Canotilho*, IV, Coimbra, 2012, pp. 185-186.

[1867] Expressão usada por ADA PELLEGRINI GRINOVER, *A atividade administrativa...*, pp. 58 ss.

[1868] Cfr. FRANCISCO FERNÁNDEZ SEGADO, *Algunas reflexiones generales en torno a los efectos de las sentencias de inconstitucionalidad y a la relatividad de ciertas fórmulas estereotipadas vinculadas a ellas*, in RDP-IDP, nº 1, 2009, pp. 122 e 123.

[1869] No sentido de que a violação do Direito da União Europeia por sentenças judiciais transitadas em julgado ou por decisões administrativas consolidadas não gera a sua intangibilidade, antes habilita a sua "remoção" do ordenamento jurídico, cfr. RUI TAVARES LANCEIRO, *A «erosão»...*, pp. 470 ss.

trativo se pautou ou envolveu a produção de efeitos *contra constitutionem* e *contra legem*[1870];

(iii) Em tais cenários, uma Administração Pública *secundum constitutionem* ou *secundum legem* é substituída, pontualmente, por efeito da restrição do efeito retroativo da declaração de inconstitucionalidade ou de ilegalidade com força obrigatória geral, por uma Administração *contra constitutionem* e *contra legem*;

(iv) Num tal modelo, a ressalva de casos julgados e de casos decididos administrativos poderá gerar uma distorção do princípio da igualdade: as situações não transitadas em julgado e as decisões administrativas não consolidadas (: por impugnação judicial em curso ou ainda correr o prazo de impugnação ou de revogação) encontram-se sujeitas a um regime jurídico diferente.

(B) Introdução à modulação judicial de efeitos

30.1.3. Além da ressalva do caso julgado judicial e do caso decidido administrativo, a destruição retroativa da restante conformação inválida da Administração Pública, garantindo uma efetiva e total subordinação à juridicidade, não pode, todavia, deixar de tomar em consideração ponderativa[1871], à luz da unidade do sistema jurídico, os valores da segurança, da tutela da confiança na aparência, os efeitos prescritivos pelo simples decurso do tempo e a própria relevância do interesse público – a Constituição acolhe um tal entendimento no seu artigo 282º, nº 4.

30.1.4. O artigo 282º, nº 4, da Constituição representa, neste sentido, uma solução que receciona, por via da habilitação ponderativa de valores e interesses que confere ao Tribunal Constitucional no âmbito de um juízo de inconstitucionalidade, uma preocupação de justiça material em torno da segurança e certeza jurídica, proteção da confiança e interesse público

---

[1870] No sentido de que o ato administrativo, num tal cenário, aparece como fonte de Direito, cfr. João Caupers/António Lorena Sèves, *O acto administrativo...*, pp. 185 ss.

[1871] Sublinhando que está em causa uma ponderação ou balanceamento de interesses, cfr. Carlo Mezzanote, *Il contenimento della retroattività degli effetti delle sentenze di accoglimento come questione di diritto costituzionale sostanziale*, in *Effetti temporali delle sentenze della Corte costituzionale anche con riferimento alle esperienze straniere : atti del seminario di studi tenuto al Palazzo della Consulta il 23 e 24 novembre 1988*, Milano, 1989, pp. 243 ss.

§30º ADMINISTRAÇÃO PÚBLICA E PROJEÇÃO TEMPORAL DA CONFORMAÇÃO INVÁLIDA | 559

– há aqui a constitucionalização de realidades pré-constitucionais integrantes do sistema jurídico.

30.1.5. Interpretando a necessidade de ponderação de valores pré-constitucionais integrantes do sistema jurídico, a Constituição permite, num reforço da unidade do sistema, que a retroatividade da declaração de inconstitucionalidade (e de ilegalidade, nos casos equiparados) com força obrigatória geral tenha os seus efeitos modulados ou manipulados pelo Tribunal Constitucional, em decisão fundamentada[1872], verificando-se uma de três causas:
– Segurança jurídica;
– Razões de equidade;
– Interesse público de excepcional relevo.

30.1.6. Em tais hipóteses previstas no artigo 282º, nº 4, da Constituição, o Tribunal Constitucional, numa manifestação de exercício de uma ética da responsabilidade de quem não se desinteressa pelos efeitos das suas decisões[1873], poderá restringir o rigor da retroatividade da declaração de inconstitucionalidade (ou ilegalidade) com força obrigatória geral, permitindo salvaguardar a vigência de uma conformação normativa inválida da Administração Pública:

(i) A inconstitucionalidade ou a ilegalidade da norma não obsta ao reconhecimento da sua produção de efeitos, tudo se passando como se a norma não se encontre ferida de invalidade[1874];

(ii) Observa-se, nestes casos, uma contração aplicativa do princípio da constitucionalidade (e da legalidade) a favor da prevalência, por efeito de uma ponderação judicial habilitada pela própria Constituição, dos valores da segurança, equidade e interesse público de excepcional relevo – há aqui como que um balanço de custos-vantagens, enquanto vertente da proporcionalidade, entre o "peso" de tais valores e o "peso" do princípio da constitucionalidade (e da legalidade);

[1872] Cfr. ROBERTO BIN, *Diritti e Argomenti, Il Bilanciamento degli Interessi nela Giurisprudenza Costituzionale*, Milano, 1992, pp. 138 ss.

[1873] Cfr. GUSTAVO ZAGREBELSKY, *La Giustuzia Costituzionale*, 2ª ed., Bologna, 1988, p. 307; FRANCISCO FERNÁNDEZ SEGADO, *Algunas reflexiones...*, p. 125.

[1874] Neste último sentido, cfr. GOMES CANOTILHO/VITAL MOREIRA, *Constituição...*, II, 4ª ed., p. 979.

560 | IDENTIDADE ESTRUTURANTE DA ADMINISTRAÇÃO PÚBLICA

(iii) A experiência diz-nos que o Tribunal Constitucional "tem recorrido com frequência à limitação de efeitos (...), podendo correr-se o risco de a *exceção* se tornar a *regra*"[1875].

30.1.7. Solução jurídica idêntica foi consagrada no Código de Processo nos Tribunais Administrativos, relativamente a normas objeto de declaração de ilegalidade com força obrigatória geral: a lei diz-nos que, através de decisão judicial fundamentada, os valores da segurança, equidade e interesse público de excecional relevo podem prevalecer sobre uma aplicação pura do princípio da legalidade que determinaria uma destruição retroativa de todos os efeitos da norma inválida[1876].

30.1.8. Em qualquer das hipóteses analisadas, verifica-se que a ordem jurídica habilita o poder judicial a modular no tempo os efeitos decorrentes da invalidade normativa: a inconstitucionalidade ou a ilegalidade das normas conformadoras da organização, funcionamento e relacionamento da Administração Pública não obsta a que, apesar de viciadas, continuem a produzir efeitos ou a serem reconhecidos os efeitos já produzidos.

30.1.9. A inconstitucionalidade ou a ilegalidade das normas reguladoras da Administração Pública, permitindo o desenvolvimento e a vivência de uma Administração Pública paralela à Administração "oficial" (v. *supra*, nº 9.2.6.), mostra-se passível de projetar duas diferentes manifestações temporais de conformação inválida:
– A modulação pretérita de efeitos;
– A modulação *pro futuro* de efeitos.

30.2. Conformação inválida pretérita da Administração Pública

(A) Situações de inconstitucionalidade e de ilegalidade equiparada

30.2.1. A invalidade da conformação normativa da Administração Pública pode ocorrer em dois diferentes cenários[1877]:

[1875] Cfr. GOMES CANOTILHO/VITAL MOREIRA, *Constituição...*, II, 4ª ed., p. 980.
[1876] Cfr. CPTA, artigo 76º, nº 2.
[1877] Cfr. PAULO OTERO, *Direito Constitucional...*, II, pp. 437 ss. e 466.

§30º ADMINISTRAÇÃO PÚBLICA E PROJEÇÃO TEMPORAL DA CONFORMAÇÃO INVÁLIDA | 561

(i) Pode tratar-se de uma invalidade decorrente de um ato jurídico violar normas que, servindo de padrão de conformidade daquele, ainda se encontram vigentes – trata-se da designada inconstitucionalidade ou ilegalidade *presente*;

(ii) Pode, em sentido contrário, a invalidade ter como referência a desconformidade de um ato jurídico face a normas (constitucionais ou legais) que já não estão em vigor – é agora o caso da inconstitucionalidade ou ilegalidade *pretérita*.

30.2.2. Em qualquer destas situações, trate-se de inconstitucionalidade ou de ilegalidade presente ou pretérita, o Tribunal Constitucional e os tribunais administrativos podem sempre modular os efeitos da declaração de invalidade com força obrigatória geral, restringindo a retroatividade da destruição dos seus efeitos:

(i) Em fiscalização sucessiva abstrata da constitucionalidade ou da legalidade de normas, a ordem jurídica habilita os tribunais a, declarando a invalidade de tais normas com força obrigatória geral, ponderar razões de segurança, equidade e interesse público de excecional relevo, isto no sentido de limitar a "destruição" retroativa dos seus efeitos;

(ii) Limitando a retroatividade dos efeitos "destrutivos" da declaração de invalidade com força obrigatória geral, modulando a conformação pretérita da Administração Pública pela ressalva de efeitos inválidos que faz, os tribunais acabam por admitir que os princípios da constitucionalidade e da legalidade se mostram passíveis de ceder ou "recuar" perante os princípios da segurança jurídica, da equidade e do interesse público;

(iii) Assiste-se, simultaneamente, num tal cenário, a uma "convalidação" de um agir administrativo *contra constitutionem* e *contra legem* ou mesmo, tratando-se de atos de execução continuada, a uma continuação do seu agir *contra constitutionem* e *contra legem*[1878]: a conformação inválida da conduta da Administração Pública não impede a produção de efeitos ressalvados pela intervenção judicial – a declaração de invalidade com força obrigatória geral pode desempenhar uma função "branqueadora" da invalidade da habi-

---

[1878] Cfr. PAULO OTERO, *Legalidade e Administração Pública*, pp. 971 ss. e 1010 ss.

562 | IDENTIDADE ESTRUTURANTE DA ADMINISTRAÇÃO PÚBLICA

litação ou do padrão de conduta administrativa, substituindo-se numa "refundamentação" normativa das situações jurídico-administrativas ressalvadas[1879];

(iv) Uma tal preocupação surge mesmo reforçada em cenários de invalidade pretérita: se a inconstitucionalidade ou a ilegalidade resulta da desconformidade face a normas que já não se encontram em vigor, o decurso do tempo tenderá a reforçar a segurança jurídica em serem ressalvados os efeitos até então produzidos pela norma inconstitucional ou ilegal conformadora da Administração Pública;

(v) Uma Administração *contra constitutionem* e *contra legem* ergue-se, em sentido paralelo à Administração *secundum constitutionem* ou *secundum legem*, fundada numa argumentação que apela à "razão de Estado" (: razões de interesse público de excecional relevo)[1880], à segurança jurídica e à equidade;

(vi) Trata-se de uma Administração *contra constitutionem* e *contra legem* que se alicerça, todavia, numa expressa habilitação jurídico-positiva[1881]: o seu caráter verdadeiramente *contra constitutionem* e *contra legem* torna-se aparente, antes traduz a expressão de uma normatividade alternativa – a modulação pretérita dos efeitos da invalidade faz nascer uma Administração Pública alternativa à Administração "oficial".

30.2.3. Deve também admitir-se, apesar da ausência de norma habilitante expressa, que o Tribunal Constitucional possa, em nome dos mesmos valores subjacentes ao artigo 282º, nº 4, restringir os efeitos da retroatividade da inconstitucionalidade (e dos casos de ilegalidade a ela equiparada) em sede de fiscalização sucessiva concreta de normas[1882]: amplia-se, por

---

[1879] Cfr. PAULO OTERO, *Legalidade e Administração Pública*, pp. 1018-1019 e 1021.

[1880] Neste último sentido, cfr. JORGE MIRANDA, *Manual...*, VI, 4ª ed., p. 354.
Para um desenvolvimento das ideias de razão de Estado, num contexto genérico, cfr. ADRIANO MOREIRA, *Razão de Estado*, in *Polis*, V, 1987, pp. 51 ss.; PAULO FERREIRA DA CUNHA, *Do Estado e das suas razões*, in *Estudos em Homenagem ao Prof. Doutor Sérvulo Correia*, I, Coimbra, 2010, pp. 75 ss.

[1881] Essa habilitação resulta expressa, afinal, do artigo 282º, nº 4, da Constituição e do artigo 76º, nº 2, do CPTA.

[1882] Neste sentido, cfr. RUI MEDEIROS, *A Decisão...*, pp. 743 ss.; JORGE MIRANDA, *Manual...*, VI, 4ª ed., p. 359. Em sentido contrário, CARLOS BLANCO DE MORAIS, *Justiça Constitucional*,

§30º ADMINISTRAÇÃO PÚBLICA E PROJEÇÃO TEMPORAL DA CONFORMAÇÃO INVÁLIDA | 563

via desta modulação de efeitos apenas alicerçada numa analogia imposta por razões teleológicas de igualdade, uma Administração *contra constitutionem* e *contra legem*.

30.2.4. Igualmente no âmbito da fiscalização difusa da constitucionalidade (e da legalidade a ela equiparada), a mesma analogia de razões decorrentes dos princípios da segurança, da equidade e ainda razões de interesse público de excecional relevo[1883] poderá ditar a admissibilidade de restrições temporais aos efeitos de um juízo de inconstitucionalidade (e de ilegalidade a ela equiparada) em sede de fiscalização alicerçada no artigo 204º da Constituição[1884]: todos os tribunais podem modelar efeitos, fazendo ampliar o espaço de operatividade de uma Administração *contra constitutionem* e *contra legem*.

(B) Situações de nulidade e de anulabilidade administrativa

30.2.5. Se isto se passa nos domínios da inconstitucionalidade (e da ilegalidade a ela equiparada), verificando-se que o artigo 282º, nº 4, determina que o princípio da constitucionalidade possa ceder ou retroceder perante razões de segurança, equidade e interesse público de excecional relevo, sendo essa mesma solução analogicamente aplicável pelo Tribunal Constitucional em sede de fiscalização sucessiva concreta e por todos os restantes tribunais em sede de fiscalização difusa, pode bem questionar-se se, em todos os restantes casos de ilegalidade administrativa (sem envolver

---

II, 2ª ed., Coimbra, 2011, em especial, pp. 865 ss.; HUGO ALEXANDRE PEDRO CORREIA, *Admissibilidade da restrição temporal de efeitos em fiscalização concreta*, in CARLOS BLANCO DE MORAIS (coord.), *As Sentenças Intermédias da Justiça Constitucional – Estudos Luso--Brasileiros de Direito Público*, Lisboa, 2009, em especial, pp. 784 ss.

[1883] Não era esta, sublinhe-se, a nossa inicial posição face às razões de interesse público de excecional relevo (cfr. PAULO OTERO, *Ensaio...*, p. 162), sendo essa ainda, em princípio, a posição de JORGE MIRANDA, *Manual...*, VI, 4ª ed., p. 359.

[1884] Igualmente neste sentido, cfr. RUI MEDEIROS, *A Decisão...*, pp. 743 ss.; JORGE MIRANDA, *Manual...*, VI, 4ª ed., p. 359; PAULO OTERO, *Ensaio...*, p. 162. Contra, cfr. MIGUEL GALVÃO TELES, *Inconstitucionalidade pretérita*, in JORGE MIRANDA (org.), *Nos Dez Anos da Constituição*, Lisboa, 1986, pp. 330-331; FRANCISCO AGUILAR, *Amnistia e Constituição*, Coimbra, 2004, pp. 230-231; CARLOS BLANCO DE MORAIS, *Justiça Constitucional*, II, 2ª ed., pp. 858 ss.

564 | IDENTIDADE ESTRUTURANTE DA ADMINISTRAÇÃO PÚBLICA

inconstitucionalidade ou ilegalidade a ela equiparada), os tribunais não poderão modular os efeitos "destrutivos" da retroatividade decorrente da procedência de ação judicial impugnatória[1885]:

(i) Desde logo, a nulidade dos atos consequentes ao ato anulado, verificando-se a existência de posições jurídicas favoráveis de terceiros (contrainteressados) de boa-fé, titulares de interesses legítimos na manutenção de tais atos consequentes, justificará a sua proteção[1886], habilitando o juiz a fazer uma ponderação passível de modelar o alcance dos efeitos destrutivos resultantes da anulação do ato impugnado;

(ii) Em outras situações de nulidade, desde que se estejam em causa valores decorrentes da tutela da confiança, num propósito de se alcançar a justiça material da situação concreta, tem sido contestada a automaticidade do efeito invalidante da nulidade, apelando-se, tanto ao nível da atividade unilateral[1887] quanto da atividade bilateral da Administração Pública[1888], a um reforço do papel pretoriano do juiz na ponderação principiológica;

(iii) Igualmente em sede de nulidade, a ordem jurídica admite que, por efeito do decurso do tempo e demais valores decorrentes da tutela da confiança, da aparência e da boa-fé, se possam atribuir efeitos jurídicos a situações de facto decorrentes da nulidade[1889]; ora, se assim sucede, em casos de nulidade, por maioria de razão,

---

[1885] Respondendo em sentido afirmativo, desenvolvendo uma leitura sistémica do artigo 282º, nº 4, cfr. JORGE SILVA MARTINS, *A restrição de efeitos do juízo de invalidade: uma solução constitucional com implicações sistémicas*, in *Estudos em Homenagem ao Prof. Doutor Sérvulo Correia*, I, Coimbra, 2010, em especial, pp. 453 ss.

[1886] Neste sentido, cfr. J.C. VIEIRA DE ANDRADE, *Inconsequências e iniquidades na aplicação da doutrina da nulidade do "acto consequente" de ato anulado (a propósito das decisões de júris anuladas no âmbito de concursos para recrutamento de professores universitários)*, in *Estudos de Homenagem ao Prof. Doutor Jorge Miranda*, IV, Coimbra, 2012, pp. 389 ss.

[1887] Cfr, J.C. VIEIRA DE ANDRADE, *A nulidade administrativa, essa desconhecida*, in *Em Homenagem ao Professor Doutor Diogo Freitas do Amaral*, Coimbra, 2010, em especial, pp. 781 ss.

[1888] Cfr. LUIZ CABRAL DE MONCADA, *A invalidade do contrato administrativo*, in *Estudos de Homenagem ao Prof. Doutor Jorge Miranda*, IV, Coimbra, 2012, pp. 573-574.

[1889] Cfr. J.C. VIEIRA DE ANDRADE, *A nulidade...*, pp. 778 ss. Fazendo daqui extrair a ideia do ato administrativo como fonte de Direito, cfr. JOÃO CAUPERS/ANTÓNIO LORENA SÈVES, *O acto administrativo...*, pp. 187 ss.

não se mostra plausível afastar a aplicação de solução idêntica no âmbito das situações de anulabilidade;

(iv) Se a inconstitucionalidade e as situações de nulidade decorrentes da violação da legalidade ordinária permitem que certos efeitos possam ser ressalvados, conferindo a ordem jurídica ao juiz um poder modulativo ou manipulador dos efeitos das suas sentenças, por maioria de razão, atendendo a uma exigência de unidade do sistema jurídico em torno dos valores da segurança, equidade e interesse público de excecional relevo, não pode deixar de se reconhecer ao juiz a faculdade de adotar uma de duas condutas:

– Procedendo à anulação de um ato, ressalvar situações já produzidas ao seu abrigo, fixando os efeitos da anulação com alcance mais restritivo do que os resultantes da retroatividade da "destruição" do ato anulável;

– Apesar de reconhecer a invalidade do ato, afastar, todavia, o efeito anulatório, permitindo que o ato continue a produzir efeitos como se fosse válido[1890].

30.2.6. Ressalvando efeitos inválidos decorrentes de situações de nulidade e de anulabilidade, numa modulação das sentenças de provimento da impugnação de decisões inválidas, a ordem jurídica reforça a existência de situações de conformação inválida pretérita da Administração Pública: uma Administração *contra legem* corre o risco de, alicerçada na tutela material

---

Para um estudo aprofundado da matéria, cfr. JORGE SILVA MARTINS, *Os efeitos putativos como instrumento de protecção da confiança no quadro de actos administrativos nulos. Contributo para a sua compreensão dogmática*, dissertação de mestrado, inédita, Lisboa, 2011.

[1890] Mostra-se possível, neste domínio, que o juiz possa mesmo afastar o efeito anulatório nas seguintes hipóteses: (i) se o conteúdo do ato anulável não possa ser outro, desde que não haja interesse relevante na anulação dos efeitos já produzidos pelo ato; (ii) se comprove que a anulabilidade decorrente de vício formal ou procedimental não teve qualquer influência na decisão; (iii) se verifique que à execução da sentença de anulação obstaria a existência de uma situação de impossibilidade absoluta; (iv) se verifique que a anulação originaria um prejuízo de excecional gravidade para o interesse público ou danos de difícil ou impossível reparação para os contrainteressados, por ser manifesta a desproporção existente entre o seu interesse na manutenção da situação constituída pelo ato e a do interessado na concretização dos efeitos da anulação.

566 | IDENTIDADE ESTRUTURANTE DA ADMINISTRAÇÃO PÚBLICA

da justiça subjacente ao sistema jurídico e aflorada no artigo 282º, nº 4, da Constituição, se instalar – será sempre, em qualquer caso, uma Administração materialmente justa e, por essa via, integrada no sistema jurídico.

30.2.7. Não se poderá excluir, todavia, a possibilidade de se desenvolver um certo efeito perverso de, usando razões de segurança pública, equidade e interesse público de excecional revelo, se admitir, num juízo administrativo de probabilidade, que o tribunal possa ressalvar, normalmente, efeitos de atos inválidos:

(i) Será a perversidade dolosa de a Administração Pública emanar atos inválidos contando que, por tais razões habilitantes do efeito modulador das sentenças, os juízes possam sempre restringir a retroatividade da declaração de invalidade, permitindo que se mantenham na ordem jurídica efeitos de uma Administração *contra legem*;

(ii) Tais condutas administrativas nunca deixarão, porém, de ser ilícitas e geradoras de responsabilidade civil pessoal do seu autor.

30.3. Conformação inválida *pro futuro* da Administração Pública

30.3.1. Se, até aqui, se ponderou, nos termos do artigo 282º, nº 4, da Constituição, a possibilidade de o Tribunal Constitucional restringir, em relação ao passado, a "destruição" de efeitos da inconstitucionalidade, permitindo que razões de segurança jurídica, equidade e interesse público de excecional relevo possam "ressalvar" efeitos de normas inconstitucionais (ou ilegais nos casos àquela equiparados), agora aquilo que se trata é de saber se o Tribunal Constitucional pode diferir ou protelar para momento posterior à sua sentença o início dos efeitos típicos da declaração de inconstitucionalidade com força obrigatória geral:

(i) Em vez de atribuir eficácia retroativa à decisão de inconstitucionalidade ou de dizer que esta só produzirá efeitos após a sua publicação no jornal oficial, o Tribunal Constitucional remete para momento posterior a produção de efeitos cassatórios decorrentes da sua declaração de inconstitucionalidade[1891], criando uma espécie de *vacatio legis* ao seu acórdão publicado[1892];

(ii) Significa isto que a norma inconstitucional, além de ver ressalvados os efeitos já produzidos, passa a ter "licença" para continuar a produzir efeitos inconstitucionais no futuro, isto é, em momento posterior à sua declaração de inconstitucionalidade com força obrigatória geral: existe aqui uma relativização do caráter normativo e da rigidez hierárquica da Constituição[1893];

(iii) Se a declaração de inconstitucionalidade com força obrigatória geral não impede a continuação da vigência da norma inconstitucional, então regista-se uma habilitação para uma continuada ação decisória de uma Administração Pública *contra constitutionem*;

(iv) A conformação inválida do agir administrativo, num cenário de certeza dessa mesma invalidade por declaração expressa do próprio Tribunal Constitucional, não se limita a envolver uma modulação ou manipulação pretérita de efeitos, alargando-se também ao futuro: a Administração *contra constitutionem* encontra-se habilitada a aplicar normas inconstitucionais, segundo decisão do Tribunal Constitucional, seguindo como padrão conformador de conduta um modelo normativo delineado pelo legislador ao arrepio da Constituição[1894].

[1891] A situação em causa é diferente da hipótese em que o Tribunal Constitucional, sem julgar a norma inconstitucional, emite um juízo precário de não inconstitucionalidade, permitindo a continuação da sua vigência temporária, isto no sentido de possibilitar ao legislador uma reconfiguração normativa da situação, cfr. MIGUEL PRATA ROQUE, *Juízos precários de constitucionalidade. O Tribunal Constitucional perante a crise do modelo social europeu e o retrocesso dos direitos fundamentais*, in *Estudos de Homenagem ao Prof. Doutor Jorge Miranda*, II, Coimbra, 2012, em especial, pp. 857 ss.

[1892] Neste último sentido, cfr. HANS KELSEN, *La garantie juridictionnelle de la Constitution*, in RDP(F), 1928, pp. 218-219.

[1893] Cfr. MARIA DEL CARMEN BLASCO SOTO, *La Sentencia en la Cuestión de Inconstitucionalidad*, Barcelona, 1995, p. 355.

[1894] Sublinhando, todavia, que, em tais casos, admitindo a eficácia prospetiva de normas reconhecidas como inconstitucionais, o Tribunal Constitucional desenvolve uma atividade "tipicamente legislativa" ou de "conotação legislativa", cfr. ANDRÉ RAMOS TAVARES, *Teoria da Justiça Constitucional*, São Paulo, 2005, pp. 265 ss.

568 | IDENTIDADE ESTRUTURANTE DA ADMINISTRAÇÃO PÚBLICA

30.3.2. Sem prejuízo da incidência do fenómeno ao nível da jurisprudência norte-americana[1895] ou da sua resolução normativa na Áustria[1896], observemos quatro exemplos de sentenças envolvendo modulação *pro futuro* de efeitos:

(i) Na Alemanha, sem prejuízo da multiplicidade de situações[1897], numa hipótese ainda de constitucionalidade, apesar de "em trânsito para a inconstitucionalidade"[1898], o Tribunal Constitucional, diante da desigualdade dos círculos eleitorais, por efeitos do decurso do tempo e de alterações demográficas, apelou para o legislador, num curto espaço de tempo, aprovar nova lei de distribuição dos círculos eleitorais, mantendo em vigor, todavia, a lei, sem se atrever a proceder à declaração da inconstitucionalidade da solução vigente[1899], pois, se o tivesse feito, invalidaria as últimas eleições, o governo e o funcionamento do parlamento, órgão competente para aprovar a nova lei, instalando-se o caos jurídico[1900];

(ii) No Brasil, perante a criação inconstitucional de um município, objeto de uma declaração de inconstitucionalidade mais de seis anos depois, o Supremo Tribunal Federal, sob pena de deixar sem qualquer suporte jurídico as múltiplas situações de facto entretanto criadas, teve de remeter para o futuro a produção de fei-

---

[1895] Cfr. LAURENCE H. TRIBE, *American Constitutional Law*, 3ª ed., New York, 2000, pp. 218 ss.

[1896] Cfr. KARL KORINEK/ANDREA MARTIN, *Die Verfassungsgerichtsbarkeit in Österreich*, in CHRISTIAN STARCK/ALBRECHT WEBER, (org.), *Verfassungsgerichtsbarkeit in Westeuropa*, 2ª ed., Baden-Baden, 2007, pp. 67 ss., em especial, p. 80.

[1897] Para um elenco de uma pluralidade de situações de declaração de inconstitucionalidade sem pronúncia de nulidade, envolvendo a modulação de efeitos por parte do Tribunal Constitucional alemão, cfr., em língua portuguesa, GILMAR FERREIRA MENDES, *Jurisdição Constitucional*, 5ª ed., São Paulo, 2005, pp. 267 ss.; HUMBERTO ÁVILA, *Segurança Jurídica*, pp. 500 ss.

[1898] Cfr. GOMES CANOTILHO, *Direito Constitucional...*, p. 1008; CARLOS BLANCO DE MORAIS, *Justiça Constitucional*, II, p. 328.

[1899] Cfr. Decisão do Bundesverfassungsgericht, de 22 de maio de 1963, in BVerfGE 16, 130 (141/142).

[1900] Cfr. WILTRAUT RUPP VON BRÜNNECK, *Darf das Bundesverfassungsgericht an den Gesetzgeber appellieren?* in *Festschrift für Gebhard Müller*, Tübingen, 1970, pp. 355 ss.

§30º ADMINISTRAÇÃO PÚBLICA E PROJEÇÃO TEMPORAL DA CONFORMAÇÃO INVÁLIDA | 569

tos da sua declaração, permitindo que o legislador regulasse a situação[1901];

(iii) Em Espanha, a criação inconstitucional de uma reserva ambiental conduziu o Tribunal Constitucional a remeter para o futuro os efeitos da declaração de inconstitucionalidade, sob pena de prejudicar a tutela ambiental da área[1902];

(iv) Em Portugal, perante o adiantado estado da execução orçamental e o perigo de ficar comprometida a solvabilidade financeira do Estado, por efeito de compromissos com a União Europeia e o Fundo Monetário Internacional, o Tribunal Constitucional determinou que a inconstitucionalidade da suspensão do pagamento de subsídios de férias e de natal aos funcionários públicos não produzisse efeitos durante aquele ano em curso[1903].

30.3.3. Independentemente da discussão doutrinal em torno da admissibilidade constitucional da figura do diferimento para futuro dos efeitos da declaração de inconstitucionalidade com força obrigatória geral[1904], torna-se hoje indiscutível, à luz da jurisprudência do Tribunal Constitucional[1905], que em tais casos assistimos ao desenvolvimento de uma Administração

---

[1901] Cfr. GEORGES ABBOUD, *Jurisdição Constitucional e Direitos Fundamentais*, São Paulo, 2011, pp. 298 ss.; HUMBERTO ÁVILA, *Segurança Jurídica*, pp. 529 ss.; FLÁVIA CERQUEIRA SAMPAIO, *Os efeitos diferidos para o futuro de uma decisão de inconstitucionalidade*, in CARLOS BLANCO DE MORAIS (coord.), *As Sentenças Intermédias...*, em especial, pp. 693 ss.

[1902] Cfr. FRANCISCO FERNÁNDEZ SEGADO, *Los overrulings jurisprudenciales del Tribunal Constitucional español*, in *Estudios sobre la Constitución Española – Homenaje al Profesor Jordi Solé Turá*, Salamanca, 2009, pp. 545-546; IDEM, *El Tribunal Constitucional Español como legislador positivo*, in *Estudos de Homenagem ao Prof. Doutor Jorge Miranda*, I, Coimbra, 2012, em especial, pp. 755 ss.

[1903] Cfr. Acórdão do Tribunal Constitucional nº 353/2012, de 5 de julho de 2012, cit.

[1904] Em sentido afirmativo, cfr. HANS KELSEN, *La garantie...*, pp. 218 ss.; RUI MEDEIROS, *A Decisão...*, pp. 724 ss.; JOSÉ DE SOUSA BRITO, *O que é o direito para o jurista?*, in *Estudos em Homenagem a Miguel Galvão Teles*, I, Coimbra, 2012, p. 30; em sentido negativo, recusando a admissibilidade de tais sentenças, cfr. MARCELO REBELO DE SOUSA, *O Valor Jurídico do Acto Inconstitucional*, I, Lisboa, 1988, p. 261; JORGE MIRANDA, *Manual...*, VI, 4ª ed., p. 358; GOMES CANOTILHO, *Direito Constitucional...*, p. 1008; GOMES CANOTILHO/ VITAL MOREIRA, *Constituição...*, II, 4ª ed., p. 979; CARLOS BLANCO DE MORAIS, *Justiça Constitucional*, II, pp. 332 e 359 ss.

[1905] Cfr. Acórdão do Tribunal Constitucional nº 353/2012, de 5 de julho de 2012, cit.

570 | IDENTIDADE ESTRUTURANTE DA ADMINISTRAÇÃO PÚBLICA

contra constitutionem: a modulação para o futuro dos efeitos da declaração de inconstitucionalidade com força obrigatória geral determina que a Administração Pública passa a encontrar-se vinculada a uma conformação jurídica inválida do seu agir – não se trata agora de "ressalvar" efeitos já produzidos, antes está em causa vincular o futuro agir administrativo a uma normatividade já julgada e declarada inconstitucional.

30.3.4. A admissibilidade reconhecida pelo Tribunal Constitucional de remeter para o futuro o início da produção de efeitos cassatórios da declaração de inconstitucionalidade com força obrigatória geral, à luz de um poder que faz dele o "verdadeiro «senhor» da Constituição"[1906], não pode deixar que se equacionem também as seguintes interrogações:

(i) Será admissível que o protelar de efeitos *pro futuro* de um juízo de inconstitucionalidade ou de ilegalidade também seja aplicado pelo Tribunal Constitucional no âmbito de processos de fiscalização sucessiva concreta?

(ii) Poderá essa remissão de produção de efeitos *pro futuro* ser feita em sede de fiscalização difusa da constitucionalidade ou da ilegalidade pelos restantes tribunais?

(iii) Uma vez que o Tribunal Constitucional alicerça a modulação da declaração de inconstitucionalidade com eficácia *pro futuro* nos valores resultantes do artigo 282º, nº 4[1907], será que também os tribunais administrativos, em sede de declaração da ilegalidade com força obrigatória geral de normas regulamentares, nos termos do artigo 76º, nº 2, do CPTA, podem manipular ou modular os seus efeitos *pro futuro*?

(iv) E, por último, perante ações administrativas impugnatórias da ilegalidade de atos e contratos da Administração Pública, será que, em caso de procedência, os tribunais podem modular os respetivos efeitos *pro futuro*?

Se a resposta a tais interrogações for em sentido afirmativo, abrem-se então mais portas a uma Administração Pública *contra constitutionem* e *contra legem*: a conformação do seu agir futuro, durante o período de suspensão dos efeitos do juízo judicial de invalidade, pautar-se-á por normas

---

[1906] Cfr. ANDRÉ RAMOS TAVARES, *Teoria...*, p. 269.
[1907] Cfr. Acórdão do Tribunal Constitucional nº 353/2012, de 5 de julho de 2012, cit.

§30º ADMINISTRAÇÃO PÚBLICA E PROJEÇÃO TEMPORAL DA CONFORMAÇÃO INVÁLIDA | 571

inconstitucionais e/ou ilegais, encontrando-se habilitada a produzir atos contrários à juridicidade – deverá ser ainda e sempre, todavia, uma Administração pautada por razões de justiça material.

30.4. Modelação de efeitos pelo juiz e poder judicial

30.4.1. O artigo 282º, nº 4, da Constituição, funcione como afloramento de uma cláusula geral decorrente da preocupação de justiça material do sistema jurídico ou como norma excecional do ordenamento, tal como as suas "réplicas" a nível administrativo, o certo é que investe o juiz de um papel metodológico e funcional que reabre a discussão em torno do conceito de função judicial[1908]: a modelação de efeitos das normas pelo juiz, fazendo os tribunais comungar de preocupações de bem-estar na realização da justiça, não se mostra isenta de repercussões ao nível do recorte do princípio da separação de poderes.

30.4.2. A possibilidade de o juiz modelar efeitos decorrentes da aplicação de atos inválidos, permitindo, por via da sua ressalva, uma conformação pretérita ou *pro futuro* da Administração Pública, revela, independentemente da sua projeção num agir administrativo *contra constitutionem* e *contra legem* fundado em preocupações de justiça material, uma postura metodologicamente ativa do poder judicial na realização do Direito[1909]: sendo certo que, à luz do princípio da separação de poderes e do princípio democrático, a realização do Direito pelo juiz não pode envolver uma "intencionalidade estratégica, reformadora e programática que corresponde aos poderes de direção política" atribuídos ao poder legislativo[1910], a verdade é que o juiz não é, nem nunca foi, a simples "boca que pronuncia as palavras da lei"[1911].

[1908] Cfr. VITALINO CANAS, *O Tribunal Constitucional...*, pp. 107 ss.

[1909] Para mais desenvolvimentos e indicações bibliográficas, cfr. PAULO OTERO, *O Poder de Substituição...*, I, pp. 45 ss.

[1910] Neste sentido, cfr. A. CASTANHEIRA NEVES, *Metodologia Jurídica – Problemas fundamentais*, Coimbra, 1993, p. 236.

[1911] Cfr. MONTESQUIEU, *Del Espíritu de las Leyes*, Livro XI, Cap. VI, p. 214.

Para um confronto das relações entre o juiz e o legislador à luz da tradição francesa e do modelo de *common law*, cfr. RICARDO BRANCO, *Ainda a submissão do juiz à lei – breve apontamento sobre os paradigmas clássicos da resolução do problema e sobre o modo como se coloca no Direito*

572 | IDENTIDADE ESTRUTURANTE DA ADMINISTRAÇÃO PÚBLICA

30.4.3. Se o núcleo diferenciador de julgar e administrar residir na indisponibilidade pelo juiz da factualidade, nunca lhe sendo permitido criar ou participar na criação de factos, ao invés da Administração que revela uma intencionalidade politicamente conformadora da realidade factual[1912], então a modelação de efeitos pelo juiz, num exercício ponderativo de bens, interesses e valores, revela uma "carga" de intencionalidade dispositiva de factos que seleciona para tomar em ponderação (v.g., o risco de *default*, a aparência, o enriquecimento, o decurso do tempo ou a confiança de terceiros de boa-fé):

(i) Existe aqui, respeitadas que sejam as diversas vertentes do princípio da proporcionalidade, uma margem de autonomia do juiz na escolha dos factos relevantes a ponderar, no juízo sobre o peso a atribuir a cada um deles e na sua própria mutação configurativa face a diferentes casos concretos – esta atividade de ponderação revela uma zona de "discricionariedade jurisdicional"[1913], expressão de uma inerente intencionalidade de conformação social que é animada por preocupações de justiça material ou de paz jurídica;

(ii) A distinção entre julgar e administrar será, à luz da ótica da disponibilidade do facto, meramente tendencial, verificando-se que o juiz não tem a iniciativa de impulso processual inicial, aguardando que exista um litígio e que este lhe seja submetido, exercendo uma função repressiva e *a posteriori* face ao agir administrativo, encontrando-se ainda condicionado pelos termos do pedido (v. *supra*, nº 5.3.11.);

(iii) O juiz age ainda "de fora e acima do conflito de interesses decidendo"[1914], enquanto a Administração Pública é sempre protagonista e "defensora oficiosa" do interesse público concreto.

---

português, in *Estudos em Memória do Professor Doutor António Marques dos Santos*, II, Coimbra, 2005, pp. 271 ss.

[1912] Cfr. RUI GUERRA DA FONSECA, *O Fundamento...*, pp. 589 ss.; IDEM, *A imparcialidade como indisponibilidade do facto: ou o critério essencial da distinção entre administração e juiz*, in *Estudos de Homenagem ao Prof. Doutor Jorge Miranda*, IV, Coimbra, 2012, pp. 797 ss.

[1913] Para um desenvolvimento deste conceito, cfr. SÉRVULO CORREIA, *Margem de livre decisão...*, pp. 396 ss.

[1914] Cfr. SÉRVULO CORREIA, *Margem de livre decisão...*, p. 397.

§31º EXCURSO: HABILITARÁ A CONSTITUIÇÃO A MODULAÇÃO JUDICIAL | 573

30.4.4. A modelação de efeitos pelo juiz, conferindo-lhe uma intencionalidade de iniciativa recetora e manipuladora de factos, expressando sempre uma ponderação à luz de princípios acolhidos pelo ordenamento jurídico, segundo uma visão conformadora da realidade social em termos justos, permite encontrar uma função judicial que se revela comprometida na justiça do bem-estar, visando a resolução de litígios: a modelação de efeitos pelo juiz traduz sempre uma intencionalidade em busca da solução justa para dirimir um conflito de pretensões.

30.4.5. A magna questão consiste em saber se a ordem jurídica habilita a modelação judicial de efeitos apenas ao nível de situações de invalidade, permitindo aqui ao juiz fazer ponderações de que resulte a ressalva de efeitos de atos inválidos, ou se, sempre teleologicamente orientado pela prossecução da justiça do bem-estar num propósito de paz jurídica, o poder judicial (sem nunca expressar qualquer juízo sobre o mérito político das normas[1915]) se encontra também habilitado a modular efeitos decorrentes da aplicação de atos válidos – a resposta não pode deixar de se encontrar no quadro da Constituição.

§31º EXCURSO: HABILITARÁ A CONSTITUIÇÃO A MODULAÇÃO JUDICIAL DE EFEITOS SEM INVALIDADE?

31.1. Uma metodologia ao serviço da justiça do caso concreto

31.1.1. Importa aprofundar o sentido e a função do artigo 282º, nº 4, da Constituição dentro do sistema jurídico, enquanto norma que, acolhendo preocupações pré-constitucionais de justiça material do ordenamento (v. *supra*, nº 30.1.4.), permite a modulação judicial de efeitos decorrentes da aplicação das normas jurídicas: se a segurança jurídica, a equidade e o interesse público de excecional relevo são valores passíveis de prevalecer

---

[1915] Para uma curiosa análise da jurisprudência do Supremo Tribunal Federal norte-americano a propósito da constitucionalidade da reforma da saúde do Presidente Obama, cfr. RICARDO LEITE PINTO, *O papel dos Supremo Tribunal no sistema político-constitucional norte americano e a questão da "politicidade" da justiça constitucional: a decisão sobre a lei da reforma dos cuidados de saúde*, in *Estudos em Homenagem a Miguel Galvão Teles*, I, Coimbra, 2012, pp. 215 ss.

574 | IDENTIDADE ESTRUTURANTE DA ADMINISTRAÇÃO PÚBLICA

sobre uma aplicação rigorosa dos princípios da constitucionalidade e da legalidade, habilitando que efeitos de atos inválidos sejam ressalvados (: efeito pretérito) ou que se continuem a praticar atos inválidos (: efeito futuro), não será que, à luz do argumento *a maiori ad minus*, esses mesmos valores podem também habilitar que o juiz manipule efeitos decorrentes da aplicação em concerto de normas válidas de Direito ordinário?

31.1.2. Se a ordem jurídica permite, segundo expressa disposição constitucional, que o princípio da constitucionalidade e da legalidade sejam sacrificados aos valores da segurança e da equidade ou a interesse público de excecional relevo, conferindo a estes princípios um primado relativamente àqueles primeiros[1916] – apesar de uma tal solução ainda expressar a vontade da própria Lei Fundamental, num processo de autoderrogação do princípio da constitucionalidade[1917] e da legalidade –, pode bem colocar-se um dilema argumentativo face à exigência de justiça material do caso concreto perante efeitos decorrentes da aplicação de normas válidas:

(i)   Será que a segurança jurídica, a equidade ou um interesse público de excecional relevo podem também prevalecer, à luz de decisão judicial fundamentada, face a efeitos de normas que, sem colocar em causa a juridicidade, comportam soluções concretas geradoras de insegurança, iniquidade ou lesivas de interesse público de excecional relevo?

(ii)   Ou, em sentido contrário, tais valores apenas assumem relevância derrogatória dos princípios da constitucionalidade e da legalidade numa dimensão temporalmente (pretérita e, eventualmente, futura) da invalidade, sem possibilidade de serem transpostos para habilitar o juiz a fazer uma contração aplicativa do princípio da legalidade e, neste sentido, da vontade política do legislador, em cenários de pura aplicação de lei válida?

[1916] Desenvolve-se aqui um raciocínio já antes parcialmente exposto, cfr. PAULO OTERO, *Lições...*, I, 1º tomo, p. 149.

[1917] Cfr. PAULO OTERO, *Ensaio...*, pp. 89-90; IDEM, *Direitos históricos e não tipicidade pretérita dos direitos fundamentais*, in *AB VNO AD OMNES – 75 Anos da Coimbra Editora (1920-1995)*, Coimbra, 1998, p. 1085.

§31º EXCURSO: HABILITARÁ A CONSTITUIÇÃO A MODULAÇÃO JUDICIAL | 575

31.1.3. Em última análise, a autoderrogação dos princípios da constitucionalidade e da legalidade, usando para o efeito razões de segurança jurídica e de equidade, ainda se fundamenta numa tutela da confiança e da justiça que, em situações extremas, colocando em causa a própria garantia da dignidade humana dos envolvidos, justifica que um espaço axiológico de autodeterminação goze de prevalência face a uma juridicidade positivada: a solução constante do artigo 282º, nº 4, da Constituição, funcionando como "válvula de escape" do sistema, apesar de ser predeterminada pelo próprio sistema, aflora um princípio geral revelador de uma ordem material de valores ao serviço de uma conceção personalista do Direito.

31.1.4. A própria suscetibilidade de razões de interesse público de excecional relevo gozarem de prevalência face aos princípios da constitucionalidade e da legalidade, numa "razão de Estado" constitucionalizada, habilitando que efeitos de normas inválidas possam ser ressalvados ou que as mesmas possam continuar a ser aplicadas, nunca se pode desligar da inserção social do ser humano e do seu assumir de deveres para com toda a comunidade:

(i) A conceção personalista não se confunde com o individualismo[1918], permitindo que razões decorrentes do bem comum da coletividade possam ser ponderadas ou balanceadas[1919], se se encontrarem em conflito ou colisão com outros bens, interesses ou valores, até porque o interesse geral da comunidade e da sua sustentabilidade intertemporal, apesar de diferente da soma dos interesses individuais, nunca pode ser alheio aos interesses da pessoa humana que vive hoje e viverá amanhã nessa mesma sociedade;

(ii) Os juízes, imbuídos de uma ética de responsabilidade que os tem de fazer ponderar os efeitos das decisões que tomam, não podem, em nome de uma mecânica aplicação da legalidade jurídico-posi-

---

[1918] Em sentido contrário, cfr. DANILO CASTELLANO, *Qué es el bien común?*, in *Verbo*, nº 505-510, 2012, p. 717.

[1919] Em sentido contrário, considerando que o personalismo "destrói a primazia do bem comum e, por isso, prescinde da natureza social do homem", cfr. MIGUEL AYUSO, *Por qué el bien común? Problemas de un desconocimiento y razones para uma rehabilitación*, in *Verbo*, nº 505-510, 2012, p. 901.

tiva, condenar o Estado à sua ruína[1920], pois, se o fizerem, acabam por fazer ruir a casa da liberdade e dos direitos das pessoas, uma vez que no Estado reside a melhor garantia de tutela da pessoa humana (v. *supra*, nºs 6.1.1. e 28.2.4.).

31.1.5. Ilustremos, a título exemplificativo, a preocupação de justiça do caso concreto perante efeitos decorrentes da aplicação de atos válidos a situações envolvendo obrigações pecuniárias[1921]:

(i) Perante uma ação de responsabilidade extracontratual contra o Estado, se se verificarem todos os pressupostos, será que o juiz, usando uma argumentação baseada na grave crise financeira que o Estado atravessa ou na ideia de que o custo financeiro da indemnização é suportado por toda a comunidade através dos impostos que paga, fazendo aqui ponderar razões decorrentes de um interesse público de excecional relevo ou de pura equidade fiscal, poderá modular os efeitos que resultariam da pura aplicação da legalidade, restringindo os valores indemnizatórios pedidos?

(ii) Poderá uma idêntica argumentação aplicar-se na responsabilidade contratual, fundamentando uma limitação condenatória do valor indemnizatório pedido pelo cocontratante privado, verificando-se um cenário de incumprimento contratual do Estado, isto por razões de dificuldades financeiras?

(iii) A comprovação judicial dos fundamentos de facto de um pedido de reequilíbrio financeiro, isto no âmbito de um contrato administrativo, durante um cenário de grave crise financeira conducente a um elevando risco de *defult* do Estado, não conferirá ao juiz o

---

[1920] Cfr. HERBERT KRÜGER, *Allgemeine Staatslehre*, Stuttgart, 1966, p. 620, *apud* FRANCISCO FERNÁNDEZ SEGADO, *Algunas reflexiones...*, pp. 106-107.

[1921] Trata-se de retomar uma ideia já antes aflorada, a propósito das causas de justificação da responsabilidade civil extracontratual por facto ilícito, de que a satisfação de qualquer pretensão indemnizatória envolve no âmbito jurídico-público, salvo casos de responsabilidade pessoal dos titulares dos órgãos, a utilização de meios financeiros de toda a coletividade, sabendo-se que o lesante, apesar de ser a Administração Pública, acaba por conduzir a que sejam os recursos financeiros de *todos* a ressarcir os prejuízos de *um* ou de *alguns*, cfr. PAULO OTERO, *Causas de exclusão da responsabilidade civil extracontratual da Administração Pública por facto ilícito*, in *Estudos em Homenagem ao Prof. Doutor Sérvulo Correia*, II, Coimbra, 2010, pp. 965 ss.

poder de manipular os efeitos da sentença condenatória, à luz de interesse público de excecional relevo?

(iv) Poderá o próprio conceito de "justa indemnização" face a condutas administrativas lesivas de direitos de conteúdo patrimonial privado conferir ao juiz a faculdade de, atendendo a uma ponderação da específica posição jurídica do "expropriado", à luz do princípio da igualdade[1922], modular os efeitos aplicativos da lei, num apelo à equidade do caso concreto?

(v) Será que se pode justificar, num cenário de estado de emergência económico-financeiro, uma redistribuição do risco contratual[1923], habilitando, em caso de ações judiciais ou arbitrais fundadas numa alteração de circunstâncias, o juiz a modelar os efeitos no sentido de aliviar os contribuintes da imputabilidade de todos ou da maioria dos riscos financeiros?

(vi) Podem ser invocadas razões de índole financeira, desde que exista risco de *defult* do Estado, como causa legítima de inexecução (total ou parcial) de sentença judicial condenatória da Administração Pública ao pagamento de quantia certa?

Nenhuma destas interrogações poderá ser respondida sem uma devida ponderação da relevância, face ao caso concreto, da proteção da segurança jurídica e da tutela da confiança dos titulares de direitos de crédito envolvidos[1924] – trata-se de garantir sempre a materialidade da justiça do caso concreto.

[1922] Tal como o Tribunal Constitucional procedeu quanto aos pensionistas, face à suspensão de uma percentagem do subsídio de férias, nos termos do Orçamento de Estado de 2012, cfr. Acórdão nº 187/2012, de 5 de abril de 2013, processos nºs 2/2013, 3/2013, 8/2013 e 11/2013, cit.

[1923] Para um aprofundamento do conceito de risco nos contratos administrativos, cfr. NAZARÉ COSTA CABRAL, *As Parcerias Público-Privadas*, Coimbra, 2010, pp. 71 ss.; PEDRO MELO, *A Distribuição do Risco nos Contratos de Concessão de Obras Públicas*, Coimbra, 2011, pp. 61 ss.; LINO TORGAL/JOÃO DE OLIVEIRA GERALDES, *Concessões de actividades públicas e direito de exclusivo*, in *Estudos de Homenagem ao Prof. Doutor Jorge Miranda*, IV, Coimbra, 2012, pp. 543 ss.

[1924] Nos termos da jurisprudência do Tribunal Constitucional, o princípio da confiança envolve quatro requisitos ou testes (cfr. Acórdão nº 188/2009, de 22 de abril de 2009, referente ao processo 505/08, in http://www.tribunalconstitucional.pt; Acórdão nº 474/2013, de 29 de agosto, cit.):

– Primeiro: é necessário que o Estado "tenha desenvolvido comportamentos capazes de gerar nos privados expectativas de continuidade";

578 | IDENTIDADE ESTRUTURANTE DA ADMINISTRAÇÃO PÚBLICA

31.1.6. Uma primeira proposta de resolução de alguns de tais casos poderá ser feita à luz da figura do estado de emergência ou necessidade económico-financeiro (v. *supra*, nº 6.5.)[1925], funcionando a crise económico-financeira como um genuíno facto revelador de uma justiça do caso concreto que atende a uma alteração das circunstâncias factuais[1926], a razões de interesse público de excecional relevo[1927] ou geradoras de um grave prejuízo para o interesse público[1928]. Não dispensa uma tal proposta de resolução, todavia, ponderações determinadas pela tutela da confiança e da segurança jurídica.

31.1.7. Independentemente do acolhimento de uma tal linha argumentativa, há duas zonas que, sem margem para dúvidas, habilitam, por via

---

– Segundo: "devem tais expectativas ser legítimas, justificadas em boas razões";
– Terceiro: "devem os privados ter feito planos de vida tendo em conta a prognose de continuidade do comportamento estadual";
– Quarto: "é ainda necessário que não ocorram razões de interesse público que justifiquem, em ponderação, a não continuidade do comportamento que gerou a situação de expectativa".

[1925] Neste sentido, cfr. JOSÉ CASALTA NABAIS/SUZANA TAVARES DA SILVA, *O Estado pós-moderno...*, p. 271; JOSÉ CASALTA NABAIS, *Da sustentabilidade...*, pp. 33-34; SUZANA TAVARES DA SILVA, *Sustentabilidade...*, pp. 75 ss.

[1926] Para uma articulação entre a alteração de circunstâncias e os valores da justiça e a segurança, cfr. JOSÉ DE OLIVEIRA ASCENSÃO, *Elogio do doutorando...*, pp. 376-377. Especificamente sobre a repercussão da crise financeira e a aplicação da teoria da alteração das circunstâncias no âmbito de contratos de Direito privado de execução continuada, qualificando a crise financeira como "grande alteração de circunstâncias", cfr., por todos, MANUEL CARNEIRO DA FRADA, *Crise financeira mundial e alteração das circunstâncias: contratos de depósito vs. Contratos de gestão de carteiras*, in *Estudos em Homenagem ao Prof. Doutor Sérvulo Correia*, III, Coimbra, 2010, em especial, pp. 480 ss.

[1927] Cfr. JORGE SILVA MARTINS, *A restrição...*, pp. 473 ss.
Em sentido convergente, não obstante as diferenças de abordagem, admitindo que o artigo 282º, nº 4, da Constituição possa habilitar a redução da indemnização decorrente da inconstitucionalidade de atos legislativos, acrescentando, todavia, mas em termos que não "vulnere o conteúdo essencial do direito constante do art. 22º", cfr. JORGE MIRANDA, *A Constituição e a responsabilidade civil do Estado, in Estudos em Homenagem ao Prof. Doutor Rogério Soares*, Coimbra, 2002, p. 939.

[1928] Reconhecendo que o estado de necessidade administrativa, subjacente à figura do excecional ou greve prejuízo para o interesse público, sirva de fundamento para uma causa legítima de inexecução de sentença judicial por parte da Administração Pública, cfr. SÉRVULO CORREIA, *Revisitando o estado de necessidade*, in *Em Homenagem ao Professor Doutor Diogo Freitas do Amaral*, Coimbra, 2010, pp. 729-730; IDEM, *Legalidade...*, pp. 282-283.

de ponderações concretas de segurança, equidade e interesse público, a admissibilidade de modulações ou manipulações de efeitos de normas válidas por parte do juiz:

(i) Tratando-se de tribunal arbitral, se o mesmo, à luz de expresso dispositivo, decide segundo a equidade[1929];

(ii) Se o juiz (arbitral ou não) se encontra legalmente habilitado a encontrar uma solução segundo critérios de equidade[1930].

31.1.8. Como será possível alcançar, em todas as restantes hipóteses, num apelo à materialidade ou substancialidade decisória apurada "dentro do espírito do sistema", a justiça do caso concreto?

(i) As ponderações concretas fundadas em razões de segurança, equidade e interesse público, visando ainda e sempre alcançar a justiça material do litígio a decidir, segundo uma fundamentação argumentativa da racionalidade do balanceamento efetuado pelo tribunal, permitem comunicar à aplicabilidade da normatividade válida um sentido unitário de justiça que, encontrando-se possibilitado pela Constituição até em relação aos efeitos de normas inválidas (ainda que inconstitucionais!), nunca pode deixar de estar presente numa conceção personalista do Direito e da Administração Pública – a obediência do juiz à lei significa vinculação ao Direito[1931] e, em vez de ser *"la bouche de la loi"*, o juiz é *"la bouche du droit"*[1932];

(ii) Remonta a Aristóteles a defesa do entendimento de que, existindo casos que contrariam a universalidade da solução enunciada na lei,

---

[1929] Defendendo a admissibilidade de a equidade habilitar mesmo decisões arbitrais *contra legem*, cfr. Paulo Otero, *Legalidade e Administração Pública*, pp. 1061 ss.; Idem, *Admissibilidade e limites da arbitragem voluntária nos contratos públicos e nos actos administrativos*, in *II Congresso do Centro de Arbitragem da Câmara de Comércio e Indústria Portuguesa – Intervenções*, Almedina, Coimbra, 2009, pp. 89-90; Idem, *Equidade e arbitragem administrativa*, in *Centenário do Nascimento do Professor Doutor Paulo Cunha – Estudos em Homenagem*, Coimbra, 2012, pp. 827 ss., em especial, pp. 848 ss.

[1930] Neste último sentido, cfr. CCP, artigo 314º, nº 2.

[1931] Cfr. Konrad Hesse, *Grundzüge...*, p. 237, nota nº 54.
No mesmo sentido, à luz do artigo 203º da Constituição portuguesa, cfr. Ricardo Branco, *Ainda a submissão do juiz à lei*, p. 288.

[1932] Cfr. Willis Santiago Guerra Filho, *Poder judiciário, hermenêutica constitucional e princípio da proporcionalidade*, in *Estudos de Homenagem ao Prof. Doutor Jorge Miranda*, III, Coimbra, 2012, p. 895.

580 | IDENTIDADE ESTRUTURANTE DA ADMINISTRAÇÃO PÚBLICA

a equidade habilita "que se retifique o defeito, isto é, que se retifique o que o legislador deixou escapar e a respeito do que, por se pronunciar de um modo absoluto, terá errado. É isso o que o próprio legislador determinaria, se presenciasse o caso ou viesse a tomar conhecimento da situação (...)"[1933] – trata-se de habilitar o juiz a fazer uma interpretação corretiva da lei[1934] ou, num cenário de lacuna oculta[1935], a fazer uma redução teleológica[1936];

(iii) Se se recortar dentro da juridicidade a existência de uma normatividade permeável à relevância das situações factuais subjacentes à sua aplicação, expressão de um *jus aequum*, e de uma normatividade "surda" ou impermeável a tais situações de facto, falando-se agora num Direito estrito (: "*Strenges Recht*")[1937], o artigo 282º, nº 4, da Constituição permite vislumbrar a existência no ordenamento português de uma cláusula geral habilitante de um *jus aequum*: as normas reguladoras das relações entre a Administração Pública e os cidadãos não podem deixar de ser permeáveis, num propósito de alcançar a justiça material do caso concreto, à relevância de uma competência judicial de modulação de efeitos aplicativos da juridicidade estrita – pode falar-se, neste sentido, numa "juridicidade translegal"[1938].

31.1.9. Se não está em causa uma situação de estado de necessidade (v. *supra*, nº 31.1.6.), nem o juiz se encontra expressamente habilitado a decidir à luz da equidade (v. *supra*, nº 31.1.7.), a ponderabilidade pelo juiz de razões de segurança, equidade ou interesse público de excecional relevo, perante os efeitos decorrentes da aplicação de normas válidas, nunca pode deixar de envolver uma reflexão centrada em três linhas argumentativas:

[1933] Cfr. ARISTÓTELES, *Ética a Nicómaco*, p. 130 (1137b20).

[1934] Cfr. ANTÓNIO MENEZES CORDEIRO, *Tratado...*, I, 4ª ed., p. 768.

[1935] A lacuna oculta traduz uma situação "em que uma regra legal, contra o seu sentido literal, mas de acordo com a teleologia imanente à lei, precisa de uma restrição que não está contida no texto legal", cfr. KARL LARENZ, *Metodologia...*, pp. 555-556.

[1936] Cfr. ANTÓNIO MENEZES CORDEIRO, *Tratado...*, I, 4ª ed., pp. 768 e 782 ss.; KARL LARENZ, *Metodologia...*, pp. 555 ss..

[1937] Traçando, neste sentido, uma dicotomia, cfr. BERNHARD WINDSCHEID, *Lehrbuch...*, I, 5ª ed., p. 70.

[1938] Cfr. RICARDO BRANCO, *Ainda a submissão do juiz à lei*, p. 287.

(i) Será o artigo 282º, nº 4, da Constituição o afloramento de uma cláusula geral habilitante de uma competência moduladora ou manipuladora por parte do juiz face aos efeitos de todo o Direito que aplica, alicerçada na unidade do sistema jurídico e na justiça do caso concreto?

– É que, se, em cenários de invalidade, por contrariar a Lei Fundamental, a segurança, a equidade e o interesse público de excecional relevo podem ditar o afastar de uma aplicação rígida do princípio da constitucionalidade, incluindo em termos futuros (v. *supra*, nº 30.3.), idênticas preocupações podem mostrar-se suscetíveis de justificar uma contração aplicativa dos efeitos típicos do princípio da legalidade;

– A justiça do caso concreto passa a assumir, neste contexto de um *ad hoc balancing* entre a aplicação "pura e dura" da legalidade e os seus efeitos, à luz dos valores da segurança, da equidade e do interesse público de excecional relevo, a configuração de critério teleológico de uma metodologia aplicativa da juridicidade[1939]: uma juridicidade estrita será substituída por uma juridicidade integrante de um *jus aequum* – a equidade envolve "uma abertura do Direito para lá de si próprio"[1940];

(ii) Não será, porém, que, por via da modelação ou manipulação judicial de efeitos decorrentes da aplicação de normas válidas, se assistirá a um protagonismo do juiz face ao legislador, reforçando a designada "ascensão institucional do Poder Judiciário"[1941], permitindo ao juiz criar ou participar na criação de factos[1942], fora

---

[1939] Para uma discussão metodológica sobre a busca da solução justa do caso concreto, cfr. KARL LARENZ, *Metodologia...*, pp. 190 ss.

[1940] Cfr. MANUEL CARNEIRO DA FRADA, *A equidade (ou a "justiça com coração") – a propósito da decisão arbitral segundo a equidade*, in *Estudos de Homenagem ao Prof. Doutor Jorge Miranda*, VI, Coimbra, 2012, p. 308.

[1941] Para uma equacionar das principais coordenadas da discussão em torno do mundo do direito e da política ao nível da intervenção dos juízes, cfr. LUÍS ROBERTO BARROSO, *Democracia, Constituição e supremacia judicial: direito e política no debate contemporâneo*, in *Estudos de Homenagem ao Prof. Doutor Jorge Miranda*, II, Coimbra, 2012, pp. 426 ss.

[1942] Neste último sentido, em termos de caracterização da função judicial, cfr. RUI GUERRA DA FONSECA, *O Fundamento...*, em especial, pp. 590 ss.; IDEM, *A imparcialidade...*, em especial, pp. 809 ss.

582 | IDENTIDADE ESTRUTURANTE DA ADMINISTRAÇÃO PÚBLICA

dos quadros da separação de poderes, à margem da legitimidade democrática do legislador e com uma total insegurança sobre a imprevisibilidade da aplicação do Direito vigente?

– Haveria, neste sentido, que se discutir uma argumentação alicerçada na reinterpretação do princípio da interdependência de poderes e apelar a um reforço da relevância do precedente judicial[1943], fazendo da ausência de intencionalidade dispositiva dos factos uma mera característica tendencial da função judicial (v. *supra*, nº 30.4.2.), sem prejuízo de se reconhecer ao juiz uma "intencionalidade concreta"[1944];

– Nem se poderá esquecer a analogia de protagonismo judicial e de insegurança jurídica quando o juiz aplica conceitos indeterminados, define a medida da pena ou fixa o *quantum* indemnizatório de danos morais (ou não patrimoniais, tal como sucede com a vida[1945] e os designados "danos existenciais"[1946]);

– Já quanto à legitimidade democrática do legislador, os conflitos entre lei e Constituição há muito que fizeram dos tribunais os principais guardiões dos direitos dos cidadãos e da esfera da sociedade civil[1947];

(iii) Não haverá aqui, reconhecendo-se ao juiz um tal poder modelador de efeitos resultantes da aplicação de atos válidos, uma substituição da subordinação à norma por "contingentes valorações sociais do juiz"[1948], numa espécie de "jurisprudência da realidade" que

---

[1943] Para uma desenvolvida argumentação no sentido de se respeitarem os precedentes judiciais, à luz da segurança jurídica, igualdade e coerência da ordem jurídica, cfr., por todos, LUIZ GUILHERME MARINONI, *Precedentes Obrigatórios*, São Paulo, 2011, pp. 103 ss.

[1944] Cfr. RICARDO BRANCO, *Ainda a submissão do juiz à lei*, pp. 287 ss.

[1945] Cfr. MANUEL CARNEIRO DA FRADA, *A própria vida como dano?* pp. 165 ss.

[1946] Para um elenco e caracterização destes últimos, cfr. MANUEL CARNEIRO DA FRADA, *Nos 40 anos do Código Civil Português – Tutela da personalidade e dano existencial*, in THEMIS, edição especial, 2008, pp. 47 ss.

[1947] Na realidade, capturado o legislativo por interesses e lógicas partidárias, longe vai o mito da perfeição da lei e da sua natureza garantística: a experiência ensina-nos que, numa inversão do postulado constitucional que subordina a vontade popular ao respeito pela dignidade humana, os principais atentados aos direitos fundamentais têm tido como protagonista ou autor o legislador.

[1948] Cfr. A. CASTANHEIRA NEVES, *Metodologia Jurídica*, p. 203.

§31º EXCURSO: HABILITARÁ A CONSTITUIÇÃO A MODULAÇÃO JUDICIAL | 583

atribui ao juiz um "poder totalmente discricionário e absoluto", tendo como pretexto a normatividade[1949]?
- Tratar-se-ia sempre, todavia, de um poder excecional, justificável pela necessidade de encontrar uma solução fundada em razões de justiça material do caso concreto, sendo a decisão judicial de primeira instância passível de controlo por via de recurso;
- A alternativa será, renunciando à justiça material das soluções concretas, o sistema jurídico se resumir num modelo positivista-legalista fundado na lei e na vontade do político – os juízes serão, numa vitória histórica de Montesquieu, *"la bouche de la loi"*, meros executores do decisor político.

Não se pode apresentar, neste quadro ponderativo, porém, uma solução fechada: a questão é deixada em aberto – trata-se de uma área de operatividade do designado *law in action*.

31.1.10. A discussão em torno da possibilidade de o juiz modular efeitos decorrentes da aplicação de normas válidas fica lançada: há aqui um apelo a uma metodologia aplicativa da juridicidade administrativa fora das tradicionais coordenadas do legalismo positivista dos séculos XVIII e XIX – é tempo de, sem complexos de intercomunicabilidade de saberes face às lições do Direito Comum, se tentar edificar um Direito regulador da Administração Pública próprio do século XXI e apto a responder à "revolução administrativa" em curso (v. *supra*, §4º).

31.1.11. Mesmo abstraindo da eventual habilitação resultante de uma cláusula geral que o ordenamento jurídico faz aflorar no artigo 282º, nº 4, da Constituição, para os tribunais, usando uma metodologia ponderativa, procederem a uma modelação de efeitos decorrentes da aplicação de normas válidas, utilizando razões decorrentes da segurança, equidade e interesse público, importa não esquecer que a concorrência conflituante entre normas, envolvendo a tutela de bens, valores ou interesses em colisão, nunca deixará de habilitar o juiz, numa metodologia alicerçada num *ad hoc balancing* (v. *supra*, §22º), a modular efeitos decorrentes da aplica-

---

[1949] Cfr. A. CASTANHEIRA NEVES, *Metodologia Jurídica*, p. 203.

584 | IDENTIDADE ESTRUTURANTE DA ADMINISTRAÇÃO PÚBLICA

ção de normas válidas – haverá sempre aqui um desenvolvimento judicial do Direito[1950].

31.2. Juridicidade aberta e Administração crítica

31.2.1. Admitindo-se a suscetibilidade de os tribunais modelarem efeitos decorrentes da aplicação de normas válidas, procurando obter a justiça material do caso concreto, então a Administração Pública encontrar-se-á vinculada a uma juridicidade aberta, expressão de um sistema jurídico também ele aberto[1951].

31.2.2. A abertura do sistema jurídico-administrativo assume um triplo significado:
  (i)   Abertura a alterações do equilíbrio entre as componentes da sua normatividade reguladora e à própria mutabilidade histórica da ordem jurídica – o ordenamento regulador da Administração Pública não é fechado, nem imutável;
  (ii) Abertura, por conseguinte, a novas "pautas de valoração"[1952] e a diferentes ponderações no âmbito da sua criação legislativa, na sua aplicação administrativa (v. *supra*, §22º) e no seu controlo judicial – o ordenamento regulador da Administração Pública encontra-se sujeito a ponderações ou balanceamento de bens, interesses e valores;
  (iii) Abertura, por último, "à reserva de conhecimentos futuros melhores"[1953], numa postura científica de humildade metodológica de quem não possui a verdade eterna[1954] – o ordenamento regula-

---

[1950] Cfr. KARL LARENZ, *Metodologia...*, pp. 574 ss., em especial, p. 587.

[1951] Sobre a abertura do sistema jurídico, cfr. CLAUS-WILHELM CANARIS, *Pensamento Sistemático e Conceito de Sistema na Ciência do Direito*, Lisboa, 1989, pp. 103 ss.; KARL LARENZ, *Metodologia...*, pp. 234, 241 e 693 ss.; ANTÓNIO MENEZES CORDEIRO, *Da Boa Fé...*, II, pp. 1259 ss.; PAULO OTERO, *Lições...*, I, 2º tomo, pp. 326-327; IDEM, *Legalidade e Administração Pública*, pp. 266-267.

[1952] Cfr. KARL LARENZ, *Metodologia...*, p. 693.

[1953] Cfr. KARL LARENZ, *Metodologia...*, p. 693.

[1954] Neste sentido, referindo-se aos universitários, "de nós se não ouvirá nunca dizer, com certeza, que nunca nos enganamos ou que raramente temos dúvidas. Sabemos que havemos de enganar-nos e que muitas dúvidas nos assaltarão", cfr. DIOGO FREITAS DO AMARAL, *Intervenção final*, in Leg., 9/10, 1994, p. 208.

dor da Administração Pública e a construção dogmática que dele é feita são incompletos e provisórios[1955], encontrando-se sujeitos a revisibilidade, isto é, a serem substituídos por uma nova explicação científica mais adequada[1956].

31.2.3. A abertura do sistema jurídico-administrativo à revisibilidade, segundo as coordenadas de uma democracia crítica[1957], determina, se se excetuar um núcleo intangível imediatamente decorrente da garantia da dignidade da pessoa humana, a tentativa de edificação de uma Administração crítica: trata-se de um modelo administrativo que, em vez de fundado nas ideias de infalibilidade e omnipotência, se revela inquieto, sempre disposto a corrigir-se, admitindo que pode agir melhor e, por isso, sempre disponível a reconhecer os seus erros, a rediscutir os problemas e as suas decisões.

31.2.4. A proposta de construção de um modelo jurídico de Administração crítica, sendo dotado de abertura a uma reserva de futuros e melhores conhecimentos (v. *supra*, nº 31.2.2.), tem presente que "uma verdade científica não triunfa por convencer os seus opositores, fazendo-os vê-la com clareza, mas sim, antes, porque os seus opositores acabam morrendo e surge uma nova geração familiarizada, desde o início, com a nova verdade" (Max-Planck)[1958].

[1955] Cfr. CLAUS-WILHELM CANARIS, *Pensamento...*, p. 106.

[1956] Cfr. RUI CHANCERELLE DE MACHETE, *Considerações sobre a dogmática administrativa no moderno Estado Social*, separata da ROA, 1986, p. 3.

[1957] Sobre o conceito de "democracia crítica", GUSTAVO ZAGREBELSKY, *A Crucificação...*, pp. 112 ss.; PAULO OTERO, *Instituições...*, I, pp. 421 ss.; CLARA CALHEIROS, *Justiça e poder democrático. Uma reflexão a partir do pensamento de Zagrebelsky*, in *Estudos de Homenagem ao Prof. Doutor Jorge Miranda*, I, Coimbra, 2012, em especial, pp. 520 ss.

[1958] Cfr. http://www.frasesypensamientos.com.ar/autor/max-planck.html.

ÍNDICE GERAL

NOTA PRÉVIA	7
PLANO DO MANUAL	9
ABREVIATURAS	11

INTRODUÇÃO

Secção 1ª
Pressupostos de estudo do Direito Administrativo

§1º Administrar, administração e Direito   19
 1.1. Administrar   19
 1.2. Administração privada e administração pública:
       a diferenciação   22
 1.3. Idem: a flexibilidade das fronteiras   25
 1.4. Direito Administrativo ou Direito da Administração Pública?   28
       (A) Do Direito Administrativo ao Direito Privado
            Administrativo: as "fugas"   28
       (B) Direito Administrativo e identidade da Administração
            Pública   32
 1.5. Matriz identitária do Direito Administrativo   34

§2º Bibliografia portuguesa   35
 2.1. Manuais e lições de Direito Administrativo Geral   35
 2.2. Dissertações de doutoramento publicadas   42
 2.3. Relatórios académicos sobre o ensino do Direito
       Administrativo   46

588 | MANUAL DE DIREITO ADMINISTRATIVO

§3º Bibliografia estrangeira — 48
3.1. Bibliografia europeia de matriz continental — 48
3.2. Bibliografia anglo-saxónica — 55
3.3. Outra bibliografia — 57
3.4. Excurso: Direito Administrativo Europeu — 58

Secção 2ª
Pressupostos conceituais do discurso jusadministrativo

§4º Vocabulário da Administração Pública — 63
4.1. Terminologia funcional — 63
4.2. Interesse público — 64
   (A) A dimensão fundante do bem comum — 64
   (B) Função e determinação — 68
   (C) Pluralismo e conflitualidade — 71
4.3. Vinculação — 73
   (A) O sentido evolutivo da vinculação à juridicidade — 73
   (B) Diversidade de vinculações: entre a juridicidade
      e a boa administração — 76
   (C) O desrespeito da vinculação — 79
   (D) Notas complementares — 83
4.4. Responsabilidade — 84
   (A) Fundamento — 84
   (B) Tipologia — 86
   (C) Efeitos — 89

§5º Vocabulário dos particulares como administrados — 89
5.1. Terminologia relacional — 89
   (A) Subjetivação das normas administrativas — 89
   (B) Identificação do vocabulário — 91
5.2. Relação (administrativa) — 93
   (A) O contacto com a Administração Pública — 93
   (B) Relativização dogmática da relação
      jurídico-administrativa — 96
   (C) Tipologia das relações jurídico-administrativas — 100
5.3. Pretensão — 106

(A)	Conceito e objeto	106
(B)	Dimensão processual e dimensão material	108
(C)	Os destinatários: entre a Administração e os tribunais	110
(D)	Natureza jurídica	115
5.4.	Garantias	116
(A)	A subjetivização do controlo da Administração Pública	116
(B)	Idem: obrigação legal de controlo?	118
(C)	Tipologia	118
5.5.	Idem: garantias internacionais e europeias	121

Secção 3ª
Pressupostos metodológicos
do Direito Administrativo no século XXI

§6º	**A "revolução administrativa"**	**127**
6.1.	O desmoronar das grandes certezas administrativas	127
6.2.	A rotura do modelo tradicional: os principais momentos	131
6.3.	O processo de "revolução administrativa" em curso	133
6.4.	Sustentabilidade: condicionante ou pressuposto da "revolução"?	139
(A)	Administração predadora e Administração sustentável	139
(B)	Princípio do desenvolvimento sustentável	140
(C)	Idem: a projeção político-constitucional	143
6.5.	"Revolução" em estado de emergência financeira permanente?	146
6.6.	O desafio metodológico	150
§7º	**O "imperialismo administrativo"**	**151**
7.1.	Conceito e ilustração	151
7.2.	Imperialismo e terminologia administrativa	153
7.3.	Imperialismo e identidade cultural administrativa	157
7.4.	Repercussões didáticas do imperialismo administrativo	162
7.5.	Idem: ensinar teoria geral do ordenamento jusadministrativo	163

PARTE I – FUNDAMENTOS DA ADMINISTRAÇÃO PÚBLICA

Capítulo 1º
BASES JURÍDICAS DA ADMINISTRAÇÃO PÚBLICA

Secção 1ª
Instrumentos conceptuais da Administração Pública

§8º	**Administração Pública: ideias nucleares**	**171**
8.1.	Polissemia do conceito de Administração Pública	171
8.2.	Plasticidade das necessidades a cargo da Administração Pública	174
8.3.	Multiplicidade de tarefas da Administração Pública	176
8.4.	Função administrativa e Administração Pública	181
	(A) Reserva de função administrativa	181
	(B) Conceito de função administrativa	184
8.5.	Função administrativa e poder administrativo: interações	185
	(A) Autonomia do poder administrativo	185
	(B) Suavização dos poderes administrativos de autoridade	188
8.6.	Normas de competência e organização interna do poder administrativo	190
	(A) Função e sentido das normas de competência	190
	(B) Tipologia das normas de competência	191
8.7.	Formas e meios da atividade administrativa: introdução	197
	(A) A multiplicidade de formas	197
§9º	**Tipologia da Administração Pública: as principais dicotomias**	**202**
9.1.	Generalidades	202
9.2.	Direito regulador e tipos de Administração Pública	203
9.3.	Estrutura do substrato organizativo e tipos de Administração Pública	206
9.4.	Atividade desenvolvida e tipos de Administração Pública	211
9.5.	Procedimento adotado e tipos de Administração Pública	218
9.6.	Efeitos produzidos e tipos de Administração Pública	222
§10º	**Posições jurídicas dos particulares face à Administração Pública**	**226**
10.1.	Quadro geral de referência	226

ÍNDICE GERAL | 591

10.2.	Posições jurídicas ativas	228
10.3.	Idem: classificação dos direitos subjetivos	235
10.4.	Idem: classificação dos interesses legalmente protegidos	240
10.5.	Idem: excurso – posições jurídicas ativas tituladas pela Administração Pública?	244
10.6.	Posições jurídicas passivas	248

Secção 2ª
Memória histórica da Administração Pública

§11º Administração Pública pré-liberal — 253

11.1.	Preliminares	253
11.2.	Administração medieval-corporativa	254
11.3.	Administração renascentista-barroca	259
11.4.	Administração iluminista-absolutista	264

§12º Administração liberal — 270

12.1.	As inovações revolucionárias	270
12.2.	As continuidades pré-revolucionárias	271
12.3.	A contraditória génese do Direito Administrativo revolucionário	275
12.4.	O mito revolucionário liberal: equívocos	276
12.5.	Da legitimação administrativa tradicional à legitimação legal-constitucional do aparelho administrativo	278

§13º Administração pós-liberal — 280

13.1.	Administração do Estado intervencionista	280
13.2.	Idem: a Administração do Estado Novo	282
13.3.	Idem: a Administração do Estado de Direito democrático	284
13.4.	Pressupostos de uma Administração neoliberal?	287

Secção 3ª
Conceções político-filosóficas sobre a Administração Pública

§14º Politicidade da Administração Pública — 295

| 14.1. | Conceção tradicional: a Administração executiva da vontade política do legislador | 295 |

592 | MANUAL DE DIREITO ADMINISTRATIVO

14.2. Conceção alternativa: a Administração independente
do legislativo   297
14.3. Administração e participação no exercício da função
legislativa   301
14.4. Administração e efetividade da Constituição:
a Constituição refém   303
14.5. Legitimação política e colonização partidária   305
14.6. Politicidade da decisão administrativa:
o mito da neutralidade   307

§15º **Personalismo e Administração Pública**   309
15.1. Conceção personalista de prossecução do interesse público   309
15.2. Dignidade humana e personalismo administrativo   316
15.3. Personalismo administrativo, direitos e deveres
fundamentais   319
15.4. Direitos fundamentais e "cidadania administrativa"   323

Secção 4ª
Constituição e Administração Pública

§16º **Constituição administrativa**   331
16.1. Conceito, função e tipologia   331
16.2. Constituição administrativa e Constituição política   334
16.3. Idem: as condicionantes políticas do modelo
de Administração Pública   337
16.4. Conflitualidade administrativa constitucional   342

§17º **Ordem axiológica constitucional e Administração Pública**   345
17.1. Princípios fundamentais conformadores do sistema político   345
17.2. Princípio da democracia humana   346
17.3. Princípio do Estado de Direito democrático   347
17.4. Princípio da soberania internacionalizada e europeizada   355
17.5. Princípio da unidade descentralizada   357

§18º **Princípios gerais da Administração Pública: uma introdução**   360
18.1. Generalidades   360

ÍNDICE GERAL | 593

18.2.	Princípios gerais da organização administrativa	362
18.3.	Princípios gerais da atividade administrativa	366

§19º Princípios garantísticos face à Administração Pública — 375

19.1.	Explicação prévia	375
19.2.	Princípios operativos da unidade do sistema jurídico	376
19.3.	Princípios de acesso à Administração Pública	383
19.4.	Princípios do procedimento administrativo	389
19.5.	Princípios de controlo da Administração Pública	396
19.6.	Princípios de incidência intra-administrativa	401

Capítulo 2º
IDENTIDADE ESTRUTURANTE DA ADMINISTRAÇÃO PÚBLICA

Secção 1ª
Traços materiais da Administração Pública contemporânea

§20º Personalização: Administração Pública personalizada — 409

20.1.	A génese histórica da personalização	409
20.2.	Origem do fenómeno em Portugal	411
20.3.	Personalidade pública e subordinação ao Direito	415
20.4.	Personalização e pluralismo intra-administrativo: entre a racionalização e a desresponsabilização	417

§21º Complexificação: Administração Pública gestora de conflitos — 419

21.1.	Multilateralidade administrativa	419
21.2.	Complexificação administrativa e relações intersubjetivas	422
21.3.	Complexificação administrativa e relações intrassubjetivas	424
21.4.	Complexificação e conflitualidade jurídico-privada	428

§22º Ponderação: Administração Pública de balanceamento — 432

22.1.	Pressupostos: normatividade e conflitualidade	432
	(A) O Direito como ponderação	432
	(B) Resolução de conflitos normativos	434
22.2.	Objeto da ponderação: bens, interesses e valores	437
22.3.	Cenários de ponderação e separação de poderes	441

594 | MANUAL DE DIREITO ADMINISTRATIVO

22.4. Fases procedimentais da ponderação	445
22.5. Efeitos da ponderação administrativa	447

§23º Especialização: Administração Pública técnico-científica — 450

23.1. A valorização das estruturas tecno-burocráticas	450
23.2. A decisão técnico-científica e os limites da legitimidade político-democrática	453
23.3. O poder técnico-científico	456
23.4. Idem: os instrumentos técnico-científicos de poder	460

§24º Privatização: Administração Pública privatizada — 464

24.1. Polissemia do conceito	464
24.2. Privatização da regulação administrativa da sociedade	466
24.3. Privatização do Direito regulador da Administração	467
24.4. Privatização das formas organizativas da administração	468
24.5. Privatização da gestão ou exploração de tarefas administrativas	472
24.6. Privatização do acesso a uma atividade económica	474
24.7. Privatização do capital social de empresas públicas	476
24.8. Privatização dos critérios substantivos de decisão administrativa	477
24.9. Privatização do controlo da Administração	480

§25º Informatização: Administração Pública eletrónica — 484

25.1. Transformação da Administração: uma nova Administração?	484
25.2. Riscos, perigos e desvantagens da Administração eletrónica	488
25.3. Vinculações da informatização administrativa: os limites da Administração eletrónica	492
25.4. Haverá um direito fundamental ao relacionamento por meios eletrónicos com a Administração Pública?	495

Secção 2ª
A desterritorialização da Administração Pública

§26º Administração Pública descentrada do Estado — 499

26.1. Da Administração territorializada à globalização administrativa	499

26.2. Espaços administrativos comuns: os condomínios
de Administrações 507
26.3. Erosão do Estado e internacionalização da Administração
Pública 509

§27º Administrações Públicas sem Estado 513
27.1. Administração Pública das uniões internacionais 513
27.2. Administração Pública das organizações internacionais ... 515
27.3. Administração Pública da União Europeia 518
(A) Génese e especificidades 518
(B) Europeização das administrações públicas nacionais .. 522
(C) Idem: a federação administrativa europeia 525
27.4. Administração Pública por organizações não-governamentais 527

§28º Excurso: a Administração Pública nacional – um enclave? ... 531
28.1. Residualidade da Administração nacional: o equacionar
da questão 531
28.2. Idem: uma tentativa de resposta 532

Secção 3ª
Dimensão intertemporal da Administração Pública

**§29º Administração Pública e projeção temporal da liberdade
conformadora** 539
29.1. Colocação do problema jurídico-temporal 539
29.2. Conformação da Administração Pública e configuração
do futuro 542
29.3. Idem: a alteração de circunstâncias 545
29.4. Conformação da Administração Pública e a atendibilidade
do passado 548

**§30º Administração Pública e projeção temporal da conformação
inválida** 555
30.1. Invalidade da conformação e modulação judicial de efeitos 555
(A) Princípios gerais 555
(B) Introdução à modulação judicial de efeitos 558

MANUAL DE DIREITO ADMINISTRATIVO

30.2. Conformação inválida pretérita da Administração Pública	560
(A) Situações de inconstitucionalidade e de ilegalidade equiparada	560
(B) Situações de nulidade e de anulabilidade administrativa	563
30.3. Conformação inválida pro futuro da Administração Pública	566
30.4. Modelação de efeitos pelo juiz e poder judicial	571

§31º Excurso: habilitará a Constituição a modulação judicial de efeitos sem invalidade? 573

31.1. Uma metodologia ao serviço da justiça do caso concreto	573
31.2. Juridicidade aberta e Administração crítica	584